BEIDERSEITS DER AUTOBAHN

DEUTSCHLAND
ÖSTERREICH
SCHWEIZ

Aktualisierte Neuausgabe

Beiderseits der Autobahn
Deutschland / Schweiz / Österreich

ZUM GEBRAUCH

Streckenprofil: Für jede Autobahn wird der Verlau der Route kurz beschrieben und die Distanz in Kilometern sowie eine mittlere Fahrzeit angegeben.

Sehenswürdigkeiten: Die Texte in den farbigen Boxen beschreiben die schönsten und interessantesten Landschaften, Orte und Sehenswürdigkeiten entlang der Strecke. Landschaften und Naturdenkmäler werden in einer **grünen,** Städte und sehenswerte Orte in einer **blauen,** einzelne Denkmäler und Monumente in einer **roten Box** vorgestellt. Die Kennzeichnung mit **Sternchen** soll die Planung eines Aufenthalts oder Zwischenstopps erleichtern: *sehenswert, **außergewöhnlich, ***einzigartig.
Tipps: Besondere Orte, Museen, Naturparks oder Landschaften, die zu einem Abstecher einladen, sind mit einem weißen Stern auf rotem Feld versehen.
Unterwegs: Die großen Boxen auf jeder Seite beschreiben die herausragenden Landschaften einer Strecke, informieren über **Essen und Trinken** mit Tipps zu **Restaurants** und **Gasthöfen** oder weisen auf typische **Produkte der Region** hin. Abschließend werden empfehlenswerte **Hotels** entlang der Strecke aufgeführt.

AUTOBAHNEN IN BALLUNGSRÄUMEN 1:100.000

STRASSENATLAS 1:800.000

AUFLISTUNG NACH AUTOBAHNNUMMER

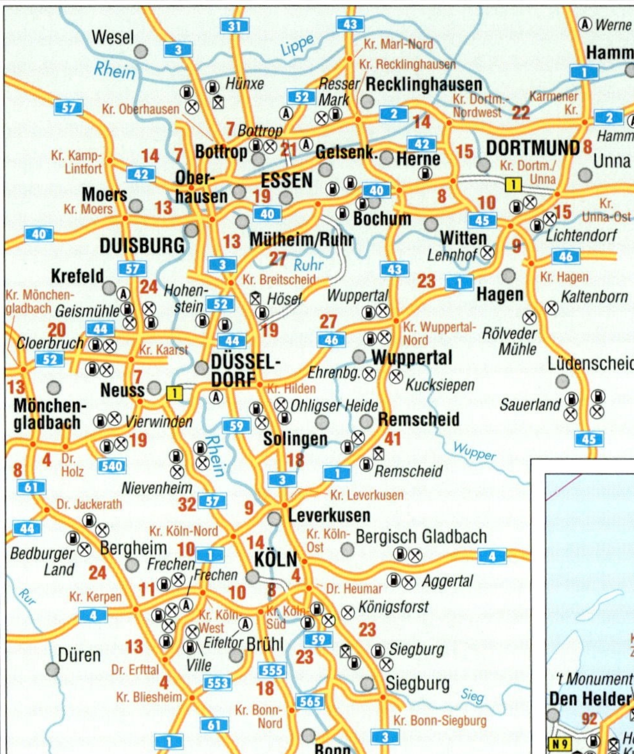

Zeichenerklärung

- Autobahn
- Gebührenpflichtige Autobahn
- Autobahn in Bau
- Wichtige Fernstraße
- Fernstraße in Bau
- Harwich — Autofähre
- 145 — Entfernung in Kilometern
- Bahnstrecke mit Autoverladung
- Kr. Walldorf — Autobahnkreuz oder -dreieck
- Staatsgrenze
- 81 — Autobahn-Nr. in Deutschland
- 1 — Autobahn-Nr. in der Schweiz
- A 14 — Autobahn-Nr. in Österreich
- A 33, 5, A 3, D 5 — Autobahn-Nr. im übrigen Ausland
- 134, N 67, 36, 316 — Bundes- oder Nationalstraßen-Nr.

Tanken und Rasten an Autobahnen

- Tankstelle
- Rasthaus
- Tankstelle mit Rasthaus
- Rasthaus und Motel
- Tankstelle mit Rasthaus und Motel
- Autohof

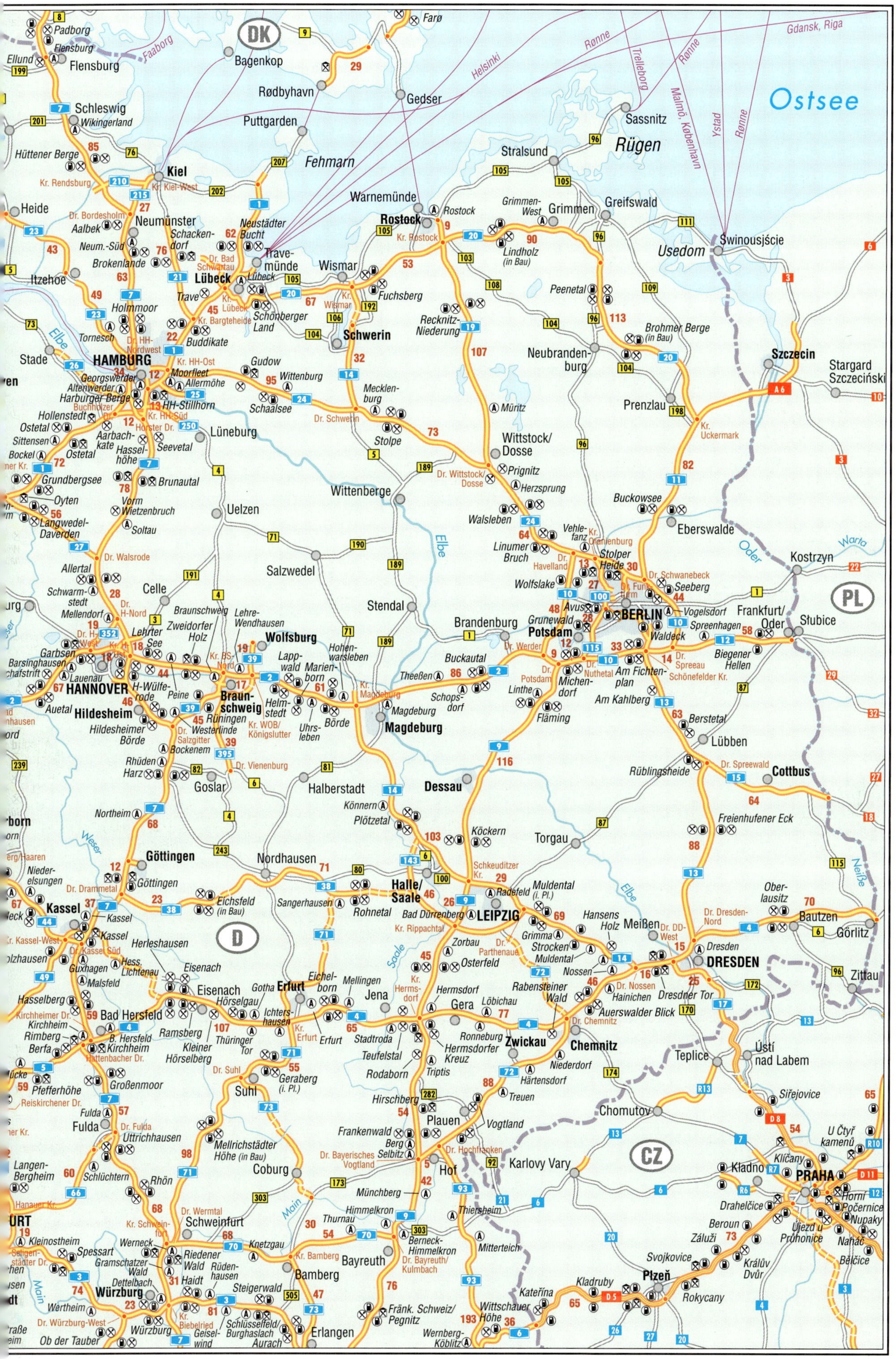

Ostsee
DK
PL
D
CZ
Flensburg
Schleswig
Kiel
Neumünster
Heide
Itzehoe
Lübeck
Travemünde
Puttgarden
Fehmarn
Rødbyhavn
Bagenkop
Gedser
Faro
Wismar
Rostock
Warnemünde
Stralsund
Sassnitz
Rügen
Greifswald
Grimmen
Usedom
Swinousjscie
Szczecin
Stargard Szczeciński
Schwerin
Neubrandenburg
Prenzlau
Stade
HAMBURG
Lüneburg
Uelzen
Wittenberge
Wittstock/ Dosse
Eberswalde
Kostrzyn
Frankfurt/ Oder
Slubice
Celle
Salzwedel
Stendal
Wolfsburg
Brandenburg
Potsdam
BERLIN
HANNOVER
Hildesheim
Braunschweig
Magdeburg
Goslar
Halberstadt
Dessau
Lübben
Cottbus
Göttingen
Nordhausen
Torgau
Kassel
Halle/ Saale
LEIPZIG
Meißen
DRESDEN
Bautzen
Görlitz
Zittau
Eisenach
Erfurt
Jena
Gera
Zwickau
Chemnitz
Teplice
Ústí nad Labem
Bad Hersfeld
Fulda
Suhl
Plauen
Hof
Chomutov
Karlovy Vary
Coburg
Schweinfurt
Bamberg
Bayreuth
Würzburg
Erlangen
Plzeň
Kladno
PRAHA
Elbe
Oder
Weser
Main
Saale
Neiße
Gdansk, Riga
Rønne
Trelleborg
Malmö, København
Ystad
Helsinki

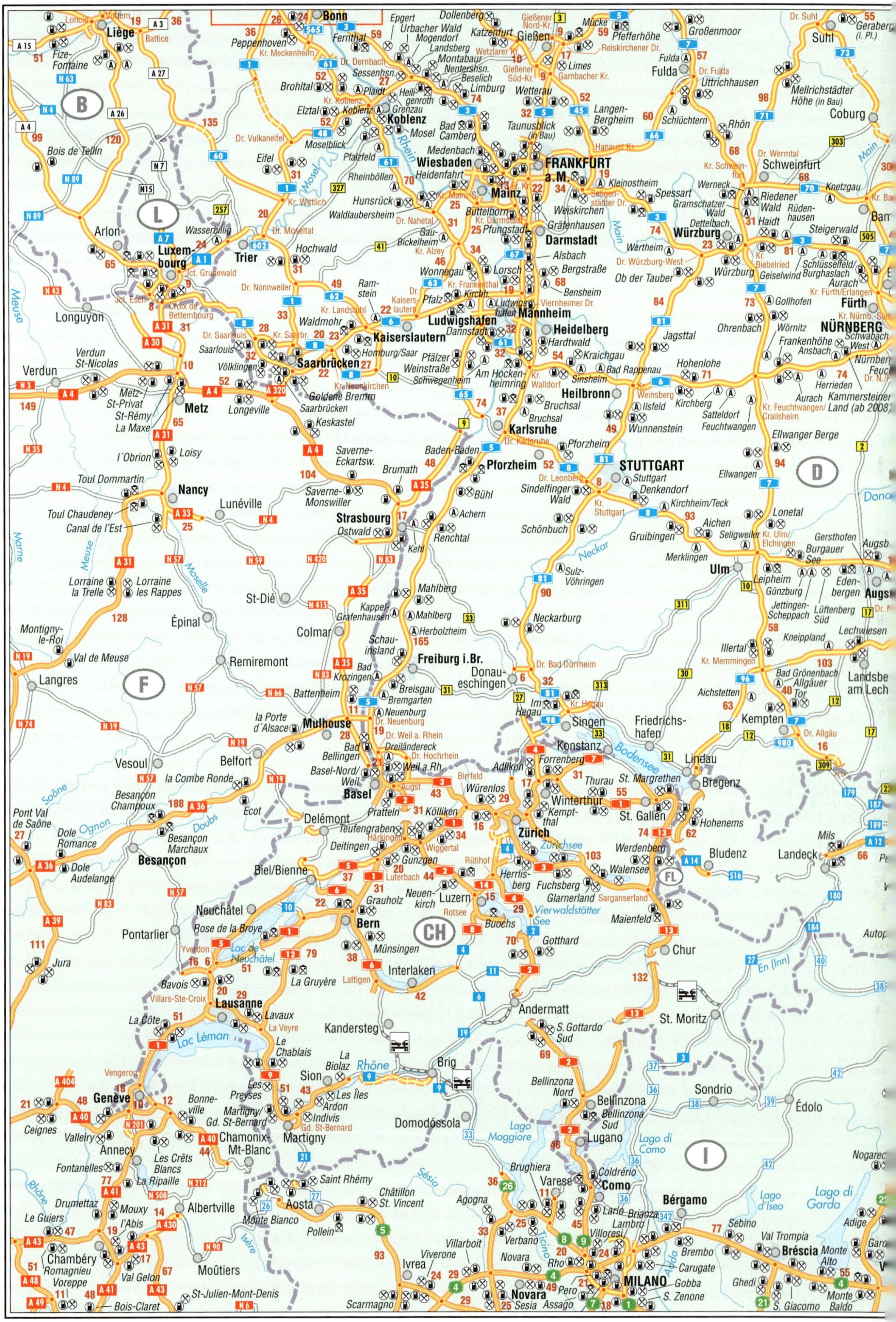

Bonn
Liège
Koblenz
Gießen
Fulda
Suhl
Coburg
Wiesbaden
Mainz
FRANKFURT a.M.
Darmstadt
Würzburg
Schweinfurt
Arlon
Luxembourg
Trier
Longuyon
Verdun
Kaiserslautern
Saarbrücken
Ludwigshafen
Mannheim
Heidelberg
NÜRNBERG
Fürth
Metz
Heilbronn
Karlsruhe
Pforzheim
STUTTGART
Nancy
Lunéville
Strasbourg
Ulm
St-Dié
Épinal
Colmar
Freiburg i.Br.
Remiremont
Langres
Mulhouse
Kempten
Vesoul
Belfort
Basel
Konstanz
Singen
Lindau
Bregenz
Delémont
Zürich
St. Gallen
Besançon
Biel/Bienne
Bludenz
Landeck
Neuchâtel
Bern
Luzern
Pontarlier
Interlaken
Chur
Lausanne
Andermatt
St. Moritz
Kandersteg
Sion
Brig
Genève
Annecy
Chamonix-Mt-Blanc
Martigny
Domodóssola
Bellinzona
Lugano
Sondrio
Édolo
Albertville
Aosta
Como
Bérgamo
Chambéry
Moûtiers
Ivrea
Novara
MILANO
Bréscia
B
L
F
D
CH
FL
I

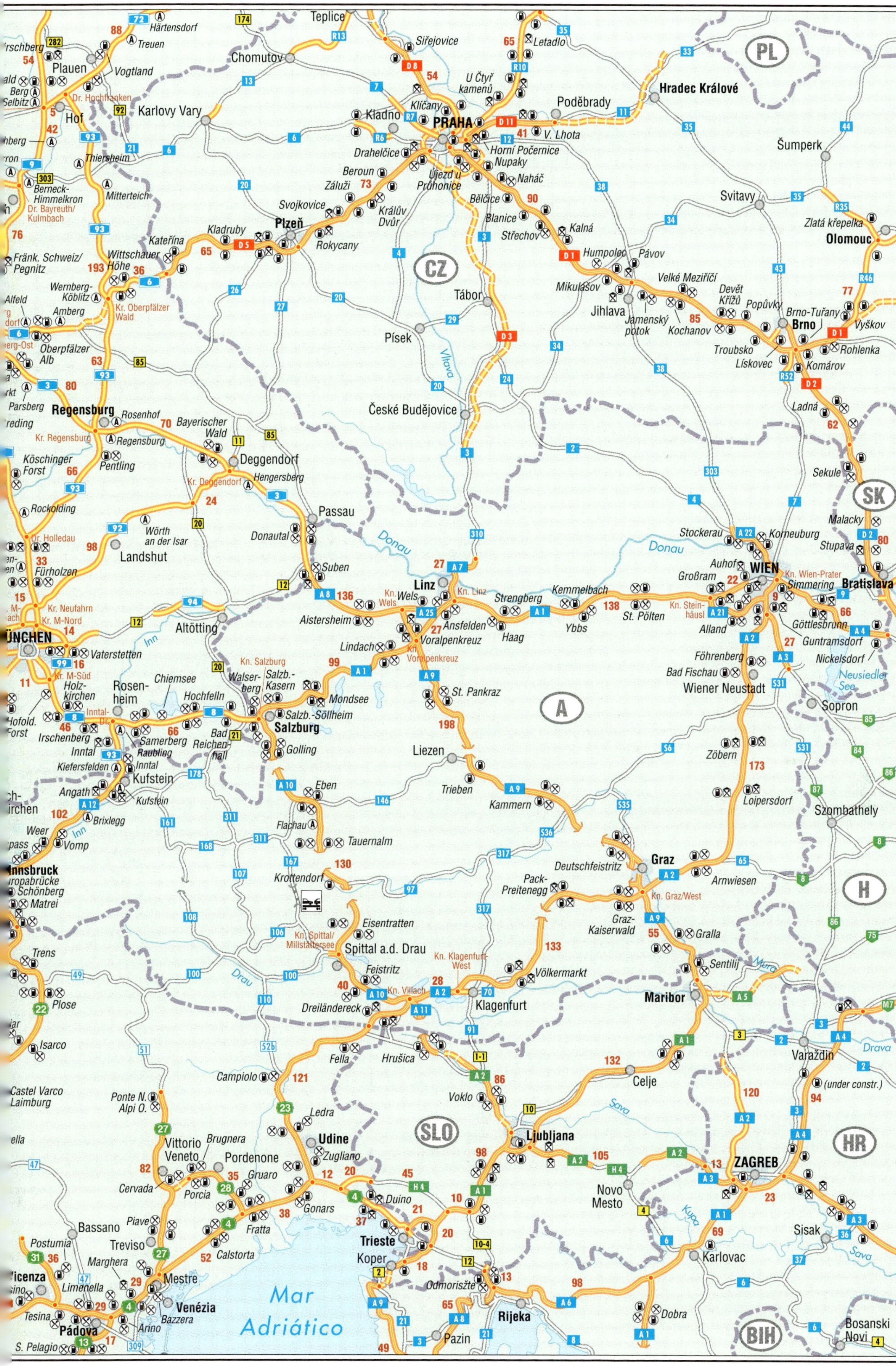
Teplice
Härtensdorf
Treuen
Plauen
Vogtland
Chomutov
Karlovy Vary
Dr. Hochfranken
Hof
Thiersheim
Mitterteich
Berneck-Himmelkron
Dr. Bayreuth/Kulmbach
Fränk. Schweiz/Pegnitz
Wittschauer Höhe
Kateřina
Kladruby
Plzeň
Svojkovice
Rokycany
Wernberg-Köblitz
Amberg
Kr. Oberpfälzer Wald
Oberpfälzer Alb
Parsberg
Regensburg
Rosenhof
Kr. Regensburg
Pentling
Bayerischer Wald
Deggendorf
Hengersberg
Kr. Deggendorf
Köschinger Forst
Rockolding
Dr. Holledau
Wörth an der Isar
Landshut
Fürholzen
Passau
Donautal
Suben
Kr. Neufahrn
Kr. M-Nord
MÜNCHEN
Vaterstetten
Kr. M-Süd
Holz-kirchen
Rosen-heim
Chiemsee
Hochfelln
Irschenberg
Samerberg
Raubling
Inntal
Kiefersfelden
Kufstein
Angath
Brixlegg
Weer
Vomp
Innsbruck
Europabrücke
Schönberg
Matrei
Trens
Plose
Isarco
Castel Varco
Laimburg
Altötting
Inn
Kn. Salzburg
Walser-berg
Salzb.-Kasern
Salzb.-Söllheim
Salzburg
Bad Reichen-hall
Golling
Mondsee
Eben
Flachau
Tauernalm
Krottendorf
Kn. Spittal/Millstättersee
Spittal a.d. Drau
Eisentratten
Feistritz
Kn. Villach
Dreiländereck
Fella
Hrušica
Campiolo
Ponte N. Alpi O.
Vittorio Veneto
Brugnera
Pordenone
Gruaro
Porcia
Cervada
Ledra
Udine
Zugliano
Gonars
Duino
Trieste
Koper
Fratta
Calstorta
Bassano
Piave
Treviso
Postumia
Marghera
Mestre
Venézia
Bazzera
Limenella
Vicenza
Tesina
Pádova
Arino
S. Pelagio
Mar Adriático
Kladno
PRAHA
Slřejovice
Letadlo
U Čtyř kamenů
Klíčany
Poděbrady
Hradec Králové
V. Lhota
Horní Počernice
Nupaky
Naháč
Drahelčice
Beroun
Záluží
Újezd u Průhonice
Králův Dvůr
Bělčice
Blanice
Střechov
Kalná
Humpolec
Pávov
Mikulášov
Jihlava
Jamenský potok
Velké Meziříčí
Kochanov
Devět Křížů
Popůvky
Brno-Tuřany
Brno
Vyškov
Rohlenka
Troubsko
Lískovec
Komárov
Ladná
Sekule
Šumperk
Svitavy
Zlatá křepelka
Olomouc
Tábor
Písek
Vltava
České Budějovice
CZ
PL
SK
Malacky
Stupava
Bratislava
Kn. Wien-Prater
Simmering
WIEN
Stockerau
Korneuburg
Auhof
Großram
Donau
Linz
Kn. Linz
Kn. Wels
Aistersheim
Ansfelden
Voralpenkreuz
Kn. Voralpenkreuz
Lindach
Strengberg
Haag
Kemmelbach
Ybbs
St. Pölten
Kn. Stein-häusl
Alland
Göttlesbrunn
Guntramsdorf
Nickelsdorf
Föhrenberg
Bad Fischau
Wiener Neustadt
Neusiedler See
Sopron
St. Pankraz
A
Liezen
Trieben
Kammern
Zöbern
Loipersdorf
Szombathely
H
Graz
Deutschfeistritz
Pack-Preitenegg
Kn. Graz/West
Graz-Kaiserwald
Arnwiesen
Gralla
Sentilj
Mura
Maribor
Kn. Klagenfurt-West
Völkermarkt
Klagenfurt
Drau
Celje
Voklo
Ljubljana
SLO
Sava
Novo Mesto
Kupa
ZAGREB
HR
Varaždin
Drava
(under constr.)
Sisak
Karlovac
Odmorište
Rijeka
Dobra
Pazin
BIH
Bosanski Novi

Zeichenerklärung

Straßenatlas 1 : 800.000

22	Autobahn mit Anschlussstelle und Nummer (im Bau)
	Gebührenpflichtige Autobahn
	4- oder mehrspurige Schnellstraße (im Bau)
	Fernverkehrsstraße (im Bau)
	Wichtige Hauptstraße
	Hauptstraße
	Nebenstraße
	Eisenbahn
	Nationalpark
	Naturpark
	Militärisches Sperrgebiet
COLMAR	Sehenswerter Ort
< 10 %	Steigung m. Prozentangabe
XI-V	Wintersperre

Ballungsraumkarten 1 : 100.000

	Autobahn
	Autobahn (in Bau / in Planung)
	Mehrspurige Schnellstraße (in Bau)
	Bundes- oder wichtige Hauptstraße (in Bau)
	Andere Hauptstraße (in Bau)
	Nebenstraße (in Bau)
	Bahnlinie
	Industriebahn
	S-Bahnlinie
	U-Bahnlinie (in Bau)
	Autofähre; wichtige Personenfähre
	Staatsgrenze
	Dichte Bebauung; lockere Bebauung; Industriebebauung
	Freizeitpark
	Erlebnisbad

Allgemeine Signaturen und Symbole

45	Autobahn-Nr.
E54	Europastraßen-Nr.
471	Bundesstraßen-Nr.
24	Autobahn-Anschlussstelle
	Sonstige Anschlussstelle
	Autobahn-Tankstelle
	Autobahn-Raststätte
	Autobahn-Raststätte m. Motel
	Autohof
ICE	ICE-Bahnhof
IC/EC	IC/EC-Bahnhof
THA	Thalys-Bahnhof
Güter	Güterbahnhof
	Autoverladebahnhof
	Internationaler Flughafen
	Nationaler Flughafen
	Regionaler Flughafen
	Fährhafen
	Hafen
	Autofähre
S	S-Bahn-Station
U	U-Bahn-Station
	Hauptbahnhof
DB	Bahnhof m. Nah- u. Fernverkehr
P+R	Park + Ride
P P	Parkplatz; Parkhaus
	Stadion
	Messe
	Grenzübergang
	Grenzübergang nur f. Fußgänger
	Grenzübergang nur f. Autos
	Mautstelle
XII-II	Pass mit Sperrzeiten
	Für Wohnwagen ungeeignet
	Für Wohnwagen gesperrt
	Kirche; Kirchenruine
	Kloster; Klosterruine
	Kapelle
	Burg/Schloss; Ruine
	Sonstige Sehenswürdigkeit
	Funk-/Fernsehturm

BEIDERSEITS DER AUTOBAHN

DEUTSCHLAND
ÖSTERREICH
SCHWEIZ

UNTERWEGS AN DER OSTSEEKÜSTE

Strand auf Fehmarn, im Hintergrund die Fehmarnsundbrücke

Östlich der Autobahn das weiße Band des **Ostseestrands,** westlich davon der **Naturpark Holsteinische Schweiz** mit grünen Höhen, Tälern, Wäldern und Seen: Auf dem ersten Abschnitt der Route, zwischen Oldenburg und Lübeck, muss man sich entscheiden; denn beide Landschaften haben ihren eigenen Reiz.

KULINARISCHES: Lübecker Marzipan und Rotspon

Im Jahr 1895 ließ sich ein Ulmer Bäcker in der Hansestadt nieder und verschrieb sich ganz der **Marzipanproduktion** – mit so großem Erfolg, dass das köstliche Mandelbrot heute von der EU-Kommission als geschütztes Warenzeichen anerkannt ist. Eine weniger bekannte Lübecker Spezialität ist der **Rotspon,** ein französischer Rotwein, der in Lübeck in Fässern gelagert wird und durch die Seeluft sein besonderes Aroma erhält. Angeboten wird er in Traditionsgaststätten wie der **Schiffergesellschaft** (Breite Str. 2) oder dem **Historischen Weinkeller des Heilig-Geist-Hospitals** (Koberg 8–9).

RAST AUF REISEN: In Lübeck und am Meer

Herberge zur alten Stadtmauer, An der Mauer 57, 23552 Lübeck, Tel. 04 51/7 37 02: mit viel Atmosphäre **(Abfahrt 22 Lübeck-Zentrum, 4 km)**. **Hotel Strandschlösschen,** Strandpromenade 7, 23570 Lübeck-Travemünde, Tel. 0 45 02/7 50 35 **(Abfahrt 18 Ratekau, 10 km)**. **Hotel Wallburg**, Am Heisterbusch 4, 23730 Neustadt, Tel. 0 45 61/5 12 20 **(Abfahrt 13 Neustadt, 3 km)**.

Streckenprofil: *Die zunächst in Küstennähe verlaufende Route führt durch eine von den Eiszeiten geschaffene Moränenlandschaft, in der sich sanfte Hügel mit Flüssen und Seen abwechseln. Nach Umfahrung des Großraums Hamburg geht es bis Bremen weiter durch eine flache, etwas karg anmutende Region, die ehemals ein weites Moorgebiet war **(225 km, ca. 2 1/4 Std.)***

Altenkrempe: Vorgängersiedlung von Neustadt mit einer für den kleinen Ort zu groß geratenen Backsteinbasilika aus dem 13. Jh. Gut Hasselburg, ein prächtiges, für die Region typisches Herrenhaus, ist auch regelmäßig Veranstaltungsort für Konzerte. Informationen unter Tel. 0 45 61/23 33. **(Abfahrt 13 Neustadt i. Holstein/Nord 2 km)**

Oldenburg i. Holstein: Auf einem Moränenhügel gelegene ehemalige Bischofsstadt. An ihre Geschichte erinnert das Wall-Museum (April – Okt.: Di–So, 10–17 Uhr). **(Abfahrt 11 Oldenburg, ca. 1 km)**

Die Insel **Fehmarn** ist über die Fehmarnsundbrücke erreichbar. Die sonnenreiche Insel verfügt über 78 km Küstenlinie. Inselmetropole ist das Ostseeheilbad Burg mit der Nikolaikirche (St. Blasiusaltar von 1480), der größten Modelleisenbahnanlage Norddeutschlands und dem Meereszentrum Fehmarn mit dem größten Haiaquarium Europas. Sehenswert auch: das Mühlen- und Landwirtschaftsmuseum in Lemkenhafen und die Backsteinkirche St.Petri in Landkirchen. **(Abfahrt Oldenburg, 28 km)**

****Lübecker Bucht:** in der Eiszeit entstandener Meeresarm der Ostsee mit einer maximalen Tiefe von 30 m. Hier liegen die Seebäder **Scharbeutz**, **Timmendorfer Strand** mit einer 8 km langen Strandpromenade, und **Travemünde**. Weithin sichtbares Wahrzeichen des 1802 gegründeten Kurorts mit Spielcasino ist das 158 m hohe Hotel Maritim. Mehrmals wöchentlich legen Fähren nach Schweden, Finnland, Dänemark und Polen ab. Sehenswert: die hier für immer vor Anker gegangene Viermastbark »Passat« (1911), heute ein Museumsschiff. **(Abfahrten: 16 Scharbeutz, 17 Pansdorf, 18 Ratekau)**

***Neustadt in Holstein:** Im 13.Jh. gegründeter Fischerort an der Neustädter Bucht mit idyllischem Hafenbetrieb. Sehenswert: der 1830 erbaute Kornspeicher mit Pagodendach; die gotische Kirche und das Kremper Tor, in dem heute das Ostholstein-Museum ist. **(Abfahrt 13 Neustadt i. Holstein/Nord, 3 km)**

Reinfeld: malerischer Ort mit vielen, von Mönchen angelegten Karpfenteichen. Matthias Claudius schrieb hier den Text von »Der Mond ist aufgegangen« **(Abfahrt 25 Reinfeld, 1 km)**

Hansapark: bei dem einst ruhigen Fischerort Sierksdorf gelegener Freizeitpark mit zahlreichen Attraktionen wie der Wasserachterbahn und der Delphinshow. (Mitte April–Mitte Okt.) **(Abfahrt 14 Neustadt i. H./ Süd, 3 km)**

***Schloss Ahrensburg:** Das im gleichnamigen Ort gelegene prächtige Renaissanceschloss (1596) mit großer Porzellan- und Gemäldesammlung zeigt eine ständige Ausstellung über die Schleswig-Holsteinischen Adelsgeschlechter. **(Abfahrt 28 Ahrensburg, 5 km)**

Hamburg: siehe Seite 130

Renaissanceschloss Ahrensburg

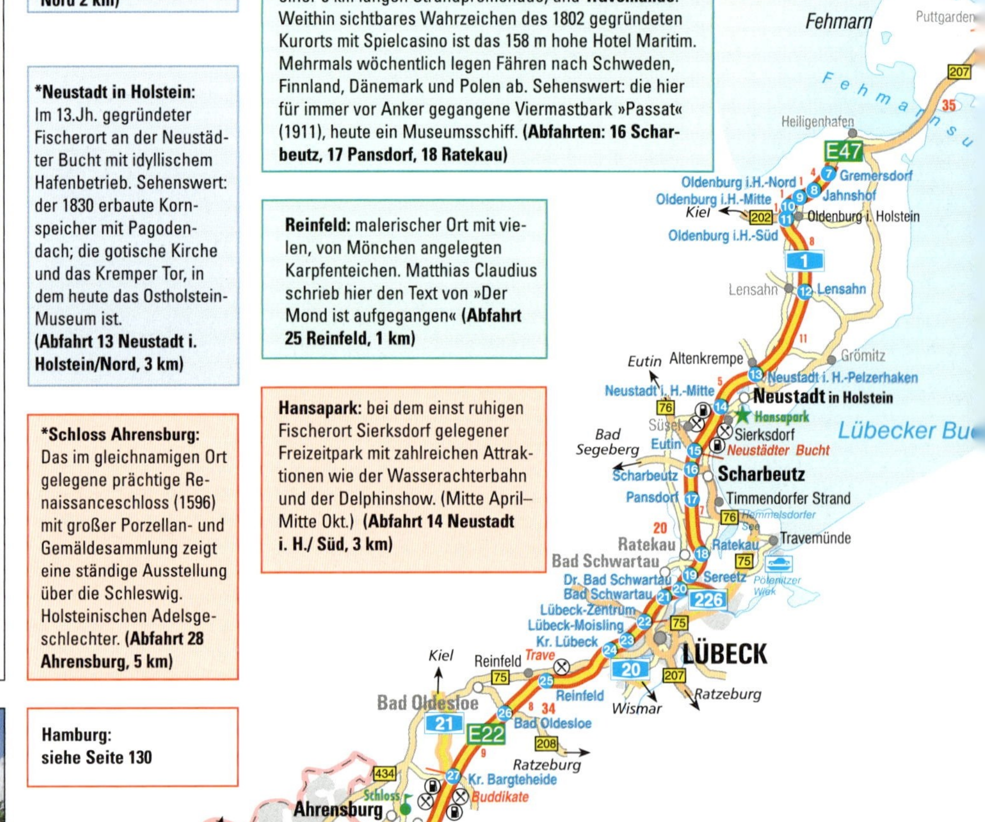

Lübeck: das Holstentor und die Petrikirche

Ottersberg: Der kleine Ort mit einer Burg aus dem 17. Jh. liegt an der Wümme, einem Nebenfluss der Weser, der auch einer der Abflüsse der Moorgebiete östlich von Bremen ist. **(Abfahrt 50 Stuckenborstel, 2 km)**

Geest: Der weitere Verlauf bis Bremen ist geprägt von der so genannten Geest, einer relativ dünn besiedelten, welligen Landschaft, die von Flachmooren durchsetzt und ziemlich unfruchtbar ist.

Marschland: Südöstlich von Hamburg überquert man kurz hintereinander die Elbarme Norder- und Süderelbe. Mehrere Altarme des Flusses bewässern hier die Marschlande, eine fruchtbare Niederung, in der sich das Vogelschutzgebiet Achtermoor befindet.

*****Lübeck:** Schon von weitem grüßen die sieben Türme der ehemaligen »Königin der Hanse«. Vor allem die 125 m hohen Zwillingstürme von St. Marien (13. Jh.), der größten gotischen Backsteinkirche der Welt, sind unübersehbar. Die Stadt, einst Dreh- und Angelpunkt für den gesamten Ostseehandel, ist ringsum von Wasser umgeben. Berühmt ist die einzigartige Backsteinarchitektur der Altstadt, die unter Denkmalschutz steht und heute Teil des UNESCO Weltkulturerbes ist. Sehenswert in der Stadt des Marzipans: das wuchtige, doppeltürmige Holstentor (1478), das gotische Rathaus mit seinen Windlöchern in der Fassade (1484) und das »Buddenbrook-Haus« in der Mengstraße, in dem 1875 der berühmte Schriftsteller Thomas Mann geboren wurde. **(Abfahrt 22 Lübeck-Zentrum, 4 km)**

Streckenprofil: *Die zum größten Teil durch das Münsterland führende, ebene Strecke zeigt eine bäuerlich geprägte Landschaft mit weiten Feldern und vereinzelten Baumgruppen. Die Fahrt über zahlreiche Flüsschen und Kanäle endet im Nordosten des dichtbesiedelten Ruhrgebiets.* ***(220 km, ca. 2 1/4 Std.)***

***Tecklenburg:** Die auf einem Ausläufer des Teutoburger Waldes (siehe Seite 15) gelegene Stadt wird von einer Burgruine (12. Jh.) überragt und ist durch romantische Fachwerkarchitektur geprägt. Sehenswert: das Puppenmuseum in der Legge (1577), einem Torhaus, in dem früher Leinenerzeugnisse aus der Umgebung geprüft wurden. **(Abfahrt 73 Lengerich/Tecklenburg, 3 km)**

Wasserschloss Hülshoff

Mittellandkanal: Der 1938 fertiggestellte Kanal ist mit 321 km der längste in Deutschland und verbindet den Dortmund-Ems-Kanal mit der Elbe.

***Münsterland:** Die weite Landschaft wird das »Grüne Herz Westfalens« genannt. Neben alten Dörfern mit Backsteinhäusern prägen Einzelgehöfte, von kleinen Baumgruppen umgeben, das Bild. Bekannt ist die Region durch ihre vielenWasserschlösser in großen Parks.

****Schloss Hülshoff:** Geburtsstätte der Dichterin Annette von Droste-Hülshoff (1797–1848). Die Wasserburg beherbergt ein Droste-Museum und ein Café/Restaurant. Museum geöffnet: April–Dezember, 11.00–18.30 Uhr. **(Abfahrt 77 Münster Nord, 4 km)**

Dortmund-Ems-Kanal: 269 km langer Kanal, 1899 fertiggestellt, verbindet das Ruhrgebiet mit der Nordsee.

Datteln-Hamm-Kanal: **50 km** lange, 1914 in Betrieb genommen, verbindet den Dortmund-Ems-Kanal und Hamm.

Flughafen Münster–Osnabrück: Ein einmaliges Erlebnis ist der 20-minütige Rundflug über das Münsterland für bis zu drei Personen. Auch ein einstündiger Flug zu den Wasserschlössern ist möglich. Anmeldung unter Tel. 02571–91110. **(Abfahrt 74 Ladbergen, 2 km)**

***Dinklage:** Die Dietrichsburg (15. Jh.), in einem herrlichen Laubwald mit Wildgehege gelegen, ist die bedeutendste Wasserburg des Oldenburger Münsterlands. **(Abfahrt 65 Lohne/Dinklage 2 km)**

Bremen siehe Seite 140

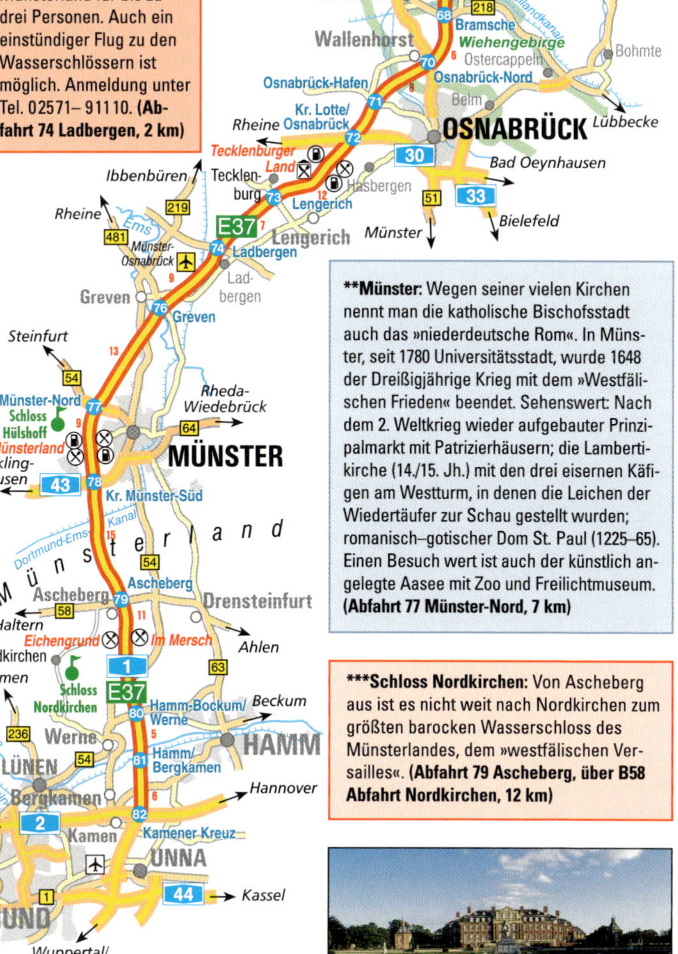

**** Wildeshausen:** An der Hunte liegt die Alexanderkirche (13. Jh.) mit spätmittelalterlichen Fresken. Einen Abstecher lohnt auch Dötlingen, ein Bilderbuchdorf mit strohgedeckten Gehöften und 1000-jähriger Dorfeiche. **(Abfahrt 60 Wildeshausen-Nord, 5 km)**. Im Naturpark Wildeshauser Geest finden sich Hünengräber wie Visbecker Braut und Bräutigam. **(Abfahrt 61 Wildeshausen-West, 2 km)**

Dammer Berge: Der bewaldete 12 km lange Höhenzug ist der Rest einer 200 000 Jahre alten Endmoräne und bis zu 145 m hoch. Dahinter liegt der Dümmer, ein von einem breiten Schilfgürtel umgebener Flachwassersee.

****Münster:** Wegen seiner vielen Kirchen nennt man die katholische Bischofsstadt auch das »niederdeutsche Rom«. In Münster, seit 1780 Universitätsstadt, wurde 1648 der Dreißigjährige Krieg mit dem »Westfälischen Frieden« beendet. Sehenswert: Nach dem 2. Weltkrieg wieder aufgebauter Prinzipalmarkt mit Patrizierhäusern; die Lambertikirche (14./15. Jh.) mit den drei eisernen Käfigen am Westturm, in denen die Leichen der Wiedertäufer zur Schau gestellt wurden; romanisch–gotischer Dom St. Paul (1225–65). Einen Besuch wert ist auch der künstlich angelegte Aasee mit Zoo und Freilichtmuseum. **(Abfahrt 77 Münster-Nord, 7 km)**

*****Schloss Nordkirchen:** Von Ascheberg aus ist es nicht weit nach Nordkirchen zum größten barocken Wasserschloss des Münsterlandes, dem »westfälischen Versailles«. **(Abfahrt 79 Ascheberg, über B58 Abfahrt Nordkirchen, 12 km)**

Dortmund : siehe Seite 152

Schloss Nordkirchen: Gartenseite

UNTERWEGS IM MÜNSTERLAND

Das spätbarocke Schloss in Münster

Wehrburgen und Wasserschlösser, malerische Fachwerkstädtchen und stolze Kirchen setzen die Akzente im **Münsterland**, einer noch ländlichen Region, die berühmt ist für ihre Pferde. Hochburg der Pferdezucht ist Warendorf mit seiner viel besuchten Hengstparade am letzten Septembersonntag. Am ersten Septemberwochenende trifft man sich in der hübschen Kleinstadt Telgte zu Westfalens größtem Pferdemarkt.

KULINARISCHES DER REGION: Schinken & Korn

Im Münsterland sind die deftigen Genüsse zu Hause. Den geräucherten Schinken oder die herzhafte Mettwurst isst man zum Pumpernickel, dem dunklen Brot, dessen Teig 20 Stunden gären muss, bevor er 24 Stunden lang gebacken wird. Zur Verdauung wird der hochprozentige Münsterländer Korn mit Wacholderaroma gereicht, ein klarer Schnaps, der sich auch als Mitbringsel bestens eignet.

RAST AUF REISEN: Übernachten in Münster

Hotel-Restaurant Überwasserhof, Überwasserstr. 3, 48143 Münster, Tel. 0251/41770: Haus der gehobenen Klasse in schöner Altstadtlage; **Hotel Martinihof**, Hörsterstr. 25/26, 48143 Münster, Tel. 0251/418 62-0: Familienbetrieb in Altstadtnähe; **Parkhotel Haus Vennemann**, Vennemannstr. 6, 48157 Münster-Handorf, Tel. 0251/329071: historisches Haus mit guter Küche; **Haus Eggert Ringhotel** Münster, Zur Haskenau, 48157 Münster, Tel. 0251/32804-0: ehemaliger Gutshof in reizvoller Landschaft. **(Abfahrt 77 Münster-Nord, 7 km)**

Antiquitäten & Schmuck

Lübeck

Deutschlands größter Ostseehafen zeigt in seinem historischen Kern noch das Bild einer reichen mittelalterlichen Hansestadt.

Herzog Adolf II. von Holstein gründete 1143 nahe einer slawischen Siedlung namens Liubice eine Kaufmannssiedlung, die 1226 durch den Stauferkaiser Friedrich II. zur Freien Reichsstadt erhoben wurde und sich schnell zu einem wichtigen Handelsplatz entwickelte. Im Jahr 1358 wurde Lübeck Zentrum der Hanse, doch mit der Reformation und der Auflösung des Städtebundes 1630 sank auch der Stern der Stadt. Die napoleonischen Kriege brachten ebenso wie der Zweite Weltkrieg schwere Zerstörungen, doch reiner Geldmangel verhinderte eine moderne Umgestaltung von Lübecks historischem Zentrum. So konnte sich die Stadt ihr mittelalterliches Gefüge bis heute erhalten.

Großes Bild links:
Holstenhafen an der Trave: Die Altstadt Lübecks ist von Wasser umschlossen. So konnten die Seeschiffe von der Ostsee über die Trave bis in die Stadthäfen fahren.

1 Das 1477 vollendete Holstentor ist das Wahrzeichen Lübecks.

2 Heinrich der Löwe gründete 1173 den Lübecker Dom, der im 13. und 14. Jh. bauliche Veränderungen erfuhr.

3 Die Marktfront des Rathauses krönen spitze Türme.

4 Der Von-Höveln-Gang ist eines der vielen verwinkelten mittelalterlichen Gässchen der Stadt.

5 1280 stifteten Lübecker Kaufleute das Heilig-Geist-Hospital. Es gilt als das besterhaltene mittelalterliche Spital in Deutschland.

6 Das Haus der Schiffergesellschaft, das einzige in ursprünglicher Gestalt erhaltene Gildehaus Lübecks, stammt aus dem Jahre 1535.

1

2

3

4

5

6

Münster

Mit ihren Kirchen, Patrizierhäusern und Kneipen sowie einem reichen Angebot an Kunst und Kultur vereint die Westfalenmetropole eine ebenso interessante wie lebendige Mischung aus Tradition und Fortschritt.

In der Universitätsstadt Münster entfaltet sich zwischen den sorgsam rekonstruierten historischen Bauten der Altstadt ein reges studentisches und kulturelles Leben. So erfährt man etwa im westfälischen Museum für Naturkunde viel Wissenswertes über die Evolution des Menschen sowie der Fauna und Flora in der Urzeit. Ebenso empfehlenswert ist ein Besuch im Rathaus mit dem Friedenssaal, im Haus Rüschhaus sowie im Mühlenhof-Freilichtmuseum am Ufer des Aasees, das mit seinen Läden und Handwerksstuben an das Leben der Westfalen vergangener Jahrhunderte erinnert.
Reizvoll anzusehen sind zudem die vielen Exponate der alle zehn Jahre stattfindenden Skulpturenausstellung, die man noch heute an vielen Orten der Stadt bewundern kann.
Das Kuhviertel mit seinen urigen Studentenbeizen in alten restaurierten Häusern lädt den Besucher schließlich zum Entspannen und Verweilen ein.

Großes Bild links:
Einen besonderen Charme entfaltet das gotische Rathaus (14. Jh.) mit seinem filigranhaften Treppengiebel im Abendlicht.

1

1 Erbdrostenhof: Ein architektonisches Juwel ist der 1787 von Conrad Schlaun erbaute Erbdrostenhof mit seinem wuchtigen Barocktor.

2

2 Prinzipalmarkt: Der 162 m lange Platz wurde nach der Zerstörung 1943 wieder originalgetreu hergestellt und bildet ein Münsteraner Herzstück.

3

3 Patrizierhäuser am Prinzipalmarkt: Die schmalen Dreistaffelgiebelhäuser verleihen dem Platz im Herzen der Stadt mittelalterliches Flair.

Wasserschlösser im Münsterland

Mehr als 3000 Wasserburgen und Adelssitze soll es einst in Westfalen gegeben haben. Heute noch künden mehr als 100 Schlösser, Burgen und Herrensitze im Münsterland von hochherrschaftlichen Zeiten.

Als Perlen des Münsterlandes werden die westfälischen Wasserschlösser bezeichnet. Ihre Entstehung rührt aus der Not, in der flachen Landschaft keine Höhenburgen bauen zu können. Die Schlossherren schützten ihre Burgen mit Wassergräben, den so genannten Gräften, vor feindlichen Angriffen. Einziger Zugang zum Bergfried war über eine Zugbrücke. Die 100-Schlösser-Route führt zu prachtvollen Schlössern, die zu romantischen Träumen von feenhaften Burgfräulein und stolzen Edelmännern einladen. Jede Burg erzählt ihre eigene Geschichte:

Großes Bild links:
Die Burg Vischering ist ein hervorragend erhaltenes Beispiel einer mittelalterlichen Wehrburg. Heute dient sie als Münsterlandmuseum und Kulturzentrum des Kreises Coesfeld mit land- und hauswirtschaftlichen Geräten und Wechsel-Ausstellungen.

1 Schloss Nordkirchen, das »Westfälische Versailles«, erhebt sich auf einer Insel, die von Prachtgärten nach französischem Vorbild gerahmt wird.

2 Speisesaal in Schloss Nordkirchen: Über 30 Jahre lang wurde an dem prachtvollen Schloss gearbeitet und nichts erschien den Bauherrn der Familie von Plettenburg zu teuer.

3 Das Fachwerktorhaus von Schloss Burgsteinfurt

4 Die Vorburg von Schloss Westerwinkel, das herrlich in den umliegenden Landschaftspark eingebettet ist.

5 Schloss Lembeck mit seinen prächtigen Innenräumen steht auf zwei Inseln.

1

2

3

4

5

UNTERWEGS IM BERGISCHEN LAND

Der »Bergische Dom« im Odenthaler Ortsteil Altenberg

Das **Bergische Land,** das nach der ehemaligen Grafschaft Berg zwischen Ruhr und Sieg, Rhein und Sauerland benannt ist, wird geprägt von hügeligen Höhen und sanften Tälern, von Wäldern und Flüssen. Mehrere große Talsperren haben sich zu beliebten Erholungs- und Freizeitgebieten entwickelt. Dass die Vergangenheit noch so lebendig ist, trägt viel zur Attraktivität des Bergischen Landes bei. Da finden sich romantische Dörfer, alte Kirchen, Schlösser und Burgen. Typisch sind die schwarzweißen Fachwerkhäuser mit grünen Fensterläden und Schieferdach. Und weltberühmt ist das **Neandertal,** wo man 1856 auf Knochen des Urmenschen stieß.

KULINARISCHES DER REGION: Deftig oder süß

Bergische Kost ist bodenständig und nahrhaft. Selbst für kleinere Gerichte sollte man einen kräftigen Appetit mitbringen. Beliebt sind **Panhas** (gebratene Scheiben aus Wurstbrühe, Buchweizenmehl und Speck) mit Bratkartoffeln oder Rübenkraut sowie **Pillekoche** (Eierpfannkuchen mit Kartoffeln, Zwiebeln und Speck). Das **Kottenschnitzel** ist ein mit Mettwurst, Lauch und Käse gefülltes Schnitzel. Ein kalorienhaltiges Erlebnis ist die **Bergische Kaffeetafel** (siehe Seite 280).

RAST AUF REISEN: Übernachten im Grünen

Hotel–Restaurant Fischer, 42899 Remscheid-Lüttringshausen, Lüttringhauser Str. 131, Tel. 0 21 91/ 9 56 30: großzügiges Haus mit liebevoll ausgestatteten Zimmern, einem Wellness- und Fitnessbereich, gehobene gutbürgerliche Küche, in ausgesprochen ruhiger Lage **(Abfahrt 94 Wuppertal-Ronsdorf, 3 km). Waldhotel Brezing,** Am Quecken 7–10, 53902 Bad Münstereifel, Tel. 0 22 53/9 53 00: behagliches Haus in schöner Lage mit gut ausgestatteten Zimmern und Suiten, Wellnessbereich, Gastronomie **(Abfahrt 112 Bad Münstereifel-Mechernich, 6 km).**,

***Mechernich:** Hier sind Reste eines römischen Aquädukts zu sehen, Teil der 100 km langen Wasserleitung, die Wasser aus der Eifel bis nach Köln führte. **(Abfahrt 112 Bad Münstereifel/Mechernich, dann links auf die B477 – Einfahrten beachten – und zurück auf die Autobahn bei AS 113 Nettersheim, ca. 10 km)**

***Bad Münstereifel:** Das mittelalterliche Städtchen hat eine schöne Altstadt mit gotischem Rathaus (15. Jh.), romanischer Stiftskirche St. Chrysanthus und Daria und einer gut erhaltenen Stadtmauer **(Abfahrt 112 Bad Münstereifel/Mechernich, 8 km)**

Weiterfahrt bis Dreieck Vulkaneifel: Auf der B 258 geht es an der Ahr entlang nach Dorsel. Auf halber Strecke liegt rechts die Ruine Dollendorf. Ab Dorsel führt die kurvige, aber schöne Route auf die Hohe Eifel. Hinter Wiesemscheid, am Nürburgring, geht es auf die B 257 bis Ulmen. Ab da auf der A48 Richtung Trier bis Dreieck Vulkaneifel. **(52 km, ca. 50 Min.)**

Streckenprofil:** Die teilweise bergige Strecke führt zunächst in das östliche Ruhrgebiet. Durch das Bergische Land mit seinen zahlreichen Talsperren gelangt man nach Umfahrung des Großraums Köln in die Ebene der Zülpicher Börde. Ab Euskirchen geht es stetig aufwärts in die Eifel, einem Mittelgebirge vulkanischen Ursprungs mit einem ganz eigenen Reiz. **(210 km, 2 1/4 Std.)

Kamen: Bekannt ist die Stadt wegen des nach ihr benannten Autobahnkreuzes. Doch das ehemalige Zentrum des Steinkohlebergbaus hat neben einem Wasserschloss aus dem 17. Jh. eine echte Kuriosität zu bieten: den schiefen Turm der Pauluskirche (11. Jh.). **(Abfahrt 83 Kamen-Zentrum, 3 km)**

Remscheid: Die Stadt – Zentrum der Werkzeugindustrie – hat berühmte Söhne: die Gebrüder Mannesmann, die ein Verfahren zur Fertigung nahtloser Stahlrohre entwickelten, und Wilhelm Conrad Röntgen (1845–1923), an den das Deutsche Röntgenmuseum* erinnert. **(Abfahrt 95 Remscheid, 2 km)**

***Hohensyburg:** Die Ruine der im 13. Jh. zerstörten Burg liegt ganz romantisch auf einer bewaldeten Anhöhe über dem Ruhrtal. Vom 1858 erbauten Aussichtsturm genießt man einen herrlichen Blick über die Talsperre Hengsteysee bis weit ins Sauerland hinein. **(Abfahrt 87 Hagen-Nord, 6 km)**

Dortmund: siehe Seite 152

***Schloss Burg:** Der frühere Sitz der Grafen von Berg ist eine der größten Burganlagen Deutschlands. Nur 4 km von hier überspannt die Müngstener Eisenbahnbrücke, mit 107 m die höchste Deutschlands, das Tal der Wupper. **(Abfahrt 94 Wermelskirchen, 4 km)**

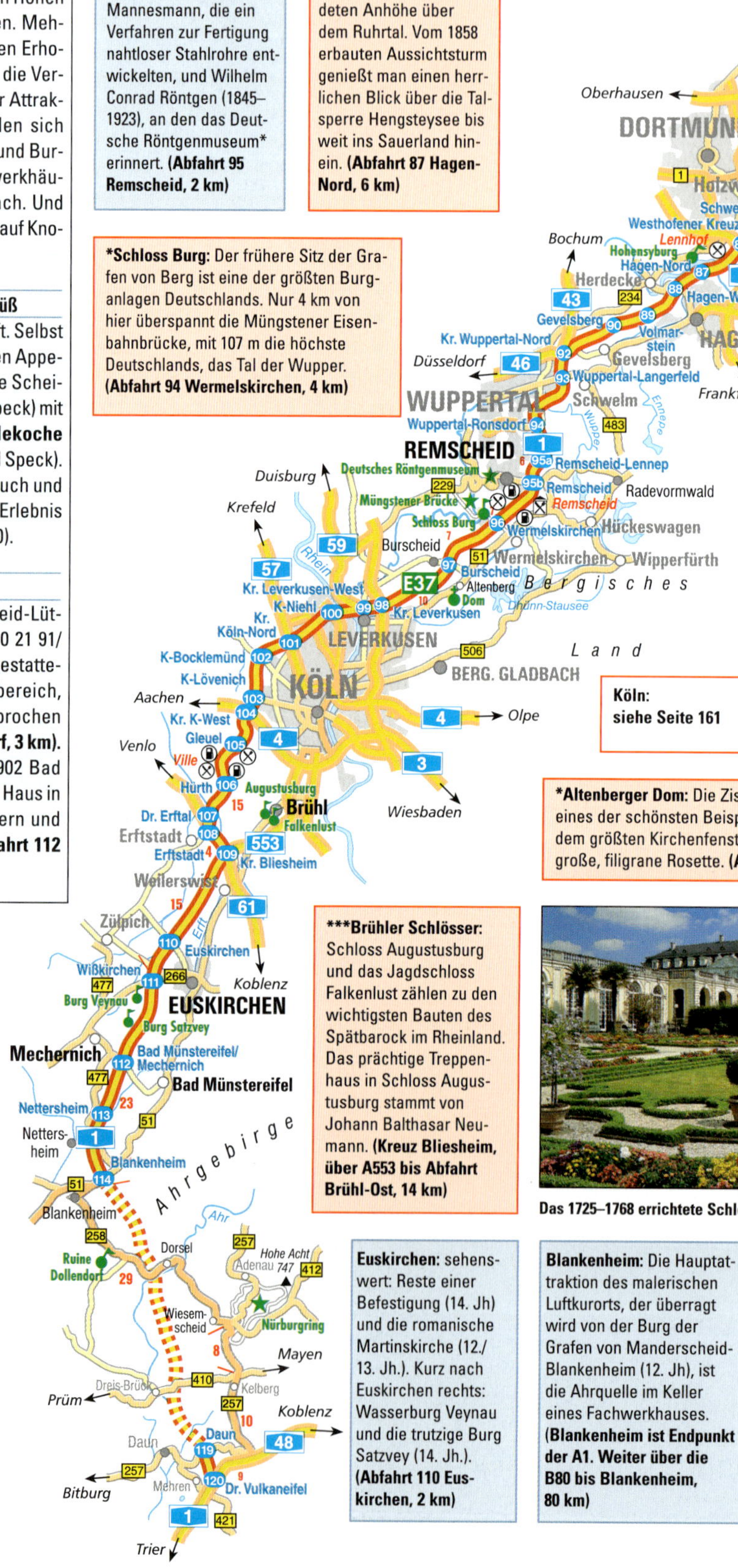

Wupper: Der 114 km lange Fluss entspringt im Sauerland und mündet bei Leverkusen in den Rhein.

Schwerte: Ruhm erlangte die Stadt an der Ruhr, in der einst Schwerter geschmiedet wurden, durch ihre olympischen Kanuten. Sehenswert: Kirche St. Viktor (14.–16. Jh.) mit flämischem Schnitzaltar (1523) und Fresko aus dem frühen 14. Jh. **(Abfahrt 85 Schwerte, 2 km)**

Köln: siehe Seite 161

***Altenberger Dom:** Die Zisterzienserkirche (13./14. Jh.) ist eines der schönsten Beispiele rheinischer Frühgotik mit dem größten Kirchenfenster Deutschlands: eine 8 x 18 m große, filigrane Rosette. **(Abfahrt 97 Burscheid, 5 km)**

*****Brühler Schlösser:** Schloss Augustusburg und das Jagdschloss Falkenlust zählen zu den wichtigsten Bauten des Spätbarock im Rheinland. Das prächtige Treppenhaus in Schloss Augustusburg stammt von Johann Balthasar Neumann. **(Kreuz Bliesheim, über A553 bis Abfahrt Brühl-Ost, 14 km)**

Das 1725–1768 errichtete Schloss Augustusburg in Brühl

Euskirchen: sehenswert: Reste einer Befestigung (14. Jh) und die romanische Martinskirche (12./13. Jh.). Kurz nach Euskirchen rechts: Wasserburg Veynau und die trutzige Burg Satzvey (14. Jh.). **(Abfahrt 110 Euskirchen, 2 km)**

Blankenheim: Die Hauptattraktion des malerischen Luftkurorts, der überragt wird von der Burg der Grafen von Manderscheid-Blankenheim (12. Jh), ist die Ahrquelle im Keller eines Fachwerkhauses. **(Blankenheim ist Endpunkt der A1. Weiter über die B80 bis Blankenheim, 80 km)**

***Nürburgring:** Die weltberühmte Rennstrecke liegt unter der Nürburg, die auf einem 678 m hohen Basaltkegel thront. Die 1925–1927 erbaute Strecke war 28,29 km lang, heute misst sie 4,5 km. Gegen Gebühr darf man die alte Strecke fahren. Sehenswert das Rennwagen-Museum.

Streckenprofil A1: *Von der Vulkaneifel führt die waldreiche, leicht bergige Strecke an den Nordrand der Moselberge. Sie durchquert am Schwarzwälder Hochwald den Naturpark Hunsrück und endet in Saarbrücken an der Grenze zu Frankreich.* ***(140 km, 1¼ Std.)***
A48: *Die Eifelautobahn verläuft zwischen dem Moseltal und der Voreifel. Sie führt an Koblenz vorbei bis an den Rand des Westerwalds.* ***(90 km, 1 Std.)***

***Daun:** Mineralquellen haben den Ort im Herzen der Vulkaneifel zur Kurstadt gemacht. Sehenswert sind die Dauner Maaren, ein Vulkanmuseum und der 200 ha große Hirsch- und Saupark, ein Autowanderpark von 12 km Länge. **(Abfahrt 121 Mehren, 6 km)**

****Mayen:** Über der Altstadt mit dem schiefen Turm der Kirche St. Clemens erhebt sich die sagenumwobene Genovevaburg (1280). **(Abfahrt 6 Mayen, 5 km)**

Totenmaar bei Daun

***Ulmen:** Direkt an der Autobahn liegt das Ulmer Maar. Die Burgruine oberhalb des Orts war Sitz des Kreuzritters Heinrich von Ulmen. **(Abfahrt 2 Ulmen, 1 km)**

***Vulkaneifel:** Den Namen hat die waldreiche Region von ihrer bewegten erdgeschichtlichen Vergangenheit. Typisch sind die »Maare«, mit Wasser gefüllte Trichter der einst feuerspeienden Vulkane. Die kristallklaren tiefen Seen werden auch die »Augen der Eifel« genannt.

***Manderscheid:** hoch über dem Tal der Lieser gelegener Luftkurort mit zwei bedeutenden mittelalterlichen Burganlagen: die Ruine Oberburg und die sehr schöne Niederburg, Stammsitz der Grafen von Manderscheid, gehören zu den bekannten Wahrzeichen der Eifel. Sehenswert ist auch das in einem Kraterkessel gelegene Meerfelder Maar. **(Abfahrt 122 Manderscheid, 5 km)**

***Hermeskeil:** touristischer Hauptort des Schwarzwälder Hochwalds. Neben einem Dampflokmuseum ist der imposante Flugzeugpark an der Hunsrück-Höhenstraße zu nennen: In Hallen und auf einem großen Freigelände sind über 50 ausgediente Flugzeuge und Hubschrauber zu besichtigen. **(Abfahrt 133 Hermeskeil, 3 km)**

Ein großartiges Zeugnis der Industriegeschichte des 19. Jhs. ist die von der UNESCO zum Weltkulturerbe erklärte **Völklinger Hütte.** Das 1873 gegründete Werk kann im Rahmen von Führungen besichtigt werden: März–Nov. Di–So, 10 und 14 Uhr **(über Stadtautobahn A 620, Abfahrt 9 Völklingen, 3 km)**

***Burg Grenzau:** Die Ruine besticht durch ihren dreieckigen Bergfried und gut erhaltene Wehranlagen. **(Abfahrt 12 Höhr-Grenzhausen, 1,5 km)**

*****Burg Eltz:** Traumhaft in einem Seitental der Mosel gelegene Wohnburg mit vielen Türmen und Erkern, die zwischen dem 13. und 16. Jh. erbaut wurde. **(Abfahrt 7 Polch, Richtung Münstermaifeld, dort in Richtung Wierschem, ca. 20 km)**

****Bernkastel-Kues:** Der malerische Weinort mit dem berühmten Doktorberg ist ein Gesamtkunstwerk moselanischer Fachwerkarchitektur. Sehenswert: Burgruine Landshut, Weinmuseum und das Nikolaushospital
****Traben-Trarbach:** Mit Jugendstil vom Feinsten und vielen Weinkneipen wartet die Doppelstadt auf. **(Abfahrt 125 Wittlich, B50/B53, 15 bzw. 18 km)**

***Tholey:** Tor zum St. Wendeler Land. Sehenswert: Abteikirche St. Mauritius mit einem lächelnden Erzengel Gabriel aus dem 13. Jh. **(Abfahrt 140, 5 km)**

***Saarbrücken:** Die moderne Landeshauptstadt des Saarlands liegt in einem bewaldeten, hügeligen Tal der Saar. Ihre Lage an der Grenze zu Frankreich machte sie zwar oft zum Zankapfel, hat sich aber auch in der frankophilen Wesensart ihrer Bürger niedergeschlagen. Sehenswert: St. Johanner Markt im Herzen der Altstadt; das Barockensemble am Ludwigsplatz mit der gleichnamigen Kirche (1775); der schöne Schlossplatz mit dem formal strengen Schloss (1748), das einen modernen Mittelbau erhalten hat ; auch das Erbprinzenpalais, das Alte Rathaus und die Schlosskirche gehören zu den Attraktionen des Schlossplatzes. **(Abfahrt 150 SB-Burbach, 3 km)**

Das spätbarocke Schloss in Saarbrücken

UNTERWEGS AN DER MOSEL

Moseltal: Blick auf Bernkastel-Kues

In engen Schleifen und Biegungen bahnt sich die Mosel, größter Nebenfluss des Rheins, ihren Weg durch das **Schiefergebirge**. In dieser idyllischen Landschaft, die nicht zuletzt durch die häufig terrassenförmig angelegten Weinberge geprägt ist, haben die alten Römer ihre Spuren hinterlassen, und natürlich die Bischöfe von Trier, dem historischen Hauptort des **Moseltals**.

KULINARISCHES DER REGION: Berühmte Weine

Mosel-Saar-Ruwer gehört zu den bedeutendsten deutschen Weinbaugebieten. Manche Lagen der Mittelmosel genießen Weltruf! Gefragt ist vor allem der Mosel-Riesling, der in den vielen Weinkellern und -gütern zur Weinprobe und zum Kauf angeboten wird. An Ort und Stelle genießen kann man die köstlichen Weine in den Straußenwirtschaften – von Winzern betriebene, einfache Schenken – oder in Restaurants und Gaststätten wie dem historischen **Restaurant Bernkasteler Ratskeller**, Am Markt 30, 54470 Bernkastel-Kues: historisches Kellergewölbe, Weine aus eigenem Anbau **(Abfahrt 125 Wittlich, 15 km)** oder dem **Weinpavillon,** Moselweinstr. 76, 54349 Trittenheim: Weinproben mit kleinem Imbiss, **(Abfahrt 129 Schweich, 13 km).** Hier gibt es den herrlichen Blick auf das Moseltal gratis dazu!

RAST AUF REISEN: Übernachten an der Mosel

Hotel und Ferienwohnungen Weinhaus Becker, Olewiger Str. 206, 54295 Trier-Olewig, Tel. 0651/ 938080: ehemaliges Weingut mit Gewölbekeller **(Abfahrt über A602, Trier-Verteilerkreis, 6 km); Weingut Staffelter Hof,** Robert-Schumann-Str. 208, 54536 Kröv/Mosel, Tel. 06541/ 9154: Weinprobe und Weinfeste **(Abfahrt 125 Wittlich, B50/B53, 16 km); Parkhotel Landenberg,** Sehler Anlage 1, 56812 Cochem, Tel. 02671/3043: Luxushotel am Moselufer, Weine aus eigenem Anbau **(Abfahrt 4 Kaisersesch, 15 km); Hotel Moseltor,** Moselstr. 1, 56841 Traben-Trarbach, Tel. 06541/6551: historischer Bau mit zwei Restaurants **(Abfahrt 125 Wittlich, 18 km); Zur Post,** Gestade 17, 54470 Bernkastel-Kues, Tel. 06531/ 96700: gehobener Anspruch mit hervorragender Küche und Weinstube **(Abfahrt 125 Wittlich, 15 km)**

WAPPEN von COCHEM

Das Moseltal

Auf dem vielleicht schönsten Abschnitt zwischen Cochem und Bernkastel-Kues windet sich die Mosel durch ihr enges Tal, das von Weinreben und Burgen gleichermaßen verein-nahmt wird.

Mit 545 km ist die Mosel einer der längsten Nebenflüsse des Rheins, in den sie schließlich am Deutschen Eck bei Koblenz mündet. Sie entspringt in den Südvogesen in Frankreich und markiert einen Teil der deutsch-luxemburgischen Grenze, bis sie sich ab Trier ihr windungsreiches Tal durch das Rheinische Schiefergebirge gräbt.

Das Einzugsgebiet der Mosel ist eines der wichtigsten Weinbaugebiete Deutschlands, hier werden hauptsächlich Weißweine angebaut. Wein gedeiht hier seit etwa 2000 Jahren, römische Legionäre kultivierten die ersten Reben. Romantische Weinorte und malerische Burgen sind für das Moseltal charakteristisch geblieben. Bedingt durch die steilen Hänge und die zahlreichen Flussschleifen blieb der Fluss über die Jahrhunderte von großflächiger Besiedlung verschont.

Großes Bild links:
Hoch ragt die Reichsburg Cochem, die im 19. Jh. wieder aufgebaut wurde, über der Stadt empor.

1 Dicht an dicht drängen sich die Weinreben um die Ruine Landshut bei Bernkastel-Kues.

2 Fachwerkgiebel und schmale Gassen prägen das Stadtbild des Weinortes Bernkastel-Kues.

3 Zu beiden Seiten der Mosel erstreckt sich Traben-Trarbach mit seinen Fachwerkbauten und Patrizierhäusern. Die den Ort überragende Grevenburg stammt aus dem 14. Jh. und wurde Mitte des 18. Jh.s zerstört.

4 Eine ihrer unerwarteten Windungen um 180 Grad beschreibt die Mosel auch unter dem Calmont bei Bremm.

1

2

3

4

UNTERWEGS IM RUHRGEBIET

Die neue Arena »Auf Schalke« in Gelsenkirchen

Das **Ruhrgebiet** ist nicht nur Europas größter Industrie- und Ballungsraum, sondern hat wohl auch die größten Anstrengungen unternommen, um aus einer schwer belasteten **Industrielandschaft** eine Region mit hervorragender Lebensqualität und hohem Freizeitwert zu machen. So wurde etwa Gelsenkirchen, früher Inbegriff der grauen Tristesse, in der Erzeugung von Solarstrom führend. Einen der vorderen Plätze nimmt diese Stadt aus **Tradition im Fussball** ein. Wer diese Leidenschaft teilt, wird sich einen Besuch der neuen »Arena Auf Schalke« nicht entgehen lassen, der multifunktionalen Heimspielstätte des FC Schalke 04 im nördlichen Gelsenkirchen **(Abfahrt Gelsenkirchen-Buer an der A2, Gelsenkirchen-Schalke an der A42).**

KULINARISCHES DER REGION: Eckkneipen

Wer plötzlich von Hunger oder Durst überfallen wird, ist im Ruhrpott gut dran. Er muss nicht lange ein Restaurant suchen und einen freien Tisch und dann auch noch auf die Bedienung warten. Denn die reviertypische Gastronomie steht unter dem Motto »prompt und unkompliziert«. An jeder Ecke eine Kneipe, in jeder Straße eine Imbissbude, ein kühles Bier, dazu heiß und fettig **Pommes und Currywurst, Mayo, Ketschup und Senf.** Das schmeckt und macht nicht viel Umstände! Dabei war es eine Pfarrerstochter aus dem Ruhrgebiet, die im 19. Jahrhundert erstmals die Worte »Man nehme ...« in einem Kochbuch benutzte. Diese und andere Küchengeschichten erfährt man im **Deutschen Kochbuchmuseum** in Dortmund, das in einer ehemaligen Ausflugsgaststätte im Dortmunder Westfalenpark untergebracht ist **(Abfahrt 12 Dortmund-Mengede, 11 km).** Eine verkehrsgünstig in Autobahnnähe gelegene Imbissbude ist **Biggis Futterkrippe,** wo es neben typischen Gerichten wie Frikadellen, Schaschlik, Brat- und Currywurst auch eine »Schnitzelparade« gibt **(Abfahrt 9 Recklinghausen-Süd).**

RAST AUF REISEN: Übernachten und speisen

Für Reisende, die sich mit einem Stehimbiss nicht zufrieden geben, hier gehobene Stadthotels mit Restaurant: **Best Western Parkhotel Engelsburg,** Augustinessenstr. 10, 45657 Recklinghausen, Tel 02361/2010: sorgfältig restauriertes, ehemals kurfürstliches Anwesen mit zeitgemäßem Komfort, Wellnessbereich, zentral gelegen **(Abfahrt 9 Recklinghausen-Süd, 5 km). Mercure Grand Hotel,** Lindemannstr. 88, 44137 Dortmund, Tel. 0231/91130; **Hotel Handelshof,** Mengeder Str. 664–666, 44369 Dortmund, Tel. 0231/33660: angenehm mit bequemen Zimmern, Restaurant, Kegelbahnen **(Abfahrt 12 Dortmund-Mengede, 8 bzw. 7 km).**

Streckenprofil: *verkehrsreiche Ost-West Verbindung. Nach einer etwa 70 km langen Fahrt durch das Ruhrgebiet führt die danach leicht hügelige Strecke durch das ländliche Westfalen, durchquert Teutoburger Wald und Weserbergland und endet in der in einer weiten Ebene gelegenen Messestadt Hannover.* ***(255 km, 2 1/2 Std.)***

Hamm: der »Gläserne Elefant«

Bottrop: Revierstadt mit vielen Grünflächen. Eine Attraktion sind die ehemaligen Abraumhalden des Bergbaus wie die Halde Beckstraße mit dem Tetraeder (eine filigrane Stahlkonstruktion, die bei gutem Wetter eine herrliche Aussicht bietet) und die Halde Haniel mit Kulturarena und Pilgerpfad. Eines der schönsten und architektonisch interessantesten Bergbaurelikte im Revier ist der 1871 erbaute Malakoffturm der Schachtanlage Prosper II. **(Abfahrt 3 Bottrop, 4 km)**

Der Bottroper Künstler Josef Albers (1888–1976) wurde durch seine »Hommagen an das Quadrat« weltberühmt. Das Museumszentrum Quadrat im Stadtgarten präsentiert seine Werke im Josef-Albers-Museum, und in der »Eiszeithalle« findet sich das Museum für Urgeschichte mit dem Skelett eines Mammuts, Di.–So., 10–18 Uhr. **(Abfahrt 3 Bottrop-Zentrum Stadtgarten, 4 km)**

Das Rathaus in Werne aus dem Jahr 1514

***Hamm:** Neueste Attraktion der alten Stadt an der Lippe ist der »Gläserne Elefant«, eine riesige und begehbare Stahl-Glas-Konstruktion (1984) auf dem Gelände der stillgelegten Zeche Maximilian. Sehenswert in der Stadt: die Pauluskirche (14. Jh.) und das Museum des ehemaligen Kunsthändlers Gustav Lübcke mit Exponaten altägyptischer und zeitgenössischer Kunst. **(Abfahrt 18 Hamm, 7 bzw. 10 km).** Das auf der rechten Seite liegende Kernkraftwerk an der Anschlussstelle Uentrop ist seit 1988 stillgelegt.

Das Schiffshebewerk Henrichenburg (1894–99) ist eine geniale Konstruktion aus dem 19. Jh. Von einer Aussichtsplattform kann man mitverfolgen, wie die Schiffe in nur 90 Sekunden vom tiefer gelegenen Rhein-Herne-Kanal 14 m hoch in den Dortmund-Ems-Kanal gewuchtet werden. Das technische Wunderwerk wurde am 11.8.1899 von Kaiser Wilhelm II. eingeweiht. **(Abfahrt 11 Henrichenburg, 3 km)**

***Gut Eversum:** alter Gutshof mit über 1000-jähriger Geschichte. Beherbergt einen Freizeitpark und ein Waldferiendorf. **(Abfahrt 11 Henrichenburg, 15 km)**

Rheda-Wiedenbrück : Für ihre Möbelindustrie bekannte Stadt mit Wasserschloss (13. u. 18. Jh.) und Fachwerkbauten **(Abfahrt 23 Rheda-Wiedenbrück je 2 km)**

***Werne:** altes Städtchen mit liebevoll restauriertem Stadtkern. Sehenswert: gotisches Rathaus (1514) mit Bogenhalle und Renaissancegiebel, kath. Pfarrkirche (1450–1555) und barocke Kapuzinerklosterkirche. **(Abfahrt 15 Kamen, 11 km)**

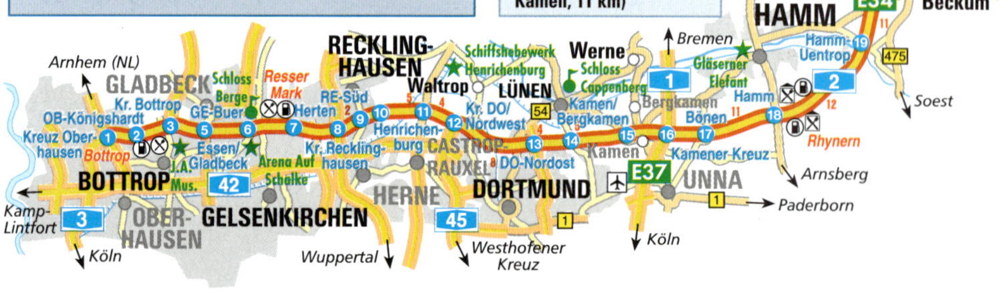

***Schloss Berge:** Das barocke Wasserschloss (18. Jh.) mit kunstvoller, in den 20er Jahren zu einem Volkspark ausgebauten Gartenanlage liegt direkt an der Autobahn (im Schloss Gastronomie). Gleich gegenüber: die **»Arena Auf Schalke«,** seit August 2001 die neue Heimspielstätte des FC Schalke 04. Mitten in Gelsenkirchen, im Herzen des Ruhrpotts fand die Schalker Tradition ein neues Zuhause. Das Stadion bietet 62000 Zuschauern Platz. **(Abfahrt 6 Gelsenkirchen-Buer, 1 km)**

****Schloss Cappenberg:** wunderschön in einem Park gelegenes Schloss nahe Selm. Schon in karolingischer Zeit befand sich hier der Sitz der Grafen von Cappenberg. Später wurde an dieser Stelle ein Prämonstratenserkloster gegründet. Die heutigen Gebäude wurden im 17.–19. Jh. errichtet. Der Mitteltrakt des Barockbaus geht auf das Jahr 1708 zurück. Prunkstück der Anlage ist die Klosterkirche mit ihrer reichen Innenausstattung. **(Abfahrt 15 Kamen, 10 km)**

Lünen: Mit der Errichtung einer Eisenhütte 1827 begann die Industrialisierung des einstigen Landstädtchens. Sehenswert: die ev. Pfarrkirche, ehemals St. Georg und Katharina, aus dem 14. bzw. 16. Jh. mit Gewölbemalereien aus dem 16. Jh., und die Schlossanlage Schwansbell (19. Jh.), in dessem Gesindehaus das Stadtmuseum residiert. **(Abfahrt 14 Dortmund-Lanstrop, 5 km)**

Beckum: In der 1134 erstmals erwähnten Stadt, heute ein Zentrum von Möbel- und Zementindustrie, ist vor allem die Kirche St. Stephanus bemerkenswert: Ihr 1230 gefertigter Prudentiaschrein ist ein eindrucksvolles Zeugnis spätromanischer Gold- und Silberschmiedekunst. **(Abfahrt 20 Beckum, 3 km)**

***Bückeburg:** Das große Wasserschloss (16. Jh.), Stammsitz der Grafen von Schaumburg, ist ein prächtiges Beispiel für den Stil der Weserrenaissance (Führung tägl. von 9–12 und 13–18 Uhr). Einzig in seiner Art ist auch das Hubschraubermuseum, das wirklich einige sehr skurrile Fluggeräte aufzuweisen hat (9.30-17/18 Uhr). **(Abfahrt 35 Bad Eilsen, 8 km)**

Bielefeld: Wahrzeichen der Stadt, des wirtschaftlichen und kulturellen Mittelpunkts Ostwestfalens, ist die Sparrenburg. Der 37 m hohe Turm einer Befestigungsanlage aus dem 13. Jh. thront auf einer Kuppe des Teutoburger Walds und bietet eine wunderbare Aussicht auf die Universitätsstadt. Sehenswert: die bekannte Kunsthalle mit Werken des 20. Jhs., die nach schweren Kriegszerstörungen restaurierte Kirche St. Nikolai (1340) und die Marienkirche (14. Jh.). **(Abfahrt 27 Bielefeld-Zentrum, 8 km)**

Weser: Der durch die Vereinigung von Fulda und Werra (s. Karte 15) entstandene Fluss ist etwa 440 km lang und mündet in die Nordsee. Die Weser ist auf ihrer gesamten Länge schiffbar, ab Bremen auch für Hochseeschiffe.

***Porta Westfalica:** Der als »Westfälisches Tor« bezeichnete Weserdurchbruch zwischen Weser- und Wiehengebirge ist die Pforte zum norddeutschen Tiefland. Der auf einer Anhöhe stehende monumentale Baldachinbau des 1896 enthüllten Kaiser-Wilhelm-Denkmals (88 m) ist von weitem zu sehen. Nördlich davon liegt die alte Stadt ***Minden** mit dem imposanten Dom St. Petrus und Gorgonius, der bedeutendsten gotischen Hallenkirche Westfalens (10.–13. Jh). Sehenswert: am Kreuzungspunkt der Wasserstraßen überquert der Mittellandkanal die Weser in einer 375 m langen und 13 m hohen Betonwanne, Europas größtem Brückenbauwerk der Binnenschifffahrt. **(Abfahrt 33 Porta Westfalica, 10 km)**

Das Renaissancerathaus in Lemgo

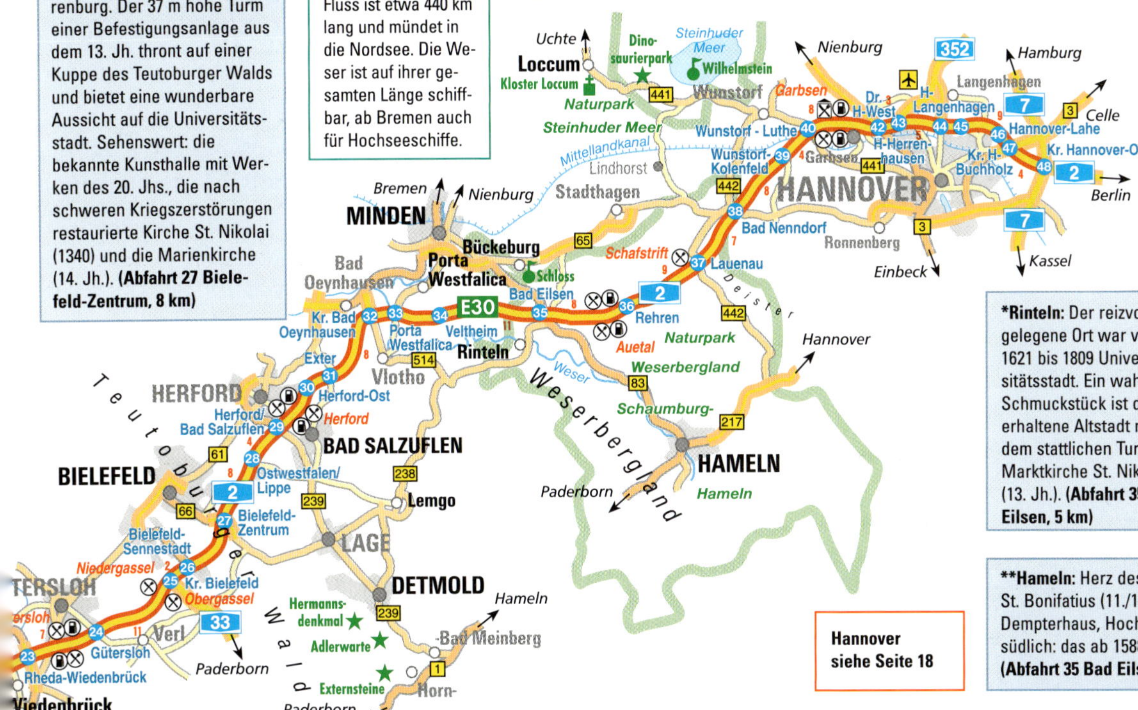

***Steinhuder Meer:** Mit 30 km² der größte Binnensee in Nordwestdeutschland. In seiner Mitte befindet sich die künstlich angelegte Insel Wilhelmstein, auf der 1765 eine Festung errichtet wurde. Wenige Kilometer entfernt: das ***Kloster Loccum** mit gotischer Pfeilerbasilika aus dem 13. Jh. **(Abfahrt 40 Wunstorf-Luthe, ca. 12 bzw. 20 km)**

***Rinteln:** Der reizvoll gelegene Ort war von 1621 bis 1809 Universitätsstadt. Ein wahres Schmuckstück ist die gut erhaltene Altstadt mit dem stattlichen Turm der Marktkirche St. Nikolai (13. Jh.). **(Abfahrt 35 Bad Eilsen, 5 km)**

****Weserbergland:** Das von dichtem Wald bedeckte Bergland ist ein Quell von Märchen und Mythen. Der »Rattenfänger von Hameln« und der »Lügenbaron von Münchhausen« sind nur zwei der legendären Gestalten dieser Märchenwelt.

****Hameln:** Herz des Weserberglands. Sehenswert: Münster St. Bonifatius (11./14. Jh.), frühgotische Kirche St. Nicolai, Dempterhaus, Hochzeitshaus, Rattenfängerhaus (17. Jh.); südlich: das ab 1588 errichtete Schloss Hämelschenburg. **(Abfahrt 35 Bad Eilsen, auf der B83 ca. 17 bzw. 20 km)**

Hannover siehe Seite 18

****Teutoburger Wald:** Das über 100 km lange Waldgebirge ist seiner historischen Schlachten berühmt. Im Jahr 9 n. Chr. erlitten die Römer hier unter ihrem Feldherrn Varus eine vernichtende Niederlage gegen die von Hermann dem Cherusker angeführten germanischen Truppen. In den südlichen Ausläufern der von Buchenmischwald gesäumten Hänge liegen die **»Externsteine«** – zerklüftete Sandsteinfelsen, die schon in vorchristlicher Zeit als Kultstätte genutzt wurden. **(Abfahrt 27 Bielefeld, dann auf B66 und B239 Richtung Lage/Detmold. Ab dort Beschilderung folgen. 30 km, Fahrtzeit 1 Stunde)**

Bad Salzuflen: Stattliche Fachwerkbauten und Patrizierhäuser im Stil der Weserrenaissance zeugen von der reichen Vergangenheit des Staatsbads (seit 1818) mit Sol- und Thermalquellen. Sehenswert: das spätgotische Rathaus (1545) und der schöne Kurpark. **(Abfahrt 29 Herford/Bad Salzuflen, ca. 5 km)**

****Lemgo:** Die im 15. und 16. Jh. reich gewordene Handelsstadt ist für ihre Renaissancearchitektur berühmt. Sehenswert: Rathaus, zahlreiche Fachwerkhäuser, Kirche St. Nikolai, Marienkirche und das Junkerhaus.

Highlight der Weserrenaissance: Schloss Hämelschenburg

UNTERWEGS IM SCHAUMBURGER LAND

Westfälische Mühlenstraße: Kappenwindmühle bei Minden

Der zweite, nördliche Abschnitt der Strecke verlässt das Ruhrgebiet sowie das Bundesland Nordrhein-Westfalen und führt hinein nach Niedersachsen und zu dessen Landeshauptstadt Hannover. Zu Niedersachsen gehört auch das südlich der Autobahn gelegene **Schaumburger Land.** Nicht nur im Landesmuseum für Schaumburg-Lippische Geschichte in **Bückeburg (Abfahrt 35 Bad Eliesen, 5 km)** besinnt man sich auf eine lange Geschichte. Auch Tracht und Brauchtum haben sich hier noch lebendig erhalten. Von der Liebe zur Vergangenheit zeugen auch die 42 mit Wind, Wasser und Pferdekraft betriebenen Mühlen, zu denen rund um die 1200 Jahre alte Kreisstadt **Minden** die Westfälische Mühlenstraße führt. Die Funktionsweise dieser ländlichen Kulturdenkmäler kann man sich auch vor Ort erklären lassen. **(Abfahrt 35 Bad Eliesen, 15 km).**

KULINARISCHES DER REGION: Bodenständig

Nicht von ungefähr kommt der **Steinhäger,** jener schlichte Klare in der braunen Steinflasche, aus Bielefeld. Man braucht schon eine handfeste Hilfe zur Verdauung der deftigen regionalen Speisen, von denen **Schinken** und **Pumpernickel** sogar Weltruhm erlangt haben! Daneben gibt es lokale Deftigkeiten wie **Blindhuhn, Pfefferpotthast, Grünkohl, Dicke Bohnen.** Dass sich bodenständige Spezialitäten auch auf raffinierte Art variieren lassen und so zum kulinarischen Genuss ohne Reue werden, beweist sich jedoch im **Gasthaus Buschkamp,** Buschkampstr. 75, 33659 Bielefeld, Tel. 05 21/49 28 00. Das historische Gasthaus gehört zum Museumshof Senne, hat einen Biergarten und eine Terrasse **(Abfahrt Bielefeld-Sennestadt von der A2).**

RAST AUF REISEN: Historisches Ambiente

Schlichte Hof, Osnabrücker Str. 100, 33649 Bielefeld, Tel. 05 21/4 55 88: kleines Hotel mit empfehlenswertem Restaurant in Fachwerkbau. **Detmolder Hof,** Lange Str. 19, 32756 Detmold, Tel. 0 52 31/9 91 20: zeitgemäßer Komfort in historischem Gebäude mit Restaurant und schönem Biergarten **(Abfahrt 27 Bielefeld-Zentrum, 5 bzw. 20 km). Hotel Stadt Hameln,** Münster-wall 2, 31787 Hameln, Tel. 0 51 51/90 10: anspruchsvoller Hotelkomplex mit Restaurant in ehemaliger Gefängnisanlage mit herrlichem Innenhof am Weserufer; **Hotel Jugendstil,** Wettorstr. 15, 31785 Hameln, Tel. 0 51 51/9 55 80: Garni-Hotel mit guter Ausstattung in Bürgerhaus der Gründerzeit **(Abfahrt 35 Bad Eilsen, 23 km). Hotel Waldkater,** Waldkaterallee 27, 31737 Rinteln, Tel. 0 57 51/1 79 80: hübsch gelegener Fachwerkbau mit Gasthofbrauerei **(Abfahrt 35 Bad Eilsen, 6 km).**

Porta Westfalica und das Weserbergland

Nahe der Bischofs- und Festungsstadt Minden gibt die Westfälische Pforte den Weg frei ins Norddeutsche Tiefland. Markant überragt der 270 Meter hohe Wittekindsberg mit dem Kaiser-Wilhelm-Denkmal den Fluss.

Die Bezeichnung Porta Westfalica geht auf die Zeit Ende des 18. Jahrhunderts zurück, als es in höfischen Kreisen immer beliebter wurde, sich Französisch oder Lateinisch zu unterhalten. Wahrzeichen der Porta Westfalica ist das 88 m hohe Kaiser-Wilhelm-Denkmal. Von seinen Terrassen hat man eine unvergleichliche Aussicht auf das gegenüberliegende Wesergebirge, das Wesertal und die Weserbrücke.

Großes Bild links:
Ein breiter Schlossgraben umgibt die ehemalige Residenz Schloss Bückeburg, die heute noch Sitz des Fürstenhauses Schaumburg-Lippe ist.

1 Ein beieindruckendes Beispiel im Stil der Weserrenaissance ist das Schloss Petershagen. Seit 1964 wird es als Hotel genutzt.

2 Der gotische Laubengang des Rathauses der alten Bischofsstadt Minden stammt aus dem 13. Jh. Es ist das älteste Rathaus Westfalens.

3 Geschmeidig schiebt sich die Weser durch das Tal, das von der Porta Westfalica und vom Kaiser-Wilhelm-Denkmal überwacht wird.

4 Das 88 m hohe Kaiser-Wilhelm Denkmal ist zum Wahrzeichen der Porta Westfalica geworden.

5 Die 1610–15 errichtete Bückeburger Stadtkirche gehört zu den frühesten protestantischen sakralen Großbauten in Deutschland. Die prächtige Fürstenloge erinnert an Ernst III. von Schaumburg.

6 Malerisch schimmert die Weser bei Veltheim, ein landestypisches Fachwerkhaus ruht an ihrem Ufer im Morgennebel.

1

2

3

4

5

6

Streckenprofil:** Durch waldarme, weite Ebenen führt die Route durch den Norden der Magdeburger Börde am welligen Fläming vorbei bis an den Rand des Havellands. **(240 km – 2½ Std.)
A39:** Von der Autostadt Wolfsburg verläuft die Strecke an Braunschweig und Salzgitter vorbei auf die A7 **(55 km, 35 Min.)
A395:** Landschaftlich schöne Route bis an den Nordrand des Harz. **(45 km, 30 Min.)

****Hannover:** Wahrzeichen der im Krieg schwer zerstörten und heute modernen Industrie- und Messestadt ist der wilhelminische Kuppelbau des Rathauses (1901–13) am Maschsee. Ein »Roter Faden« führt durch Niedersachsens Landeshauptstadt; die auf das Pflaster gemalte Linie leitet zu den Attraktionen der kulturell einst blühenden Metropole: die Altstadt um den Marktplatz mit dem gotischen Alten Rathaus (1439–55), die Marktkirche (14. Jh.); die als Mahnmal erhaltene Ruine der Aegidienkirche (14. Jh.); Leineschloss (17. Jh.), Sitz des Landtags; nahe den Passagen »Galerie Luise« und »Kröpke« liegt das klassizistische Opernhaus (1845–52). Wichtigste Museen sind das Sprengel-Museum (Moderne Kunst), das Landesmuseum (Gemälde, Völkerkunde) und das Kestner Museum (Antike). **(Abfahrt 44 Hannover-Langenhagen, 6 km)**

Das Schloss der Herzöge von Calenberg wurde zwar vollständig zerstört, doch die **Herrenhäuser Gärten,** vor allem der streng geometrisch angeordnete Große Garten, gehören zu den schönsten barocken Parkanlagen in Europa (17./18. Jh.) **(Abfahrt 42 Hannover-Herrenhausen, 6 km)**

*****Goslar:** Eine der reizvollsten historischen Städte Deutschlands, welche die Fülle ihrer Kunstschätze den Erz- und Silberminen des Rammelsbergs verdankt. Altstadt und Silberbergwerk wurden von der UNESCO zum Weltkulturerbe erklärt. Sehenswert: die romanische Kaiserpfalz (1005–15/19. Jh.) mit der St.-Ulrichs-Kapelle; das gotische Rathaus (15./16. Jh.) mit dem Huldigungssaal; Marktkirche (1170/16. Jh.), Jakobikirche (11. Jh.) und die Domvorhalle mit dem Kaiserstuhl, einem Rest des 1822 abgerissenen Sakralbaus. **(Abfahrt 16 Bad Harzburger Dreieck, 8 km)**

****Braunschweig:** Wahrzeichen ist der bronzene Löwe auf dem Burgplatz, 1166 aufgestellt von Herzog Heinrich dem Löwen (1130–95). Sehenswert: Burgplatz mit Burg Dankwarderode (1175/1887) und romanisch-gotischem Dom St. Blasii (1173–95); Rathaus (14. Jh.), Martinikirche (13. Jh.) und Gewandhaus (14. Jh.); »Insel« Michaelis mit gotischer Kirche (14.Jh.); St. Aegidien (13./14. Jh.), St. Magni (11. Jh.) und das älteste Museum Deutschlands (Herzog-Anton-Ulrich-Museum) mit großartigen Kunstschätzen. **(Abfahrt 5 Braunschweig-Lehndorf, 2 km)**

Wolfsburgs neue Attraktion: die Autostadt

***Wolfsburg:** Das Verwaltungshochhaus und die Fertigungshallen des VW-Werks sind die Wahrzeichen der Stadt, die 1938 um das Werk herum entstand. Sehenswert: Schloss Wolfsburg mit der Städtischen Galerie; Kunstmuseum und das Automuseum (Dieselstr. 35).

Im neuen Erlebniszentrum »Autostadt« dreht sich alles ums Auto: Kunst, Filme, Videos, Experimente, Fahrzeugtechnik. **(Abfahrt 3 Wolfsburg-West, 3 km)**

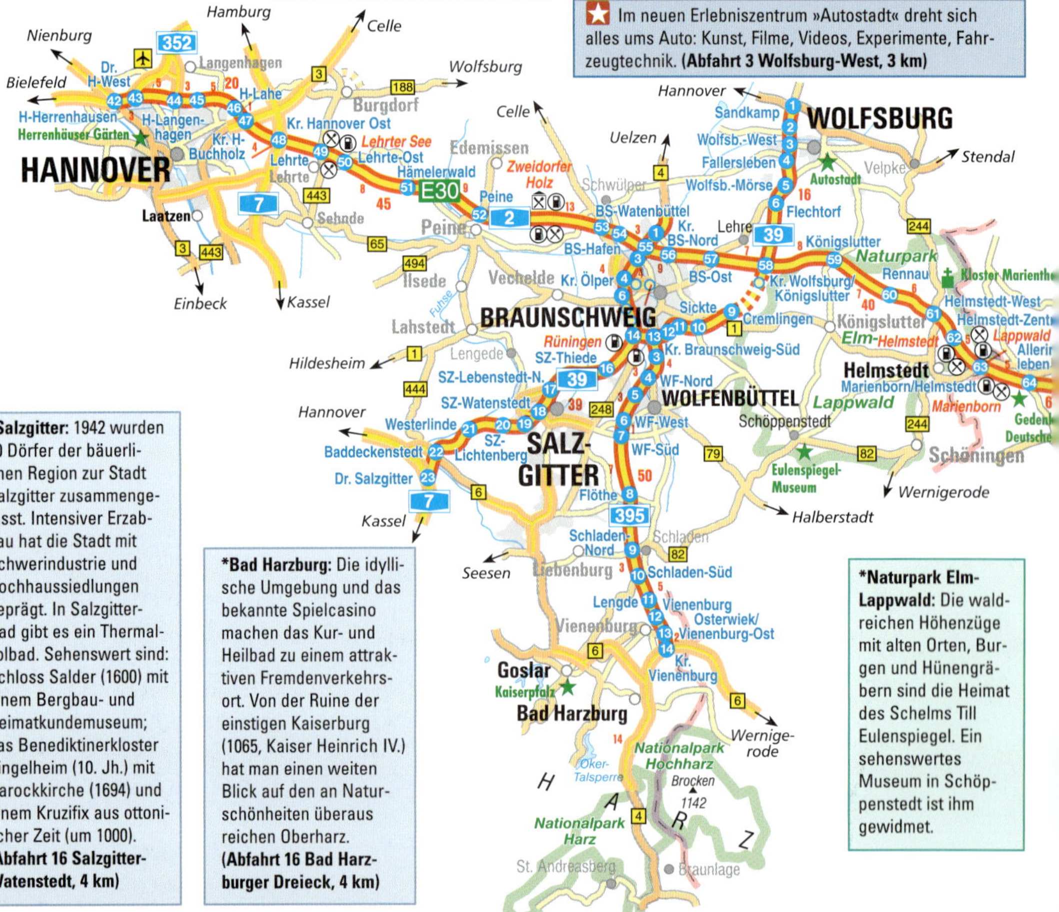

***Salzgitter:** 1942 wurden 30 Dörfer der bäuerlichen Region zur Stadt Salzgitter zusammengefasst. Intensiver Erzabbau hat die Stadt mit Schwerindustrie und Hochhaussiedlungen geprägt. In Salzgitter-Bad gibt es ein Thermalsolbad. Sehenswert sind: Schloss Salder (1600) mit einem Bergbau- und Heimatkundemuseum; das Benediktinerkloster Ringelheim (10. Jh.) mit Barockkirche (1694) und einem Kruzifix aus ottonischer Zeit (um 1000). **(Abfahrt 16 Salzgitter-Watenstedt, 4 km)**

***Bad Harzburg:** Die idyllische Umgebung und das bekannte Spielcasino machen das Kur- und Heilbad zu einem attraktiven Fremdenverkehrsort. Von der Ruine der einstigen Kaiserburg (1065, Kaiser Heinrich IV.) hat man einen weiten Blick auf den Naturschönheiten überaus reichen Oberharz. **(Abfahrt 16 Bad Harzburger Dreieck, 4 km)**

***Naturpark Elm-Lappwald:** Die waldreichen Höhenzüge mit alten Orten, Burgen und Hünengräbern sind die Heimat des Schelms Till Eulenspiegel. Ein sehenswertes Museum in Schöppenstedt ist ihm gewidmet.

UNTERWEGS VOM HERZOGTUM BRAUNSCHWEIG IN DEN HARZ

Harzlandschaft am 1142 m hohen Brocken

Von Braunschweig aus führt die A395 Richtung Süden durch das ehemalige **Herzogtum Braunschweig.** Es umfasste mehrere kleine Territorien im **Harzer Vorland** und im Harz und wurde von 1308 bis 1753 von Wolfenbüttel aus regiert, der Welfenresidenz mit der berühmten Bibliothek, an der Leibniz und Lessing wirkten. Zu den Highlights der Strecke gehört der wildromantische Abschnitt des **Ockertals** zwischen Bad Harzburg und Goslar. Von hier aus geht es in den **Harz,** das waldreiche Mittelgebirge im Herzen Deutschlands, das bereits im 19. Jahrhundert für den Fremdenverkehr entdeckt wurde und mit romantischen Tälern, steilen Felswänden und Fachwerkstädtchen lockt.

KULINARISCHES DER REGION: Für Gourmets

Die Messestadt Hannover bietet ihrem internationalen Publikum eine breite Palette von Restaurants für jeden Anspruch. Hier zwei Tipps für Feinschmecker, die sich in stilvollem Ambiente auf hohem Niveau verwöhnen lassen wollen: **Restaurant Rampoldi,** Berliner Allee 33, 30175 Hannover-Zentrum, Tel. 05 11/85 89 21; **Landhaus Ammann,** Hildesheimer Str. 185, 30173 Hannover-Döhren, Tel. 05 11/83 08 18.

Rast auf Reisen: Ruhig und verkehrsgünstig

Gästehaus Harzer Land, Breslauer Str. 7, 38315 Schladen, Tel. 0 53 35/9 08 00: familiär und sehr ruhige Lage, mit Liegewiese **(A395 Abfahrt Schladen Nord, 2 km).** **Der Quellenhof,** Brunnenweg 19, 38350 Helmstedt, Tel. 0 53 51/12 40: Waldlage, gutes Restaurant, Schwimmbad **(A2 Abfahrt 62 Helmstedt-Zentrum, 3 km).**

*****Wolfenbüttel:** Fachwerkbauten zieren die einstige Residenzstadt der Welfen – eine der ältesten Stadtanlagen der Renaissance. Die weltberühmte Herzog-August-Bibliothek, in der einst Leibniz und Lessing tätig waren, besitzt 500 000 kostbare Bände. Sehenswert: Renaissanceschloss (16./18. Jh.); Marienkirche (1607–23), älteste protestantische Kirche Deutschlands, Trinitatiskirche (1719); Zeughaus (1613-18) und Lessinghaus, in dem der Dichter (1729 -81) 1779 den »Nathan« vollendete. **(Abfahrt 4 Wolfenbüttel-Nord, 4 km)**

Der Marktplatz in Goslar mit der Kaiserworth

****Helmstedt:** Ihre Blütezeit hatte die alte Fachwerkstadt von 1576 bis 1810 als bedeutende Universitätsstadt. An die lange Zeit als Grenzkontrollpunkt zur DDR erinnern das sehenswerte, 1995 eröffnete Zonengrenzmuseum und die Gedenkstätte »Deutsche Teilung« an der Abfahrt 63 in Marienborn. Sehenswert: die Renaissancebauten (16. Jh.) der Universität; Ludgerikloster mit der Doppelkapelle St. Peter und Johannes (11. Jh.); die sakralen Kunstwerke der Pfarrkirche St. Stephani (13./15. Jh.) und das auf einer Anhöhe gelegene Augustinerstift Marienberg (12./13. Jh.). **(Abfahrt 62 Helmstedt-Zentrum, 1 km)**

***Brandenburg:** Älteste Stadt der Mark im reizvollen Havelland. Die durch die Flussarme der Havel abgegrenzten Teile Altstadt, Neustadt und Dominsel bilden den Grundriss der einstigen Bistumsstadt, die bis Mitte des 12. Jh. eine slawische Festung war. Sehenswert: der an Kunstschätzen reiche Dom St. Peter und Paul (1165–1836), eine romanisch-gotische Basilika; das Altstädtische Rathaus (1470) und die Pfarrkirche St. Katharinen (1395–1401) in der Neustadt. Markant sind die Befestigungen Plauer- und Rathenower Turm (Altstadt) und Wassertor- und Steinturm (Neustadt). **(Abfahrt 78 Brandenburg, 7 km)**

Auf einer Havelinsel: Werder mit Heilig-Geist-Kirche

***Kloster Marienthal:** 1350 soll der Schelm Till Eulenspiegel hier um seine Aufnahme ersucht haben. Doch da er auch hier seinen Schalk nicht zügeln konnte, blieb seine Zeit im Kloster nur eine kurze Episode. Sehenswert: die Alvenslebensche Kapelle mit einer Ausstellung über die Zisterzienser. **(Abfahrt 61 Helmstedt-West, 2 km)**

Ziesar: Sehenswert die Burg, einst Residenz der Bischöfe von Brandenburg mit 35 m hohem Bergfried. Von den ehemals sieben Türmen stehen heute noch zwei. **(Abfahrt 76 Ziesar, 2 km)**

Beetzsee: eiszeitlicher Binnensee, bei Wassersportlern und Naturfreunden beliebt. An seinen Ufern oder bei einer Bootsfahrt kann man viele seltene Vogelarten beobachten.

Werder: Das ehemalige Fischerdorf ist vor allem für seinen Obst- und Blumenanbau berühmt. Ganz besonders im Mai, wenn Werder sein Baumblütenfest feiert, kommen Besucher von nah und fern in die kleine Stadt. Sehenswert: Hl.-Geist-Kirche mit dem dominierenden Turm, der 1856–1858 von Stüfer erbaut wurde. **(Abfahrt 81, A10 bis Abfahrt 22 Großkreutz, 15 km)**

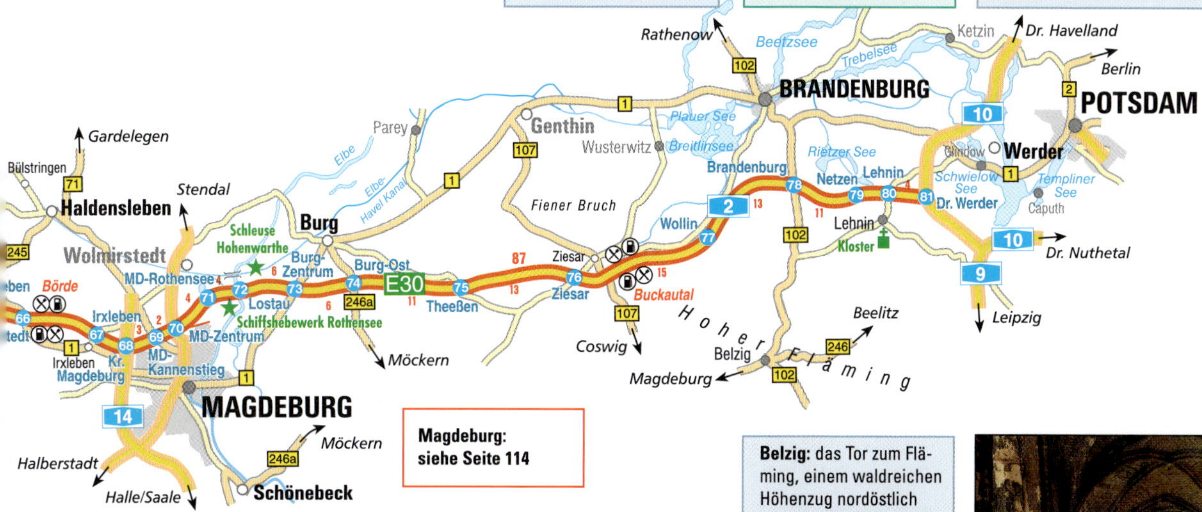

Magdeburg:
siehe Seite 114

Potsdam:
siehe Seite 105

****Kloster Lehnin:** Die berühmte frühgotische Backsteinbasilika (12./13. Jh.) inmitten der wald- und seenreichen Landschaft gehörte im Mittelalter zur reichsten Abtei der Mark. Sehenswert: Königshaus und Falkonierhaus. **(Abfahrt 80 Lehnin, 3 km)**

***Irxleben:** Im storchenreichen Tal zwischen Aller und Beber liegt das kleine Bördedorf, dessen romanische Burg (12. Jh.) und ein Schloss aus dem 18. Jh. fast den halben Ort einnehmen. **(Abfahrt 67 Irxleben, 1 km)**

****Schiffshebewerk Rothensee:** Die weithin sichtbare Stahlkonstruktion (1938) ist eine technische Meisterleistung. Von Aussichtsplattformen kann man beobachten, wie die Schiffe über 16 m in die Elbe gehievt oder auf das Niveau des Elbe-Havel-Kanals gehoben werden. **(Abfahrt 71 Magdeburg-Rothensee, 3 km)**

Burg: altes Städtchen am Elbe-Havel-Kanal. Sehenswert: die Unterkirche St. Nikolai, eine dreischiffige spätromanische Pfeilerbasilika und die Oberkirche (Liebfrauenkirche), eine spätgotische Hallenkirche, mit spätromanischem Westwerk. **(Abfahrt 73 Burg-Zentrum, 5 km)**

Belzig: das Tor zum Fläming, einem waldreichen Höhenzug nordöstlich der Elbe in unberührter Natur. Sehenswert: das Rathaus aus dem 17. Jh., die frühgotische Pfarrkirche (13. Jh.) und die Festung Eisenhardt mit einem Bergfried aus dem 13. Jh., dem im 15. Jh. errichteten Haupthaus und einer alten Ringmauer mit Rundtürmen. **(Abfahrt 78 Brandenburg, B102, 25 km)**

Brandenburg: Kreuzgang in der Klosterruine St. Pauli

UNTERWEGS VON DER MAGDEBURGER BÖRDE IN DEN FLÄMING UND NACH BRANDENBURG

Brandenburg: Altstädter Markt mit Rathaus und Roland

Im Bauernland der Magdeburger Börde haben sich nur wenige Wälder erhalten. Wie Inseln bieten sie dem Auge im weiten flachen Land grüne Fixpunkte und empfehlen sich überdies für angenehme Spaziergänge und Wanderungen. Lichte Buchenwälder prägen die **»Magdeburger Schweiz«** zwischen Sommersdorf, Harbke und Marienborn. Ebenfalls südlich der A2 liegt das Landschaftsschutzgebiet **Hohes Holz,** das sich durch seinen dichten Bestand von Buchen, Eichen, Ahorn, Lärchen und Fichten auszeichnet. Nördlich der A2 finden archäologisch Interessierte das größte geschlossene Großsteingräberfeld Mitteleuropas im **Haldenslebener Forst.** Die Strecke führt weiter durch den **Hohen Fläming,** ein Höhenrücken östlich von Magdeburg und nördlich der mittleren Elbe, den Kiefernforste und Ackerflächen kennzeichnen. Der Name rührt von flämischen Kolonisten, die hier im 12. Jh. siedelten.

KULINARISCHES DER REGION: Solide Küche

Von Experimenten hält man in den Küchen der Magdeburger Börde wenig. Dafür gibt es **Hausmannskost** preiswert in üppigen Portionen. Traditionsgerichte wie **Sauerkohl und Pökelfleisch** bietet etwa das **Gasthaus Flotts Höhe,** Flotts Höhe 2, 39398 Klein Oschersleben, **(Abfahrt 4 Wanzleben, 14 km).**

KULINARISCHES DER REGION:

Traditionell bördeländische Küche serviert der **Landgasthof zur Alten Post**, 39365 Ummendorf, Eilslebenerstr. Str. 3 **(Abfahrt 64, Alleringsleben, 10 km weiter nach Wefensleben, oder 65 Eilsleben, über B245 Eilsleben, 10 km).**

RAST AUF REISEN: Individuelle Hotels

Parkhotel Herrenkrug, Herrenkrugstr. 194, 39114 Magdeburg, Tel. 0391/85080: außerhalb der Stadt an der Elbe gelegenes Hotel mit historischem Ballsaal, auch Reitmöglichkeit **(Abfahrt 70 Magdeburg-Zentrum, über B1 Burg Dessau, 6 km). Hotel Burg Wanzleben,** 39164 Wanzleben, Am Amt 2, Tel. 039209/60140: charmantes Haus mit origineller Einrichtung in einer romantischen Burganlage **(Abfahrt 65 Eilsleben, über B245a Eilsleben, 20 km).**

Hannover

Die im Mittelalter als Handelsplatz gegründete Landeshauptstadt Niedersachsens genießt heute als moderner Messestandort internationalen Ruf.

In Hannover findet man einen harmonischen Zusammenklang von alter Baukunst, Großstadtflair und kulturellem Leben vor. Das ist es – so die Hannoveraner – was ihre Stadt so lebens- und liebenswert macht. So lohnt neben den zahlreichen Museen der Stadt vor allem ein Besuch des Großen Gartens in Herrenhausen, dem größten Barockgarten Deutschlands, wenn bei den abendlichen Sommerveranstaltungen die Fontänen springen und Musik und Theater in den wunderbaren Anlagen Einzug halten. Auch das am letzten Augustwochenende stattfindende Altstadtfest, das mit seinen Straßenmusikern, Bänkelsängern, Gauklern sowie zahlreichen Jazz- und Rockbands die Hannoveraner nach den Ferien wieder in der Stadt willkommen heißt, sollte man sich nicht entgehen lassen.

Großes Bild links:
Die Altstadt Hannovers überrascht mit malerischen Winkeln.

1 Im Maschsee spiegelt sich das Wahrzeichen von Hannover, das Neue Rathaus von 1913.

2 Die kunstvoll gestaltete Straßenbahnhaltestelle Steintor.

3 Schön anzusehende Fachwerkbauten schmücken den Holzmarkt in der Altstadt von Hannover.

4 Im gotischen Prachtbau des Alten Rathauses befindet sich das beliebteste Standesamt Hannovers.

5 Das Anzeiger-Hochhaus aus dem Jahr 1928 ist ein Hauptwerk der expressionistischen Architektur.

6 Das Barockschloss Herrenhausen fasziniert durch seine französische Gartenanlage.

Braunschweig und Wolfenbüttel

Das Braunschweiger Land birgt bedeutende kunsthistorische Schätze – ob in Braunschweig oder in Wolfenbüttel.

Heinrich der Löwe erbaute sich an einem Platz namens »Bruneswiek« die Burg Dankwarderode und erhob den Ort zur Stadt. Im Jahr 1753 machten die Herzöge von Braunschweig, die zuvor in Wolfenbüttel residierten, die Stadt zur Residenz des gleichnamigen Herzogtums. Durch ihre Messen und die vielen Manufakturen erlebte die Stadt eine wirtschaftliche Blütezeit. Eine kulturelle folgte unter Herzog Karl I., als Braunschweig durch Lessing und seine Freunde zum geistigen Mittelpunkt Norddeutschlands wurde. Auch Wolfenbüttel, von reichem Fachwerkbestand geprägt, war unter den Braunschweiger Herzögen eine Pflegestätte der Künste und Wissenschaften.

Großes Bild links:
Der Braunschweiger Burgplatz mit dem Dom St. Blasius (1173–1195) und dem Burglöwen, den Heinrich der Löwe 1166 errichten ließ

1 Der Braunschweiger Altstadtmarkt mit dem gotischen Rathaus (14. Jh.) und der Martinikirche (12. Jh.).

2 Schloss Richmond ist der Inbegriff absolutistischer Lustschlossarchitektur.

3 Mittelpunkt der Altstadt ist der Burgplatz, an den sich einst die alte Waserburg der Brunonen erhob, bevor Heinrich der Löwe dort 1175 Burg Dankwarderode erbauen ließ. Auf dem sich nach oben verjüngendem Sockel thront ein bronzener Löwe – ein Meisterwerk der romanischen Kunst.

4 Um 1600 entstand das Wolfenbütteler Rathaus mit seinen hölzernen Arkaden. Ein Denkmal erinnert an Herzog August, den Gründer der berühmten Bibliothek.

5 Am Holzmarkt von Wolfenbüttel erhebt sich die barocke Trinitatiskirche.

1

2

3

4

5

UNTERWEGS IN SIEBENGEBIRGE UND WESTERWALD

Schloss Montabaur im Westerwald

Das **Siebengebirge** ist Deutschlands ältestes Naturschutzgebiet und vulkanischen Ursprungs. Seinen Namen hat es von den Basalt-, Trachyt- und Doleritkegeln – die bekanntesten sind der Petersberg und der Drachenfels –, die der Erosion widerstanden haben und Akzente in die Landschaft setzen. Im Süden des Siebengebirges liegt der **Westerwald**, der zum **Rheinischen Schiefergebirge** zählt und mit der Fuchskaute eine Höhe von 657 Metern erreicht.

ALTES HANDWERK DER REGION: Keramik

Das Kannenbäckerland im südwestlichen Westerwald wurde aufgrund seiner reichen Tonlager schon in vorchristlicher Zeit zu einem Zentrum der Keramikherstellung. Auf die hier gefertigten **Krüge** oder **»Kannen«**, meist graublaue, salzglasierte Ware, bezieht sich auch sein Name. Die bis heute fortgeführte handwerkliche Tradition ist zu einem Markenzeichen der Region geworden. Und so sind im **Keramikmuseum Westerwald** in Höhr-Grenzhausen, dem das größte europäische Lehr- und Forschungsinstitut für Keramik angeschlossen ist, neben eindrucksvollen antiken Stücken auch künstlerische Tongefäße unserer Zeit zu sehen.

KULINARISCHES DER REGION: Edle Speisen

Die dicht besiedelte Stadtlandschaft zwischen Ruhrgebiet und Köln bietet dem Feinschmecker vielfältige Gelegenheiten, sich nach allen Regeln der Kochkunst verwöhnen zu lassen. Hier einige Restauranttipps für gehobene Ansprüche: **Zur Tant**, Rheinbergstr. 49, 51143 Köln, Ortsteil Porz-Langel, Tel. 02203/818 83: am Rhein gelegenes Traditionslokal mit schöner Terrasse, an der feinen österreichischen Küche orientiert **(Abfahrt 34 Köln-Flughafen, 2 km)**. **Dettmann's Restaurant**, Kalkweg 26, 47055 Duisburg, Ortsteil Wanheimerort, Tel. 0203/7257 90: experimentierfreudige Küche mit erfreulich persönlichem Service **(Abfahrt 13 Wanheimerort, 2 km)**.

RAST AUF REISEN: Exklusiv oder familiär

Welcome Hotel Rheinresidenz, Rheinpromenade 10, 46487 Wesel, Tel. 0281/300 00: modernes Haus in ruhiger Lage, Wellnessbereich, luxuriöse Suiten vielseitige Gastronomie **(Abfahrt 6 Wesel, 4 km)**; **Turmhotel**, Kölner Str. 99, 42651 Solingen, Tel. 0212/22 30 70: familiär geführtes Hotel hoch über den Dächern der Stadt, **(Abfahrt 20 Solingen, 10 km)**; **Lindner Hotel BayArena**, Bismarckstr. 118, 51373 Leverkusen, Tel. 0214/8 66 30: neu eröffnetes Haus direkt am Stadion, sportliches Ambiente **(Abfahrt 24 Leverkusen, 2 km)**; **Rheinhotel Loreley**, Rheinallee 12, 53639 Königswinter, Tel. 02223/92 50: Neubarock-Bau mit modernstem Komfort am Rhein **(Abfahrt 33 Siebengebirge, 5 km)**; **Hotel Weinhaus Hoff**, Löwenburgstr. 18 und 35, 53604 Bad Honnef-Rhöndorf, Tel. 02224/23 42: behaglich mit Weinstube und Restaurant **(Abfahrt 34 Bad Honnef, 7 km)**.

Streckenprofil:** Vom Niederrheinischen Tiefland, einem weiten grünen Weideland mit vielen kleinen Backsteinstädtchen, führt die Route direkt in die dicht besiedelten Industriegebiete an Rhein und Ruhr. Mit dem Siebengebirge südlich von Köln beginnt eine leicht bergige Fahrt durch den schönen Westerwald bis Montabaur.* ***(220 km, ca. 2 Std.)

Lippe: Von dem 214 km langen Fluß sind 140 km schiffbar.

****Naturpark Hohe Mark:** abwechslungsreiche Landschaft mit Wacholderheide, Wäldern, Flussauen und Moorgebieten östlich von Wesel. Die kilometerlangen Rad- und Wanderwege führen an alten Mühlen und Wasserschlössern vorbei.

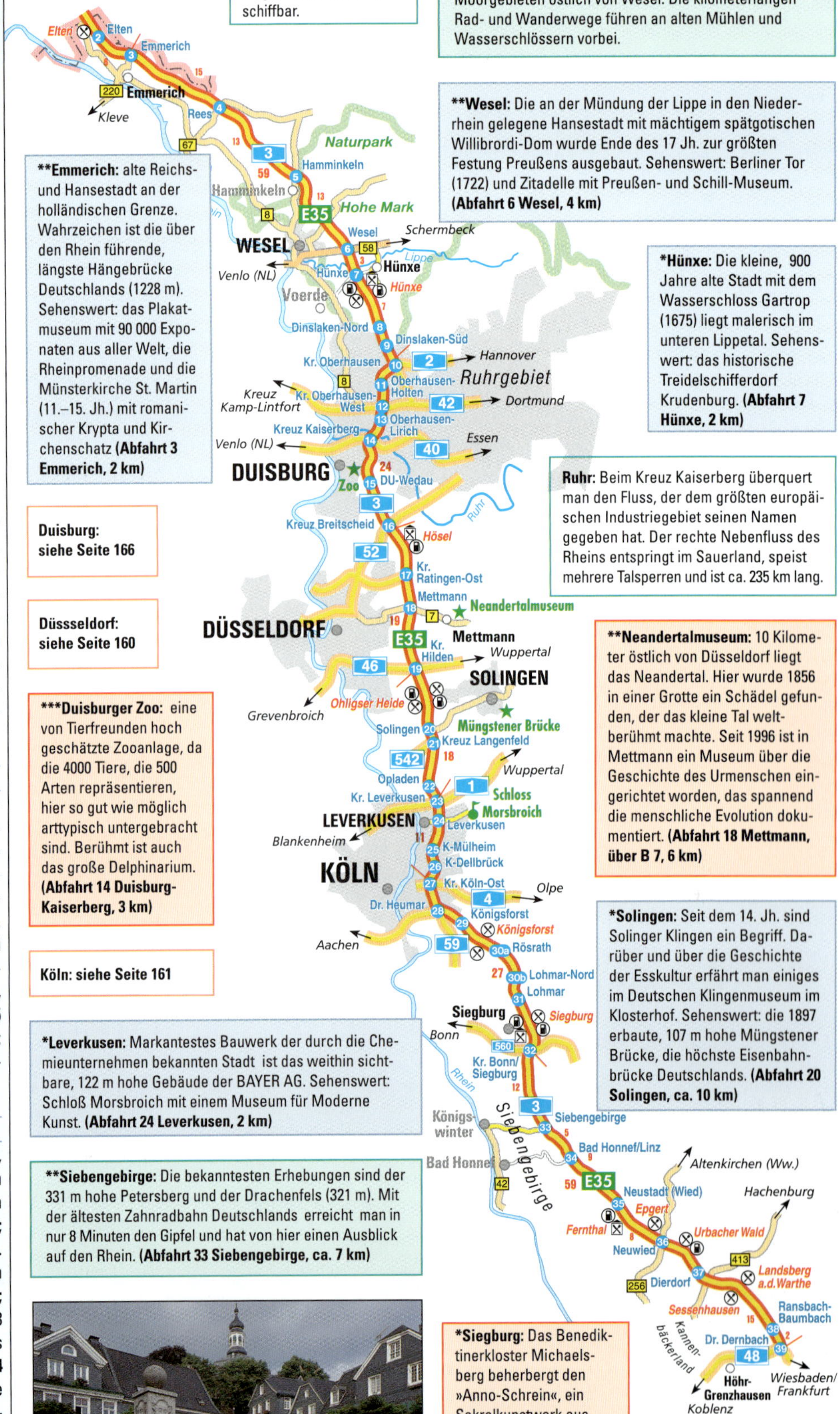

****Wesel:** Die an der Mündung der Lippe in den Niederrhein gelegene Hansestadt mit mächtigem spätgotischen Willibrordi-Dom wurde Ende des 17. Jh. zur größten Festung Preußens ausgebaut. Sehenswert: Berliner Tor (1722) und Zitadelle mit Preußen- und Schill-Museum. **(Abfahrt 6 Wesel, 4 km)**

****Emmerich:** alte Reichs- und Hansestadt an der holländischen Grenze. Wahrzeichen ist die über den Rhein führende, längste Hängebrücke Deutschlands (1228 m). Sehenswert: das Plakatmuseum mit 90 000 Exponaten aus aller Welt, die Rheinpromenade und die Münsterkirche St. Martin (11.–15. Jh.) mit romanischer Krypta und Kirchenschatz **(Abfahrt 3 Emmerich, 2 km)**

***Hünxe:** Die kleine, 900 Jahre alte Stadt mit dem Wasserschloss Gartrop (1675) liegt malerisch im unteren Lippetal. Sehenswert: das historische Treidelschifferdorf Krudenburg. **(Abfahrt 7 Hünxe, 2 km)**

Ruhr: Beim Kreuz Kaiserberg überquert man den Fluss, der dem größten europäischen Industriegebiet seinen Namen gegeben hat. Der rechte Nebenfluss des Rheins entspringt im Sauerland, speist mehrere Talsperren und ist ca. 235 km lang.

Duisburg: siehe Seite 166

Düsseldorf: siehe Seite 160

*****Duisburger Zoo:** eine von Tierfreunden hoch geschätzte Zooanlage, da die 4000 Tiere, die 500 Arten repräsentieren, hier so gut wie möglich arttypisch untergebracht sind. Berühmt ist auch das große Delphinarium. **(Abfahrt 14 Duisburg-Kaiserberg, 3 km)**

****Neandertalmuseum:** 10 Kilometer östlich von Düsseldorf liegt das Neandertal. Hier wurde 1856 in einer Grotte ein Schädel gefunden, der das kleine Tal weltberühmt machte. Seit 1996 ist in Mettmann ein Museum über die Geschichte des Urmenschen eingerichtet worden, das spannend die menschliche Evolution dokumentiert. **(Abfahrt 18 Mettmann, über B 7, 6 km)**

Köln: siehe Seite 161

***Solingen:** Seit dem 14. Jh. sind Solinger Klingen ein Begriff. Darüber und über die Geschichte der Esskultur erfährt man einiges im Deutschen Klingenmuseum im Klosterhof. Sehenswert: die 1897 erbaute, 107 m hohe Müngstener Brücke, die höchste Eisenbahnbrücke Deutschlands. **(Abfahrt 20 Solingen, ca. 10 km)**

***Leverkusen:** Markantestes Bauwerk der durch die Chemieunternehmen bekannten Stadt ist das weithin sichtbare, 122 m hohe Gebäude der BAYER AG. Sehenswert: Schloß Morsbroich mit einem Museum für Moderne Kunst. **(Abfahrt 24 Leverkusen, 2 km)**

****Siebengebirge:** Die bekanntesten Erhebungen sind der 331 m hohe Petersberg und der Drachenfels (321 m). Mit der ältesten Zahnradbahn Deutschlands erreicht man in nur 8 Minuten den Gipfel und hat von hier einen Ausblick auf den Rhein. **(Abfahrt 33 Siebengebirge, ca. 7 km)**

Der schmucke Marktplatz von Solingen

***Siegburg:** Das Benediktinerkloster Michaelsberg beherbergt den »Anno-Schrein«, ein Sakralkunstwerk aus Gold, Edelstein und Emaille. Mehr weltlich ist der bekannte, hier gebrannte Kräuterlikör. **(Abfahrt 31 Lohmar, ca. 3 km)**

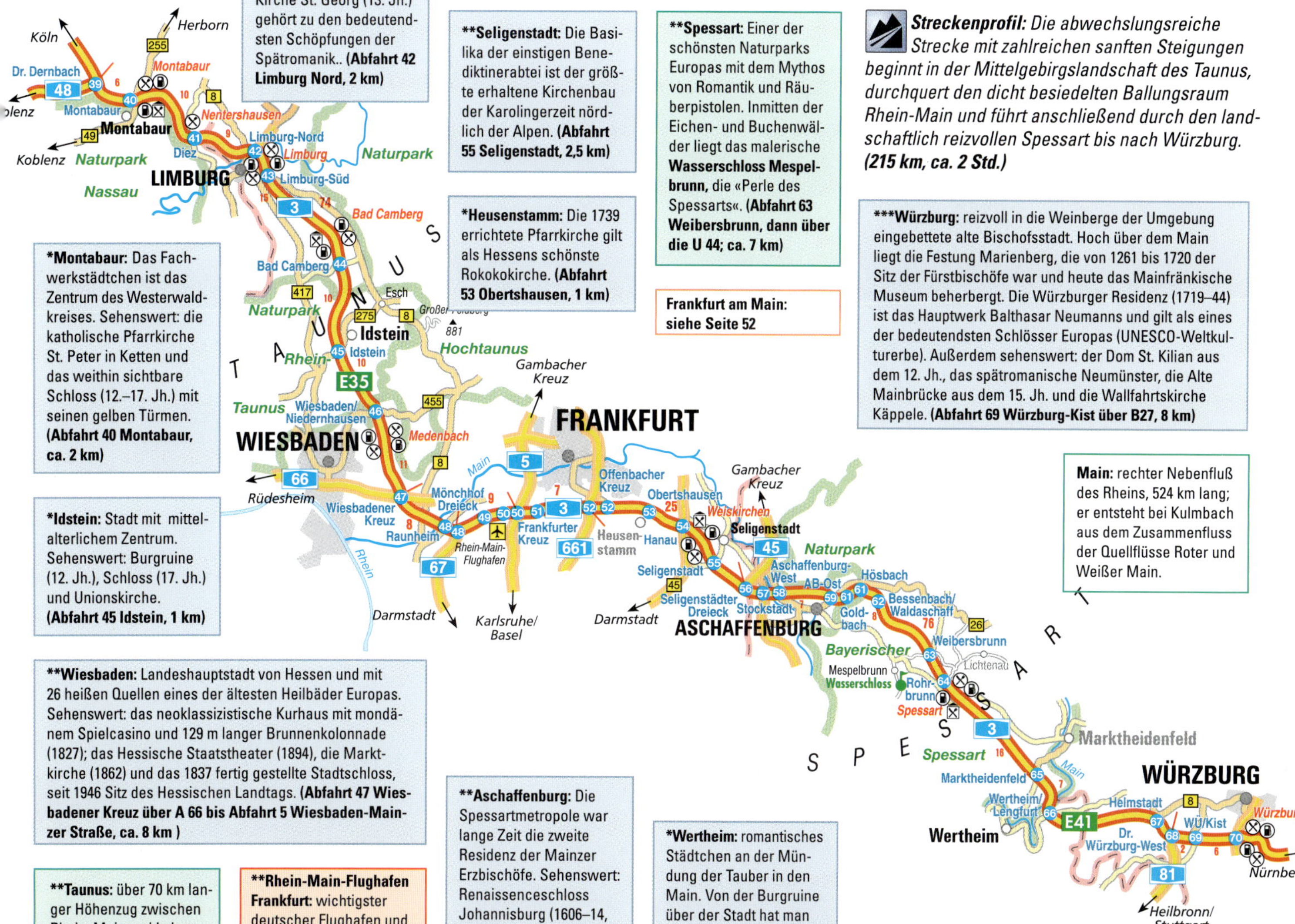

***Limburg:** Die mächtige, auf einem Felsen hoch über der Lahn thronende Kirche St. Georg (13. Jh.) gehört zu den bedeutendsten Schöpfungen der Spätromanik.. **(Abfahrt 42 Limburg Nord, 2 km)**

***Seligenstadt:** Die Basilika der einstigen Benediktinerabtei ist der größte erhaltene Karolingerbau nördlich der Alpen. **(Abfahrt 55 Seligenstadt, 2,5 km)**

***Spessart:** Einer der schönsten Naturparks Europas mit dem Mythos von Romantik und Räuberpistolen. Inmitten der Eichen- und Buchenwälder liegt das malerische **Wasserschloss Mespelbrunn,** die «Perle des Spessarts«. **(Abfahrt 63 Weibersbrunn, dann über die U 44; ca. 7 km)**

Streckenprofil:** Die abwechslungsreiche Strecke mit zahlreichen sanften Steigungen beginnt in der Mittelgebirgslandschaft des Taunus, durchquert den dicht besiedelten Ballungsraum Rhein-Main und führt anschließend durch den landschaftlich reizvollen Spessart bis nach Würzburg. **(215 km, ca. 2 Std.)

****Würzburg:** reizvoll in die Weinberge der Umgebung eingebettete alte Bischofsstadt. Hoch über dem Main liegt die Festung Marienberg, die von 1261 bis 1720 der Sitz der Fürstbischöfe war und heute das Mainfränkische Museum beherbergt. Die Würzburger Residenz (1719–44) ist das Hauptwerk Balthasar Neumanns und gilt als eines der bedeutendsten Schlösser Europas (UNESCO-Weltkulturerbe). Außerdem sehenswert: der Dom St. Kilian aus dem 12. Jh., das spätromanische Neumünster, die Alte Mainbrücke aus dem 15. Jh. und die Wallfahrtskirche Käppele. **(Abfahrt 69 Würzburg-Kist über B27, 8 km)**

Heusenstamm: Die 1739 errichtete Pfarrkirche gilt als Hessens schönste Rokokokirche. **(Abfahrt 53 Obertshausen, 1 km)**

Frankfurt am Main: siehe Seite 52

***Montabaur:** Das Fachwerkstädtchen ist das Zentrum des Westerwaldkreises. Sehenswert: die katholische Pfarrkirche St. Peter in Ketten und das weithin sichtbare Schloss (12.–17. Jh.) mit seinen gelben Türmen. **(Abfahrt 40 Montabaur, ca. 2 km)**

Main: rechter Nebenfluß des Rheins, 524 km lang; er entsteht bei Kulmbach aus dem Zusammenfluss der Quellflüsse Roter und Weißer Main.

***Idstein:** Stadt mit mittelalterlichem Zentrum. Sehenswert: Burgruine (12. Jh.), Schloss (17. Jh.) und Unionskirche. **(Abfahrt 45 Idstein, 1 km)**

****Wiesbaden:** Landeshauptstadt von Hessen und mit 26 heißen Quellen eines der ältesten Heilbäder Europas. Sehenswert: das neoklassizistische Kurhaus mit mondänem Spielcasino und 129 m langer Brunnenkolonnade (1827); das Hessische Staatstheater (1894), die Marktkirche (1862) und das 1837 fertig gestellte Stadtschloss, seit 1946 Sitz des Hessischen Landtags. **(Abfahrt 47 Wiesbadener Kreuz über A 66 bis Abfahrt 5 Wiesbaden-Mainzer Straße, ca. 8 km)**

****Taunus:** über 70 km langer Höhenzug zwischen Rhein, Main und Lahn. Das an Mineralquellen reichste Gebiet Deutschlands gipfelt im Großen Feldberg (881 m), der auch mit dem Auto zu erreichen ist – schöner Panoramablick. **(Abfahrt 45 Idstein, über B 275 bis Esch, dann B 8 bis Abfahrt Großer Feldberg, ca. 20 km)**

****Rhein-Main-Flughafen Frankfurt:** wichtigster deutscher Flughafen und mit 52,8 Mio Passagieren im Jahr einer der größten der Welt. Arbeitsplatz für 68 000 Menschen, über 140 000 Fluggäste am Tag.

Den Airport live erleben von der Besucherterrasse oder auf Rundfahrten. **(Abfahrt 50 F-Flughafen, 2 km)**

****Aschaffenburg:** Die Spessartmetropole war lange Zeit die zweite Residenz der Mainzer Erzbischöfe. Sehenswert: Renaissanceschloss Johannisburg (1606–14, Stiftskirche St. Peter und Alexander (13. Jh.) sowie Park Schönbusch, ein Juwel der Gartenkunst.

Eine der weltgrößten Sportwagensammlungen ist die Rosso-Bianco-Collection am südlichen Stadtrand. **(Abfahrt 58 AB-West, 4 km)**

***Wertheim:** romantisches Städtchen an der Mündung der Tauber in den Main. Von der Burgruine über der Stadt hat man einen herrlichen Ausblick. Sehenswert: der Engelsbrunnen (1574), die spätgotische Kilianskapelle und die ev. Stadtpfarrkirche (14.–16. Jh.).

Sehenswertes Glasmuseum in der Mühlenstraße. **(Abfahrt 66 Wertheim/Lengfurt, 10 km)**

Wertheim: an der Mündung der Tauber in den Main

UNTERWEGS IM SPESSART

»Perle des Spessarts«: Schloss Mespelbrunn

Nicht zuletzt durch den Film »Wirtshaus im Spessart«, dessen Geschichte auf einem populären Märchen des 19. Jahrhunderts von Wilhelm Hauff beruht, erhielt der Spessart den Ruf einer verwunschenen Landschaft. Selbstverständlich treiben in diesem tief grünen Mittelgebirge die Räuber heute nicht mehr ihr Unwesen. Aber wer würde auf der Reise durch den romantischen **Hochspessart,** durch die dichten Laubwälder und die gewundenen Täler, nicht ins Träumen von längst vergangenen Zeiten kommen? Zu den Höhepunkten des Naturparks zählen das Waldgebiet des reizvollen **Fürstlich Löwensteinschen Parks** sowie das **Tal der Hafenlohr** mit seinen schönen alten Eichen.

KULINARISCHES DER REGION: Wein und Wild

Dass die Fürstbischöfe von Mainz, die ehemaligen Herren des Spessart, vor allem den Eichenbestand in ihren Wäldern so sorgfältig pflegten, lag nicht zuletzt daran, dass sie gerne gut aßen; die Eicheln ernährten das Wild – und zarten **Rehrücken,** ein würziges **Hirschragout** oder deftigen **Wildschweinbraten** wusste man auch damals zu schätzen. Diese kulinarische Tradition wird bis heute fortgesetzt, etwa im urgemütlichen **Gasthaus im Hochspessart,** 97840 Lichtenau, **(Abfahrt 63 Weibersbrunn, 6 km),** dessen holzgetäfelte Stube schon Kurt Tucholsky auf seiner Wanderung durch den Spessart besuchte. Die zum Wild passenden **Rotweine** wie **Frühburgunder,Spükburgunder** und **Domina** wachsen im Westen des Spessarts, um Klingenberg, Erlenbach und Bürgstadt (allerdings in eher geringen Mengen, denn Rotwein wird nur auf etwa vier Prozent der fränkischen Rebflächen angebaut). Ergiebiger sind die **Weißwein-Lagen** im Osten zwischen Wertheim und Marktheidenfeld, wo die für Franken typischen **Silvaner** und **Müller-Thurgau** angebaut werden.

RAST AUF REISEN: Individuell übernachten

Hotel Post, Goldbacher Str. 19–21, 63739 Aschaffenburg, Tel. 06021/3340: Gepflegte Hotellerie mit komfortablen Design-Zimmern in zentraler Lage **(Abfahrt 59 Aschaffenburg-Ost, 2 km). Schlosshotel Mespelbrunn,** Schlossallee 25, 63875 Mespelbrunn, Tel. 06092/6080: Modern ausgestattetes Erholungs- und Tagungshotel im romantischen Hochspessart mit gepflegter Gastronomie **(Abfahrt 62 Bessenbach/Waldaschaff, 10 km).**

Limburg

Wie nur wenige Städte hat Limburg an der Lahn das Glück, dass das gesamte Ensemble mittelalterlicher Bebauung nahezu unversehrt erhalten blieb.

Der ehemals ummauerte Stadtkern Limburgs zwischen St. Georgs-Dom, Grabenstraße und der 600 Jahre alten Lahnbrücke steht heute als Gesamtanlage unter Denkmalschutz. Der siebentürmige Limburger Dom zeigt in seinem eindrucksvollen Außenbau den Höhepunkt rheinischer Romanik und im Inneren Ausbauten französischer Frühgotik. Zahlreiche mittelalterliche Fachwerkbauten mit ihren reichen, oft figürlichen Schnitzereien aus dem 13. bis 18. Jh., wie etwa das berühmte Haus der Sieben Laster in der Brückengasse oder das Haus Römer 2/4/6, prägen das Bild der Stadt an der Lahn. In der gut erhaltenen Altstadt mit ihren ehemaligen Burgmannenhöfen, den Stiftsherrenhäusern und Hallenhäusern sowie den Wohnhäusern wohlhabender Patrizier herrscht heutzutage wieder reges Treiben, zahlreiche Cafés und kleine Geschäfte laden den Besucher zum Flanieren ein.

Großes Bild links:
Seit der Außenrenovierung 1969–73 erstrahlt der Limburger Dom wieder in den Originalfarben aus dem Mittelalter.

1 Der St.-Georgs-Dom und die Lahn vereinen die Kultur- und Naturschönheiten Limburgs.

2 Einen Besuch des siebentürmigen St.-Georgs-Doms mit seinem Domschatz und der frühgotischen Innenausstattung sollte man sich nicht entgehen lassen.

3 Die romantische Altstadt Limburgs lädt zum gemütlichen Bummeln und Verweilen ein.

4 Historische Fachwerkhäuser am Kornmarkt bestimmen die mittelalterliche Silhouette.

5 Schloß Limburg, eines der Wahrzeichen der gleichnamigen Stadt.

1

2

3

4

5

Wiesbaden

Die mitunter liebevoll als Nizza des Nordens bezeichnete hessische Landeshauptstadt ist dank ihrer heißen Quellen ein beliebtes Reiseziel von zahlreichen Kurgästen aus dem In- und Ausland.

Wiesbaden hat nicht nur den Gästen seiner Heilbäder etwas zu bieten. Vor allem im Sommer kommen auch kulturbeflissene Besucher ganz auf ihre Kosten: Die Wiesbadener Internationalen Maifestspiele des Hessischen Staatstheaters bieten eine reiche Auswahl an Oper, Ballett und Schauspiel, während das im Juli und August stattfindende Rheingau-Musik-Festival mit über 100 Konzerten in Kirchen, Klöstern und auf Weingütern aufwarten kann. Auch für Freunde eines edlen Tröpfchens lohnt sich der Besuch der Stadt, und zwar vor allem im August, wenn die alljährliche Rheingauer Weinwoche, das beliebte Weinfest in der Innenstadt, abgehalten wird.

Großes Bild links:
Das 1894 erbaute Hessische Staatstheater ist regelmäßiges Ziel für Opernfans der Region.

1 Erhaben ist der Blick auf die russisch-orthodoxe Kirche mit ihren strahlenden Kuppeln der Stadt.

2 Zu einem romantischen Spaziergang lädt der Park des 1837 erbauten Stadtschlosses ein.

3 Mit ihren fünf Türmen überragt die neugotische Marktkirche alle Gebäude der Stadt.

4 Das Schloss der nassauischen Herzöge in Biebrich wurde 1744 errichtet.

5 Theater- und Brunnenkolonaden kennzeichnen das Bild des Staatstheaters von Wiesbaden.

6 Im Spielkasino des prachtvollen Kurhauses hat schon so mancher Besucher die Nacht zum Tag gemacht.

1

2

3

4

5

6

Streckenprofil: *Von Würzburg bis Nürnberg (verkehrsreiche Strecke) fährt man durch die Hügellandschaft des Steigerwalds. Beim Kreuz Nürnberg beginnt einer der reizvollsten Autobahnabschnitte Deutschlands, der durch die Fränkische Alb, am Südrand des Bayerischen Walds entlang und zum Teil dem Lauf der Donau folgend bis nach Passau führt.* ***(320 km, ca. 3 Std.)***

Würzburg: siehe Seite 25

Freizeitland Geiselwind: Tier- und Vergnügungspark direkt an der A3. Ostern–September, 9–18 Uhr **(Abfahrt 76 Geiselwind, 2 km)**

****Schloss Weißenstein:** Prunkvolles Schloss, das Fürstbischof Lothar Franz von Schönborn 1713–18 in Pommersfelden errichten ließ, mit einem der berühmtesten Treppenaufgänge der Barockarchitektur und bedeutender Gemäldegalerie. Führungen: April–Oktober Di–So zu jeder vollen Stunde. **(Abfahrt 79 Pommersfelden, über B505, ca. 5 km)**

Velburg: kleines Städtchen mit hübschem Marktplatz am Fuß der Ruine Velburg (12. Jh.).

König-Otto-Tropfsteinhöhle im Oberpfälzer Jura. In der 1885 durch Zufall von einem Schäfer entdeckten Grotte wirken die märchenhaften unterirdischen Landschaften durch die effektvolle künstliche Beleuchtung geheimnisvoll. **(Abfahrt 93 Velburg, Beschilderung folgen, ca. 5 km)**

Vor Neumarkt rechts von der Autobahn: **Ruine Heinzburg** und **Ruine Wolfstein**

Nürnberg: siehe Seite 66

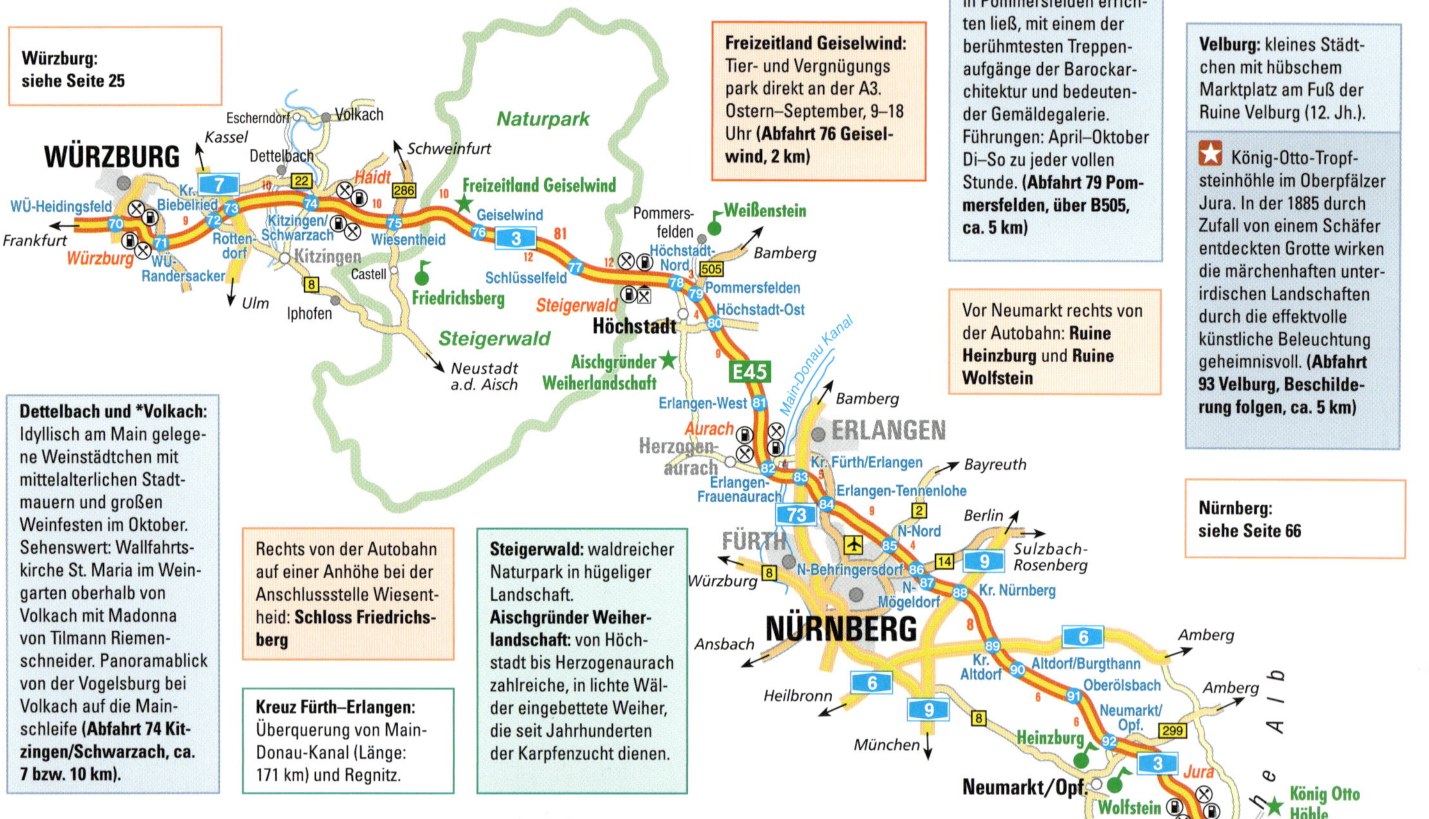

Dettelbach und *Volkach: Idyllisch am Main gelegene Weinstädtchen mit mittelalterlichen Stadtmauern und großen Weinfesten im Oktober. Sehenswert: Wallfahrtskirche St. Maria im Weingarten bei Volkach mit Madonna von Tilmann Riemenschneider. Panoramablick von der Vogelsburg bei Volkach auf die Mainschleife **(Abfahrt 74 Kitzingen/Schwarzach, ca. 7 bzw. 10 km).**

Rechts von der Autobahn auf einer Anhöhe bei der Anschlussstelle Wiesentheid: **Schloss Friedrichsberg**

Kreuz Fürth–Erlangen: Überquerung von Main-Donau-Kanal (Länge: 171 km) und Regnitz.

Steigerwald: waldreicher Naturpark in hügeliger Landschaft.
Aischgründer Weiherlandschaft: von Höchstadt bis Herzogenaurach zahlreiche, in lichte Wälder eingebettete Weiher, die seit Jahrhunderten der Karpfenzucht dienen.

Neumarkt in der Oberpfalz: Kreisstadt am Stufenrand der Fränkischen Alb mit schönen Kirchen. Sehenswert: Pfalzgrafenschloss (16. Jh.) und Volkssternwarte. **(Abfahrt 92 Neumarkt, 3 km)**

Volkach: Wallfahrtskirche Maria im Weingarten

König-Otto-Tropfsteinhöhle im Oberpfälzer Jura

UNTERWEGS IN FRANKEN

Würzburg: Blick über die alte Mainbrücke

Der Dreiklang aus Landschaft, Baukunst und Lebensfreude ist es, der Franken so attraktiv macht. Würzburg ist das Zentrum **Mainfrankens.** Der Main hat hier ein breites Tal in die Kalk- und Sandsteinformationen eingeschnitten, an dessen nach Süden geneigten Flanken die berühmten Weinberge liegen mit Winzerorten wie aus dem Bilderbuch. Anschließend führt die Route durch den **Steigerwald,** dessen Nordteil wie eine geschlossene, bewaldete Mauer aufsteigt. Bis zu 500 m hohe markante Bergkuppen prägen das Bild.

Nach diesem waldreichen Mittelgebirge mit uraltem Buchen- und Eichenbestand geht es weiter über die **Fränkische Alb,** die mit ihren sanften Tälern, weiten Hochflächen und bizarren Felsformationen eine der schönsten Landschaften Deutschlands ist. Auf den Kuppen dieser romantischen Karstlandschaft, die bis Regensburg reicht, erheben sich imposante Burgen.

KULINARISCHES DER REGION: Im Bocksbeutel-Land

»Schade, dass man einen Wein nicht streicheln kann«, sinnierte Tucholsky 1927 in Iphofen. Und wirklich, man gerät leicht ins Schwärmen, verkostet man fränkischen Wein in einem behaglichen Wirtshaus oder urigen Weinkeller. Angebaut werden vor allem Weißweine, die überwiegend in der typischen Bocksbeutelflasche (Gütezeichen seit 1728) angeboten werden. **Weinstuben Bürgerspital zum Heiligen Geist:** Würzburgs bekannteste Weinstube und gleichnamiges Weingut mit historischem Innenhof, Kellergewölbe, **Theaterstr. 19, (Abfahrt 70 Würzburg-Heidingsfeld, 6 km). Weingut Horst Sauer:** Rieslinge von erstaunlicher Finesse Bocksbeutelstr. 14, Escherndorf, **Abfahrt 74 Kitzingen-Schwarzach über Volkach, 17 km). Fürstlich-Castellisches Domänenamt:** renommiertes Weingut mit schönem Schlossgarten, Schlossplatz 5, Castell **(Abfahrt 75 Wiesentheid, 5 km).**

RAST AUF REISEN: Romantisch übernachten

Hotel Rebstock, komfortables Stadthotel mit Blick auf die Veste Marienberg, Neubaustr. 7, 97070 Würzburg, Tel. 09 31/3 09 30 **(Abfahrt 70 Würzb. Heidingsfeld, 6 km). Hotel und Weingut Zur Schwane** in Volkach mit alter Weinstube, Hauptstr 12, 97332 Volkach, Tel. 0 93 81/8 06 60 **(Abfahrt 74 Kitzingen/Schwarzach, 10 km). Hotel Zehntkeller,** einst Amtshaus des Fürstbischofs im Weinort Iphofen. Bahnhofstr. 12, 97346 Iphofen, Tel. 0 93 23-8 44-0 **(Abfahrt 75 Wiesentheid, 12 km). Romantik Hotel Nürnberg,** gemütliches Hotel in der Altstadt. Am Josephsplatz 30–32, 90403 Nürnberg, Tel. 09 11/21 44 70 **(Abfahrt 84 Tennenlohe, 11 km).**

UNTERWEGS IN OBERPFALZ UND NIEDERBAYERN

Regensburg: die Steinerne Brücke und der gotische Dom

Der Name **Oberpfalz** stammt noch aus der Zeit, als die pfälzischen Kurfürsten Landesherren dieser alten bayerischen Region waren. Die Landschaft zwischen Fränkischer Alb, Donauknie und Fichtelgebirge ist von herber, eigenartiger Schönheit mit stillen Tälern, Weihern, erloschenen Vulkankegeln und Basaltfelsen. Offene Züge besitzt das Donautal im Süden. Hieran schließt sich der **Bayerische Wald,** das zweitgrößte Mittelgebirge Deutschlands. Vor 200 Mio. Jahren entstanden die Gneis- und Granitformationen dieser attraktiven Landschaft, die dichte Fichtenwälder und versteckte Schluchten kennzeichnen. Nach Südwesten fällt der Bayerische Wald in die **Donauebene** ab. Am rechten Donauufer bei Straubing passiert man den **Gäuboden:** fruchtbar wegen des Lehms, den das Hochwasser aus den Bergen in die Ebene schwemmt. Weiter geht es durch das von Klöstern und Fürstensitzen geprägte **Donautal** bis in die Dreiflüssestadt Passau.

KULINARISCHES DER REGION: Nackerte und Zipfel

Ob Franken, Oberpfalz oder Niederbayern: Hier gehts um die Wurst. Nürnberger und Regensburger – damit sind nicht die Einwohner dieser Städte gemeint, sondern leckere Wurstspezialitäten:
Nürnberger: herzhaft gewürzte Bratwurst aus Schweinebrät, die auf das 15. Jh. zurückgeht. Sie ist so lang wie ein kleiner Finger und wiegt 23 g. Meist werden sechs oder zwölf Stück serviert, dazu Sauerkraut. Traditionell werden sie über einem offenen Buchenholzfeuer zubereitet. **Nackerte:** Hier wird Bratwurstbrät mit Zwiebeln, Salz, Pfeffer und Paprika zu einem deftigen Brotaufstrich verarbeitet. **Blaue Zipfel:** »Zweckentfremdete« Bratwurst, die mit Zwiebeln und Karotten in Essigsud und Frankenwein gegart wird. **Knäudele:** Das ist eine abgebundene Blut- oder Leberwurst.
Wurstküchen mit Tradition: Nürnberg: **Bratwurst-Röslein**, Rathausplatz 6, Regensburg: **Historische Wurstkuchl.** An der Steinernen Brücke, 800 Jahre alt, hier war schon Goethe zum Imbiss.

RAST AUF REISEN: Romantisch übernachten

Hotel Gut Schmelmerhof, sehr schöner Gutshof in stimmungsvoller Umgebung mit eigener Quellwasserversorgung und nettem Streichelzoo, Rettenbach 24, 94379 St. Englmar, Tel. 0 99 65/18 90 **(Abfahrt 108 Schwarzach, Richt. Viechtach/St. Englmar, 18 km).**
Hotel Die Bierhütte, gemütliches Hotel in einer ehemaligen Glashütte nahe dem Nationalpark Bayerischer Wald, Bierhütte 10, 94545 Hohenau, Tel. 0 85 58-9 61 20, Fax 96 12 70 **(Abfahrt Hengersberg, 40 km).**

Donau: zweitgrößter europäischer Strom – von der Quelle im Schwarzwald bis zur Mündung im Schwarzen Meer 2850 km.

*****Bayerischer Wald:** Das größte und geologisch älteste Waldgebirge Mitteleuropas ist eine Landschaft von karger und herber Schönheit, in der an manchen Orten die Zeit stehen geblieben zu sein scheint. Dicht bewaldet und dünnbesiedelt bietet die Region um den Großen Arber (1456 m) Lebensraum für Tiere und seltene Pflanzen. Und reichlich Stoff für Mythen und sagenumwobene Gestalten.

****Deggendorf:** 1200-jährige Stadt mit einem 400 m langem Marktplatz. Eindrucksvoll: das Rathaus (1553) mit dem mächtigen Turm, die Hl.-Grab-Kirche (14. Jh.). Vom Ulrichsberg hat man eine wunderbare Aussicht über die Stadt und das benachbarte
****Metten:** Das Benediktinerkloster ist weltberühmt für seine herrliche Barockbibliothek (täglich Führungen nach Anmeldung, Tel: 09 91/91 08-0 **(Abfahrt 110 Kreuz Deggendorf auf A92 bis 25 Deggendorf-Mitte, 3 km)**

Straubing: Theresienplatz mit Stadtturm und Dreifaltigkeitssäule

***Kallmünz:** malerischer Ort mit Renaissancerathaus und barocker Pfarrkirche am Zusammenfluss von Vils und Naab, überragt von einer mächtigen Burgruine. **(Abfahrt 96 Laaber, ca. 10 km)**

*****Regensburg:** Mit seinen 105 m hohen Türmen überragt der gotische Dom St. Peter die fast 2000 Jahre alte Reichsstadt an der Donau. Seit Sommer 2006 Weltkulturerbe der UNESCO. Die weltberühmte Steinerne Brücke (1146) ist ein Meisterwerk mittelalterlicher Baukunst. Aus der Zeit des Römerlagers »Castra Regina« (1.–3. Jh.) stammen die Reste der Porta Praetoria, des einstigen Nordtors. **Sehenswert:** Patrizierhäuser und Geschlechtertürme aus dem 12.–14. Jh.; Altes Rathaus (13.–18. Jh.) mit Reichstagsmuseum; Schloss der Fürsten von Thurn und Taxis sowie gegenüber die im 8. Jh. gegründete Klosterkirche St. Emmeram mit von den Brüdern Asam 1731–33 ausgestaltetem Innenraum. **(Abfahrt Autobahnkreuz Regensburg, ca. 5 km)**

Natternberg: Bergrücken, der bei Deggendorf aus der Schotterebene ragt.

Prachtvolle Bibliothek im Kloster Metten

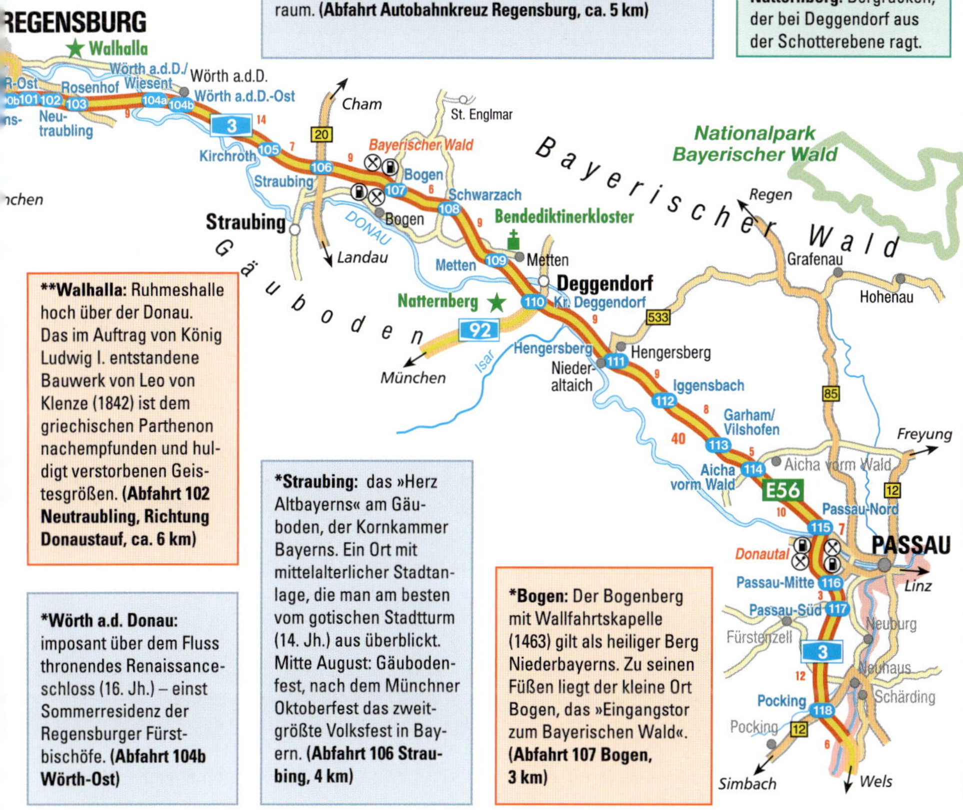

****Walhalla:** Ruhmeshalle hoch über der Donau. Das im Auftrag von König Ludwig I. entstandene Bauwerk von Leo von Klenze (1842) ist dem griechischen Parthenon nachempfunden und huldigt verstorbenen Geistesgrößen. **(Abfahrt 102 Neutraubling, Richtung Donaustauf, ca. 6 km)**

***Hengersberg:** ältester Marktflecken Altbayerns mit stattlichen Bürgerhäusern. Das direkt an der Donau gelegene Kloster ***Niederaltaich** mit gotischer Basilika steht mit Biergarten und Schänke weltlichen Genießern offen.

Eine der schönsten Routen in den *****Nationalpark Bayerischer Wald** beginnt in Hengersberg und führt in ca. 1 Std. (45 km) über die B533 nach ****Grafenau. (Abfahrt 111 Hengersberg)**

*****Passau:** unvergleichlich schön gelegene Universitätsstadt am Zusammenfluss von Donau, Inn und Ilz. Die durch die pastellfarbenen Gebäude italienisch anmutende Architektur bildet einen wunderbaren Kontrast zur gewaltigen alten Veste Oberhaus (1219) über der Stadt. Neben der Uferpromenade und den verwinkelten malerischen Gassen besonders sehenswert: der Dom St. Stephan, das größte barocke Gotteshaus nördlich der Alpen mit weltberühmter Domorgel: Konzerte finden täglich mittags um 12 Uhr und donnerstags 19.30 Uhr statt. Zur Veste ist ein Aufstieg erforderlich.

Schönste Aussichten auf Passau hat man vom Schiff aus bei der »Drei-Flüsse-Stadtrundfahrt« (30-45 Minuten, Abfahrt an der Inn-Promenade, März–November). **(Abfahrt 115 Passau-Nord oder 116 Passau-Mitte, jeweils ca. 7 km)**

***Wörth a.d. Donau:** imposant über dem Fluss thronendes Renaissanceschloss (16. Jh.) – einst Sommerresidenz der Regensburger Fürstbischöfe. **(Abfahrt 104b Wörth-Ost)**

***Straubing:** das »Herz Altbayerns« am Gäuboden, der Kornkammer Bayerns. Ein Ort mit mittelalterlicher Stadtanlage, die man am besten vom gotischen Stadtturm (14. Jh.) aus überblickt. Mitte August: Gäubodenfest, nach dem Münchner Oktoberfest das zweitgrößte Volksfest in Bayern. **(Abfahrt 106 Straubing, 4 km)**

***Bogen:** Der Bogenberg mit Wallfahrtskapelle (1463) gilt als heiliger Berg Niederbayerns. Zu seinen Füßen liegt der kleine Ort Bogen, das »Eingangstor zum Bayerischen Wald«. **(Abfahrt 107 Bogen, 3 km)**

Die Würzburger Residenz

Johann Balthasar Neumann und seine Zeitgenossen schufen hier ein Meisterwerk des Barock.

Als Johann Balthasar Neumann im Jahr 1719 mit der Planung und Konzeption der fürstbischöflichen Residenz beauftragt wurde, sollte er ein Jahr später den vollkommensten Palastbau des 18. Jhs. beginnen. Neumann war vor allem auch ein großartiger Organisator, der die namhaften Künstler seiner Zeit versammelte, so auch den Venezianer Tiepolo, der gegen 1750 nach Würzburg kam, um im Treppenhaus das größte Deckenfresko der Welt zu schaffen.
Neumann leitete bis zu seinem Tod 1753 die Arbeiten der anderen Baumeister und Künstler und schuf so ein Gesamtkunstwerk, das trotz unterschiedlicher Einflüsse von größter Einzigartigkeit ist.

Großes Bild links:
Die Würzburger Residenz, ein Meisterwerk barocker Baukunst, wurde von der UNESCO in das Weltkulturerbe aufgenommen.

1 Selbstbildnis des Tiepolo am linken Rand der Darstellung Europas im Treppenhaus.

2 Das Treppenhaus der Residenz ist ein Paradebeispiel für Neumanns Idee des bewegten Raums. Die Stuckarbeiten führte Antonio Bossi aus.

3 Ausschnitt aus dem Deckengemälde im Treppenhaus: Allegorie des Kontinents Afrika.

4 Putten und Stuckmarmor schmücken den Innenraum der Hofkirche. Die achatfarbenen Säulen und Statuen kamen aus Genua.

5 Am Gesims des Deckenfreskos im Treppenhaus ließ Neumann sich in der Uniform eines Obersten verewigen.

6 Geschwungene Ovale bestimmen den Grundriss der Hofkirche und damit auch den Raumeindruck.

Passau

Im Süden des Bayerischen Waldes, an alten Handelswegen entlang der Donau, liegt am Zusammenfluss von Donau, Inn und Ilz die alte Bischofsstadt Passau.

Passau blickt auf eine 2000-jährige Geschichte zurück: Im 2. Jh. wurde die Römersiedlung »Batavis« gegründet. In spätrömischer Zeit wirkten hier die Heiligen Severin und Valentin. Um eine Herzogsburg, die im 7. Jh. auf den Resten des römischen Lagers entstand, bildete sich der Ort und 735 wurde das Bistum gegründet, das bis nach Ungarn reichte. Als Residenz und Hauptstadt des größten aller Fürstbistümer wurde Passau ab 1217 ein einflussreicher Handelsort. Im 17. Jh. riefen die Fürstbischöfe italienische Baumeister, die der Stadt ihr heutiges barockes Gesicht gaben. Mit ihrem gut erhaltenen historischen Stadtbild gehört Passau zu den schönsten Städten Deutschlands. Als Tor zum Osten bildet Passau den Ausgangspunkt für Schiffsreisen nach Wien, Budapest bis zur Donaumündung ins Schwarze Meer.

Großes Bild links:
Die Innpromenade von Passau erinnert an südliche Gefilde. Hier vereinigen sich Donau, Inn und Ilz.

1 In Passau legen die großen Donaudampfer an, die Touristen bis ans Schwarze Meer bringen.

2 Der Dom St. Stephan mit seinen mächtigen Türmen ist ein imposanter Barockbau.

3 Am Innkai wachen die mächtigen Barockbauten über die oft reißenden Fluten der drei Flüsse.

4 Als »Bayerisches Venedig« wird Passau sowohl wegen seiner italienisch anmutenden Architektur als auch wegen der häufigen Hochwasser genannt.

5 Die Veste Oberhaus auf dem Georgsberg hoch über der Donau wurde bereits im 13. Jh. als Trutzburg errichtet.

1

2

3

4

5

Streckenprofil: *Vom Nordrand der Eifel geht es durch die flache und fruchtbare Jülicher Börde in den Großraum Köln. Ab Kreuz Köln-Ost führt die Route in das hügelige, von Flusstälern durchschnittene Bergische Land mit seinen vielen Talsperren und typischen Fachwerkstädtchen.* ***(150 km, 1 1/2 Std)***

Aachen: der Dom mit der achteckigen Pfalzkapelle

Langerwehe: Der Ort zu Füßen des Hürtgenwaldes, des nördlichsten Punkts der Eifel, war bereits im Mittelalter für seine Töpferwaren berühmt. Das Töpfereimuseum im Pastoratsweg 1 erzählt von seiner Geschichte. **(Abfahrt 6 Weisweiler, 5 km)**

***Bergisches Land:** Bewaldete Bergkuppen und malerisch in enge Täler eingebettete Stauseen prägen das landschaftliche Bild der ehemaligen Grafschaft Berg. Typisch für das Land zwischen Ruhr, Sieg, Rhein und Sauerland sind die idyllischen Städtchen mit ihren schiefergedeckten, schwarz-weißen Fachwerkhäusern.

Zwei bedeutende Tropfsteinhöhlen liegen nah an der Autobahn: die **Aggertalhöhle** in einem Wald bei Ründrath bietet auf 600 m langen Gängen mit funkelnden Kristallen und faszinierenden Korallenbänken einen Einblick in Mio. Jahre Erdgeschichte (15.3.–1.11., 9.30–17.00 Uhr). **(Abfahrt 23 Engelskirchen, 3 km)** Beeindruckend ist auch die **Wiehler Tropfsteinhöhle**, 1860 bei Sprengungen entdeckt und 1926 erschlossen (1.3.–31.10./9.00 –17.00 Uhr). **(Abfahrt 25 Gummersbach, ca. 7 km).**

Wiehltalstausee: eine der zahlreichen Talsperren des Bergischen Landes und ein reizvolles Wandergebiet. **(Kurz nach der Abfahrt 26 Bergneustadt auf der rechten Seite)**

Olpe und Biggesee: siehe Seite 156

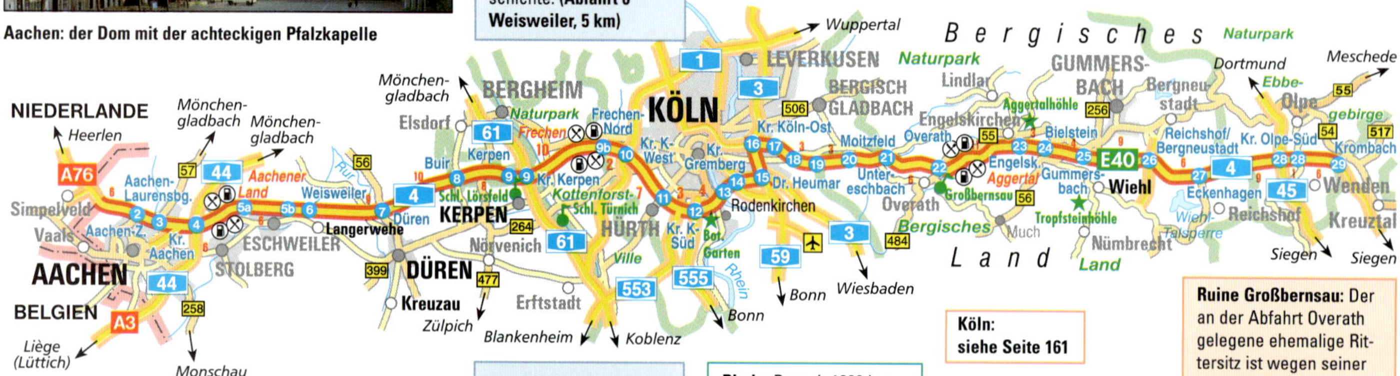

Köln: siehe Seite 161

Ruine Großbernsau: Der an der Abfahrt Overath gelegene ehemalige Rittersitz ist wegen seiner schönen Aussicht ein beliebtes Ausflugsziel. 5 km von hier liegt bei Hohkeppel das von einem Wassergraben umgebene Schloss Georgshausen aus dem 15. Jh., das heute ein Hotel und Restaurant ist. **(Abfahrt 22 Overath, 1 bzw. 5 km)**

Rur: Die Quelle des Flusses liegt am Hohen Venn in der Eifel. Nach 207 km mündet er in Holland als Roer in die Maas.

Erft: 115 km langer Nebenfluss des Rheins. Er entspringt bei Tondorf in der Eifel und mündet bei Neuss.

*****Aachen:** Im Dreiländereck an den Grenzen zu Holland und Belgien liegt in einem Tal, umgeben von den Ausläufern der Eifel und der Ardennen, die Kur- und Bäderstadt Aachen. Hier wurde seit den Zeiten Karls des Großen über Jahrhunderte Weltgeschichte gemacht. Ihr Wahrzeichen ist der Dom mit der um 800 geweihten achteckigen Pfalzkapelle. Zwischen 813 und 1531 wurden hier 32 Kaiser und Könige des »Heiligen Römischen Reiches« gekrönt. Der großartige Sakralbau mit dem Thron und dem Grab Karls des Großen wurde von der UNESCO in die Liste der Weltkulturgüter aufgenommen. Sehenswert: das Rathaus (1353) mit Kaisersaal, das Suermondt-Ludwig-Museum mit Malereien und Skulpturen des Mittelalters und das Zeitungsmuseum mit einer Sammlung von über 120 000 Zeitungen in 30 Sprachen. **(Abfahrt 3 Aachen-Zentrum, 3 km)**

Kreuz Kerpen: Direkt am Autobahnkreuz liegt auf der rechten Seite das Schloss Lörsfeld und die große Braunkohlekippe Frechen. Kerpen selbst werden die meisten wegen der Kartbahn der Formel-1-Brüder Schumacher kennen, doch die Stadt hat noch mehr zu bieten: Schloss Türnich (18. Jh.) lohnt einen Besuch. **(Abfahrt 9 Kerpen, 4 km)**

Rhein: Der mit 1320 km längste Fluss Deutschlands ist zugleich die wirtschaftlich bedeutendste Binnenwasserstraße Europas. Monatlich 10 000 Frachtschiffe transportieren alle Arten von Gütern. Der Rhein fließt durch vier Länder, grenzt an weitere drei und hat von der Römerzeit bis heute Kultur, Geschichte und Wirtschaft Europas »beeinflusst«. Als viel besungener Schicksalsstrom hat er Dichter und Komponisten zu unzähligen Werken inspiriert. Mythen und Sagen erzählen von ihm, und Burgen, Festungen, Weinberge und alte, geschichtsträchtige Städte säumen seine Ufer.

Rodenkirchen: Der 25 ha große, in den Rheinauen gelegene Forstbotanische Garten lädt von 9 Uhr bis Sonnenuntergang bei freiem Eintritt zu einem beschaulichen Spaziergang ein. **(Abfahrt 12 Kreuz Köln-Süd, 2 km)**

Frühling im Bergischen Land

UNTERWEGS IN DER NORDEIFEL

Die Rurtalsperre südlich von Düren

Wald, Wasser und weite Berghöhen kennzeichnen die Landschaft der Nordeifel. Um das Ökosystem zu erhalten, wurde der bis ins benachbarte Belgien reichende **Naturpark Nordeifel** gegründet. Mit 15 Talsperren und einem Stauinhalt von 350 Mio. m³ ist der Naturpark ein überdimensionaler **Wasserspeicher.** Das Landschaftsbild ist abwechslungsreich. Die südlich von Düren **(Abfahrt 7 Düren, 5 km)** gelegene **Rureifel** bietet große Wälder und das tiefe Rurtal. Zu den Wäldern der Rureifel gehören der **Hürtgenwald** und der **Schleidener Wald** mit dem größten Buchenwald der Nordeifel, dem **Kermeter.** Mit etwa 3100 ha ist Letzterer das größte Naturschutzgebiet Nord-rhein-Westfalens. Die **Kalkeifel** am Ostrand des Naturparks ist wärmer, trockener und mehr vom Ackerbau geprägt. 3000 km Wanderwege und 300 km Radwege durchziehen den Naturpark Nordeifel.

KULINARISCHES DER REGION: Biersuppe

Bier war bis zum 18. Jahrhundert ein Volksnahrungsmittel, das in Form von **Biersuppe** und **Warmbier** schon zum Frühstück genossen wurde. Sein Alkoholgehalt war geringer, und so wurden früher bis zu vier Liter am Tag getrunken. Für die **Suppe** wird das Bier mit Zimt, Zucker und Korinthen vermischt und aufgekocht. Dann kommen Brotbrösel hinzu. Mit Zitrone und Sahne abschmecken, fertig! Empfehlenswerte Lokale: **Himmel & Hölle,** Krämerstr. 7, 52062 Aachen: auf zwei Ebenen – Himmel mit Stehbereich und Hölle mit Zigarrenlounge. Tolle Atmosphäre, warme Farben, witzige Lampen und gemütliche Lederbänke; **Magellan,** Pontstr.78, 52062 Aachen: Restaurant mit schönem Ambiente an der alten Stadtmauer **(Abfahrt 3 Aachen-Zentrum, 4 km); Hefter,** Kreuzstr. 82, 52349 Düren: Fantasievoll eingerichtetes Lokal mit feiner Küche lokaler Prägung ***(Abfahrt 7 Düren, 5 km).***

RAST AUF REISEN: In der Nordeifel

Aquis-Grana, Büchel 32, 52062 Aachen, Tel. 0241/4430: sehr modern, Flughafen-Shuttle; **Brülls am Dom,** Hühnermarkt 2, 52062 Aachen, Tel. 0241/31704: kleines Hotel mit 10 Zimmern; **Krone,** Jülicher Str. 91a, 52070 Aachen, Tel. 0241/153051: Parkplätze, Nichtraucherzimmer, Hotelbar **(Abfahrt 3 Aachen-Zentrum, 2 km). Mariaweiler Hof,** An Gut Nazareth 45, 52353 Düren, Tel. 02421/98240: Fitnessraum, Kegelbahn, Reitmöglichkeit, Sauna, Solarium; **Christophorus,** Bahnhofstr. 10–12, 52372 Kreuzau, Tel. 02422/902137: Fahrradverleih, Sauna, Solarium **(Abfahrt 7 Düren, 4 bzw. 9 km).**

Streckenprofil:** Durch das östliche Waldhessen, Land der Schlösser und Ruinen, führt die forstreiche und bergige Strecke am Nordrand des Thüringer Walds entlang bis nach Eisenach und weiter in das sanft hügelige Thüringer Becken bis Erfurt. **(130 km, 1½ Std.)

***Bad Hersfeld:** Die Kurstadt im Fuldatal hat eine schöne Altstadt mit pittoresken Gassen und Patrizierhäusern. Dort erhebt sich die grandiose Stiftsruine (11./12. Jh.); von Juni bis Anfang August dient sie als Kulisse der berühmten Festspiele. Markant: der mächtige Turm der gotischen Stadtkirche (14. Jh.). Schloss Eichhof, rechts von der Autobahn an der Fulda (s. Karte 27), war einst Sommersitz der Hersfelder Äbte. **(Abfahrt 32 Bad Hersfeld, 2 km)**

Herleshausen: Der kleine Ort an der Werra wurde überregional bekannt, weil er bis 1989 eine der wichtigsten Kontrollstellen an der innerdeutschen Grenze war. Am anderen Ufer des Flusses liegt die Ruine Brandenburg. **(Abfahrt 38 Herleshausen, 1 km)**

***Hörselberge:** Ein 7 km langer Muschelkalkzug und ein sagenumwobener Berg (484 m), Sitz von Frau Holle, Germanengott Wotan und Frau Venus, die den Ritter Tannhäuser umgarnte. Von der Anhöhe hat man eine gute Aussicht auf den **Thüringer Wald. Von dort führt der Wanderweg *Rennsteig (16 km) bis nach Bayern; er gilt als natürliche Grenze zwischen Thüringen und Franken. Das Gebiet ist eine der deutschen Wasserscheiden: Nach Osten fließt alles der Elbe und nach Westen der Weser und dem Rhein zu. **(Abfahrt 40 Eisenach-Ost, über B84 bis Großenlupnitz, dann Richtung Hörselberg, ca. 9 km)**

»Drei Gleichen«: Über bewaldeten Hügeln liegen drei mittelalterliche Festungen: von der nach dem Rittergeschlecht benannten Burg Gleichen und der Mühlburg (704) links und rechts der Autobahn, sind nur noch Reste vorhanden. Die weiter zurückliegende Wachsenburg (10. Jh.) ist heute ein Hotel. **(Abfahrt 43 Wandersleben)**

****Gotha:** Schon von weitem erblickt man das über der alten Residenzstadt liegende Schloss Friedenstein (1643–57). Der während des 30-jährigen Krieges begonnene Barockbau ist prächtig ausgestattet und beherbergt eine umfangreiche Gemäldesammlung mit Werken von Rubens, Hals und Cranach. Das Eckhoftheater im Schloss bot seinen Schauspielern als erstes in Deutschland feste Engagements (1774). Sehenswert: mittelalterliche Gebäude und ein Renaissancerathaus (1667–77) rund um den lang gestreckten Markt. Das Karthografische Museum Gotha gilt als Wiege seiner Art in Europa und zeigt Karten von Ptolemäus bis heute. **(Abfahrt 42 Gotha, 5 km)**

Waltershausen: Bekannt als Thüringens Puppenstadt. Auf Schloss Tenneberg (1588) soll es in Vollmondnächten spuken. Tagsüber lohnt sich der Besuch im Heimatmuseum mit vielen schönen Puppen. **(Abfahrt 41 Waltershausen, 5 km)**

Friedewald: Kurz vor dem Ort am Dreienberg (524 m) liegt auf der rechten Seite die Ruine Gißlingskirche. Sehenswert: ein einstiges Jagdschloss der Landgrafen von Hessen, heute ein Heimatmuseum, sowie die wildromantische Ruine einer Wasserburg (1480). **(Abfahrt 33 Friedewald, 2 km)**

Werra :
siehe Seite 74

*****Eisenach/Wartburg:** Die Wartburg (1067), erhaben auf einem Felsplateau über der Stadt gelegen, ist der von Mythen umrankte Inbegriff der deutschen Burgen. Die berühmteste aller Festungen ist zwar nicht die schönste, doch sicher die historisch wichtigste. Über tausend Jahre hat sie deutsche Geschichte miterlebt und mitgeprägt: Hier trafen sich um 1210 die bedeutendsten Minnesänger des Mittelalters zum »Sängerkrieg«, von dem sich Richard Wagner zur Oper »Tannhäuser« inspirieren ließ. 1521 fand Martin Luther auf der Burg Zuflucht vor dem Bann des Papstes und übersetzte hier unter dem Schutz des Kurfürsten in wenigen Monaten das Neue Testament. Und über 500 Studenten versammelten sich im Oktober 1817 zum berühmten »Wartburgfest«, um die nationale Einheit Deutschlands zu fordern. (Führungen: März – Okt., 8.30–17.00 Uhr, Nov. – Februar, 9.00–15.00 Uhr). Sehenswertes in Eisenach: der schiefe Renaissanceturm des Rathauses und die Kirchen St. Nikolai und St. Georg, das Bachhaus, Geburtshaus von Johann Sebastian Bach, und das Lutherhaus, in dem Luther von 1498 bis 1501 als Schüler lebte. Zudem laden zahlreiche Museen ein, die wechselvolle Geschichte der Stadt zu erkunden. **(Abfahrt 39 Eisenach-West, 3 km)**

Schauplatz deutscher Geschichte: die Wartburg bei Eisenach

UNTERWEGS IM THÜRINGER WALD UND THÜRINGER BECKEN

Gotha: die Orangerie im Park von Schloss Friedenstein

»Herrlich, herrlich!«, soll Goethe beim Blick auf die Thüringer Wälder ausgerufen haben. Eisenach liegt am nordwestlichen Rand des Thüringer Waldes im Knotenpunkt von vier Tälern und ist das Tor zum Thüringer Wald. Ausgedehnte Wälder und der abwechslungsreiche Kontrast von **Höhen** und tiefen **Tälern** kennzeichnen den landschaftlichen Reiz. Erkunden kann man ihn auf dem 168 km langen **Rennsteig (z.B. Abfahrt 40a Eisenach-Ost, 6 km)**, der zu den beliebtesten Wanderwegen Deutschlands gehört. In seiner Geschichte diente der Rennsteig lange Zeit als Kurierpfad und als Landesgrenze zwischen den Thüringer Kleinstaaten. Am Rennsteig stehen noch heute zahlreiche alte **Grenzsteine,** die ältesten aus dem 16. Jahrhundert. Der Thüringer Wald bietet Schutz für zahlreiche Schlösser und Burgen, deren berühmteste die **Wartburg** ist. Doch der Thüringer Wald ist nicht nur im Sommer beliebt, sondern entwickelt sich immer mehr zum Geheimtipp für den **Winterurlaub.** Mehr als 1800 km Skiwanderwege und rund 300 km Loipen durchziehen die Höhen und Täler Thüringens. Wer es lieber gemütlich mag, fährt mit dem Pferdeschlitten durch den verschneiten Wald.

KULINARISCHES DER REGION: Rostbratwurst

Thüringer Klöße und **Thüringer Bratwürste** sind die bekannten Aushängeschilder der Region. Letztere müssen natürlich auf einem Holzkohlerost gebraten werden, um ihren vollen Geschmack zu entfalten. Die Klöße sind so beliebt, dass man ihnen in Heichelheim ein eigenes **Museum** gewidmet hat. Empfehlenswerte Lokale: **Hotel auf der Wartburg,** Auf der Wartburg, 99817 Eisenach: Restaurant mit Panoramablick über den Thüringer Wald; Gasthof **Am Storchenturm,** Georgenstr. 43a, 99817 Eisenach: Thüringer Spezialitäten aus regionalen Zutaten **(Abfahrt 39a Eisenach-West, 3 km).**

RAST AUF REISEN: Gediegen oder rustikal

Winters Landhotel Eisenach, Am Weinberg 1, 99817 Eisenach, Tel. 0 36 91/86 80: komfortable Zimmer und Appartements, Wellnessbereich, Biergarten und Sommerterrasse; **(Abfahrt 40a Eisenach-Ost, 2 km). Schlosshotel Eisenach,** Markt 10, 99817 Eisenach, Tel. 0 36 91/70 20 60: elegantes Ambiente neben dem Lutherhaus; **(Abfahrt 39a Eisenach-West, 2 km). Landhaus Hotel,** Salzgitterstr. 76, 99867 Gotha, Tel. 0 36 21/36 49-0: preiswert, allerdings am Ortsrand; **Waldbahn-Hotel,** Bahnhofstr. 16, 99867 Gotha, Tel. 0 36 21/23 40: rustikale Schänke, Bowlinganlage, Sauna **(Abfahrt 42 Gotha, 5 km).**

1

2

Aachen

Die einstige Residenz Karls des Großen zählte im Mittelalter zu einer der wichtigsten Städte Europas, und noch heute berichten ihre historischen Bauwerke von der großen Zeit der Kaiser und Könige.

Schon seit vielen Jahrhunderten ziehen die warmen Thermalquellen Aachens Heilsuchende aus aller Herren Länder an. Die Heilquellen waren wohl auch der Grund, warum Carolus Magnus – Karl der Große – vor mehr als 1200 Jahren, im Winter 794/795, das Aachener Königsgut zur Pfalz ausbauen ließ und Aachen zu seiner ständigen Residenz erklärte. In der alten Römerstadt wurde Karl der Große im Jahr 800 nach seiner Rückkehr aus Rom schließlich zum Kaiser gekrönt. Noch heute sind Teile jener Pfalz zu bewundern, die dem Besucher ein interessantes Zeitzeugnis karolingischer Herrschaft liefern.

1 Der Kaiserdom zählt heute zum UNESCO-Weltkulturerbe.

2 Kernstück des Kaiserdoms ist der achteckige Mittelbau, den Karl der Große als Pfalzkapelle auf römischen Tempelfundamenten errichten ließ.

3 Altehrwürdiger Stadtkern: der Dom, das gotische Rathaus mit seinen Türmen sowie die Kirche St. Foillan.

4 Im Karlsschrein (13. Jh.) ruhen die Gebeine Karls des Großen.

5 Der in Marmor gehauene Kaiserthron auf der Empore erinnert an jene Jahrhunderte, in denen Aachen Weltgeschichte schrieb.

6 Erhaben: der Blick auf den Hochchor des Kaiserdoms.

7 Jahrhundertealte Portici erinnern an das römische Erbe der Stadt.

8 Bereits vor Jahrhunderten prägten die Brunnen und Aachener Fabelwesen das Bild des Stadtkerns.

3

4

5

6

7

8

Eisenach und die Wartburg

Am Fuße der Wartburg gelegen und umgeben vom Thüringer Wald gehört die Luther-Stadt Eisenach zu den beliebtesten Reisezielen in Thüringen.

Die Stadt, in der Johann Sebastian Bach geboren wurde und Martin Luther zur Schule ging, entstand um 1150 im Schutze der Wartburg. Trotz dreier großer Stadtbrände (1342, 1616, 1636) sowie mehrerer Bombenangriffe im Zweiten Weltkrieg sind bis zum heutigen Tage zahlreiche der historischen Bauten und Fachwerkhäuser Eisenachs erhalten. Beim Spaziergang in den alten Gassen der Stadt begibt man sich auf die Spuren deutscher Geistesgeschichte vom Mittelalter bis in die Neuzeit.

Großes Bild links:
Als im Oktober 1817 die Burschenschaften die staatliche Einigung Deutschlands forderten und zur Wartburg zogen, war diese größtenteils verfallen. Restauriert wurde die Festung ab 1833.

1 Krone des Wartbergs: Von Wolken umhüllt erscheint die geschichtsträchtige Wartburg beinahe unwirklich.

2 Palas und Südturm im zweiten Burghof der Wartburg.

3 Der so genannte »Nürnberger Erker«, vom »Harsdörfschen Haus« in Nürnberg stammend, wurde im Jahre 1872 an der südlichen Giebelwand der Vogtei eingefügt.

4 Im Obergeschoss der Vogtei befindet sich die Lutherstube, in der der Reformator das Neue Testament übersetzte.

5 Sehenswert: Das Eisenacher Rathaus mit seinem Renaissanceturm.

6 Im Haus am Lutherplatz lebte der Reformator als Lateinschüler 1498–1501, heute ist hier eine Gedenkstätte eingerichtet worden.

7 Das Bach-Denkmal in Eisenach ist einem der berühmtesten Söhne der Stadt gewidmet.

1

2

3

4

5

6

7

Streckenprofil: *Durch das dicht bewaldete Thüringer Holzland führt die sanfthügelige Route in das erzgebirgische Becken an Chemnitz vorbei über Dresden ins wellige Hügelland der Oberlausitz bis an die polnische Grenze bei Görlitz.* ***(315 km, 3 1/4 Std.)***
A71: *Teilstück, das bis Meiningen und dann in die Hochlagen und Wintersportgebiete des Thüringer Walds ausgebaut wird.* ***(42 km, ca. 45 Min.)***

****Erfurt:** Der Domhügel, ein einzigartiges mittelalterliches Kirchenensemble mit dem romanisch-gotischen Mariendom (12./15. Jh.) und der filigranen frühgotischen Severikirche (14. Jh.), ist das Wahrzeichen einer der ältesten und einst mächtigsten Städte Deutschlands. Die 15 m hohen farbigen Glasfenster im Chor des Doms sind ebenso beeindruckend wie der Klang einer der größten Kirchenglocken der Welt, der »Mater Gloriosa« (1497). Sehenswert in der Stadt an der Gera: die mit Fachwerkhäusern bebaute Krämerbrücke (14. Jh.), enge Fachwerkgassen, besonders am Anger, mit schönen Läden und Restaurants; der historische Fischmarkt mit stattlichen Renaissancebauten und dem neugotischen Rathaus; das Augustinerkloster (1334), wo Martin Luther 1507 die Priesterweihe empfing. **(Abfahrt 13 Erfurt-Bindersleben, 6 km)**

***Schloss Molsdorf:** Das »Thüringer Versailles«, ursprünglich eine mittelalterliche Wasserburg, wurde nach ihrem Umbau in ein Lustschloss (1733–48) eine der schönsten Rokokoanlagen des Landes. Sehenswert: eine bemerkenswerte Sammlung erotischer Kunst. (Di–So). **(Abfahrt 44 Neudietendorf, 3 km)**

Weimar: das Goethe-Haus

Jena: Berühmt ist die Stadt für die Entwicklung optischer und feinmechanischer Geräte. Neben ihrem Wahrzeichen, dem ehemaligen Universitätshochhaus (1972, 120 m) gibt es weitere Sehenswürdigkeiten: spätgotisches Rathaus (1377); Optisches Museum mit 13 000 Geräten und Informationen über Carl Zeiss; Zeiss-Planetarium (1926); Collegium Jeniense, das ehemalige Dominikanerkloster, in dem 1558 die Universität gegründet wurde. **(Abfahrt 54 Jena-Lobeda, 6 km)**

*****Weimar:** Die im 18./19. Jh. blühende Metropole der Dichtung, Musik und der Bildenden Künste ist als einstiger Mittelpunkt des deutschen Geisteslebens längst zum Mythos geworden. In Weimar begegnet man überall den Spuren der Dichterfürsten Goethe und Schiller, der Musiker Bach und Liszt, des Philosophen Herder und vieler anderer. Wahrzeichen der Stadt an der Ilm ist das Goethe-Schiller Denkmal vor dem 1909 neu errichteten Nationaltheater. Sehenswert: Goethehaus (1709) und Schillerhaus (1777); Barockschloss (1767) mit Bildersammlung; der Platz am Markt; die Bibliotheken; Goethes Gartenhaus im Ilmpark. Ein Denkmal auf dem Ettersberg erinnert an die Verbrechen der Nazis: Im 1937 erbauten und 7 km nördlich vom Zentrum gelegenen KZ Buchenwald ermordeten sie bis zur Befreiung am 11.4.1945 über 50 000 Menschen. **(Abfahrt 49 Weimar, 4 km bis Zentrum)**

Ilm: 120 km langer Nebenfluss der Saale mit Quelle im Thüringer Wald.

Glauchau: Zwei Schlösser der Reichsgrafen von Schönburg stehen in der kleinen Stadt. Nördlich: Schloss Waldenburg mit Gartenanlage aus dem 19. Jh. **(Abfahrt 64 Glauchau, 2 bzw. 5 km)**

Stadtroda: Am »Thüringer Holzland« liegt der kleine Ort. Ende des 19. Jhs. wurde hier ein Haus abgetragen und nach Chicago zur Weltausstellung verschifft: angeblich das Geburtshaus des Dr. Faustus! **(Abfahrt 55 Stadtroda, 4 km)**

***Gera:** Seit jeher ist die Stadt an der Weißen Elster das bedeutendste Handels- und Industriezentrum Thüringens. Wahrzeichen ist der Simsonbrunnen (1686) gegenüber dem Renaissancerathaus (16. Jh.). Sehenswert: Stadtapotheke (1606), Trinitatiskirche (14. Jh.) und Orangerie (18. Jh.) mit Gemäldesammlung (Dix, Alte Meister) Wenige Minuten vom Zentrum entfernt liegen die »Geraer Höhler«, 220 in den Berg getriebene Tiefkeller aus dem 17. und 18. Jh., in denen früher Bier gelagert wurde. **(Abfahrt 58 Gera, 6 km)**

Weiße Elster: 247 km, entspringt im Erzgebirge und mündet bei Halle in die Saale.

Zwickauer Mulde: 128 km lang, mündet bei Dessau in die Elbe.

UNTERWEGS IN THÜRINGEN

Jena: spätgotisches Rathaus und Universitäts-Turm

Die A4 teilt Thüringen, das »grüne Herz Deutschlands«, beinahe exakt in zwei Hälften: Nördlich liegt das **Thüringer Becken**, eine weite, sanft gewellte Region mit vielen Flüssen, die von jeher landwirtschaftlich genutzt wird. Im Süden der Autobahn liegt die touristisch interessantere Region, das **Kammgebirge** des **Thüringer Waldes.** Ungewöhnlich viele tiefe Täler durchziehen diese **Mittelgebirgslandschaft,** die in ihren zentralen Teilen Höhen zwischen 800 und 900 m erreicht. Eine alte Tradition hat hier der Bergbau, der sich mittlerweile auf den Abbau von Schiefer beschränkt. Heute floriert der Fremdenverkehr. Im Winter erfreuen sich die Skifahrer an der schönen Gebirgswelt, im Sommer locken Wanderwege die Erholungssuchenden. Ein beliebter deutscher Fernwanderweg ist der **Rennsteig,** der auf einer Strecke von 160 km entlang der Grenze zu Franken über die Höhen des **Thüringer Waldes** führt.

ALTES HANDWERK DER REGION: Glas

Vereinzelt unterhielten die **Klöster** im Thüringer Wald bereits im 12. Jahrhundert kleine **Glashütten;** denn im Wald gab es die für die Glasproduktion notwendige Energie im Überfluss: Holz zur Befeuerung der Öfen und Herstellung der Pottasche. Im 16./17. Jahrhundert begann der Aufstieg der thüringischen Glasproduktion zum stabilen Wirtschaftsfaktor. Mit herzoglichen Konzessionen ausgestattet, etablierten sich wahre **Glasmacherdynastien,** die ihre Handwerkskunst immer mehr verfeinerten. So wurden ab 1760 auch künstliche Augen aus Glas hergestellt. Und als im 19. Jahrhundert der Christbaum in deutschen Landen in Mode kam, erkannte man im Thüringer Wald den Bedarf: Christbaumschmuck aus Glas. Gläser und Souvenirs in vielen Farben und Formen sind heute im Angebot der Läden zu finden.

RAST AUF REISEN: Übernachten mit Flair

IBB Hotel Erfurt, Gotthardstr. 27, 99084 Erfurt, Tel. 0361/674 00: modernes Hotel mit nostalgischem Charme im Herzen der Altstadt, im Restaurant leichte deutsche Küche **(Abfahrt 46 Erfurt-West, 11 km).**
Hotel Elephant, Markt 19, 99423 Weimar, Tel. 0 36 43/ 80 20: das erste Haus am Platz, mit Sicherheit eines der schönsten und traditionsreichsten Hotels in Deutschland, aufwändig im Art-Déco-Stil gestaltet, mit feiner Küche, elegantem Bar und hübschem Garten **(Abfahrt 49 Weimar, 4 km).**

Meißen: Blick über die Elbe auf Albrechtsburg und Dom

Burg Rabenstein/Felsendome: Westlich von Chemnitz, in einem Erholungsgebiet mit Wildgehege, liegt die kleinste noch erhaltene Burganlage Sachsens (12.Jh.). In der Nähe der Burg (sehenswerte Waffensammlung) befinden sich die Felsendome, ein ehemaliges Kalkbergwerk, in dessen kuppelartigen Hohlräumen unterirdische Teiche und wundervolle Kristalle zu bewundern sind. Tgl. Führungen ab 10 Uhr. **(Abfahrt 67 Rabenstein, 2 km)**

****Meißen:** die Wiege Sachsens, vom historischen Stadtbild, Porzellankreationen und der Weinlandschaft des Elbtales geprägt. Hier wurden die Wettiner Fürsten einst mit der Mark Meißen belehnt – damit begann Sachsens Geschichte. Die Albrechtsburg ist der erste Schlossbau im deutschsprachigen Raum und wurde 1471 bis 1524 erstellt. Der daneben liegende gotische Dom wurde 1250 bis 1400 erbaut. 1710 wurde die Meissener Porzellanmanufaktur in der Albrechtsburg zu Meißen als erste Einrichtung ihrer Art in Europa gegründet. **(Abfahrt 78 Dresden Altstadt, Sächsische Weinstraße, 19 km)**

****Bautzen:** Die turmreiche Silhouette zeigt eines der besterhaltenen mittelalterlichen Stadtbilder in Sachsen. Der Hauptmarkt mit Rathaus (1729–1732) und prachtvolle Patrizier-und Barockhäuser sind ein Schmuckstück der 1000-jährigen Stadt über der Spree. Das Sorbische Museum (tägl. ab 10 Uhr) erzählt von Kultur und Geschichte der heute noch 100 000 Menschen zählenden slawischen Minderheit in der Region. Sehr sehenswert: Dom St. Peter (1213–1497), eine gotische Hallenkirche mit 85 m hohem Turm. Im Bautzener Gefängnis saßen zu DDR-Zeiten politische Häftlinge ein. **(Abfahrt 89 Bautzen-West, 3 km)**

Im Urzoo, einem großen Park mit Sauriergarten, können 70 der ausgestorbenen Giganten in Lebensgröße bestaunt werden. **(Abfahrt 89 Bautzen-West, 5 km)**

Königshainer Berge: Ein 3,5 km langer Autobahntunnel durchschneidet den 392 m hohen Berg, ein beliebtes Wanderziel der Oberlausitz.

*****Elbsandsteingebirge/Nationalpark Sächsische Schweiz:** Malerische Mittelgebirgslandschaft mit bizarren Felsgebilden, Schluchten, Tafelbergen und Steilwänden. Höhepunkte sind die berühmte Bastei, die Schrammsteine, Lichtenhainer Wasserfall und Kuhstall. **(Von Dresden auf der B172 nach Pirna, Königstein, Bad Schandau 20–40 km)**

Barockes Gesamtkunstwerk: der Dresdner Zwinger

Hohenstein-Ernstthal: Attraktion des Ortes ist das zum Museum umgebaute Geburtshaus von Karl May (1842–1912) in der Karl May Str. 14. Am Stadtrand liegt die ehemals berühmte Rennstrecke »Sachsenring«. **(Abfahrt 65 Hohenstein-Ernstthal, 4 km)**

*****Dresden:** Die einst «Elbflorenz« genannte Stadt mit der grandiosen Silhouette wurde in der Nacht zum 14. Febr. 1945 in Schutt und Asche gebombt. Sehenswürdigkeiten: Theaterplatz: Dresdner Zwinger (1711–1728), eine architektonische Meisterleistung barocker Baukunst (Matthäus Daniel Pöppelmann 1662–1732) mit weltbekannter Gemäldegalerie; Semperoper (1869), 1985 wiedereröffnet, die Schlossruine (18. Jh.); Frauenkirche (18. Jh.) am Neumarkt; »Fürstenzug«, ein 100 m langer und aus 24 000 Meißner Porzellanfliesen bestehender Fries in der Augustusstraße; »Brühlsche Terrasse«, die ehemalige Gartenanlage des Grafen von Brühl (1814); Albertinum (1884–87) mit Galerie Neuer Meister und »Grünem Gewölbe« (Pretiosensammlung); Hofkirche (1739–55); Kreuzkirche (1764–92); Reiterstandbild (1730) Augusts des Starken am Neustädter Markt. In der Umgebung: das prächtige Jagdschloss Moritzburg (1723–36), ca. 13 km nordwestlich der Stadt; Schloss Pillnitz (1720–23), Lustschloss des Kurfürsten August, 10 km südlich an der Sächsischen Weinstrasse. **(Abfahrt 78 Dresden-Altstadt, 5 km)**

****Görlitz:** Berühmt ist der mittelalterliche Stadtkern: Neun Türme prägen das Bild der an der Neiße und damit an der polnischen Grenze gelegenen östlichsten Stadt Deutschlands. Sehenswert: Obermarkt und Untermarkt; Rathaus (1378) mit zwei kunstvollen Uhren; Kaisertrutz (1490), heute Kunstgalerie; das kunsthistorisch bedeutende Heilige Grab (1481–1504), eine Kopie des Heiligen Grabes von Jerusalem. 14 km südlich von Görlitz liegt das **Kloster Marienthal** (böhmischer Barock). **(Abfahrt 94 Görlitz, 5 km)**

UNTERWEGS IN DER OBERLAUSITZ

Bautzen: Michaeliskirche und Alte Wasserkunst

Östlich von Dresden, hin zur polnischen Grenze, erstreckt sich im Norden und Süden der Autobahn die Oberlausitz. Das vorwiegend landwirtschaftlich genutzte flache Gebiet mit bewaldeten Höhen ist nicht unbedingt ein landschaftliches Highlight. Dafür entschädigt es durch eine kulturelle Besonderheit! Zweisprachige Ortsschilder – etwa Budy in für Bautzen und Zhorjelc für Görlitz – weisen darauf hin: Wir befinden uns im Land der **Sorben.** Die slawische Minderheit mit ihrer eigenen Sprache – in der Oberlausitz ist es das dem Tschechischen verwandte Obersorbisch – siedelt hier seit dem frühen Mittelalter und pflegt die alten Traditionen mit Hingabe. Die farbenfrohen sorbischen Trachten kann man bei **Brauchtumsfesten** bewundern, etwa beim Osterreiten am Ostersonntag. Überregional berühmt ist der **Osterritt** um das im 12. Jahrhundert gegründete Zisterzienserinnenkloster St. Marienstern in Panschwitz-Kuckau **(Abfahrt 87 Burkau, 11 km).** Mancherorts hat sich die sorbische Dorfstruktur erhalten, zu erkennen an den **»Umgebindehäusern«,** bei denen der Webstuhl – jahrhundertelang lebte man von der Leinenweberei – fest eingebaut ist. Sehenswertes Beispiel ist Cunewald westlich Löbau. **(Abfahrt 90 Bautzen-Ost, 27 km).**

KULINARISCHES DER REGION: Süße Genüsse

Überflüssig ihn vorzustellen, den **Dresdener Christstollen,** die üppige Köstlichkeit gehört ganz einfach zur Weihnachtszeit. Aber die schöne Stadt an der Elbe hat noch einen wesentlichen Beitrag zur deutschen Konditorenkunst geliefert, nämlich ein leckeres Teilchen, die **»Eierschecke«.** Überhaupt mögen es die Dresdener gerne süß. Dicht umlagert sind die Eisverkäufer in der Altstadt, auch wenn die Temperaturen gar nicht nach Abkühlung verlangen.

RAST AUF REISEN: Gediegen übernachten

Hotel Residence, Wilthener Str. 32, 02625 Bautzen, Tel. 0 35 91/ 35 57 00: gediegenes Haus in zentraler, ruhiger Lage, komfortable Zimmer, Gastronomie **(Abfahrt 89 Bautzen-West, 4 km,** oder **Abfahrt 90 Bautzen-Ost, 4 km). Hotel Stadt Löbau,** Elisenstr. 1, 02708 Löbau, Tel. 0 35 85/86 18 30: familiär geführtes Traditionshaus mit modernen Zimmern, bekannt gute Küche mit regionalen Spezialitäten **(Abfahrt 90 Bautzen-Ost, 19 km). SORAT Hotel Görlitz,** Struvestr. 1, 02826 Görlitz, Tel. 0 35 81/40 65 77: nahe der Altstadt gelegenes, ansprechendes Hotel in renoviertem Jugendstilgebäude **(Abfahrt 94 Görlitz, 4 km).**

Erfurt

In der lebendigen Landeshauptstadt Thüringens mit ihren mittelalterlichen Prunkbauten und einer über 600 Jahre alten Universität spürt man noch heute den Reichtum vergangener Tage.

Die Stadt Erfurt geht auf ein 742 gegründetes Bistum zurück, welches im Laufe der Jahrhunderte zu einem der wichtigsten Handelszentren des Mittelalters aufblühte. Der Beitritt zur Hanse im 15. Jh. bescherte der thüringischen Stadt einen weiteren wirtschaftlichen Aufschwung. Durch die 1392 eröffnete Universität wurde Erfurt schließlich zu einem bedeutenden Zentrum des Humanismus. Erfurt ist dank seiner imponierenden Baudenkmäler sowie seiner eng mit Martin Luther verbundenen Geschichte noch heute eine Stadt von großer kulturhistorischer Bedeutung.

Großes Bild links:
Der imposante Erfurter Dom, der von 1174 bis 1476 erbaut wurde, ist auf das Kostbarste ausgestaltet und zeugt von dem Reichtum einer der größten Städte des deutschen Mittelalters.

1 Erfurts ganzer Stolz: Der Mariendom und die fünfschiffige Hallenkirche St. Severi auf dem Domberg.

2 Beeindruckend: der romanisch-gotische Dom mit seinen wuchtigen Portalen.

3 Am Domplatz stehen Renaissancebauten wie die »Grüne Apotheke« und das Haus »Zur hohen Lilie«.

4 Fachwerkfassaden prägen das Bild an Domplatz und Marktstraße.

5 Renaissance-Häuser und das neugotische Rathaus prägen den historischen Fischmarkt.

6 Die mit 32 Fachwerkhäusern bebaute Krämerbrücke über die Gera ist nördlich der Alpen die einzige ihrer Art.

7 Augustinerkloster (1334): Hier empfing Martin Luther 1507 die Priesterweihe.

1

2

3

4

5

6

7

Weimar

In der gemütlichen Kleinstadt, als Zentrum der deutschen Klassik weltbekannt, lässt sich verdichtet Literatur- und Zeitgeschichte erleben.

Kaum vorstellbar, dass in der kleinen Residenzstadt während der sechs Jahrzehnte, in denen sie zum Mittelpunkt des deutschen Geisteslebens wurde, nur 6000 Menschen wohnten. Einzig das höfische Leben der Herzogin Anna Amalia bot Abwechslung. Johann Wolfgang von Goethe, der 1776 vom jungen Großherzog Carl August nach Weimar geholt wurde, nannte die Stadt sein »Dorf«, doch nicht zuletzt wegen Charlotte von Stein und Christiane Vulpius sollte er fast sein ganzes Leben hier verbringen. Viele Denker, der Hofprediger Johann Gottfried Herder und der Dramatiker Friedrich von Schiller, kamen in die thüringische Provinzstadt, die so zu einem Treffpunkt der europäischen Dichter und Gelehrten wurde.

Großes Bild links:
Goethe und Schiller, verbunden durch einen Lorbeerkranz, vor dem neoklassizistischen Nationaltheater

1 Weimars Schloss mit dem hohen Rundturm, an dessen Ausgestaltung auch Goethe beteiligt war, ist heute Sitz der Staatlichen Kunstsammlung.

2 Das Rathaus am Marktplatz, ein Schmuckstück im Stil der Neugotik

3 Im Lucas-Cranach-Haus am Markt (1549) verbrachte Lucas Cranach der Ältere sein letztes Lebensjahr.

4 Das Denkmal für Herzog Carl August am Platz der Demokratie wird gerahmt vom Fürstenhaus, dem Roten Schloss und der Herzogin-Anna-Amalia-Bibliothek.

5 Das Schloss Belvedere wurde 1724–1732 erbaut.

6 In seinem Haus am Frauenplan lebte Goethe 47 Jahre lang.

1

2

3

4

5

6

Dresden und Schloss Moritzburg

Nachdem die Schönheit und der Glanz Dresdens durch die Zerstörung im Zweiten Weltkrieg unwiederbringlich verloren schienen, feiert die einstige Elbmetropole derzeit ihr großes Comeback.

Seit 1485 war Dresden Residenzstadt des Kurfürstentums Sachsen, doch erst mit den Wettinern begann der Aufstieg zur Kulturmetropole. Zahlreiche Künstler kamen an den Hof und trugen zum reichen barocken Leben bei. Elbflorenz war geboren. Nur wenige Stunden im Februar 1945 genügten, um Dresdens historische Altstadt dem Erdboden gleichzumachen. Doch bereits 1951 begannen Wiederaufbau und Restaurierungsarbeiten, die bis heute fortgeführt werden. Ein wahres Prunkstück barocker Baukunst ist das Schloss Moritzburg, das August der Starke 1723–1736 auf das Prächtigste umbauen ließ, um hier seiner Jagdleidenschaft zu frönen.

Großes Bild links:
Der Baumeister Gottfried Semper errichtete 1870–1878 das Opernhaus.

1 »Goldener Reiter«: August der Starke hoch zu Ross am Neustädter Markt.

2 Der Zwinger ist ein einzigartiges Meisterwerk barocker Festarchitektur.

3 Einen glanzvollen Anblick bietet die Dresdener Altstadt bei Nacht.

4 An der Außenwand des Langen Gangs zeigt der Fürstenzug auf über 24 000 Porzellankacheln und 102 m Länge alle Wettiner Herrscher in Begleitung von Wissenschaftlern und Künstlern.

5 Der Sandstein-Piqueur vor Schloss Moritzburg erinnert an die Jagdgesellschaften, die die sächsischen Kurfürsten hier abzuhalten pflegten.

6 Die Fasanerie von Schloss Moritzburg, ein verspieltes und schmuckes Stück Rokoko-Architektur, wurde gegen Ende des 18. Jh.s errichtet.

Die Sächsische Schweiz

Wohl kaum eine deutsche Landschaft übt eine solche Faszination aus wie das zauberhafte Elbsandsteingebirge.

Folgt man dem Lauf der Elbe von Dresden zur tschechischen Grenze, fühlt man sich wie in ein fernes Land versetzt, bilden alsbald tiefe Cañons, einsame Tafelberge und moosbedeckte Felsnadeln eine unglaubliche Kulisse. Das Elbsandsteingebirge wurde erst am Ende des 19. Jh.s von den Malern der Romantik »entdeckt«, bis dahin galt es als unwirtlicher und unzugänglicher Landstrich, den man besser mied.

Vor etwa 90 Mio. Jahren verfestigten sich in einer Bucht zwischen dem Erzgebirge und der Oberlausitz riesige Mengen von Sand, Tonschlamm und kalkhaltige Überreste von Meereslebewesen zu einer Kalksandsteinplatte. Knapp 10 Mio. Jahre später begann sich die Erdkruste zu heben und es entstand eine Hochebene, aus der im Laufe der Jahrmillionen Flüsse, Bäche und Regen diese einmalige Landschaft herausgewaschen haben.

Großes Bild links:
Von der Bastei reicht der Blick über Rathen und den Lilienstein bis weit nach Tschechien.

1 In der Morgendämmerung windet sich die Elbe an der Bastei vorbei.

2 Klippen und Tafelberge wie Bastei und Lilienstein sind die Reste einer einst kompakten Sandsteinplatte.

3 Wie aus einer fernen Welt: Die bizarren Felsnadeln der Bastei haben viele Künstler, darunter auch Caspar David Friedrich, inspiriert.

4 Wahre Überlebenskünstler sind die knorrigen Bäume, die auf dem nackten Fels so pittoresk ihr karges Dasein fristen.

5 Träge zieht die Elbe im Abendlicht am Lilienstein vorbei.

1

2

3

4

5

UNTERWEGS AUF DER BERGSTRASSE

Die Auerbacher Schlossruine bei Bensheim

Ab Zwingenberg (Abfahrt 29) kann man parallel zur Autobahn Richtung Süden die alte römische Bergstraße (B3) nehmen. Wegen des milden Klimas zwischen **Rheinebene** und **Odenwald** blüht hier alles früher und üppiger als sonst in unseren Breiten. Da wachsen Mandeln, Feigen und ein herrlicher Wein.

KULINARISCHES DER REGION: Feiner Spargel

Von **Schwetzingen** aus, wo schon im 17. Jh. erste **Spargelkulturen** angelegt wurden, hat das feine Gemüse Deutschland erobert. Heute gehört die Region bis Bruchsal zu den bedeutendsten Spargelanbaugebieten Mitteleuropas.

RAST AUF REISEN: Übernachten in Heidelberg

Der Europäische Hof, Friedrich-Ebert-Anlage 1, 69117 Heidelberg, Tel. 06221/5150: gehobener Familienbetrieb mit Tradition, großzügige Ausstattung und persönlicher Service, breites gastronomisches Angebot; **Holländer Hof,** Neckarstaden 66, 69117 Heidelberg, Tel. 06221/60500: gediegenes Hotel Garni in der Altstadt direkt am Neckar; **Romantikhotel Zum Ritter St. Georg,** Hauptstr. 178, 69117 Heidelberg, Tel. 06221/1350: prächtiger Renaissancebau in der Altstadt, Restaurant bekannt für Wildspezialitäten. **(Abfahrt 5 Kreuz Heidelberg, ca. 5 km)**

****Bad Homburg:** weltberühmter Kurort, überragt vom barocken Landgrafenschloss (1680–85); Kurpark mit Spielcasino und Russischer Kapelle. **(Abfahrt 17 Bad Homburger Kreuz, über A661, 5 km)**

*****Frankfurt am Main:** Von weitem sieht man die spektakuläre Skyline der Messe- und Bankenmetropole »Mainhattan«. Goethes Geburtsstadt war Krönungsstätte deutscher Kaiser (seit 1502) und Ort der ersten Deutschen Nationalversammlung (Paulskirche 1848/49). Die restaurierten Fachwerkensembles wie Römer (15./18. Jh.) mit Kaisersaal und Historische Ostzeile sind heute in moderne Architektur eingebettet. Sakralbauten: Kaiserdom St. Bartholomäus (13. Jh.), Nikolaikirche (1290) und Paulskirche (1789–1833), heute Festsaal. Sehenswert: die klassizistische Alte Oper (1880/1981) nahe der barocken Hauptwache; das Goethehaus mit Museum; Schirn-Kunsthalle und das Museum für Moderne Kunst. Vom Städelschen Kunstinstitut und sieben weiteren Museen auf der anderen Mainseite hat man einen eindrucksvollen Blick auf die hoch aufragenden »Kathedralen des Geldes«. Unweit liegt das »Ebbelwoi«-Viertel Sachsenhausen mit zahlreichen Kneipen und Jazzlokalen. **(Abfahrt 19 Westkreuz Frankfurt, über A648, 5 km)**

Frankfurt am Main: das ehemalige Rathaus, der Römer

Streckenprofil: *Die Strecke führt durch das Hessische Bergland am Nordrand des Taunus vorbei nach Frankfurt. Aus der Bankenmetropole heraus geht die Fahrt parallel zur Bergstraße bis in den Großraum Mannheim–Ludwigshafen.* ***(215 km, 2 Std.)***

****Gießen:** In der alten Universitätsstadt (seit 1607) lehrte der große Chemiker Justus von Liebig von 1824–1852 (Museum). Sehenswert: das Alte Schloss (14. Jh./ 1980) mit Oberhessischem Museum und Botanischem Garten (1609); das Neue Schloss (16. Jh.) mit Zeughaus (1590/1958–62); Burgmannhaus (1350) mit Stadtmuseum; romanische Pfeilerbasilika (12. Jh.) des Augustinerstifts. **(Abfahrt 10 Fernwald, 7 km)**

****Alsfeld:** Ihr geschlossenes, mittelalterliches Fachwerkbild machte die Stadt 1975 zur »Europäischen Modellstadt für Denkmalschutz«. Sehenswert: Marktplatz mit Rathaus (1512-16), Weinhaus (1538) und Hochzeitshaus (1564–71); Walpurgiskirche (13.–15. Jh.), Stumpfhaus (1609); Leonhardsturm (1386). **(Abfahrt 2 Alsfeld-Ost, 2 km)**

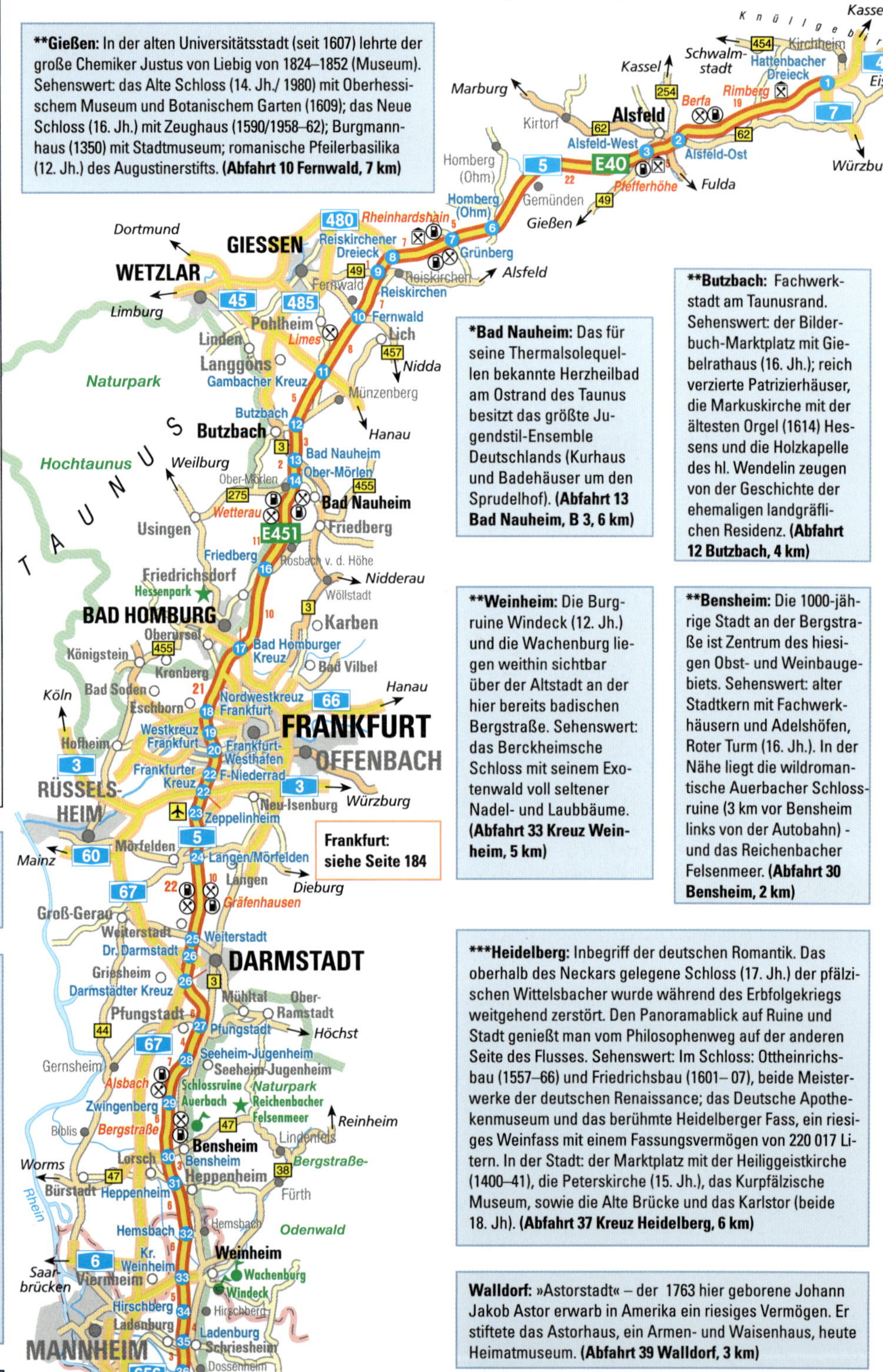

***Bad Nauheim:** Das für seine Thermalsolequellen bekannte Herzheilbad am Ostrand des Taunus besitzt das größte Jugendstil-Ensemble Deutschlands (Kurhaus und Badehäuser um den Sprudelhof). **(Abfahrt 13 Bad Nauheim, B 3, 6 km)**

****Butzbach:** Fachwerkstadt am Taunusrand. Sehenswert: der Bilderbuch-Marktplatz mit Giebelrathaus (16. Jh.); reich verzierte Patrizierhäuser, die Markuskirche mit der ältesten Orgel (1614) Hessens und die Holzkapelle des hl. Wendelin zeugen von der Geschichte der ehemaligen Residenz. **(Abfahrt 12 Butzbach, 4 km)**

****Weinheim:** Die Burgruine Windeck (12. Jh.) und die Wachenburg liegen weithin sichtbar über der Altstadt an der hier bereits badischen Bergstraße. Sehenswert: das Berckheimsche Schloss mit seinem Exotenwald voll seltener Nadel- und Laubbäume. **(Abfahrt 33 Kreuz Weinheim, 5 km)**

****Bensheim:** Die 1000-jährige Stadt an der Bergstraße ist Zentrum des hiesigen Obst- und Weinbaugebiets. Sehenswert: alter Stadtkern mit Fachwerkhäusern und Adelshöfen, Roter Turm (16. Jh.). In der Nähe liegt die wildromantische Auerbacher Schlossruine (3 km vor Bensheim links von der Autobahn) - und das Reichenbacher Felsenmeer. **(Abfahrt 30 Bensheim, 2 km)**

*****Heidelberg:** Inbegriff der deutschen Romantik. Das oberhalb des Neckars gelegene Schloss (17. Jh.) der pfälzischen Wittelsbacher wurde während des Erbfolgekriegs weitgehend zerstört. Den Panoramablick auf Ruine und Stadt genießt man vom Philosophenweg auf der anderen Seite des Flusses. Sehenswert: Im Schloss: Ottheinrichsbau (1557–66) und Friedrichsbau (1601–07), beide Meisterwerke der deutschen Renaissance; das Deutsche Apothekenmuseum und das berühmte Heidelberger Fass, ein riesiges Weinfass mit einem Fassungsvermögen von 220 017 Litern. In der Stadt: der Marktplatz mit der Heiliggeistkirche (1400–41), die Peterskirche (15. Jh.), das Kurpfälzische Museum, sowie die Alte Brücke und das Karlstor (beide 18. Jh). **(Abfahrt 37 Kreuz Heidelberg, 6 km)**

Walldorf: »Astorstadt« – der 1763 hier geborene Johann Jakob Astor erwarb in Amerika ein riesiges Vermögen. Er stiftete das Astorhaus, ein Armen- und Waisenhaus, heute Heimatmuseum. **(Abfahrt 39 Walldorf, 3 km)**

Heidelberg: der Neckar, die »Alte Brücke« und das Schloss

***Streckenprofil:** Die viel befahrene Nord-Süd-Verbindung führt nach dem Ballungsraum um Karlsruhe parallel zum Rhein durch den Oberrheingau und den Oberheingraben bis an die Schweizer Grenze.* **(235 km, 2 Std.)**
***A98:** Zubringer nach Lörrach.* **(14 km, 10 Min.)**

Rastatt: die Hofseite des barocken Schlosses

****Rastatt:** In einem üppig bepflanzten Park liegt das monumentale Schloss (1697–1707) mit einer 230 m langen Gartenfront und Museum für Wehrgeschichte. Sehenswert: die Schlosskirche (1719–23), die Pagodenburg (1722); Rathaus (1750), Alexius- und Johannesbrunnen und die Kirche St. Alexander (1756-64). Wenige Kilometer südlich, bei Kuppenheim, liegt das prächtige Lust- und Sommerschloss Favorite. Sehenswert: die teils exotisch gestalteten Säle und die Originalausstattung der Küche mitsamt der einmaligen Porzellansammlung. **(Abfahrt 49 Rastatt, 4 km)**

****Freiburg:** Das Stadtbild wird ganz vom 116 m hohen Turm des Münsters Unserer Lieben Frau (13.–16. Jh.) beherrscht. Rund um den Münsterplatz der alten Universitätsstadt (seit 1457) laden kopfsteingepflasterte Gassen und noble Einkaufspassagen zum Bummeln ein. Sehenswert: Glasfenster und Skulpturen in der Turmvorhalle des Münsters, sowie der berühmte Hochaltar (1512–16) von Hans Baldung; das »Kaufhaus« von 1532, Renaissance-Rathaus (16. Jh.), Narrenzunfthaus und das »Haus zum Walfisch« (1516); Schwaben- und Martinstor sind Reste der mittelalterlichen Stadtbefestigung. Bedeutende Museen: das Augustinermuseum (13.–20. Jh.), Naturkundemuseum und Museum für Neue Kunst. Vom Schlossberg (425 m, Seilbahn oder 15 Min. Fußweg) herrlicher Blick auf Stadt und Umland. **(Abfahrt 62 Freiburg-Mitte, 5 km)**

***Kaiserstuhl:** Das kleine Gebirge vulkanischen Ursprungs ist berühmt für seinen Wein. Die höchste Erhebung ist der Totenkopf (557 m, Fernsehturm).

***Karlsruhe:** Ihr Grundriss charakterisiert die 1715 gegründete Stadt, die heute Sitz des Bundesverfassungsgerichts und des Bundesgerichtshofs ist: Vom Herzstück der Stadt, dem markgräflichen Schloss (1752–75), führen 32 Straßen und Alleen strahlenförmig in alle Richtungen. Sehenswert: 6,5 m hohe Sandsteinpyramide (19. Jh.) auf dem Marktplatz; Landessammlung für Naturkunde(1865–75), Stephanskirche (1814) und Erbgroßherzogliches Palais (1893–97, Sitz des Bundesgerichtshofs); Zentrum für Kunst- und Medientechnologie in einer denkmalgeschützten Fabrik westlich der Innenstadt. **(Abfahrt 44 Karlsruhe-Durlach, 5 km)**

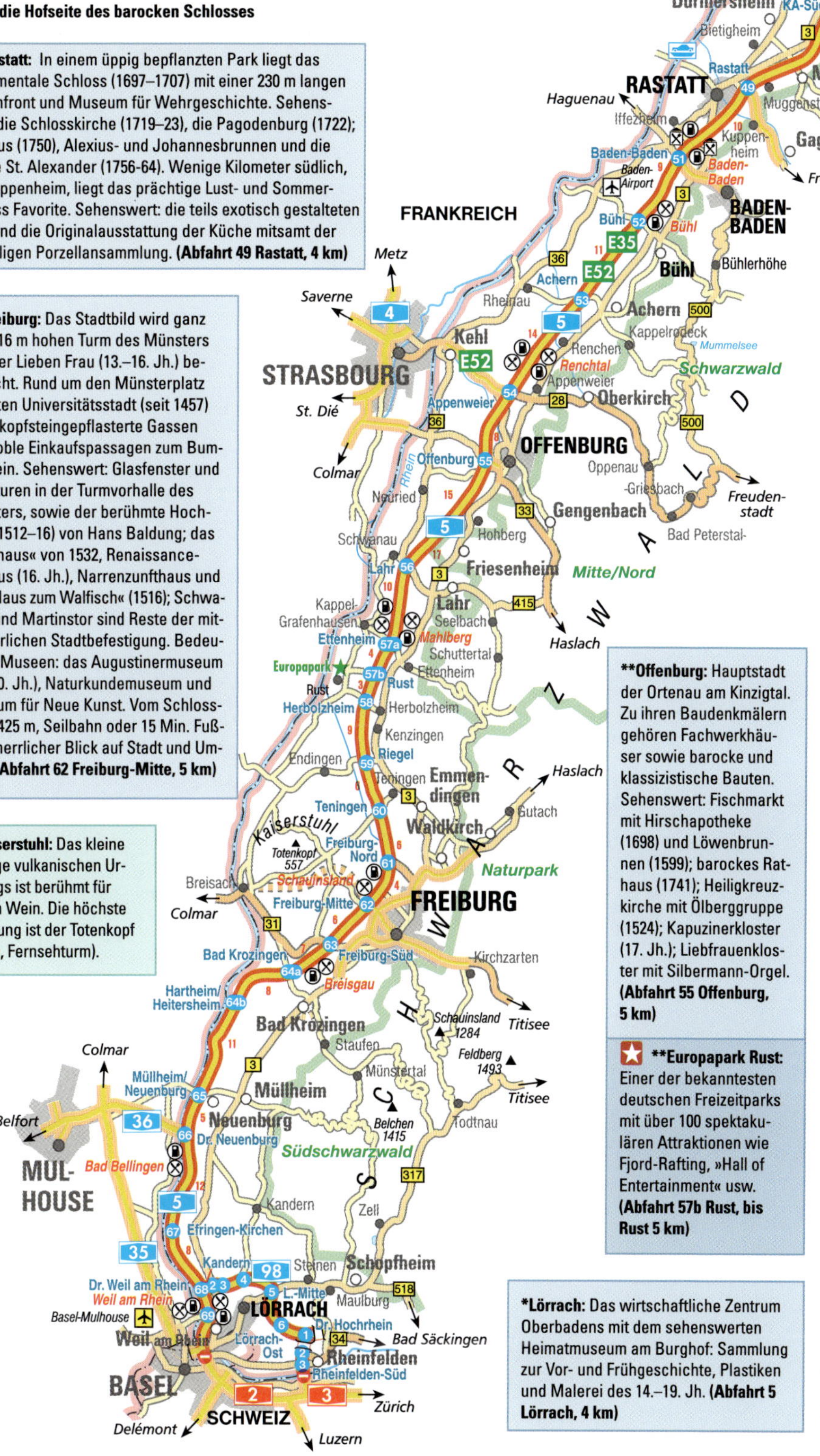

****Bruchsal:** Spargelstadt am Westrand des Kraichgaus mit barockem Residenzschloss (1722) der Fürstbischöfe von Speyer. Sehenswert: Treppenhaus von Balthasar Neumann mit Kuppelfresko, Museum mechanischer Musikinstrumente aus dem 18.–20. Jh.; barocke Pfarrkirche St. Peter (1742–49), ebenfalls von Balthasar Neumann. **(Abfahrt 42 Bruchsal, 4 km)**

****Baden-Baden:** mondäner Prominentenkurort am Rande des Schwarzwalds. Berühmt sind das Casino im Kurhaus (1838) und die »Große Rennwoche« (Pferderennen, seit 1858 in Iffezheim). Sehenswert: fränkische Königspfalz (Schlossberg); Kirche St. Peter und Paul (14. Jh.); Lichtentaler Allee mit Gönnergarten (Jugendstilanlage); Kurgarten mit Trinkhalle (1839–42), Friedrichsbad (1877), Brahms-Haus (Wohnhaus des Komponisten (1865–74) und neues Festspielhaus (1998). **(Abfahrt 51 Baden-Baden, 6 km)**

****Offenburg:** Hauptstadt der Ortenau am Kinzigtal. Zu ihren Baudenkmälern gehören Fachwerkhäuser sowie barocke und klassizistische Bauten. Sehenswert: Fischmarkt mit Hirschapotheke (1698) und Löwenbrunnen (1599); barockes Rathaus (1741); Heiligkreuzkirche mit Ölberggruppe (1524); Kapuzinerkloster (17. Jh.); Liebfrauenkloster mit Silbermann-Orgel. **(Abfahrt 55 Offenburg, 5 km)**

****Europapark Rust:** Einer der bekanntesten deutschen Freizeitparks mit über 100 spektakulären Attraktionen wie Fjord-Rafting, »Hall of Entertainment« usw. **(Abfahrt 57b Rust, bis Rust 5 km)**

***Lörrach:** Das wirtschaftliche Zentrum Oberbadens mit dem sehenswerten Heimatmuseum am Burghof: Sammlung zur Vor- und Frühgeschichte, Plastiken und Malerei des 14.–19. Jh. **(Abfahrt 5 Lörrach, 4 km)**

UNTERWEGS IM SCHWARZWALD

Schwarzwaldhaus mit typischem Walmdach

Eine der berühmtesten deutschen Landschaften ist der **Schwarzwald** mit seinen dunklen Wäldern und wildromantischen Tälern. Mehrere Routen erschließen dem Autofahrer die landschaftlichen Schönheiten, etwa von Baden-Baden aus die **Schwarzwald-Hochstraße (Abfahrt 51 Baden-Baden).**

KULINARISCHES DER REGION: Kirschwasser

Viel Obst gibt es in Deutschlands Südwesten, und das wird hier bevorzugt zu feinen **Obstbränden** verarbeitet. Weit bekannt ist das **»Echt Schwarzwälder Kirschwasser«**, das man wegen seines edlen Aromas nicht zu kalt trinken sollte. Es gilt als wichtigste Ingredienz der **»Schwarzwälder Kirschtorte«.**

RAST AUF REISEN: Luxuriös übernachten

Brenner's Parkhotel, An der Lichtentaler Allee, 76530 Baden-Baden, Tel. 07221/9000: traditionsreiches Hotel für höchste Ansprüche, die erste Adresse des bekannten Kurortes **(Abfahrt 51, Baden-Baden, 10 km); Schlosshotel Bühlerhöhe,** Schwarzwaldhochstr. 1, 77815 Bühl, Tel. 07226/550: Luxushotel der europäischen Spitzenklasse in herrlicher Lage **(Abfahrt 52 Bühl, 18 km).**

Frankfurt am Main

Die Bankenmetropole Deutschlands bietet eine eindrucksvolle Skyline, wie sie kaum sonst in Deutschland zu finden ist.

Die imposante Skyline gab der Banken- und Finanzmetropole, Messe- und Industriestadt ihren Spitznamen »Mainhattan«, denn in keiner Großstadt Deutschlands sind so viele Wolkenkratzer zu finden wie in Frankfurt am Main. Die beiden höchsten Bauwerke Europas, das Gebäude der Commerzbank und der Messeturm, gehören zu den wichtigsten Vertretern der postmodernen Architektur in Deutschland. Frankfurts Ruhm als Messestadt reicht bis ins 14. Jh. zurück; die Börse, noch heute die bedeutendste Deutschlands, wurde bereits 1585 gegründet. In Frankfurt fanden auch wichtige politische Ereignisse statt. Seit dem 14. Jh. wurden hier die deutschen Könige gewählt und ab 1562 die Kaiser gekrönt; 1848–1849 tagte hier die Erste Deutsche Nationalversammlung.

Großes Bild links:
Die Skyline von Frankfurt mit dem höchsten und zweithöchsten Gebäude Europas: das der Commerzbank mit 259 m und der Messeturm mit 257 m Höhe. Im Vordergrund die Paulskirche und der Römer.

1 Der 155 m hohe Zwillingsturm ist Sitz der Deutschen Bank.

2 Zahlreiche Jugendstilvillen, wie man sie noch heute in der Siesmayerstraße findet, und andere historische Gebäude fielen dem Bau der imposanten Wolkenkratzer zum Opfer.

3 Der 257 m hohe Messeturm wurde von Helmut Jahn entworfen. Er ist ein weithin sichtbares Symbol und Wahrzeichen der Frankfurter Messe.

4 Moderne Kunst wie diese Skulptur vor dem Messegelände bestimmt das Bild Frankfurts.

5 Mit einem modernen Bau präsentiert sich die DG-Bank.

1

2

3

4

5

Heidelberg

Die altehrwürdige Universitätsstadt gilt dank ihrer beeindruckenden Schlossruine als Inbegriff der deutschen Romantik.

1196 wurde die Siedlung, die sich am Fuß einer Burg entwickelte, erstmals erwähnt. Die Pfalzgrafen machten den malerischen Ort am Ufer des Neckars zu ihrer Residenz. Pfalzgraf Ruprecht I. gründete 1386 die Universität und begann mit dem Ausbau der Burg. Im 16. Jh. wurde ihr der Ottheinrichsbau angefügt, der zu den größten Leistungen der deutschen Frührenaissance zählt, jedoch im 17. Jh. von französischen Truppen zerstört wurde. Da die Pfalzgrafen den Sitz ihrer Residenz schon 1730 nach Mannheim verlegten, blieb das Heidelberger Schloss eine Ruine, die dank ihrer herrlichen Lage zu den schönsten Ruinen in Deutschland gehört.

Großes Bild links:
Den besten Blick auf die malerische Altstadt, den Neckar, die Alte Brücke und die berühmte Schlossruine genießt man vom Philosophenweg aus; rechts die Heiliggeistkirche.

1 Seit der Zerstörung durch die Franzosen im 17. Jh. sind von einer der glanzvollsten deutschen Residenzen nur Ruinen erhalten.

2 Statuen schmücken die 1786–1788 errichtete Karl-Theodor-Brücke, auch Alte Brücke genannt.

3 Das »Haus zum Ritter«, ein prachtvoller Renaissancebau, wurde 1592 errichtet und beherbergt heute Gäste.

4 Überbleibsel aus glanzvollen Zeiten: Skulptur auf der Alten Brücke

5 Durch das zweitürmige Brückentor gelangt man auf die Alte Brücke.

6 Der Karzer im Pedellenhaus wurde von 1778 bis 1914 benutzt.

7 Blick von der Scheffelterrasse auf Schloss und Altstadt Heidelbergs

1

2

3

4

5

6

7

Karlsruhe und Bruchsal

Vor den nahen Anhöhen des Schwarzwaldes prunkt Karlsruhe mit seinem markgräflichen Schloss und ist zugleich stolz auf sein junges Medienzentrum. Im nahen Bruchsal verwöhnt Spargel die Feinschmecker und ein weiteres Schloss die Freunde des Barock.

Mit Karl Wilhelm von Baden-Durlach und seiner Residenz mitten im Hardtwald beginnt die stolze Geschichte im Jahr 1715. Dem Markgrafen verdankt die Stadt – als Ort der Erholung und Ruhe konzipiert – auch ihren Namen. Die prunkvolle Hofhaltung des Sonnenkönigs Ludwig XIV. vor Augen, konstruierte er das Schloss als Dreh- und Angelpunkt seines Reiches, von dem aus die Straßen wie Sonnenstrahlen ausgehen. Die nüchternen Bauten des Karlsruher Architekten und Hofbaumeisters Friedrich Weinbrenner gaben der Stadt Anfang des 19. Jhs. ihr klassizistisches Gepräge. Heute ist Karlsruhe Sitz des Bundesgerichtshofes, des Bundesverfassungsgerichts und des Deutschen Kernforschungszentrums.

Großes Bild links:
Das Karlsruher Schloss, heute stilvolle Residenz des Badischen Landesmuseums, blieb der Mittelpunkt der Stadt. Von dem ursprünglich schlichten Bau des frühen 18. Jhs. ist lediglich der Turm erhalten. Die Dreiflügelanlage ist ein historisch getreuer Aufbau nach dem Zweiten Weltkrieg.

1 Der Fürstbischof von Speyer, Damian Hugo von Schönborn, erteilte 1720 den Auftrag zu Schloss Bruchsal, die einzige geistliche Barockresidenz am Oberrhein. Trotz der verheerenden Zerstörungen im Zweiten Weltkrieg konnte das Hauptgebäude mit seiner prächtigen Rokoko-Ausstattung wieder hergestellt werden.

2 Das Schloss in Bruchsal wurde nach Plänen von Maximilian von Welsch und ab 1731 von Balthasar Neumann (Treppenhaus) errichtet.

1

2

Freiburg

Die Stadt an der Dreisam ist das Zentrum des Breisgaus und als Sitz einer Universität auch kultureller Mittelpunkt der Region.

Die Zähringer gründeten im Jahr 1120 Freiburg, das sich schon bald zu einer freien Handelsstadt entwickelte. 1368 fiel die Stadt an die Habsburger, die hier bis 1805 das Verwaltungszentrum ihrer außerhalb Österreichs gelegenen Besitzungen einrichteten. 1806 kam Freiburg gemeinsam mit den angrenzenden Gebieten des Breisgaus und der Ortenau an Baden. Zu den wertvollsten Schätzen dieser schönen Stadt, deren historisches Zentrum im Bombenhagel des Zweiten Weltkriegs fast vollständig zerstört wurde, gehört das prächtige Münster, das als einzige Kathedrale Deutschlands im Stil der Gotik vollendet wurde. Das südliche Flair macht Freiburg zu einem Ausflugsziel auch für die angrenzenden Länder Schweiz und Frankreich.

Großes Bild links:
Hoch überragt der filigrane Turm des Freiburger Münsters die Gässchen der Altstadt.

1 **Das Freiburger Münster, vom 13. bis 16. Jh. erbaut, ist eines der schönsten gotischen Bauwerke des Landes.**

2 **Als Meisterwerk des Malers Hans Baldung Grien gilt das Hochaltarbild des Münsters. Es stellt die Marienkrönung dar und entstand 1512–1516.**

3 **Das Kornhaus an der Nordseite des Münsterplatzes aus dem 15. Jh. wurde Anfang der 70er Jahre wieder aufgebaut.**

4 **Ein Gewerbekanal durchfließt die malerische Fischerau.**

5 **Die typischen »Bächle« ziehen sich an den Gässchen der Altstadt wie hier an der Rathausgasse entlang.**

6 **An der Südseite des Münsterplatzes beeindruckt das 1532 vollendete Rote Kaufhaus. Seine schmucke Fassade ist durch Erker und Laubengang strukturiert.**

1

2

3

4

5

6

Streckenprofil: *Die hügelige, abwechslungsreiche Route führt von der französischen Grenze durch das Saarland und am Nordrand des Pfälzerwalds entlang in den Großraum Mannheim-Ludwigshafen. Die A6 umfährt die industriell geprägte Peripherie des dicht besiedelten Ballungsraums, bis sie ab Kreuz Walldorf mit dem Kraichgau wieder eine landschaftlich reizvollere Region erreicht. Ab Kreuz Walldorf geht es über die Hochebenen des Hohenloher Lands bis an die waldreichen Steigungen der Frankenhöhe.* ***(290 km, 2¾ Std.)***

Schwetzingen: im Schlosspark

*****Schloss Schwetzingen:** Ebenso berühmt wie der Spargel aus der Rheinebene ist die von einem einmaligen Park umgebene Sommerresidenz (18. Jh.) der Pfälzer Kurfürsten. Dazu gehören kleine Tempel, Badehaus, Rokokotheater (1746–52) und eine Moschee (1778-95). **(Abfahrt 28 Mannheim-Schwetzingen, 3 km)**

****St. Ingbert:** der Legende nach vom Mönch Ingobertus gegründet; 888 erstmals erwähnt. Seit dem 17. Jh. Kohlebergbau; 1956 eingestellt. Sehenswert: Engelbertkirche (1755), Pfarrkirche St. Josef (1890) und der Sudhausturm (1927) der Becker-Brauerei. **(Abfahrt 6 St. Ingbert-Mitte)**

***Bexbach:** inmitten eines schönen Blumenparks liegt das Saarländische Bergbaumuseum, das anschaulich über die 200-jährige Grubengeschichte der Region informiert. **(Abfahrt 9 Homburg/Saar, 2 km)**

***Landstuhl:** Die Geschichte der Stadt ist untrennbar verbunden mit Burg Nannstein (1160) und dem Ritter Franz von Sickingen. Als Kämpfer für die Reformation fiel er hier 1523 auf seiner Burg. An ihn erinnern alljährlich die Freilichtspiele im Innern der romantischen Festung (Juni–August). Sehenswert: die St.-Andreas-Kirche mit dem Grab des Ritters und Ausmalungen des späten 15. Jh. im Chor. **(Abfahrt 11 Landstuhl-Atzel, 2 km)**

***Hockenheimring:** die Rennstrecke mit dem berühmten »Motodrom«, Schauplatz von Formel-1-Rennen, gilt als eine der schnellsten der Welt. Sehenswert: das Motorsportmuseum mit Rennboliden und Multimediashow. **(Abfahrt 30 Kreuz Hockenheim, 1 km)**

Ludwigshafen: siehe Seite 181

****Blieskastel:** Barockstadt und Kneippkurort an der Blies; kam 1337 an Trier, ab 1660 war die Stadt Residenz der Freiherren von der Leyen. Von dem 1650 erbauten Schloss ist nur noch die Orangerie erhalten. Sehenswert: Schlosskirche St. Anna und Philipp, spätbarockes Rathaus am Paradeplatz, die über der Stadt gelegene Wallfahrtskapelle Hl. Kreuz mit einem Vesperbild aus dem 14. Jh. **(Abfahrt 6 St. Ingbert-Mitte, 5 km)**

***Homburg/Saar:** Attraktion des Ortes mit seiner schönen Altstadt sind die unterirdischen Felslabyrinthe der Schlossberghöhle. Die größten Buntsandsteinhöhlen in Europa wurden zwischen dem 11. und 17. Jh. zu Verteidigungszwecken mühsam in den Berg getrieben. **(Abfahrt 9 Homburg/Saar, 4 km)**

***Kaiserslautern:** Markantester Bau unterhalb des Pfälzer Fußballmekkas »Betzenberg« ist das alles überragende, 84 m hohe Rathaus, das an historischer Stelle erbaut wurde: die Ruinen des Casimirbaus, einem 1571 von Pfalzgraf Johannes Casimir errichteten Renaissanceschloss, sind als Ausstellungsort in den Komplex integriert worden (Burgenmuseum). Casimir wiederum hatte sein Schloss auf den Ruinen der Kaiserpfalz (1152) von Kaiser Friedrich Barbarossa gebaut. Sehenswert: die spätgotische Stiftskirche (13./14. Jh.), die in florentinischem Stil erbaute Fruchthalle (1846) und die Gemäldesammlung Pfalzgalerie sowie das Theodor-Zink-Museum, das über die Stadtgeschichte informiert. **(Abfahrt 16 Kaiserslautern-Ost, 5 km)**

Kaiserslautern: Innenhof des Theodor-Zink-Museums

UNTERWEGS IM PFÄLZERWALD

Weingut bei Bad Dürkheim am Ostrand des Pfälzerwaldes

Südlich Kaiserslautern erstreckt sich der Pfälzerwald. Er gehört zu den größten geschlossenen Waldgebieten Deutschlands und wurde 1958 zum **Naturpark** erklärt. Viele ausgeschilderte Wege führen den Wanderer durch das reizvolle **Mittelgebirge.** Das Grün der Kiefern, Eichen und Buchen dominiert die Landschaft, leuchtend rote Kontrapunkte setzen die Buntsandsteinfelsen, die zur geologischen Masse der **Vogesen** gehören. **Buntsandstein** lässt sich gut verarbeiten; in der Römerzeit diente er als Material für Statuen und Reliefs, im Mittelalter für den Kirchenbau. Aus dem Mittelalter stammen auch die romantischen Burgruinen auf den Höhen des östlichen Pfälzer Waldes.

KULINARISCHES DER REGION: Kartoffelküche

Die Pfalz ist bekannt für die Qualität ihrer Kartoffeln, auf Pfälzisch **Grumbeeren.** Und da die traditionelle Küche immer auf das zurückgreift, was in der Region am besten gedeiht, begegnet uns in der Pfalz eine überwältigende Vielfalt an Kartoffelgerichten, die noch wie zu Großmutters Zeiten zubereitet werden. Typische Alltagsgerichte wie **Kartoffelsalat mit Speck** und **Reibekuchen** gehören dazu, auch eine besonders gehaltvolle Kartoffelsuppe, die **»Grumbeersupp«,** die mit Sahne und Majoran abgeschmekkt wird. Not macht erfinderisch: So entstand wohl in schlechteren Zeiten die **Grumbeerworscht.** Dafür wird die Wurstmasse mit reichlich Kartoffeln gestreckt, was den Fettgehalt senkt, aber den Geschmack nicht beeinträchtigt. Im Kartoffelland Pfalz enthält auch die berühmteste Spezialität Kartoffeln: Der **Pfälzer Saumagen** ist nichts anderes als ein Schweinemagen, der mit einer Mischung aus Fleisch, Zwiebeln und Majorankartoffeln gefüllt und dann gesotten oder gebraten wird.

RAST AUF REISEN: Übernachten in »Lautre«

Dorint Hotel, St.-Quentin-Ring 1, 67663 Kaiserslautern, Tel. 0631/20150. modernes Stadthotel in der Nähe des Fritz-Walter-Stadions mit empfehlenswerter Küche; **Hotel Schulte,** Malzstr. 7, 67663 Kaiserslautern, Tel. 0631/201690: komfortable Unterkunft in zentraler Lage mit Sauna und Fitnessraum; **Hotel Blechhammer,** Am Hammerweiher 1, 67659 Kaiserslautern, Tel. 0631/37250: historischer Gasthof in idyllischer Lage mit hübschen Zimmern und gemütlichem Restaurant mit regionaler und internationaler Küche **(Abfahrt 15 Kaiserslautern-West, ca. 5 km, Abfahrt 16 Kaiserslautern-Ost, ca. 3 km).**

Sinsheim: Südlich der Stadt ragt die auf einem Basaltrücken gelegene Ruine Steinsberg aus der Landschaft. Ihre exponierte Lage gab ihr den Namen »Kompass des Kraichgau«. Berühmt ist auch das hiesige Auto- und Technikmuseum mit Europas größter Formel-1-Ausstellung, Lokomotiven, über 60 Flugzeugen, 300 Oldtimern und dem ersten IMAX 3-D-Kino in Deutschland. **(Abfahrt 34 Sinsheim-Steinsfurt, 2 km)

Mannheim: siehe Seite 185

***Bad Wimpfen: Eindrucksvoll erhebt sich das mittelalterliche Stadtbild der einstigen Reichsstadt über dem Steilufer des Neckars. Der massige Rote (13. Jh.) und der bis 55 m hohe Blaue Turm der historischen Befestigungsanlagen überragen die von Fachwerkhäusern gesäumten Gassen der Altstadt. Sehenswert: die Ruinen der von Friedrich Barbarossa gegründeten, einst größten staufischen Kaiserpfalz nördlich der Alpen; das Puppenmuseum im Wormser Hof und die prächtige, frühgotische Ritterstiftskirche St. Georg (13.–15. Jh.) im Stadtteil Wimpfen im Tal. **(Abfahrt 35 Bad Rappenau, 7 km)**

***Schwäbisch Hall:** alte Stadt an der Kocher. Schon in keltischer Zeit wurde hier Salz gewonnen, das den Reichtum der Stadt begründete. Enge Gassen und schmale Treppen führen zum Marktplatz, der von prächtigen Häusern begrenzt wird, unter denen das barocke Rathaus besonders auffällt. Der gotische Pranger mitten auf dem Marktplatz erinnert an den grausamen Strafvollzug im Mittelalter. Eine Freitreppe führt zur Kirche St. Michael aus dem 15. Jh. Sehenswert ist auch das Hällisch-Fränkische Museum mit seiner umfangreichen Sammlung von Schützenscheiben. Östlich von Schwäbisch Hall: das ehemalige Benediktinerkloster Comburg, das 1079 gegründet wurde und im 12. Jh. seine Blütezeit erlebte. **(Abfahrt 43 Schwäbisch Hall, B14, dann B19, 10 km)**

***Öhringen – Neuenstein – Waldenburg:** In den drei nah beieinander liegenden Orten im Hohenloher Land stehen sehenswerte Schlösser des gleichnamigen Fürstenhauses, wobei das auf dem 500 m hohen Bergsporn Waldenburg gelegene Schloss sicher das imposanteste ist. Hier ist das Siegelmuseum mit europäischen Siegeln und Urkunden aus über 1000 Jahren untergebracht. **(Abfahrt 40 Öhringen, 2 km; Abfahrt 41 Neuenstein, 3 km; Abfahrt 42 Kupferzell, Waldenburg 2 km)**

Schwäbisch Hall: im Hohenloher Freilandmuseum

Benediktinerkloster Comburg bei Schwäbisch Hall

***Kochertalbrücke:** Der Viadukt der Superlative, eine der größten Stahlbetonbrücken Europas, ist 1128 m lang und bis zu 180 m hoch. Während der 2-jährigen Bauzeit sind die acht Pfeiler zum Teil 45 m tief in die Erde gesetzt worden. **(Zwischen Abfahrt 43 Schwäbisch-Hall und 44 Wolpertshausen)**

***Heilbronn:** Die Industrie- und Handelsstadt mit einem der größten Binnenhäfen Deutschlands musste nach dem Zweiten Weltkrieg fast ganz neu aufgebaut werden. Um die bereits 741 erstmals urkundlich erwähnte Stadt liegt ein bedeutendes Weinbaugebiet. Sehenswert: die astronomische Kunstuhr von 1580 am wiederhergestellten Renaissancerathaus (16. Jh.), der Götzenturm (1392), die Kilianskirche (13./ 15. Jh.) mit dem Brunnen, dessen Quelle der Stadt ihren Namen gab. **(Abfahrt 37 Heilbronn-Neckarsulm, 4**

Neckarsulm: Industriestadt am Neckar; gehörte einst dem Deutschen Orden. Sehenswert: ehemaliges Deutschordensschloss (um 1364 gegründet), die katholische Pfarrkirche St. Dionys, eine barocke Saalbaukirche.

Im ehemaligen Deutschordensschloss in Neckarsulm gewährt das Deutsche Zweiradmuseum einen historischen und technischen Überblick über die Geschichte des Fahrrads. **(Abfahrt 37 Heilbronn-Neckarsulm, 3 km)**

***Burg Weibertreu:** Die Burg erhebt sich stolz auf einem Basaltkegel inmitten von Weinbergen. Seit 1824 kümmert sich der Frauenverein Weinsberg um die Burg. Als 1140 der Stauferkönig Konrad III. im Kampf gegen die Welfen die Burg einnahm, sollten alle männlichen Bewohner sterben. Die Frauen verschonte er und gewährte ihnen, ihre liebste Habe mitzunehmen: Sie überlisteten den König und trugen ihre Männer auf dem Rücken den Burgberg hinab. Daher der spätere Name. **(Abfahrt 38 Kreuz Weinsberg, 2 km)**

UNTERWEGS VON DER DEUTSCHEN WEINSTRASSE IN DEN KRAICHGAU UND INS HOHENLOHER LAND

Burg Horneck bei Gundelsheim nördlich von Bad Wimpfen

Bei der Abfahrt 19 Grünstadt kreuzt die A6 die Deutsche Weinstraße. Die 83 km lange **Touristikroute** (die Hinweisschilder zeigen eine stilisierte Weintraube) wurde 1935 eingeweiht und führt, am burgenreichen Ostrand des Pfälzerwaldes entlang durch eines der größten und bedeutendsten **Weinbaugebiete** Deutschlands. Wichtigste Station ist Neustadt, heute die größte Winzergemeinde Deutschlands, aber auch das romantische Städtchen Deidesheim oder der Kurort Bad Dürkheim lohnen einen Besuch. Weiter führt die Strecke nach dem Großraum Mannheim in den **Kraichgau,** ein waldarmes, dichtbesiedeltes Hügelland zwischen Schwarzwald und Odenwald. Dieser fruchtbaren und landwirtschaftlich intensiv genutzten Region folgt das **Hohenloher Land,** ein flachwelliges Hügelland, das die windungsreichen Flussläufe von Kocher und Jagst umfasst, an deren Hängen vor allem Obst- und Weinbau betrieben wird.

KULINARISCHES DER REGION: Pfälzer Wein

Der Weinbau hat in der Pfalz eine Tradition, die bis in die römische Antike zurückreicht. Weiß und trocken, so ist der Pfälzer heute beliebt und bekannt. Bevorzugt wird der **Riesling** ausgebaut, daneben **Silvaner** und **Weißburgunder**, aber auch kräftige Sorten wie der **Gewürztraminer**. Zahlreiche Winzer bieten Weinproben und Verkauf an. Zu den bekanntesten Weingütern gehören Müller Catoir in Haardt, einem Ortsteil von Neustadt a.d. Weinstraße **(Abfahrt 19 Grünstadt, 11 km)** sowie Fitz-Ritter in Bad Dürkheim **(Abfahrt 19 Grünstadt, 25 km).** Zum trockenen Pfälzer Wein passen hervorragend die deftigen Traditionsgerichte, der **Saumagen** etwa oder ein **Hasenpfeffer,** die in fast allen Gaststätten und Weinstuben auf der Speisekarte stehen. Eine erste Adresse ist der Schwarze Hahn im Hotel Deidesheimer Hof (Information siehe unten), wo hohe Kochkunst auch aus einfachen regionalen Spezialitäten ein kulinarisches Erlebnis macht.

RAST AUF REISEN: Übernachten im Weingebiet

Deidesheimer Hof, Am Marktplatz 1, 67146 Deidesheim, Tel. 06326/96870: renommierte Adresse im Zentrum des Weinbauorts, mit gehobenem Komfort **(Abfahrt 19 Grünstadt, 18 km). Alte Pfarrey,** Untergasse 54, 67271 Neuleiningen, Tel. 06359/86066: romantisches Hotel in historischen Gemäuern mit Innenhof, Erkern und Laubengängen, im Restaurant mit Terrasse ideenreiche regionale Küche **(Abfahrt 19 Grünstadt, 5 km).**

Bad Wimpfen und das Neckartal

Malerisch am linken Neckarufer gelegen gleicht die Stadt mit ihren wehrhaften Toren und Türmen von weitem einer mittelalterlichen Festung.

Das aus einem römischen Limeskastell hervorgegangene Bad Wimpfen im Tal stand seit dem 9. Jh. unter dem Einfluss der Wormser Bischöfe. Vom 10. bis ins 13. Jh. dauerte der Bau der ehemaligen Stiftskirche St. Peter und Paul, deren Südseite ein Meisterwerk der Frühgotik darstellt. Die Staufer errichteten um 1200 auf dem Altenberg über dem Neckar die Kaiserpfalz, die größte staufische Residenz in Deutschland und einzige Pfalz Baden-Württembergs. Unter den spärlichen Resten der einst weitläufigen Anlage sind die Arkaden des ehemaligen Palas wahre Schmuckstücke der Steinmetzkunst. 1342–1803 war Wimpfen Freie Reichsstadt, seit 1930 ist es als Heilbad anerkannt und besitzt heute ein modernes Kur- und Rehabilitationszentrum.

Großes Bild links:
Hoch über Neckarzimmern und dem romantischen Neckartal erhebt sich stolz die von Weinbergen umrahmte Burg Hornberg. Berühmt wurde sie durch Götz von Berlichingen (1480–1562), der einen Großteil seines Lebens hier verbrachte.

1 Die Silhouette von Bad Wimpfen prägen der massive Blaue Turm der ehemaligen Kaiserpfalz und die weithin sichtbaren Türme der evangelischen Stadtpfarrkirche.

2 In der überaus malerischen Altstadt bezaubern schmucke Bürgerhäuser des 15. und 16. Jhs.

3 Zauberhaft und ganz im Stile der deutschen Romantik: der Blick auf die Kaiserpfalz und den blauen Turm.

4 Die Fachwerkhäuser der Altstadt zeigen ganz unterschiedliche Baumuster fränkischer wie auch alemannischer Tradition.

1

2

3

4

Streckenprofil:** Über die Frankenhöhe und am Ballungsraum Nürnberg vorbei führt die zunächst hügelige, später leicht bergige Strecke in den Bayerischen Wald bis an die Grenze zu Tschechien. Von Amberg bis Wernberg-Köblitz ist ein Ausweichen auf die **B85** und **A93** nötig, da das Teilstück noch nicht fertig gestellt ist. **(205 km, 2 1/4 Std.)

Wolframs-Eschenbach mit der Pfarrkiche aus dem 13. Jh.

Der Nürnberger Tierpark am östlichen Stadtrand gilt als einer der bestgeführten und artgerechtesten Zoos Deutschlands. Er beherbergt rund 2000 Tiere aus allen Kontinenten. Zu den großen Attraktionen zählen das Delphinarium und die Freigehege für Gorillas, Seelöwen, Pinguine, für Otter, Biber und Elefanten. Das Aquarium zeigt 60 Arten von Meer- und Süßwasserfischen. Der Kinderzoo lockt mit Spielplatz und Streichelgehege.

*****Nürnberg:** Die berühmte vieltürmige Silhouette der Frankenmetropole wird geprägt von der mächtigen Kaiserburg (12. Jh.) mit der Burggrafenburg (11. Jh.), dem »Luginsland« (1377) und der Kaiserstallung (1495), einst ein Kornspeicher. Bei einem Gang durch die von zahlreichen Gassen, Kirchen und schönen Plätzen geprägte Altstadt begegnet man bei jedem Schritt der deutschen Geschichte. Zu der Dürer- und Meistersingerstadt gehören aber auch Lebkuchen, Christkindlmarkt, Spielzeug und Bratwürste. Sehenswert: der Hauptmarkt, auf dem im Advent der Christkindlmarkt stattfindet, mit dem »Schönen Brunnen« (1385), der gotischen Frauenkirche (1352–61) und der Kunstuhr »Männleinlaufen« (1509, Spiel täglich um 12 Uhr), der Rathausplatz mit Rathaus (1616–22), spätromanischer Sebalduskirche (1225–73) mit Sebaldusgrab und das Fembohaus (16. Jh.). Die spätgotische St.-Lorenz-Kirche (13.–15. Jh.) beherbergt mehrere großartige Werke von Veit Stoß. Weiter: das Germanische Nationalmuseum; das Verkehrsmuseum mit dem »Adler«, der ersten deutschen Eisenbahn und das Spielzeugmuseum. Unterhalb der Burg, am Tiergärtner Tor, liegt das Albrecht-Dürer-Haus (15. Jh., Museum), wo der Maler von 1509 bis zu seinem Tod 1528 lebte. **(Abfahrt 58 Nürnberg-Süd, über B 8, 8 km)**

*****Ansbach:** Die prächtigen Barockbauten in der von dichten Wäldern umgebenen Stadt lassen noch etwas vom höfischen Glanz der Markgrafen von Brandenburg-Ansbach (1460–1791) ahnen. Besonders eindrucksvoll sind die Rokoko-Festspiele im Juli. Sehenswert: das markgräfliche Schloss (16./18. Jh.) mit der Sammlung »Ansbacher Fayencen und Porzellan«, die herrliche Barockfassade schuf Gabriel de Gabrieli. Beeindruckend sind der Prunksaal von 1734 mit den Fresken von Carlo Carlone und das Spiegelkabinett mit seinen Porzellanfiguren sowie der Hofgarten mit Orangerie (1726–34) und dem Gedenkstein für den hier 1833 ermordeten Kaspar Hauser. Noch heute sind seine genaue Herkunft und der Name des Mörders ungeklärt. Die Altstadt um die Gumbertuskirche (11./18. Jh., Fürstengruft) ist ein Beispiel für vorbildliche Restauration. **(Abfahrt 52 Ansbach, 4 km)**

Der schmucke Marktplatz von Feuchtwangen

***Feuchtwangen:** Mittelpunkt der einstigen Reichsstadt ist der barocke Röhrenbrunnen auf dem von stattlichen Bürgerhäusern umgebenen Marktplatz. Vor dem romanischen Kreuzgang eines ehemaligen Benediktinerstifts finden im Sommer Freilichtspiele statt. Sehenswert: Stiftskirche (8./14. Jh.) mit historischen Handwerkerstuben um den Kreuzgang; Volkskunstmuseum und Fahrradmuseum Zumhaus. **(Abfahrt 49 Feuchtwangen-Nord, 10 km)**

****Wolframs-Eschenbach:** Zu Ehren des »Parzival-Dichters« Wolfram von Eschenbach (um 1170–1220) wurde Eschenbach 1917 umbenannt. In der Pfarrkirche der noch von einem Wall umgebenen mittelalterlichen Stadt soll der berühmte Minnesänger begraben sein. Sehenswert: das Neue Literaturmuseum im Fachwerk-Rathaus. **(Abfahrt 53 Lichtenau, 6 km)**

***Schwabach:** Einer der schönsten Marktplätze Frankens sowie die spätgotische Stadtkirche aus dem 15. Jh. sind die Attraktionen dieser südlich von Nürnberg gelegenen Stadt. Sehenswert: der kunsthistorisch bedeutende Hochaltar (1508) mit Schnitzereien, die wahrscheinlich von Veit Stoß stammen. **(Abfahrt 56 Schwabach-Süd, 3 km)**

UNTERWEGS IN MITTELFRANKEN

Ansbach: Johanniskirche und Markgraf Georg Brunnen

Nahe der Ausfahrt Roth quert die A6 den **Main-Donau-Kanal,** der 1992 nach 32-jähriger Bauzeit eröffnet wurde. Er stellt die direkte Schifffahrtsverbindung zwischen Nordsee und Schwarzem Meer her und dient in erster Linie dem Großfrachtverkehr, wird aber auch von Kreuzfahrt- und Ausflugsschiffen genutzt. Geplant hatte schon Karl der Große eine derartige Wasserstraße, scheiterte dann aber an den Mängeln der mittelalterlichen Bautechnik. Mitte des 19. Jahrhunderts gelang dem Bayernkönig Ludwig I. die Fertigstellung eines 170 Kilometer langen Kanals zwischen Bamberg und Kelheim. Doch stellte sich bald heraus, dass dessen Dimensionen den immer größer werdenden Frachtschiffen nicht genügten. Links und rechts von der Autobahn findet der Reisende eine vielfältige **Mittelgebirgslandschaft,** teils hübsch und hügelig mit stillen Tälern und dann wieder ganz schroff mit rauen Höhenzügen und Bergkuppen. Mittelalterliche Städtchen und Dörfer locken den Kunstliebhaber mit spätgotischen Schnitzaltären von Veit Stoß und anderen Meistern des ausgehenden Mittelalters.

KULINARISCHES DER REGION: Wurst & Vesper

Ein kalter Imbiss, die Vesper, gehört zu den Lieblingsmahlzeiten der Franken. Kein Wunder, sucht doch die fränkische **Wurstauswahl,** was Vielfalt und Qualität anbelangt, ihresgleichen. Typisch ist der rote oder weiße Gelegte, etwa der **Ansbacher,** der aus Stücken von gekochtem Schweinskopf und fein gemahlener Schwarte zubereitet und kalt in Scheiben geschnitten, serviert wird. **Geräucherte Leberwurst, Presssack** und **Stadtwurst, Essiggurken** und ein reich gefüllter Brotkorb vervollständigen die Vesper. Ebenfalls eine herzhafte Spezialität der mittelfränkischen Küche ist das **»Schäufele«,** ein Stück Schweineschulter mit Schwarte, das mit **Klößen** serviert wird. Dazu und natürlich zur Vesper passt gut ein Glas **Wein** oder **Bier** aus Franken.

RAST AUF REISEN: Übernachten in Ansbach

Hotel Bürger-Palais, Neustadt 48, 91522 Ansbach, Tel. 0981/972000: nobles Ambiente in historischem Bau der Barockzeit in unmittelbarer Umgebung des Markgrafenschlosses, Hotelgastronomie mit fränkischer Küche; **Hotel zur Windmühle,** Rummelsberger Str. 1, 91522 Ansbach, Tel. 0981/972000: traditionsreicher Familienbetrieb mit typisch fränkischem Restaurant. **(Abfahrt 52 Ansbach, 7 km).**

Pfreimd: erstmals 1118 urkundlich erwähnt. Vom einstigen Schloss ist nur ein schlichter Bau mit zwei Renaissanceportalen aus Sandstein (16. Jh.) erhalten, das heutige Rathaus. Eines der ältesten Gebäude ist der Turmmaurerturm (14. Jh.). Sehenswert: die Klosterkirche (Spätrenaissance) und das ehemalige Franziskanerkloster (1728). **(Abfahrt 29 Pfreimd, 1 km)**

***Vohenstrauß:** Das stattliche Renaissanceschloss »Friedrichsburg« stammt aus der Zeit, als das Städtchen an der »Goldenen Straße« die Residenz des Pfalzgrafen Friedrich III. (1586–1608) war. **(Abfahrt 27 Wernberg-Köblitz, B14, 20 km)**

****Burg Leuchtenberg:** Die imposante Ruine in beherrschender Höhenlage ca. 10 km westlich von Vohenstrauß ist eine der schönsten Burganlagen der Oberpfalz und bietet einen großartigen Rundblick auf den Oberpfälzer Wald.

****Pleystein:** beliebter Erholungsort am Ausgang des romantischen Zottbachtals. Wahrzeichen ist der 38 m hohe Kreuzberg, ein Rosenquarzfelsen mit Amethysteinlagen, gekrönt von einer 1903 erbauten Wallfahrtsbasilika. **(Vor der Auffahrt zum letzten Teilstück der A 6 links abbiegen, 6 km)**

Blick über die Naab auf das mittelalterliche Nabburg

Waidhaus: am Ende des letzten kurzen (10 km) Teilstücks der A6 gelegener Grenzort zu Tschechien. Der Übergang ist die Hauptverbindung nach Prag und deshalb stark frequentiert.

****Nabburg:** Das Obere Tor und weitere gut erhaltene Wehrtürme geben der auf einem steilen Höhenzug über der Naab gelegenen Stadt ein mittelalterliches Flair. Der 929 erstmals erwähnte Ort erhielt 1296 das Stadtrecht. Im Ortsteil Perschen ist der ehemalige Pfarrhof (1605) zu einem Bauernmuseum umgebaut. Sehenswert: das malerische Rathaus (16. Jh.) und die später umgestaltete Basilika St. Johann Baptist aus der ersten Hälfte des 14. Jh. mit besonders kunstvollen Glasgemälden. Außerdem: einige alte Bürgerhäuser mit sehr hohen Giebeln. Von der früheren Stadtbefestigung sind der Dechanthof, der Pulverturm sowie das Ober- und das Mähntor erhalten. 3 km südlich der Stadt liegt ein Besucherbergwerk, aus dem seit 1895 bis auf 40 m Tiefe Flussspat, der für die Porzellanherstellung unersetzlich ist, abgebaut wurde. **(Abfahrt 30 Nabburg, 1 km)**

Schwandorf: siehe Seite 197

Weiterfahrt: Ab Autobahnende Amberg-Ost (67) fährt man am günstigsten über die B85 bis Schwandorf. Ab Anschluss Schwandorf-Nord auf die A93 in nördlicher Richtung bis zum Kreuz Oberpfälzer, ab dort wieder auf der A6 Richtung Waidhaus.

***Poppberg:** Die verfallene Burg hoch über der Autobahn auf dem von Höhlen durchzogenen Poppberg bewachte im Mittelalter die Heer- und Handelsstraße zwischen Bayern und Böhmen. **(Kurz nach Abfahrt 63 Alfeld)**

****Amberg:** Von 1338 bis 1628 war der Ort an der Vils die Hauptstadt der Oberpfalz. Innerhalb der unversehrt erhaltenen Befestigungsanlage bietet die als Oval angelegte Altstadt, deren malerische Wehrbrücke wegen ihrer Spiegelung im Fluß »Stadtbrille« genannt wird, zahlreiche Sehenswürdigkeiten: das prachtvolle Rathaus am Marktplatz, die gotische Basilika St. Martin und die Wallfahrtskirche Maria Hilf (1697–1703) mit Fresken von Cosmas Damian Asam. Das Alte Schloss der Pfalzgrafen beherbergt ein Vorgeschichtsmuseum. **(Abfahrt 65 Amberg-West, über B299, 7 km)**

St. Martin am Ufer der Vils in der Amberger Altstadt

UNTERWEGS IM OBERPFÄLZER WALD

Nördlicher Oberpfälzer Wald: Burgruine bei Flossenbürg

Im Nordosten Bayerns liegt der Oberpfälzer Wald, ein herbes, hauptsächlich mit Fichten bestandenes **Mittelgebirge.** Das Gebiet mit einer kargen Landwirtschaft ist eher dünn besiedelt. Bis zum Fall des »Eisernen Vorhangs« war der Oberpfälzer Wald ein abgelegenes Grenzland, heute ist er ein stark genutzter Durchgangsbezirk in Richtung **Tschechische Republik.** Trotzdem kann man abseits der Hauptverkehrswege auch heute noch die Stille der Natur genießen. Viele Kilometer ausgewiesener Wanderwege machen die Region zum Paradies für alle vom Stress Geplagten.Trotzdem sie nie reich war, bietet die **Oberpfalz** eine Fülle an Kunst und Kultur, ein eigenes Kapitel deutscher Geschichte zwischen Klöstern und Kirchen, alten Burgen und romantischen Ruinen.

KULINARISCHES DER REGION: Wild & Fisch

Wer arm ist, muss Fantasie walten lassen, um mit geringen Mitteln wohlschmeckende Gerichte auf den Tisch zu bringen. Und die karge Natur der Oberpfalz hat nicht allzu viel herzugeben. Doch aus dem Wenigen werden wahre Köstlichkeiten zubereitet, meist mit viel **Schmalz** als Geschmacksträger und Kalorienlieferant. Neben der **Kartoffel** – für die kennt man in der Region rund 100 verschiedene Zubereitungsarten – haben süße Mehlspeisen wie **»Hollerkücherl«** oder **»Arme Ritter«** große Bedeutung für die traditionelle Küche, außerdem alles, was der Wald bietet, also **Wild, Pilze und Beeren.** Eine wichtige Rolle spielt von jeher der **Karpfen.** Er stammt aus den unzähligen Fischteichen, die die Zisterziensermönche des Klosters Waldsassen seit dem Mittelalter hier anlegen ließen.

RAST AUF REISEN: Preiswert übernachten

Drahthammer Schlößl, Drahthammerstr. 30, 92224 Amberg, Tel. 09621/7030: sehr gut ausgestattetes Hotel mit empfehlenswertem Restaurant und Gartenlokal; **Eh'häusl,** Seminargasse 8, 92224 Amberg, Tel. 09621/22211: »Deutschlands kleinstes Hotel« für maximal zwei Personen, von Hochzeitspaaren gern gebucht. **Hotel Brunner,** Batteriegasse 3, 92224 Amberg, Tel. 09621/4970: ein familiäres Haus in ruhiger Innenstadtlage. **Mercure,** Schießstätteweg 10, 92224 Amberg, Tel. 09621/4830: Hotel garni mit zeitgemäßem Komfort. **(Abfahrt 65 Amberg West, 6 km).**

Patrizier
BIG

Nürnberg

Romantisch, mittelalterlich und geruhsam zeigt sich das altehrwürdige »Schatzkästlein des Reichs«.

Dem bereits 1050 urkundlich erwähnten Ort wurden 1219 die Stadtrechte verliehen. Als Kaiser Karl IV. 1359 in der inzwischen Freien Reichsstadt die »Goldene Bulle« unterschrieb, das wichtigste Dokument der Verfassung des Heiligen Römischen Reichs Deutscher Nation, schlug er der Stadt den ersten Reichstag jedes neu gewählten Kaisers zu. In der Folge erblühte Nürnberg zum mächtigsten Handelsplatz Frankens und war eines der kulturellen und künstlerischen Zentren des gesamten Reichs: Der erste Globus, die erste Taschenuhr, das »Nürnberger Ei«, wurden hier erfunden, Künstler wie Adam Krafft, Veit Stoß und Albrecht Dürer lebten und wirkten in der schönen Frankenmetropole. Das Stadtbild wird von dem riesigen Komplex der Burg geprägt. Sie entstand im 12. Jh. und wurde bis ins 15./16. Jh. umgebaut.

Großes Bild links:
Am Tiergärtnertor unterhalb der Nürnberger Kaiserburg, die auf einem 60 m hohen Sandsteinfelsen thront

1

1 Blick über den Hauptmarkt und die St.-Sebaldus-Kirche bis hin zur mächtig thronenden Burg, dem Wahrzeichen der fränkischen Stadt

2

2 Der 30 m hohe Sinwellturm im äußeren Hof der Kaiserburg bietet eine schöne Aussicht auf die Stadt.

3

3 Am Hauptmarkt befinden sich der reich ornamentierte 17 m hohe Schöne Brunnen aus dem 14. Jh. und die gotische Frauenkirche, an deren Fassade die Kunstuhr täglich um 12 Uhr das »Männleinlaufen« zeigt.

4

4 Jenseits der Pegnitz: Weinstadel, im 15. Jh. als Siechenhaus für Aussätzige errichtet, und Henkersteg

5

5 Das Heilig-Geist-Spital wurde im 14. Jh. gestiftet.

UNTERWEGS IM NATURPARK AUKRUG

Im beschaulichen Städtchen Bad Bramstedt

Im Herzen von Holstein wechseln sich flache Geest und hügeliges Jungmoränenland ab. Der **Naturpark Aukrug** ist eine **Geestlandschaft** wie aus dem Bilderbuch: das in breiten Schlingen durch die Lande ziehende Flüsschen **Au,** unzählige große und kleine Fischteiche, ab und an ein Stückchen Heide und dann wieder dichte Wälder. Vom Kiefernforst über wunderbaren Laubmischwald bis hin zum **Kratt,** dem lichten Eichengehölz mit seinen bizarren Stämmen und Zweigen, findet man hier alles vor. Wenn noch die Rapsfelder in voller Blüte stehen, Schafherden über die satten Weidegründe ziehen und der blaue Himmel von weißen Wolken durchzogen ist, dann zeigt sich Holstein von seiner schönsten Seite **(Abfahrt 14 Neumünster-Mitte, 15 km).** Wer sich für das traditionelle **Tuchmacherhandwerk** der Region interessiert, der sollte einen Abstecher in das Textilmuseum von Neumünster einplanen. Hier erfährt man sogar, wie man sich in der Bronze- oder Eisenzeit kleidete **(Abfahrt 14 Neumünster-Mitte, 5 km).**

KULINARISCHES DER REGION: broken söt

Wie die Dänen haben auch die Friesen eine ganz spezielle Vorliebe für »broken söt«: In Schleswig-Holstein schwört man auf deftige Gerichte, deren kräftiger Geschmack von etwas Süßem oder Fruchtigem »gebrochen« wird. Paradebeispiele sind **Birnen mit Grünkohl und Speck** oder **Grünkohl mit Kasseler, Kochwurst, Schweinebacke und karamellisierten Bratkartoffeln.** Auch bei den Suppen herrscht die süß-säuerliche Geschmacksrichtung vor: **Süße Buttermilchsuppe** wie auch die berühmte **Fliederbeersuppe mit Klößchen und Äpfeln** sind bei den Friesen sehr beliebt. Empfehlenswerte Lokale: **Hof Bucken,** 24613 Aukrug, Wilkenblock: im Naturpark gelegenes Gasthaus mit einfacher, bodenständiger Küche, Spezialität: frische Forelle und Wild **(Abfahrt 14 Neumünster-Mitte, 11 km). Osterkrug,** 24896 Treia, Treenestr. 30: gemütliche Gaststätte im Landhausstil, hervorragende regionale Gerichte, Spezialität: Krabben mit Bratkartoffeln, Grünkohlgerichte **(Abfahrt 10 Schleswig-Schuby, 10 km).**

RAST AUF REISEN: Bequem und ruhig

Hotel-Restaurant »Am Wasserturm«, Blasberg 13, 24943 Flensburg, Tel. 0461/3150600: Prädikat »Gastliches Haus«, modern ausgestattete Zimmer, ruhige Lage, Sauna, Swimmingpool **(Abfahrt 3 Flensburg, ca. 5 km). Gasthaus Frörup,** Stapelholmer Weg 43, 24988 Oeversee-Frörup, Tel. 04638/89450: wohnliche und moderne Zimmer, familiäre Atmosphäre **(Abfahrt 4 Tarp, 4 km). Förster Haus am See,** Beekstr. 41, 24811 Owschlag, Tel. 04336/99770: Drei-Sterne-Hotel in ruhiger Lage, Zimmer teils mit Balkon; Sauna, Solarium, Sonnenterrasse **(Abfahrt 7 Owschlag, 4,5 km). Landhotel Schimmelreiter,** Hauptstr. 58–60, 24887 Silberstedt, Tel. 04626/1800: ruhiges Landhotel **(Abfahrt 10 Schleswig-Schuby, 4 km).**

Streckenprofil A7: *Von der nördlichsten Stadt Deutschlands an der Grenze zu Dänemark führt die Route durch die von Wind und Meer geformte Landschaft mit windschiefen Bäumen und reetgedeckten Backsteinhäusern bis in das weltstädtische Hamburg.* ***(155 km, ca. 1¾ Std.)*** ***A210:*** *30 km, 25 Min.;* ***A215*** *25 km, 20 Min.*

Schloss Gottorf in Schleswig

Nord-Ostsee-Kanal: Der 97 km lange, 162 m breite und 11 m tiefe Kanal ist eine der meistbefahrenen künstlichen Wasserstraßen der Welt. Er wurde in acht Jahren erbaut (1887–95) und führt von Brunsbüttel an der Elbe bis zur Kieler Förde.

***Naturpark Hüttener Berge:** Wellige Hügelketten, Wiesen und fischreiche Seen sind die Hauptmerkmale der 22 000 ha großen Region zwischen Schleswig und Kiel. Ein Vogelparadies ist der im Süden schilfgesäumte Wittensee **(Abfahrt 7 Owschlag, 8 km b. Wittensee)**

***Rendsburg:** Unübersehbares Wahrzeichen des von alters her bedeutenden Handelsplatzes ist die Eisenbahnhochbrücke, eine grandiose 42 m hohe technische Meisterleistung von knapp 2,5 km Länge (1911–13). Ein Erlebnis ist die Fahrt über den Kanal mit der unter der Brücke installierten Schwebebahn! **(Abfahrt 9 Kreuz Rendsburg, 6 km)**

****Flensburg:** Wappen und Wahrzeichen der historischen Stadt an der Ostsee ist das Nordertor (1596). Sehenswert in der liebevoll restaurierten Altstadt mit Patrizierhäusern, Kaufmannshöfen und Speichergebäuden: Südermarkt mit der Kirche St. Nikolai (14./16. Jh.); der Nordermarkt und die gotische Marienkirche (13./15. Jh.); Städtisches Museum und Schifffahrtsmuseum. Etwa 9 km nordöstlich liegt das prächtige weiße Wasserschloss **Glücksburg,** das 1582–87 erbaut wurde. **(Abfahrt 3 Flensburg, 6 km)**

****Schleswig:** Wuchtig überragt der Dom die alte evangelische Bischofsstadt. Auf einem Handelsplatz der Wikinger gegründet, ist die malerische Altstadt mit der Fischersiedlung Holm eine Attraktion. Sehenswert: der romanisch-gotische Dom St. Petri (12.–15. Jh.) mit Bordesholmer Altar (1514–1521); Schloss Gottorf (16./18. Jh.) mit Archäologischem und Schleswig-Holsteinischem Landesmuseum.

Der ehemalige Wikingehafen **Haithabu** ist seit 1985 ein Museumskomplex mit zahlreichen schönen Ausgrabungsfunden. **(Abfahrt 6 Schleswig/Jagel, 3 km)**

****Naturpark Westensee:** wald- und seenreiches Hügelland mit steinzeitlichen Hügelgräbern. In der Nähe des idyllischen Sees: die Herrenhäuser Emkendorf, Deutsch-Niendorf und Schierensee. **(Abfahrt 5 Achterwehr, 7 km zum See, 8 km bis Wittensee)**

***Bordesholm:** Vor der Kirche des ehemaligen Augustinerklosters (14.–16. Jh.) steht eine 600 Jahre alte »Gerichtseiche«. **(Abfahrt 11 Bordesholm, 5 km)**

****Freilichtmuseum Molfsee:** Brauchtum und Handwerk Schleswig-Holsteins dokumentiert der Erlebnispark vor den Toren Kiels. 5 km westlich in einem englischen Landschaftspark das leuchtend rote Herrenhaus Schierensee (1776–82). **(Abfahrt Kreuz Kiel-West, über Hammer 6 km)**

***Neumünster:** Verkehrsknotenpunkt im Herzen Holsteins und seit 400 Jahren geprägt von seiner Textilindustrie. Sehenswert: klassizistische Vicelinkirche und das Textilmuseum (ab Sommer 07). **(Abfahrt 14 Neumünster-Mitte, 4 km)**

Lüneburger Rathaus: die Gerichtslaube

****Altes Land:** schönste aller Elbmarschen. Zur Kirschblüte verwandelt sich Deutschlands größtes geschlossenes Obstanbaugebiet (157 km²) in ein einziges Blütenmeer. Empfehlenswert: Grüne Küstenstraße ab **Abfahrt 31 HH-Moorburg.**

****Lüneburger Heide:** Von Birken gesäumte Sandwege bestimmen das Bild. Die Heide mit ihren zahlreichen Hügelgräbern ist Deutschlands ältester Naturschutzpark (1920) und hat seinen Mittelpunkt in der alten Handelsstadt Lüneburg. **(Ab Kreuz Maschen üb. A250, ca. 30 km)**

****Lüneburg:** Stadt an der Ilmenau, zählte durch den Salzhandel im Mittelalter zu den bedeutenden Hansestädten. Sehenswert: Rathaus mit barocker Fassade und Gerichtslaube aus dem 14. Jh. mit bemalter Renaissanceholztonnendecke, Johanniskirche (13.–14. Jh.) mit reicher Ausstattung (Orgel!), Deutsches Salzmuseum, Museum für das Fürstentum Lüneburg. In der Nähe Kloster Lüne (malerische Anlage, 14.–18. Jh.).

****Heidemuseum Wilsede:** Über Egestorf, das eine schöne Fachwerkkirche mit hölzernem Glockenturm (1645) hat, gelangt man an reetgedeckten Höfen vorbei ins malerische Undeloh. Ab hier geht es per Kutsche, Fahrrad (Leihmöglichkeiten) oder zu Fuß an den Wilseder Berg (169 m) ins Museum »Dat ole Huus«. **(Abfahrt 41 Egestorf, 9 km bis Undeloh)**

***Fallingbostel/Walsrode:** Zwischen den beiden Orten an der Böhme liegt in einem idyllischen Wacholderhain das Grab des Heidedichters Hermann Löns (1866–1914). Über 5000 Vögel aus allen Kontinenten sind im berühmten, nur wenige Kilometer entfernten Vogelpark Walsrode zu bewundern. **(Abfahrt 47 Fallingbostel, 5 bzw. 9 km)**

Hannover: siehe Seite 18

***Streckenprofil A7:** Über den Hamburger Hafen führt die Strecke am Alten Land vorbei, dann durch die Lüneburger Heide in die weite Ebene um Hannover. **(150 km, ca. 1½ Std.) A250:** 30 km, 25 Min.*

Elbe – mit 1165 km Länge einer der größten und bedeutendsten Flüsse Mitteleuropas. Von Prag bis an die Nordsee ist der Strom, der im Riesengebirge entspringt, mehr als 800 km schiffbar. Der seit dem 13. Jh. wichtige Handelsweg erreicht bei Cuxhaven mit seinem Mündungstrichter eine Breite von 15 km.

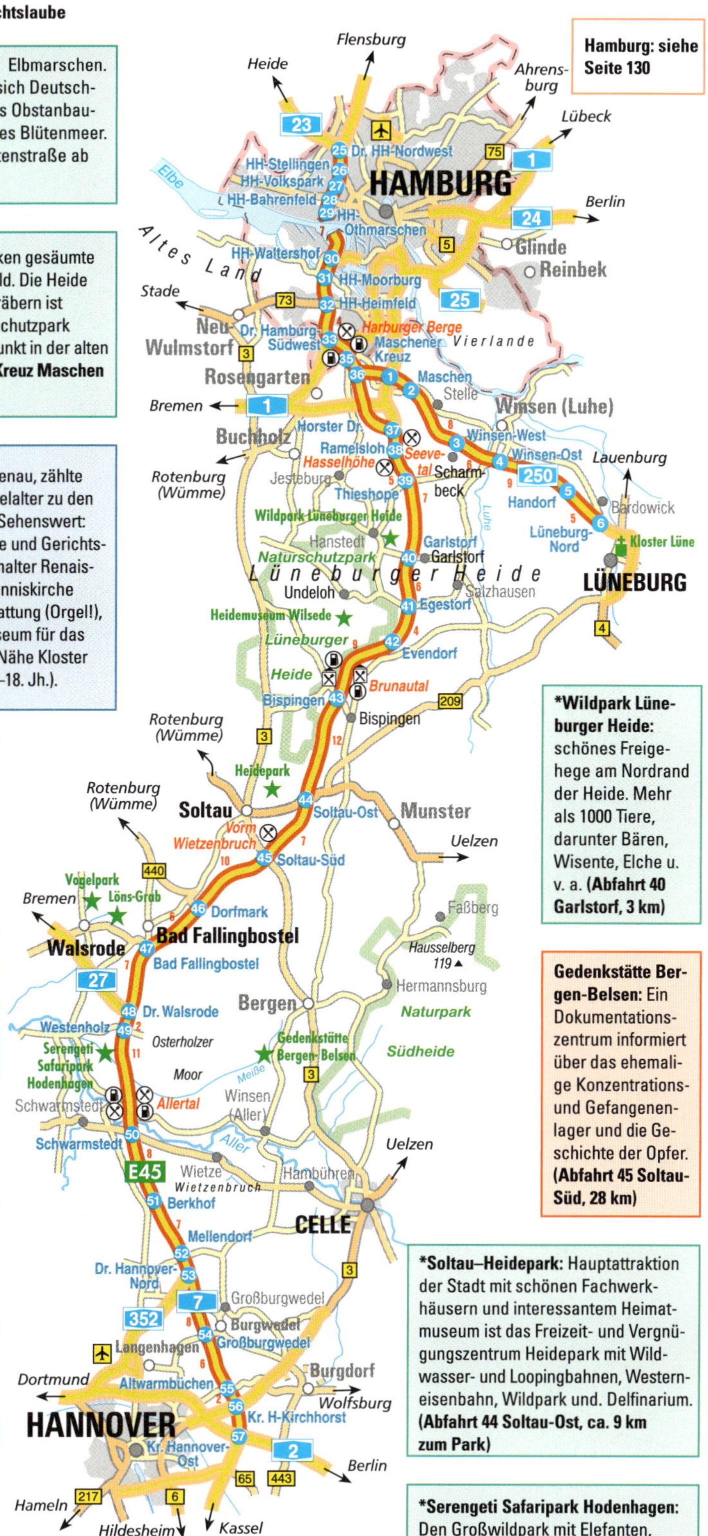

Hamburg: siehe Seite 130

***Wildpark Lüneburger Heide:** schönes Freigehege am Nordrand der Heide. Mehr als 1000 Tiere, darunter Bären, Wisente, Elche u. v. a. **(Abfahrt 40 Garlstorf, 3 km)**

Gedenkstätte Bergen-Belsen: Ein Dokumentationszentrum informiert über das ehemalige Konzentrations- und Gefangenenlager und die Geschichte der Opfer. **(Abfahrt 45 Soltau-Süd, 28 km)**

***Soltau–Heidepark:** Hauptattraktion der Stadt mit schönen Fachwerkhäusern und interessantem Heimatmuseum ist das Freizeit- und Vergnügungszentrum Heidepark mit Wildwasser- und Loopingbahnen, Westerneisenbahn, Wildpark und. Delfinarium. **(Abfahrt 44 Soltau-Ost, ca. 9 km zum Park)**

***Serengeti Safaripark Hodenhagen:** Den Großwildpark mit Elefanten, Giraffen, Löwen und Zebras kann man mit dem Auto durchfahren. Angeschlossen ist ein Freizeitland. **(Abfahrt 49 Westenholz, 5 km)**

UNTERWEGS IN DER LÜNEBURGER HEIDE

Alte Scheune im Naturschutzgebiet

Sanft gewellte, rosa blühende Heideflächen, sandige Feldwege und dunkelgrüne, würzig duftende Wacholderbüsche, das ist das klassische Bild der Lüneburger Heide, Deutschlands ältestem **Naturschutzgebiet.** Was heute so lieblich anmutet, ist jedoch das Ergebnis jahrelangen Raubbaus. Noch im frühen Mittelalter wuchsen in dem Gebiet zwischen Elbe und Aller dichte Eichen-, Kiefern- und Birkenwälder. Doch die Menschen verheizten das Holz in den Lüneburger Salinen. Zurück blieb eine Steppe, auf deren sandigem Boden sich **Heidekraut** und **Wacholder** ausbreiteten. Auch sie wurden zurückgedrängt zugunsten von Weiden und Äckern. In einigen Landstrichen jedoch, wie im Naturschutzpark am **Wilseder Berg** oder im **Wendland** blieb die herbschöne Heidelandschaft mit ihren Schnuckenherden und den Bienenstöcken erhalten und lädt den Besucher zum Verweilen ein. Auf gepflegten Spazierwegen lässt sich hier das Herzstück der Lüneburger Heide erwandern. Vor allem Großstädter werden in dieser beschaulichen Landschaft mit ihren typischen altslawischen Rundlingsdörfern Ruhe und Erholung finden und den herben Charme der Landschaft genießen, der zur **Heideblüte** August/September am besten zur Geltung kommt. **(Abfahrt 40 Garlstorf oder Abfahrt 41 Egestorf).**

KULINARISCHES DER REGION: Heidehonig

Das Heidekraut ist nicht nur eine vorzügliche Bienenweide, auch die Heidschnucken finden hier günstige Lebensbedingungen. So sind der cremige **Honig** und der mit Wacholderbeeren gewürzte **Heidschnuckenbraten** die herausragenden Spezialitäten der Region. Empfehlenswerte Lokale: **Acht Linden,** 21272 Egestorf, Alte Dorfstr. 1: romantisches Restaurant am Naturschutzpark gelegen, Spezialität: Heidschnuckenbraten, Plückfleisch **(Abfahrt 41 Egestorf, 2 km). Niemeyer's Heidehof,** 21376 Garlstorf am Walde, Winsener Landstr. 4: bodenständige Küche mit Wild, Forellen, Geflügel und Heidschnuckenspezialitäten **(Abfahrt 40 Garlstorf, 4 km).**

RAST AUF REISEN: Übernachten in der Heide

Gasthaus Kruse, Scharmbecker Dorfstr. 19, 21423 Scharmbeck, Tel. 0 41 71/51 18: sehr ruhig, gutbürgerliche Küche und Biergarten, Sauna, Solarium **(Abfahrt 39 Thieshope, 7 km). Wittes Hotel-Restaurant-Ringhotel Undeloh,** Zum Loh 2, 21274 Undeloh, Tel. 0 41 89/81 33 60: im Naturschutzpark, wohnliche Zimmer, gutbürgerliche Küche **(Abfahrt 40 Garlstorf, 7 km). Hotel Zur Grünen Eiche,** Mühlenstr. 6, 29646 Behringen, Tel. 0 51 94/9 85 80: gut ausgestattete Zimmer, Konferenzräume, Spezialitätenrestaurant **(Abfahrt 43 Bispingen, 1 km). Hotel & Restaurant König-Stuben,** Luheweg 25, 29646 Bispingen. Tel. 0 51 94/9 81 00: gut ausgestattete Zimmer, Hallenbad, Sauna, Solarium, feinbürgerliche Küche mit Heidespezialitäten **(Abfahrt 43 Bispingen, 2 km).**

Lüneburger Heide

Menschenleere Natur, Sandwege zwischen Birkenhainen, malerische Wassermühlen, Tierparks und Kurbäder – die Lüneburger Heide ist vielfältiger als man glaubt.

Zwischen Buchholz und Soltau ist der Naturschutzpark Lüneburger Heide gelegen, zwischen Lüneburg und Celle erstreckt sich die Ostheide. In der von Heidekraut, Birkenwäldern und Wacholderbüschen geprägten Landschaft finden sowohl Naturwanderer und Kultursuchende, als auch Erholungsbedürftige ihre Erfüllung. Bispingen, das »Tor zum Naturschutzpark« wartet mit Freizeitpark und Fahrrädern auf, mit denen man die weitgehend autofreie Lüneburger Heide durchstreifen kann. Auf dieser Reise durch eine vergangene Zeit werden einem Fachwerkbauten wie die Hofanlage Schröers bei Neunkirchen, Heidschnucken, Kulturstätten und sogar ein Großwildpark begegnen. Reetgedeckte Häuser ducken sich hinter wogenden Kornfeldern und zur Zeit der Erikablüte erleuchtet die Heide in Purpur und Zartlila.

Großes Bild links:
Typisch für die Lüneburger Heide: Kerzenförmige Wacholderbüsche, flirrendes Birkenlaub und sandiger Boden.

1 Die Heide zur Zeit der Heidekrautblüte – nicht nur dann einen Reise wert.

2 Typisch für die Heide: Wacholder. Wenn Nebel die Heide durchzieht, können sie einen gespenstischen Eindruck erwecken.

3 Die Heidschnucken durchstreifen mit ihrem Hirten in großen Herden die Heide. Diese besondere Sorte hat in der Gegend große Tradition.

4 Reetgedecktes Haus bei Overhaverbeck.

5 Wunderschön kontrastieren die Farben der Heidelandschaft: Erikarot, tiefes Eichengrün und ein cöelinblauer Himmel.

1

2

3

4

5

UNTERWEGS IN HARZ UND WESERTAL

Sagenumwobener Harz: der »Hexenaltar« auf dem Brocken

Auf der Route von Hannover nach Süden fährt man am Westrand des Harzes entlang. Seine Wälder und Hochmoore, die Flüsse, Seen und Teiche, die romantischen Täler und schroffen Bergrücken machen dieses nördlichste deutsche Mittelgebirge zur beliebten Erholungsregion. Aber nicht nur die abwechslungsreichen Landschaften locken die Reisenden; denn auch kulturell hat der **Harz** viel zu bieten: mittelalterliche Fachwerkstädtchen, romantische Burgen und stolze Schlösser, großartige Sakralbauten sowie eine Vielzahl kunsthistorischer Sehenswürdigkeiten und nicht zuletzt die geschichtsträchtigen Spuren des Bergbaus, der den Harz fast ein Jahrtausend lang geprägt hat. Weitere landschaftliche Highlights dieser Strecke sind die Höhenzüge **Solling, Vogler** und **Reinhardswald,** die die Autobahn im Westen bis Kassel begleiten. Sie gehören zum **Weserbergland,** das im Osten in das Leinebergland und im Süden in das Hessische Bergland übergeht. Diese Mittelgebirgslandschaften zeichnen sich durch weite Hochflächen aus und sind dicht mit Laub- und Nadelhölzern bewaldet. Wanderer und Naturfreunde finden in dieser reizvollen Region Stille und Abgeschiedenheit.

KULINARISCHES DER REGION: Käse & Knieste

Da der Profit aus dem Bergbau nur den Fürsten zugute kam, zählte der Harz für Jahrhunderte zu den armen Gegenden. So gestaltete sich die traditionelle Küche sehr bescheiden. Man machte das Beste aus Kartoffeln, Kohl und Steckrüben, etwa den **Eintopf »Runx-Munx«,** der, mit Speck und Schweinefleisch angereichert, die nötigen Kalorien für die harte Arbeit lieferte. Eine simple Köstlichkeit sind die **Knieste:** halbierte, ungeschälte Kartoffeln, die mit Salz und Kümmel auf dem Blech gebacken und mit Specksauce serviert werden. Weit bekannt ist der **Harzer Käse.** Er wird aus Sauermilch hergestellt und zu runden Laibchen geformt. Ihren Geschmack entfalten die **»Stinkadores«** erst, wenn sie richtig schön durch sind und zu »laufen« beginnen. Am liebsten essen die Harzer ihren Käse auf einer dick mit Gänseschmalz bestrichenen Scheibe Schwarzbrot.

RAST AUF REISEN: Romantisch übernachten

Van der Falk Hotel, Markt 4, 31134 Hildesheim, Tel. 0 51 21/30 00: sorgfältig renovierter Fachwerkbau am historischen Marktplatz, sehr gut ausgestattete Zimmer, Restaurant und Bar **(Abfahrt 62 Hildesheim, ca. 2 km). Der Achtermann,** Rosentorstr. 20, 38640 Goslar, Tel. 0 53 21/7 00 00: komfortables Haus nahe der Altstadt, mit Fitness- und Saunabereich, Bar und Restaurants **(Abfahrt 66 Rhüden, 20 km). Hotel Villa Feise,** Rudolf-Huch-Str. 20, 38667 Bad Harzburg, Tel. 0 53 22/9 67 00: stilvolle Villa im Zentrum der Kurstadt, bequeme Zimmer und Ferienwohnungen, eigener Garten **(Abfahrt 66 Rhüden, 30 km). Romantik Hotel Gebhard,** Goetheallee 22/23, 37073 Göttingen, Tel. 05 51/4 96 80: Familienbetrieb in zentraler Lage am alten Stadtgraben, Wellnessbereich, Restaurant und Bar **(Abfahrt 73 Göttingen, 4 km).**

Streckenprofil: *waldreiche und bergige Route zwischen Harz und Leinegebirge mit vielen sanften und einigen lang gestreckten Steigungen.* ***(165 km, ca. 1 3/4 Std.)***

Werra und Fulda in Hannoversch Münden

****Hildesheim:** Die alte katholische Bischofsstadt (815) ist für ihre frühromanische Architektur berühmt. Sehenswert: Dom (9.–12. Jh.) mit 1000-jährigem Rosenstock und Michaelskirche (1001–33) (beide Teil des UNESCO-Weltkulturerbes). Die »Rosenroute« führt zu weiteren Sehenswürdigkeiten der Stadt: Kirchen mit Kunstschätzen des frühen Mittelalters; der Marktplatz mit Fachwerkzeilen und »Wernerhaus«. Die ägyptologische Sammlung des Römer-Pelizaeus-Museums hat internationales Renommee. **(Abfahrt 62 Hildesheim, 2 km)**

Hannover: siehe Seite 18

Leine: Vom 218 km langen Nebenfluss der Aller sind 112 km schiffbar.

Kreuz Salzgitter: Kurz vor und nach dem Autobahnkreuz liegen auf der rechten Seite die sehenswerten Schlösser Derneburg und Wohldenburg **(Abf. 63 Derneburg, 3 bzw. 8 km)**

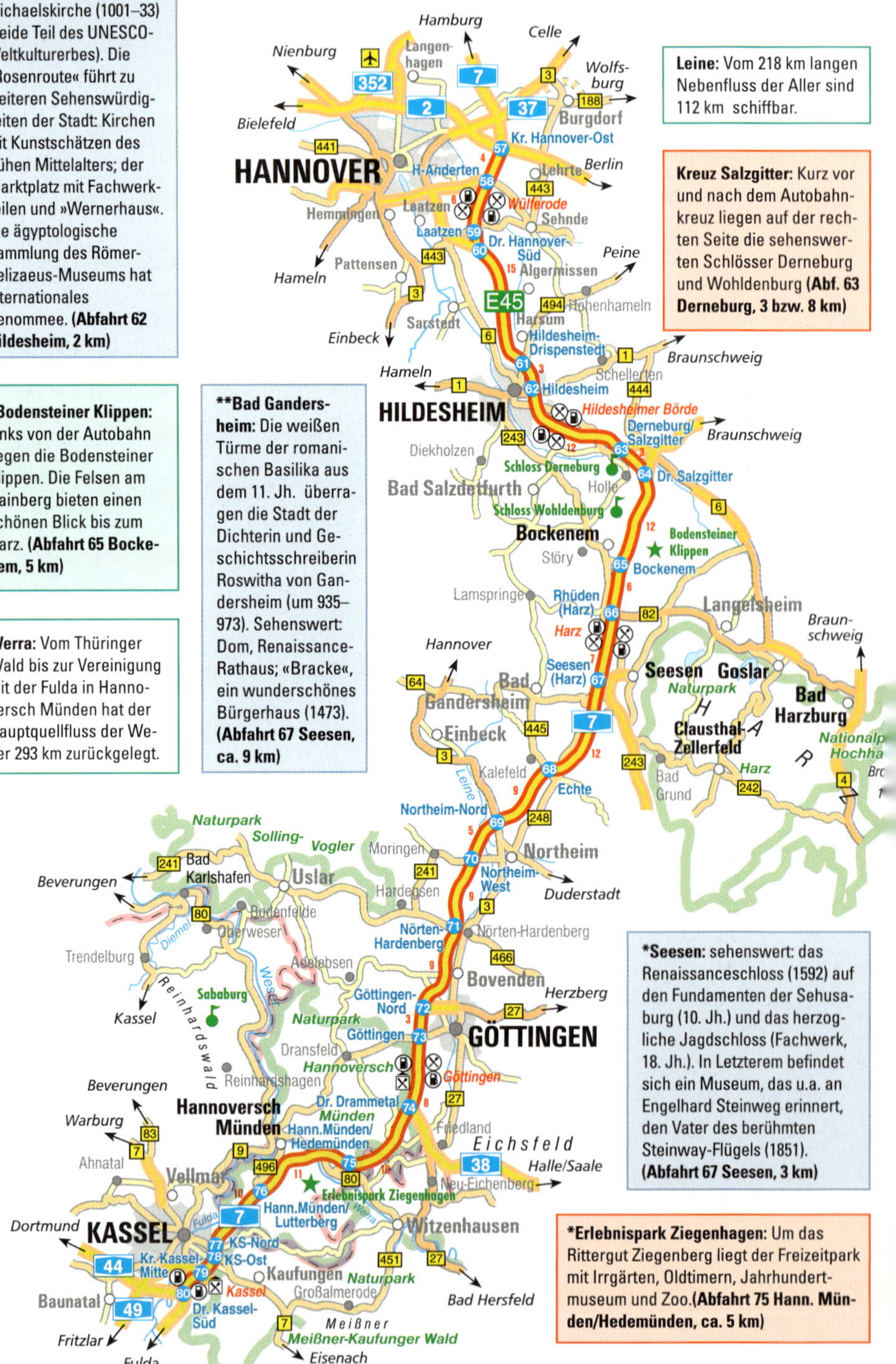

***Bodensteiner Klippen:** Links von der Autobahn liegen die Bodensteiner Klippen. Die Felsen am Hainberg bieten einen schönen Blick bis zum Harz. **(Abfahrt 65 Bockenem, 5 km)**

****Bad Gandersheim:** Die weißen Türme der romanischen Basilika aus dem 11. Jh. überragen die Stadt der Dichterin und Geschichtsschreiberin Roswitha von Gandersheim (um 935–973). Sehenswert: Dom, Renaissance-Rathaus; «Bracke«, ein wunderschönes Bürgerhaus (1473). **(Abfahrt 67 Seesen, ca. 9 km)**

Werra: Vom Thüringer Wald bis zur Vereinigung mit der Fulda in Hannoversch Münden hat der Hauptquellfluss der Weser 293 km zurückgelegt.

***Seesen:** sehenswert: das Renaissanceschloss (1592) auf den Fundamenten der Sehusaburg (10. Jh.) und das herzogliche Jagdschloss (Fachwerk, 18. Jh.). In Letzterem befindet sich ein Museum, das u.a. an Engelhard Steinweg erinnert, den Vater des berühmten Steinway-Flügels (1851). **(Abfahrt 67 Seesen, 3 km)**

***Erlebnispark Ziegenhagen:** Um das Rittergut Ziegenberg liegt der Freizeitpark mit Irrgärten, Oldtimern, Jahrhundertmuseum und Zoo.**(Abfahrt 75 Hann. Münden/Hedemünden, ca. 5 km)**

****Hannoversch Münden:** Nicht nur 700 Fachwerkbauten vom 15.–17. Jh. machen den Ort am Zusammenfluss von Fulda und Werra zu einer Stadt wie aus dem Bilderbuch. **(Abfahrt 76 Hannoversch Münden, 9 km)**

****Wesertal:** Zwischen Hannoversch Münden und Bad Karlshafen liegt das idyllische Tal der Oberweser mit Burgruinen und Fachwerkstädtchen. **(Ab Hannoversch Münden B 8: Deutsche Märchenstraße)**

****Göttingen:** alte Universitätsstadt – ihre Universität (1737) hat über 30 Nobelpreisträger hervorgebracht. Tafeln erinnern noch heute an berühmt gewordene Absolventen. Sehenswert: Rathaus (14./15. Jh.) und die Kirchen St. Johannis (1300–44), St. Jacobi (1459), Marienkirche (14. Jh.), Albanikirche (15. Jh.). **(Abfahrt 73 Göttingen, 4 km)**

In der klassizistischen Aula (1835–76) liegt der Karzer, in dem Studenten früher ihre Strafen verbüßen mussten, darunter Otto von Bismarck, der hier immerhin 18 Tage wegen verbotener Duelle »einsaß«.

Streckenprofil A7:** Die bergige, waldreiche Strecke führt quer durch die Hessischen Mittelgebirge Knüll, Vogelsberg und Rhön bis nach Unterfranken in Bayern. Mehrfach kreuzt die Route die technisch imposante Hochgeschwindigkeitsstrecke des ICE. **(205 km, 2 Std.)

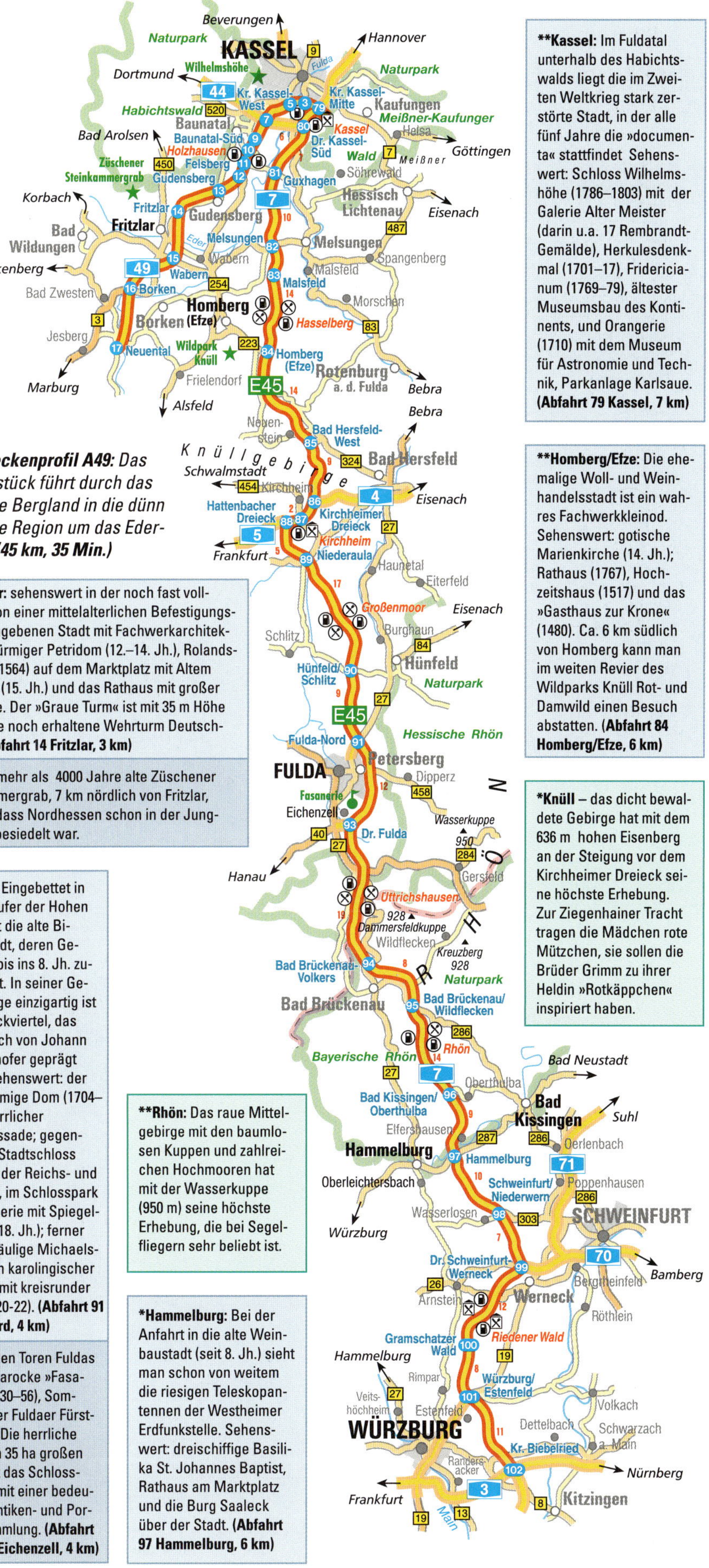

Streckenprofil A49:** Das Teilstück führt durch das Hessische Bergland in die dünn besiedelte Region um das Edergebirge. **(45 km, 35 Min.)

*****Fritzlar:** sehenswert in der noch fast vollständig von einer mittelalterlichen Befestigungsmauer umgebenen Stadt mit Fachwerkarchitektur: zweitürmiger Petridom (12.–14. Jh.), Rolandsbrunnen (1564) auf dem Marktplatz mit Altem Kaufhaus (15. Jh.) und das Rathaus mit großer Freitreppe. Der »Graue Turm« ist mit 35 m Höhe der größte noch erhaltene Wehrturm Deutschlands. **(Abfahrt 14 Fritzlar, 3 km)**

Das mehr als 4000 Jahre alte Züschener Steinkammergrab, 7 km nördlich von Fritzlar, beweist, dass Nordhessen schon in der Jungsteinzeit besiedelt war.

*****Fulda:** Eingebettet in die Ausläufer der Hohen Rhön liegt die alte Bischofsstadt, deren Geschichte bis ins 8. Jh. zurückreicht. In seiner Gesamtanlage einzigartig ist das Barockviertel, das maßgeblich von Johann Dientzenhofer geprägt wurde. Sehenswert: der doppeltürmige Dom (1704–12) mit herrlicher Barockfassade; gegenüber das Stadtschloss (1706–21) der Reichs- und Fürstäbte, im Schlosspark die Orangerie mit Spiegelkabinett (18. Jh.); ferner die achtsäulige Michaelskirche, ein karolingischer Rundbau mit kreisrunder Krypta (820-22). **(Abfahrt 91 Fulda-Nord, 4 km)**

Vor den Toren Fuldas liegt die barocke »Fasanerie« (1730–56), Sommersitz der Fuldaer Fürstbischöfe. Die herrliche Anlage im 35 ha großen Park birgt das Schlossmuseum mit einer bedeutenden Antiken- und Porzellansammlung. **(Abfahrt 93 Fulda-Eichenzell, 4 km)**

****Rhön:** Das raue Mittelgebirge mit den baumlosen Kuppen und zahlreichen Hochmooren hat mit der Wasserkuppe (950 m) seine höchste Erhebung, die bei Segelfliegern sehr beliebt ist.

***Hammelburg:** Bei der Anfahrt in die alte Weinbaustadt (seit 8. Jh.) sieht man schon von weitem die riesigen Teleskopantennen der Westheimer Erdfunkstelle. Sehenswert: dreischiffige Basilika St. Johannes Baptist, Rathaus am Marktplatz und die Burg Saaleck über der Stadt. **(Abfahrt 97 Hammelburg, 6 km)**

****Kassel:** Im Fuldatal unterhalb des Habichtswalds liegt die im Zweiten Weltkrieg stark zerstörte Stadt, in der alle fünf Jahre die »documenta« stattfindet Sehenswert: Schloss Wilhelmshöhe (1786–1803) mit der Galerie Alter Meister (darin u.a. 17 Rembrandt-Gemälde), Herkulesdenkmal (1701–17), Fridericianum (1769–79), ältester Museumsbau des Kontinents, und Orangerie (1710) mit dem Museum für Astronomie und Technik, Parkanlage Karlsaue. **(Abfahrt 79 Kassel, 7 km)**

****Homberg/Efze:** Die ehemalige Woll- und Weinhandelsstadt ist ein wahres Fachwerkkleinod. Sehenswert: gotische Marienkirche (14. Jh.); Rathaus (1767), Hochzeitshaus (1517) und das »Gasthaus zur Krone« (1480). Ca. 6 km südlich von Homberg kann man im weiten Revier des Wildparks Knüll Rot- und Damwild einen Besuch abstatten. **(Abfahrt 84 Homberg/Efze, 6 km)**

***Knüll** – das dicht bewaldete Gebirge hat mit dem 636 m hohen Eisenberg an der Steigung vor dem Kirchheimer Dreieck seine höchste Erhebung. Zur Ziegenhainer Tracht tragen die Mädchen rote Mützchen, sie sollen die Brüder Grimm zu ihrer Heldin »Rotkäppchen« inspiriert haben.

UNTERWEGS IN DER RHÖN

Der Marktplatz von Hammelburg

Die **Rhön,** das **Mittelgebirge im Dreiländereck Hessen, Bayern und Thüringen,** weist viele Berge und Bergmassive vulkanischen Ursprungs auf, die teils kegelförmig, teils abgeflacht geformt sind. Dazu gibt es sanfte Kuppen mit Laubwäldern und Täler mit Wiesen und Obstbäumen. Ein ideales Gelände für erholsame Wanderungen auf ausgeschilderten Wegen! Wer Glück hat, trifft auf eine Herde schwarzköpfiger **Rhönschafe,** die beinahe ausgestorben waren, heute aber wieder vermehrt gezüchtet werden. Ihnen kann das oft strenge Klima der **Hochrhön** nichts anhaben, und auch so mancher Zweibeiner freut sich über die rauen Winde. So trifft sich auf den unbewaldeten Höhen alles, was Flügel hat – Segelflieger, Motorflieger, Drachen- und Gleitschirmflieger. Besonders beliebt ist die **Wasserkuppe,** mit 950 m die höchste Erhebung **(Abfahrt 93 Fulda-Süd/Eichenzell, 30 km).** Bekannt ist die Region auch für ihre **Heilquellen.** Bad Kissingen, in hübscher Landschaft am südlichen Rand der Rhön im Tal der fränkischen Saale gelegen, erfreute sich einst bei der vornehmen Gesellschaft Europas größter Beliebtheit. Und auch heute noch umweht ein Hauch von Nostalgie den Kurort **(Abfahrt 97 Hammelburg, 12 km).**

KULINARISCHES DER REGION: Einfach gut

Zwischen Kassel und Fulda passiert die A7 Nordhessen, eine Region, die für ihre einfache Küche bekannt ist. Eine wichtige Rolle spielen **Wurstspezialitäten** wie der **Schwartenmagen,** außerdem der **Schmand,** wie hier der Sauerrahm heißt, die heimischen Gemüse und die Kartoffel. Als Pellkartoffel begleitet sie den Schmandhering, als Belag kommt sie auf würzige Blechkuchen. Einigen Aufwand verlangt die Zubereitung der typischen Kartoffelklöße, die aus geriebenen rohen und gekochten Kartoffeln sowie zerbröckeltem Weißbrot bestehen und gern mit luftgetrockneter Mettwurst, der **»Ahle Wurst«,** gefüllt werden. Wenn sie dann mit einer Specksauce serviert werden, ist die Kalorienzufuhr gesichert!

RAST AUF REISEN: Übernachten mit Komfort

Goldener Karpfen, Simpliziusbrunnen 1, 36037 Fulda, Tel. 0661/868 00: traditionsreicher Familienbetrieb in ruhiger Lage mit Restaurant und Bar **(Abfahrt 91 Fulda-Nord, 5 km); Gasthof-Hotel Am Trätzhof,** Trätzhofstr. 23, 36041 Fulda-Trätzhof, Tel. 0661/ 95 32 20: familiäre Atmosphäre in ländlicher Umgebung, bequeme Zimmer, bekannt gute regionale Küche, eigene Schlachtung **(Abfahrt 91 Fulda-Nord, 6 km). Hotel Restaurant Bellevue,** Wernarzerstr. 2, 97769 Bad Brückenau, Tel. 09741/93 86 00: gepflegte Gastlichkeit in historischem Gebäude nahe den Kuranlagen, mit Terrasse und Liegewiese **(Abfahrt 94 Bad Brückenau-Volkers, 4 km). Hotel Restaurant Dreistelzhof,** Dreistelz 5, 97789 Oberleichtesbach, Tel. 09741/911500: Landgasthof mit komfortablen Zimmern und bekannt guter regionaler Küche **(Abfahrt 94 Bad Brückenau-Volkers, 8 km).**

BACKERAMTSHAUS

Hildesheim

Romanische Kirchen und Fachwerkbauten prägen das im Vorland des Harzes gelegene Hildesheim.

Die im 8. Jh. gegründete Siedlung an der Innerste, einem Nebenfluss der Leine, erhielt um 1000 Marktrecht und wurde 1217 zur Stadt erhoben. Die Meisterwerke sakraler Baukunst entstanden zwischen 993 und 1022 unter Bischof Bernward. Die historische Altstadt mit ihren zahllosen Fachwerkhäuser, die der Stadt ihr einzigartiges Bild verliehen, fiel größtenteils den Bombenangriffen im Zweiten Weltkrieg zum Opfer. Auch der sich an der Ostapsis des berühmten Doms emporrankende Tausendjährige Rosenstock verbrannte 1945 bei der Zerstörung des Gotteshauses. Doch so wie seine Rosen kurz darauf wieder erblühten, wurde auch die Stadt teilweise modern, teilweise originalgetreu wieder aufgebaut.

Das wirtschaftliche Leben Hildesheims wird durch Metallindustrie und Elektronikwaren geprägt, die Universität sorgt für ein lebendiges, kulturelles Leben und ist die Stadt Bischofssitz.

1 **Das spätgotische Knochenhaueramtshaus an der Westseite des Marktplatzes gilt als schönstes Fachwerkhaus der Welt. Der Marktbrunnen (1540) wurde 1986 nach altem Vorbild rekonstruiert.**

2 **Das Tempelhaus an der Südseite des Marktplatzes mit seinem herausragenden Renaissanceerker erhielt seinen Namen von einer nahe gelegenen Synagoge. Eine ausschließlich aus Eichenholz gearbeitete Fassade mit allegorischen Darstellungen schmückt das Wedekindhaus.**

3 **Die romanische Michaeliskirche, Inbegriff einer ottonischen Gottesburg, wurde von der UNESCO 1985 zum Weltkulturerbe erklärt.**

4 **An der Ostseite des Marktplatzes erhebt sich das spätgotische Rathaus. Täglich um 12 Uhr erscheint hier der »Kupferne Bläser«.**

Fulda

Die an den Vorbergen der Rhön gelegene alte Bischofsstadt ist berühmt durch ihr Barockviertel.

Im Jahr 744 wurde an diesem Ort vom hl. Bonifatius eine erste Benediktinerabtei gegründet, deren Abt ab 969 Primas aller Benediktiner Deutschlands und Frankreichs war. Zu Beginn des 11. Jhs. wurden dem Ort Münz- und Marktrecht und schon hundert Jahre später das Stadtrecht verliehen. Ihr heutiges Gesicht erhielt die Stadt, die bis in das 14. Jh. Schauplatz vieler Hof- und Fürstentage war, durch die Fürstbischöfe, die in Fulda regierten. Sie ließen hier in der Barockzeit vor allem durch den Baumeister Johann Dientzenhofer prachtvolle Gebäude, Schlösser und Plätze gestalten und setzten so ihrer mächtigen Stellung ein eindrucksvolles Denkmal.

Großes Bild links:
Rotunde und Apsis der Michaelskirche, einer der ältesten Kirchen Deutschlands: Die Rotunde wie auch die Krypta stammen aus den Jahren 820 bis 822 (im 10.–12. Jh. umgebaut).

1

1 Der 1704–1720 im Barockstil erbaute Dom zu Fulda. In ihm werden die Reliquien des hl. Bonifatius aufbewahrt.

2

2 Das Alte Rathaus, das aus dem 16. Jh. stammt, wurde originalgetreu wiederhergestellt.

3

3 Im Schloss Fasanerie, der 1730–1756 fern der Stadt erbauten Sommerresidenz der Reichs- und Fürstäbte, befindet sich heute ein Museum.

4

4 Palais in der Friedrichstraße unweit des Stadtschlosses

5

5 1734 wurde die Universität, heute Sitz einer Theologisch-Philosophischen Hochschule, gegründet.

6

6 Das Bonifatiusdenkmal vor dem Stadtschloss: In dem 1730 vollendeten barocken Prachtbau residierten die Reichs- und Fürstäbte.

UNTERWEGS ZWISCHEN FRÄNKISCHEM WEINLAND UND SCHWÄBISCHER ALB

Blick auf die Mainfränkische Weinstadt Kitzingen

In jeder Hinsicht hat dieser Streckenabschnitt viel zu bieten. Orte, die sich ihr altes Stadtbild noch erhalten haben und mit einzigartigen Bauwerken und Kunstschätzen glänzen, erzählen von deutscher Geschichte. Neben der ehrwürdigen Bischofsstadt Würzburg sind es vor allem ehemalige **Reichsstädte** wie Rothenburg o.T., Dinkelsbühl und das einstmals so mächtige und reiche Ulm, welche die Region historisch entscheidend geprägt haben. Landschaftlich verspricht die Tour viel Abwechslung. Da geht es vom sonnigen **Weinland** am Main gen Süden durch die **Schwäbische Alb,** deren karge Höhen mit lichten Wäldern und Wacholderheiden bewachsen sind. Schließlich hinunter in die **Donauebene,** wo sich noch feuchte Niedermoorlandschaften, etwa das unter Naturschutz gestellte **Donaumoos** nördlich von Günzburg, erhalten haben.

KULINARISCHES DER REGION: Spätzle & Klöße

Wer beim Kochen die Produkte der Region verwendet und die herkömmlichen Rezepte, braucht meist etwas mehr Zeit, liegt aber dafür ganz im Trend. Tatsächlich haben die unterschiedlichen regionalen Küchen mittlerweile die Gourmettempel erobert, in Franken und Schwaben allerdings gehört die bodenständige Kochkunst – und die gepflegten Weiß- und Rotweine – von jeher dazu. Sie bietet eine Vielfalt, die ihresgleichen sucht: schwäbische **Maultaschen** und **fränkische Klöße, fränkischer Ochsenmaulsalat** und **schwäbische Flädlesuppe,** die berühmten Wurstwaren aus Franken und natürlich die **Spätzle,** der Schwaben Leibgericht.

RAST AUF REISEN: Romantisch übernachten

Zum Eisenkrug, Dr.-Martin-Luther-Str. 1, 91550 Dinkelsbühl, Tel. 0 98 51/5 77 00: ehemaliges Pfarrhaus in der Altstadt mit besonders empfehlenswertem Restaurant **(Abfahrt 112 Dinkelsbühl, 9 km). Goldene Kanne,** Segringer Str. 8, 91550 Dinkelsbühl, Tel. 0 98 51/5 72 90: Traditionshaus im Stadtkern, als umweltbewusster Hotelbetrieb ausgezeichnet **(Abfahrt 112 Dinkelsbühl, 9 km). Diller Schneeballenträume,** Hofbronnengasse 4–9, 91541 Rothenburg o.T., Tel. 0 98 61/9 44 10: Seit dem 16. Jahrhundert kann der Reisende in diesem denkmalgeschützten Haus unterhalb des Marktplatzes einkehren und Quartier nehmen **(Abfahrt 108 Rothenburg, 3 km). Burg-Hotel,** Klostergasse 1–3, 91541 Rothenburg o.T., Tel. 0 98 61/9 48 90: feines, kleines Hotel garni mit herrlichem Blick ins Taubertal **(Abfahrt 108 Rothenburg, 3 km). Hotel Königin Olga,** Karlstr. 2, 73479 Ellwangen, Tel. 0 79 61/9 80 80: komfortables Haus mit romantisch eingerichteten Zimmern, Wellnessbereich, herrlicher Blick auf Schloss Ellwangen **(Abfahrt 113 Ellwangen, 4 km). Das goldene Lamm,** Kocherstr. 8, 73432 Aalen-Unterkochen, Tel. 0 73 61/98 68-0: stimmungsvolles Haus mit liebevoller Einrichtung und ambitionierter Küche mit frischen Produkten der Region. **(Abfahrt 115 Aalen-Oberkochen, 6 km).**

Streckenprofil: *Die hügelige bis leicht bergige Strecke führt zwischen Frankenhöhe und Hohenloher Land vom Main über die Ostalb hinunter in die Donauauen bei Ulm.* ***(180 km, 1½ Std.)***

Schillingsfürst: das Schloss aus dem frühen 18. Jh.

***Schillingsfürst:** In dem kleinen Ort am Aufstieg der Frankenhöhe (580 m) steht das hübsche barocke Schloss des preußischen Reichskanzlers Fürst Chlodwig zu Hohenlohe-Schillingsfürst. **(Abfahrt 109 Wörnitz, 4 km)**

*****Rothenburg ob der Tauber:** Ihr mittelalterliches Erscheinungsbild mit trutzigen Mauern, Türmen, verwinkelten Gassen und uralten Fachwerkhäusern hat die Stadt weltberühmt gemacht. Sehenswert: die St. Jakobskirche (14./15.Jh.) mit dem meisterhaften Heilig-Blut-Altar (1499–1505) von Tilman Riemenschneider; Rathaus (1578) mit 60 m hohem Aussichtsturm; Ratstrinkstube (1446) mit Kunstuhr (1683), Burgtor (1365), das schöne mittelalterliche Ensemble »Plönlein« und das Topplerschlösschen (1388) sowie Kriminal- und Foltermuseum und Weihnachtsmuseum. **(Abfahrt 108 Rothenburg ob der Tauber, 3 km)**

****Ellwangen:** sehenswert in der Stadt an der Jagst unterhalb der ockergelben Wallfahrtskirche St. Maria (1682): die romanische, barock ausgestaltete Stiftskirche St. Veit (1182–1233) am von Stiftsherrenhäusern (17./18. Jh.) umgebenen Marktplatz; Adler-Apotheke (1846), Palais Adelmann (1688) und Schloss (17./18. Jh.) der Fürstpröbste mit einem Fayencen- und Puppenstubenmuseum. **(Abfahrt 113 Ellwangen, 4 km)**

****Aalen:** Die auf Fundamenten eines Römerkastells erbaute Stadt hat einiges zu bieten: Altes Rathaus (17. Jh.), Zentrum mit barocker Johanniskirche (1765) und Standbild Kaiser Josephs I.; Urweltmuseum, Limesmuseum; Besucherbergwerk »Tiefer Stollen« **(Abfahrt 114 Aalen-Westhausen, 10 km)**

***Heidenheim a.d. Brenz:** Zentrum der Ostalb mit dem über der Stadt gelegenen Schloss Hellenstein (um 1600), das ein sehenswertes Heimatmuseum mit Zeugnissen aus römischer und alemannischer Zeit beherbergt. **(Abfahrt 116 Heidenheim, 5 km)**

*****Marktbreit:** Altfränkischer Ort am südlichsten Punkt des Mains im Weindreieck. Malerisch fließt der Breitbach durch das mittelalterliche Marktbreit, das mit Kaffeehandel zu Wohlstand kam. Sehenswert: Maintor (um 1600), Schustergasse, Altes Rathaus auf einer Brücke über den Bach, Mainkran (1784) und Renaissanceschloss (1580) der Grafen von Seinsheim. **(Abfahrt 104 Marktbreit, 3 km)**

****Kitzingen:** Das Wahrzeichen der mainfränkischen Weinstadt ist der 52 m hohe Falterturm (1469–96) mit dem Deutschen Fastnachtsmuseum. Sehenswert: Renaissancerathaus, Marktturm (1360); Heilig-Kreuz-Kapelle (1745) von Balthasar Neumann. **(Abfahrt 103 Kitzingen, 6 km)**

Bei Kitzingen liegen die mittelalterlichen Orte **Mainbernheim** und **Iphofen,** die zu den schönsten Weinorten Frankens zählen. **(Ab Kitzingen 5 bzw. 8 km über B 8)**

***Burg Kapfenburg:** Festung (1532) des Deutschritterordens an der alten Reichsstraße von Cannstadt nach Augsburg. **(Abfahrt 114 Aalen-Westhausen, Richtung Lauchheim, 4 km)**

***Giengen a.d. Brenz:** Die Hauptattraktionen der im 30-jährigen Krieg zerstörten Stadt (Brandbild von 1663 in der Stadtkirche) sind das Steiffmuseum (Alleenstr. 2) und der Verkauf der weltberühmten Stofftiere ab Werk. Margarete Steiff begann hier 1880 mit der Herstellung ihrer niedlichen Plüschtiere. **(Abfahrt 117 Giengen, 2 km)**

Westlich von Giengen liegt das Eselsburger Tal mit seinen sagenumwobenen Felsen. östlich davon befindet sich die **Charlottenhöhle,** eine der schönsten Tropfsteinhöhlen Süddeutschlands. **(Abfahrt 117 Giengen, 3 km)**

Streckenprofil: *Durch das von Viehwirtschaft geprägte Unterallgäu führt die Route – im Wesentlichen dem Lauf der Iller folgend – an den Rand der Allgäuer Alpen* ***(110 km, 1 Std.)***

Ulm: siehe Seite 87

Iller: 165 km langer Nebenfluss der Donau mit Quelle im Allgäu und Mündung bei Ulm.

***Buxheim:** Weltberühmt ist das frühbarocke Chorgestühl der Reichskartause Maria Saal (1402 gegr.), informativ das Kartäuser-Museum des barocken Klosters. **(Abfahrt 128 Kreuz Memmingen, A96 Richtung München, nach 1km Abfahrt Memmingen-Stadtzubringer)**

*****Kempten:** Die »Allgäumetropole« blickt auf eine 2000-jährige Geschichte zurück, denn schon Kelten und Römer fühlten sich hier im Oberallgäuer Voralpenland wohl. Das von zahlreichen Baudenkmälern geprägte Stadtbild ist geteilt in die geistliche Stifts- und die weltliche Bürgerstadt. Jeden Mittwoch im »Haus der Milchwirtschaft«: die Süddeutsche Butter- und Käsebörse Sehenswert: die Stiftsstadt mit den Rokokoprunkräumen der fürstäbtlichen Residenz (1652–1748), der reich ausgestatteten barocken St.-Lorenz-Basilika (1652–66) und dem renommierten Alpinmuseum im Marstall; der alte Teil der Bürgerstadt mit Patrizierhäusern und dem Rathausplatz mit Rathaus (1474) und Renaissancebrunnen (1601) unterhalb des hübschen Schlössle (1593); die Kloster- und Fischersteige mit kleinen Läden und hübschen Geschäften. Das Museum im klassizistischen Zumsteinhaus (1802) und der Archäologische Park um die Römersiedlung Cambodunum widmen sich der antiken Seite der einst Freien Reichsstadt. **(Abfahrt 134 Kempten, 2 km)**

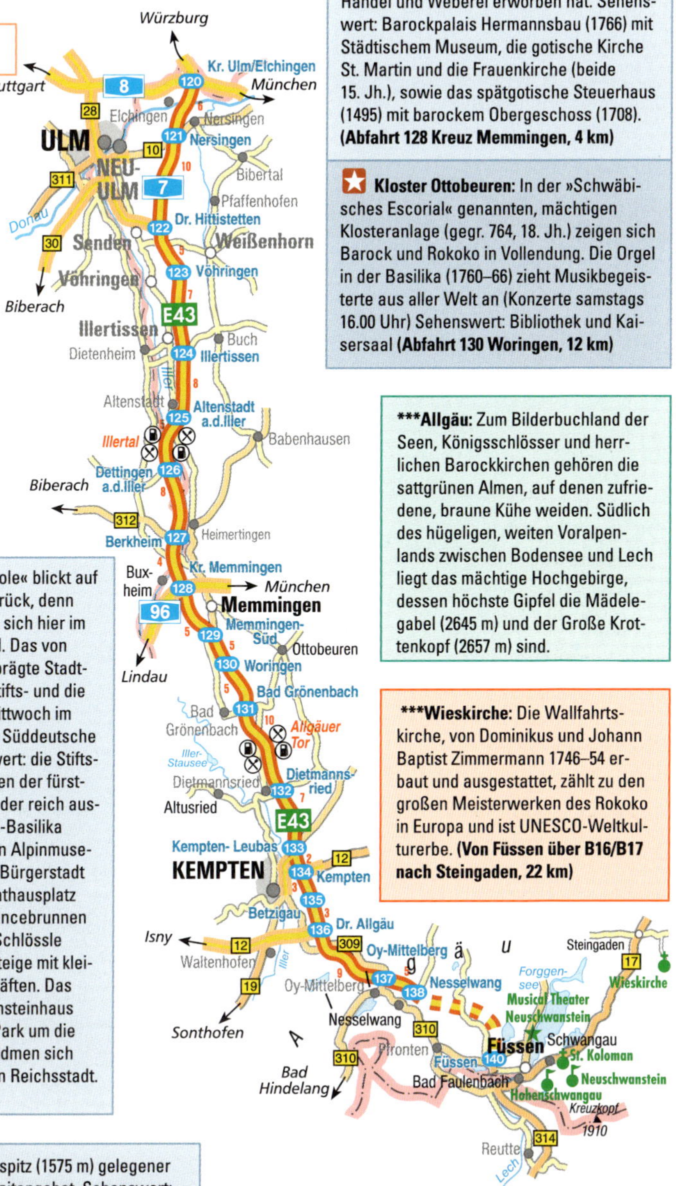

****Memmingen:** Stolze Zunftgebäude und das prächtige, dreitürmige Renaissancerathaus (1589) zeugen vom großen Wohlstand, den sich die einst Freie Reichsstadt durch Handel und Weberei erworben hat. Sehenswert: Barockpalais Hermannsbau (1766) mit Städtischem Museum, die gotische Kirche St. Martin und die Frauenkirche (beide 15. Jh.), sowie das spätgotische Steuerhaus (1495) mit barockem Obergeschoss (1708). **(Abfahrt 128 Kreuz Memmingen, 4 km)**

Kloster Ottobeuren: In der »Schwäbisches Escorial« genannten, mächtigen Klosteranlage (gegr. 764, 18. Jh.) zeigen sich Barock und Rokoko in Vollendung. Die Orgel in der Basilika (1760–66) zieht Musikbegeisterte aus aller Welt an (Konzerte samstags 16.00 Uhr) Sehenswert: Bibliothek und Kaisersaal **(Abfahrt 130 Woringen, 12 km)**

*****Allgäu:** Zum Bilderbuchland der Seen, Königsschlösser und herrlichen Barockkirchen gehören die sattgrünen Almen, auf denen zufriedene, braune Kühe weiden. Südlich des hügeligen, weiten Voralpenlands zwischen Bodensee und Lech liegt das mächtige Hochgebirge, dessen höchste Gipfel die Mädelegabel (2645 m) und der Große Krottenkopf (2657 m) sind.

*****Wieskirche:** Die Wallfahrtskirche, von Dominikus und Johann Baptist Zimmermann 1746–54 erbaut und ausgestattet, zählt zu den großen Meisterwerken des Rokoko in Europa und ist UNESCO-Weltkulturerbe. **(Von Füssen über B16/B17 nach Steingaden, 22 km)**

***Nesselwang:** Zu Füßen der Alpspitz (1575 m) gelegener Wintersportort mit großem Freizeitangebot. Sehenswert: der 1904 im Stil des Neurokoko ausgestattete Innenraum der Andreaskirche und die außerhalb gelegene Wallfahrtskirche Maria Trost (1660–1775, knapp 1-stündiger Spaziergang). **(Abfahrt 138 Nesselwang, Autobahnende, 2 km)**

****Füssen:** Die malerische Altstadt wird von der Klosterkirche St. Mang (18. Jh.) mit einer Krypta aus dem 10. Jh. überragt und dem Hohen Schloss (1486–1505), der einstigen Sommerresidenz der Augsburger Bischöfe (Rittersaal und Gemäldegalerie). Außerdem bei **Schwangau:** die barocke Wallfahrtskirche St. Koloman **(Deutsche Alpenstraße B310, 20 km; B16/B17 bis Schwangau, 3,6 km)**

*****Königsschlösser:** Weltberühmt sind die »Schwanenschlösser« am Saum der Allgäuer Alpen: das zinnenbewehrte **Hohenschwangau**, das Maximilian II. 1833 anstelle einer Ruine im Stil der Tudorgotik erbauen ließ, und besonders Schloss **Neuschwanstein**. In atemberaubender Höhe über der wilden Pöllatschlucht konnte Ludwig II. 1869–86 seinen Traum von einer Ritterburg verwirklichen. **(B310 bis Füssen, ca. 20 km; B16/B17 bis Schwangau, 3,6 km)**

Barockes Kleinod am Fuß der Allgäuer Alpen: St. Koloman

Stein gewordener Traum König Ludwigs II.: Neuschwanstein

UNTERWEGS ZWISCHEN DONAU UND ALLGÄU

Kempten: das wappengeschmückte Rathaus

Durch **Bayerisch-Schwaben** und die Regierungsbezirke **Unter- und Oberallgäu** geht es von der Donaustadt Ulm nach Süden in Richtung der österreichischen Grenze. Und hier, bei Füssen, beginnt erst das eigentliche **Hochgebirge.** Zuvor passiert man das freundliche **Alpenvorland,** eine noch immer stark landwirtschaftlich genutzte Gegend mit sanft gewellten Moränenhügeln, schönen Seen und stillen Mooren. Im **Oberallgäu** lässt sich das ganze Jahr über Urlaub machen, im Sommer mit Wandern und Baden, im Winter ist es das Skifahren, Langlauf und Alpin, das die Gäste anlockt. Dazu gehört die Kultur einer reichen Vergangenheit, die zum einen von der mächtigen Benediktinerabtei Ottobeuren geprägt war, zum anderen von vitalen städtischen Zentren wie Memmingen und Kempten.

KULINARISCHES DER REGION: Allgäuer Käse

Die Wiesen sind grün, die Kühe glücklich und die Verarbeitung von Milch hat eine lange Tradition. So darf man sich nicht darüber wundern, dass jeder vierte in Deutschland erzeugte **Käse** aus dem Allgäu kommt. Die bekanntesten Spezialitäten sind ein würziger **Emmentaler,** ein cremiger **Weißlacker** und ein herzhafter **Camembert.** Noch immer findet sich in so manchem Dorf eine kleine Sennerei, in der man direkt beim Produzenten kaufen kann. Hier liefern die umliegenden Bauernhöfe ihre Milch an, die dann zu Sahne, Butter und Käse verarbeitet wird. Wer einmal den gesamten Herstellungsprozess verfolgen möchte, hat dazu Gelegenheit in der Schaukäserei in Altusried nordwestlich von Kempten.

RAST AUF REISEN: Individuell übernachten

Hotel Hirsch, Kaiser-Maximilian-Platz 7, 87629 Füssen, Tel. 08362/93980: traditionshaus in der Altstadt mit empfehlenswerter Gastronomie **(Abfahrt 137 Oy-Mittelberg, über B309 und B310, Deutsche Alpenstraße, 22 km). Hotel Restaurant Alatsee,** Am Alatsee 1, 87629 Bad Faulenbach: idyllische Lage im Landschaftsschutzgebiet mit Seeblick. **(Abfahrt 137 Oy-Mittelberg, über B309 und B310, Deutsche Alpenstraße, 24 km). Fürstenhof,** Rathausplatz 8, 87435 Kempten, Tel. 0831/25360: sehr gut ausgestattetes Altstadthotel mit gutem Restaurant **(Abfahrt 134 Kempten, 3 km). Zum Falken,** Rossmarkt 3, 87700 Memmingen, Tel. 08331/9451-0: Hotel garni mit bequemen Zimmern, Garagen werden angeboten **(Abfahrt 128 Memmingen Stadtzubringer, 3 km). Am Mühlbach,** Luitpoldstr. 57, 87724 Ottobeuren, Tel. 08332/92050: gemütliches Gästehaus mit persönlichem Service, Golfplatz ganz in der Nähe **(Abfahrt 130 Woringen, 12 km). Hotel Alpenrose,** Jupiterstr. 9, 87484 Nesselwang, Tel. 08361/92040: gut ausgestattes Hotel mit Küche für Hausgäste, herrlicher Blick auf die Alpen **(Abfahrt 138 Nesselwang, 3 km).**

Rothenburg und Dinkelsbühl

Die berühmten Städte an der alten Reichsstraße von Würzburg nach Augsburg besitzen alle einen gut erhaltenen mittelalterlichen Stadtkern.

Dinkelsbühl erhielt im 13. Jh. die Reichsunmittelbarkeit. Das Stadtbild aus dem 12.–15. Jh. ist nahezu vollständig erhalten. Am Marktplatz besticht die spätgotische Hallenkirche St. Georg. In der »Schranne«, dem ehemaligen Kornhaus wird jedes Jahr das Festspiel Die »Kinderzeche« aufgeführt, das daran erinnert, wie 1632 die Kinder der Stadt vor den Schweden bewahrt wurden. Rothenburg ob der Tauber besitzt das am vollständigsten erhaltene mittelalterliche Stadtbild Deutschlands. Überwältigt pries es im 19. Jh. der Maler Ludwig Richter als ein »Märchen einer Stadt«. Kirchen, Türme und Tore, kleine Gassen und von Fachwerkhäusern gesäumte Plätze versetzen den Besucher in vergangene Zeiten. Allein die von 1350 bis 1380 erbaute Stadtmauer, deren Wehrgänge auf eine Länge von 2 km vom Spitaltor zum Klingentor führen, besitzt zwölf Türme. Ein herausragendes Bauwerk ist das Renaissance-Rathaus.

Großes Bild links:
Rothenburg im Abendlicht: die Straßengabelung am Plönlein, am Ende der Schmiedgasse.

1 Wahrhaft romantisch ist das Stadtbild von Rothenburg – für viele der Inbegriff deutschen Mittelalters.

2 Blick in die Klosterküche im Reichsstadtmuseum von Rothenburg, das im ehemaligen Dominikanerinnenkloster untergebracht ist.

3 Zur Wehranlage von Dinkelsbühl zählen vier Stadttore und 14 Türme.

4 Ländlichen Charme strahlt Dinkelsbühl hier im Bäuerleinsgässchen aus.

5 4 Tore und 14 Türme säumen die gut gut erhaltene Wehranlage in Dinkelbühl.

1

2

3

4

5

Schloss Neuschwanstein

Der märchenhaft entrückte Bau König Ludwigs II. am Fuße der Alpen verzaubert bis heute Besucher aus aller Welt.

Konfrontiert mit der Frage, wie sich Bayern nach dem Deutschen Krieg von 1866 behaupten konnte, ging Ludwig II. von Bayern (1845–1886) ein Bündnis mit Preußen ein, das ihm zudem die finanzielle Unterstützung verschaffte, die ihm zum Bau der Schlösser Neuschwanstein (1869–1886), Linderhof (1874–1878) und Herrenchiemsee (1878–1892) fehlte. Die benötigten Mittel waren dennoch gewaltig: Als der König wenige Tage vor seinem Tod 1886 entmündigt und abgesetzt wurde, war die Staatskasse bereits leer.
Heute ist Schloss Neuschwanstein eines der attraktivsten Ausflugziele des süddeutschen Raums. Auf dem 965 m hohen Felsen über der Pöllatschlucht gelegen, bietet das neugotische Schloss des Märchenkönigs unzähligen Touristen aus aller Welt die Gelegenheit oppulente Wandgemälde, kristallüberladene Räumlichkeiten und theatralische Dekors zu bewundern.

Großes Bild links:
Das Märchenschloss Neuschwanstein und das vom Dunst verschleierte Schloss Hohenschwangau, das bereits 1832 von Maximilian II. als Jagdschloss errichtet wurde.

1 Das Kobaltblau und die orientalischen Arabesken des Thronsaals erinnern an türkische Vorbilder.

2 Die »byzantinische« Apsis des Thronsaals von Neuschwanstein.

3 Motive der Parzival-Sage zieren den Sängersaal in Neuschwanstein.

4 Das Arbeitszimmer des Königs auf Schloss Neuschwanstein.

5 »König Ludwig II. in bayerischer Generalsuniform« von F. Piloty, 1865, Schloss Herrenchiemsee.

1

2

3

4

5

Streckenprofil: *Von der luxemburgischen Grenze durchquert die Route das Saarland und ab Pirmasens auf der landschaftlich sehr schönen B10 den Pfälzerwald. Ab Landau geht es auf der A65 bis Karlsruhe und dann zurück auf die viel befahrene A8 Richtung Stuttgart. Von der Schwabenmetropole steigt die Strecke bergig an über die Schwäbische Alb und endet in der Donauniederung bei Ulm.* ***(360 km, 3¹/₄ Std.)***

****Mettlach:** Die Wurzeln der Keramikstadt an der Saar reichen bis ins 7. Jh. zurück. Im sandsteinroten barocken Backsteinbau (1788) der im 7. Jh. gegründeten Benediktinerabtei residiert heute das weltweit be-kannte Unternehmen Villeroy & Boch.Sehenswert: Schloss Ziegelberg (19. Jh.) mit Restaurant, Keramikmuseum in der Abtei und Schinkel-Brunnen im Abteipark. **(Abfahrt 5 Merzig-Schwemlingen, 6 km)**

*****Saarschleife:** Wenige Kilometer westlich von Mettlach liegt die von waldigen Höhen umgebene Saarschleife. Die schönste Aussicht auf die berühmte, malerische Flusswindung bieten die imposanten Ruinen der Burg Montclair (15. Jh.).

Der Dom in der Keramikstadt Mettlach

Saar: Der 246 km lange Fluss entspringt in den Vogesen und mündet bei Konz in die Mosel.

***Zweibrücken:** Von 1410 bis 1794 war die im Zweiten Weltkrieg schwer zerstörte Lederwaren- und Textilstadt Residenz und Mittelpunkt des gleichnamigen Herzogtums. Sehenswert: das heute wieder aufgebaute Barockschloss (1720-25) und das Stadtmuseum zur Geschichte des Herzogtums. **(Abfahrt 32 Zweibrücken, 2 km)**

****Saarlouis:** In den restaurierten Kasematten der von Ludwig XIV. angelegten Festung befinden sich heute stilvolle Restaurants. Im Rathaus der französisches Flair ausstrahlenden Stadt sind eindrucksvolle Wandteppiche zu besichtigen. **(Abfahrt 12 Dillingen-Süd, 2 km)**

***Freilichtmuseum Schwarzenacker:** Rund um die Ausgrabungsstätte einer einst ausgedehnten Römerstadt, die 275 n. Chr. von den Alemannen zerstört wurde, ist ein sehr schönes Freilichtmuseum entstanden. **(Abfahrt 30 Einöd, 2 km)**

Pfälzerwald: der Teufelstisch bei Hinterweidenthal

***Pirmasens:** Die »Deutsche Schuhmetropole« am Pfälzer Wald war im 18. Jh. eine bedeutende Garnisonsstadt. Die heutige Attraktion ist das einzigartige Schuhmuseum im Alten Rathaus (1770). **(Abfahrt 15 Pirmasens, 5 km)**

*****Pfälzerwald:** Von Burgen gekrönte Bergkegel, bizarre Felsen und dichter Mischwald kennzeichnen die idyllische Berglandschaft mit dem Haardtgebirge. Der gleichnamige Naturpark, der 1992 von der UNESCO als Biosphärenreservat ausgewiesen wurde, ist 1800 km² groß und der größte geschlossene Mittelgebirgswald Deutschlands. Das Dahner Felsenland im Süden des Naturparks gehört mit seinen imposanten Felsformationen aus Buntsandstein (herrliche Aussichtsberge!), den trutzigen Burgen, sanften Hügeln und stillen Seen zu den romantischsten Landschaften Europas. Eindrucksvolles Naturmonument: der Teufelstisch bei Hinterweidenthal (daneben ein kleiner Spielpark). **(B 10, B 427 bis Hinterweidenthal)**

Weiterfahrt: Von Pirmasens führt die B10 durch den Pfälzerwald am historischen Annweiler und dem berühmten Trifels vorbei bis Landau (s. Seite 181). Weiter geht es auf der A65 bis Karlsruhe (s. Seite 53) und dann wieder auf die A8.

UNTERWEGS IM SAARLAND

Spektakulärer Blick auf die Saarschleife bei Mettlach

Das an Frankreich grenzende Bundesland kam durch seine reichen Kohlegruben zu Wohlstand und entwickelte sich zum Zentrum der Stahlindustrie. Aber fast die Hälfte der Fläche wird landwirtschaftlich genutzt und ein Drittel ist von Wald bedeckt. Die zwei Seiten des Saarlands, die »graue« und die »grüne«, zeigt auch die **Saar.** In ihrem Oberlauf fließt sie in fast unberührter Schönheit durch einsame Waldlandschaft – berühmt ist der Blick auf die große **Saarschleife** bei Mettlach **(Abfahrt 5 Merzig-Schwemlingen, 15 km)**. Doch auf ihrem Weg durch die Industriestädte Dillingen, Saarlouis und Völklingen wandelt sie sich in einen grauen Strom mit zubetonierten Ufern.

KULINARISCHES DER REGION: Einfach raffiniert

Die Küche des Saarlands hat zwei Seiten. Da gibt es die traditionellen Gerichte der Bergleute, die vor allem preiswert und nahrhaft sind. Aber sie schmecken auch! Ein Beispiel sind die **»Kerschdscher«,** für die rohe Kartoffeln in kleine Würfel geschnitten, in Fett scharf angebraten und dann bei kleiner Hitze im geschlossenen Topf gegart werden. Dazu gibt es **Lyoner,** eine herzhaft gewürzte **Fleischwurst.** Die andere Seite der heimischen Küche orientiert sich an Frankreich. So isst man **Stangenweißbrot,** und der **Saarbrücker Speckkuchen** ist nichts anderes als eine Quiche Lorraine. Auch die Gastronomie setzt auf Nachbarschaft: Neben »deutscher« Bodenständigkeit findet sich »französisches« Raffinement. Aus dieser gelungenen Mischung entstand eine Küche, die zu den besten Deutschlands zählt.

RAST AUF REISEN: Übernachten im Saarland

Hotel Saarpark, Bahnhofstr. 31, 66693 Mettlach, Tel. 06864/9200: modernes, großzügiges Haus in landschaftlich schöner Lage unmittelbar an der Saarschleife, Terrasse, Biergarten, gehobene Gastronomie **(Abfahrt 5 Merzig-Schwemlingen, 8 km); Altes Pfarrhaus Beaumarais,** Hauptstr. 2-4, 66740 Saarlouis, Tel. 06831/6383: stilvolles Ambiente in einem spätbarocken Anwesen mit schönen Zimmern und Suiten, ausgezeichnete Küche im Restaurant Trampert **(Abfahrt 12 Saarlouis, 3 km); Hotel Kunz,** Bottenbacher Str. 74, 66954 Pirmasens-Winzeln, Tel. 06331/8750: außerhalb der Stadt gelegenes Haus mit angenehmer Atmosphäre, sehr gut ausgestattete Zimmer, gepflegte Gastronomie, Gartenlokal **(Abfahrt 15 Pirmasens, 7 km). Romantik Hotel Fasanerie,** Fasanerie 1, 66482 Zweibrücken, Tel. 06332/973-0: gepflegtes Haus in herrlichem historischem Park, gemütliche Zimmer und Appartements, Küche für jeden Anspruch **(Abfahrt 32 Zweibrücken, 2 km).**

UNTERWEGS ZUM BLAUTOPF

Vielbesungen: der Blautopf in Blaubeuren

Eine der schönsten **Quellen** Deutschlands findet der Reisende in Blaubeuren: der von Eduard Mörike in seiner »Historie von der schönen Lau« besungenen **Blautopf.** Mit 116 m Umfang, bis zu 21 m Tiefe und einem Inhalt von 6000 m³ ist der Blautopf auch eine der größten Quellen. Aber das malerische Städtchen am Südrand der **Mittleren Alb** besitzt nicht nur dieses einzigartige Naturdenkmal. Einen Besuch lohnt die Kirche des im 11. Jahrhundert gegründeten Benediktinerinnenklosters, die nahe beim Blautopf steht und sich in seinem Wasser spiegelt. In der Kirche verdienen zwei spätgotische Kunstwerke besondere Aufmerksamkeit: der Flügelaltar des Ulmer Bildschnitzers Gregor Erhart sowie das prächtige Chorgestühl von Jörg Syrlin d.Ä. **(Abfahrt Ulm-West, 21 km)**

KULINARISCHES DER REGION: Feine Festtagssuppe

Neben **Spätzle** und **Knöpfle, Bubaspitzle** und **Maultäschle,** den berühmtesten Erzeugnissen schwäbischer Mehlspeisenkunst, hat sich die **Festtagssuppe** auch außerhalb Schwabens längst einen Platz im Herzen der Genießer erobert. Allerdings bedarf ihre Zubereitung einiger Mühe, denn in die Fleischbrühe kommen Griesklößchen, Brätklößchen und fein geschnittene Flädle – und alles hausgemacht! Wer schwäbische Spezialitäten in »zünftigem« Ambiente genießen möchte, kann das in Ulm. Im ehemaligen **Zunfthaus der Schiffleute,** Fischergasse 31, hält man auf altschwäbische Tradition. Bekannt für seine idyllische Lage am Flüsschen Blau und seine feine Küche ist das alte Ulmer **Gasthaus Forelle,** Fischergasse 25.

RAST AUF REISEN: Übernachten und genießen

Hotel Europa, Kronprinzenstr. 1, 75177 Pforzheim, Tel. 07231/125850: gepflegtes Hotel garni in zentraler, aber ruhiger Lage, komfortable Zimmer, Parkplätze **(Abfahrt 43 Pforzheim-West, 3 km). Flair Hotel Wörtz Zur Weinsteige,** Hohenheimer Str. 28–30, 70184 Stuttgart, Tel. 0711/2367000: familiär geführtes Haus in der Innenstadt, mit geräumigen Zimmern und anspruchsvoller Gastronomie **(Abfahrt 52 Stuttgart-Degerloch, 6 km). Hotel Gasthof Ochsen,** Marktstr. 4, 89143 Blaubeuren, Tel. 07344/6665: zentral gelegen, mit solide ausgestatteten Zimmern, gutbürgerliche Gastronomie **(Abfahrt 62 Ulm-West, 21 km). Goldenes Rad,** Neue Str. 65, 89073 Ulm, Tel. 0731/800-184. Hotel garni in der Altstadt, gut ausgestattete Zimmer und Appartements **(Abfahrt 63 Ulm-Ost., 6 km).**

Brunnenhaus des Klosters Maulbronn

****Stuttgart:** Die reizvoll in einen Talkessel eingebettete und von Bergwald umgebene Landeshauptstadt Baden-Württembergs ist Sitz der Weltkonzerne Bosch, Daimler-Benz und Porsche. Der weithin sichtbare Fernsehturm (1956) war der erste seiner Art aus Stahlbeton. Sehenswert: der im Herzen der Stadt gelegene, von Renaissancebauten umgebene Schillerplatz mit Altem Schloss (1746–1807); das Neue Schloss (1746–1807) am Schlossplatz mit dem klassizistischen Königsbau (1860), Stiftskirche (15. Jh.), der Zoologisch- Botanische Garten »Wilhelma« und die Staatsgalerie. **(Abfahrt 52 Stuttgart-Degerloch, über B27, ca. 8 km)**

***Kirchheim unter Teck:** Um die mächtige Martinskirche (14./15. Jh.) zeigt sich eine malerische Altstadt mit Fachwerkrathaus (1724) und Kornhaus (16. Jh.), heute Stadtmuseum. Wichtigste Sehenswürdigkeit ist das unweit in Holzmaden gelegene Urwelt-Museum Hauff, das in seiner einmaligen Fossiliensammlung versteinerte Saurier, Echsen, Schnecken und andere Fossilien aus der Alb zeigt. **(Abfahrt 57 Kirchheim-Teck Ost, 2 km, Holzmaden, 7 km)**

Aichelberg: Hier beginnt die berühmt-berüchtigte Steige, die hinauf zur Schwäbischen Alb führt. Für LKWs eine Tortur, und selbst für PS-starke PKWs noch eine spürbare Kraftanstrengung.

Ulmer Münster mit dem höchsten Kirchturm der Erde

*****Ulm:** Wahrzeichen der Geburtsstadt Albert Einsteins (1879–1955) ist das in 500 Jahren erbaute und so gewaltig wie filigran wirkende Ulmer Münster (1377–1890), dessen Kirchturm mit 161 m der höchste der Welt ist. Das alte Ulm mit pittoresken Fachwerkhäusern und urigen Lokalen liegt im malerischen Fischer- und Gerberviertel um das kleine Flüsschen Blau. Sehenswert: das farbenprächtig bemalte gotische Rathaus (1370) mit astronomischer Uhr (1520); Kornspeicher und Kornhaus (beide 16. Jh.) und das postmoderne Stadthaus des amerikanischen Architekten Richard Meier (1993) sowie das Ulmer Museum und das originelle Deutsche Brotmuseum. **(Abfahrt 62 Ulm-West, über B10, 7 km)**

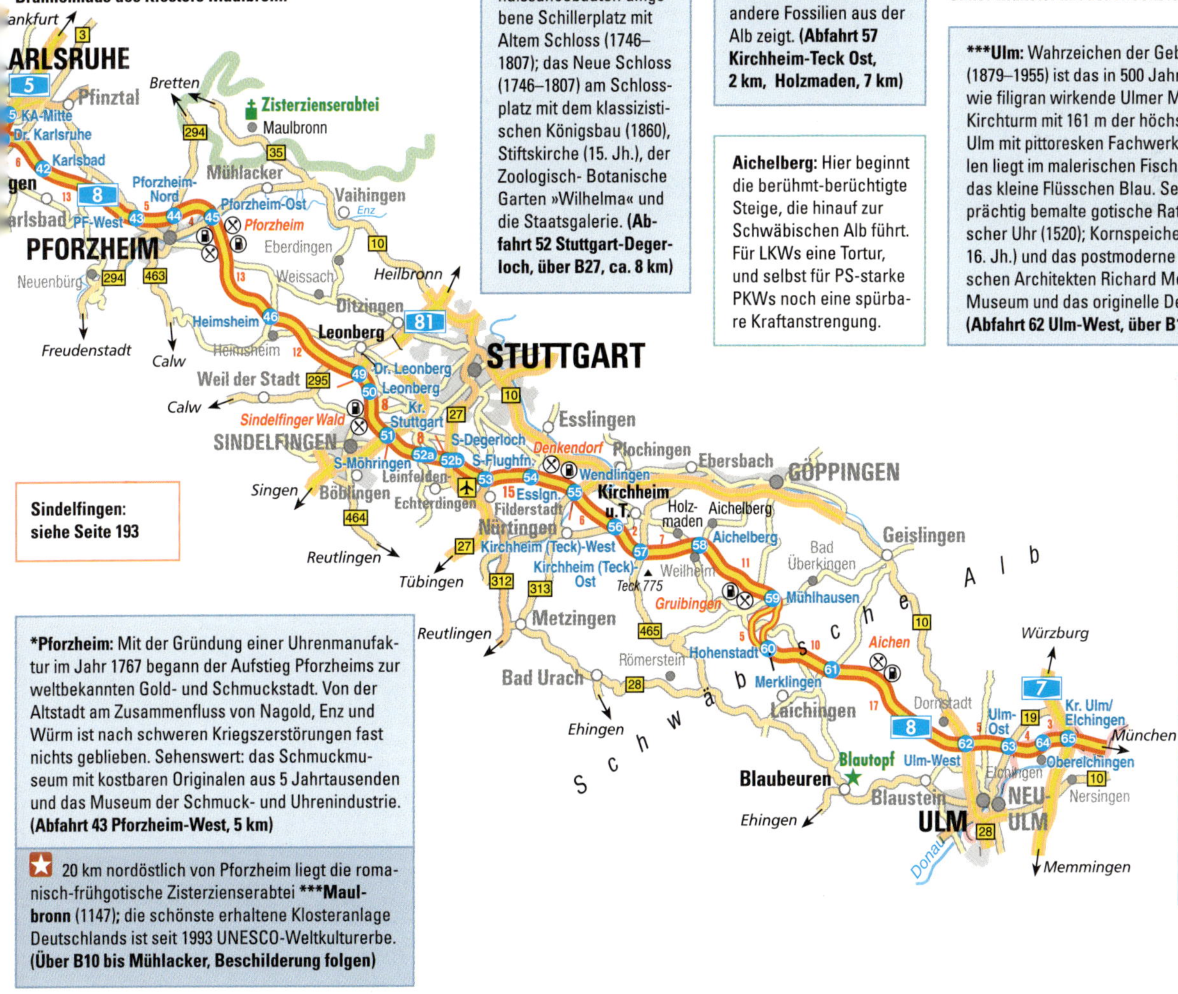

Sindelfingen:
siehe Seite 193

***Pforzheim:** Mit der Gründung einer Uhrenmanufaktur im Jahr 1767 begann der Aufstieg Pforzheims zur weltbekannten Gold- und Schmuckstadt. Von der Altstadt am Zusammenfluss von Nagold, Enz und Würm ist nach schweren Kriegszerstörungen fast nichts geblieben. Sehenswert: das Schmuckmuseum mit kostbaren Originalen aus 5 Jahrtausenden und das Museum der Schmuck- und Uhrenindustrie. **(Abfahrt 43 Pforzheim-West, 5 km)**

20 km nordöstlich von Pforzheim liegt die romanisch-frühgotische Zisterzienserabtei *****Maulbronn** (1147); die schönste erhaltene Klosteranlage Deutschlands ist seit 1993 UNESCO-Weltkulturerbe. **(Über B10 bis Mühlacker, Beschilderung folgen)**

*****Schwäbische Alb:** Die größte Karstlandschaft Mitteleuropas mit ihren markanten Gesteinsschichten umfasst ein 220 km langes, bis zu 40 km breites Gebiet von durchschnittlich 700 m Höhe. Kahle Kuppen und steile Klippen machen die höhlenreiche Landschaft zu einem idealen Revier für Segelflieger. Die Staufer und Hohenzollern haben die Region, auf deren ausgedehnten Wacholderheiden auch heute noch Schafherden weiden, zu einem der burgenreichsten Landstriche ganz Deutschlands gemacht.

Stuttgart

Die Landeshauptstadt Baden-Württembergs zeigt sich noch heute geprägt vom Glanz der Jahrhunderte als Residenzstadt.

Der im 10. Jh. von dem Alemannenherzog Liudolf angelegte Gestütshof Stutengarten (Stuotgarte) verlieh der Stadt am Neckar ihren Namen. Ulrich I. errichtete hier im 13. Jh. eine Wasserburg, in deren Nähe sich schon bald ein Ort entwickelte. Im 14. Jh. bestimmten die Württemberger Grafen, die ihren Stammsitz Wirtemberg auf dem Rotenberg verloren hatten, Stuttgart zur neuen Residenz. Mit der Erhebung des Grafen Eberhard zum Herzog wurde Stuttgart 1495 Hauptstadt eines Herzogtums und ab 1805 des Königreichs Württemberg.

Großes Bild links:
Herzog Carl Eugen ließ sich 1763–1767 außerhalb der Stadt das Schlösschen Solitude für die Jagd und andere Lustbarkeiten errichten.

1 Der gusseiserne Musikpavillon auf dem Schlossplatz entstand 1871.

2 Der 1856–1860 errichtete Königsbau birgt Geschäfte und Restaurants.

3 Der Schlossplatz wird von Neuem und Altem Schloss gerahmt. In seiner Mitte steht die Jubiläumssäule, die 1841 anlässlich des 25. Regierungjahrs König Wilhelms I. errichtet wurde.

4 In Schloss Rosenstein (1824–1829) ist heute ein Teil des Naturkundlichen Museums untergebracht.

5 Das aus der Renaissancezeit stammende Alte Schloss, 1553–1578 erbaut und 1948–1969 wiederhergestellt, besitzt einen schönen Arkadenhof.

6 Die prächtige Fassade des Neuen Schlosses beherrscht den Schlossplatz.

7 Das 1842–1853 im maurischen Stil erbaute Schlösschen Wilhelma gab dem Zoologisch-Botanischen Garten seinen Namen.

1

2

3

4

5

6

7

Ulm

Die alte Reichsstadt an der Donau ist auch heute noch ein wichtiges wirtschaftliches und kulturelles Zentrum Württembergs.

Bereits 854 als Königspfalz Ulma erwähnt, spielte die seit 1274 Freie Reichsstadt im späten Mittelalter eine bedeutende Rolle. Die geografische Lage am Schnittpunkt wichtiger Fernhandelsrouten machte Ulm zu einem Zentrum des Textilhandels. Von der einst mächtigen Stellung der Weber und Kaufleute geben heute die vorbildlich restaurierten Gebäude der Altstadt eindrucksvoll Zeugnis. Das gotische Rathaus mit seiner Fassadenbemalung und der astronomischen Uhr wurde 1370 als Lagerhaus errichtet. Auch das alte Viertel der Fischer und Gerber am Flüsschen Blau beeindruckt mit seinen malerischen Fachwerkhäusern. Die Stadt wurde im Zweiten Weltkrieg schwer zerstört.

Großes Bild links:
An dem modern umgestalteten Domplatz gesellt sich zum gotischen Münster das neue Stadthaus.

1 Durch dieses Portal betritt man die zweitgrößte gotische Kirche Deutschlands, das Ulmer Münster.

2 Die Lochmühle ist eines der schmucken und mit großer Sachkenntnis restaurierten mittelalterlichen Gebäude des Fischerviertels.

3 Die Fassade des stattlichen Rathauses wurde im 16. Jh. mit illusionistischen Fresken geschmückt.

4 Blick von der Neutorbrücke über die Donau auf das Münster. Der 1890 fertig gestellte Turm ist mit seinen 161 m der höchste Kirchturm der Erde.

5 Noch heute bildet der Marktplatz mit dem Rathuas das Zentrum des öffentlichen Lebens der Stadt.

6 Einer der Schätze im Innern des Münsters: Das prachtvolle Chorgestühl wurde 1469–1474 von Jörg Syrlin dem Älteren gearbeitet.

Streckenprofil: *Die zu den meistfrequentierten deutschen Autobahnen gehörende Strecke führt durch die Donauauen an Augsburg vorbei nach München. Über die Umgehungsautobahn A99 gelangt man am Kreuz München-Süd zurück auf die A8. Von da geht es durch teils welliges, teils hügeliges Voralpenland durch den reizvollen Chiemgau an die österreichische Grenze bei Salzburg.* ***(290 km, 2³/₄ Std.)***

Ulm siehe Seite 87

***Burgau:** Wahrzeichen der Stadt, die von 1301 bis 1805 zum Besitz der Habsburger gehörte, sind die schlanken Zwiebelhauben auf dem Rathaus (1711), der Pfarrkirche (18. Jh.) und dem Stadttor. Das wuchtig wirkende Schloss stammt aus dem Jahr 1787. Sehenswert auch das Auto- und Motorradmuseum **(Abfahrt 69 Burgau, 5 km)**

Dachauer Schloss: 1715 von Joseph Effner barock umgestaltet

****Dachau:** Über der Stadt mit schönem alten Kern und barockisiertem Renaissanceschloss (16./18. Jh.) liegt seit 1939 ein dunkler Schatten: In dem Konzentrationslager der Nazis wurden bis Kriegsende 32 000 Menschen ermordet. Die Gedenkstätte mit Museum erinnert an diese Verbrechen. **(Abfahrt 2 Oberschleißheim, 6 km)**

***Günzburg:** Das imposante Schloss (1609) stammt aus der Zeit, als die Donaustadt habsburgische Residenz der Markgrafschaft Burgau war. Auf einer Anhöhe steht die Liebfrauenkirche (1735–40) von Dominikus Zimmermann. **(Abfahrt 67 Günzburg, 3 km)**

Legoland: Sealife, Piratenland, Ballonfahrten und vieles mehr, für jeden ist etwas dabei. Mehr als 40 Attraktionen begeistern große und kleine Besucher.

Augsburger Puppentheatermuseum: Seit 2001 haben Jim Knopf und all die anderen Stars der Augsburger Puppenkiste ihr eigenes Museum im denkmalgeschützten Heilig-Geist-Spital direkt neben der Augsburger Puppenkiste, Spitalgasse 13, Di–So 10–18 Uhr.

****Augsburg:** Die über 2000-jährige Metropole im bayerischen Schwaben war im Mittelalter an der Kreuzung wichtiger Fernstraßen von Italien nach Nordeuropa eine Weltstadt des Handels. Viele Bauten stammen aus dieser wirtschaftlich-kulturellen Blütezeit und wurden von den Bankiers- und Kaufmannsdynastien Fugger und Welser gefördert. Sehenswert: Maximiliansstraße als historische Hauptachse mit dem italienisch anmutenden Rathausplatz als Mittelpunkt: Renaissancerathaus (1615–20), Perlachturm (11./12. Jh.) und Augustus-Brunnen (1594), der romanische Dom (9.–14. Jh.) mit den ältesten figürlichen Glasmalereien (12. Jh.) Deutschlands, die spätgotische Benediktinerkirche St. Ulrich und Afra sowie die Annakirche (14./18. Jh.) mit der Grabkapelle der Familie Fugger. Die 1516 für verarmte Bürger gegründete Fuggerei östlich des Rathausplatzes ist eine der ältesten Sozialsiedlungen der Welt. Weiter: das »Schaezler-Palais« (1765–70, Werke des 17./18. Jh.) und das Geburtshaus des Dichters und Dramatikers Bertolt Brecht. **(Abfahrt 73 Augsburg-Ost, 4 km)**

Die barocke Wallfahrtskirche Maria Birnbaum

Maria Birnbaum: Juwel des bayerischen Barock in idyllischer Landschaft: die originelle, 1665 fertig gestellte Wallfahrtskirche Maria Birnbaum. **(Abfahrt 74 Dasing, B300 Ri. Aichach, nach 600 m rechts, über Laimering nach Sielenbach, 4 km)**

München: siehe Seite 205

***Weyarn:** Größter Schatz der barocken Klosterkirche St. Peter und Paul im malerisch gelegenen Ort sind die meisterhaften Plastiken des Bildhauers Ignaz Günther. Johann Baptist Zimmermann schuf die Fresken und Stuckaturen in dem ehemaligen Augustiner-Chorherrenstift. **(Abfahrt 98 Weyarn, 2 km)**

Mangfallbrücke: Die Brücke über die Mangfall, einem Nebenfluss (55 km) des Inns, ist 68 m hoch und 288 m lang.

Irschenberg: Kurz nach dem kleinen Freizeitparadies Seehamer See beginnt der Aufstieg zum Irschenberg (731 m), der besonders im Winter für LKWs zur Tortur wird.

UNTERWEGS IM NATURPARK AUGSBURG–WESTLICHE WÄLDER

Ehemalige bischöfliche Residenz: der Fronhof in Augsburg

Vor den Toren der Römer- und Fuggerstadt Augsburg erwartet den Reisenden nicht nur der **Schwäbische Pfaffenwinkel**, eine traditionsreiche Kulturlandschaft mit dörflichem Flair, sondern auch der **Naturpark Westliche Wälder**, der auf 250 Kilometern markierten Wegen zu Wanderungen einlädt. Die anmutige Hügellandschaft des Naturparks gliedert sich in den waldreichen Nordteil **»Holzwinkel«**, in die südlichen **»Stauden«** und den zentralen Talkessel **»Reischenau«**, der sich aus dem Schwemmland des Flüsschens Zusam gebildet hat. Der Wechsel zwischen stillen Tälern und waldigen Hügeln (Riedel) machen den besonderen Charme dieser Schotter- und Riedellandschaft der »Westlichen Wälder« aus.

KULINARISCHES DER REGION: Viel Historie

Historisch ist nicht nur das Stiermannhaus selbst, in dem das Restaurant **Welser Kuche** (Maximiliansstr. 83, 86150 Augsburg, Tel. 08 21/3 39 30; Reservierung wird empfohlen) beheimatet ist. Historisch ist auch die Einrichtung mit den großen, rohen Holztischen, und historisch sind die Rezepte, nach denen hier gekocht wird. Viele der urtümlichen und schmackhaften Gerichte, die in handgetöpfertem Geschirr serviert werden, gehen zurück auf das 16. Jahrhundert. Sie stammen aus der Feder der schönen Patriziertochter Philippine Welser, die dem Lokal auch seinen Namen gab. So kann man hier tafeln wie in alten Zeiten, als die Tischsitten wohl noch weniger streng waren als heutzutage. Von der Autobahn aus leicht zu erreichen und auch mit historischem Flair präsentiert sich das **Schloss Odelzhausen** mit Schlossbräustüberl. **(Abfahrt 76 Odelzhausen, 1 km).** In dem Gebäude aus dem 17. Jahrhundert befindet sich heute auch eine Brauerei; den frisch gebrauten Gerstensaft kann man im gemütlichen Braugasthof probieren.

RAST AUF REISEN: Stilvoll übernachten

Hotel Zettler, Ichenhauser Straße 26a, 89312 Günzburg, Tel. 0 82 21/3 64 80: geschmackvoll eingerichtetes Haus mit Wintergarten und Sonnenterrasse **(Abfahrt 67 Günzburg, 3 km). Steigenberger Drei Mohren,** Maximilianstr. 40, 86150 Augsburg, Tel. 08 21/5 03 60: ruhiges Stadthotel mit Restaurant und Bar; **Romantikhotel Augsburger Hof,** Auf dem Kreuz 2, 86152 Augsburg, Tel. 08 21/34 30-50 zentral gegenüber dem Mozarthaus gelegen, in historischen Mauern, mit gemütlichen Gasträumen und anspruchsvoller Küche **(Abfahrt 73 Augsburg-Ost, 4 km).**

UNTERWEGS IM CHIEMGAU

Prien am Chiemsee vor der Kulisse der Alpen

Der Chiemgau ist nicht nur eine der bekanntesten Landschaften Bayerns, sondern auch eine der ältesten. Bereits unter Karl dem Großen wurden seine Grenzen beschrieben. So umfasst der Chiemgau das **Voralpenland** zwischen dem Inn im Westen und den Flüssen Traun und Alz im Osten und wird im Süden durch die **Alpenkette** begrenzt. Herzstück der Region ist der **Chiemsee,** mit 82 Quadratkilometern Fläche der größte See Bayerns, auch **»Bayerisches Meer«** genannt. Von jeher war Traunstein das städtische Zentrum des Chiemgau. Schon in der Römerzeit wichtiger Flussübergang der Verbindungsstraße Salzburg–Augsburg, wurde diese Stadt reich durch den Handel und die Aufbereitung von **Salz,** dem »weißen Gold« des Mittelalters. Eine lange Tradition hat der **Chiemgau** auch als Urlaubsziel. Von den Malern des 19. Jahrhunderts als ländliche Voralpenidylle entdeckt, wurde er bald zur beliebten Sommerfrische der Städter. Auch kulturell und kunsthistorisch reizvoll ist diese Landschaft mit ihrer alten Geschichte. Ein Juwel für die an Kirchengeschichte Interessierten und auch für Spaziergänger ist das Kloster Seeon (994). Idyllisch gelegen am Seeoner See spiegeln sich seine Zwiebeltürme im klaren Wasser des einstigen Gletschersees.

KULINARISCHES DER REGION: Frische Fische

Andernorts heißen sie Felchen, die hochwertigen Speisefische, die am Chiemsee als **Renken** auf den Tisch kommen. Sie zeichnen sich durch festes, saftiges Fleisch aus und sind zum Dünsten, Braten und Räuchern geeignet. Eine andere Fischspezialität aus dem Chiemsee sind die **Schratzen,** die hier gerne im Biergarten zu einer frischen Maß Bier genossen werden.

RAST AUF REISEN: Romantisch übernachten

Gasthof zur Linde, 83256 Fraueninsel im Chiemsee, Tel. 08054/90366. Traditionshaus mit einmaliger Atmosphäre, zum Gasthaus gehört ein herrlicher Biergarten; **Malerwinkel,** 83358 Seebruck-Lambach, Tel. 08667/88800. Am See gelegene Idylle mit Badestrand und Bootssteg sowie Gaststätte; **Hotel Post,** Ludwig-Thoma-Straße, 83358 Seebruck, Tel. 08667/8870. Zeitgemäßer Komfort im Hotelbau neben der alten Gaststätte, die früher Poststation war; **Gutsgasthof Zum Goldenen Pflug,** 83339 Gut Ising, Tel. 08667/790: nobles Ambiente mit Golfplatz und Poloclub in herrlicher Lage über dem See **(Abfahrt 109 Grabenstätt, bis Gstadt 30 km, Seebruck 23 km, Ising 22 km).**

***Rosenheim:** Am Zusammenfluss von Mangfall und Inn gelegene Messe- und Einkaufsstadt, die schon im Mittelalter durch Salzhandel zum wohlhabenden Wirtschaftszentrum Oberbayerns wurde. Ihren Weltruf als «Holzstadt« verdankt sie der renommierten Fachhochschule für Holztechnik. Sehenswert: der Max-Josef-Platz als Herz der Altstadt mit schmucken Arkadenhäusern (Inn-Salzach-Stil) und dem Holztechnischen Museum; das Mittertor (14. Jh., Museum) und die Heiliggeistkirche (1449, im 17. Jh. barockisiert). Das Inn-Museum zeigt eine interessante Sammlung zur Geschichte der Flößerei und Schifffahrt auf dem Inn. **(Abfahrt 102 Rosenheim, 6 km)**

*****Chiemsee:** Das fischreiche »Bayerische Meer« ist herrlicher Mittelpunkt der Voralpenregion Chiemgau. Von Moorgebieten und eiszeitlichen Moränenenhügeln umgeben, ist der 82 km^2 große See fast 14 km breit und bis zu 74 m tief. Bei den Chiemseefischern heißt der größere Ostteil des Sees »Weitsee«, der kleinere Westteil mit den drei Inseln (Fraueninsel, Herreninsel und Krautinsel) ist der »Inselsee«. Der Chiemsee ist nicht nur ein beliebtes Segel- und Surfrevier, sondern auch ein Badesee mit guter Wasserqualität. Öffentlich zugängliche Badeplätze gibt es bei Prien, Rimsting, Breitbrunn, Gstadt, Gollenshausen, Seebruck, Chieming, Übersee und Bernau.

Die dreistündige, eindrucksvolle Seerundfahrt mit der Chiemseeflotte umfasst auch Sightseeing-Stopps auf der Herren- und Fraueninsel. 5 x täglich von Prien. **(Abfahrt 106 Bernau am Chiemsee, bis Prien 5 km)**

Chiemsee: Blick von Gstad auf die Fraueninsel

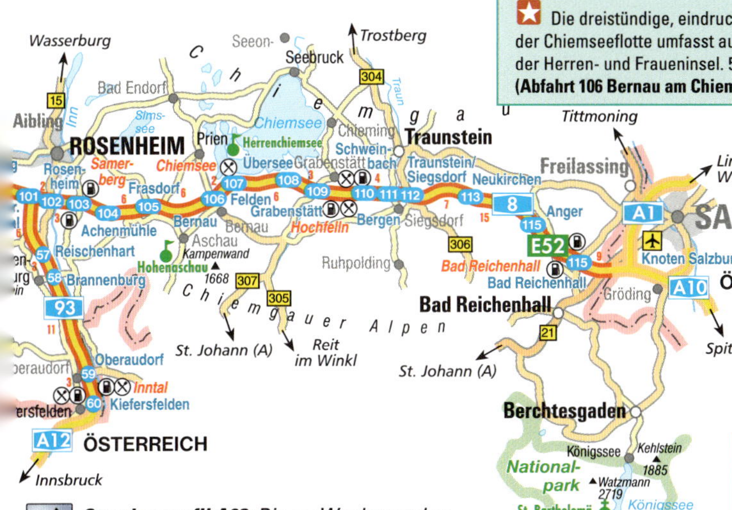

Streckenprofil A93: *Die an Wochenenden viel befahrene Inntalautobahn führt an die österreichische Grenze und weiter zum Brenner* **(42 km, ½ Std.)**

Inn: Der 510 km lange, smaragdgrüne Fluss, der in den Rätischen Alpen in der Schweiz entspringt, mündet bei Passau in die blaue Donau.

Herrenchiemsee: Auf der Herreninsel liegt das Prunkschloss (1878), bei dessen Planung Versailles Pate stand. Besonders seine mit Gold und Marmor ausgestatteten Säle machen den von Ludwig II. in Auftrag gegebenen Bau zu einem Juwel. Über den Märchenkönig informiert das Museum im Südflügel des Neuen Schlosses. **Frauenchiemsee:** Im idyllisch gelegenen Linden, Fischerhäusern und Gasthöfen gelegenen Benediktinerinnenkloster St. Marie (gegr. 766) auf der Fraueninsel vereinigen sich romanischer, gotischer und barocker Baustil; sehenswert: die Fresken in der karolingischen Torhalle.

***Bad Reichenhall:** Traditionsreiches bayerisches Staatsbad in einem Talkessel der Saalach. Zahlreiche Hochhäuser und das moderne Kurgastzentrum mit Spielbank, Theatersaal und Geschäften prägen das heutige Bild der alten Salzstadt. Sehenswert: das Münster St. Zeno (13. Jh.) des ehemaligen Augustiner-Chorherrenstifts und die Alte Saline (19. Jh.), ein Meisterwerk der Bergbautechnik, dessen Wasserräder und Pumpen noch immer funktionsfähig sind. **(Abfahrt 115 Bad Reichenhall, 8 km)**

***Brannenburg:** Kurort mit Talstation der Wendelstein-Zahnradbahn (1925, Fahrtzeit 25 Min.). Vom Gipfel (1838 m) des Berges hat man eine herrliche Aussicht auf Chiemgau, Kaisergebirge und Karwendel. Sehenswert: St. Magdalenklause mit Kapelle (1629) und Rokoko-Wallfahrtskirche St. Maria Schwarzlack (1767, Spaziergang 1 Std.). **(Abfahrt 58 Brannenburg, 2 km)**

Von **Hohenaschau** (Schloss) führt eine Seilbahn auf die 1668 m hohe Kampenwand. **(Abfahrt 105 Frasdorf, 4 km)**

***Kiefersfelden:** Attraktion des Grenzdorfs in den Sommermonaten: kerniges, bayerisches Volkstheater bei den farbenprächtigen »Ritterspielen« der bereits 1618 gegründeten Bühne. **(Abfahrt 60 Kiefersfelden, 2 km)**

****Berchtesgaden:** Luftkurort am 2713 m hohen Watzmann. Besonders sehenswert: romanisch-gotische Stiftskirche, Marktplatz mit Stiftsgebäuden, Schloss mit Museum, Salinenmuseum. Empfehlenswert: Ausflug zum Königssee mit seinem berühmten Echo und der Kirche St. Bartholomä. **(Abfahrt 115 Bad Reichenhall, auf B20, 27 km)**

*****Nationalpark Berchtesgaden:** In einer der schönsten Alpenlandschaften um Watzmann, Königssee und Hochkalter liegt der 210 km^2 große Nationalpark. Zur artenreichen Flora gehören Enziane, Edelweiß und Silberdistel. Gämse, Steinbock, Murmeltier und Steinadler sind typisch für die Tierwelt. Inmitten der Schutzzone: der tiefgrüne Königssee, den steil aufragende Felswände rahmen.

Berchtesgaden und der Watzmann

Augsburg

Von Bürgerstolz und Geschäftssinn erzählen die historischen Bauten im idyllischen Augsburg an der Romantischen Straße.

Augsburg, schon seit dem frühen Mittelalter ein begehrter Handelsort, erreichte als bedeutender Umschlagplatz für den Handel zwischen dem Orient, Italien und Süddeutschland im 15. und 16. Jh. die größte Blütezeit. Die Familie Fugger, bereits seit dem Jahr 1367 in der Stadt als Mitglieder der mächtigen Weberzunft ansässig, stiegen zu Beginn des 16. Jhs. durch den Erwerb zahlreicher Minen, die Errichtung eines Kupfermonopols und den Anteil am päpstlichen Ablasshandel zum größten Bankhaus Europas und zu einer der reichsten Kaufmannsdynastien der Welt auf. Jakob Fugger der Reiche (1493–1560) und seine Nachfolger waren auch bedeutende Mäzene und Kunstsammler. Sie schenkten der Stadt neben der Fuggerei zahlreiche Bauten.

Großes Bild links:
Mit seiner symmetrischen Fassade überragt das Rathaus alle umliegenden Häuser. Seinen Giebel krönt das Stadtsymbol: die Zirbelnuss. Daneben der Perlachturm, an den sich die St.-Peters-Kirche anschließt.

1 Blick vom 78 m hohen Perlachturm auf das Renaissance-Rathaus, dessen Bau von Elias Holl stammt.

2 Die Kirche St. Ulrich und Afra wurde 1447–1512 über den Gräbern der beiden Heiligen errrichtet.

3 In der Mitte der Maximiliansstraße steht der Herkulesbrunnen erbaut von Adriaen de Vries.

4 Ehemals bischöfliche Residenz: der Fronhof

5 Die Wohnhäuser der Fuggerei, der ältesten Sozialsiedlung der Welt

6 Das Museum der Fuggerei zeigt eine originalgetreue Schlafstube.

1

2

3

4

5

6

Chiemsee und Chiemgau

Sanft, manchmal sogar träumerisch und dennoch nicht ohne markante Höhen schmiegen sich die von der Eiszeit geformten Hügel des Chiemgau um Bayerns größten See am Fuße der schroffen Kampenwand.

Die alte, von Bauerntum und Salzhandel geprägte Landschaft war lange nicht nur Korridor der internationalen Warenströme und daher begehrt bei Herrschern und ebenso adligen salzburgischen Bischöfen. Sie versammelte inspirierte Künstler aus Nord und Süd, die versteckte Kirchlein und Residenzen ausgestalteten, die heute schöne Ziele in der für Wandern, Radfahren, Reiten und Wassersport bekannten Urlaubsregion sind.

Großes Bild links:
Kloster Seeon: Barocke Baumeister setzten den romanischen Türmen die Zwiebelhauben auf und auch im Innern des Komplexes mischen sich die Stile von der Gotik bis zum 19. Jh. Mehrfach weilte und komponierte W. A. Mozart in der klerikalen Idylle kulturbeflissener Mönche.

1 Eine bezaubernd vielfältige, bäuerliche Landschaft wie hier bei Rimsting umrahmt den Chiemsee.

2 Seit der Steinzeit siedelten Menschen auf der Fraueninsel im »Bayerischen Meer«. Sie verströmt eine intime Atmosphäre, Herrenchiemsee dagegen gibt sich herrschaftlich.

3 Das Benediktinerinnenkloster von Frauenchiemsee geht auf das 8. Jh. zurück, die ältesten Fresken in der karolingischen Torkapelle werden auf das 11. Jh. datiert.

4 Herrenchiemsee sollte nach den Plänen König Ludwigs II. eine strahlende Hommage an den Sonnenkönig werden. Doch zum Zeitpunkt seines Todes war erst ein Teil des Schlosses fertig gestellt.

5 Ein Inbegriff verschwenderischer Prachtentfaltung ist der Spiegelsaal von Herrenchiemsee.

1

2

3

4

5

UNTERWEGS IM UNSTRUTTAL

Der frühgotische Naumburger Dom

Die Unstrut bildet im Norden von Naumburg, wo sie sich mit der Saale vereinigt, ein landschaftlich höchst reizvolles Tal. Enge Abschnitte wechseln sich mit weiten Senken ab, wodurch sich immer wieder neue Perspektiven ergeben.

KULINARISCHES DER REGION: Unstrutwein

Zu den nördlichsten Weinbaugebieten Europas gehört das **Unstruttal.** In den Senken des Unterlaufs, kurz vor ihrer Mündung in die Saale bei Naumburg, wird an den sonnigen Südhängen Wein angebaut, der **»Saale-Unstrut-Wein«.** In der Hauptsache sind es Weißweinsorten wie Müller-Thurgau, Bacchus, Gutedel, Silvaner und Weißburgunder.

RAST AUF REISEN: Romantisch übernachten

Falkenhof, Am Trichterholz, 06618 Naumburg-Giekkau, Tel. 0 34 44 5/2 14 21: familiär geführtes, im toskanischen Landhausstil erbautes Hotel garni **(Abfahrt 21a Naumburg, 14 km).**

Dessau: das Bauhausgebäude von Walter Gropius

Streckenprofil: *Die Route führt durch den teilweise hügeligen Fläming, durchquert die Leipziger Tieflandbucht und endet am Nordrand des Thüringer Waldes.* ***(185 km, 2 Std.)***

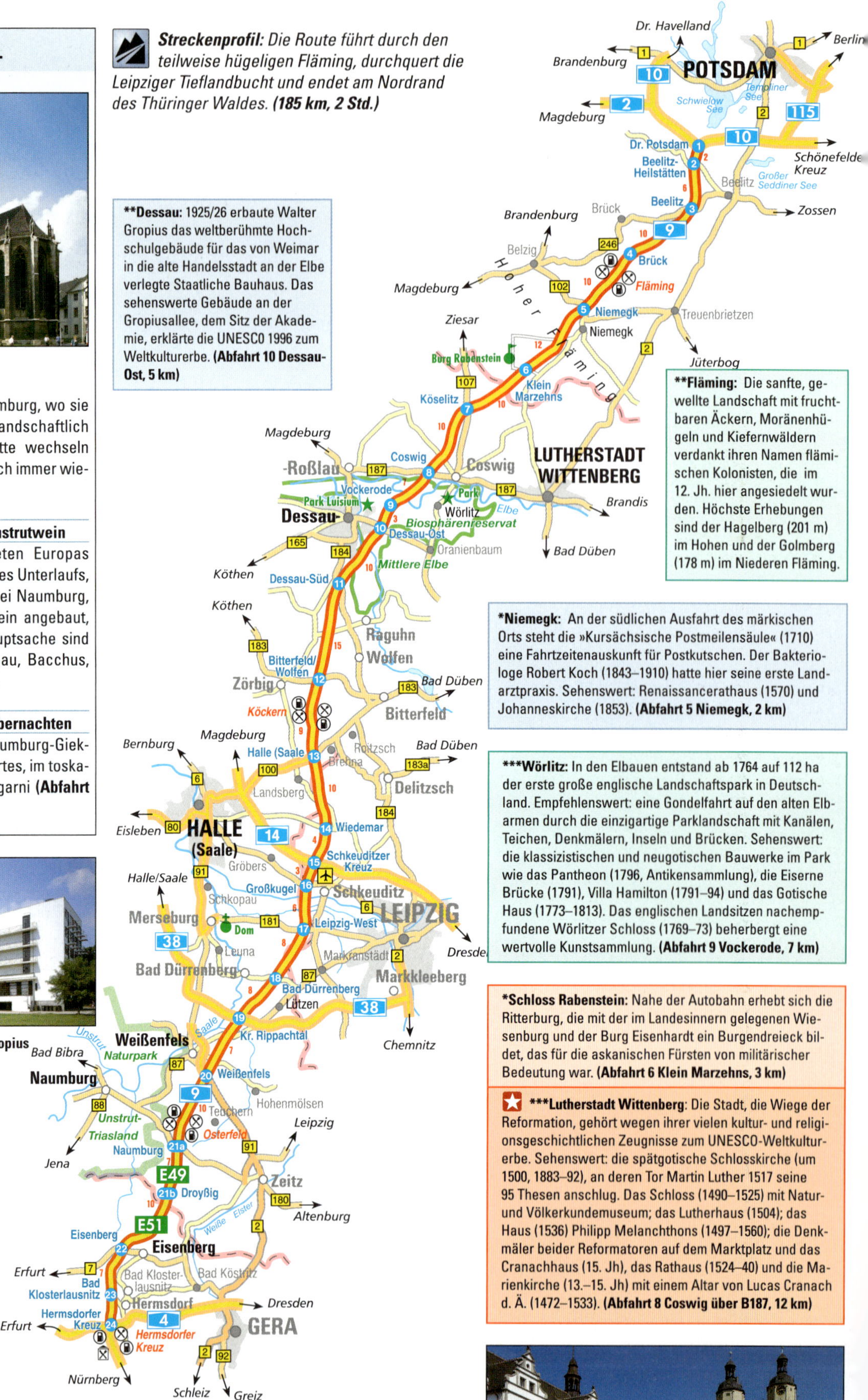

Dessau: 1925/26 erbaute Walter Gropius das weltberühmte Hochschulgebäude für das von Weimar in die alte Handelsstadt an der Elbe verlegte Staatliche Bauhaus. Das sehenswerte Gebäude an der Gropiusallee, dem Sitz der Akademie, erklärte die UNESCO 1996 zum Weltkulturerbe. **(Abfahrt 10 Dessau-Ost, 5 km)**

****Fläming:** Die sanfte, gewellte Landschaft mit fruchtbaren Äckern, Moränenhügeln und Kiefernwäldern verdankt ihren Namen flämischen Kolonisten, die im 12. Jh. hier angesiedelt wurden. Die höchsten Erhebungen sind der Hagelberg (201 m) im Hohen und der Golmberg (178 m) im Niederen Fläming.

***Niemegk:** An der südlichen Ausfahrt des märkischen Orts steht die »Kursächsische Postmeilensäule« (1710) eine Fahrtzeitenauskunft für Postkutschen. Der Bakteriologe Robert Koch (1843–1910) hatte hier seine erste Landarztpraxis. Sehenswert: Renaissancerathaus (1570) und Johanneskirche (1853). **(Abfahrt 5 Niemegk, 2 km)**

*****Wörlitz:** In den Elbauen entstand ab 1764 auf 112 ha der erste große englische Landschaftspark in Deutschland. Empfehlenswert: eine Gondelfahrt auf den alten Elbarmen durch die einzigartige Parklandschaft mit Kanälen, Teichen, Denkmälern, Inseln und Brücken. Sehenswert: die klassizistischen und neugotischen Bauwerke im Park wie das Pantheon (1796, Antikensammlung), die Eiserne Brücke (1791), Villa Hamilton (1791–94) und das Gotische Haus (1773–1813). Das englischen Landsitzen nachempfundene Wörlitzer Schloss (1769–73) beherbergt eine wertvolle Kunstsammlung. **(Abfahrt 9 Vockerode, 7 km)**

***Schloss Rabenstein:** Nahe der Autobahn erhebt sich die Ritterburg, die mit der im Landesinnern gelegenen Wiesenburg und der Burg Eisenhardt ein Burgendreieck bildet, das für die askanischen Fürsten von militärischer Bedeutung war. **(Abfahrt 6 Klein Marzehns, 3 km)**

*****Lutherstadt Wittenberg**: Die Stadt, die Wiege der Reformation, gehört wegen ihrer vielen kultur- und religionsgeschichtlichen Zeugnisse zum UNESCO-Weltkulturerbe. Sehenswert: die spätgotische Schlosskirche (um 1500, 1883–92), an deren Tor Martin Luther 1517 seine 95 Thesen anschlug. Das Schloss (1490–1525) mit Natur- und Völkerkundemuseum; das Lutherhaus (1504); das Haus (1536) Philipp Melanchthons (1497–1560); die Denkmäler beider Reformatoren auf dem Marktplatz und das Cranachhaus (15. Jh), das Rathaus (1524–40) und die Marienkirche (13.–15. Jh) mit einem Altar von Lucas Cranach d. Ä. (1472–1533). **(Abfahrt 8 Coswig über B187, 12 km)**

****Weißenfels:** Der Turm des imposanten Barockschlosses Neu-Augustusburg (1660–94) überragt die Dächer der ehemaligen Residenzstadt des Herzogtums Sachsen-Weißenfels (1680– 1746). Sehenswert: das barocke Rathaus, die spätgotische Marienkirche (15. Jh.), die Schlosskapelle, das Haus des Dichters Novalis (Friedrich von Hardenberg, 1772–1801) in der Klosterstraße 24. **(Abfahrt 20 Weißenfels, 4 km)**

****Naumburg:** Sehenswert: der frühgotische Dom mit lebensgroßen Stifterfiguren am Lettner des Westchors (um 1250) und das Renaissance-Rathaus. **(Abfahrt 21a Naumburg, 14 km)**

*****Eisenberg:** Ein wahres Kleinod ist der mittelalterliche Stadtkern der einstigen Residenzstadt. Die zum barocken Schloss Christianenburg (1678–92) gehörende Schlosskirche (1680–92) ist ein Meisterwerk sakraler Architektur. Sehenswert: das Renaissancerathaus (1579/1593), die spätgotische Peterskirche (15. Jh.), der Mohrenbrunnen (1727) und die auffällig geschmückte Superintendantur (1580). **(Abfahrt 22 Eisenberg, 3 km)**

****Lützen:** Trotz gewonnener Schlacht gegen die kaiserlichen Truppen unter Wallenstein verlor König Gustav II. Adolf am 16. 11. 1632 hier sein Leben. Eine Kapelle und ein Denkmal (K. F. Schinkel) erinnern an seinen Tod (rechts an der Straße nach Markranstädt). In dem schönen Lützener Schloss (13. Jh.) ist in einer Zinnfigurenlandschaft die Schlacht bei Lützen nachgestellt. **(Abfahrt 19a Bad Dürrenberg, Richtung Leipzig, an der B87 rechts, 6 km)**

Lutherstadt Wittenberg: Rathaus und Marienkirche

Streckenprofil: *Zwischen Frankenwald und Thüringer Wald führt die hügelige und verkehrsreiche Strecke bis an den Rand des dicht besiedelten Ballungsraums um Nürnberg.* ***(210 km, 2 Std.)***

***Schleiz:** Nahe dem Ort im Tal der Wisenta liegt an der B2 die legendäre Motorradrennstrecke »Schleizer Dreieck«. Die wichtigste Sehenswürdigkeit der Stadt, in der Konrad Duden Schuldirektor war (1869–76) und der Alchimist Johann Friedrich Böttger (1682–1719), Erfinder des europäischen Porzellans, geboren wurde, ist die etwas außerhalb gelegene, reich ausgestattete Burgkirche (15. Jh.): Ihr Altar trägt das Motiv des Pelikans, der sich für seine Jungen so opfert wie Jesus für die Menschen. Sehenswert: die Alte Münze (16. Jh.) am Neumarkt und die Pfarrkirche St.Georg (15./16. Jh.). **(Abfahrt 28 Schleiz, 4 km)**

Schloss Burgk: Die ehemalige Sommerresidenz der Fürsten Reuß liegt malerisch auf einem steilen Felsen. Sehenswert sind die Schlosskapelle mit Silbermann-Orgel (1743)und der Rittersaal; im Sommer finden hier Konzerte verschiedener Musikstile. **(Abfahrt 28 Schleiz, 7 km)**

Das markgräfliche Opernhaus in Bayreuth

*****Bayreuth:** Schon seit 1876 steht die alte Residenzstadt im Zeichen der Wagnerfestspiele. Während das eher schmucklose Festspielhaus (1872–76) auf dem Grünen Hügel durch eine brillante Akustik und eine riesige Bühne besticht, gilt das Markgräfliche Opernhaus (1745–48) als eines der schönsten Barocktheater der Welt. Sehenswert: Das Neue Schloss (1753/54) mit Fayencenmuseum, die Stadtkirche und natürlich »Haus Wahnfried« (1873), das Domizil Richard Wagners (1813–83). **(Abfahrt 41 Bayreuth-Nord, 3 km)**

****Bleilochtalsperre:** Der reizvoll gewundene Saalestausee mit einem Fassungsvermögen von 215 Mio m^2 Wasser die größte Talsperre in Deutschland. **(Abfahrt 28 Schleiz, 9 km bis Saalburg)**

****Bad Berneck:** Unterhalb der Ruinen Wallerode und Hohenberneck (14. Jh.) liegt der Kurort mit einer wunderbaren Kolonnade. Sehenswert: Marktplatz; Schlossturm (29 m hoch), einst Bergfried der Walpotenburg (12. Jh.). Von Bad Berneck empfehlen sich Ausflüge ins Fichtelgebirge nach Bischofsgrün und zum 1051 m hohen Schneeberg sowie 1023 m hohen Ochsenkopf **(Abfahrt 39 Bad Berneck-Himmelkron, 5 km)**

****Lauf an der Pegnitz:** Das von Kaiser Karl IV. auf einer Insel der Pegnitz erbaute »Wenzelsschloss« (1360) ist Mittelpunkt der alten Fachwerkstadt. **(Abfahrt 50 Lauf a. d. Pegnitz, 2 km)**

Pegnitz: Der **85 km** lange Fluss mit Quelle in der Fränkischen Alb fließt bei Fürth mit der Rednitz zusammen.

Nürnberg: siehe Seite 66

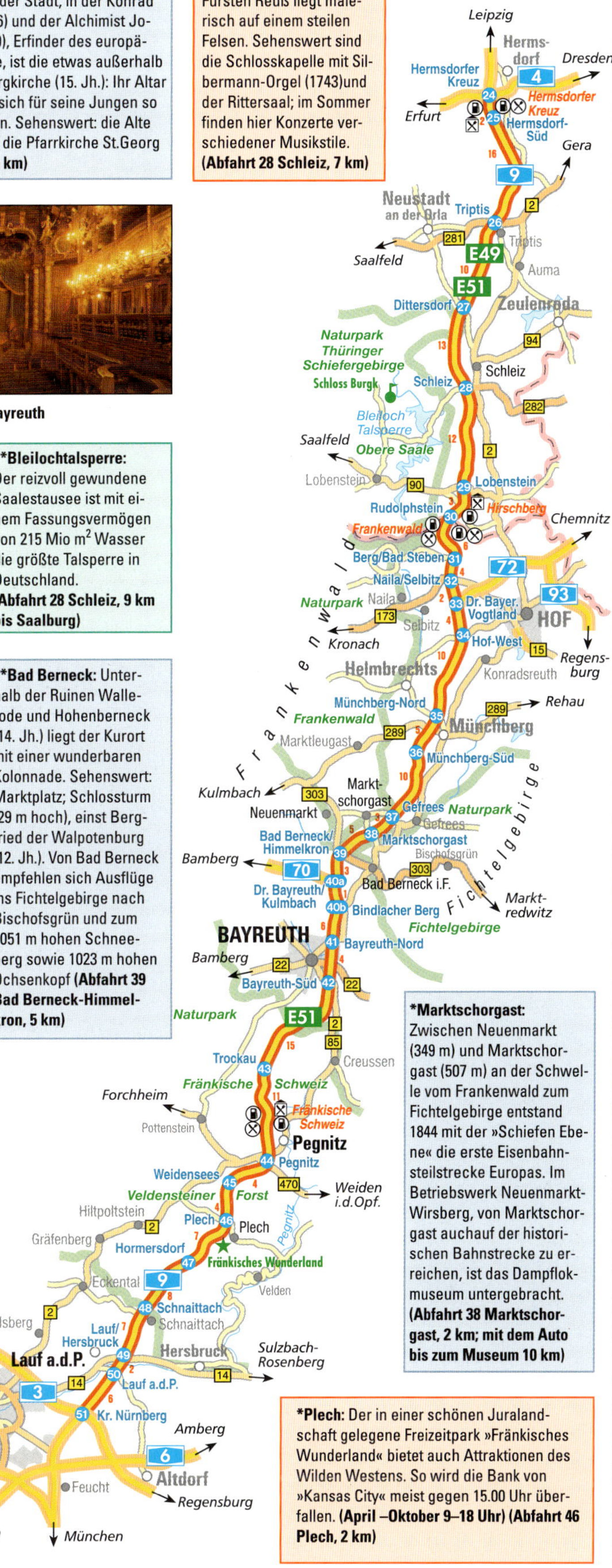

***Marktschorgast:** Zwischen Neuenmarkt (349 m) und Marktschorgast (507 m) an der Schwelle vom Frankenwald zum Fichtelgebirge entstand 1844 mit der »Schiefen Ebene« die erste Eisenbahnsteilstrecke Europas. Im Betriebswerk Neuenmarkt-Wirsberg, von Marktschorgast auchauf der historischen Bahnstrecke zu erreichen, ist das Dampflokmuseum untergebracht. **(Abfahrt 38 Marktschorgast, 2 km; mit dem Auto bis zum Museum 10 km)**

***Plech:** Der in einer schönen Juralandschaft gelegene Freizeitpark »Fränkisches Wunderland« bietet auch Attraktionen des Wilden Westens. So wird die Bank von »Kansas City« meist gegen 15.00 Uhr überfallen. **(April –Oktober 9–18 Uhr) (Abfahrt 46 Plech, 2 km)**

UNTERWEGS ZWISCHEN FRANKENWALD UND FICHTELGEBIRGE

Im Fichtelgebirge: die »Drei Brüder« östlich von Bad Berneck

Mit dem Thüringer Wald bilden Frankenwald und Fichtelgebirge das **Thüringisch-Fränkische Schiefergebirge.** Für die Menschen hier bedeutete das in der Vergangenheit vor allem: karge Böden, schweres Leben. Mittlerweile hat sich das durch den Tourismus verändert; denn die waldreichen, dünn besiedelten **Mittelgebirgsregionen** bieten Erholungssuchenden und Naturfreunden abwechslungsreiche Landschaften, Ruhe und bezahlbare Gastfreundlichkeit. Zwischen dem **Dreieck Bayerisches Vogtland (Abfahrt 33)** und **Bayreuth (Abfahrt 41 und 42)** nutzt die A9 die Senke zwischen Frankenwald und Fichtelgebirge und gibt dem Reisenden die Möglichkeit, die beiden geologisch zusammengehörigen und doch so verschiedenen Mittelgebirgsregionen zu vergleichen. Während der Frankenwald nur Höhen bis zu 600 m erreicht und seinen Reiz vor allem durch die tief eingeschnittenen Flusstäler erhält, steigt das Fichtelgebirge mit seinen höchsten Bergen **Ochsenkopf** und **Schneeberg** auf über 1000 m an. Als Quellgebiet des Mains, der Saale, der Eger und der Naab bildet das Fichtelgebirge eine Wasserscheide zwischen Rhein, Elbe und Donau. Berühmt gemacht haben das Fichtelgebirge jedoch jene malerischen Felsformationen, die erst durch Verwitterung auf den Bergrücken entstanden sind.

KULINARISCHES DER REGION: Bier & Wurst

Auch wenn die politische Einteilung Ober-, Mittel- und Unterfranken lautet, kennt der Gaumen nur **Weinfranken** mit der Hauptstadt Würzburg und **Bierfranken** mit seinen Metropolen Kulmbach und Bayreuth. Die A9 führt direkt ins Herz von Bierfranken, und da der Gerstensaft eine deftige Küche verlangt, wird die Kalorientabelle fürs Erste beiseite gelegt. Den Spitzenplatz der kulinarischen Freuden belegt die **Bratwurst**, die je nach Region kurz oder lang, dünn oder dick sein kann, aber immer Meisterklasse hat. Auf dem Holzkohlengrill schön braun gebraten oder in einem sauren Sud gesotten, begleitet von einem frisch gezapften Bier, wird die Bratwurst zum wahren Genuss.

RAST AUF REISEN: Das besondere Hotel

Hotel Jagdschloss Thiergarten, Oberthiergärtner Str. 36, 95448 Bayreuth, Tel. 0 92 09/98 40: Spitzenhotel in spätbarockem Schlösschen außerhalb der Stadt auf waldigem Hügel, großzügige, noble Zimmer, Gourmetküche und breites Weinangebot, Wellnessbereich und Golfplatz **(Abfahrt 42 Bayreuth-Süd, 3 km Richtung Wolfsbach). Pflaums Posthotel Pegnitz,** Nürnberger Str. 14, 91257 Pegnitz, Tel. 0 92 41/ 72 50: einzigartige Kombination aus 300-jährigem Fachwerk mit avantgardistischem Design in der Fränkischen Schweiz, fantasievoll bis kurios ausgestattete Zimmer und Suiten, ländliches Restaurant »Posthalterstube« mit anspruchsvoller Küche, Fitnessbereich mit Pool und Indoor-Golf, Golfplatz in der Nähe **(Abfahrt 44 Pegnitz, 4 km).**

Wörlitzer Park

In unvergleichlicher Anmut vollzieht sich im Wörlitzer Park die Verquickung von Kunst und Natur, von bemerkenswerten Bauwerken, Grotten, Seen und Kanälen.

Fürst Franz von Anhalt-Dessau verwirklichte zwischen 1765 und 1810 sein Ideal eines riesigen Volksgartens nach englischem Vorbild. Der 100 Hektar große Park am Wörlitzer See, einem Altwasser der Elbe, ist einer der ersten großen Landschaftsgärten des kontinentalen Europa – und heute Monument des UNESCO-Weltkulturerbes. Die meisten Baudenkmäler wurden von dem Architekten Friedrich Wilhelm von Erdmannsdorff entworfen, der sich auf Bildungsreisen durch Europa für seine Bauvorhaben inspirieren ließ. Nach seinen Plänen entstand in den Jahren 1769–1773 auch das Wörlitzer Schloss, der erste Bau des Klassizismus in Deutschland. Wer sich schnell einen Überblick im gärtnerischen Fantasiereich verschaffen will, kann die schönsten Punkte auch mit einer Gondel erreichen.

Großes Bild links:
Das Wörlitzer Schloss war im 18. Jh. das erste seiner Art, das im Stile der englischen Herrenhäuser und somit ganz im klassizistischen Stil gebaut wurde.

1 Der zum Schloss gehörige Park wurde ganz in der Tradition englischer Landschaftsarchitektur konzipiert. Wasserläufe, der Wörlitzer See, Laubengänge, Grotten, Statuen, Kanäle, Brücken und Sichtachsen vermitteln den Geist des ausgehenden 18. Jhs.

2 Die zur Stadt gewandte Seite des Schlosses.

3 Innenansicht des Wörlitzer Schlosses mit den für diese Zeit typischen antiken Elementen.

4 Der klassizistische Flora-Tempel erinnert an das griechische Arkadien.

5 Einer der Höhepunkte des Wörlitzer Parks ist das Gotische Haus in Schochs Garten, dessen Fassade in Anlehnung an eine venezianische Kirche entstand.

1

2

3

4

5

HIER WO MEIN WÄHNEN
FRIEDEN FAND
WAHNFRIED
LUDWIG II

Bayreuth

Die Barock- und Rokokobauten der Residenz bestimmen bis heute das Bild der berühmten Festspielstadt Richard Wagners.

Markgräfin Wilhelmine verdankt die Stadt ihre architektonische Blütezeit. Die Lieblingsschwester Friedrichs des Großen erweiterte ab 1736 die etwas außerhalb gelegene Eremitage sowie das Alte Schloss, das Neue Schloss und den prächtigen Hofgarten. Auf ihre Initiative geht auch das Markgräfliche Opernhaus zurück, ein Meisterwerk des europäischen Barock, das Richard Wagner dazu veranlasste, nach Bayreuth zu kommen. Obwohl ihm der Raum für seine Zwecke schließlich nicht zusagte, blieb er in der Stadt. Sein königlicher Gönner Ludwig II. ermöglichte schließlich 1872 die Grundsteinlegung für das Festspielhaus auf dem Grünen Hügel, vier Jahre später bedankte sich der Meister dafür mit der Aufführung des »Ring der Nibelungen«.

Großes Bild links:
Den Eingang von Wagners Wohnhaus, dem Haus Wahnfried, ziert eine Büste des Mäzens Ludwig II.

1 In der evangelischen Pfarrkirche (15. Jh.) befindet sich die Fürstengruft.

2 Neues Schloss: Brunnenfigur im wunderschönen Hofgarten

3 Das Alte Schloss aus dem 17. Jh. wurde nach 1945 wieder komplett aufgebaut. Ein Wahrzeichen der Stadt ist der achteckige Turm.

4 Das Festspielhaus auf dem Grünen Hügel ist bis heute der Wallfahrtsort aller Wagnerianer.

5 Die etwas außerhalb der Stadt gelegene Eremitage diente den Markgrafen als Lustschloss. Der Sonnentempel liegt inmitten prächtiger Parkanlagen.

6 Das Neue Schloss bildete seit den Zeiten Wilhelmines den Mittelpunkt des höfischen Lebens.

1

2

3

4

5

6

UNTERWEGS IM FRÄNKISCHEN SEENLAND UND ALTMÜHLTAL

Burg Prunn im Altmühltal zwischen Beilngries und Kehlheim

Weite Wasserflächen und Sandstrände, Liegewiesen und Spielplätze, Sportanlagen und Campingplätze, Liegeplätze für Segelboote und Boots- sowie Fahrradverleih machen das Fränkische Seenland um Gunzenhausen **(Abfahrt 55 Allersberg, 45 km, oder Abfahrt 57 Greding, 34 km)** zu einem riesigen **Freizeitpark** für Wasserratten. Entstanden ist die künstliche **Seenlandschaft – Altmühlsee, Großer** und **Kleiner Brombachsee** sowie **Ingelsbachsee** gehören da-zu – in den 1980er Jahren aus wasserwirtschaftli-chen Überlegungen, wobei die touristische Nutzung von Anfang an mitgeplant wurde. Eine wesentliche Rolle spielt der **Naturschutz.** So findet sich im Altmühlsee bei Muhr eine 120 Hektar große **Vogelinsel,** in der Störche, Graureiher, Haubentaucher, Habichte, Fischadler und andere seltene Arten Nistplätze finden. Die Aussichtswarte zur Vogelbeobachtung steht auch interessierten Laien zur Verfügung. Ergänzend zur Vogelinsel wurde am Nordufer des Sees eine 800 Hektar große **Feuchtwiesenfläche** unter Naturschutz gestellt, die den Zusammenhang mit dem südlich gelegenen **Naturpark Altmühltal** herstellt.

KULINARISCHES DER REGION: Gutes Bier

Rund um das hübsche Städtchen Spalt **(Abfahrt 55 Allersberg, 30 km)** liegt eines der wichtigsten fränkischen **Hopfenanbaugebiete.** Hier werden **Bierseminare** angeboten, die eine vorzügliche Ergänzung zum Besuch des **Brauereimuseums** in Pleinfeld **(Abfahrt 55 Allersberg, 26 km)** bieten. Dass die alte fränkische **Biertradition** auch heute noch lebendig ist, beweisen die zahlreichen kleinen Brauereien der Umgebung. Gerühmt werden sie vor allem wegen ihres ungespundeten Biers.

RAST AUF REISEN: Ländlich und rustikal

Landgasthof Jägerhof, Deutschordenstr. 4, 91720 Absberg, Tel. 09175/865: familiäre Atmosphäre, komfortable Zimmer und gepflegte Küche **(Abfahrt 55 Allersberg, 35 km). Landgasthof Schuster,** Marktplatz 23, 91171 Greding, Tel. 08463/275: Traditionsgasthof im 350-jährigen Haus am Marktplatz des mittelalterlichen Städchens **(Abfahrt 57 Greding). Zum Hirschen,** Zwingerstr. 8, 91161 Hilpoltstein, Tel. 09174/1205: traditionsreicher Gasthof mit Zimmern und Appartements nahe dem Rothsee **(Abfahrt 56 Hilpoltstein, 7 km). Gasthof zum Hirschen,** Brückenstraße 9, 85072 Eichstätt-Wasserzell. Tel. 08421/960888: rustikales Hotel und Restaurant auf dem Land mit eigener Metzgerei, familiäre Atmosphäre **(Abfahrt 58 Altmühltal, 20 km bis Eichstätt und von da ca. 3 km bis Wasserzell). Hotel und Brauereigaststätte »Müllerbräu«,** Hauptplatz 2, 85276 Pfaffenhofen an der Ilm, Tel. 08441/49370: bekannt gute Küche in der rustikalen Gaststube, gutbürgerlich und bayerisch, der Wirt kocht selbst, Reservierung erwünscht **(Abfahrt 66 Pfaffenhofen an der Ilm, 8 km).**

Streckenprofil:** Die hügelige, verkehrsreiche Nord-Süd-Verbindung ist durchgehend dreispurig. Sie führt über die lang gezogenen Steigungen der Fränkischen Alb in das Donautal und durch die Hallertau bis in die Voralpenmetropole München.* ***(150 km, 1 ¼ Std.)

Eichstätt: Brunnen am Markt

***Hilpoltstein:** 1142 erstmals erwähntes Städtchen. Erhalten sind noch Teile der mittelalterlichen Ringmauer mit dem mächtigen Döderleinsturm; im Ort schöne spätmittelalterliche Bürgerhäuser, Wohnhaus der herzoglichen Residenz (Amtsgericht); die spätgotische Stadtkirche wurde barock umgestaltet. **(Abfahrt 55 Allersberg, 7 km)**

Main-Donau-Kanal: Der 171 km lange Kanal ist Teil des ca. 3500 km langen Binnenwassersystems, das die Nordsee mit dem Schwarzen Meer verbindet.

*****Naturpark Altmühltal:** 3000 km² großer Naturpark. Bei Kinding überquert man die Altmühl, einen 220 km langen Nebenfluss der Donau, der auf der Frankenhöhe entspringt. Sein in den Weißjurakalk der Fränkischen Alb gegrabenes, kurviges Tal zählt zu den landschaftlich reizvollsten Regionen in Deutschland.

Nürnberg: siehe Seite 66

****Ingolstadt:** In einer weiten Ebene an der Donau gelegen, ist die alte Herzogsresidenz heute ein wichtiger Industriestandort Süddeutschlands (Audi und vier Erdölraffinerien). Eine mittelalterliche Stadtmauer umgibt die schöne Altstadt (18. Jh.). Sehenswert: Liebfrauenmünster (15./16. Jh.), die größte spätgotische Hallenkirche Bayerns, Kirche Maria de Victoria (18. Jh.) in schönstem bayerischen Rokoko mit einem Deckenfresko der Brüder Asam, siebentürmiges Kreuztor (1385), Altes Rathaus (1882), Museum für Konkrete Kunst (1950 bis Gegenwart) und Medizinhistorisches Museum. Im gotischen Herzogschloss (15. Jh.) ist das Bayerische Armeemuseum untergebracht. **(Abfahrt 61 Ingolstadt-Nord, 3 km)**

*****Eichstätt:** besonders hübscher Ort unter den mittelalterlichen Städten im Altmühltal. Sehenswert: die Willibaldsburg (14. Jh.), der romanisch-gotische Dom St. Salvator aus dem 14./15. Jh. und der barocke Residenzplatz, der zu den schönsten Stadtplätzen in Deutschland zählt. **(Abfahrt 58 Altmühltal, über Jura-Hochstraße, 20 km)**

***Pfaffenhofen an der Ilm:** Das Städtchen ist das Zentrum des Hopfenhandels in der Holledau. Der Marktplatz mit alten Bürger- und Wirtshäusern wird überragt von den spätgotischen Türmen der Johanneskirche. **(Abfahrt 66 Pfaffenhofen, 7 km)**

München siehe Seite 205

Ingolstadt: das gotische Liebfrauenmünster

Streckenprofil A10:** Ringautobahn um Berlin. Die Fahrt geht im Uhrzeigersinn vom Dreieck Schwanebeck bis Abfahrt 38 Berlin-Weißensee.* ***(200 km, 1 3/4 Std.) A12 *Die vielbefahrene Hauptverkehrsader führt in die osteuropäischen Länder.* ***(60 km, 45 Min.)***

****Caputh:** Die Stadt an der Nahtstelle zwischen Templiner und Schwielowsee hat ein hübsches Barockschloss (1662) und war letzter Wohnort Albert Einsteins (1879–1955, Waldstraße 7) vor seiner Emigration. **(Abfahrt 17 Potsdam-Süd, 7 km)**

Berlin: siehe Seite 131

****Oranienburg:** Über der Stadt mit dem leuchtend weißen Barockschloss (17. Jh.) liegt ein dunkler Schatten: Im KZ Sachsenhausen haben die Nazis mehr als 100 000 Menschen ermordet. Mahnmal und Museum erinnern an die Verbrechen des »Dritten Reichs«. **(Abfahrt 33 Birkenwerder, 6 km)**

Oranienburg: Schloss der Kurfürstin Luise Henriette

***Dahlwitz-Hoppegarten:** Galopprennbahn, auf der Bismarck schon 1868 Rennen besuchte. **(Abfahrt 4 Berlin-Hellersdorf, 5 km)**

****Müggelsee:** seit über 100 Jahren die Berliner Sommerfrische. **(Abfahrt 6 Erkner, 11 km)**

*****Babelsberg:** berühmt für die hier seit 1917 betriebenen Filmstudios der UFA und DEFA. In dem von Lenné und Fürst Pückler angelegten Park Babelsberg stehen das neugotische Schloss (1834–49), das Kleine Schloss (1841/42), die Gerichtslaube (13. Jh., 1872 hierhin versetzt) und der 46 m hohe Flatowturm (1856). **(Abfahrt s. Potsdam)**

A115: Hauptverkehrsader für den Verkehr aus Westen und Süden nach Berlin-Mitte (ca. 30 km).

***Fürstenwalde:** sehenswert: die spätgotische Marienkirche, Weberhäuser (16. Jh.) und Rathaus. 6 km südlich, am Scharmützelsee, liegt der Kur- und Badeort Bad Saarow. **(Abfahrt 4 Fürstenwalde, 2 km; Bad Saarow 6 km)**

***Frankfurt (Oder):** Die Handels- und Hansestadt (1430–1515) ist die Geburtsstadt von Heinrich von Kleist (1777–1811) und wichtigster Grenzübergang nach Polen. **(Abfahrt 9 Frankfurt (Oder) Süd, 3 km)**

*****Potsdam:** Die alte Garnisons- und Residenzstadt Friedrichs II. des Großen wurde in den letzten Kriegstagen fast völlig zerstört. Sehenswert: die Flaniermeile zwischen Brandenburger Tor (1770) und Peter-Paul-Kirche (1867–70); Nauener Tor (1755), Holländisches Viertel (um 1740), Alter Markt mit Nikolaikirche (1831–48) und Altem Rathaus (1753–55), der Marstall (17./18. Jh.), die Russische Kolonie Alexandrowka (1826/27), Neuer Garten mit Marmorpalais (1787–91) und Schloss Cecilienhof (1913–17), Glienicker Brücke (1905), die fast 30 Jahre lang zum Austausch von Agenten diente. **(Abfahrt 17 Michendorf bzw. 25 Potsdam-Nord, ca. 10 km)**

*****Schloss Sanssouci:** Kulturlandschaft, Teil des UNESCO-Weltkulturerbes: Schloss Sanssouci (1745–47), Neues Palais (1763–69), Orangerie (1851–62), Römische Bäder (1829–35) mit Pergola, Bildergalerie (1755–64, Alte Meister), Chinesisches Teehaus (1754–57) und klassizistische Friedenskirche (1845–54). **(Abfahrt s. Potsdam)**

****Köpenick:** Die durch Zuckmayers »Hauptmann von Köpenick« berühmt gewordene Berliner Vorstadt besitzt eine hübsche Altstadt. Sehenswert: Rathaus (1901–04) und Barockschloss (17. Jh.). **(Abfahrt 11 Schönefelder Kreuz, bis Dreieck Treptow 10 km, dann bis Köpenick 7 km)**

Potsdam: das Marmorpalais im Neuen Garten

****Königs Wusterhausen:** Von den 234 m hohen Sendemasten wurde am 22.11.1920 das erste Mal ein Rundfunkkonzert in den Äther geschickt und damit die europäische Rundfunkära eingeleitet. Das schlichte Schloss (16. Jh./1717) war die Lieblingsresidenz des sparsamen Soldatenkönigs Friedrich Wilhelms I. (1688–1740), der hier oft mit seinen Vertrauten zum berühmten Tabakkollegium zusammensaß. **(Abfahrt 10 Königs Wusterhausen, 3 km)**

Spree und Oder-Spree-Kanal: Kurz hintereinander überquert man den Fluss und dann seinen Kanal. Die Spree mit ihrer Quelle im Lausitzer Bergland nahe Tschechien ist bis zur Mündung in die Havel 382 km lang. Der Kanal verbindet den Fluss mit der Oder und ist 84 km lang. (Spreewald siehe Seite 111)

UNTERWEGS AM SCHARMÜTZELSEE

Der Scharmützelsee im Südosten Berlins

Der Scharmützelsee oder **»Märkisches Meer«** ist mit seinen fast 14 Quadratkilometern Fläche der größte der rund 3000 brandenburgischen Seen. Hauptort ist das an der Nordspitze gelegene Bad-Saarow-Pieskow **(Abfahrt Fürstenwalde-West, 8 km)** mit Kurhaus, Strandbad und Campingplatz. Die Umgebung, das **Saarower Hügelland,** ist von Laub- und Nadelwäldern geprägt. Es steigt im Norden des Sees an zu den **Rauenschen Bergen** mit ihren zwei markanten Findlingen aus der Eiszeit, den Markgrafensteinen.

Wer vom Scharmützelsee weiter nach Süden fährt, entdeckt eine zauberhafte Seenlandschaft, die in das **Biosphärenreservat Spreewald** übergeht.

KULINARISCHES DER REGION: Beliebter Fisch

Zwar wurde die Mark Brandenburg wegen ihrer kargen, sandigen Böden einst als »Streusandbüchse« bezeichnet. Doch kaum anderswo gibt es so viele Seen, Flüsse und Kanäle wie im Spreewald. Und so ist der Fisch aus der heimischen Küche nicht wegzudenken. Eine ungewöhnliche, aber typische Kombination ist **Fisch mit Meerrettich,** etwa ein gebackener Karpfen mit feiner Meerrettichsauce. Gerne bereitet man den Fisch in einem **Sud aus Wurzelgemüse** zu, wobei die Sauce mit saurer Sahne abgeschmeckt wird. Auch beliebt ist die gehaltvollere Variante: **Panierte Fischstücke** werden gebraten und anschließend noch mit Bratfett übergossen. Dazu gibt es ein **Eieromelett** mit Kräutern und angeschwitzten Zwiebelwürfeln.

RAST AUF REISEN: Übernachten am See

Sport & Spa Resort A-rosa, Scharmmützelsee, Scharmmützelsee, Parkstr. 1, 15526 Bad Saarow-Pieskow/Ortsteil Silberberg, Tel. 03 36 31/60: Nobelherberge mit Welness-, Fitness-und Beauty-angeboten, Golf, Sport und Seezugang; **Palais am See,** Karl-Marx-Damm 23, 15526 Bad Saarow-Pieskow, Tel. 03 36 31/86 10: sehr gutes, kleineres Hotel garni in Saarow-Pieskow-Mitte; **Hotel Azur,** Ahornallee 5, 15526 Bad Saarow, Tel. 03 36 31/52 14: familiäres Hotel in einem renovierten Fachwerkhaus. **Hotel am Werl,** Silberbergstr. 51, 15526 Bad Saarow-Pieskow, Tel. 03 36 31/86 90: freundliches ruhiges Haus in Saarow-Dorf, Restaurant und Café; **Landhaus Alte Eichen,** Alte Eichen 21, 15526 Bad Saarow-Pieskow, Tel. 03 36 31/41 15: gepflegtes Hotel mit gut ausgestatteten Zimmern und Suiten, mit Gastronomie und Strandbad. **(Abfahrt Fürstenwalde-West, 8 km).**

Potsdam

Die preußischen Herrscher machten die kleine Stadt nahe Berlin zu einerprächtigen Residenz.

Die slawische Siedlung Poztupimi wurde 993 erstmals erwähnt und 1317 als Stadt bezeichnet. Der abseits der wichtigen Fernhandelsstraßen gelegene Ort bekam erst im 17. Jh. Bedeutung, als er zur Residenz des Kurfürsten Friedrich Wilhelm wurde und mit der Ansiedlung von Hugenotten neue Impulse erfuhr. Unter dem »Soldatenkönig« Friedrich I. wurde Potsdam ab 1713 zur Garnisonsstadt erweitert; der aufgeklärte König Friedrich II. setzte die Bautätigkeit fort und ließ es zu einer repräsentativen Residenz ausbauen. Das Gesamtkunstwerk aus vierzehn Schlössern und prächtigen Gartenanlagen zieht heute Millionen Touristen an.

Großes Bild links:
Der Alte Markt mit der klassizistischen Nikolaikirche, dem Alten Rathaus mit dem goldenen Atlas auf der Turmspitze und dem Knobelsdorff-Haus

1 Die Glienicker Brücke, in ihrer heutigen Form von 1907, war während des Kalten Kriegs eines der geheimen Löcher im Eisernen Vorhang.

2 Das Alte Rathaus am Alten Markt

3 Karl Friedrich Schinkel erbaute 1834–1835 Schloss Babelsberg.

4 Das 1917 errichtete Schloss Cecilienhof war 1945 Verhandlungsort der Potsdamer Konferenz.

5 Die russische Kolonie Alexandrowka wurde 1826 zur Unterbringung eines Kriegsgefangenenchors errichtet; noch heute leben hier Nachfahren der Sänger.

6 1733–1742 ließ der »Soldatenkönig« das Holländische Viertel für holländische Einwanderer erbauen.

7 1770 nach römischem Vorbild errichtet: das Brandenburger Tor von Potsdam

Sanssouci

Die Schlösser und Gartenanlagen von Sanssouci sind ein außergewöhnliches Ensemble an Architekturschöpfungen und der Landschaftsgestaltung des 18. und 19. Jahrhunderts.

»Sanssouci«, ohne Sorge wollte Friedrich der Große in seiner Sommerresidenz in Potsdam leben. Teils nach eigenen Entwürfen ließ er das Schloss 1745–1747 durch Georg Wenzeslaus von Knobelsdorf auf den Weinbergterrassen als eingeschossigen Bau anlegen. Mit seinem plastischen Schmuck und der reichen Ausstattung gilt es als ein Hauptwerk des deutschen Rokoko. Von Knobelsdorff stammt auch der Entwurf für die Parkanlage. Weitere Bauwerke kamen hinzu wie die Bildergalerie, die Neuen Kammern und das gewaltige Neue Palais. Friedrich Wilhelm IV. setzte im 19. Jh. die Bautätigkeit fort. Karl Friedrich Schinkel errichtete Schloss Charlottenhof und Peter Joseph Lenné gestaltete den Park im romantischen Sinn. Bis 1860 folgten die Römischen Bäder, die Orangerie und die Friedenskirche.

Links: Schloss Sanssouci besteht aus dem zentralen Marmorsaal und zwei Seitenflügeln mit je fünf Zimmern. Friedrich II. ließ die Terrassen mit Feigenbäumen und Weinstöcken bepflanzen.

1 Die Orangerie entstand für Friedrich Wilhelm IV. von 1851 bis 1862 nach dem Vorbild italienischer Renaissance-Bauten.

2 1754–1757 wurde das goldglänzende Chinesische Teehaus erbaut. Auf seiner Kuppel sitzt ein Mandarin und um den Pavillon herum stehen Statuen chinesischer Musikanten. Es beherbergt heute chinesisches Porzellan aus dem 18. Jh.

3 In der 1755 entstandenen Bildergalerie sind 124 Gemälde von flämischen Barockkünstlern und Meistern der italienischen Renaissance ausgestellt.

4 Nach dem Siebenjährigen Krieg ließ Friedrich II. ab 1763 die Dreiflügelanlage des Neuen Palais ausführen.

1

2

3

4

UNTERWEGS IM NATIONALPARK UNTERES ODERTAL

Angermünde in der Uckermark

Als **Grenzland** zu Polen blieb die einzigartige **Auenlandschaft** mit ihrer reichen Pflanzen- und Vogelwelt fast unberührt erhalten. Zum Schutz der zwei bis vier Kilometer breiten **Flussaue** wurde das untere Odertal 1990 als Nationalpark ausgewiesen.

KULINARISCHES DER REGION: Süß & lecker

Vor gut 100 Jahren hat ein hiesiger Bäcker die süße Spezialität der Stadt kreiert: die **Eberswälder Spritzkuchen,** locker-leichte **Brandteigkränzchen,** die in heißem Fett herausgebacken und mit Zuckerguss überzogen werden. Wer sie zu Hause selbst zubereiten möchte, erhält in der Stadtinformation Eberswalde gratis das **Rezept. (Abfahrt 12 Finowfurt, 12 km).**

RAST AUF REISEN: Übernachten am See

Haus Chorin, Neue Klosterallee 10, 16230 Chorin, Tel. 03 33 66/5 00: idyllisch im Waldpark am Amtssee gelegenes, modernes Hotel mit behaglicher Atmosphäre und aufmerksamem Service **(Abfahrt 9 Joachimsthal, 8 km). See Park Wandlitzsee,** Kirchstr. 10, 16348 Wandlitz, Tel. 03 33 97/7 50: sehr gut ausgestattetes Hotel in einem weitläufigen Park. **(Abfahrt 14 Wandlitz, 7 km).**

Streckenprofil:** Von der polnischen Grenze bei Stettin verläuft die Strecke durch die Uckermark und die waldreiche Schorfheide bis an den Nordostrand von Berlin. **(110 km, 1 Std.)

***Penkun:** In dem landschaftlich reizvoll zwischen mehreren Seen gelegenen Städtchen steht ein großes dreiflügeliges Renaissanceschloss, das im 16. Jh. auf den Mauerresten einer alten Grenzburg erbaut wurde. **(Abfahrt 3 Penkun, 4 km)**

****Uckermark:** Das alte Grenzland zwischen Pommern und Mecklenburg ist eine von der Eiszeit geformte weite, seenreiche Landschaft. Viele stille Flüsse durchziehen die Region, auf deren ertragreichen Böden Weizen und Zuckerrüben angebaut werden.

Zisterzienserkloster Chorin

***Bernau:** Bis zu 8 m hoch ist die mittelalterliche Befestigungsmauer aus dem 14. Jh., die den Ort im wald- und wasserreichen Barnim noch fast vollständig umschließt. Innerhalb der sehenswerten Befestigung hat jedoch die sozialistische Stadtplanung zugeschlagen. Sehenswert: Hungerturm, Steintor und Henkerhaus (alle 15. Jh.), jetzt Museen. Die spätgotische Stadtkirche St. Marien (16. Jh.) hat einen Flügelaltar (1519) aus der Cranach-Werkstatt. **(Abfahrt 15 Bernau-Nord, 2 km)**

***Angermünde:** Das Städtchen in der südlichen Uckermark wurde Mitte des 13. Jhs. von Johann I. und Otto III. von Brandenburg gegründet. Sehenswert: die gotische Pfarrkirche St. Marien aus dem 13.–15 Jh. mit mächtigem Westturm und einem interessanten bronzenen Taufbecken aus dem 14. Jh. im Inneren. **(Abfahrt 9 Joachimsthal, 16 km)**

*****Biosphärenreservat Schorfheide-Chorin:** Seit Jahrhunderten ist Mitteleuropas größtes zusammenhängendes und sehr wildreiches Waldgebiet (1258 km²) ein vor allem bei den jeweils Mächtigen des Landes beliebtes Jagdrevier. 1990 wurde die Region, in der Biber, Schwarzstörche und Seeadler ein Refugium gefunden haben, zum Biosphärenreservat erklärt. Sehenswert: der Grimnitzsee und der Werbellinsee, an dessen Westufer König Friedrich Wilhelm IV. 1850 das Jagdschloss Hubertusstock erbauen ließ. Spätere Nutznießer waren Göring und Honecker. **(Ab-fahrt 9 Joachimsthal, bis zum Schloss 12 km)**

Technisches Meisterwerk: Schiffshebewerk in Niederfinow

***Wandlitz:** Seit den 1920er-Jahren ist der verwinkelte Ort am gleichnamigen See ein beliebtes Ausflugsziel. An die DDR-Zeiten des Städtchens erinnert außer dem zum Museum umgewandelten Erich-Honecker-Haus kaum noch irgend etwas. Bis November 1989 war die streng abgeschirmte Waldsiedlung das Refugium für die SED-Oberen. Die einstmals »verbotene« Stadt dient mittlerweile als Sanatorium. **(Abfahrt 14 Wandlitz, 6 km)**

****Kloster Chorin:** Unbedingt sehenswert ist das ehemalige Zisterzienserkloster Chorin (1273), eines der schönsten Bauwerke der märkischen Backsteingotik. Nach der Auflösung des Klosters 1542 verfiel der großartige Bau über Jahrhunderte zusehends und diente als Viehstall und Steinbruch. Auf Initiative von Karl Friedrich Schinkel wurde die Ruine Mitte des 19. Jhs. zum Denkmal erhoben und bis in unsere Zeit restauriert. Im Sommer finden hier klassische Konzerte statt. **(Abfahrt 9 Joachimsthal, Richtung Chorin, 10 km)**

***Eberswalde:** Die im 2. Weltkrieg fast völlig zerstörte Stadt ist Brandenburgs ältestes Industriezentrum. Seit dem 15. Jh. ist hier das Metall verarbeitende Gewerbe ansässig. Eines der wenigen erhaltenen Baudenkmäler im »Märkischen Wuppertal« ist die gotische Stadtkirche Maria Magdalena (13. Jh.), in der im 30-jährigen Krieg Schwedenkönig Gustav Adolf II. aufgebahrt war (18.–20.12.1632). **(Abfahrt 12 Finowfurt, 6 km)**

Etwa 10 km östlich von Eberswalde – am Rande des Oderbruchs – liegt das Schiffshebewerk Niederfinow (1927–34), ein technisches Meisterwerk und eine Touristenattraktion. Am Ortsausgang von Eberswalde folgt man der Straße nach Niederfinow und befindet sich kurz darauf am Schiffshebewerk. In einem 60 m hohen Fahrstuhl für Schiffe werden die 36 m Höhenunterschied zwischen Oder-Havel-Kanal und einem Seitenarm der Oder überbrückt.

Streckenprofil A13:** Von der südlichen Peripherie der Hauptstadt führt die Route am märchenhaften Spreewald vorbei und durch die lange vom Braunkohleabbau geprägte Niederlausitz bis an den Nordrand von Dresden. **(180 km, 1 ³/₄ Std.)

A15:** Am Südrand des Spreewalds verlaufendes Teilstück bis an die polnische Grenze. **(65 km, 35 Min.)

***Mittenwalde:** Fachwerkstadt an der Nette, vom Turm der spätgotischen Moritzkirche (14./15. Jh.) überragt. Sehenswert: Berliner Tor (15. Jh.). **(Abfahrt 3 Mittenwalde, 3 km)**

Das Schloss im Spreewaldort Lübbenau

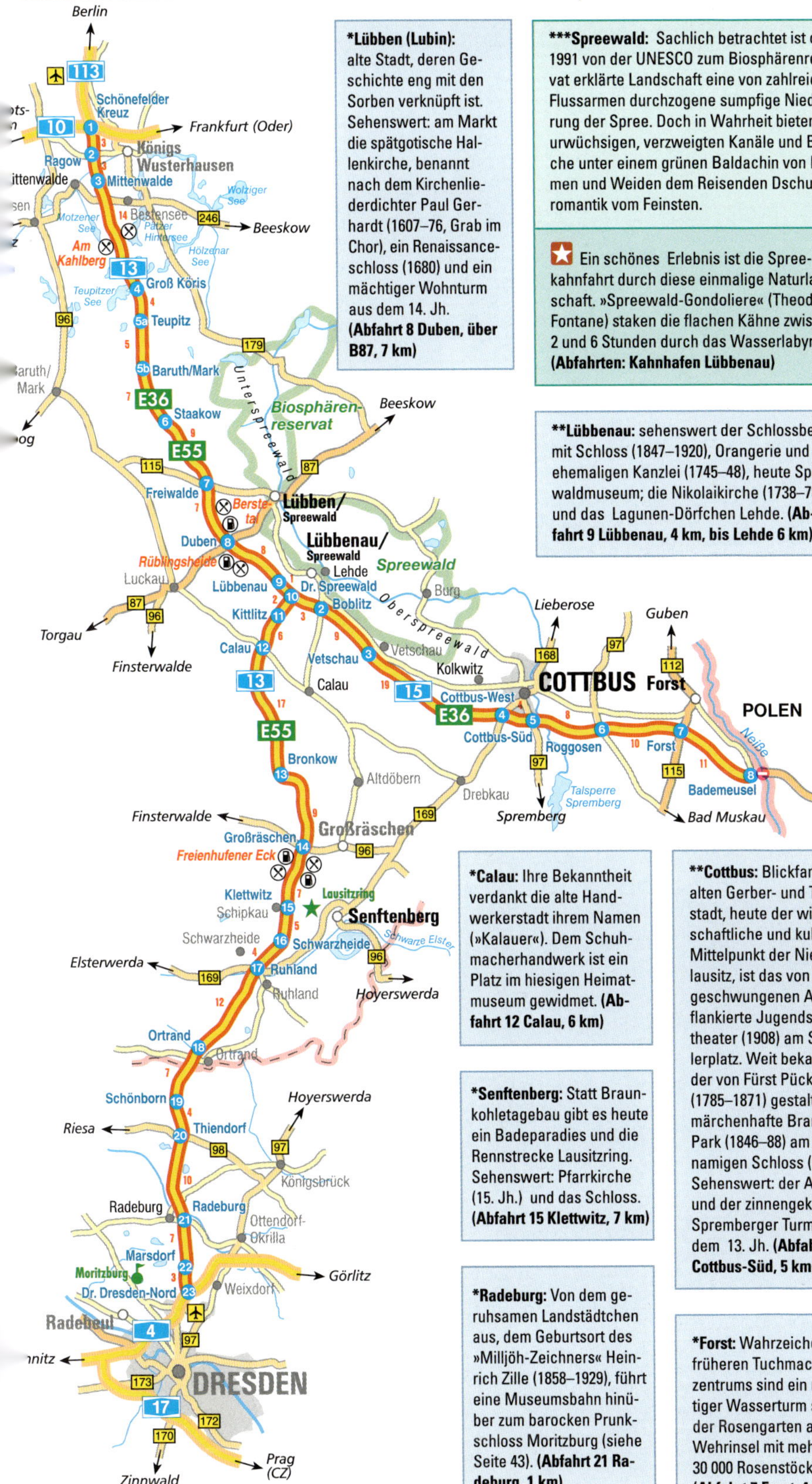

***Lübben (Lubin):** alte Stadt, deren Geschichte eng mit den Sorben verknüpft ist. Sehenswert: am Markt die spätgotische Hallenkirche, benannt nach dem Kirchenliederdichter Paul Gerhardt (1607–76, Grab im Chor), ein Renaissanceschloss (1680) und ein mächtiger Wohnturm aus dem 14. Jh. **(Abfahrt 8 Duben, über B87, 7 km)**

*****Spreewald:** Sachlich betrachtet ist die 1991 von der UNESCO zum Biosphärenreservat erklärte Landschaft eine von zahlreichen Flussarmen durchzogene sumpfige Niederung der Spree. Doch in Wahrheit bieten die urwüchsigen, verzweigten Kanäle und Bäche unter einem grünen Baldachin von Bäumen und Weiden dem Reisenden Dschungelromantik vom Feinsten.

Ein schönes Erlebnis ist die Spreekahnfahrt durch diese einmalige Naturlandschaft. »Spreewald-Gondoliere« (Theodor Fontane) staken die flachen Kähne zwischen 2 und 6 Stunden durch das Wasserlabyrinth. **(Abfahrten: Kahnhafen Lübbenau)**

****Lübbenau:** sehenswert der Schlossbezirk mit Schloss (1847–1920), Orangerie und der ehemaligen Kanzlei (1745–48), heute Spreewaldmuseum; die Nikolaikirche (1738–78) und das Lagunen-Dörfchen Lehde. **(Abfahrt 9 Lübbenau, 4 km, bis Lehde 6 km)**

***Calau:** Ihre Bekanntheit verdankt die alte Handwerkerstadt ihrem Namen (»Kalauer«). Dem Schuhmacherhandwerk ist ein Platz im hiesigen Heimatmuseum gewidmet. **(Abfahrt 12 Calau, 6 km)**

***Senftenberg:** Statt Braunkohletagebau gibt es heute ein Badeparadies und die Rennstrecke Lausitzring. Sehenswert: Pfarrkirche (15. Jh.) und das Schloss. **(Abfahrt 15 Klettwitz, 7 km)**

***Radeburg:** Von dem geruhsamen Landstädtchen aus, dem Geburtsort des »Milljöh-Zeichners« Heinrich Zille (1858–1929), führt eine Museumsbahn hinüber zum barocken Prunkschloss Moritzburg (siehe Seite 43). **(Abfahrt 21 Radeburg, 1 km)**

****Cottbus:** Blickfang der alten Gerber- und Textilstadt, heute der wirtschaftliche und kulturelle Mittelpunkt der Niederlausitz, ist das von einer geschwungenen Auffahrt flankierte Jugendstiltheater (1908) am Schillerplatz. Weit bekannt ist der von Fürst Pückler (1785–1871) gestaltete märchenhafte Branitzer Park (1846–88) am gleichnamigen Schloss (1772). Sehenswert: der Altmarkt und der zinnengekrönte Spremberger Turm aus dem 13. Jh. **(Abfahrt 5 Cottbus-Süd, 5 km)**

***Forst:** Wahrzeichen des früheren Tuchmacherzentrums sind ein mächtiger Wasserturm sowie der Rosengarten auf der Wehrinsel mit mehr als 30 000 Rosenstöcken. **(Abfahrt 7 Forst, 4 km)**

UNTERWEGS IM SPREEWALD

Lübbenau: Kahnkorso beim Spreewaldfest

Eine der faszinierendsten Landschaften Europas liegt etwa 100 km südöstlich von Berlin. Natürliche Wasserarme, die **»Fließe«,** und zahllose **Kanäle** winden sich labyrinthartig durch Wiesen, Wälder und Äcker, führen zu Dörfern und einzelnen Gehöften. So gilt der Spreewald als das **»Venedig Brandenburgs«.** Ein Erlebnis sind die Kahnfahrten. Dabei liegt das hübsche Städtchen Lübbenau **(A13, Abfahrt 9 Lübbenau, 4 km)** ganz vorn; denn so viele »Gondoliere«, die sich gerne als originelle Fremdenführer betätigen, umwerben die Gäste kaum anderswo. Die **Kahnfahrten** haben eine lange Tradition: Bereits 1882 wurden sie für Berliner Sommerfrischler organisiert. In Lübbenau befindet sich auch das **Spreewaldmuseum,** das über die Entwicklung der Region, ihre Bräuche und Trachten informiert. Gleich außerhalb der Stadt liegt das denkmalgeschützte Dorf Lehde, in dem noch die für den Spreewald charakteristischen Blockbauten erhalten sind.

KULINARISCHES DER REGION: Feine Gurken

In dieser wasserreichen Region gehört **Fisch** selbstverständlich zu den kulinarischen Highlights. Dazu gehört die **Spreewaldsauce,** für die fast jeder Koch und jede Hausfrau ein **Geheimrezept** hat. Aber immer sollte als Grundlage ein Sud aus sieben verschiedenen Fischen dienen. Auch **Wild** fehlt nicht auf den Speisekarten, doch berühmt ist der Spreewald für sein Gemüse. Neben Meerrettich und Kohl sind es vor allem die **Gurken,** sauer eingelegt und somit haltbar. Gurken im Glas, als Gewürz- und Senfgurken, Knoblauch- und Pfeffergurken sind auch als Mitbringsel bestens geeignet. In Lübbenau **(Abfahrt 9 Lübbenau, 4 km)** gibt es ein originelles **Gurkenmuseum,** An der Dolzke 4-6, in dem man die beliebten Spezialitäten nicht nur probieren kann, sondern auch Informationen über das Gurkeneinlegen erhält.

RAST AUF REISEN: Übernachten am Spreewald

Hotel Stephanshof, Lehningsberger Weg 1, 15907 Lübben, Tel. 03546/272 21-0: neues Haus mit komfortablen Zimmern, Restaurant, Bar, Kahnhafen **(A13, Abfahrt 7 Freiwalde, 9 km, oder Abfahrt 8 Duben, 9 km). Schloss Lübbenau,** Schlossbezirk 6, 03222 Lübbenau, Tel. 03542/8730: Nobelherberge in Hanglage im Park, gediegene Zimmer und Suiten, anspruchsvolle Küche **(A13, Abfahrt 9 Lübbenau, 4 km). Hotel Pension Christa,** Berliner Str. 44, 03099 Kolkwitz bei Cottbus, Tel. 0355/28349: familiär geführtes, neues Haus mit großen Zimmern und Restaurant **(A15 Abfahrt Cottbus-West, 5 km). SORAT Hotel,** Schlosskirchplatz 2, 03046 Cottbus, Tel. 0355/78440: wohnliches Hotel im alten Stadtzentrum, Zimmer teils in einem Gründerzeithaus, mit Restaurant, Bar, Gewölbekeller, Sommerterrasse **(A15 Abfahrt 4 Cottbus-West, 4 km, oder Abfahrt 5 Cottbus-Süd, 4 km).**

Spreewald

Der sich im Südosten Brandenburgs erstreckende Spreewald ist eine in Europa einzigartige Kulturlandschaft, deren Felder, Wiesen und Wälder von den unzähligen Wasserarmen der Spree durchflossen werden.

Als Folge der letzten Eiszeit teilte sich vor rund 20 000 Jahren die Spree in ein fein gegliedertes Netz von Fließen und Kanälen. Es entstand ein großes Binnendelta, das der Mensch im Laufe der Jahrhunderte durch seine Nutzung prägte. Die hochwasserfreien Bereiche sind seit jeher Siedlungsgebiete der Sorben. 1991 wurde der Spreewald von der UNESCO zum Biosphärenreservat erklärt, um den wichtigen Lebensraum für rund 18 000 Pflanzen- und Tierarten zu schützen. Charaktertiere der Region sind der Weißstorch, der Fischotter und der vom Aussterben bedrohte Schwarzstorch.

Großes Bild links:
Märchenhaft flirren die Schatten der Baumkronen über den schmalen Auenwaldkanälen.

1 Unzählige Grüntöne prägen die Spreewälder Natur.

2 In der einzigartigen Spreewaldlandschaft liegt das vielbesuchte Dorf Leipe mit seinen traditionell aus Balkenhölzern gebauten Bauern- und Fischerhäusern.

3 Die landschaftlichen Reize, das ruhige Dahingleiten im Kahn und die Lebensweise der Bewohner machen den Spreewald zu einem lohnenswerten Urlaubsziel.

4 Der Holzkahn war lange Zeit das wichtigste Transportmittel auf den rund 600 km schiffbaren Fließen und Kanälen. Heute lassen sich viele Touristen durch die verwilderten Flussläufe staken.

5 Das Freilandmusem Lehde ist ein historisches Dorf mit typischen Bauernhöfen, das das Leben der Spreewaldbewohner in den vergangenen Jahrhunderten dokumentiert.

1

2

3

4

5

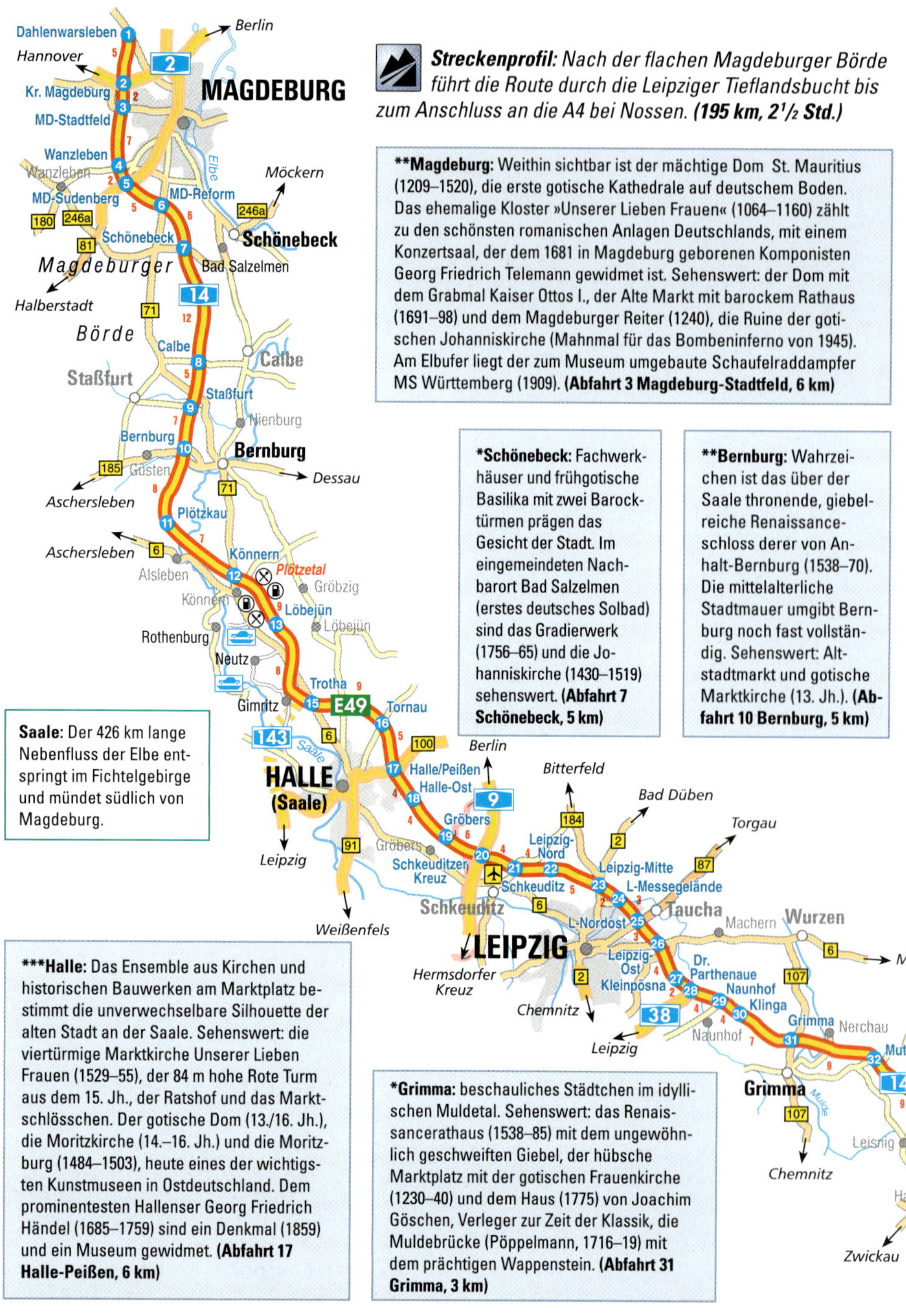

Streckenprofil: *Nach der flachen Magdeburger Börde führt die Route durch die Leipziger Tieflandsbucht bis zum Anschluss an die A4 bei Nossen.* ***(195 km, 2½ Std.)***

****Magdeburg:** Weithin sichtbar ist der mächtige Dom St. Mauritius (1209–1520), die erste gotische Kathedrale auf deutschem Boden. Das ehemalige Kloster »Unserer Lieben Frauen« (1064–1160) zählt zu den schönsten romanischen Anlagen Deutschlands, mit einem Konzertsaal, der dem 1681 in Magdeburg geborenen Komponisten Georg Friedrich Telemann gewidmet ist. Sehenswert: der Dom mit dem Grabmal Kaiser Ottos I., der Alte Markt mit barockem Rathaus (1691–98) und dem Magdeburger Reiter (1240), die Ruine der gotischen Johanniskirche (Mahnmal für das Bombeninferno von 1945). Am Elbufer liegt der zum Museum umgebaute Schaufelraddampfer MS Württemberg (1909). **(Abfahrt 3 Magdeburg-Stadtfeld, 6 km)**

Das Renaissancerathaus in Grimma

***Schönebeck:** Fachwerkhäuser und frühgotische Basilika mit zwei Barocktürmen prägen das Gesicht der Stadt. Im eingemeindeten Nachbarort Bad Salzelmen (erstes deutsches Solbad) sind das Gradierwerk (1756–65) und die Johanniskirche (1430–1519) sehenswert. **(Abfahrt 7 Schönebeck, 5 km)**

****Bernburg:** Wahrzeichen ist das über der Saale thronende, giebelreiche Renaissanceschloss derer von Anhalt-Bernburg (1538–70). Die mittelalterliche Stadtmauer umgibt Bernburg noch fast vollständig. Sehenswert: Altstadtmarkt und gotische Marktkirche (13. Jh.). **(Abfahrt 10 Bernburg, 5 km)**

*****Leipzig:** Die Leipziger nennen das Ende der 1960 er Jahre entstandenen Universitätsgebäude den »Weisheitszahn«, es überragt mit 142 m Höhe die alte Buch- und Messemetropole. Der zu einem Konsumtempel ausgebaute größte Kopfbahnhof Europas (1907–15) und die supermoderne Glashalle der Leipziger Messe sind Symbole des Aufbruchs der Boomtown des Ostens. Blickfang am Markt ist das im Renaissancestil erbaute Alte Rathaus (1556) mit einer barocken Haube auf dem buntem Uhrturm. Sehenswert: die gotische Thomaskirche (13./15. Jh.), Wirkungsstätte von J. S. Bach und Heimat des weltberühmten Thomanerchors, die wunderbar lichte Nikolaikirche (12. Jh./14.–16. Jh.), der Naschmarkt mit alter Börse (1678–87) und dem durch Goethes Faust bekannten »Auerbachs Keller« (16. Jh.) in der prächtigen Mädler-Passage (1912–14). Darüber hinaus: das Völkerschlachtdenkmal (1913), die Russische Gedächtniskirche (1913) mit goldener Zwiebelkuppe und das schmuckvolle Portal des Bayerischen Bahnhofs (1841–44). **(Abfahrt 23 Leipzig-Mitte, 7 km)**

Saale: Der 426 km lange Nebenfluss der Elbe entspringt im Fichtelgebirge und mündet südlich von Magdeburg.

*****Halle:** Das Ensemble aus Kirchen und historischen Bauwerken am Marktplatz bestimmt die unverwechselbare Silhouette der alten Stadt an der Saale. Sehenswert: die viertürmige Marktkirche Unserer Lieben Frauen (1529–55), der 84 m hohe Rote Turm aus dem 15. Jh., der Ratshof und das Marktschlösschen. Der gotische Dom (13./16. Jh.), die Moritzkirche (14.–16. Jh.) und die Moritzburg (1484–1503), heute eines der wichtigsten Kunstmuseen in Ostdeutschland. Dem prominentesten Hallenser Georg Friedrich Händel (1685–1759) sind ein Denkmal (1859) und ein Museum gewidmet. **(Abfahrt 17 Halle-Peißen, 6 km)**

***Grimma:** beschauliches Städtchen im idyllischen Muldetal. Sehenswert: das Renaissancerathaus (1538–85) mit dem ungewöhnlich geschweiften Giebel, der hübsche Marktplatz mit der gotischen Frauenkirche (1230–40) und dem Haus (1775) von Joachim Göschen, Verleger zur Zeit der Klassik, die Muldebrücke (Pöppelmann, 1716–19) mit dem prächtigen Wappenstein. **(Abfahrt 31 Grimma, 3 km)**

****Schloss Nossen:** imposante Schlossanlage über dem gleichnamigen Städtchen. Die Ruinen des Zisterzienserklosters Altzella (12. Jh.) sind Motiv eines Gemäldes von Caspar David Friedrich. **(Abfahrt 36 Nossen-Nord, 3 km)**

UNTERWEGS IM SAALETAL

Bernburg: die Saale und das Renaissanceschloss

Ein grünes Gegengewicht zur Industrieregion Leipzig-Halle bietet sich entlang der Saale. Von der Autofähre in Rotheburg lohnt sich ein Blick auf die leuchtend roten Felsen beim **Saaledurchbruch (Abfahrt 12 Könnern, 9 km)**. Das größere Naturerlebnis bietet ein vier Kilometer langer Wanderweg, der ab Gimritz durch den **Naturpark Unteres Saaletal** führt **(Abfahrt 13 Löbejün, 10 km)**. Die regenarme Region weist sehenswerte **Steppenlandschaft** auf, am Wegesrand wachsen seltene Blumen und Gräser. Markant sind die roten Felswände und die kleinen Bäche, die der Saale zufließen und die Landschaft durchschneiden.

KULINARISCHES DER REGION: Deftige Genüsse

Die kulinarische Vielfalt dieser Region ist beeindruckend. Kenner gönnen sich ein **Eisbein mit Sauerkraut,** das in Sachsen-Anhalt am besten schmeckt. Wer die Grenze nach Sachsen überschritten hat, kann mit einem alten Vorurteil aufräumen: **»Leipziger Allerlei«** ist kein kraftloses Dosengemüse. Laut Originalrezept werden alle frischen Zutaten einzeln gegart – das ist zwar aufwändig, aber geschmackvoller. Eine deftige Alternative ist das **Sächsische Zwiebelfleisch,** ein würziges Essen mit viel Zwiebeln und Kümmel. Als Nachtisch empfehlen sich **»Leipziger Lerchen«** – kleine Mürbeteigtörtchen mit süßen Füllungen. Empfehlenswerte Lokale: **Zum Mohr,** 06114 Halle, Burgstr. 72: In dem gemütlichen Lokal isst man am besten Eisbein! **(Abfahrt 17 Halle/Peißen, 5 km). Apels Garten,** Kolonadenstraße 2, 04109 Leipzig: Elegantes Restaurant mit feinster Küche **(Abfahrt 23 Leipzig-Mitte, 5 km). Gosenschänke Ohne Bedenken,** Menckestr. 5, 04155 Leipzig: Traditionsschänke in altem Gewölbe **(Abfahrt 23 Leipzig-Mitte, 5 km).**

RAST AUF REISEN: Übernachten im Saaletal

Hotel Goldener Ring, Bernburger Str. 4, 06420 Könnern, Tel. 03 46 91/43 10: gutbürgerliches Haus **(Abfahrt 12 Könnern, 2 km). Pension Renate,** Burgstr. 29, 06193 Löbejun, Tel. 03 46 03/7 82 71: kleine Pension an der Stadtkirche, italienisches Restaurant **(Abfahrt 13 Löbejun, 3 km). Landgasthaus Sattelhof,** 06198 Neutz, Tel. 03 46 03/3 19-0 **(Abfahrt 13 Löbejun, 6 km). City Hotel Am Wasserturm,** Lessingstr. 8, 06114 Halle, Tel. 03 45/2 98 20: Sauna, Konferenzräume **(Abfahrt 17 Halle/Peißen, 4 km). Radisson SAS Hotel Leipzig,** Augustusplatz 5/6, 04109 Leipzig, Tel. 03 41/2 14 60: gut ausgestattetes Hotel vis-à-vis von Oper und Gewandhaus **(Abfahrt 23 Leipzig-Mitte, 5 km).**

***Streckenprofil:** Von der alten Hansestadt an der Ostseeküste führt die Strecke quer durch die leicht wellige, landschaftlich äußerst reizvolle Region der Mecklenburgischen Seenplatte bis zum Anschluss an die A24.*
(120 km, 1¼ Std.)

12 km nördlich von Rostock liegt das Ostseebad Warnemünde mit Pensionen, die hier schon seit 1817 Gäste beherbergen. Die Fisch-, Bernstein- und Ausflugskutter am Alten Strom vermitteln noch immer den Charme eines kleinen Fischerdorfs. Bad Doberan, ehemalige Sommerresidenz des Mecklenburger Hofs, berühmt für die reich ausgestattete gotische Klosterkirche (13./14. Jh.), liegt 15 km westlich. **(Warnemünde üb. B103, Bad Doberan üb. B105)**

*****Rostock:** Beherrscht wird das Bild der alten Hafen- und Hansestadt von der gotischen Marienkirche (1260–1450) mit Astronomischer Uhr, die seit 1472 funktioniert. Sehenswert die prächtigen Giebelhäuser zwischen Kröpeliner Tor (13./14. Jh., 54 m) und dem Neuen Markt; die »Fünte«, ein 3 m hoher Bronzetaufkessel (1290) in der Marienkirche, Kirche und Kloster des Heiligen Kreuzes (14. Jh.), Universität (1867–70, gegr. 1419), gotisches Rathaus mit barockem Vorbau (1729) sowie Kulturhistorisches Museum und Schifffahrtsmuseum. **(Abfahrt 7 Rostock-Süd, 6 km) Hinweis:** Ab Autobahnende Rostock-Ost (Abfahrt 6) sind es über die E55 7 km zu den Auto- und Eisenbahnfähren nach Dänemark und Schweden.

Das mächtige Renaissanceschloss in Güstrow

*****Mecklenburgische Seenplatte:** Die herrliche Naturlandschaft mit ihren zahlreichen Seen zeigt die Vielfalt eiszeitlicher Landschaftsformen. Moränenhügel, sumpfige Niederungen, Dünen im Binnenland, mit Kiefern bewachsene Heideböden und von Schilfgürteln umgebene Seen machen die Region zu einem Land von beeindruckender Vielfalt. Typisch für das gesamte Gebiet bis Ostmecklenburg sind auch die von Birken oder Linden gesäumten Alleen.

****Krakow am See:** Von Hügel- und Megalithgräbern umgebener Luftkurort am gleichnamigen See, dessen Südteil als Brutplatz seltener Wasservögel unter Naturschutz steht. **(Abfahrt 14 Krakow, 9 km)**

*****Güstrow:** Eingebettet in die Seenlandschaft am Flüsschen Nebel liegt die einstige Residenzstadt, deren Schloss (1558–94) das größte Renaissancebauwerk Mecklenburg-Vorpommerns ist. In der unter Denkmalschutz stehenden Altstadt liegen, umrahmt von Bürgerhäusern, das klassizistische Rathaus (1798) und die vierschiffige Hallenkirche St. Marien (1503–22). Etwas abseits: der gotische Backsteindom (1226). Sehenswert: Schlossmuseum, Stadtmuseum und die Ernst-Barlach-Gedenkstätte in der Gertrudenkapelle mit berühmten Plastiken des Bildhauers (1910–1938). **(Abfahrt 13 Güstrow, 10 km)**

****Malchow:** Zwischen Fleesensee und Plauer See mit altem Fachwerk. Sehenswert: die Klosterkirche mit weithin sichtbarem Turm (1844–49), das Rat haus (18. Jh.) und eine Drehbrücke (1846, nach 1945 modernisiert). **(Abfahrt 16 Malchow, 4 km)**

****Alt Schwerin:** Das Agrarhistorische Freilichtmuseum im von alten Eichen umgebenen denkmalgeschützten Dorf am Nordufer des Plauer Sees, ist einen Besuch wert: Von weitem sieht man die große Holländer-Windmühle. **(Abfahrt 16 Malchow, über B192, 3 km)**

*****Müritz:** Der nach dem Bodensee zweitgrößte See Deutschlands ist einen Umweg wert. Der Nationalpark am Ostufer gehört zu den schönsten Landschaften Norddeutschlands. Sehenswert: der idyllische Luftkurort **Waren** mit Müritzmuseum und dem größten Süßwasseraquarium Deutschlands. **(Abfahrt 17 Waren-Müritz, über B192, ca. 25 km)**

****Wittstock:** Die einstige Bischofsresidenz ist von einer mittelalterlichen Wallanlage umgeben. Dahinter verbergen sich kunstvolle Fachwerkbauten und enge Gassen. Sehenswert: die gotische Marienkirche (13. Jh.) mit der Wittstocker Madonna. **(Abfahrt Wittstock (Dosse), 3 km)**

UNTERWEGS IN DER MECKLENBURGISCHEN SEENPLATTE

Idyllisch: Fischerhütte an der Müritz

Eine der schönsten deutschen Landschaften hat sich in jüngster Zeit zum beliebten Urlaubsziel gemausert. Über **650 Seen,** zahlreiche Flüsse, wilde Heiden und dunkle Moore begeistern jeden Naturliebhaber. Der **Naturpark Nossentiner Schwinzer Heide** bietet sich mit seiner Fläche von 320 km² als Einstieg an. Das wasserreiche Gebiet reicht von Goldberg bis Waren und grenzt dort an den **Müritz-Nationalpark.** Die Naturparkverwaltung in Karow **(Abfahrt 16 Malchow, 11 km)** gibt Informationen über die Natur des Parks und die Möglichkeiten, ihn zu erkunden. Wer sich nach einer Abkühlung sehnt, hat nicht nur den **Plauener** und den **Krakower See,** sondern viele kleine Seen in direkter Reichweite. Ein Naturerlebnis bietet der 20 km lange, rotweiß markierte **Wanderweg** um den Krakower See **(Abfahrt 14 Krakow, 8 km),** dessen Südteil unter Naturschutz steht. Acht kleine Inseln bieten Kormoranen, Eisvögeln, Graureihern und Seeadlern ein Refugium. Vogelfreunde sollten den Beobachtungsturm in Glave nicht auslassen. Einen gemütlichen Blick auf die Natur ermöglicht eine Dampferfahrt über den nördlichen Teil des Sees.

KULINARISCHES DER REGION: Aal ist Trumpf

Krönendes Glanzlicht jeder guten Speisekarte ist in Mecklenburg-Vorpommern Aal in allen Formen. Klassisch ist der **Räucheraal,** zu dem man Schwarzbrot und Bier genießt. Von Rügen aufs Festland hat sich eine andere Spezialität verbreitet: die sahnehaltige **»Rügener Aalsuppe«.** Beliebt ist auch der in einem Zwiebelsud gegarte **Aal in Aspik.** Doch auch wer keine Lust auf Fisch hat, kommt auf seine Kosten. Der **»Mecklenburger Rippenbraten«** ist die köstliche Alternative zum Aal: Schweinerippchen, mit Äpfeln, Pflaumen und Brötchenstücken gefüllt.

RAST AUF REISEN: Hotels an der Seenplatte

Park and Lake Golf Manorhouse, Dobbiner Weg 24, 18292 Kuchelmiß, Tel. 03 84 56/6 50: Beautyfarm, Sauna, Solarium, Freibad **(Abfahrt 14 Krakow, 1 km). Van der Valk Resort,** Krakower Chausee 1, 18292 Dobbin/Linstow, Tel. 03 84 57/70: Sauna, Solarium, Whirlpool, Hallen- und Freibad, acht Bowlingbahnen. **(Abfahrt 15 Linstow, 2 km). Kiwi,** Fischweg 1, 17214 Alt Schwerin, Tel. 03 99 32/4 61 22: nahe Plauer See, Bootsverleih, Strandbad, Sauna, Hotelbar **(Abfahrt 16 Malchow, 4 km). Insel-Hotel,** Lange Str. 7, 17213 Malchow, Tel. 03 99 32/86 00: schöner Ausblick, Reitausflüge; **Sporthotel,** Schulstr. 6, 17213 Malchow, Tel. 03 99 32/8 90 **(Abfahrt 16 Malchow, 4 km). Am Röbeler Tor,** Am Dosseteich 1, 16909 Wittstock/Dosse, Tel. 0 33 94/43 35 56: Garten, Kegelbahn; **Four Seasons,** Pritzwalker Str. 13, 16909 Wittstock, Tel. 0 33 94/4 75 20: kleines Haus – kein Nobelhotel **(Abfahrt 20 Wittstock, 3 km).**

Magdeburg

Bereits im Mittelalter ein Schnittpunkt bedeutender Handelswege, besitzt die traditionsreiche Stadt an der Elbe heute einen der größten Binnenhäfen Deutschlands. Doch als Gegenpol zu Kommerz und Industrie pflegt Magdeburg seine Kulturtradition seit den ottonischen Kaisern und veran-staltet musikalische Festtage zu Ehren des hier geborenen Georg Philipp Telemann (1681–1767).

Im Jahr 937 gründete Otto I. an der Stelle des späteren Domstifts das Moritzkloster, rund 30 Jahre später erhob er seine Residenzstadt zum Sitz eines Erzbischofs. In der Wissenschaft gewann Magdeburg durch Otto von Guericke, den Erfinder der Luftpunpe, einen Namen. Als Zentrum der Reformation wurde die Stadt protestantisch und ging im Dreißigjährigen Krieg im Flammen auf – eine Katastrophe, die sich im Zweiten Weltkrieg wiederholen sollte.

Großes Bild links:
Älterer Überlieferung nach ist das thronende Herrscherpaar eine Darstellung von Kaiser Otto I. und seiner Frau Editha.

1 Das Magdeburger Stadtbild wird vom gotischen Dom St. Mauritius und St. Katharina beherrscht, der sich über dem Ufer der Elbe erhebt.

2 Der Dom beherbergt in seinem Inneren herausragende Bildwerke, darunter die Reliefs der Klugen und Törichten Jungfrauen.

3 Über den romanischen Fenstern des vollständig erhaltenen Kreuzgangs aus dem 12./13. Jh. befinden sich Darstellungen von Kaiser Otto I. und seiner beiden Frauen Editha und Adelheid.

4 Die Ostseite des Alten Marktes begrenzt das Magdeburger Rathaus aus dem 17. Jh., davor eine Kopie des Magdeburger Reiters.

1

2

3

4

Johann Wolfgang Goethe

Leipzig

Die alte Messestadt mit dem weltberühmten Gewandhausorchester ist auf dem Weg eine der wichtigsten Metropolen Deutschlands zu werden.

Herz und Motor der Stadt ist und war stets die Messe. Bereits im Mittelalter war Leipzig dank der günstigen Lage an den europäischen Handelswegen eine international bedeutende Stadt. Entsprechend erblühte auch das geistige Leben, 1409 wurde hier die zweitälteste deutsche Universität gegründet. Eine große Zeit erlebte der damals bedeutendste deutsche Handelsort im 18. Jh. Berühmte Literaten, Verleger und Musiker wie Johann Sebastian Bach, Friedrich Arnold Brockhaus und Johann Wolfgang von Goethe wirkten in Leipzig. Mit der Industrialisierung veränderten Leipzig und die Messe ihr Gesicht: 1895 wurden die Warenmessen durch Musterausstellungen abgelöst, die in neu gebauten Passagen stattfanden. Mit der Neuen Messe wird diese Tradition heute fortgeführt.

Großes Bild links:
Vor der Alten Börse am Naschmarkt, dem ersten Barockbau der Stadt vom Ende des 17. Jh.s, erhebt sich das Standbild des Dichterfürsten Goethe.

1 Der Neubau der Universität, auch »Weisheitszahn« genannt, lässt kaum erahnen, dass die Hochschule zu den ältesten Deutschlands gehört. Leibniz weilte hier nur kurz.

2 1993–1996 wurde im Norden der Stadt die Neue Messe errichtet. Ihr Herz ist das bis dato größte Glasbauwerk, das mit eigens dafür entwickelten Robotern sauber gehalten wird.

3 Das 1981 neu errichtete Gewandhaus, Heimat des berühmten Orchesters

4 Glanzvoll restauriert zeigt sich die Mädler-Passage.

5 »Auerbachs Keller« hat einen festen Platz in der Weltliteratur. Daran erinnern die Wandgemälde im Gewölbe, die Goethes »Faust« illustrieren.

1

2

3

4

5

Rostock und Stralsund

Die größten Hafenstädte Mecklenburg-Vorpommerns beeindrucken durch ihre wuchtigen Backsteinbauten aus dem Mittelalter.

Namengebend für Rostock war eine im 12. Jh. zerstörte slawische Burg auf dem rechten Warnowufer. Um 1200 entstand gegenüber eine deutsche Kaufmannssiedlung. Das 1218 erstmals erwähnte Rostock wurde dank der günstigen Lage zu einer der mächtigsten Hansestädte des 14. Jh.s. Die 1419 gegründete Universität machte Rostock zum geistigen Zentrum des Ostseeraums. Bis ins 19. Jh. blieb die Stadt ein führender Handelsplatz und wurde nach dem Zweiten Weltkrieg zum bedeutendsten Überseehafen der DDR.
Stralsund geht auf die kleine Siedlung Stralow zurück, die rege Kontakte zur Insel Rügen unterhielt. 1234 verlieh Witzlaw I., Fürst auf Rügen, Stralsund die Stadtrechte, 1293 trat die Stadt der Hanse bei. 1648 kam Stralsund zu Schweden und wurde 1815 Preußen zugeschlagen. 1936 brachte der Bau des Rügendamms einen neuen Aufschwung.

Großes Bild links:
Mit Festtrubel und einem vielfältigen kulturellen Angebot – Konzerten, Ausstellungen und Folklore – zieht Rostock von Juni bis September Besucher an.

1 Wie eine Henne thront die wuchtige Marienkirche (1260 begonnen) über den Häusern der Rostocker Altstadt. Die mächtigen Backsteindome dienten nicht nur zur Repräsentation, sondern waren darüber hinaus erstklassige Seezeichen.

2 Windjammer und Kräne im Stadthafen von Rostock

3 Stralsund: Nach 349 Stufen bietet sich ein herrlicher Blick vom Turm der mächtigen Marienkirche (13./14. Jh.) auf die alte Hansestadt.

4 Der kleine Yachthafen von Stralsund mit den wuchtigen Türmen der Marienkirche und der Nikolaikirche

1

2

3

4

Streckenprofil:** Die so genannte Ostseeautobahn ist zu großen Teilen noch im Bau. Sie soll südlich der Küste von Lübeck bis nach Prenzlau in der Uckermark führen und dort auf die A11 treffen **(voraussichtliche Fertigstellung 2002/2003, ca. 300 km).

***Gravesmühlen:** Wahrzeichen des Ortes, der im Mittelalter Rastplatz an der Landstraße von Lübeck nach Russland war, ist die weithin sichtbare Mühle aus slawischer Zeit. Sehenswert: die hübsche Altstadt mit kopfsteingepflasterten Gassen und einem stattlichen Marktplatz. **(Abfahrt 6 Grevesmühlen, 3 km)**

Hansestadt Wismar: farbenfrohe Fassaden und Backsteingotik

Rostock: siehe Seite 115

***Grimmen:** Von drei erhaltenen spätgotischen Toren beeindruckt besonders das Stralsunder Tor (15. Jh.); überragt wird die Altstadt von der gotischen Pfarrkirche St. Marien (1280) mit Rats- und Zunftgestühl aus dem 16. und 17. Jh. Sehenswert: gotisches Rathaus (um 1400) mit siebenteiligem Staffelgiebel und barocken Türmchen; der Altstadtkern ist rasterförmig angelegt; Heimatmuseum zur Geschichte der Stadt. **(Abfahrt 23 Grimmen-Ost, B194, 5 km)**

***Schönberg:** Rund um die gotische Backsteinkirche St. Laurentius und St. Katharina (14. Jh.) prägen klassizistische Bürgerhäuser und kleine Backsteinhäuser mit schmiedeeisernen Balkonen das Bild der ruhigen Kleinstadt. In der Kirche mit einem großen Taufbecken von 1357 finden alljährlich Konzerte im Rahmen des »Schönberger Musiksommers« statt. **(Abfahrt 5 Schönberg, 7 km)**

***Dorf Mecklenburg:** Ein 12 m hoher Ringwall ist Überrest des »castrum michelenburg«, einst Königsburg der Obotriten (Ostseeslawen), später Hauptburg der Fürsten von Mecklenburg und Namensgeberin für das ganze Land. **(Abfahrt 8 Wismar-Mitte, nach 1 km rechts Richtung Dorf Mecklenburg, 4 km)**

***Neukloster:** Am waldumsäumten gleichnamigen See liegt die romanische Kirche (1230–35) des ehemaligen Zisterzienserklosters Sonnenkamp mit Glasmalereien aus dem 12. Jh. **(Abfahrt 11 Neukloster, 3 km)**

*****Wismar:** alte Hafen- und Hansestadt an der gleichnamigen, tief ins Land hineinragenden Bucht. Blickfang auf dem wunderschönen, von prächtigen Giebelhäusern gesäumten Marktplatz ist die »Wasserkunst« (1580–1602), ein kleiner tempelartiger Renaissancepavillon, der noch bis Ende des 19. Jh. die Versor-gung mit Quellwasser garantierte. Sehenswert: das Staffelgiebelhaus »Alter Schwede« (1380), flankiert von einem weiteren Giebelhaus (19. Jh.) und der »Gaststätte Reuterhaus«, das monumentale klassizistische Rathaus (1817–19) und der fast an einen italienischen Palazzo erinnernde Fürstenhof (1553–56). Das imposante Mittelschiff der reich ausgestatteten Nikolaikirche (14./15. Jh.) gehört mit seinen 37 m zu den höchsten in Deutschland. Im »Schabbelhaus« (1570, holländische Renaissance) ist das Stadtgeschichtliche Museum untergebracht. Der Hafen wird von den mächtigen Kränen der Werftanlagen beherrscht; der Teil im Norden der Altstadt lohnt einen Besuch. **(Abfahrt 8 Wismar-Mitte, 3 km)**

Juwel der Backsteingotik: Rathaus in Grimmen

UNTERWEGS IM KLÜTZER WINKEL

Windmühle im Bauernland Klützer Winkel

Der Klützer Winkel, benannt nach seinem Hauptort Klütz **(Abfahrt 6 Grevesmühlen, 16 km)**, hieß wegen seiner Fruchtbarkeit früher auch **»Speckwinkel«**. Das Land zwischen **Lübecker** und **Wismarer Bucht** besticht durch seine anmutige Ländlichkeit und die Nähe zum Meer. So ist Boltenhagen, nördlich von Klütz, das zweitälteste **Seebad** an der **Ostsee**. Es lokkt mit nostalgischem Flair, moderner Infrastruktur und einem herrlichen **Sandstrand** – in den Sommermonaten herrscht hier Hochbetrieb! Das Kontrastprogramm dazu bildet der stille **Everstorfer Forst** im Osten von Grevensmühlen. Hier kann man auf einem Spaziergang vorgeschichtliche Megalithgräber besuchen, deren bekanntestes der Teufelsbackofen ist, der sich aus 19 Monolithen zusammensetzt.

KULINARISCHES DER REGION: Rum für die Seele

Die Seefahrt und der Handel mit fernen Ländern prägen nicht nur die Geschichte der deutschen Küsten, sondern auch deren kulinarische Gepflogenheiten. Und da die tägliche Ration Rum für die Seeleute selbstverständlich war, wollte man auch zu Hause nicht auf den **Zuckerrohrschnaps** aus der Karibik verzichten. Wobei der Rum nicht unbedingt pur genossen wurde. Eher streckte man ihn mit heißem Wasser und gab Zucker dazu: Der **Grog** war geboren, ein beliebter Seelentröster im rauen Klima an der See. Kaum aufwändiger ist der **»Pharisäer«** zubereitet: Ein Gläschen Rum in den Kaffee, ein hübsches Sahnehäubchen obendrauf und schon lässt sich die heiße Köstlichkeit genießen, die auch an den kältesten Tagen das Herz erwärmt.

RAST AUF REISEN: Übernachten in Meeresnähe

Seehotel Großherzog von Mecklenburg, Ostseeallee 1, 23946 Ostseebad Boltenhagen, Tel. 03 88 25/5 00: Neubau am Strand, elegantes Ferienhotel mit stilvoll eingerichteten Zimmern, Dachschwimmbad, Restaurant, Bar und Café, auch Kinderbetreuung angeboten **(Abfahrt 6 Grevesmühlen, 22 km). Bei der Malzfabrik,** 23936 Grevesmühlen, Lübecker Str. 20, Tel. 0 38 81/7 80 90: Hotel garni und Appartementhaus im ehemaligen Direktionssitz der alten Malzfabrik, einer Villa des 19. Jahrhundert. **Gasthof Altes Rathaus,** August-Bebel-Str. 1, 23936 Gresvesmühlen, Tel. 0 38 81/7 58 80: individuelle Zimmer mit modernem Komfort im einstigen Rathaus, einem der ältesten Gebäude der Stadt, bodenständige mecklenburgische Küche und mittelalterliches Ambiente **(Abfahrt 6 Grevesmühlen, 4 km)**.

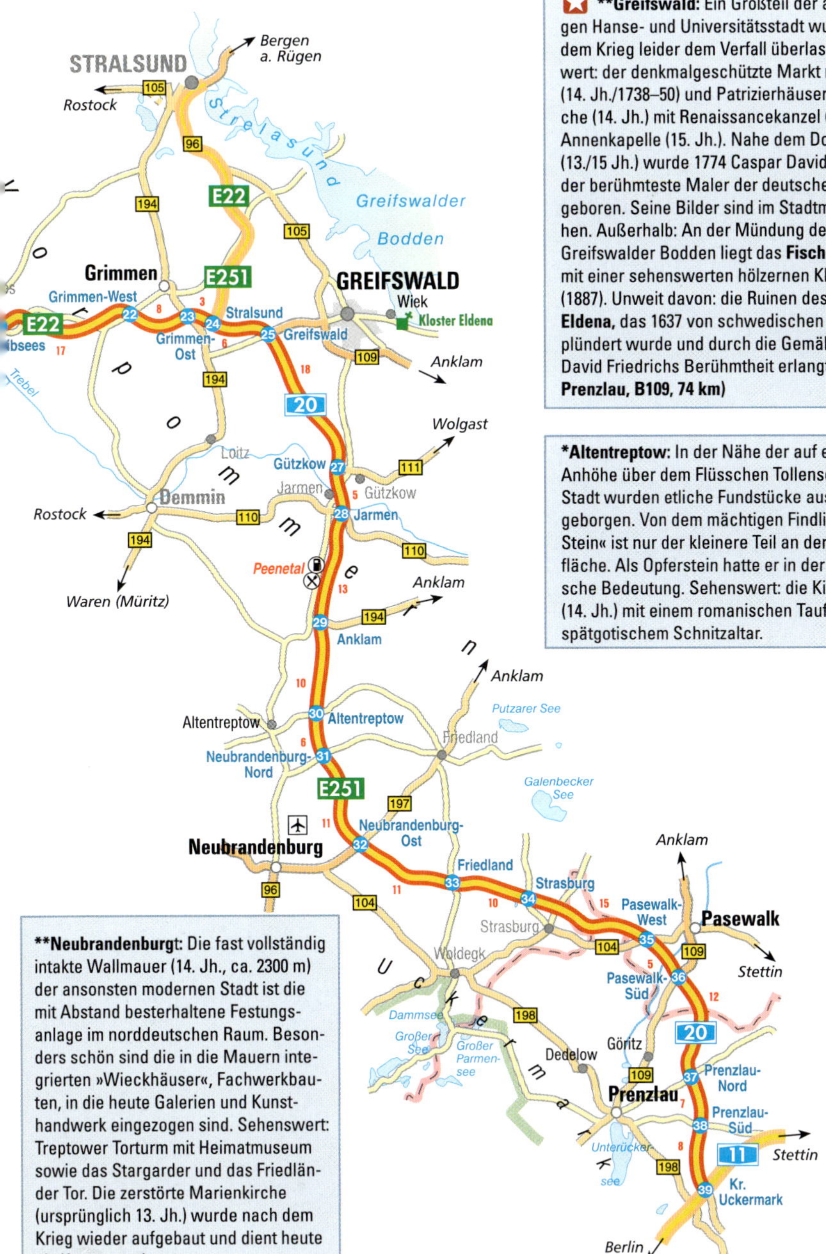

****Greifswald:** Ein Großteil der altehrwürdigen Hanse- und Universitätsstadt wurde nach dem Krieg leider dem Verfall überlassen. Sehenswert: der denkmalgeschützte Markt mit Rathaus (14. Jh./1738–50) und Patrizierhäusern, Marienkirche (14. Jh.) mit Renaissancekanzel (1587) und Annenkapelle (15. Jh.). Nahe dem Dom St. Nikolai (13./15 Jh.) wurde 1774 Caspar David Friedrich, der berühmteste Maler der deutschen Romantik, geboren. Seine Bilder sind im Stadtmuseum zu sehen. Außerhalb: An der Mündung der Ryck in den Greifswalder Bodden liegt das **Fischerdorf Wieck** mit einer sehenswerten hölzernen Klappbrücke (1887). Unweit davon: die Ruinen des **Klosters Eldena,** das 1637 von schwedischen Truppen geplündert wurde und durch die Gemälde Caspar David Friedrichs Berühmtheit erlangte. **(Abfahrt 6 Prenzlau, B109, 74 km)**

Greifswald: der gotische Dom mit barocker Turmhaube

***Altentreptow:** In der Nähe der auf einer kleinen Anhöhe über dem Flüsschen Tollense gelegenen Stadt wurden etliche Fundstücke aus der Eiszeit geborgen. Von dem mächtigen Findling »Großer Stein« ist nur der kleinere Teil an der Erdoberfläche. Als Opferstein hatte er in der Frühzeit kultische Bedeutung. Sehenswert: die Kirche St. Petri (14. Jh.) mit einem romanischen Taufstein und spätgotischem Schnitzaltar.

Romantisch: Ruinen des Klosters von Eldena

****Neubrandenburgt:** Die fast vollständig intakte Wallmauer (14. Jh., ca. 2300 m) der ansonsten modernen Stadt ist die mit Abstand besterhaltene Festungsanlage im norddeutschen Raum. Besonders schön sind die in die Mauern integrierten »Wieckhäuser«, Fachwerkbauten, in die heute Galerien und Kunsthandwerk eingezogen sind. Sehenswert: Treptower Torturm mit Heimatmuseum sowie das Stargarder und das Friedländer Tor. Die zerstörte Marienkirche (ursprünglich 13. Jh.) wurde nach dem Krieg wieder aufgebaut und dient heute als Konzertsaal.

***Pasewalk:** Die Stadt an der Uecker mit den zwei stattlichen Pfarrkirchen St. Marien (14. Jh.) und St. Nikolai (13./14. Jh.) hatte im Mittelalter durch das hier gebraute Bier, die »Pasenelle«, einen florierenden Fernhandel. Sehenswert: ein Spital aus dem 16. Jh. und Teile der Stadtbefestigung mit dem Prenzlauer Tor (um 1480), heute Städtisches Museum zur Frühgeschichte der Region. **(Pasewalk-Süd, 9 km)**

****Prenzlau:** Das Stadtbild des Zentrums der Uckermark beherrscht der gewaltige Doppelturm der Marienkirche (13./14. Jh). Seine Turmspitzen haben die Form von Miniaturhäusern, und der Ostgiebel (1340) der dreischiffigen Kirche gehört zu den Meisterwerken der Backsteingotik. Sehenswert: die Türme der Stadtmauer, besonders der Mitteltorturm; die frühgotische Dominikanerkirche zum Heiligen Kreuz (1275–1343) mit Heimatmuseum und die einst gotische Sabinerkirche (1817 umgebaut) mit einem Kanzelaltar von 1597. Der 7 km lange Unterückensee südlich der Stadt ist fest in der Hand von Seglern und Surfern. **(Abfahrt 6 Prenzlau, B 198, 14 km)**

UNTERWEGS DURCH DIE UCKERMARK

Feldsteinkirche in Bietikow bei Prenzlau

Am Endpunkt der Route, im äußersten Nordosten Deutschlands, liegt die Uckermark. Das Grenzland (**»Mark«**) am Fluss **Ucker** oder **Uecker** verbindet die alten Länder Brandenburg, Mecklenburg und Pommern. Von jeher wurden hier Forstwirtschaft und Ackerbau betrieben, im 18. Jahrhundert war die Uckermark die **Kornkammer Berlins.** Später wurde sie zum beliebten Naherholungsgebiet der Berliner. Das schöne **Hügelland** mit Seen, großen Kiefernwäldern und Heidelandschaften bietet Platz für Spaziergänge, Badefreuden, Spiel und Spaß in der freien Natur. Guter Ausgangspunkt ist die Stadt Prenzlau.

KULINARISCHES DER REGION: Süß & sauer

In Mecklenburg-Vorpommern, dem nordöstlichsten Bundesland, zeigt die heimische Küche eine große Vorliebe für kulinarische Genüsse, die das **Süße** mit dem **Sauren** oder Würzigen verbinden. Man kombiniert Fleisch mit Obst, Backobst und Rosinen. Vor allem sind es **Äpfel** und **Backpflaumen,** die den Saucen ihren besonderen Geschmack verleihen oder als Fülle in Schweinebraten und Geflügel dienen. So eine Gaumenfreude mit Überraschungseffekt ist der beliebte **Mecklenburger Rippenbraten,** der auf keiner Speisekarte fehlt. Dabei handelt es sich um Schweinerippchen, die mit Semmelbröseln, Äpfeln und Backpflaumen gefüllt sind. Auch die berühmten **pommerschen Gänse** werden so gefüllt. Und das **Schwarzsauer,** eine Spezialität aus Gänseklein und Gänseblut, erhält durch die Zugabe von Backobst sein typisches süßes Aroma.

RAST AUF REISEN: Übernachten in der »Mark«

Gästehaus Uckerblick, Mühlenpforte 1, 17291 Prenzlau, Tel. 03984/2574: idyllische Lage an der Ucker, komfortable Zimmer und Appartements, nur Frühstück **(Abfahrt Prenzlau-Nord und Prenzlau-Süd, je 6 km). Gästehaus Göritz,** 17291 Göritz, Tel. 039851/ 252: ruhige Lage, bequeme Zimmer und Appartements, Restaurant mit gut bürgerlicher Küche **(Abfahrt Prenzlau-Nord, 8 km). Pension am Tanger,** Basedower Str. 10, 17291 Dedelow, Tel. 039853 /2068: preisgünstige Zimmer, Frühstücksbüffet, Gastronomie **(Abfahrt Prenzlau-Nord, 15 km). Sporthotel Schloss Herrenstein,** 17268 Herrenstein, Tel. 039887/710: historisches Ambiente in malerischer Lage, gepflegte Küche, Beauty- und Wellnessbereich, Sport- und Freizeitanlagen (bei **Autobahnkreuz Uckermark auf die A11 bis Abfahrt 8 Pfingstberg, 12 km).**

Wismar

Obwohl modernste Technik heute den Überseehafen prägt, scheint in den Gassen rund um den Fischerhafen der alten Hansestadt die Zeit fast stehen geblieben zu sein.

Der Marktplatz war die Keimzelle von Wismar. Seit Beginn des 13. Jhs. entwickelte sich die Siedlung zu einem einflussreichen Handelsplatz und war bald zusammen mit Rostock und Lübeck eine der führenden Hansestädte. Zeugen des politischen und wirtschaftlichen Aufschwungs sind unter anderem die imposanten Backsteingebäude und die mittelalterliche Stadtmauer mit dem spätgotischen Wassertor. Diese Blütezeit endete jedoch, als Wismar 1648 mit dem Westfälischen Frieden an die schwedische Krone fiel. Nach einem hundertjährigen Pfandvertrag kam die Stadt im Jahr 1903 endgültig an Mecklenburg. Die im Zweiten Weltkrieg stark zerstörten Baudenkmälder, darunter die Marienkirche, die Georgenkirche und die Krämerstraße mit ihren farbenfrohen Giebelhäusern, vermitteln nach ihrer Rekonstruktion ein Bild früherer Wohlhabenheit in der Stadt. Lohnende Ausflugsziele sind die Wismar vorgelagerte Insel Poel und das westlich gelegene Bolltenhagen mit seinem langen Sandstrand. Im 19. Jh. galt es als eines der attraktivsten Sommerbäder an diesem Küstenbereich.

Großes Bild links:
Die nach Plänen von Philipp Brandin im niederländischen Renaissancestil errichtete Wasserkunst an der Südostseite des Markplatzes diente bis zum Ende des 19. Jhs. der Wasserversorgung von Wismar.

1 Der Wismarer Hafen ist seit mehr als 750 Jahren bedeutender Umschlagplatz für Güter aus aller Welt.

2 Der Alte Hafen, der heute nur noch als Fischereihafen genutzt wird, führt zurück in jene Zeit, als die Schiffe der Hanse der Stadt Reichtum und Macht einbrachten.

1

2

UNTERWEGS IN DER HOLSTEINISCHEN SCHWEIZ

Idyllische Lage: Preetz zwischen Post- und Lankersee

Das liebliche **Hügelland** der Holsteinischen Schweiz mit ihren für norddeutsche Verhältnisse imposanten **Bergen** und den zahlreichen **Seen** bietet dem Besucher etwas ganz Besonderes: Ruhe, Erholung und Ursprünglichkeit. Nur 167 Personen leben hier pro km² im Gegensatz zu 223 im Bundesdurchschnitt. Zwar hat der Fremdenverkehr mit 20 Millionen Übernachtungen pro Jahr auch hier deutlich zugenommen, in weiten Teilen ist jedoch Schleswig-Holstein **Agrarland.** Dort, wo der Boden jung und fruchtbar ist, finden sich vornehme Landsitze wohlhabender Gutsherren mit prächtigen Alleen und Parks. Auf der von Natur aus etwas benachteiligten **Geest** sind behäbige Bauerndörfer angesiedelt, die sich im Schutz von Baumgruppen eng zusammendrängen. Wer sich mehr für städtebauliche Kleinode interessiert, dem dürfte die ehemalige Residenzstadt Plön **(Abfahrt 8 Bornhöved, 19 km)** einen Abstecher wert sein. Das auf die Inseln und Halbinseln der malerischen Seenlandschaft ausgedehnte Städtchen wird von einem Schloss im Stil der italienischen Spätrenaissance beherrscht. Auch die hübsche verwinkelte Altstadt lädt zu einem gemütlichen Bummel ein.

KULINARISCHES DER REGION: Der Große Hans

Der »Große Hans« oder **»Dithmarsche Mehlbüdel«** (Mehlbeutel) ist eine kulinarische Besonderheit, die in keinem Kochbuch in Schleswig-Holstein fehlt. Man kann ihn auf deftig-würzige Art oder süß als leckeres Dessert zubereiten. Der deftige **Große Hans** wird als Riesenkloß aus einem Mehlteig hergestellt, den man in einem Leinentuch zusammen mit Speck im Wasserbad kocht. Als Beilage serviert man Pellkartoffeln. Die **süße Variante** besteht aus altbackenen Brötchen, Milch, Eiern, Zucker, Mandeln und Rosinen. Je nach Jahreszeit gibt man Blaubeeren, Rhabarber, Kirschen oder Erdbeeren dazu.

RAST AUF REISEN: Stilvoll oder gemütlich

Maritim Hotel Bellevue, Bismarckallee 2, 24105 Kiel, Tel. 0431/38940: komfortables Hotel mit großzügigen Zimmern, an der Ostsee mit Aussicht auf die Kieler Förde, gehobenes Restaurant; **Hotel Consul,** Walkerdamm 11, 24103 Kiel, Tel. 0431/535370: gepflegtes Hotel, schöne, moderne Zimmer, ISDN-Anschluß, großzügige Gesellschaftsräume, gehobene Küche **(Abfahrt 8 Kiel Mitte, ca. 8 km). Flair Hotel Neeth,** Preetzerstr. 1–3, 24211 Preetz-Dammdorf, Tel. 04342/82374: schöne Zimmer, ruhige Lage, rustikales Restaurant mit Gartenterrasse; **Hotel Schützenhof,** Am Schützenplatz 2, 24211 Preetz, Tel. 04342/2380: komfortables Hotel mit behaglichen Zimmern und gutbürgerlicher, heimisch eingefärbter Küche **(B76 Abfahrt Preetz). Hotel Bürgerstuben,** Lübeckerstr. 12a, 23795 Bad Segeberg, Tel. 04551/7475: gemütliche Atmosphäre in einem denkmalgeschützten Haus in der Altstadt am Fuß des Kalkbergs **(Abfahrt 12 Bad Segeberg Nord, ca. 3 km).**

Streckenprofil:** Ein Teil der Route führt über die B404. Die leicht hügelige, von Wäldern, Seen und Feldern geprägte Landschaft ist in den Monaten Mai und Juni während der Rapsblüte in ein leuchtendes Gelb getaucht. **(100 km, davon 60 km B404, ca. 1½ Std.)

***Kiel:** Der Reiz der Landeshauptstadt Schleswig-Holsteins liegt in ihrer Lage am südlichen Ende der Kieler Förde, einer der schönsten Buchten der Ostsee. Hier findet seit 1882 jedes Jahr Ende Juni die neuntägige Kieler Woche statt, ein kulturelles Event und eines der größten Segelsportereignisse der Welt. Sehenswert: Alter Markt mit gotischer Nikolaikirche (im 19. Jh. verändert) und Barlach-Plastik »Geistkämpfer« (1929), Kunsthalle (Malerei des 17. bis 20. Jhs.) und Schifffahrtsmuseum. Das Institut für Meereskunde mit beachtlichem Aquarium gehört zur Universität (gegr. 1665). **Empfehlenswert:** Hafen- und Förderundfahrten vom Ostseekai, z. B. nach Laboe zum 72 m hohen Marinedenkmal mit Aussichtsplattform.

***Bad Segeberg:** Die Attraktion der Kurstadt mit nostalgischem Charme sind die im Juli und August stattfindenen Karl-May-Festspiele. Seit 1952 zieht es alljährlich Zehntausende auf die Naturbühne in den ehemaligen Gipssteinbruch, der die Kulisse für das Spektakel bildet. Sehenswert: die imposante Aussicht vom 91 m hohen Felsen der Kalkberghöhlen; die romanische Kirche St. Marien (12. Jh.) mit schönem Schnitzaltar (1515). **(Abfahrt 12 Bad Segeberg-Nord, 3 km)**

***Schloss Tremsbüttel:** Nur einen Katzensprung von der Autobahn entfernt liegt in einer schönen Parklandschaft das Märchenschloss aus dem 19. Jahrhundert, in dem heute ein elegantes Hotel mit Restaurant und Tageszentrum untergebracht ist. Tel. 04532/264-0. **(Abfahrt 18 Tremsbüttel, 2 km)**

***Sachsenwald, Auffahrt A24:** Wenige km südlich von Trittau, an der Auffahrt Schwarzenbek/Grande zur A24, beginnt das größte geschlossene Waldgebiet Schleswig-Holsteins. Der 70 km² große, nach Farn und Moos duftende Mischwald mit dunklen Fichten und knorrigen Eichen ist ein ideales Revier für schöne Wander- und Fahrradtouren.

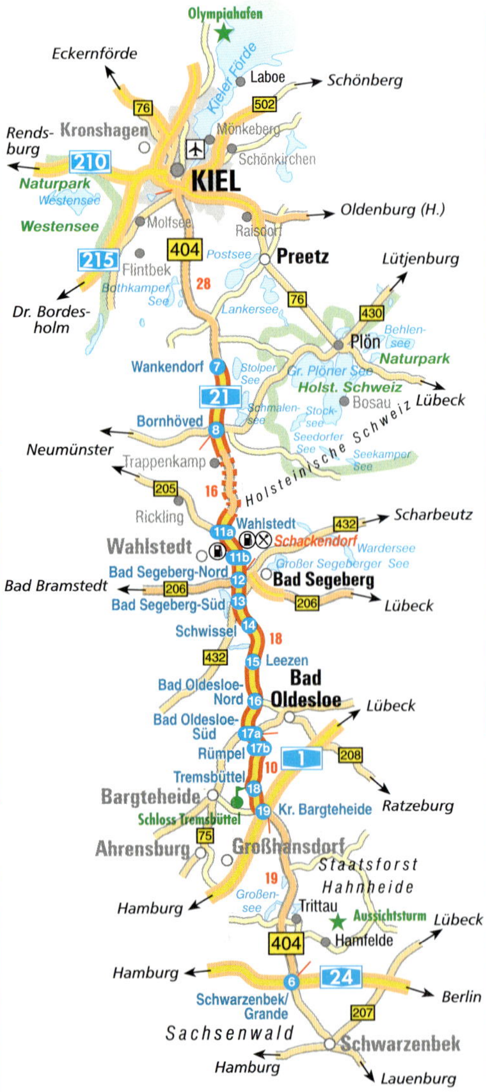

****Holsteinische Schweiz:** In sanfte Hügel und sattes Grün eingebettete Seen und die ausgedehnten Laubwälder machen den Naturpark zu einer der reizvollsten Regionen Deutschlands. **Sehenswerte Orte:** ***Preetz**, eine alte Schuhmacherstadt zwischen Post- und Lankersee. Interessant: das Zirkusmuseum in der Nähe der gotischen, turmlosen Backsteinkirche (1325). Inmitten von sieben Seen liegt der Luftkurort ****Plön**, ein touristisches Zentrum und Wassersporteldorado. Das auf einer Anhöhe gelegene prächtige Barockschloss (1633–36) war einst die Sommerresidenz der Dänischen Könige. **(Etwa 25 km Umweg: ab Kleinberkau Ri. Preetz; über B76 bis Plön; dann B430 bis Bornhöved: Anschluss B404)**

***Bad Oldesloe:** Von einem Stadtbrand im Jahre 1798 fast gänzlich zerstört, wirkt die lebhafte Kreisstadt jünger als sie ist. Sehenswert: das »Blaue Haus« (15. Jh.), ehemaliger Warenspeicher; das von Rapsfeldern umgebene Travetal ist ein reizvolles Wandergebiet. **(Abfahrt 16 Bad Oldesloe-Nord, 4 km)**

***Staatsforst Hahnheide:** Naturbelassene, stille Wälder, grüne Wiesen und viele Teiche sind charakteristisch für den kleinen Forst östlich von Trittau. Vom Aussichtsturm »Langer Otto« (94 Stufen) hat man an klaren Tagen einen Blick bis Lübeck. **(Ab Trittau über Hamfelde bis Parkplatz Hasenberg, 5 km)**

Kiel: das Rathaus mit seinem 106 m hohem Turm

Holsteinische Schweiz: das Barockschloss in Plön

Streckenprofil B5: *Die Fahrt führt durch die extrem flache, einzigartige Koog- und Marschenlandschaft Nordfrieslands. Typisch sind die verstreut liegenden Bauernhöfe mit Kühen und Schafen auf saftigem Weideland.* ***(90 km, 1¼ Std.)***
A23: *Aus Nordfriesland mit seinen touristischen Zielen Sylt und St. Peter Ording führt die Strecke durch das flache Bauernland Dithmarschen in das weltstädtische Hamburg.* ***(100 km, ca. 1 Std.)***

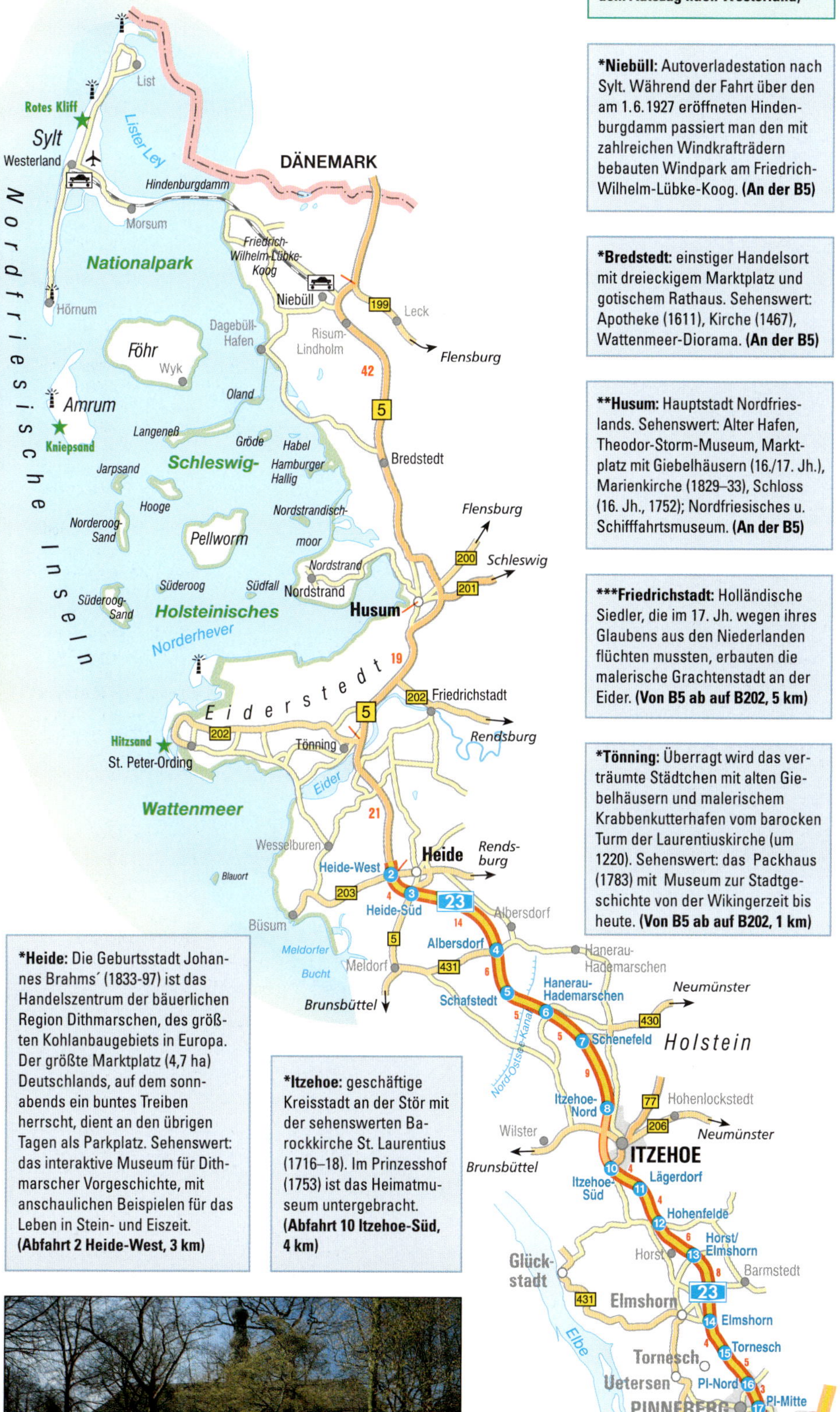

*****Sylt:** Die Insel in der Nordseebrandung ist mit 110 km Küstenlinie, 40 km Strand, malerischen Kliffs und schönen Friesenhäusern die »Königin der Nordsee«. Neben Trubel und teuren Luxustreffs bietet sie auch viel Natur. **(Ab Niebüll mit dem Autozug nach Westerland)**

***Niebüll:** Autoverladestation nach Sylt. Während der Fahrt über den am 1.6.1927 eröffneten Hindenburgdamm passiert man den mit zahlreichen Windkrafträdern bebauten Windpark am Friedrich-Wilhelm-Lübke-Koog. **(An der B5)**

***Bredstedt:** einstiger Handelsort mit dreieckigem Marktplatz und gotischem Rathaus. Sehenswert: Apotheke (1611), Kirche (1467), Wattenmeer-Diorama. **(An der B5)**

****Husum:** Hauptstadt Nordfrieslands. Sehenswert: Alter Hafen, Theodor-Storm-Museum, Marktplatz mit Giebelhäusern (16./17. Jh.), Marienkirche (1829–33), Schloss (16. Jh., 1752); Nordfriesisches u. Schifffahrtsmuseum. **(An der B5)**

*****Friedrichstadt:** Holländische Siedler, die im 17. Jh. wegen ihres Glaubens aus den Niederlanden flüchten mussten, erbauten die malerische Grachtenstadt an der Eider. **(Von B5 ab auf B202, 5 km)**

***Tönning:** Überragt wird das verträumte Städtchen mit alten Giebelhäusern und malerischem Krabbenkutterhafen vom barocken Turm der Laurentiuskirche (um 1220). Sehenswert: das Packhaus (1783) mit Museum zur Stadtgeschichte von der Wikingerzeit bis heute. **(Von B5 ab auf B202, 1 km)**

***Heide:** Die Geburtsstadt Johannes Brahms´ (1833-97) ist das Handelszentrum der bäuerlichen Region Dithmarschen, des größten Kohlanbaugebiets in Europa. Der größte Marktplatz (4,7 ha) Deutschlands, auf dem sonnabends ein buntes Treiben herrscht, dient an den übrigen Tagen als Parkplatz. Sehenswert: das interaktive Museum für Dithmarscher Vorgeschichte, mit anschaulichen Beispielen für das Leben in Stein- und Eiszeit. **(Abfahrt 2 Heide-West, 3 km)**

***Itzehoe:** geschäftige Kreisstadt an der Stör mit der sehenswerten Barockkirche St. Laurentius (1716–18). Im Prinzesshof (1753) ist das Heimatmuseum untergebracht. **(Abfahrt 10 Itzehoe-Süd, 4 km)**

Husum: der Schlosspark zur Zeit der Krokusblüte

UNTERWEGS IM NATIONALPARK SCHLESWIG-HOLSTEINISCHES WATTENMEER

Sylt: der Leuchtturm am Ostellenbogen

Deutschlands größter **Nationalpark** beginnt an der Nordspitze von Sylt und reicht mit seiner ausgedehnten Landschaft bis zur Elbmündung hinunter. Am besten lernt man die Schätze dieser rauen, aber sehr reizvollen Naturlandschaft, deren Gebiet stolze 2850 km² umfasst, auf einer **Wattwanderung** kennen. Salzwiesen, Schlickwatten, Seehundbänke und Seevogelkolonien sind nur einige der Besonderheiten, die sich den staunenden Augen des Besuchers bieten. Bei zahlreichen **Schutzstationen** auf den Inseln und an der Festlandküste kann man sich für eine solche Exkursion in die »Kinderstube der Nordsee« anmelden. Auch der **Hitzsand** in der Nähe des Urlaubsortes St. Peter-Ording bietet Badeurlaubern wie Spaziergängern ein weites Betätigungsfeld. Mit 14 km Länge und bis zu 2 km Breite ist er fast so groß wie der Amrumer **Kniepsand**, Deutschlands längster Sandstrand. Doch während dieser nur noch bei Sturmfluten Land unter meldet, wird der Hitzsand doch des öfteren von den gewaltigen Wellen überspült. Dann flüchtet sich Groß und Klein auf die typischen Pfahlbauten und wartet, bis die Fluten vorüber sind. Hat sich das Meer wieder zurückgezogen, dann ist der Moment für die **Strandsegler** gekommen, die dreirädrig und leicht wie Federn über den tischebenen Sandboden gleiten.

KULINARISCHES DER REGION: Der Pharisäer

Bei rauen Winden und hohen Fluten greift man im Norden gerne auf **Hochprozentiges** zurück. Starker, schwarzer **Kaffee** mit einem gehörigen Schuss **Rum**, das Ganze unter einem flauschigen **Sahnehäubchen** versteckt – das ist der berühmte nordfriesische »Pharisäer«. Das Sahnehäubchen diente den trinkfreudigen Bauern angeblich einst dazu, bei Kindstaufen oder ähnlichen Festivitäten vor dem Pastor zu verbergen, dass sie schon zur Kaffeetafel Alkohol zu sich nahmen. **»Oh, ihr Pharisäer!«** soll der Pastor dann gerufen haben, als er den Schwindel durch einen dummen Zufall endlich entdeckte. Empfehlenswert: **Strandcafé Halligblick,** Norderhafen 18, 25845 Nordstrand: Wer seinen Pharisäer hier zu sich nimmt, der sollte sich gut wappnen: Denn es ist Tradition, dass jeder Gast, der sieben Pharisäer getrunken hat, den achten gratis erhält. Nur Vorsicht: Hinters Steuer sollte man sich nach diesem hochprozentigen Genuss nicht mehr setzen. **(Husum Abfahrt Hattstedt, 14 km).**

RAST AUF REISEN: Übernachten in Husum

Hotel Rosenburg, Schleswiger Chaussee 65, 25813 Husum, Tel. 04841/96050: Prädikat »Gastliches Haus«, komfortable Zimmer, ruhig, 18-Loch-Golfplatz in der Nähe, diverse Freizeitaktivitäten **(B5 Abfahrt Husum, 4 km). Nordsee Hotel,** Dockkoog, 25813 Husum, Tel. 04841/5021: modernes Hotel am Strand, Sauna, Swimmingpool **(Husum Abfahrt Hafen-Südufer, Rödemis, 4 km).**

Plöner See

In beeindruckender Geste überragt ein Schloss den idyllischen Luftkurort Plön im Herzen der seenreichen Holsteinischen Schweiz.

Bereits im Jahr 1139 bauten die Grafen von Schauenburg auf einer schmalen Landbrücke am Großen Plöner See eine Burg. Zu deren Füßen entstand die Siedlung Plön, die 1236 Lübsches Stadtrecht erhielt. 1636–1761 war Plön Residenz der Herzöge von Schleswig-Holstein-Sonderburg-Plön, auf deren rege Bautätigkeit das heutige Stadtbild zurückgeht. Herzog Joachim Ernst errichtete 1633–1636 an der Stelle der mittelalterlichen Burganlage der Schauenburger Grafen das Schloss, das nach dem Ende des Plöner Herzogtums den dänischen Königen als Sommersitz diente und später preußische Kadettenanstalt wurde.

In der das Stadtbild beherrschenden Dreiflügelanalage des Schlosses befindet sich heute ein Internat. Im früheren Witwenpalais ist das Kreismuseum untergebracht. Die lebendige Kreisstadt ist heute ein beliebtes Wassersportzentrum, das in erster Linie durch den Tourismus geprägt wird.

1 Wahrzeichen der Stadt ist das im Stil der Spätrenaissance erbaute Plöner Schloss. Wirkt der Bau auch von außen nüchtern, so erstaunt im Innern die reiche Ausgestaltung mit Schnitzwerk und Stuckaturen.

2 Von der Schlossterrasse aus genießt man einen wunderschönen Ausblick auf die Stadt Plön und den Großen Plöner See, mit 32 km² der größte See der Holsteinischen Schweiz. Im Sommer kann man bei einer Schiffrundfahrt die Ruhe Holsteins genießen.

3 Während der Rapsblüte im Mai gleichen die Felder bei Ascheberg einem leuchtenden gelben Teppich. Die für diese wind- und sonnenreiche Gegend typischen Windmühlen muten wie aus dem Märchen an.

***Streckenprofil:** Die Route durch die flach welligen, dünn besiedelten Landschaften Mecklenburgs und Brandenburgs verbindet die Metropolen Hamburg und Berlin.*
(245 km, 2½ Std.)
***A241:** Autobahnteilstück in nördlicher Richtung. Bis Schwerin 30 km.*

*****Naturpark Lauenburgische Seen:** Buchtenreiche Seen machen die Region zu einem Paradies für Wassersportler. Mitten in der an seltener Flora und Fauna reichen Landschaft liegt – auf einer Insel – das malerische Ratzeburg mit dem imposanten romanischen Dom. Sehenswert auch die 10 km südlich liegende »Eulenspiegel-Stadt« Mölln. **(Abfahrt 7 Talkau, über B207, 10 km bis Mölln, 20 km bis Ratzeburg)**

*****Schwerin:** Blickfang ist das überdimensionale, auf einer vorgelagerten Insel gelegene Schloss Schwerin (1843–57) mit seinen 365 Türmchen. Sehenswert in der Mecklenburgischen Landeshauptstadt: gotischer Dom St. Maria und St. Johannes (ab 1280/15. Jh.) mit einem Lübecker Kreuzaltar (1440), Markt mit Bürgerhäusern (18./19. Jh.), klassizistisches Staatstheater (1883–86), Fachwerkensembles um die Nikolaikirche (1708–11) und Staatliches Museum im »Alten Garten« mit einer herausragenden Sammlung niederländischer und flämischer Malerei. **(Abfahrt Schwerin-Süd, 7 km)**

***Schwerin-Mueß:** Sehenswert ist das Mecklenburgische Volkskundemuseum, ein Freilichtmuseum am original hier angesiedelten Ort am Pinnower See. **(Abfahrt Schwerin-Süd, 2 km)**

*****Schweriner Seenland:** Größter und schönster der zahlreichen Seen in der abwechslungsreichen sanft gewellten Landschaft Westmecklenburgs ist mit 65 km² Wasserfläche der Schweriner See. Mit den Fahrgastschiffen der Weißen Flotte kann man unvergessliche Seerundfahrten machen. **(Anlegestelle ist in Schwerin zwischen Schlossinsel und Marstall)**

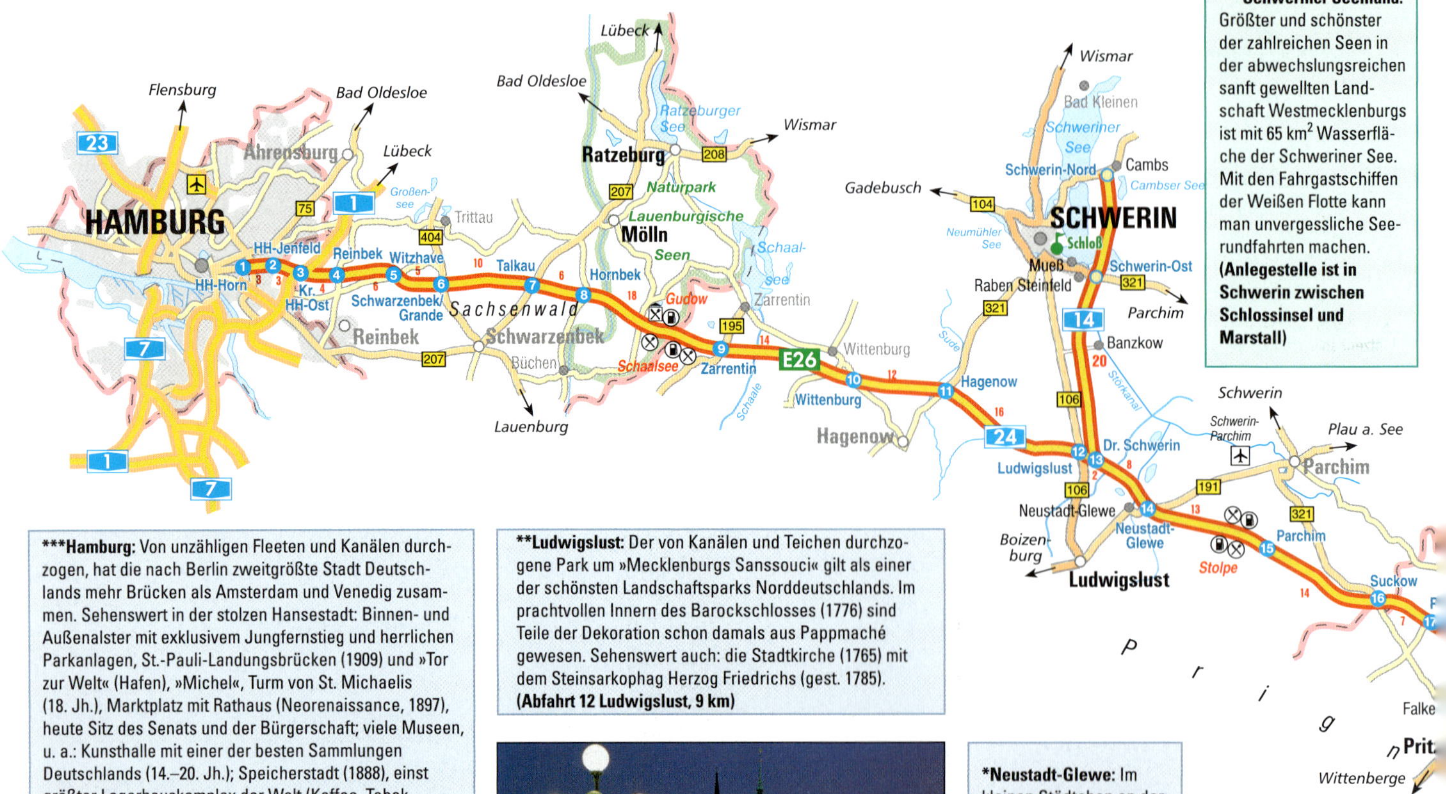

*****Hamburg:** Von unzähligen Fleeten und Kanälen durchzogen, hat die nach Berlin zweitgrößte Stadt Deutschlands mehr Brücken als Amsterdam und Venedig zusammen. Sehenswert in der stolzen Hansestadt: Binnen- und Außenalster mit exklusivem Jungfernstieg und herrlichen Parkanlagen, St.-Pauli-Landungsbrücken (1909) und »Tor zur Welt« (Hafen), »Michel«, Turm von St. Michaelis (18. Jh.), Marktplatz mit Rathaus (Neorenaissance, 1897), heute Sitz des Senats und der Bürgerschaft; viele Museen, u. a.: Kunsthalle mit einer der besten Sammlungen Deutschlands (14.–20. Jh.); Speicherstadt (1888), einst größter Lagerhauskomplex der Welt (Kaffee, Tabak, Gewürze); Reeperbahn; Tierpark Hagenbeck – der erste Privatzoo der Welt (1907). **(Abfahrt 1 Hamburg-Horn, 6 km)**

Ein Muss ist ein Besuch des Fischmarkts am Sonntagmorgen zwischen 5.00 und 9.30 Uhr. Sehr empfehlenswert ist die einzigartige Fleetfahrt durch die Flüsse und Kanäle der Stadt **(Abfahrt Alsterpavillon)**. Und natürlich eine Hafenrundfahrt auf einer kleinen Barkasse vorbei an neuen Ozeanriesen und alten Windjammern. **(Abfahrt Landungsbrücken)**

****Ludwigslust:** Der von Kanälen und Teichen durchzogene Park um »Mecklenburgs Sanssouci« gilt als einer der schönsten Landschaftsparks Norddeutschlands. Im prachtvollen Innern des Barockschlosses (1776) sind Teile der Dekoration schon damals aus Pappmaché gewesen. Sehenswert auch: die Stadtkirche (1765) mit dem Steinsarkophag Herzog Friedrichs (gest. 1785). **(Abfahrt 12 Ludwigslust, 9 km)**

Hamburg: derJungfernstieg mit Rathaus und St. Nikolai

***Neustadt-Glewe:** Im kleinen Städtchen an der Elde mit schönen Giebelfachwerkhäusern (18./19. Jh.) liegt mit einer gut erhaltenen gotischen Burg (14./15. Jh.) eine der ältesten mittelalterlichen Burganlagen Mecklenburgs. **(Abfahrt 14 Neustadt-Glewe, 2 km)**

***Prignitz:** Von Ludwigslust bis Dreieck Wittstock durchfährt man die nördliche Prignitz, eine leicht gewellte, waldarme Landschaft mit weiten Feldern und verwunschen daliegenden Orten.

UNTERWEGS VOM HERZOGTUM LAUENBURG NACH LUDWIGSLUST

Das spätbarocke Schloss Ludwigslust

Leicht hügeliges, seenreiches **Jungmoränenland** im Norden und in früheren Eiszeiten abgelagerte, heute weitgehend eingeebnete, **Altmoränen** im Süden zeichnen den Grenzsaum der jüngsten Vereisung in weiten Teilen Norddeutschlands aus. Die Geschichte des Landes an der Grenze zwischen **Schleswig-Holstein** und **Mecklenburg-Vorpommern** hat jedoch ihre ganz eigene Prägung. Da ist der Name, der an das alte Sachsenherzogtum Heinrichs des Löwen erinnert, da sind die verwitterten Feldsteinkirchen, die prächtigen Herrenhäuser und da ist vor allem die **Alte Salzstraße (Abfahrt 8 Hornbek)**, auf der man einst das »weiße Gold« von Lüneburg nach Lübeck transportierte und auf deren Trasse man heute durch die **Stecknitzniederung** wandern kann. Herrliche Spaziergänge kann man auch im 130 Hektar großen Schlosspark von Ludwigslust machen, der im 19. Jh. als Landschaftspark englischen Stils gestaltet wurde, mit idyllischen Kanälen und Teichen, romantischen Brücken und Parkbauten.

KULINARISCHES DER REGION: Einfach & gut

Fischerei und Landwirtschaft wurden in diesem fruchtbaren Landstrich schon immer groß geschrieben. Nach althergebrachter Tradition bereitet man seit jeher einfache und schmackhafte Gerichte aus dem zu, was Land und Gewässer zu bieten haben. **Aal in Aspik,** die so genannten **Wruken** (besser bekannt als Steckrüben) mit **Gänsekeulen** oder der **Mecklenburger Rippenbraten mit Backpflaumenfüllung** sind aus der regionalen Küche nicht wegzudenken. Empfehlenswert: **Alt Schweriner Schankstuben,** Am Schlachtermarkt 9–13: in einem alten Fachwerkbau gelegenes Gasthaus; **Das kleine Mekklenburger Gasthaus** im antiken Bülow-Haus, Schuster-str. 13-15. **(Abfahrt Schwerin-Süd).**

RAST AUF REISEN: Traditionsreich

Quellenhof, Hindenburg Str. 16, 23879 Mölln, Tel. 04542/3028: schönes, behagliches Hotel mit gepflegter Gastronomie **(Abfahrt 7 Talkau, 5 km); Wittlers Hotel,** Große Kreuzstr. 11, 23909 Ratzeburg, Tel. 04541/3204: traditionsreiches Haus im Domviertel **(Abfahrt 7 Talkau, 10 km). Hotel Lewitzmühle,** An der Lewitzmühle 40, 19079 Schwerin-Banzkow, Tel. 03861/5050: Komforthotel in alter Mühle, rustikales Restaurant mit Blick über das Naturschutzgebiet »Lewitz«, Garten, Wellnessangebot, Gesellschaftsräume **(Abfahrt 12 Ludwigslust, B106 Ri. Schwerin, nach 9 km Ri. Hasenhäge/Banzkow).**

*****Berlin:** Wahrzeichen der alten und neuen Hauptstadt ist das Brandenburger Tor (1788–91). Das seit dem Mauerbau (13.8.61) weltberühmte Symbol der Teilung und des Kalten Kriegs ist heute Mittelpunkt einer pulsierenden Weltmetropole. Die Stadt an Spree und Havel hat soviel an Architektur und Kultur zu bieten, dass hier nur eine sehr unvollständige Aufzählung Platz hat. Sehenswert: Pariser Platz hinter dem Brandenburger Tor mit Prachtallee Unter den Linden, Staatsoper (1743), das barocke Zeughaus (1695–1706), Humboldt-Universität und Staatsbibliothek (1774–1780), Hedwigs-Kathedrale (1747–73), Gendarmenmarkt mit Französischem (1701–05) und Deutschem Dom (1701–08) und dem Schinkelschen Schauspielhaus; Museumsinsel mit Pergamonmuseum, Bodemuseum (bis 2004 geschlossen), Alter Nationalgalerie und Neuem Museum (seit 1999 UNESCO-Weltkulturerbe); Berliner Dom (1894–1905), größter protestantischer Zentralbau Deutschlands; der vollkommen neu gestaltete Potsdamer Platz; Alexanderplatz mit Fernsehturm (365 m) und Rotes Rathaus; »Straße des 17. Juni« mit der Siegessäule (1894–73); Reichstagsgebäude (1884–94) am Platz der Republik mit begehbarer Gläserner Kuppel und Dachgartenrestaurant; Friedrichstraße, Kurfürstendamm, Tauentzienstraße und Breitscheidplatz mit der Kaiser-Wilhelm-Gedächtniskirche (1891–95) und Europa-Center; Szeneviertel Prenzlauer Berg, Hamburger Bahnhof, Hackesche Höfe; Gedenkstätte Plötzensee in Charlottenburg; Mauer-Gedenkstätte in der Bernauer Straße; Jüdisches Museum, die Gedenkstätte »Topographie des Terrors« und das im Bau befindliche Holocaust-Denkmal; Neue Nationalgalerie (1968) und die Philharmonie (1963); weitere Museen: Gemäldegalerie und Museum für Völkerkunde in Dahlem; Ägyptisches Museum in Charlottenburg; Märkisches Museum; Schloss Charlottenburg, Schloss Bellevue und Jagdschloss Grunewald. **(Von der A24 Dreieck Havelland über die A10 und A111 bis Berlin-Mitte noch ca. 30 km)**

Berliner Dom – die ehemalige Hofkirche der Hohenzollern

Das barocke Schloss Charlottenburg in Berlin

Neuruppin: Durch den Wiederaufbau nach einem verheerenden Brand 1787 bekam die Stadt am schönen Ruppiner See ein einheitlich klassizistisches Stadtbild mit breiten rechtwinkligen Straßen. Ältestes Gebäude und Wahrzeichen der Heimatstadt Theodor Fontanes (1819–98) und Karl Friedrich Schinkels (1781–1841) ist die frühgotische Klosterkirche am See. Sehenswert: das Heimatmuseum mit einer großen Sammlung der im 19. Jh. berühmten Neuruppiner Bilderbogen. **(Abfahrt 22 Neu-ruppin, 6 km)**

****Klosterstift Heiligengrabe:** Das in eine Parkanlage eingebettete Zisterzienserkloster (Backsteingotik) wurde um 1290 errichtet. Sehenswert: Staffelgiebel über Eingang, Blutkapelle und alter Friedhof mit Grabsteinen adeliger Stiftsdamen. **(Abfahrt 19 Pritzwalk, 4 km)**

Klosterstift Heiligengrabe: die Blutkapelle

***Fehrbellin:** Ca. 4 km nach der Abfahrt Fehrbellin erinnert links von der Autobahn ein Denkmal und eine Siegessäule an die Schlacht von Fehrbellin 1675, in der die brandenburgische Kavallerie die schwedischen Truppen besiegte. Kommandeur war Friedrich Wilhelm von Homburg, Held des Kleistschen Dramas »Prinz von Homburg«. **(Abfahrt 24 Fehrbellin, 5 km)**

UNTERWEGS VON DEN SCHWERINER SEEN IN DIE RUPPINER SCHWEIZ

Neuruppin: die Klosterkirche am Ruppiner See

Die **Seenlandschaft** um die Hauptstadt Mecklenburg-Vorpommerns Schwerin bietet ein schönes Wald- und Naturgebiet. Zwölf Seen liegen allein innerhalb der Stadtgrenze. An der Ostseite des **Schweriner Sees,** dem drittgrößten Binnensee Deutschlands, erstreckt sich bis hin zum **Pinnower** und **Cambser See** eine urwüchsige Naturlandschaft. Auch das Südufer des Schweriner Sees hat einiges zu bieten: Wer hier einmal den idyllischen **Franzosenweg** vom Schlossgarten zum Seebad Zippendorf gegangen ist, wird von dieser sanften Landschaft begeistert sein. Doch auch die Innenstadt der alten, Bischofs- und Residenzstadt besitzt Sehenswertes. Viele Seen und die abwechslungsreiche Landschaft der **Ruppiner Schweiz** zeichnen die Gegend um Neuruppin aus. Von hier empfiehlt sich auch ein Ausflug nach Kyritz **(Abfahrt 22 Neuruppin, 30 km),** den hübschen alten Hauptort der **Prignitz** und der malerischen **Kyritzer Seenkette.**

KULINARISCHES DER REGION: Kartoffel & Co.

Neben deftigen Fleisch- und Schlachtfestgerichten spielt die **Kartoffel** in der Küche Mecklenburg-Vorpommerns eine dominierende Rolle. Noch im 18. Jahrhundert, als Friedrich der Große seine Untertanen mit allen Mitteln zum Kartoffelanbau bewegen wollte, galt sie dort als ungenießbare Knolle. Inzwischen ist die Kartoffel hier zur beliebtesten Beilage aufgestiegen, und auch so manches leckere Hauptgericht wie **Stampfkartoffeln mit Buttermilch** oder **Heringskartoffeln** bereitet man daraus zu. Aus alter Jagdtradition nimmt die Zubereitung von **Wild** in der regionalen Küche einen wichtigen Platz ein. Vor allem Schwarzwild, aber auch Reh, Hirsch und **Federwild** sind auf der Speisekarte traditionsreicher Gasthäuser zu finden. Empfehlenswert: **Parkhotel Klüschenberg,** Klüschenberg 14, 19395 Plau: idyllisch auf einer Anhöhe gelegenes Hotel mit schmakhafter Küche **(Abfahrt 18 Meyenburg, 26 km).**

RAST AUF REISEN: Ruhig und schön

Hotel Rabennest, Peckatelerstr. 5, 19065 Schwerin-Raben Steinfeld, Tel. 03860/8011: neues Hotel in ruhiger Lage, komfortable Zimmer **(Abfahrt Schwerin-Süd, 1 km). Hotel Alago,** Cambser Seeweg 5, 19067 Cambs, Tel. 03866/660: sehr ruhiges Hotel am Cambser See, komfortable Zimmer mit TV und Minibar **(Abfahrt Schwerin-Nord, 1 km). Hotel-Restaurant Falkenhagen,** Rapshagenerstr. 10, 16928 Falkenhagen, Tel. 033986/82123: gutes Hotel, behagliche Zimmer, 2 Konferenzräume **(Abfahrt 18 Meyenburg, 4 km). Waldhotel Forsthaus Hainholz,** Hainholz 2, 16928 Pritzwalk, Tel. 03395/30079-0: ruhiges Hotel am Waldrand mit schöner Restaurant-Café-Terrasse **(Abfahrt 18 Meyenburg, 9 km). Hotel-Restaurant Röbler Tor,** Am Dosseteich 1, 16909 Wittstock, Tel. 03394/40046: Komforthotel im Stadtpark, Wintergarten, Terrasse, Tagungsraum mit moderner Technik **(Abfahrt 20 AB-Dreieck Wittstock, 4 km).**

BE 17
BRUCKE 3

Hamburg

Hafen-, Hanse-, Medien- und Vergnügungsstadt – Hamburg ist so vielfältig wie sein Wirtschaftsleben.

Karl der Große ließ 810 oberhalb der Mündung der Alster die Hammaburg errichten, eine befestigte Mission, um die sich Fischer, Schiffer, Kaufleute und Handwerker ansiedelten. Bald entwickelte sich trotz Angriffe der Wikinger und Dänen ein namhafter Handelsort. Schließlich räumte Kaiser Friedrich Barbarossa am 7. Mai 1189 der »Hammaburg« besondere , Zoll-, Handels- und Schifffahrtsprivilegien ein. Noch heute wird der 7. Mai als Hafengeburtstag gefeiert. Mit dem Beitritt zur Hanse 1321 und Gründung der Börse 1558 begann der Aufstieg zur Handelsmetropole. 1888 wurde der Freihafen angelegt, 1937 entstand Großhamburg. Der Zweite Weltkrieg verwüstete Hamburg weiträumig, eine Jahrhundertflut 1962 forderte viele Opfer. Heute ist Hamburg mit spektakulären Bauten wie dem Gruner & Jahr Gebäude eines der Medien- und Kulturzentren Deutschlands.

Großes Bild links:
Tradition und Moderne dicht an dicht: Blick über die alten St.-Pauli-Landungsbrücken auf den Hafen und die Trockendocks.

1 Die St. Michaelis-Kirche, liebevoll »Michel« genannt, ist das Wahrzeichen der Hansestadt.

2 Die Alsterarkaden, die den Rathausmarkt von Nordwesten begrenzen, wurden von Alexis de Chateauneuf 1843 nach venezianischen Vorbildern erbaut.

3 Malerisch: Kutter haben in der Nähe des Fischmarkts festgemacht.

4 Hebebrücken überspannen die vielen Kanäle, die die Speicherstadt durchziehen.

5 Zeitgenössische Kunst wird in der »Galerie der Gegenwart« ausgestellt.

6 Das an der Elbe gelegene Blankenese wird nicht umsonst das »Treppenviertel« genannt.

Schwerin

Der spannungsreiche Wechsel zwischen Land und Wasser macht die Landeshauptstadt von Meckenburg-Vorpommern zur liebenswerten »Stadt der sieben Seen«.

Von jeher ist Schwerin der Mittelpunkt Mecklenburgs. Bereits die Slawen errichteten eine Burg auf der heutigen Schlossinsel. 1160 eroberte der Sachsenherzog Heinrich der Löwe das Gebiet und gründete noch im selben Jahr die Stadt auf einem Hügel. Bis 1648 war Schwerin dann Sitz eines Bischofs, der Dom (13.–15. Jh.) ist ein Meisterwerk der norddeutschen Backsteingotik. Seit Ende des 15. Jhs., mit Ausnahme der Jahre 1764–1837, residierten in der Stadt die Herzöge von Mecklenburg. Das heutige Altstadtbild prägen vor allem die Repräsentationsbauten des Hofarchitekten Georg Adolph Demmler, der Mitte des 19. Jhs. auch dem Schloss neue Pracht verlieh. Der Schweriner See, an dessen Ufer sich die Stadt schmiegt, ist ein Dorado für Wassersportler. Reich an ausgedehnten Gartenanlagen und weiteren Seen bietet Schwerin neben der ansprechenden Architektur auch viel an Freizeitmöglichkeiten.

Großes Bild links:
Als barocker Teppich geleitet der vom Kreuzkanal durchzogene Barockgarten zum Schweriner Schloss.

1 Schloss Chambord an der Loire stand Pate, als G. A. Demmler die herzögliche Residenz in ein Märchenschloss umgestaltete.

2 Geschickt entlehnten die Baumeister des 19. Jhs. unterschiedliche Stilelemente unter Verwendung von Teilen des 16. Jhs. für ihren herrschaftlichen Bau.

3 Auf Schwerins Schlossinsel residierten seit dem Ende des 15. Jhs. die Mecklenburgischen Herzöge.

4 Blick auf das im 19. Jh. erbaute Mecklenburgische Staatstheater und den Dom, eines der schönsten Bauwerke der norddeutschen Backsteingotik.

1

2

3

4

Berlin: Unter den Linden

Von der Schlossbrücke bis zum Brandenburger Tor erstreckte sich das Zentrum des alten Berlin.

Als im Jahr 1709 Friedrich I., selbst gekrönter König von Preußen, fünf Städte zur Haupt- und Residenzstadt Berlin vereinte, begann der Aufstieg einer Metropole. Sein Enkel Friedrich der Große machte Preußen zur europäischen Großmacht und Berlin zu einem wirtschaftlichen und kulturellen Zentrum. Ihrer Bedeutung entsprechend erhielt die preußische Hauptstadt im 18. und 19. Jh. eine Vielzahl repräsentativer Bauten, die sich wie Universität, Neue Wache oder Zeughaus entlang der 60 m breiten Prachtstraße Unter den Linden aufreihten. Der ehemalige kurfürstliche Reitweg führte vom 1950 gesprengten Stadtschloss zum Pariser Platz. Heute wird auf der klassizistischen Meile wieder flaniert, was das Zeug hält.

Großes Bild links:
Das Brandenburger Tor versinnbildlicht wie kein anderes Bauwerk die überwundene Teilung Berlins.

1 Östlich des Schlossplatzes wurde 1861–1869 das Rote Rathaus errichtet, das den Namen seinen märkischen Klinkern verdankt. Im Angesicht des Neptunbrunnens residieren heute Senat und Regierender Bürgermeister.

2 Unter den Linden: »Alter Fritz«, Zeughaus, Neue Wache und der Blick auf den Fernsehturm

3 1851 wurde das Reiterstandbild Friedrichs II. aufgestellt.

4 Der Baumeister Georg Wenzeslaus von Knobelsdorff, dem die Welt auch Sanssouci zu verdanken hat, baute ab 1741 die Deutsche Staatsoper im Herzen der »Linden« in Nachempfindung eines korinthischen Tempels.

5 Westlich des Brandenburger Tors öffnet die Straße des 17. Juni den Blick durch den Tiergarten auf die monumentale Siegessäule mit der vergoldeten Victoria.

1

2

3

4

5

Ruhnke
Versicherungen
copiers

Berlin: Kurfürstendamm

Der Kudamm, Berlins wohl berühmtester Boulevard, zieht seit Jahrzehnten mit seinen Cafés, vornehmen Geschäften, Theatern und Kinos unzählige Besucher aus aller Welt an.

Ursprünglich war der Kurfürstendamm einfach nur die Verbindung vom Stadtschloss Berlin hinaus zum Jagdschloss Grunewald. Bereits Kurfürst Joachim II. legte hier im 16. Jh. einen Reitweg an. Bismarck ließ die Straße dann in den Jahren 1883–1886 zu einem prächtigen Boulevard ausbauen. Heute zieht sich der 53 m breite Kurfürstendamm über 3,5 km quer durch Charlottenburg. Der weltstädtische Glanz, den die Gegend zwischen Kantstraße, Fasanenstraße und Kudamm mit ihren Theatern, Lichtspielhäusern, Kabaretts, Kneipen und Kaffeehäusern in den wilden Zwanzigern ausstrahlte, ist zwar ein wenig verloren gegangen, dennoch ist der Kudamm bis heute der beliebteste Einkaufs- und Vergnügungsboulevard der Berliner geblieben.

Großes Bild links:
Blick von der Tauentzienstraße auf die Ruine der neoromanischen Kaiser-Wilhelm-Gedächtnis-Kirche am Breitscheidplatz, lange Zeit das Wahrzeichen West-Berlins

1 Das berühmte Café Kranzler, eine der Institutionen der Stadt und ein Muss für jeden Besucher

2 Berlin bei Nacht: die 63 m hohe Gedächtnis-Kirche, daneben der moderne Eiermann-Turm, im Volksmund »Bahlsen-Kathedrale« genannt

3 Das Elefantentor markiert den Eingang zum Zoologischen Garten, der im Jahr 1844 als erster deutscher Zoo eröffnet wurde.

4 Das mondäne Theater des Westens gehört seit seiner Eröffnung im Jahr 1896 zu den bedeutendsten Schauspielhäusern Deutschlands.

1

2

3

4

*****Wattenmeer:** In der großartigen Naturlandschaft, mittlerweile als Nationalpark unter Schutz gestellt, bestimmen Ebbe und Flut den Tagesablauf. Im 2520 km² großen Biotopkomplex vor der Küste zwischen Ems- und Elbemündung leben über 250 Tierarten, darunter als einzige Säugetiere auch Seehunde; Informationen gibt das Nationalpark-Haus in Dorumer Neufeld. Der nahe Kutterhafen am Dorumer Tief ist der größte der Wurster Marsch. **(Abfahrt 3 Nordholz, über Spieka 12 km)**

****Bremerhaven:** Die Stadt an der Wesermündung mit Europas größtem Fischerei- und Containerhafen, war früher die Brücke nach Amerika. Von der Columbuskaje, auch »Pier der Tränen« genannt, brachen seit 1847 über 10 Millionen Europäer in die Neue Welt auf. Sehenswert: das Deutsche Schifffahrtsmuseum mit Museumshafen und 500 Schiffsmodellen, das Historische Museum mit einer Dokumentation über Auswanderer; der Zoo am Meer mit Nordseeaquarium. **(Abfahrt 7 Bremerhaven-Mitte, 3 km)**

Bremen – Hafenrundfahrt: Der zweitgrößte Hafen Deutschlands ist Seehandelsplatz für Fahrzeuge, Wolle, Kaffee, Tee und Tabak. Rundfahrten zu den stadtbremischen Häfen am nostalgischen Dreimaster »Deutschland« vorbei, beginnen am Martini-Anleger an der Weserpromenade Schlachte unweit des Marktplatzes.

Der riesige Containerterminal mit seinen abertausenden Lichtern ist abends ein beeindruckender Anblick. Ein Erlebnis sind die Hafenrundfahrten durch den Fischereihafen bzw. durch den Überseehafen. Auch mit dem Hafenbus kann man Überseehafen sowie Container- und Autoterminal erkunden.

****Bremen:** Wahrzeichen der Freien Hansestadt an der Weser, die zusammen mit Bremerhaven das kleinste Bundesland bildet, ist der Roland (1404), Symbolfigur der Unabhängigkeit. Er ist dem Dom St. Petri (ab 1042) zugewandt. Daneben das Alte Rathaus (1405–09) mit herrlicher Renaissancefassade (1609–12), in dessen Keller Deutschlands größte Weinsammlung (600 Sorten) lagert. Unter dem Nordwestturm erinnern die »Bremer Stadtmusikanten« an das Grimmsche Märchen. Sehenswert: Böttcherstraße, eine Laden- und Museumsgasse; das reizvolle Schnoorviertel (14. Jh.), der älteste Teil der Stadt; das Bremer Landesmuseum für Kunst- und Kulturgeschichte und das Überseemuseum, das anschaulich fremde Länder und Kulturen präsentiert. **(Abfahrt 18 Bremen-Freihafen, 4 km)**

***Achim:** Laurentiuskirche (12./14. Jh.) und die bekannte Achimer Windmühle (1761) sind die Sehenswürdigkeiten der Stadt. Von der Hünenburg, einer uralten Ringwallanlage am Weserhang hat man einen weiten Blick auf die Marsch. **(Abfahrt 23 Achim-Nord, 2 km)**

Aller: Der 211 km lange Nebenfluss der Weser entspringt in der Magdeburger Börde.

Walsrode: siehe Seite 71

Streckenprofil: *Von der Elbmündung geht es durch das von Kanälen durchzogene Wurster Marschland über Bremerhaven in die alte Hanse- und Reichsstadt Bremen. Die Region bis zum Anschluss an die A7 ist geprägt von welliger Moor- und Heidelandschaft.* **(160 km, ca. 1½ Std.)**

****Cuxhaven:** An der Spitze der Landzunge zwischen Elb- und Wesermündung gelegen, gehört das alte Nordseeheilbad zu den größten Fischereihäfen Deutschlands. Vom »Alte Liebe«-Kai hat man den besten Blick auf die Ozeanriesen. Bei Ebbe fahren Pferdekutschen übers Watt zur Insel Neuwerk. Sehenswert: das einzigartige Wrackmuseum mit Funden aus gesunkenen Schiffen, Schloss Ritzebüttel (14. Jh.) und der kostbar ausgestattete »Bauerndom«, die Feldsteinkirche St. Jacobi (13./16. Jh.) in Lüdingworth. **(Abfahrt 1 Cuxhaven, 4 km)**

Berühmt für seine Pferdezucht: Verden an der Aller

****Verden:** Der romanisch-gotische Backsteindom (10. Jh./1270–1490) beherrscht die Silhouette der Fachwerkstadt an der Aller, die für ihre Pferdezucht international bekannt ist. Sehenswert: die Andreaskirche und die romanisch-gotische Johanniskirche. Beliebt ist auch der Freizeitpark Verden. **(Abfahrt 26 Verden-Ost, 3 km)**

UNTERWEGS IM TEUFELSMOOR

Birkenallee bei Worpswede

Von Osterholz-Scharmbeck aus **(Abfahrt 14 Schwanewede, 5 km)** bietet sich ein Abstecher in das reizvolle Teufelsmoor an. Eine stille, bisweilen melancholische **Moorlandschaft** erwartet den Reisenden, von idyllischen Kanälen durchzogen, mit reicher Fauna. Nachdem das Teufelsmoor im 18. Jahrhundert kolonisiert worden war, entstanden Dörfer wie etwa Worpswede **(Abfahrt 16, HB-Burglesum, über Ritterhude 11 km)**, das an der Wende vom 19. zum 20. Jahrhundert zur Künstlerkolonie wurde und auch Rainer Maria Rilke oder Paula Modersohn-Becker anzog. Und wenn die zahlreichen Besucher hauptsächlich der Kunst wegen nach Worpswede kommen, so empfiehlt sich doch ein Blick in das Torfschiffswerft-Museum, das an die Zeit der **Moorkolonisation** erinnert. Wie die Worpsweder Zionskirche stammt auch die Kirche des Moordorfs Grasberg **(Abfahrt 19 HB-Horn/Lehe, über Lilienthal, 10 km)** aus jener Epoche, als die Menschen mit viel Mühe der Natur neuen Siedlungsraum abrangen.

KULINARISCHES DER REGION: Feines am Hafen

Ein besonderes gastronomisches Erlebnis bietet Bremerhaven mit der **Seute Deern,** einem denkmalgeschützten Windjammer, der zum Bestand des Deutschen Schifffahrtsmuseums gehört und im Alten Hafen liegt. Heute kann man in den Fracht-, Mannschafts- und Kapitänsräumen in stimmungsvollem Ambiente schlemmen und **Feste feiern.** Die Speisekarte bietet alles, was das Seemannsherz begehrt, **Schwarzbrot mit Matjes, Labskaus,** aber auch anspruchsvolle Fischgerichte und feine Menüs **(Abfahrt 7 Bremerhaven-Mitte, 6 km).**

RAST AUF REISEN Stilvoll übernachten

Hotel Pflug, Steinmarner Str. 43–45, 27476 Cuxhaven-Döse, Tel. 04721/47678: familiär geführtes Haus in Strandnähe, regionale und vegetarische Küche **(Abfahrt 1 Cuxhaven, 6 km). Atlantik Hotel am Flötenkiel,** Nordstr. 80, 27580 Bremerhaven, modernes helles Haus mit persönlichem Service und großzügigem Frühstücksbuffet. **(Abfahrt 7 Bremerhaven-Mitte, 5 km). Buchenhof,** Ostendorfer Str. 16, 27726 Worpswede, Tel. 04792/933 39-0: stimmungsvoll mit antikem Ambiente **(Abfahrt 17 HB Industriehäfen, Ritterhude/ Osterholz-Scharmbeck). (Hotel Lichtsinn,** Rembertistr. 11, 28203 Bremen, Tel. 0421/ 368070: ruhiges, zentrales Stadthotel mit stilvollem Ambiente **(Abfahrt 19 HB-Horn-Lehe, 6 km).**

Streckenprofil A28: *Die Strecke führt durch die sanft wellige Geestlandschaft Ostfrieslands an der alten Residenzstadt Oldenburg vorbei bis in den Großraum um Bremen.* ***(110 km, 1 Std.)***
A29: *Vom Jadebusen führt die Route in die Geest- und Moorlandschaft des Oldenburger Münsterlands.* ***(95 km, 1 Std.)***

Feuerschiff in Wilhelmshaven

***Wilhelmshaven:** Die 1856 als preußischer Marinehafen gegründete Stadt ist noch heute wichtigster Hafen der Bundesmarine und größter Erdölumschlaghafen Deutschlands. Am Ausgang des Jadebusens steht hier seit 1900 die Kaiser-Wilhelm-Brücke, mit 159 m die größte Drehbrücke Europas. Sehenswert: Küstenmuseum; Seewasseraquarium; Freizeit- und Umweltpark »Störtebeker«. **(Abfahrt 3 Wilhelmshaven, 4 km)**

***Rastede:** Im Mai ist der Garten um das klassizistische Schloss in ein Meer von Rhododendronblüten getaucht. Die Kirche St. Ulrich wurde 1059 gegründet. **(Abfahrt 12 Rastede, 2 km)**

***Varel-**Dangast:** Viel besuchter Luftkurort, der von der auf einer Düne erbauten Vareler Mühle überragt wird. In der Schlosskirche (12./13. Jh.) beeindruckt der meisterhafte Altar (1613–18) von Ludwig Münstermann. Das am Jadebusen gelegene Dangast mit seinem knallroten Leuchtturm »Arngast« empfängt schon seit 1797 Badegäste und war Anfang des 20. Jhs. ein beliebter Treffpunkt deutscher Künstler. **(Abfahrt 8 Varel-Bockhorn, 2 km; Dangast 6 km)**

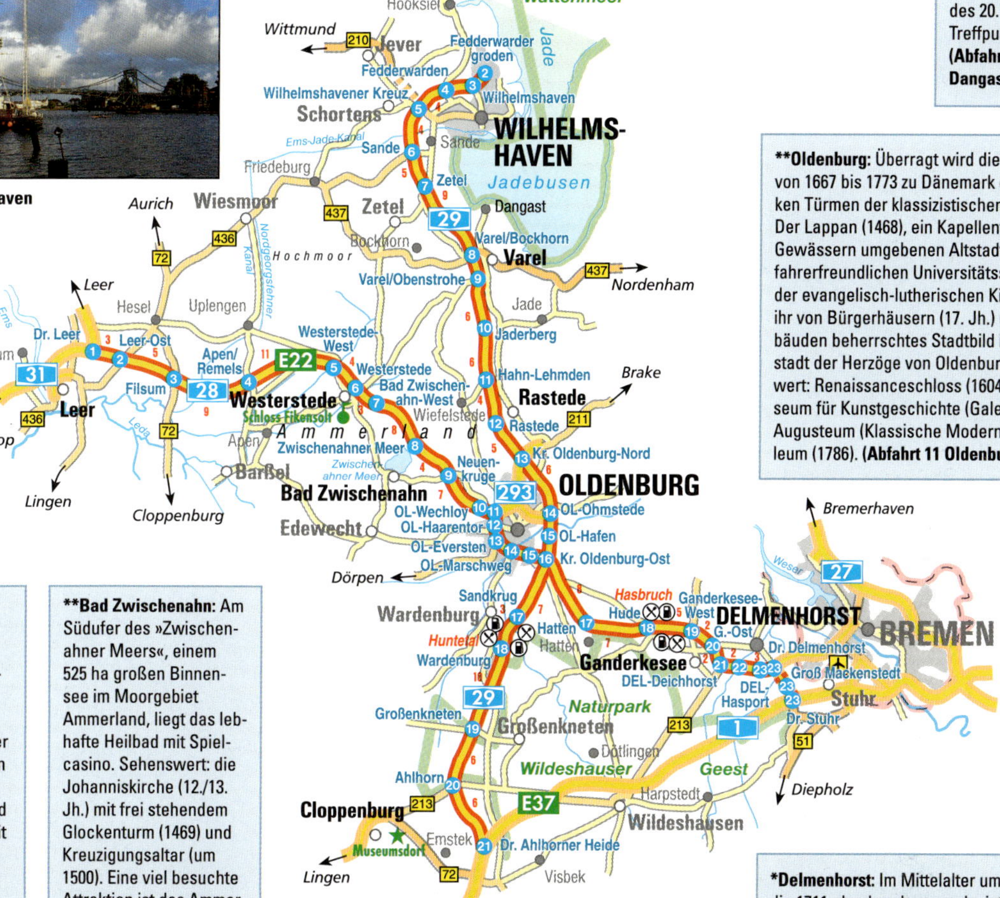

Oldenburg: Überragt wird die Stadt an der Hunte, die von 1667 bis 1773 zu Dänemark gehörte, von den schlanken Türmen der klassizistischen Lambertikirche (1797). Der Lappan (1468), ein Kapellenturm am Nordrand der von Gewässern umgebenen Altstadt, ist Wahrzeichen der radfahrerfreundlichen Universitätsstadt, die auch Synodalsitz der evangelisch-lutherischen Kirche ist. Geprägt wurde ihr von Bürgerhäusern (17. Jh.) und klassizistischen Gebäuden beherrschtes Stadtbild in der Zeit als Residenzstadt der Herzöge von Oldenburg (1785–1918). Sehenswert: Renaissanceschloss (1604–19. Jh.) mit Landesmuseum für Kunstgeschichte (Galerie alter Meister), Augusteum (Klassische Moderne) und fürstliches Mausoleum (1786). **(Abfahrt 11 Oldenburg-Haarentor, 2 km)**

Leer: siehe Seite 145

***Westerstede:** Stadt im Ammerland, die für ihre Rhododendronzucht bekannt ist (sehenswerter Rhododendronwaldpark). Der mächtige Turm der Kirche St. Peter (12. Jh.) ist der größte im Umland. Bekannt ist der Ammerländer Vogel- und Landschaftspark. Unweit südlich findet man das **Schloss Fikensolt**, ein Barockschlösschen aus dem 18. Jh., dessen Vorgängerbauten auf das Mittelalter zurückgehen. **(Abfahrt 6 Westerstede, etwa 1 km)**

****Bad Zwischenahn:** Am Südufer des »Zwischenahner Meers«, einem 525 ha großen Binnensee im Moorgebiet Ammerland, liegt das lebhafte Heilbad mit Spielcasino. Sehenswert: die Johanniskirche (12./13. Jh.) mit frei stehendem Glockenturm (1469) und Kreuzigungsaltar (um 1500). Eine viel besuchte Attraktion ist das Ammerländer Freilichtmuseum mit Schmiede, Windmühle und einem Hof von 1605. **(Abfahrt 8 Zwischenahner Meer, 7 km)**

***Cloppenburg:** Hauptattraktion der Stadt an der Soeste ist das 1934 gegründete Museumsdorf. Auf dem 20 ha großen Gelände mit jährlich etwa 350 000 Besuchern sind über 50 Gebäude, Windmühlen und Handwerkshäuser aus dem 16.–19. Jh. zu besichtigen. **(Abfahrt 28 Ahlhorn, 8 km)**

***Ganderkesee:** Der im Waldgebiet Hasbruch gelegene Ort hat in der 900-jährigen Gaukirche eine prächtige Arp-Schnitger-Orgel vorzuweisen. **(Abfahrt 19 Ganderkesee-West, 2 km)**

***Delmenhorst:** Im Mittelalter um eine Burg entstanden, die 1711 abgebrochen wurde, ist die geschäftige Stadt heute industriell geprägt. Sehenswert: das 1913 im Jugendstil erbaute Rathaus neben einem 42 m hohen Wasserturm, die Stadtkirche mit den Gräbern der Delmenhorster Grafen und die Städtische Galerie im Haus Coburg. **(Abfahrt 24 Delmenhorst-Adelheide, 3 km)**

UNTERWEGS IM AMMERLAND

Windmühle bei Neustadt-Gödens nahe Wilhelmshaven

Das Ammerland, die Kernlandschaft des **Oldenburger Landes** im Nordwesten Deutschlands, ist ein reizvolles **Geest-** und **Hochmoorgebiet.** Berühmt sind die herrlichen **Rhododendronparks,** die im Mai und Juni in voller Blüte stehen. Diese Gegend mit dem gesunden, mäßig maritimen Klima ist ideal für Wanderer und Radfahrer, Spaziergänger und Erholungssuchende. Und auch die Wasserfreunde kommen nicht zu kurz: Das Binnengewässer **Zwischenahner Meer (A28, Abfahrt 8 Zwischenahner Meer, 2 km)** zählt zu den schönsten Seen Deutschlands. Am Südufer liegt das Moorheilbad Bad Zwischenahn **(A28 Abfahrt 8, Zwischenahner Meer 7 km),** das sich als Ausgangspunkt für Ausflüge ins Ammerland oder für eine Rast anbietet.

KULINARISCHES DER REGION: Kohl und Pinkel

Wenn sich mit kalten Bodentemperaturen der Winter ankündigt, ist Kohl-und-Pinkel-Zeit; denn im ersten Nachtfrost reift der **Grünkohl,** eine der wesentlichen Zutaten dieses einfachen, in norddeutschen Landen sehr beliebten Gerichts. Die beiden anderen sind **Salzkartoffeln** und die kräftig gewürzte **Pinkelwurst.** So mancher schwört, dass zu dieser Speise auch ein **Korn** gehört; denn Kohl und Pinkel liegen schwer im Magen und verlangen geradezu nach einem Verdauungsschnaps. Und da diese Speise mit reichlich Salz und Pfeffer Durst macht, wird man auch einem kühlen **Bier** nicht abgeneigt sein. Ein beliebtes Freizeitvergnügen sind die Kohl- und Pinkelfahrten: Kleine Gruppen machen sich auf, ziehen mit einem Wägelchen, das mit mehreren Flaschen Korn bestückt ist, übers Land und kehren im Gasthaus ein, wenn der große Hunger kommt.

RAST AUF REISEN: Romantisch übernachten

Romantik Hotel Jagdhaus Eiden am See, Eiden 9, 26160 Bad Zwischenahn, Tel. 04403/698-000: nobles Hotel in einem historischen Fachwerkhaus direkt am Zwischenahner Meer, mit Spitzenrestaurant Apicius **(A28, Abfahrt 9, Neuenkruge 3 km). Hotel Backenköhler-Stenum,** Dorfring 40, 27777 Ganderkesee-Stenum, Tel. 04223/730: ländlich-idyllisches Hotel mit Restaurant im alten Forsthaus im Naturpark Wildeshauser Geest, komfortable Zimmer, Blockhaussauna, Biergarten, Wintergarten, Sonnenterrasse, internationale und regionale Küche. **(A28 Abfahrt 20 Ganderkesee-Ost, 4 km).**

Bremen und Bremerhaven

Trotz starker Zerstörungen im Zweiten Weltkrieg zeigt sich in Bremen, das zusammen mit Bremerhaven das kleinste deutsche Bundesland bildet, so manches historische Bauwerk in alter oder neuer Pracht.

782 erstmals erwähnt, entwickelte sich Bremen aus einer Fischer- und Kaufmannssiedlung auf einem hochwassersicheren Dünenzug rechts der Weser. 787 wurde es Sitz eines Bistums und 845 des Erzbistums. Ihre erste kulturelle und wirtschaftliche Blütezeit erlebte die Stadt im 11. Jh. Im 13. Jh. wurde Bremen unabhängig von der Herrschaft der Erzbischöfe, 1358 trat es der Hanse bei und wurde im 17. Jh. Freie Reichsstadt. Den schönsten Teil Bremens bildet das historische Zentrum um den Marktplatz, dessen Glanzstück das im 15. Jh. errichtete Rathaus ist. Direkt davor ragt ein zweites bedeutendes Baudenkmal auf – die Rolandstatue aus dem Jahr 1404. Das nördlich von Bremen gelegene Bremerhaven wurde 1827 als dessen Vorhafen angelegt und steht noch heute ganz im Zeichen von Fischerei und Schifffahrt.

Großes Bild links:
Das Bremer Rathaus und der gotische Dom St. Petri, der die Ostseite des Bremer Marktplatzes beherrscht

1 An den Arkaden des Rathauses vorbei fällt der Blick auf den mächtigen steinernen Roland.

2 Mit Baldachin ist der Roland beinahe 10 m hoch. Die steinerne Figur des Ritters mit Schwert und Schild symbolisiert Gerichtsbarkeit und Stadtfreiheit.

3 Von Bremerhaven in die große weite Welt hinaus: Alter Hafen und Columbus-Center

4 Auf dem alten Viermaster »Seute Deern« im Hafen von Bremerhaven lässt es sich vorzüglich speisen. Im Hintergrund ragen die Hochhäuser des Columbus-Centers auf.

1

2

3

4

Streckenprofil A30: *Von der holländischen Grenze führt die Route am Nordrand des Teutoburger Walds bis zur Porta Westfalica.* ***(125 km, 1¼ Std.)***
A33: *Die Strecke verläuft parallel zum Teutoburger Wald. Zwischen Abfahrt 15 Borgholzhausen und Anschlussstelle 22 Schloss Holte geht die Fahrt ca. 35 km über die Bundesstrasse 68.* ***(110 km, 1¼ Std.)***

***Dörenther Klippen:** Die bizarren Felsen im äußersten Nordwesten des Teutoburger Walds sind ein beliebtes Wanderziel. **(Abfahrt 11 Ibbenbüren, 3 km)**

****Osnabrück:** Sehenswert: Freitreppe des Rathauses (um 1500), auf der 1648 mit dem Westfälischen Frieden der 30-jährige Krieg beendet wurde, Dom St. Peter (13. Jh.). Altstadt; Hegertor mit Bocksturm (13. Jh.), Fürstbischöfliches Schloss (1667–73); Kultur- und Diözesanmuseum. **(Abfahrt 16 Osnabrück-Hellern, 3 km)**

***Melle:** Das vom Türmepaar der St.-Matthäus- und-Petri-Kirche überragte Solbad besitzt einen schönen Kurpark und ein bekanntes Auto- und Motorradmuseum. Von der Dietrichsburg oberhalb der Stadt blickt man bis zum Teutoburger Wald. **(Abfahrt 23 Melle-West, 2 km)**

***Bünde:** Die Stadt mit Fachwerkhäusern aus dem 18.–19. Jh. ist das Zentrum der westfälischen Tabakindustrie. Darüber gibt auch das Tabak- und Zigarrenmuseum im Striedicker Hof Auskunft; u. a mit der weltgrößten rauchbaren Tabakspfeife. **(Abfahrt 27 Bünde, 2 km)**

***Bad Oeynhausen:** für seine Thermalquellen bekanntes Heilbad (seit 1839). Neben Kurpark, Kurhaus (1908) und Spielcasino sehenswert: das Deutsche Märchen- und Wesersagenmuseum sowie das Auto- und Motorradmuseum. **(Abfahrt 32 Gohfeld, 2 km)**

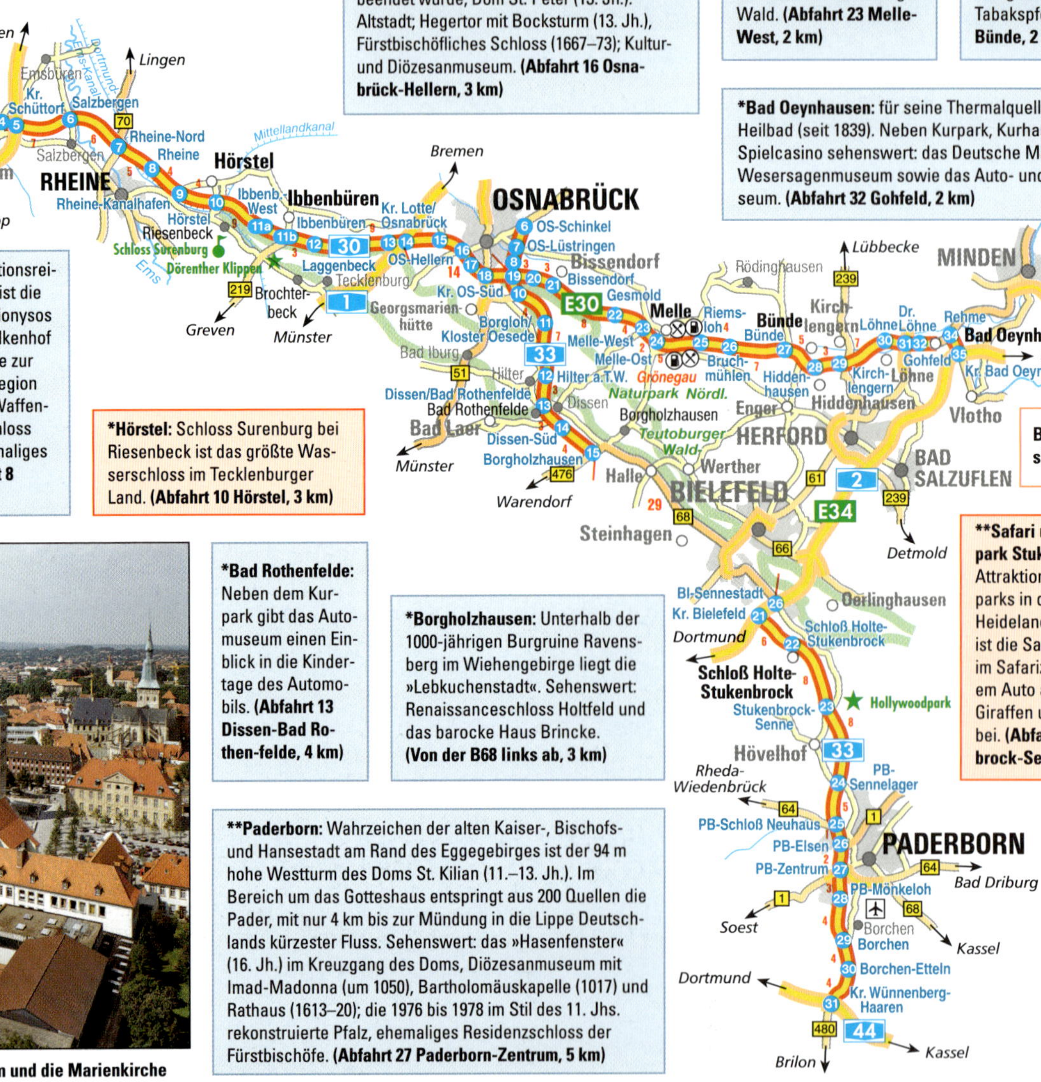

***Rheine:** Blickfang der traditionsreichen Textilstadt an der Ems ist die wuchtige Hallenkirche St. Dionysos (15. Jh.). Das Museum im Falkenhof (16. Jh.) zeigt viele Zeugnisse zur Geschichte und Kunst der Region samt einer umfangreichen Waffensammlung. Sehenswert: Schloss Bentlage (ab 1437), ein ehemaliges Kreuzherrenkloster. **(Abfahrt 8 Rheine, 5 km)**

***Hörstel:** Schloss Surenburg bei Riesenbeck ist das größte Wasserschloss im Tecklenburger Land. **(Abfahrt 10 Hörstel, 3 km)**

Bielefeld: siehe Seite 15

****Safari und Hollywoodpark Stukenbrock:** Größte Attraktion des Freizeitparks in der Dünen- und Heidelandschaft Senne ist die Safarirundfahrt im Safarizug oder eigenem Auto an Elefanten, Giraffen und Löwen vorbei. **(Abfahrt 23 Stukenbrock-Senne, 4 km)**

Osnabrück: Blick auf den Dom und die Marienkirche

***Bad Rothenfelde:** Neben dem Kurpark gibt das Automuseum einen Einblick in die Kindertage des Automobils. **(Abfahrt 13 Dissen-Bad Rothen-felde, 4 km)**

***Borgholzhausen:** Unterhalb der 1000-jährigen Burgruine Ravensberg im Wiehengebirge liegt die »Lebkuchenstadt«. Sehenswert: Renaissanceschloss Holtfeld und das barocke Haus Brincke. **(Von der B68 links ab, 3 km)**

****Paderborn:** Wahrzeichen der alten Kaiser-, Bischofs- und Hansestadt am Rand des Eggegebirges ist der 94 m hohe Westturm des Doms St. Kilian (11.–13. Jh.). Im Bereich um das Gotteshaus entspringt auf 200 Quellen die Pader, mit nur 4 km bis zur Mündung in die Lippe Deutschlands kürzester Fluss. Sehenswert: das »Hasenfenster« (16. Jh.) im Kreuzgang des Doms, Diözesanmuseum mit Imad-Madonna (um 1050), Bartholomäuskapelle (1017) und Rathaus (1613–20); die 1976 bis 1978 im Stil des 11. Jhs. rekonstruierte Pfalz, ehemaliges Residenzschloss der Fürstbischöfe. **(Abfahrt 27 Paderborn-Zentrum, 5 km)**

UNTERWEGS IM TEUTOBURGER WALD

Die Dörenther Klippen im Tecklenburger Land

In Ibbenbüren im Teutoburger Wald kommen die Kletterfreunde auf ihre Kosten. Wind und Wetter haben im Lauf der Jahrtausende die **Dörenther Klippen (Abfahrt 11 Ibbenbüren, 3 km)** geformt. Bekannteste Sehenswürdigkeit ist das **Hockende Weib,** ein 25 m hoher Felsen aus Kreidesandstein. Auch im Sommer kann man hier Schlitten fahren. Stolze 120 m misst die **Sommerrodelbahn** im örtlichen Freizeitpark. Außerdem gibt es einen Märchenwald, Wasserspiele und eine »Reise um die Welt«.

KULINARISCHES DER REGION: Pumpernickel

Wurstspezialitäten sind das Aushängeschild der Region. Heinrich Heine bezeichnete Westfalen als »Vaterland des Schinkens«. Bis in die Zeit der Römer reicht der Ruf des westfälischen **Schinkens,** damals ein lukrativer Exportartikel. Seinen nussigen Geschmack verdankt er der traditionellen **Räuchertechnik:** Er wird über Buchenholz und Wachholderbeeren rund zwei Wochen lang kalt geräuchert. Bekannt ist auch die westfälische **Mettwurst** aus magerem Schweinefleisch und Speck. Die Wahl des passenden Brots zu diesen Spezialitäten ist einfach: **Pumpernickel** galt früher als Brot der armen Leute. Doch spätestens als er auf dem Tisch des Preußenkönigs Friedrich Wilhelm IV. landete, war die Verbreitung nicht mehr aufzuhalten. Als Bordverpflegung großer Schifffahrtsunternehmen wurde der Pumpernickel in der ganzen Welt bekannt. Heute loben Ernährungswissenschaftler das schwarze **Sauerteigbrot aus Roggenschrot** aufgrund seiner reichhaltigen Nähr- und Ballaststoffe. Die Menschen in Westfalen haben es schon immer gern gegessen.

RAST AUF REISEN: Hotels im Teutoburger Wald

Hotel Hubertushof, Münsterstraße 222, 49479 Ibbenbüren, Tel. 0 54 51/9 41 00: in westfälischer Parklandschaft gelegen; **Hotel Leugermann,** Osnabrücker Straße 33, 49477 Ibbenbüren, Tel. 0 54 51/93 50: traditionsreiches Drei-Sterne-Hotel im Grünen; **Landgasthof Mühlenkamp,** Bocketalerstr. 142, 49479 Ibbenbüren, Tel. 0 54 51/99 64 20: schönes Steingebäude mit rustikaler Atmosphäre, Kaminzimmer **(Abfahrt 11 Ibbenbüren). Ringhotel Teutoburger Wald,** Im Bokketal 2, 49545 Tecklenburg/Brochterbeck, Tel. 0 54 55/ 9 30 00: im Erholungsort Brochterbeck, Schwimmbad, Solarium, Sauna **(Abfahrt 12 Ibbenbüren-Laggenbeck, 11 km). Kulmbacher Hof,** Schlosswall 65–67, 49074 Osnabrück, Tel. 05 41/3 57 00: nahe der Altstadt und der Fußgängerzone gelegen **(Abfahrt 16 Osnabrück/ Hellern, 4 km).**

Streckenprofil: *Die parallel zur holländischen Grenze verlaufende Strecke führt von der ostfriesischen Küste durch das von Moorlandschaften geprägte Emsland bis ins Münsterland am Nordrand des Ruhrgebiets.* ***(245 km, 3 Std.)***

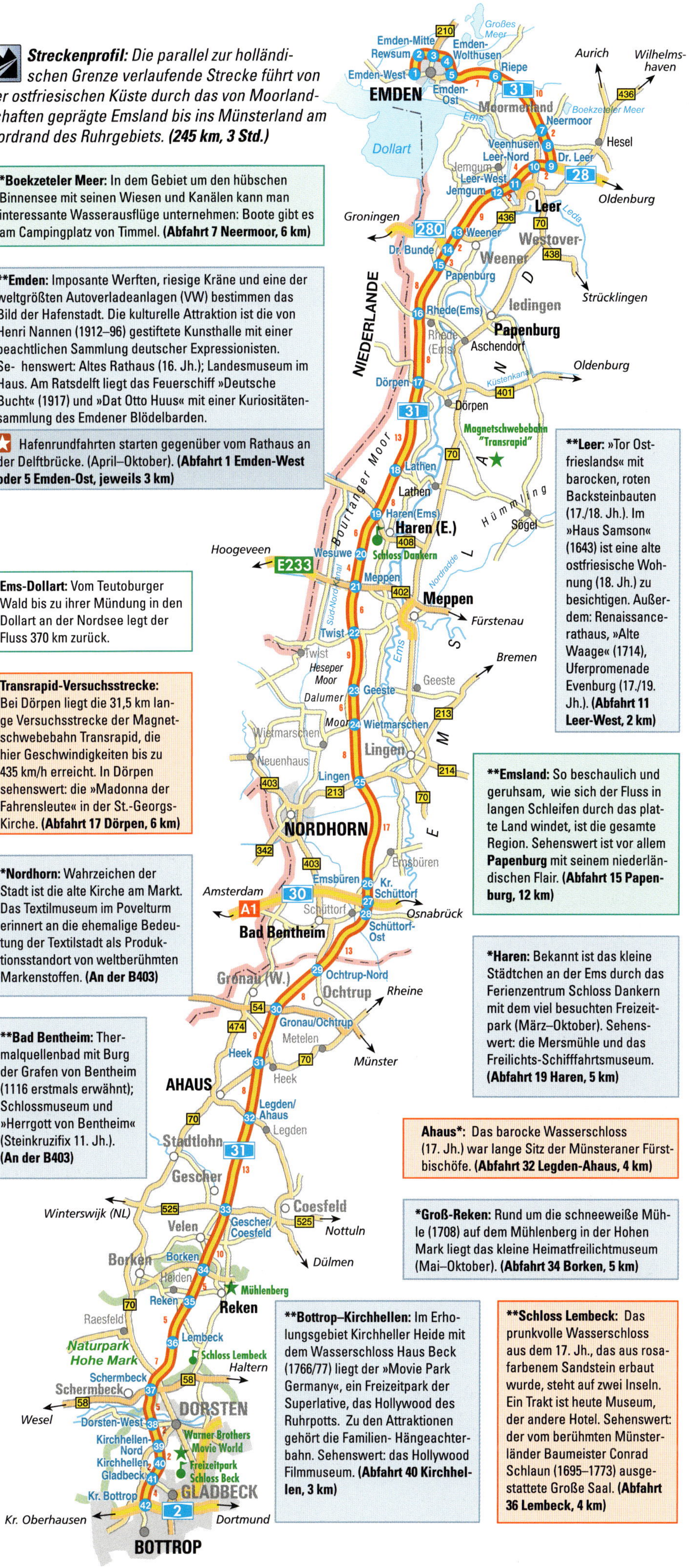

***Boekzeteler Meer:** In dem Gebiet um den hübschen Binnensee mit seinen Wiesen und Kanälen kann man interessante Wasserausflüge unternehmen: Boote gibt es am Campingplatz von Timmel. **(Abfahrt 7 Neermoor, 6 km)**

****Emden:** Imposante Werften, riesige Kräne und eine der weltgrößten Autoverladeanlagen (VW) bestimmen das Bild der Hafenstadt. Die kulturelle Attraktion ist die von Henri Nannen (1912–96) gestiftete Kunsthalle mit einer beachtlichen Sammlung deutscher Expressionisten. Sehenswert: Altes Rathaus (16. Jh.); Landesmuseum im Haus. Am Ratsdelft liegt das Feuerschiff »Deutsche Bucht« (1917) und »Dat Otto Huus« mit einer Kuriositätensammlung des Emder Blödelbarden.

Hafenrundfahrten starten gegenüber vom Rathaus an der Delftbrücke. (April–Oktober). **(Abfahrt 1 Emden-West oder 5 Emden-Ost, jeweils 3 km)**

Ems-Dollart: Vom Teutoburger Wald bis zu ihrer Mündung in den Dollart an der Nordsee legt der Fluss 370 km zurück.

Transrapid-Versuchsstrecke: Bei Dörpen liegt die 31,5 km lange Versuchsstrecke der Magnetschwebebahn Transrapid, die hier Geschwindigkeiten bis zu 435 km/h erreicht. In Dörpen sehenswert: die »Madonna der Fahrensleute« in der St.-Georgs-Kirche. **(Abfahrt 17 Dörpen, 6 km)**

***Nordhorn:** Wahrzeichen der Stadt ist die alte Kirche am Markt. Das Textilmuseum im Povelturm erinnert an die ehemalige Bedeutung der Textilstadt als Produktionsstandort von weltberühmten Markenstoffen. **(An der B403)**

****Bad Bentheim:** Thermalquellenbad mit Burg der Grafen von Bentheim (1116 erstmals erwähnt); Schlossmuseum und »Herrgott von Bentheim« (Steinkruzifix 11. Jh.). **(An der B403)**

****Leer:** »Tor Ostfrieslands« mit barocken, roten Backsteinbauten (17./18. Jh.). Im »Haus Samson« (1643) ist eine alte ostfriesische Wohnung (18. Jh.) zu besichtigen. Außerdem: Renaissancerathaus, »Alte Waage« (1714), Uferpromenade Evenburg (17./19. Jh.). **(Abfahrt 11 Leer-West, 2 km)**

****Emsland:** So beschaulich und geruhsam, wie sich der Fluss in langen Schleifen durch das platte Land windet, ist die gesamte Region. Sehenswert ist vor allem **Papenburg** mit seinem niederländischen Flair. **(Abfahrt 15 Papenburg, 12 km)**

***Haren:** Bekannt ist das kleine Städtchen an der Ems durch das Ferienzentrum Schloss Dankern mit dem viel besuchten Freizeitpark (März–Oktober). Sehenswert: die Mersmühle und das Freilichts-Schifffahrtsmuseum. **(Abfahrt 19 Haren, 5 km)**

Ahaus*: Das barocke Wasserschloss (17. Jh.) war lange Sitz der Münsteraner Fürstbischöfe. **(Abfahrt 32 Legden-Ahaus, 4 km)**

***Groß-Reken:** Rund um die schneeweiße Mühle (1708) auf dem Mühlenberg in der Hohen Mark liegt das kleine Heimatfreilichtmuseum (Mai–Oktober). **(Abfahrt 34 Borken, 5 km)**

****Bottrop–Kirchhellen:** Im Erholungsgebiet Kirchheller Heide mit dem Wasserschloss Haus Beck (1766/77) liegt der »Movie Park Germany«, ein Freizeitpark der Superlative, das Hollywood des Ruhrpotts. Zu den Attraktionen gehört die Familien- Hängeachterbahn. Sehenswert: das Hollywood Filmmuseum. **(Abfahrt 40 Kirchhellen, 3 km)**

****Schloss Lembeck:** Das prunkvolle Wasserschloss aus dem 17. Jh., das aus rosafarbenem Sandstein erbaut wurde, steht auf zwei Inseln. Ein Trakt ist heute Museum, der andere Hotel. Sehenswert: der vom berühmten Münsterländer Baumeister Conrad Schlaun (1695–1773) ausgestattete Große Saal. **(Abfahrt 36 Lembeck, 4 km)**

UNTERWEGS IM EMSLAND

Papenburg im Emsland: das Torfmuseum

Der Landkreis Emsland erstreckt sich über 2880 km² von der nordrhein-westfälischen Landesgrenze bei Rheine bis zur Grenze Ostfrieslands bei Papenburg. Er ist flächenmäßig der zweitgrößte Landkreis der Bundesrepublik, größer als das Bundesland Saarland. Entlang der holländischen Grenze bahnt sich die **Ems,** der kleinste Strom Deutschlands, seinen Lauf. Die Landschaft ist einmalig: gelbe, wacholderbewachsene **Uferdünen,** dann wieder ein breiter **Schilfgürtel,** in dem selten gewordene Vögel brüten, und Schafherden, die friedlich auf dem Deich grasen. Das Emsland ist geprägt von seiner urtümlichen **Moorlandschaft,** die man gut zu Fuß oder per Fahrrad erkundet. Über 1000 km beschilderte **Radwege** führen zu Naturschönheiten und kulturhistorischen Schätzen der Region. In **Papenburg (Abfahrt 15 Papenburg, 12 km)** zeigt sich die Nachbarschaft zu Holland an endlosen Kanälen und den hölzernen Klappbrücken im niederländischen Stil. Am Hauptkanal liegt das **Schifffahrtsmuseum,** direkt vor dem Rathaus kann man das Binnenschiff »Friederike« bestaunen. Das Emsland ist nicht nur Ziel von Naturtouristen. Technikbegeisterte werden die Meyer Werft besichtigen, in der riesige Luxusliner zusammen gebaut werden. Faszinierend ist auch die 30 km lange Transrapid-Teststrecke zwischen Lathen und Dörpen **(Abfahrt 17 Dörpen, 6 km)**

KULINARISCHES DER REGION: Buchweizen

Die harte Natur forderte den Bauern all ihre Kräfte ab. Stärkung für die Arbeit auf dem Feld bietet aber noch heute **»Stipp in de Pann«**- in der Pfanne gebratene **Räucherspeckscheiben.** Wie geschaffen für die nährstoffarmen Böden ist **Buchweizen,** der heute nur noch selten angebaut, aber immer noch gerne gegessen wird. **Buchweizenpfannkuchen** zählen dabei zu den beliebtesten Gerichten. Empfehlenswerte Lokale: **Alte Posthalterei,** Stiekelkamper Str. 2, 6835 Hesel: ostfriesische Hausmannskost **(Abfahrt 8 Veenhusen, 9 km). Adelheids Spargelhaus,** Rhader Str. 69, 46348 Raesfeld-Erle, Tel. 02865/8011: historisches Bauernhaus zwischen Spargel- und Erdbeerfeldern, gutbürgerliche Küche **(Abfahrt 36 Lembeck, 5 km). Haus Nordendorf,** Rekener Str. 72, 46286 Dorsten, Tel. 02363/7174: im Naturpark Hohe Mark, regionale Küche **(Abfahrt 38 Dorsten-West, 8 km).**

RAST AUF REISEN: Übernachten im Emsland

Hotel Biele, Hünte Str. 80, 26871 Papenburg-Aschendorf, Tel. 04962/362: in einem Park mit Forellenteich gelegen, Angel- und Wassersportmöglichkeiten in der Nähe; **Hotel Graf Luckner,** Hümmlinger Weg 2–4, 26871 Papenburg, Tel. 04961/76057: modernes Baksteinhaus nahe dem Stadtzentrum, Steakhaus **(Abfahrt 15 Papenburg, 10 km). Hotel Schmidt am Markt,** Am Markt 17, 49716 Meppen, Tel. 05931/9810-0: familiäres Haus mitten im Geschehen. **(Abfahrt 21 Meppen, 9 km). Brauhaus Hotel,** Gladbecker Str. 78, 46236 Bottrop, Tel. 02041/24890: verkehrsgünstig gelegen, gute Ausstattung **(Abfahrt 3 Bottrop, 2 km).**

Zwischen den Harzausläufern im Norden und den waldigen Hügeln im Süden führt die Strecke von Friedland bis Sangershausen, um dann in eine flache Heideland-schaft mit zahlreichen Flüssen und Kanälen überzugehen. Die Teilstücke Breitenwobris – Bleichroda sowie Eisleben – Merseburg befinden sich in Bau (B 80).(185 km, 2 Std)

***** Duderstadt:** Die ehemalige Groß-stadt des Mittelalters besitzt einen histori-schen Kern mit über 600 Fachwerkhäu-sern. Das Rathaus ist eines der ältesten in Deutschland, sehenswert ist der „Eichs-felder Dom" St. Cyriakus, die Ringwallan-lage und der Westerturm mit der gedreh-ten Spitze. **(Abfahrt 6 Leinefelde-Worbis, 15 km)**

***Göttingen:** Die traditionsreiche Universitätsstadt zieht mit den Internationalen Händel Festspie-len im Frühsommer internationa-les Publikum an. Sehenswert sind einige Fachwerkhäuser wie die prächtig verzierte Junkernschän-ke. Zu den universitären High-lights zählen die Aula mit dem Karzer, in dem entgegen aller Mythen Otto von Bismarck nicht einsaß, das Alte Auditorium und der Alte Botanische Garten. **(Abfahrt 3 Friedland, 12 km)**

*****Heimkehle:** eine der beiden großen Gipshöhlen Deutschlands, die in einer 45-minütigen Führung besichtigt werden kann. Wenige Kilometer weiter die mächtige Burg Hohnstein, Heimat des gleichnamigen Kaspers. **(Abfahrt 13 Berga, 5/10 km)**

*** Nordhausen:** Guter Branntwein machte die Stadt schon im Mittelalter reich. Geschichte und Technologie des Kornbrennens zeigt heute noch die Nordbrand-Traditionsbrennerei, wo man den feinen alten Doppelkorn auch verkosten kann. **(Abfahrt 11 Nordhausen, 4 km)**

****Naturpark Eichsfeld-Hainich-Werratal:** Der 870 km2 große Naturpark umfasst die Hügelketten und urigen Wälder des Hainich und die Muschelkalkplateaus des Eichsfeldes. Burg Hanstein und Teufelskanzel mit einmaligem Ausblick, Lutterwasserfall und Dieteröder Klippen sind nur eini-ge der vielen Sehenswürdigkeiten. **(Abfahrt 5 Heilbad Heiligenstadt, 3km)**

*****Witzenhausen:** ist eine Kleinstadt mit Besonderheiten: Im historischen Stadtkern sind bedeutende Fachwerkhäu-ser erhalten, die Stadt wurde 1983 durch die Erfindung der Biotonne bekannt, ist Herzstück des größten Kirschenan-baugebietes in Europa und Deutschlands kleinste Universi-tätsstadt mit dem bundesweit einzigen Studiengang Ökolo-gische Agrarwissenschaften. **(Abfahrt 3 Friedland, 9 km)**

**** Alternativer Bärenpark Worbis:** In Leinefelde-Worbis finden auf einer Fläche von rund 4 ha Bären, Wölfe und Waschbären ein artgerechtes Zuhause in einer großzügi-gen Freianlage. Die meisten Tiere wurden aus zu kleinen Zwingern oder Zirkuspferchen gerettet. Ein Bärenlehrpfad informiert über die Lebensweise der bedrohten Tiere. **(Abfahrt 6 Leinefelde-Worbis, 3 km)**

** Einzigartig ist das **Europäische Brotmu-seum** in **Ebergötzen,** das anschaulich die 6000-jährige Kulturgeschichte des Brotes zeigt. Di-Sa 9.30-16.30 Uhr, So 9.30-17.30 Uhr. Wilhelm Busch verbrachte in Ebergöt-zen einen Teil seiner Jugend, die hiesige Mühle spielt eine zentrale Rolle bei „Max und Moritz". **(Abfahrt 3 Friedland, 5 km)**

***** Kyffhäuser:** Ein monumenta-les, 81 m hohes Denkmal mit der Figur des schlafenden Kaiser Friedrich I. „Barbarossa" (1122-1190) erinnert an die größte Burg des deutschen Mittelalters. Auf der Südwestseite des Höhenzugs bei Rottleben befindet sich die riesige Barbarossa-Höhle mit bizarren Gips-Formationen und Barbarossas „Tisch" und „Stuhl". **(Abfahrt 13 Berga, 12 km)**

***Sangerhausen:** Wallfahrtsort für Rosenfreunde mit einem 15 ha gro-ßen Rosarium und über 6500 ver-schiedenen Rosenarten. **(Abfahrt 16 Sangerhausen-Süd)**

***Artern** besitzt eines der kleinsten Naturschutzgebiete Deutsch-lands: Die ehemalige Saline speist heute noch den Solgraben, in dem seltene Orchideenarten gedeihen. **(Abfahrt 16 Sangerhausen-Süd, 9 km)**

UNTERWEGS SÜDLICH VOM HARZ

Der schlaffende Barbarossa auf dem Kyffhäuserdenkmal.

Ausgedehnte **Naturparks** säumen die Autobahn auf dem Weg vom **südlichen Niedersachsen** nach **Sachsen-Anhalt.** Herrliche Wälder, grüne Höhenzü-ge und teils ursprüngliche Landschaften mit inter-essanten **geologischen Formationen** lohnen den Abstecher. Wertvolle **Fachwerkensembles** wurden mit großem Aufwand restauriert und viele kleine Städte und Dörfer haben ihren historischen Orts-kern mit Sorgfalt bewahrt und ihre Geschichte in unzähligen kleinen **Heimatmuseen** dokumentiert.

KULINARISCHES DER REGION: Vom Schwein

Das Eichsfeld ist eine historische Landschaft südlich und nördlich der Autobahn, die aus den ehemals kar-gen Lebensverhältnissen auf dem Lande eine eigene Küche wachsen ließ. Die Hausschlachtung war **Fest-tag** und die traditionellen Spezialitäten sind Würste, die „noch warm" direkt nach dem Schlachten herge-stellt werden: Für **„Eichsfelder Feldgieker"** wird das gehackte, gewürzte Schweinfleisch noch schlacht-warm in Därme gefüllt, um dann bis zu zwölf Monate zu reifen. Die Rezeptur der Gewürzmischung wird vom Schlachter geheim gehalten und von Genera-tion zu Generation weiter gegeben. Das Fleisch aus Mastbetriebenist für die Herstellung eines echten **„Feldgiekers"** nicht geeignet, nur traditionell gefüt-terte Schweine liefern ein geeignetes Fleisch. „Eichsfelder Kälberblase" ist eine ebenfalls lang gereifte Wurst, die auf Graubrot mit sauer eingeleg-ten Gurken schmeckt. Und zum Nachtisch: **„Schmandkuchen"**, saftig bestrichener Hefeteig nach überlieferten Rezepten, die sich von Dorf zu Dorf unterscheiden.

RAST AUF REISEN: Mit Tradition

Hotel Zum Löwen, Marktstr. 30, 37115 Duderstadt, Tel. 0 55 27 / 26 30: sehr gepflegtes historisches Haus mitten im Fachwerk-Ensemble von Duderstadt (Abfahrt 6 Leinefelde-Worbis, 15 km). **Hotel Eichsfel-der Hof**, Wilhelmstr. 56 37308 Heiligenstadt, Tel. 0 36 06 / 6 60 30: Traditionshotel mit eleganten Zimmern und benachbartem Vitalpark an der historischen Fla-niermeile des Heilbades **(Abfahrt 5 Heilbad Heiligen-stadt, 3 km). Alte Hämmelei**, Bornstr. 33, 06567 Bad Frankenhausen, Tel. 0 34 671 / 51 20: historische Her-berge nahe dem Kyffhäuser mit gemütlichen Zim-mern und rustikalem Gasthaus direkt an der alte Stadtmauer **(Abfahrt 13 Berga, 5 km).**

***** Lutherstadt Eisleben:** 1996 wurden die Luther-stätten in Sachsen-Anhalt von der Unesco als Weltkulturerbe anerkannt. Dazu gehören in Eisleben Luthers Geburtshaus mit einer Gedenkstätte und sein Sterbehaus. Sehenswert ist aber auch das schöne Marktensemble mit Lutherdenkmal, Rathaus und Andreaskirche – seit 1990 wurden viele Gebäude mit Aufwand saniert. **(Abfahrt 19 Eisleben 12 km)**

**** Naturpark Saale-Unstrut-Triasland:** Auf einer Fläche von 71.000 ha soll das Miteinander von Natur und Kultur präsentiert werden. Die hügelige Region ist ge-prägt von Streu-obstwiesen, historischen Dorfanlagen, Burgen, Schlössern und reicht bis in die Weinbauregionen der Unstrut. **(Abfahrt 19 Eisleben B 180)**

***** Querfurt:** Die ab etwa 900 erbaute Burg ist eine der ältesten und größten Anlagen in Deutschland, etwa siebenmal so groß wie die Wartburg. Im Archäologiepark Querfurt wurde die Himmelsscheibe von Nebra gefunden. **(Abfahrt 19 Eisleben, 8 km)**

Wittenberg und Eisleben haben Luthers wichtigste Lebensstationen bewahrt.

Halle: siehe Seite 114

Leipzig: siehe Seite 114

**** Belantis:** Ostdeutschlands größter Vergnügungspark liegt direkt an der A 38. Auf 27 ha Fläche eines ehemaligen Braunkohletagebaus verteilen sich 35 Attraktionen und Shows. Private deutsche Radiosender investierten rund 50 Mio ? in Vergnügungen wie die Wildwasserfahrt aus Europas größter Pyramide oder der Quad Offroad Parcour. 1. April – 31. Oktober **(Abfahrt 30 Leipzig Neue Harth-Belantis)**

**** Moritzburg:** Das befestigte Schloss im Stil der Frührenaissance ist eines der imposantesten Bauwerke der Saalestadt Halle. Heute enthält es die umfangreiche Kunstsammlung der Stiftung Moritzburg und zählt zu den führenden Museen in Sachsen-Anhalt. Zu sehen sind u.a. erlesene historische Sammlungen des Kunsthandwerks aber auch eindrucksvolle Bestände der Klassischen Moderne und ihrer Wegbereiter im 19. Jahrhundert. Di + Mi **(Abfahrt 19 Eisleben, B 180/ B80, Halle, 44 km)**

**** Burg Giebichenstein:** Die Burganlage gehört wegen ihrer idyllischen Lage zu den schönsten Ausflugszielen der Region. Von der Alten Burg sind keine Reste mehr vorhanden, von der Oberburg sind romanisch-gotische Teile zu sehen, die Unterburg ist gut erhalten und seit 1991 Sitz der Hochschule für Kunst und Design, die Besucher mit zahlreichen „Kunststücken" überrascht. 9-18 Uhr **(Abfahrt 19 Eisleben, B 180/ B80, Halle, 44 km)**

*** Bad Dürrenberg:** Das größte zusammenhäng-ende Gradierwerk Europas, mit ca. 900 m Länge ein einzigartiges technisches Denkmal ist der Stolz der Stadt. Das Borlachmuseum informiert über die Geschichte des Salzes in der Region, im Ortsteil Fährendorf steht die älteste Kirche Mitteldeutschlands. **(Abfahrt 26 Leuna, B 91 Leuna Bad Dürrenberg, 8 km)**

*****Merseburg:** Die vieltürmige Silhouette über der Saale ist berühmt, seit dem 10. Jahrhundert hielten hier immer wieder deutsche Könige und Kaiser Hof. Der Dom mit der romanischen Krypta wurde ab 1015 gebaut. In der Domstiftsbibliothek werden die mittelalterlichen Schriften der „Merseburger Zaubersprüche" aufbewahrt, das Schloss beeindruckt als Gesamtanlage. enthält aber keine nennenswerten Kunstschätze mehr. **(Abfahrt 25 Merseburg-Süd, 5 km)**

UNTERWEGS NACH LEIPZIG

Vor der Alten Börse am Naschmarkt steht der unsterbliche Dichterfürst

„Kummerland" war lange Jahre der Beiname des Industriegebietes zwischen **Halle** an der **Saale** und **Leipzig.** Braunkohleabbau und chemische Industrie zerstörten die Landschaft und verschmutzten die Luft. Mittlerweile hat sich die Lage enorm verbessert, an den Flüssen des **Industriegebietes** kann man sogar wieder Angeln gehen. Eines der spektakulärsten Rekultivierungsprojekte ist der Geiseltalseee im Braunkohlenrevier Geiseltal-Mücheln südlich von **Merseburg.** Aus der ehemaligen Mondlandschaft entsteht durch Flutung mit Saalewasser ein riesiger Seen-Komplex, der bis etwa 2010 fertig gestellt sein soll. Von drei 14 Meter hohen Aussichtstürmen hat meinen einen einzigartigen Rundblick auf das Projekt.

KULINARISCHES DER REGION: Kaffee & Kuchen

Die typischen deftigen Genüsse der Region sind auf Seite 114 beschrieben. Die legendären **„Kaffee-Sachsen"** verstehen aber auch viel von Süßem: **Zuckerkuchen, Streuselkuchen, Bienenstich** werden in den traditionellen Bäckereien meist als „Platte" statt als einzelnes Stück verkauft. **Baumkuchen** ist eine Spezialität der Sachsen-Anhaltischen Küche. Weltberühmt wurden die „Halloren"-Kugeln aus Deutschlands ältester **Schokoladenfabrik** in Halle an der Saale. Benannt wurden die feinen Confiserie-Kugeln nach den Silberknöpfen auf den Festtagsgewändern der Halloren-Bruderschaft, einer Art mittelalterlicher Gewerkschaft der Salinenarbeiter in der Region. Mehr erzählen das Museum mit einem Schokoladenzimmer wie aus dem Schlaraffenland und die Schauproduktion, Delitzscher Str. 70, Halle an der Saale.

RAST AUF REISEN: Mit Tradition

Hotel Graf von Mansfeld, Markt, 06295 Eisleben, Tel. 0 34 75 / 25 07 22: liebevoll eingerichtetes **Traditionshotel** im 500 Jahre alten Stadtschloss mitten in der Eisleber Altstadt (Abfahrt 19 Eisleben 12 km). Hotel Querfurter Hof, Merseburger Str. 5, 06268 Querfurt, Tel. 0 34 771: neu erbautes freundliches Haus mit Restaurant im historischen Stadtkern von Querfurt **(Abfahrt 19 Eisleben, 8 km). Altes Badehaus,** Fährstr. 6, 06231 Bad Dürrenberg, Tel. 0 34 62 / 9 98 00: historisches Hotel im ehemaligen Badehaus mit eigenem Solebecken in der Sauna **(Abfahrt 26 Leuna, B 91 Leuna Bad Dürrenberg, 8 km).**

Streckenprofil: *Von der Grenze zu Holland und aus der niederrheinischen Tiefebene kommend durchschneidet die Strecke ab Moers das dichtbesiedelte Ruhrgebiet in West-Ost-Richtung. Von Duisburg bis Dortmund ist die Route identisch mit dem Ruhrschnellweg.* ***(100 km, 1 Std.)***

***Moers:** Die ehemalige Hauptstadt der gleichnamigen Grafschaft. Neben der sanierten mittelalterlichen Altstadt sehenswert: Schloss (14./15. Jh.) und Park mit Museum zur Geschichte der Grafschaft. Das Motorradmuseum besitzt über 250 Maschinen. **(Abfahrt 9 Moers-Zentrum, 2 km)**

Duisburg: siehe Seite 166

***Oberhausen:** Ende des 18. Jh. entstand hier die erste moderne Eisenhütte, weshalb die Stadt noch heute »Wiege der Ruhrgebietsindustrie« genannt wird. Sehenswert: das Rathaus im Stil des Expressionismus; das Rheinische Industriemuseum und die laut Guinessbuch höchste Ausstellungshalle Europas, der 117 m hohe »Gasometer«, ein ehemaliger Gasbehälter, in dem nun Kulturveranstaltungen stattfinden. Das Freizeitzentrum CentrO gilt als einer von Europas größten Einkaufsparks. **(Abfahrt 16 Mühlheim - Styrum, 2 km)**

Das mittelalterliche Münster in Essen

Dortmund: siehe Seite 152

***Nettetal:** Ein idyllisches Kleinod in dem wild- und waldreichen Schwalm-Nettetal sind die Netteseen mit dem Wasserschloss Kriekenbeck und der alten Leuthermühle. **(Abfahrt 2 Straelen, über B221, 5 km)**

***Grefrath:** Das Niederrheinische Freilichtmuseum erzählt von der bäuerlichen Tradition dieser Region. Ein Besuchermagnet im Freizeitpark ist das auch die Erwachsenen begeisternde Spielzeugmuseum mit Puppenhäusern und Modelleisenbahn. **(Abfahrt 3 Wankum, 5 km)**

****Rhein-Ruhr-Hafen:** Unzählige Verladekräne säumen die Becken des größten Binnenhafens der Welt. Die Hafenanlage der Superlative mit ihren 44 km Kaianlagen wird jährlich von mehr als 30 000 Schiffen angelaufen.

Ein eindrucksvolles Erlebnis sind die zweistündigen Hafenrundfahrten der Duisburger Hafenrundfahrtsgesellschaft. (3 x tgl. Apr – Okt.) Sehenswert: das an der Schifferbörse verankerte Museumsschiff »Oskar Huber« und das Deutsche Binnenschifffahrtsmuseum im Stadtteil Laar. **(Abfahrt 12 Duisburg-Häfen, 2 km)**

****Essen:** Die größte Reviermetropole und Kulturhauptstadt 2010 erstreckt sich von der Ruhr im Süden bis zur Emscher im Norden. Wahrzeichen der einst bedeutendsten Bergbaustadt Europas ist der rostrote Förderturm der 1986 stillgelegten Zeche Zollverein. Die »schönste Zeche des Ruhrpotts« ist heute Museum und zählt zum UNESCO-Weltkulturerbe. Als Sitz des Designzentrums NRW und Messestadt gilt Essen als Musterbeispiel für das grüne Ruhrgebiet. Sehenswert: im Schatten von Deutschlands höchstem Rathaus (106 m): das mittelalterliche Münster (10. Jh.) der katholischen Bischofsstadt (Schatzkammer!), Abteikirche St. Ludgerus (943 geweiht) in Essen-Werden, Alte Synagoge (1911–13), heute Gedenk-stätte; Folkwangmuseum mit bedeutendster Sammlung des Ruhrgebiets (Malerei ab 1800). Die Folkwangschule für Musik, Theater und Tanz genießt internationalen Ruf. **(Abfahrt 23 Essen-Zentrum, 2 km)**

Duisburg-Ruhrort: Museumsschiff Oskar Huber

Gruga Park und Villa Hügel: siehe Seite 160

***Bochum:** Ein Relikt der einst bedeutenden Bergbaustadt im Herzen des Reviers ist der »Malakoff-Turm« (1857/58) der 1973 stillgelegten Zeche Hannover. Zur kulturellen Hochburg wurde Bochum durch das renommierte Schauspielhaus und die Musicalbühne »Starlight Express«. Die 1961 gegründete Universität ist die größte Hochschule des Ruhrgebiets. Sehenswert: Bergbau-Museum und Planetarium. **(Abfahrt 35 Bochum-Zentrum, 3 km)**

UNTERWEGS AUF DER »ROUTE DER INDUSTRIEKULTUR«

Licht-Event in der Kokerei Zollverein in Essen

Dass aus dem Ruhrgebiet, dem einstigen »Kohlenpott«, eine Landschaft mit hoher Lebensqualität geworden ist, zeigt die »Route der Industriekultur«. Seit 1999 gibt es den 400 km langen touristischen **Rundkurs,** der technische und bauliche Denkmäler des **Industriezeitalters** verbindet. Highlights sind die 19 »Ankerpunkte«, etwa der **Landschaftspark Duisburg-Nord** mit seinem Kultur- und Freizeitangebot, die ehemalige **Zeche Zollverein XII** in Essen-Katernberg oder das **Deutsche Bergbau-Museum** in Bochum. Von den Ankerpunkten aus bietet die **»Ruhr Tour«** verschiedene Themenrouten an, die sich der frühen Industrialisierung oder der Schifffahrt widmen.

KULINARISCHES DER REGION: Deftig & nahrhaft

Wer schwer arbeitet, braucht Kalorien! So hat sich im Ruhrgebiet eine Küche entwickelt, die den Kumpels gerecht wurde. Die Gerichte sind einfach, sättigend und preiswert, wobei **Kartoffeln, Graupen, Kohl** und **Hülsenfrüchte** den Hauptanteil ausmachen. Als im 19. Jahrhundert Bergleute aus Schlesien und Polen ins Ruhrgebiet umsiedelten, brachten sie auch ihre heimischen Leibgerichte mit. So kamen **»Schlesisches Himmelreich«,** ein Eintopf mit Backobst, und **»Bigosch«,** ein Sauerkrauteintopf, nach Westdeutschland. Das Lieblingsgetränk in der Region ist natürlich **Bier**. Immerhin gilt Dortmund als zweitgrößte Bierstadt der Welt (nach dem amerikanischen Milwaukee).

RAST AUF REISEN: Übernachten im Ruhrgebiet

Hotel Express by Holiday Inn, Thea-Leymann-Str. 11, 45127 Essen, Tel. 0201/10260: neues 3-Sterne-Hotel in Citylage **(Abfahrt 23 Essen-Zentrum, 2 km). Acora Hotel,** Nordring 44–50, 44787 Bochum, Tel. 0234/68960: sympathisches Haus im Stadtzentrum mit geräumigen Zimmern, Fitnessraum und Restaurant **(Abfahrt 35 Bochum-Zentrum, 1 km). Hotel Plaza,** Düsseldorfer Str. 54, 47051 Duisburg, Tel. 0203/28220: Komfort mit Stil, gute Küche, Swimmingpool, Zentrale Lage **(Abfahrt 12 Duisburg-Häfen, 2 km): Hotel Ambiente,** Am Gottesacker 70, 44143 Dortmund, Tel. 0231/4773770: neues Hotel, dezenter Luxus, große Zimmer **(Abfahrt 42 Kreuz Dortmund-West, über B1, 6 km). Hotel Gerlack-Thiemann,** Buchenweg 14, 46147 Oberhausen, Tel. 0208/620900: komfortabel, Sauna/Solarium **(Abfahrt 14 AB-Kr. Kaiserberg, 2 km).**

Streckenprofil A42: *Nach der Überquerung des Rheins bei den stillgelegten Thyssen-Stahlwerken ist die Strecke durch das nördliche Ruhrgebiet identisch mit dem Emscher-Schnellweg.* ***(60 km, 45 Min.)***

A43: *Aus dem Münsterland kommend, führt die Strecke durch die dicht besiedelte Mitte des Ruhrgebiets in das bewaldete Bergische Land* ***(105 km, 1 ¹/₄ Std.)***

****Merfelder Bruch:** Moor und Heide bilden ein wunderbares Terrain für Europas größtes Wildpferdgehege. Die über 200 ungezähmten und völlig sich selbst überlassenen Tiere sind ein faszinierender Anblick, ganz besonders am letzten Samstag im Mai, wenn die einjährigen Hengste eingefangen werden. (März–Okt.: Fütterung Sa und So 10–18 Uhr) **(Abfahrt 6 Dülmen, über Merfeld 8 km)**

***Haltern:** An einer seit Urzeiten wichtigen Furt durch den Fluss Lippe liegt die nördlichste Stadt des Ruhrgebiets. Sehenswert: das berühmte Gabelkruzifix »Halterner Kreuz« (14. Jh.) in der Sixtuskirche (1877). Das Römermuseum zeigt Funde aus dem hiesigen Römerlager. **(Abfahrt 8 Haltern, 3 km)**

***Herten:** Zu den schönsten Gebäuden des Reviers gehört das aufwändig sanierte Wasserschloss Herten aus dem 16. Jh. Sehenswert: der malerische Fachwerkkern von Westerholt. Badevergnügen und Freizeitpark in einem bietet das Copa Ca Backum. **(Abfahrt 11 Recklinghausen- Herten, 6 km)**

***Revierpark Vonderort:** Der weitläufige Park mit seinem großen Angebot an Fitness- und Freizeiteinrichtungen ist ein beliebter Erholungsort für stressgeplagte Ruhrgebietler. **(Abfahrt 12 Bottrop-Süd, 2 km)**

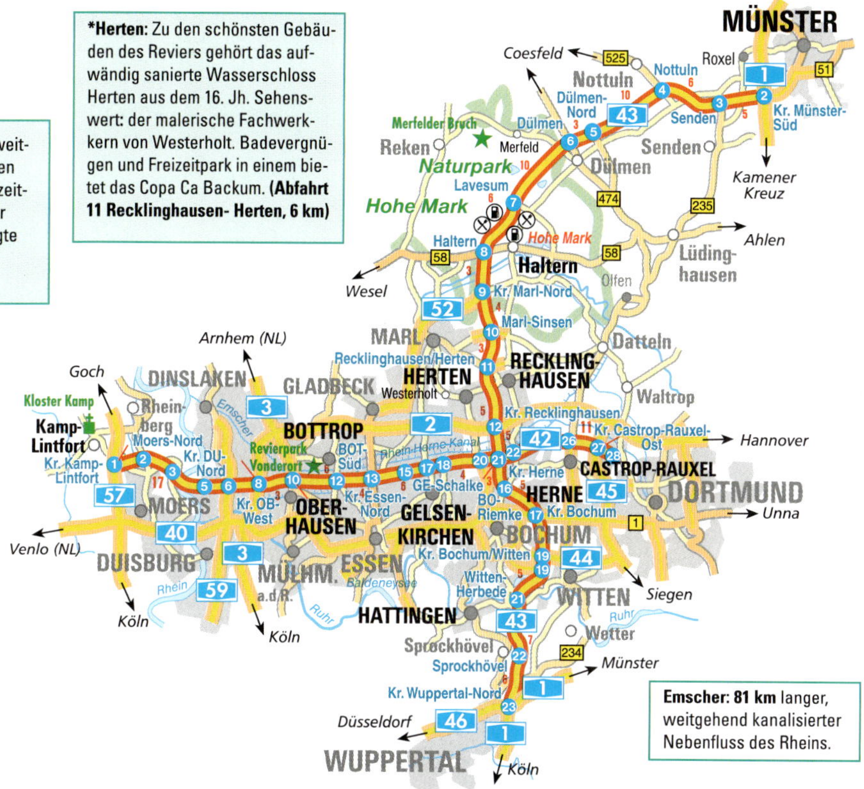

****Kloster Kamp:** Das »Sanscoussi vom Niederrhein« war 1122 das erste Zisterzienserkloster in Deutschland. Sehenswert: das Ordensmuseum mit dem Altartuch »Kamper Antependium« aus dem 14. Jh. **(über A51 Ri. Goch, Abfahrt 8 Kamp-Lintfort, 3 km)**

Rhein-Herne-Kanal
Die 46 km lange Wasserstraße mit 7 Schleusen (1904–14) verbindet Duisburg mit dem Dortmund-Ems-Kanal.

Emscher: 81 km langer, weitgehend kanalisierter Nebenfluss des Rheins.

***Recklinghausen:** Wahrzeichen der Stadt, die im Mai und Juni zu den Ruhrfestspielen einlädt, ist die von modernen Gebäuden und alten Fachwerkhäusern umgebene Probsteikirche St. Peter (13.–17. Jh.) mit ihrem hellgrünen Patinadach. Das einzigartige Ikonenmuseum ist die größte Sammlung dieser Art außerhalb Russlands. Außerdem: das stilistisch eigenwillige Rathaus (1908), die Westfälische Volkssternwarte und der bekannte Zoo. **(Abfahrt 11 Recklinghausen-Herten, 2 km)**

***Castrop-Rauxel:** Wie in Herne, so hat auch hier der Ire Thomas Mulvany Mitte des 19. Jh. die ersten Schächte für den Bergbau anlegen lassen. Sehenswert: die Lambertuskirche (13. Jh.) und Schloss Bladenhorst (16. Jh.), heute ein Tagungszentrum. **(Abfahrt 26 Castrop-Rauxel, 2 km)**

Kamp Lintfort: Terrassengarten des Klosters Kamp

***Gelsenkirchen:** Mit den grauen Etiketten Kohle und Rohöl wird man der Stadt des Traditionsclubs Schalke 04 nicht gerecht. Sehenswert: der Landschaftspark auf dem Areal der Zeche Nordstern, Städtische Kunstsammlung (deutsche und franzö-sische Kunst des 19. und 20. Jh.), Wasserschloss Horst (1552–78, westfälischer Renaissancestil), Schloss Berge (siehe Seite 14) und der Ruhrzoo. **(Abfahrt 18 Gelsenkirchen - Bismarck, 2 km)**

***Hattingen:** Die alte Stadt mit 300 Fachwerkhäusern, dem schiefen Kirchturm von St. Georg (13.–15. Jh.) und dem Bügeleisenhaus (1611) liegt am Wassersportparadies Kemnader See. Sehenswert: das Wasserschloss Kemnade (17. Jh.) mit großer Uhrensammlung, Burg Blankenstein (13. Jh.), die spätromanische Marienkirche in Stiepel mit Wandmalereien (12.–16. Jh.) **(Abfahrt 21 Witten-Herbede, 2 km; Stiepel 5 km)**

***Herne:** Im August lockt das spektakulärste Volksfest des Reviers, die Cranger Kirmes in Wanne-Eikel, über 3 Mio. Besucher in die Stadt mit der größten Bevölkerungsdichte der Region. Sehenswert: Wasserschloss Strünkede (16./17. Jh.) mit dem Emschertalmuseum (Vor- und Frühgeschichte) und der Revierpark Gysenberg mit einem großen Freizeitangebot. **(Abfahrt 22 Herne-Baukau, 2 km)**

UNTERWEGS IM RUHRGEBIET

Industriedenkmal im Jugendstil: Zeche Zollern in Dortmund

Die wirtschaftliche Bedeutung des Ruhrgebiets beruht auf der **Steinkohle**. Bereits im Mittelalter wurde sie hier abgebaut, aber erst im 19. Jahrhundert waren die Fördermengen groß genug, um die Grundlage für die Eisenindustrie im **»Kohlenpott«** zu bilden. Nach den schweren Zerstörungen im Zweiten Weltkrieg erholte sich das Ruhrgebiet erstaunlich schnell. Doch importierte Energien, vor allem das Erdöl, machten den Kohlebergbau seit Ende der 1950er Jahre immer weniger rentabel, die **Stahlkrise** folgte. Heute stehen die Fördertürme still, und das Ruhrgebiet hat seine Tristesse abgelegt. Der **»Ruhrpott«** ist heute mit seinem vielfältigen Freizeit- und Kulturangebot auch für Touristen interessant.

KULINARISCHES DER REGION: Mettwurst

Die westfälische **Mettwurst** aus magerem Schweinefleisch und zartem Speck dient in der Region nicht nur als Brotbelag, der besonders gut zu **Pumpernickel** passt. Hier kommt sie auch in **Eintöpfe.** Typisch ist das aus Mairüben hergestellte **Stielmus** mit Mettwurststreifen. Mettwurst gibt es auch zum **Grünkohl** oder zu **Dicken Bohnen.** Allseits geschätzt wird der **Dortmunder Rosenkranz:** Geräucherte Mettwürste werden ringförmig in eine Pfanne gelegt, in die Mitte kommen Kartoffelscheiben und dann wird das Ganze knusprig braun gebrutzelt. Ein kühles Pils dazu, und die Welt ist schon wieder in Ordnung!

RAST AUF REISEN: Romantisch übernachten

Romantik-Hotel Hof zur Linde, Handorfer Werseufer 1, 48157 Münster-Handorf, Tel. 0251/327 50: familiär geführtes Haus in historischem Ambiente mit modernem Komfort, kreative Küche **(Abfahrt 2 Kreuz Münster-Süd, 18 km). Parkhotel Schloss Hohenfeld,** Dingbänger Weg 400, 48161 Münster/Roxel-Hohenfeld, Tel. 02534/8080: schöne Parkanlage mit alten Bäumen, komfortable Zimmer und Appartements, feine Küche **(Abfahrt 3 Senden, 4 km). Best Western Parkhotel Engelsburg,** Augustinessenstr. 10, 45657 Recklinghausen, Tel. 02361/2010: schön restauriertes, barockes Anwesen mit individuellen Zimmern und Suiten, luxuriöser Saunaanlage und Dachterrasse **(Abfahrt 11 Recklinghausen-Herten, 3 km). Alte Brauerei Hellmann,** Neustr. 25, 48249 Dülmen-Hiddingsel, Tel. 02590/91730: stilvoll renoviertes Herrenhaus, Kunst- und Kulturprogramme, Freizeitbeschäftigung wie Angeln, Rudern **(Abfahrt 5 Dülmen-Nord, 10 km).**

Historische Zechen

Der Ruhrpott: Eiserne Industriekathedralen bilden hier eine einmalige Kulturlandschaft.

Auf 150 Jahre Bergbau und Industrie kann das Revier zwischen den Flüssen Lippe und Ruhr zurückblicken. Dort, wo die Kohle sich über Tage zeigte, wurde sie bereits im Mittelalter abgebaut. Erst die Erfindung der Dampfmaschine ermöglichte die Kohleförderung aus tieferen Erdschichten. Damit war die Voraussetzung für den Einzug der Schwerindustrie geschaffen, die das Ruhrgebiet in kürzester Zeit radikal veränderte. Nach dem Strukturwandel, der in den 70er Jahren begann, sind heute viele der stillgelegten Zechen imposante Industriedenkmäler.

Großes Bild links:
Der Hammerkopfturm auf dem Gelände der Zeche Minister Stein in Dortmund: Keine der einst 20 Zechen der Stadt ist noch in Betrieb.

1 Der Förderturm auf dem Gelände des Deutschen Bergbaumuseums in Bochum ist 70 m hoch.

2 Die Maschinenhalle der Dortmunder Zeche Zollern wurde um die Jahrhundertwende erbaut.

3 Maschinenhaus der Zeche Zollern: Ingenieurskunst bildet heute den Rahmen für ein Museum.

4 Auf einem Rundgang durch das Deutsche Bergbaumuseum: In der Waschkammer landeten die Kohlekumpel nach getaner Arbeit.

5 Die aus dicken Backsteinen gemauerten »Malakoff-Türme« sind die Vorläufer der eisernen Fördertürme.

6 Maschinenhalle in der Gelsenkirchener Zeche Consolidation.

7 Die Zeche Zollverein in Essen ist eine Ikone deutscher Industriedenkmäler. 1983 wurde die Zeche, 1993 die Kokerei stillgelegt. Seit 2001 gehört sie zum UNESCO-Weltkulturerbe.

Streckenprofil: *Die Strecke führt zunächst durch die flache Jülicher Börde, vorbei an Europas größtem Braunkohletagerevier Garzweiler bis Mönchengladbach. Nach Düsseldorf durchquert sie – teilweise auf Bundesstrassen – das südliche Ruhrgebiet. Von der Soester Börde, einer fruchtbaren Ebene, verläuft sie am Südrand des Teutoburger Walds entlang bis in den Naturpark Habichtswald in der Umgebung von Kassel.* ***(310 km, ca. 3¼ Std.)***

***Flughafen Düsseldorf International:** Unmittelbar an der A44 liegt der ehemalige Rhein-Ruhr- Flughafen. Aussichtsterrassen bieten einen guten Blick auf das stark frequentierte Flugfeld. **(Abfahrt 31 Düsseldorf-Flughafen, 1 km)**
Bis Witten: ab Kreuz Ratingen über Velbert und Hattingen bis Kreuz Witten. Dort zurück auf die A44.

****Schloss Rheydt:** Das Wasserschloss aus dem 16. Jh. mit seinen reich verzierten Renaissancefassaden gilt als eines der prächtigsten Bauwerke am Niederrhein. Im Gebäude ist das Städtische Museum für Kunst- und Kulturgeschichte untergebracht. **(Durchfahrt Rheydt-Korschenbroich, Beschilderung folgen)**

****Dortmund:** Die westfälische Ruhrmetropole am größten Kanalhafen Europas hat den Wandel von der Kohlenpottstadt zum Ort bedeutender Bildungs- und Forschungsinstitute vollzogen. Sie ist eine der größten Bierbrauerstädte der Welt und weist stolze 21 mittelalterliche Kirchen auf. Sehenswert: das Wahrzeichen, die Reinoldikirche (13. Jh.) mit 104 m hohem Turm, Marienkirche (12. Jh.) mit Marienaltar (1420) von Konrad von Soest; Petrikirche (14. Jh.) mit Antwerpener Schnitzaltar (um 1520), Museum für Kunst- und Kulturgeschichte sowie Museum am Ostwall (20. Jh.), Brauereimuseum, Fernsehturm »Florian« (212 m), Westfalenpark mit Stadion und Westfalenhalle (1949–52). **(An der B1 auf dem Weg zur Anschlussstelle Kreuz Unna)**

Das Westfälische Industriemuseum in der Zeche Zollern zeigt Architektur und Geschichte des Ruhrgebiets.

Maschinenhalle der Zeche Zollern II/IV in Dortmund

Mönchengladbach: (siehe Seite 172) **Durchfahrt:** ab Kreuz Jackerath A61 bis Kreuz MG-Wanlo, weiter auf der A46 bis Dreieck Holz, nach MG-Ost über A44, B59 und B57.

***Witten:** einer der ältesten Bergbauorte des Ruhrgebiets, der schon Anfang des 20. Jh. seine Zeche stilllegte und heute von vielen Erholungsgebieten umgeben ist. Interessant ist der bergbaugeschichtliche Rundweg im idyllischen Muttental. 1983 wurde in der Stadt die Privatuniversität Witten-Herdecke gegründet. **(Abfahrt 43 Witten-Zentrum, 3 km)**

***Tiergarten Odenkirchen:** beliebter Tierpark, der sich mit wenigen Ausnahmen seltenen europäischen Tierarten widmet. **(Abfahrt 13 Mönchengladbach-Odenkirchen, über B59, ca. 4 km)**

***Jülich:** Der für seine Kernforschungsanlage bekannte Ort geht auf die Römersiedlung »Juliacum« zurück. Sehenswert: das von einer Zitadelle umgebene Schloss im Stil der italienischen Hochrenaissance (16.Jh., Alessandro Pasqualini) und der um 1340 erbaute Hexenturm. **(Abfahrt 7 Jülich-West, 3 km)**

***Velbert:** Da die Stadt südlich des Baldeneysees darauf spezialisiert ist, Schlüssel herzustellen, informiert auch ein Museum darüber: einzig in seiner Art ist wohl das Schloss- und Beschlägemuseum. Der historische Stadtkern besitzt schöne Fachwerkhäuser aus dem 16.–19. Jh. **(An der B227)**

Dortmund: Westfalenpark und Fernsehturm »Florian«

UNTERWEGS IN DER JÜLICHER BÖRDE

Renaisscancefassade von Schloss Rheydt

Nordrhein-Westfalen ist zwar das bevölkerungsreichste Bundesland. Aber nachdem sich alles auf die städtischen **Ballungsräume** konzentriert, bleibt viel Freiraum. So nehmen 78 Prozent der Fläche Äcker, Wälder und Wiesen ein – Platz genug, um sich von einer Autofahrt zu erholen. Zu den **Kornkammern Westdeutschlands** gehört die fruchtbare Jülicher Börde **(Abfahrt 7 Jülich-West und Abfahrt 8 Jülich-Ost)**, ein dünn besiedeltes, flaches Gebiet, das zur **niederrheinischen Bucht** gehört.

KULINARISCHES DER REGION: Feine Printen

Die Lebkuchenspezialität **»Aachener Printen«** gehört ganz einfach in die Weihnachtszeit, so wie Nüsse und Glühwein! Schon im Mittelalter wurden in der Kaiserstadt Aachen Printen gebacken. Damals hat man den mit **Sirup, Zimt, Nelken, Zitronat** und **Orangeat** verfeinerten Teig zu fantasievollen Figuren geformt und ausgestochen. Daher kommt auch der Name, vom niederländischen prenten = drücken. Heute ist das Gebäck, das sich wegen seiner Haltbarkeit auch hervorragend als Mitbringsel für die Lieben daheim eignet, in rechteckiger Form bekannt, überzogen mit **Zuckerguss** oder **Schokolade.** In der modernen Küche dienen klein gehackte Printen auch als Grundlage köstlicher **Desserts.** Halbgefrorenes, Parfaits und Eiskrem erhalten durch sie ihren ganz speziellen würzigen Geschmack.

RAST AUF REISEN: Wohlfühlen

Dorint Hotel Quellenhof, Monheimsallee 52, 52062 Aachen, Tel. 0241/91320: Luxushotel im städtischen Kurgebiet, Wellness-, Freizeit- und Thermaleinrichtungen, Restaurant mit internationaler Küche und Diätküche, direkt neben Spielcasino und Kurpark, mit Zugang zum Kurmittelhaus **(Abfahrt 3 Aachen-Brand, 9 km). Romantik Parkhotel Am Hammerberg,** 52222 Stolberg, Hammerweg 11, Tel. 02402/12340: gut geführtes gepflegtes Haus in herrlicher Lage am Waldrand, behagliche Zimmer, Hallenbad und Sauna, Restaurant Burgkeller empfehlenswert **(Abfahrt 3 Aachen-Brand, 8 km). Hotel zur Traube,** Friedrichstr. 233, 42551 Velbert, Tel. 02051/92060: familiengeführtes Haus, geschmackvoll eingerichtet **(Abfahrt 44 Velbert-Nord, 7 km). Parkhotel Witten,** Bergerstr. 23, 58452 Witten, Tel. 02302/588-0 sehr persönlich geführtes modernes Haus mit allem Komfort und bemühter Gastronomie in zentraler Lage. **(Abfahrt 45 Witten-Annen, 5km).**

***Unna:** von Fachwerkbauten geprägte Stadt mit den Resten einer mittelalterlichen Befestigung. Die Lage am Hellweg, einer uralten Handelsstraße zwischen Duisburg und Paderborn, machte sie zu einem wichtigen Mitglied der Hanse. In der Saline im Teil Königsborn ging 1799 die erste Dampfmaschine des Reviers in Betrieb. In der Burg (14. Jh.) befindet sich das Hellweg-Museum. **(Abfahrt 53 Kreuz Unna-Ost, 2 km)**

***Werl:** Ein gotisches Gnadenbild aus dem 13. Jh., das 1611 aus dem Heiligen Land hierher gelangte, machte die Stadt am Hellweg berühmt. Seit dem 17. Jh. ist die Madonna in der Franziskanerkirche »Mariä Heimsuchung« eine bekannte Wallfahrtsstätte. Sehenswert: das Missionsmuseum. **(Abfahrt 54 Kreuz Werl, über A445, 4 km)**

****Soest:** Inmitten der gleichnamigen Bördelandschaft liegt die vom Dom St. Patrokli (10.–12. Jh.) überragte alte Hansestadt. Innerhalb des fast vollständig erhaltenen kreisrunden Stadtwalls liegen Fachwerkhäuser, barockes Rathaus (1713–18) und zahlreiche Sakralbauten. Sehenswert: die Petrikirche (1150–1220) mit Wandmalereien (12.–15. Jh.), Nikolaikapelle (12. Jh.), Kirche St. Maria zur Wiese (14.–15. Jh.), ein Meisterwerk der Gotik mit dem »Westfälischen Abendmahl« (um 1500). **(Abfahrt 56 Soest, 3 km)**

***Wewelsburg:** Weithin sichtbar erhebt sich die wuchtige Wewelsburg (1604–07), ein dreieckiger Renaissancebau, über dem Almetal; ihr massiger Nordturm ist das Wahrzeichen des Paderborner Landes. **(Abfahrt 60 Büren, nach dem Flughafen Paderborn-Lippstadt rechts, ca. 8 km)**

****Warburg:** Das Stadtbild der unterhalb einer gewaltigen Ruine (12./13. Jh.) gelegenen ehemaligen Hansestadt an der Diemel wird von spätmittelalterlichen Zunftgebäuden und Bürgerhäusern beherrscht. Sehenswert: die Neustädter Pfarrkirche (13. Jh.) mit schönem spätgotischen Chor und das »Haus derer von Calenburg« (1340), Museum zur Stadtgeschichte. **(Abfahrt 65 Warburg, 4 km)**

Soest: der monumentale Turm von St. Patrokli

Diemel: 80 km langer Nebenfluss der Weser. Die Region um den gestauten Diemelsee im Sauerland ist Naturpark.

Fulda: Der 218 km lange Fluss mit Quelle an der Wasserkuppe in der Rhön vereinigt sich bei Hannoversch Münden mit der Werra zur Weser.

Naturpark Arnsberger Wald: In diesem dichten Wald, vom nördlichen Möhnetal bis zur Ruhr im Süden und bis Brilon im Osten, jagten schon die Kurfürsten von Köln von der Residenzstadt Arnsberg aus. Der südliche Teil zeigt geschlossene Waldflächen und ein dichtes Gewässernetz. Östlich von Arnsberg lohnt ein Besuch der Bilsteinhöhlen. 135 Mio. Kubikmeter Wasser werden an der 40 m hohen und 650 m langen Staumauer des »Westfälischen Meeres« aufgestaut. Seit 1913 versorgt die *Möhnetalsperre das Ruhrgebiet mit Wasser. Neben Wassersportmöglichkeiten rund um den See gibt es Beschränkungen im Naturschutzgebiet Hevearm. **(Abfahrt 65 Arnsberg Niedereimer, 10 km)**

***Bestwig:** Einmal auf dem Rio Grande das Abenteuer »Fluss ohne Wiederkehr« selbst zu erleben ist die Hauptattraktion im Abenteuerland »Fort Fun«, in dem der Wilde Westen absolut im Mittelpunkt steht: von der abenteuerlichen Goldsuche in »Devil´s Mine«, der rasanten Familienachterbahn, über die Original-Western-Dampfeisenbahn bis hin zu Überfällen und »echten« Saloonschlägereien. Für Nervenkitzel sorgt die Superrutschbahn mit 780 m Länge und 170 m Höhenunterschied. **(Abfahrt 71 Bestwig, über die B7, gute Beschilderung, ca. 9 km)**

Kassel-Baunatal: rechts von der Autobahn: die ziegelroten Fertigungshallen eines Zweigwerks der Volkswagen AG.

***Meschede:** Alte und moderne Sakralarchitektur bietet der Ort, der schon im 10. Jh. Marktrecht besaß. Das ehemalige Damenstift zählte zu den reichsten Klöstern Westfalens, 1810 wurde es aufgehoben. Die Kirche St. Walburga wurde auf karolingischen Fundamenten (Krypta um 900) im 17. Jh. errichtet. Über der Stadt die 1928 gegründete Benediktinerabtei mit der 1964 erbauten Friedenskirche. **(Abfahrt 70 Meschede, 2 km)**

***Volkmarsen:** kleine Fachwerkstadt mit teils noch erhaltener Befestigungsanlage. Einen weiten Blick ermöglicht die Ruine der romanischen Kugelsburg (1192), die 100 Jahre vor dem Ort als Wehranlage erbaut wurde. **(Abfahrt 65 Warburg, 6 km)**

Die Hennetalsperre bei Meschede

UNTERWEGS ZUM MÖHNESEE

Die Möhnetalsperre im Naturpark Arnsberger Wald

Ein 1910 angelegter riesiger **Wasserspeicher** von gut 1000 Hektar Fläche ist das größte stehende Gewässer Westfalens. So lockt der zwischen der **Soester Börde** und dem **Arnsberger Wald** gelegene Möhnesee **(A44, Abfahrt 56 Soest, 10 km,** oder **A46, Abfahrt 66 Arnsberg-Uentrop, 13 km)** im Sommer die Wassersportler in Scharen an. Im Winter nehmen die Vögel Besitz von dem fischreichen Gewässer: Der Möhnesee gilt als wichtigster **Überwinterungsplatz** für Wasservögel in der gesamten Region. Zu jeder Jahreszeit empfiehlt sich ein Abstecher in den südlich gelegenen **Naturpark Arnsberger Wald,** dessen dichte Wälder sich über mehrere Bergrücken des **Rheinischen Schiefergebirges** ziehen.

KULINARISCHES DER REGION: Traditionelles

Das letzte Stück der Route führt durch Nordhessen, eine Region, in der sich die traditionelle Küche noch großer Beliebtheit erfreut – nicht nur der gepökelte und geräucherte **»Kasseler Rippenspeer«.** Zu den Favoriten gehören **Blechkuchen** mit einem würzigen Belag aus geriebenen Kartoffeln, Sauerrahm, Eigelb und Kümmel. Saure Sahne hat dem **»Schmandhering«** seinen Namen gegeben, einem erfrischenden kalten Imbiss aus Salzheringen, Zwiebeln und Roten Beten. Handfeste Spezialitäten wie **»Weckewerk«,** eine Art Brotsuppe mit Pellkartoffeln, **Handkäse mit Musik** oder hausgemachte **Sülzen** in althessischem Ambiente genießen kann man beispielsweise im **Gasthaus zum Berggarten,** Zentgrafenstr. 178 im Kasseler Stadtteil Kirchditmold **(Abfahrt 67 Zierenberg, 10 km durch den Naturpark Habichtswald).**

RAST AUF REISEN: Übernachten in Kassel

Schlosshotel Wilhelmshöhe, Schlosspark 8, 34131 Kassel, Tel. 0561/30880: sehr gepflegtes, ruhig gelegenes Traditionshotel im Bergpark Wilhelmshöhe mit eleganten Zimmern und Restaurant »Grimms«; **Grand Hotel La Strada,** Raiffeisenstr. 10, 43121 Kassel, Tel. 0561/20900: vielfach ausgezeichnetes, modernes, großzügig angelegtes Haus mit angemessenen Preisen; **Hotel Gude,** Frankfurter Str. 299, 34134 Kassel, Tel. 0561/48050: familiär geführtes Hotel mit individuell eingerichteten Zimmern, Wellness- und Freizeitangebot und gemütlichem Restaurant »Pfeffermühle«; **Hotel Schweizer Hof,** Wilhelmshöher Allee 288, 34131 Kassel, Tel. 0561/93690: zeitgemäßes Stadthotel mit viel Komfort in verkehrsgünstiger Lage, **(Abfahrt 69 Südkreuz Kassel, 6 km).**

Kassel

Der Hauptort der Deutschen Märchenstraße war schon zu Barockzeiten bedeutend. In der Gegenwart macht Kassel vor allem durch die »documenta« weltweit von sich Reden.

Beim Besuch von Schloss und Park Wilhelmshöhe ist die Größe, die Kassel in Renaissance und Barock besaß allgegenwärtig. Bereits im 17. Jh. hatte Landgraf Karl seine Baumeister vor die Herausforderung gestellt, eine Barockresidenz so repräsentativ wie Versailles zu planen. Auch die Orangerie in der Karlsaue geht auf die Initiative Karls zurück. Das neue Schloss Wilhelmshöhe, mit dessen Bau 1786 begonnen wurde, verdankt seinen Namen dem Landgrafen Wilhelm IX. Es gilt als der älteste Museumsbau Europas und ist Hauptsitz der alle 10 Jahre stattfindenden »documenta«. Die weltweit größte Ausstellung zeitgenössischer Kunst prägt zu einem großen Teil die Gegenwart der Stadt.

Großes Bild links:
Gigantische Wasserspiele: Die gewaltige Anlage mit Kaskaden von 25 m Länge und 12 m Breite wird beidseitig von 535 Treppenstufen gesäumt. Vom Oktogon bis hinunter zum Neptunbassin werden die Kaskaden nach jeweils 50 m von insgesamt fünf ovalen Wasserbecken unterbrochen.

1

1 Bereits 1568 ließ Landgraf Wilhelm der Weise auf der Fuldainsel zwischen der großen und der kleinen Fulda unterhalb des Landgrafenschlosses einen Renaissancegarten mit einem Orangen- und Pomeranzenhaus anlegen. Im Verlauf des späten 18. Jhs. verwandelte sich die Karlsaue in einen Landschaftsgarten nach englischem Vorbild, dennoch ist die ursprüngliche barocke Grundstruktur zu erkennen. Noch heute ist die Karlsaue in ihrer Ausdehnung (125 Hektar) und ihrem Landschaftsbezug einzigartig im deutschen Barock.

2

2 Der Schlosspark Wilhelmshöhe hat noch eine weitere romantische Zugabe: die prächtige Löwenburg.

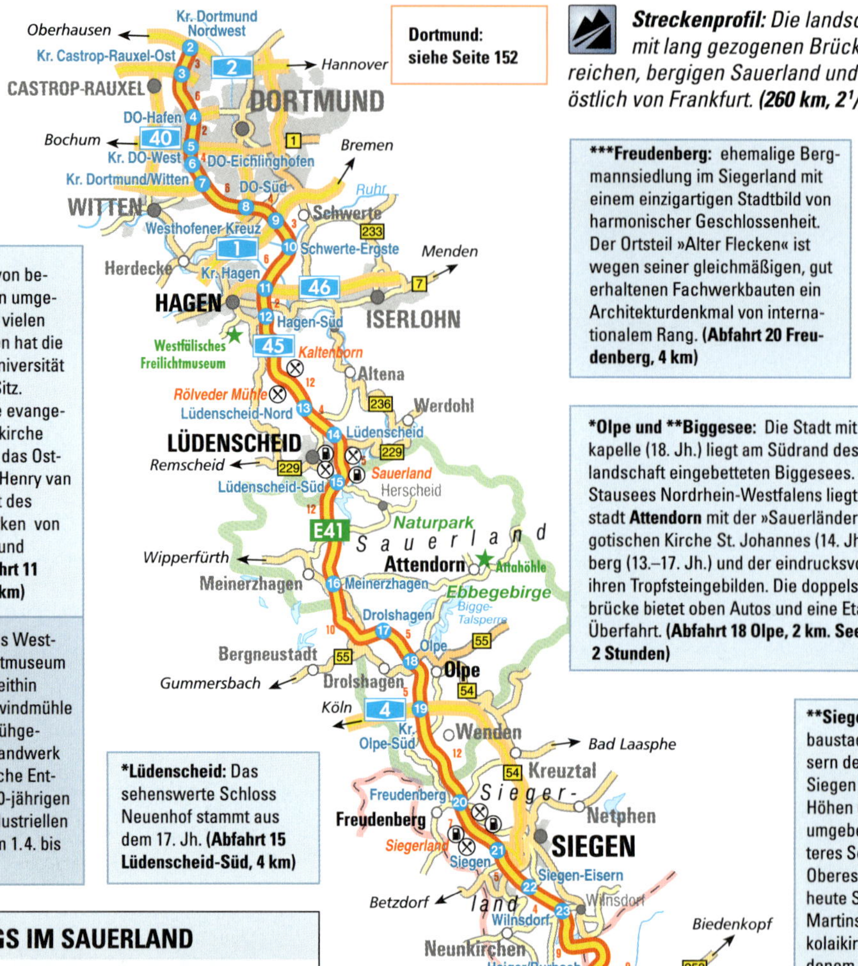

Dortmund: siehe Seite 152

Streckenprofil: *Die landschaftlich abwechslungsreiche Sauerlandlinie mit lang gezogenen Brücken führt aus dem Ruhrgebiet am waldreichen, bergigen Sauerland und Westerwald entlang in die Wetterau nordöstlich von Frankfurt.* ***(260 km, 2½ Std.)***

*****Freudenberg:** ehemalige Bergmannsiedlung im Siegerland mit einem einzigartigen Stadtbild von harmonischer Geschlossenheit. Der Ortsteil »Alter Flecken« ist wegen seiner gleichmäßigen, gut erhaltenen Fachwerkbauten ein Architekturdenkmal von internationalem Rang. **(Abfahrt 20 Freudenberg, 4 km)**

Fachwerkstädtchen Freudenberg

***Hagen:** In der von bewaldeten Hügeln umgebenen Stadt mit vielen Jugendstilbauten hat die deutsche Fernuniversität seit 1976 ihren Sitz. Sehenswert: die evangelische Johanniskirche (10./18. Jh.) und das Osthaus-Museum (Henry van de Velde), Kunst des 20. Jhs. mit Werken von Kirchner, Marc und Feininger. **(Abfahrt 11 Kreuz Hagen, 5 km)**

***Hagen:** Das Westfälische Freilichtmuseum rund um eine weithin sichtbare Turmwindmühle zeigt vor- und frühgeschichtliches Handwerk und die technische Entwicklung vom 30-jährigen Krieg bis zur industriellen Revolution. (Vom 1. 4. bis zum 31. 10.)

***Lüdenscheid:** Das sehenswerte Schloss Neuenhof stammt aus dem 17. Jh. **(Abfahrt 15 Lüdenscheid-Süd, 4 km)**

***Olpe und **Biggesee:** Die Stadt mit barocker Kreuzkapelle (18. Jh.) liegt am Südrand des in eine grüne Hügellandschaft eingebetteten Biggesees. Am Ufer des größten Stausees Nordrhein-Westfalens liegt die einstige Hansestadt **Attendorn** mit der »Sauerländer Dom« genannten gotischen Kirche St. Johannes (14. Jh.), der Burg Schellenberg (13.–17. Jh.) und der eindrucksvollen **Attahöhle** mit ihren Tropfsteingebilden. Die doppelstöckige Listertalbrücke bietet oben Autos und eine Etage tiefer Zügen die Überfahrt. **(Abfahrt 18 Olpe, 2 km. Seerundfahrten ca. 2 Stunden)**

***Dillenburg:** Der massige Wilhelmsturm (1875) erinnert an Wilhelm von Oranien, Stammvater des holländischen Königshauses und gebürtiger Dillenburger. Vom Schloss der Fürsten Nassau-Oranien sind nur Mauerreste geblieben. Sehenswert: die Stadtkirche (15. Jh.) mit Fürstengräbern und die Kasematten (Führungen in den Sommermonaten). **(Abfahrt 25 Dillenburg, 3 km)**

****Siegen:** Die alte Erzbergbaustadt mit zwei Schlössern des Hauses Nassau-Siegen ist von den sanften Höhen des Siegerlandes umgeben. Sehenswert: Unteres Schloss (1690–1714), Oberes Schloss (16.–18. Jh.), heute Siegerland-Museum, Martinskirche (10. Jh.), Nikolaikirche (13. Jh.) mit goldenem »Krönchen« (1658). Berühmter Sohn der Stadt ist der Maler Peter Paul Rubens (1577–1640). **(Abfahrt 21 Siegen-Eisern, 3 km)**

****Herborn:** Malerisch liegt das Schloss (13./14. Jh.) über der verwinkelten Fachwerkstadt an der Dill. Sehenswert: das Renaissancerathaus (16. Jh.) am Marktplatz, der Kornmarkt und das Heimatmuseum in der Hohen Schule (16. Jh.). **(Abfahrt 28 Ehringshausen, 2 km)**

5 km nordwestlich von Herborn, in Uckersdorf, besteht seit 1973 ein sehenswerter, von Störchen, Kranichen und Flamingos bewohnter Vogelpark.

UNTERWEGS IM SAUERLAND

Märchenhafte Tropfsteingebilde in der Attahöhle

Im Sauerland gibt es über 900 (Tropfstein-)Höhlen, zahlreiche Stauseen, Schlösser und Burgen. Rund um Attendorn **(Abfahrt 16 Meinerzhagen, 21 km)** erstreckt sich der 65 800 ha große **Naturpark Ebbegebirge** mit Waldlehrpfaden und Schutzhütten, verbunden durch **Rundwanderwege** über 1200 km. Höhepunkt ist ein Besuch der 1907 entdeckten **Atta-Höhle.** Bei Attendorn liegt eine Märchenwelt aus glitzernden Tropfsteinen in fantastischen Formen. Mit 3 km Länge zählt sie zu den größten Höhlen Deutschlands. Bei einem Rundgang erlebt man die Pracht von Stalagmiten und Stalaktiten, die bis zu 4 m hoch gewachsen sind.

KULINARISCHES DER REGION: Bier und Korn

Das Sauerland ist ein traditionsreiches **Bierland.** Einen guten Ruf haben auch die **Brände** aus den Hochsauerländer Kornbrennereien.

RAST AUF REISEN: Hotels im Sauerland

Koch's Hotel, Bruchstr. 16, 57462 Olpe, Tel. 0 27 61/ 8 25 20: modern und gepflegt mit Restaurants; **Hotel Albus,** Auf der Griesemert 17, 57462 Olpe, Tel. 0 27 61/ 68 85: ruhige Zimmer, Frühstücksbüffet **(Abfahrt 18 Olpe, 3 km).**

****Wetzlar:** Hoch über der alten Reichsstadt am Zusammenfluss von Dill und Lahn thront die Burgruine Kalsmut (12. Jh.). Nicht weniger eindrucksvoll ist der Dom (12.–16. Jh.) über der von engen Gassen und malerischen Plätzen geprägten Altstadt. Sehenswert: der Fischmarkt mit den Insignien des Reichskammergerichts, an dem auch Goethe 1772 tätig war; das »Lottehaus«, Wohnsitz der vom Dichter geliebten Charlotte Buff, »Jerusalemhaus«, in dem Karl-Wilhelm Jerusalem lebte, dessen Selbstmord Goethe zu »Die Leiden des jungen Werther« inspirierte. **(Abfahrt 29 Wetzlarer Kreuz, 4 km)**

***Burg Münzenberg:** Die massige Burgruine (1150–74) der Ritter von Arnsburg-Hagen oberhalb des Buchbergs ist weithin sichtbar. Während der Glanzzeit des Adelsgeschlechts im 12. und 13. Jh. fanden im Burghof zahlreiche Ritterturniere statt. **(Abfahrt 36 Münzenberg, 3 km)**

Erholungszentrum: der Biggesee südlich von Attendorn

Streckenprofil: *Von West nach Ost führt die abwechslungsreiche Strecke an Düsseldorf vorbei nach Wuppertal ins Bergische Land. Von Kreuz Wuppertal geht es über die A1 durch das südliche Ruhrgebiet bis Westhofener Kreuz, anschließend über A45 bis Kreuz Hagen. Der weitere Verlauf der A46 endet in Iserlohn am Rand des Sauerlands.* ***(155 km, 1½ Std.)***

***Heinsberg:** Bekanntestes Bauwerk der am Rande des idyllischen Naturparks Maas-Schwalm-Nette gelegenen Stadt ist eine Hallenkirche (15. Jh.) mit romanischer Krypta (13. Jh.). Im nahen *Wassenberg (6 km) ist eine dreischiffige romanische Basilika (12. Jh.) mit dem Gnadenbild der »Liebenswürdigen Mutter« seit 1350 ein beliebter Wallfahrtsort für Pilger. **(Abfahrt 4 Heinsberg, 4 km)**

Mönchengladbach: siehe Seite 172

Düsseldorf: siehe Seite 160

****Schloss Dyck:** Der herrliche Park rund um den Stammsitz der Herren von Dyck bietet ein farbenprächtiges Blütenmeer und Bäume aus China, Japan und Amerika. Eine umfangreiche Waffensammlung (von 1600 bis 1900) ist im Schloss zu besichtigen. **(Abfahrt 13 Grevenbroich, 6 km)**

Das in den Erftauen gelegene private Museum »Insel Hombroich« präsentiert auf zehn Pavillons verteilt eine vielseitige Sammlung an orientalischer, afrikanischer und europäischer Kunst (u. a. Matisse, Cézanne, Klimt). **(Abfahrt 14 Vierwinden, üb. Kapellen ca. 4 km)**

***Erkelenz:** In der industriell geprägten Stadt wurden nach dem Krieg viele historische Bauten wieder errichtet. Sehenswert: Altes Rathaus (16. Jh.) und die Reste der Alten Burg (14. Jh.). Richtung Mönchengladbach im Stadtteil Wickrath: Schloss Wickrath. **(Abfahrt 9 Erkelenz-Ost, 2 km)**

Schloss Wickrath im Süden Mönchengladbachs

Neuss: siehe Seite 161

***Solingen-Gräfrath:** Verschieferte Häuserfassaden im bergischen Stil verschönern den fast dörflich anmutenden Marktplatz. Sehenswert: das Deutsche Klingenmuseum im Gräfrather Kloster mit einer einzigartigen Sammlung von Schneidegeräten aller Epochen und vieler Kulturen. **(Abfahrt 30 Haan-Ost, 2 km)**

****Wuppertal:** Das Wahrzeichen der schön gelegenen Stadt im Tal der Wupper ist eines der originellsten Transportmittel der Welt: Die 1898 bis 1901 erbaute Schwebebahn befördert 12 m über dem Fluss auf 13 km und 19 Stationen bis zu 70 000 Fahrgäste täglich. Sehenswert: das Von-der-Heydt-Museum (deutsche und europäische Malerei des 19./20. Jhs.), das Uhrenmuseum mit über 2000 Zeitmessern, die 1670 gestiftete Wallfahrtskirche in Neviges, der landschaftlich schön gelegene Zoo. **(Abfahrt 35 Wuppertal-Barmen, 2 km zur Bahn)**

***Schloss Hohenlimburg:** Die im 13. Jh. erbaute Festung ist im Sommer Kulisse für zahlreiche kulturelle Veranstaltungen. Sehenswert: das umfassende Museum für Volkskunde und Wohnkultur im Schloss. **(Abfahrt 43 Hohenlimburg, 4 km)**

****Iserlohn:** Größte Attraktion der an den bewaldeten Ausläufern des Lennegebirges gelegenen Stadt ist die 1868 entdeckte märchenhafte **Dechenhöhle** (bei Iserlohn-Letmathe), benannt nach dem Geologen Heinrich von Dechen. Neben der bizarren Tropfsteinwelt informiert ein Höhlenkundemuseum über geologische Zusammenhänge. Seit dem frühen Mittelalter wurde in Iserlohn das Handwerk der Drahtzieherei ausgeübt, im 17. Jh. kam die Produktion und der Handel mit Nadeln hinzu. Sehenswert: die spätgotische Marienkirche aus dem 14. Jh. mit einem flandrischen Schnitzaltar (um 1400) und das Nadelmuseum. **(Abfahrt 47 Iserlohn-Zentrum, 3 km)**

Felsenmeer bei Hemer

***Felsenmeer:** Zwischen uralten Buchen gelegen, ist das 200 x 800 m messende, Labyrinth von Kalkfelsen ein imposantes Naturerlebnis. Dieses sagenumwobene Trümmerfeld entstand durch den Einsturz von Höhlen. 10 Minuten Fussweg von hier liegt, bewacht von einem 150 000 Jahre alten Bärenskelett, die urwüchsige **Heinrichshöhle**, eine der interessantesten Höhlen im davon reichen Sauerland. (Führungen März–Nov, tgl. außer Fr.). **(Abfahrt 49 Hemer, 5 km)**

UNTERWEGS VOM RHEINLAND INS SAUERLAND

Inmitten einer Parklandschaft: Wasserschloss Dyck

Wer dem Ballungsraum um Düsseldorf entfliehen will, fährt nach Iserlohn in den 13 ha großen **Naturpark** mit romantischen Wanderpfaden. Zu den Höhepunkten zählt die **Dechenhöhle (Abfahrt 46 Iserlohn-Oestrich, 2 km)** mit märchenhaften Tropfsteingebilden und kleinen Seen. Kein Wunder, dass bereits 13 Mio. Menschen die unterirdische **Wunderwelt** im Kalkgestein zwischen Letmathe und Iserlohn besichtigt haben. Auch heute noch entdecken Forscher hier neue Höhlen und Gänge, so dass die Dechenhöhle nun inmitten eines über 17 km langen **Höhlensystems** liegt. In den mehrere Meter tiefen Bodenschichten wurden Knochen und Zähne der Tierwelt des **Eiszeitalters** entdeckt. Zur Adventszeit finden hier Konzerte bei Kerzenschein statt.

KULINARISCHES DER REGION: Der Halve Hahn

Zu den großen kulinarischen Überraschungen im Rheinland gehört ein **«Halver Hahn«.** Denn hinter dem Namen verbirgt sich nur ein **Roggenbrötchen** mit Gouda, Edamer oder Limburger, das mit Senf bestrichen wird. Deftiger ist die rheinische **Blutwurst** im Brötchen: **»Flöns met Ölk«.** Ob man dazu ein **Düsseldorfer Altbier** oder ein **Kölsch** genießt, ist persönliche Überzeugungssache. Empfehlenswerte Lokale: **Altes Schloss:** Schlossstr. 13, 41515 Grevenbroich: regionale Küche und Wildgerichte im ehemaligen Palastbau mit mittelalterlicher Dekoration. **(Abfahrt 14 Grevenbroich-Kapellen, 5 km). Brauerei zum Schiffchen,** Hafenstr. 5, 40213 Düsseldorf: eines der ältesten Restaurants der Stadt; **Weinhaus Tante Anna,** Andreasstr. 2, 40213 Düsseldorf: alte Säulen, grüne Kassettendecke und Eichenholztische im historischen Weinhaus; **Im Füchschen,** Ratinger Str. 28, 40213 Düsseldorf: hausgebrautes Alt und Deftiges aus eigener Schlachterei **(Abfahrt 24 Düsseldorf-Wersten).**

RAST AUF REISEN: Traditionsreich

Hotel Corsten, Hochstr. 160, 52525 Heinsberg, Tel. 0 24 52/18 60: gepflegtes Haus mit Sauna und Fitnessraum **(Abfahrt 4 Heinsberg, 4 km). Hotel Drei Könige,** Neusser Straße 49; 41516 Grevenbroich, Tel. 0 21 82/81 21 53: 1734 war das Haus noch Poststation, heute bietet es moderne Zimmer und kulinarisch Anspruchsvolles **(Abfahrt 13 Grevenbroich, 6 km). Hotel Korth,** In der Calle 4–7, 58638 Iserlohn, Tel. 0 23 71/97 87-0: Fachwerkidylle, französische Küche. **Zum Dorfkrug,** Hennener Str. 33, 58640 Iserlohn, Tel. 0 23 04/52 05: gute Küche **(Abfahrt 47 Iserlohn, 3 km).**

Wetzlar und Gießen

Die verwinkelten Gassen und prachtvollen Fachwerkhäuser von Wetzlar vermitteln die Atmosphäre jener Zeit, als Goethe sich hier zu seinem Meisterwerk »Die Leiden des jungen Werther« inspirieren ließ.

Die ehemalige Freie Reichsstadt an der Lahn beherbergte von 1693–1806 das höchste deutsche Zivilgericht, das Reichskammergericht. Die herrlichen Fachwerkhäuser der Altstadt sind überwiegend in diesen Jahren entstanden. Eine wirtschaftliche Blütezeit erlebte die Stadt Mitte des 19. Jhs. durch den Aufschwung der Eisenindustrie. Trotz seiner herausgehobenen Stellung verlor Wetzlar seine Selbstständigkeit, als es 1977 mit Gießen zur Stadt Lahn zusammengefasst wurde. Nach Protesten der Bevölkerung kam es jedoch wenige Jahre später zur Auflösung dieser Zwangsehe.

Großes Bild links:
Hoch über den alten Bürgerhäusern von Wetzlar erhebt sich der Dom, Wahrzeichen der Stadt und Spiegelbild einer wechselvollen Geschichte. Im Norden des 1235 erbauten Gebäudes sind noch Teile des romanischen Vorgängerhauses erhalten. Gotische Wandfresken schmücken die Turmwand über der Orgel und die Pietà.

1 Burg Greifenstein beherrscht mit ihren Wahrzeichen, dem Nassauer-Turm und dem Bruder-Turm, den zwischen Wetzlar und Herborn gelegenen gleichnamigen Felsen.

2 Trotz der verheerenden Zerstörungen im Zweiten Weltkrieg wurden die alten Baudenkmäler der Universitätsstadt Gießen orginalgetreu rekonstruiert.

3 Wetzlars Eisenmarkt, 1253 erstmals urkundlich erwähnt, war bereits im Mittelalter zentraler Umschlagplatz für das in der Region gewonnene Roheisen. Eines der schönsten Fachwerkhäuser rund um den Platz ist das spätgotische Gebäude Eisenmarkt Nr.7.

Streckenprofil: *Von dem durch seine vielen alten Mühlen geprägten Land an der Schwalm geht die Fahrt durch das niederrheinische Tiefland hinein ins moderne Düsseldorf. Der weitere Verlauf führt quer durch das Ruhrgebiet bis an den Südrand des Münsterlands.* ***(110 km, 1¼ Std.)***

Wasserschloss Hugenpoet in Essen

***Grugapark:** Der 1929 angelegte Park ist mit 70 ha eine der größten Gartenanlagen Europas. Mit Botanischem Garten, Vogelpark u. v. m. bietet er alles, was zu einem vielfältigen Familienprogramm gehört. Konzerte bietet die Grugahalle. **(Abfahrt 28 Essen-Rüttenscheid, 2 km)**

***Schloss Wittringen:** An der B224, kurz nach der Autobahn A2, liegt in einer ausgedehnten Parkanlage das Wasserschloss aus dem 16. Jh. (Restaurant und Café). Im ehemaligen Wirtschaftstrakt und im Torhaus ist das Museum der 1161 erstmals urkundlich genannten Stadt Gladbeck untergebracht.

***Marl:** Die Attraktion der Chemiestadt mit High-Tech-Zukunft ist das einzigartige Skulpturenmuseum »Glaskasten«: In einer Parkanlage sind 60 Großplastiken, u. a. von Max Ernst, Hans Arp und Richard Serra, zu bewundern. Vor dem Stadttheater befindet sich Europas größte Plastik »La Tortuga«, eine auf den Kopf gestellte Lokomotive (Wolf Vostell). Vom hier ansässigen Institut für Medienforschung wird alljährlich der renommierte Adolf-Grimme-Preis für herausragende Fernsehproduktionen verliehen. **(Abfahrt 48 Marl-Zentrum, 2 km)**

****Naturpark Schwalm-Nette:** Mit seinen zahlreichen ausgedienten Korn- und Ölmühlen verbreitet diese wald- und wasserreiche Landschaft einen Hauch von Romantik. Die Mühlen an dem von Weiden und Pappeln gesäumten Ufer der 43 km langen Schwalm sind heute zum größten Teil Gasthäuser oder Kulturdenkmäler. **(Umgebung von Brüggen und Niederkrüchten)**

***Schloss Hugenpoet:** Wasserschloss (16. Jh.) in den Ruhrauen, heute ein Nobelhotel. **(Abfahrt 26 Essen-Kettwig, 5 km)**

Durchfahrt Essen : ab Abfahrt 28 Essen - Rüttenscheid auf der B224 über Essen Nord und Essen/Gladbeck nach ca. 18 km wieder direkt auf die A52.

****Villa Hügel:** Bis 1945 war die hoch über dem Baldeneysee gelegene klassizistische Villa 1870–73) der Wohnsitz der Familie Krupp. Der repräsentative Prunkbau mit 269 Zimmern auf insgesamt 8100 m liegt in einem 28 ha großen Park und glänzt heute mit renommierten Kunst- und Kulturveranstaltungen. **(Abfahrt 29 Essen-Rüttenscheid, 3 km)**

***Niederkrüchten:** Neben der idyllisch gelegenen Pannenmühle bezaubert vor allem die prachtvolle, flämische Barockausstattung der spätgotischen Bartholomäuskirche. **(Abfahrt 3 Niederkrüchten, 1 km)**

****Brüggen:** Die von den Jülicher Grafen erbaute mittelalterliche Burg (1264) beherbergt ein interessantes Naturkundemuseum, das über die Geschichte der Jagd von der Eiszeit bis zur Gegenwart informiert. **(Abfahrt 3 Niederkrüchten, 5 km)**

Düsseldorf: Altes Rathaus und Kurfürst Johann Wilhelm

****Düsseldorf:** Elegant wie ihre Rheinpromenaden präsentiert sich die Landeshauptstadt Nordrhein-Westfalens. So mondän sich die exklusive Einkaufsmeile Königsallee gibt, so leger geht es an der »längsten Theke Europas«, in den 260 Kneipen der Altstadt zu. Wahrzeichen der Stadt sind der Schlossturm und die Lambertuskirche (14. Jh.) am Rheinufer. Zeitgenössische Akzente setzen der futuristische Bau des Landtags und der 234 m hohe Rheinturm (1982). Sehenswert: Altes Rathaus (1570–73), Schloss Jägerhof (18. Jh.), heute Goethe-Museum, Kunstsammlung Nordrhein-Westfalen mit Werken des 20. Jhs., Heinrich-Heine-Institut mit Dokumenten über den 1797 in Düsseldorf geborenen Dichter. **(Durchfahrt Düsseldorf: Von der A52 kommend überquert die Theodor-Heuss-Brücke den Rhein. Nach ihr geht es rechts ins Zentrum oder über B7 und B1 an die Anschlussstelle D-Rath weiter auf die A52.)**

UNTERWEGS IM RUHRGEBIET

Grüne Oase: Schloss und Park Borbeck in Essen

Vor allem historisch gesehen ist das Ruhrgebiet eine interessante Region. Der **»Ruhrpott«** hat eine vielfältige Entwicklung erlebt: vom Neandertaler über den römischen Legionär bis zum mittelalterlichen Hansebund, über die **»Industriebarone«** des 19. Jahrhunderts, über die Zerstörungen im Bombenkrieg bis hin zur Stahlkrise und zum **Strukturwandel** in den letzten Jahrzehnten. Heute ist das Ruhrgebiet längst kein Land der Steinkohlezechen und rauchenden Schlote mehr. Imposante Industrieanlagen, weitläufige Einkaufszentren, abwechslungsreich gestaltete Wohnsiedlungen, ein dichtes Netz von Schnellstraßen, Eisenbahnen und Kanälen haben die vielfältigen Facetten dieser Landschaft geschliffen. Reizvolle **Seen,** weite **Grünflächen** und große **Wälder** verleihen dem Städtegeflecht auch einen unverwechselbaren landschaftlichen Reiz.

KULINARISCHES DER REGION: Blauer Heinrich

Im Ruhrpott hat sich im Laufe der Jahrzehnte eine eigene, auf die Bedürfnisse der Arbeiter in der Kohle- und Stahlindustrie zugeschnittene Küche entwickelt. Ein typisches Gericht, das der Bergmann in seinem blechernen **Henkelmann** gerne mit in die Grube nimmt, ist der **»Blaue Heinrich«,** eine noch heute im Ruhrgebiet sehr beliebte **Graupensuppe** mit Fleisch, Zwiebeln, Lauch, Mohrrüben und Kartoffeln. Der Name dieses deftigen Gerichts stammt wohl von der Farbe der Arbeiteranzüge der Bergleute. Wenn es die Arbeit erlaubt, trinkt man dazu ein kräftiges Bier aus der Region, am besten einen **»Dortmunder«,** ein süffiges untergäriges helles Bier. Nach getaner Arbeit genehmigt man sich schließlich noch den typischen, aus Steinhagen stammenden, Wacholderschnaps, den **»Steinhäger«.**

RAST AUF REISEN: Übernachten im »Pott«

Mövenpick Hotel Essen, Am Hauptbahnhof 2, 45127 Essen, Tel. 0201/17080: zentrales Hotel, moderne, komfortable Zimmer, Gesellschaftsräume **(Abfahrt 25 AB-Dreieck Essen-Ost, 2 km). Hotel-Restaurant Mintarder Wasserbahnhof,** August-Thyssenstr. 129, 45481 Mühlheim-Mintard, Tel. 02054/95950: Zwei-Sterne-Hotel in ruhiger Lage, wohnliche Zimmer, Tagungsräume **(Abfahrt 25 Breitscheid, 2 km). Hotel Haus Kronenthal,** Brachterstr. 85, 40882 Ratingen, Tel. 02102/85080: wohnlich ausgestattete Zimmer, extra Nichtraucheretage, Wochenendtarif auf Anfrage, Konferenzräume **(Abfahrt 23 Ratingen, 3 km).**

Streckenprofil:** Von der holländischen Grenze führt die Route durch die weiten linksrheinischen Niederungen in das Kölner Becken und direkt in die Millionenmetropole am Rhein. **(115 km, 1 1/4 Std.)

***Goch:** Die von Wäldern umgebene Stadt geht auf eine alte Römersiedlung zurück. Sehenswert: Backsteingiebelhäuser um die Pfarrkirche St. Maria Magdalena, das Steintor und Schloss Kalbach. 6 km südlich liegt das alte Weeze (9. Jh.) mit dem hübschen Schloss Wissen. **(Abfahrt 3 Goch, 3 km)**

***Kalkar:** Stadt am Rand der Gocher Heide mit spätgotischer Pfarrkirche St. Nikolai, gotischem Rathaus und, wo einstmals der »Schnelle Brüter« stand, dem Freizeitpark Kernwasser Wunderland. Unweit: das Wasserschloss Moyland mit Sammlung moderner Kunst. **(Abfahrt 3 Goch, 13 km)**

*****Xanten:** einzige Römerstadt nördlich der Alpen, die nie überbaut wurde. Eine Attraktion ist der »Archäologische Park« mit der Rekonstruktion der einstigen römischen Zivilsiedlung. Xanten wurde im Nibelungenlied als Heimat Siegfrieds genannt. Sehenswert: der gotische Dom St. Viktor (1263) und die Altstadt mit dem KleverTor (1393). **(Abfahrt 5 Sonsbeck, ca. 10 km)**

Wasserschloss Moyland bei Kalkar

***Rheinberg:** An der Peripherie der Stadt am Niederrhein liegt Europas größtes Salzbergwerk. Sehenswert: die Kirche St. Peter (12. Jh.) und das Rathaus (1449). **(Abfahrt 7 Rheinberg, 4 km)**

***Kleve:** Wahrzeichen der »Lohengrin-Stadt« ist die Schwanenburg (13.–17. Jh.), die an den Sagenhelden erinnert. Außerdem sehenswert: die Stiftskirche (14./15. Jh.) mit der Grablege der Herzöge von Kleve. **(Abfahrt 2 Kleve, 11 km)**

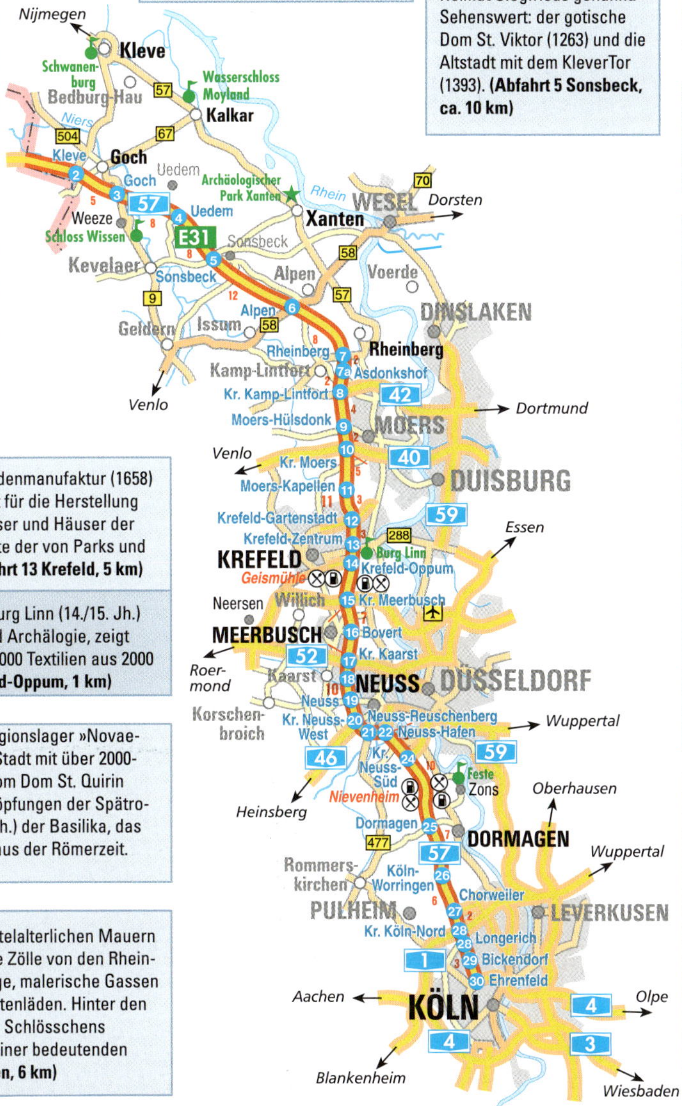

*****Köln:** Wuchtig und filigran zugleich überragt der große majestätische Dom die alte Metropole am hier 400 m breiten Rhein. Über 500 Jahre (1248–1880) dauerte es, bis das gotische Meisterwerk vollendet war. Im Innern des grandiosen Sakralbaus mit seinen 157 m hohen Türmen und der größten freischwingenden Glocke der Welt sind eindrucksvolle Schätze aufbewahrt: Gerokreuz (967), Dreikönigsschrein (1225), der größte Goldsarkophag des mittelalterlichen Abendlands, die Mailänder Madonna und die Domschatzkammer. Überall in der Stadt des Karnevals stößt man auf Spuren ihrer römischen Vergangenheit. Sehenswert: das Römisch-Germanische Museum, schönste Antikensammlung Europas; neben dem Dom unter einer sehr eigenwilligen Dachkonstruktion: das bedeutende Wallraff-Richartz-Museum (Europäische Malerei 13.–19. Jh.) und die der modernen Kunst gewidmete Sammlung Ludwig; Basilika St. Martin (1172) und romanische Kirche St. Gereon (12. Jh.). Auch die schönen Gassen der Altstadt mit Rathaus (14. Jh.) und Gürzenich (15. Jh.), einst Kaufmannstreff, heute Konzertbau, laden zu einem Spaziergang ein. **(Abfahrt 30 Köln-Ehrenfeld, bis Zentrum 3 km)**

***Krefeld:** Seit der Gründung der Seidenmanufaktur (1658) ist die Stadt am Niederrhein bekannt für die Herstellung wertvoller Stoffe. Zahlreiche Schlösser und Häuser der »Seidenbarone« zeugen von der Blüte der von Parks und Grünanlagen geprägten Stadt. **(Abfahrt 13 Krefeld, 5 km)**

Neben der mächtigen Wasserburg Linn (14./15. Jh.) mit dem Museum für Volkskunde und Archälogie, zeigt das Deutsche Textilmuseum über 20 000 Textilien aus 2000 Jahren. **(Burg Linn Abfahrt 14 Krefeld-Oppum, 1 km)**

****Neuss:** Die aus dem römischen Legionslager »Novaesium« (12 v. Chr.) hervorgegangene Stadt mit über 2000-jähriger Geschichte wird überragt vom Dom St. Quirin (13. Jh.), einer der prächtigsten Schöpfungen der Spätromanik. Sehenswert: die Krypta (11. Jh.) der Basilika, das Clemens-Sels-Museum mit Funden aus der Römerzeit. **(Abfahrt 19 Neuss, 2 km)**

****Zons:** Hinter zinnenbestückten mittelalterlichen Mauern liegt die alte Feste Zons, die einst die Zölle von den Rheinschiffern kassierte. Sehenswert: enge, malerische Gassen mit vielen Wirtsstuben und Antiquitätenläden. Hinter den rot-weißen Fensterläden des gelben Schlösschens verbirgt sich das Kreismuseum mit einer bedeutenden Zinnsammlung. **(Abfahrt 25 Dormagen, 6 km)**

Romanik und Gotik: Groß St. Martin und der Kölner Dom

UNTERWEGS AM NIEDERRHEIN

Die Schwanenburg in Kleve

Niederrhein – das ist die unendliche Weite der Landschaft, geprägt von langen **Pappelreihen** und bizarren **Kopfweiden.** Mittendrin windet sich der **Rhein** breit und behäbig dem Horizont entgegen. Altrheinarme bieten einer seltenen Tier- und Pflanzenwelt geschützte Lebensbedingungen. Wer gerne Radwandertouren unternimmt, kann auf der **Via Romana,** der alten römischen Fernhandelsstraße am Niedergermanischen Limes, auf 257 km Wegstrecke von Xanten nach Nijmegen eine Zeitreise durch die letzten 2000 Jahre unternehmen. Deutsche und europäische Geschichte vom Mittelalter bis in die Zeit der Industrialisierung und die aktuelle Gegenwart kann man hier in vielerlei Facetten nachvollziehen.

KULINARISCHES DER REGION: Sauerbraten

Einer Umfrage zufolge ist der **Rheinische Sauerbraten** im Rheinland das mit Abstand beliebteste Fleischgericht. Das Fleisch muß drei Tage lang in einer **Marinade** mit zahlreichen Gewürzen eingelegt werden, die Sauce wird mit Rosinen und Brösel von Lebkuchen oder Aachener Printen angereichert – sonst ist es kein echt Rheinischer Sauerbraten. Als Beilagen serviert man Kartoffelklöße oder Reibekuchen sowie Apfelmus. Wobei der **»Rievkooke«** natürlich auch ohne Beiwerk als eine der beliebtesten kleinen Mahlzeiten im gesamten Rheinland hoch geschätzt wird, egal ob man ihn an der Stehbude isst oder selbst zu Hause in der gusseisernen Stielpfanne zubereitet.

RAST AUF REISEN: Übernachten am Rhein

Hotel Nibelungen Hof, Niederstr. 1, 46509 Xanten, Tel. 02801/780: komfortable Zimmer, sechs behindertengerecht, Konferenzräume mit moderner Technik, gemütliches Restaurant mit Gartenterrasse **(Abfahrt 5 Sonsbeck, 12 km). Hotel-Restaurant Meerbuscher Hof,** Meerbuscherstr. 223, 40670 Meerbusch-Osterath, Tel. 02159/92290: wohnliche Zimmer, Konferenzräume, Restaurant mit Biergarten **(Abfahrt 16 Meerbusch, 100 m). CB Comfort Business Hotel ,** 41460 Neuss-Hafen, Tel. 02131/125880: Zimmer mit Komfort, Tagungsraum, Hotelbar **(Abfahrt 22 Neuss-Hafen 900 m). Hotel Stadt Dormagen,** Robert-Boschstr. 2, 41541 Dormagen-St. Peter, Tel. 02133/7828: ruhige Lage, wohnliche Zimmer, Sauna, Solarium, Fitnessraum **(Abfahrt 25 Dormagen, 3 km). Hotel Landgut Ramshof,** Ramshof 1, 47877 Willich-Neersen, Tel. 02156/95890: komfortable Zimmer, reichhaltiges Frühstücksbüffet, Tagungsraum **(Abfahrt 16 Meerbusch, 10 km).**

Düsseldorf

Als buntes Kaleidoskop erlebt man die quirlige Rheinmetropole, die mit internationalen Handels- und Modemessen, Kunstgalerien und ihren Nobelboutiquen an der »Kö« innovative Industrie, Kultur und Savoir-vivre vereint.

Das ursprünglich kleine Fischerdorf an der Düssel wurde 1135 erstmals urkundlich erwähnt, 1288 dann von Graf Adolf von Berg zur Stadt erhoben. Der Prunk liebende Kurfürst Johann Wilhelm, im Volksmund "Jan Wellem" genannt, machte Düsseldorf 1609 zu seiner Residenz und unterstützte Kunst und Wissenschaft. Mit der 1777 gegründeten Kunstakademie wuchs das Ansehen der Stadt als Kunstzentrum, Schriftsteller wie Heinrich Heine und der Objektkünstler Joseph Beuys begannen hier ihre Karriere.

Großes Bild links:
Das Kunst- und Medienzentrum Rheinhafen des amerikanischen Architekten Frank O. Gehry besteht aus drei kontrastierenden Gebäuden, die gemeinsam wie eine Skulptur wirken.

1 Blick von der Oberkasseler Brücke auf Düsseldorf

2 Blickfang des Ehrenhof-Komplexes ist der expressionistische Kuppelbau der Tonhalle, ehemals ein Planetarium.

3 Das architektonisch bemerkenswerte Schauspielhaus zählt zu den bedeutendsten Bühnen der Bundesrepublik.

4 »Dreischeibenhaus« nennen die Düsseldorfer das 1957–60 von Helmut Hentrich und Hubert Petschnigg erbaute Thyssenhaus.

5 Die Kunstsammlung Nordrhein-Westfalen mit ihrer Fassade aus schwarzem Granit entstand nach Plänen des dänischen Architekten Otto Weitling.

6 Im mittleren der drei Gebäude von Frank O. Gehry spiegeln sich die beiden äußeren.

1

2

3

4

5

6

Köln

Alles, was die westlichste Großstadt Deutschlands ausmacht, beginnt mit dem Buchstaben K: Kirchen, Kunst und Kölsch.

Eine römische Siedlung war Keimzelle der heutigen Metropole am Rhein. Schon Karl der Große erhob Köln zum Erzbistum und bereits im frühen Mittelalter gehörte es zu den führenden deutschen Städten. Sehenswerte romanische und gotische Kirchen zeugen noch heute von der Bedeutung Kölns in der Vergangenheit, doch auch die Gegenwart ist mit Kunst und Kultur präsent. Das Museum Ludwig zum Beispiel bietet Interessierten einen Querschnitt durch die Kunst des 20. Jh.s.

Großes Bild links:
Kontraste in einer lebendigen City: der gotische Dom und der moderne Musical-Palast Seite an Seite.

1 Im Abendlicht theatralisch beleuchtet: die Ostseite des Kölner Doms.

2 Kleine und große Kunst: Pflastermalerei vor dem Dom, einem Meisterwerk der Hochgotik.

3 Das Museum Ludwig präsentiert Kunst aus dem 20. Jh., vor allem aus der Zeit des »Blauen Reiters«, von Picasso und Pop-Art von Andy Warhol.

4 Berühmt sind die romanischen Kirchen Kölns wie Groß St. Martin (hier im Bild), St. Ursula, St. Gereon, St. Aposteln, St. Maria im Capitol, St. Pantaleon, St. Kunibert und St. Cäcilien, in der sich heute das Schnütgenmuseum befindet.

5 Der mächtige Vierungsturm von Groß St. Martin überragt die Häuser der Altstadt. Der Bau wurde im 12. und 13. Jh. anstelle eines Klosters aus karolingischer Zeit errichtet.

6 Einer der bedeutendsten romanischen Bauten Kölns ist die Kirche St. Gereon. Das heutige Bauwerk entstand im 11. Jh. Beeindruckend ist der zehneckige Ovalraum aus dem 13. Jh., auf dem eine riesige Kuppel sitzt.

1

2

3

4

5

6

Streckenprofil: *Die Strecke führt von den industriell geprägten Regionen im Nordwesten des Ruhrgebiets an Düsseldorf und Köln vorbei bis in die ehemalige Bundeshauptstadt Bonn. Sie weicht in zwei Abschnitten auf andere Autobahnen aus.* ***(110 km, ca. 1¼ Std.)***

***Dinslaken:** An der Mündung der Emscher werden auf der einzigen Halbmeilenbahn Deutschlands Rennpferde auf Trab gebracht. Sehenswert: Kirche St. Vincentius (15. Jh.) und Reste der mittelalterlichen Burg. **(Abfahrt 1 Dinslaken-West, 1 km)**

***Duisburg:** Eine Ruine besonderer Art sind die gigantischen Stahlkolosse und 60 m hohen Hochöfen der 1986 stillgelegten Thyssen-Hütte. Das Areal im Norden der Stadt, die zu den größten Zentren der Eisen- und Stahlindustrie gehörte, ist heute spektakuläre Kulisse für Lasershows, Theater und Konzerte: Landschaftspark Nord **(Abfahrt 7 Duisburg-Meiderich, 3 km).** Sehenswert: die Salvatorkirche (15. Jh.) mit dem Grab des Kartographen Gerhard Mercator (1512–94) und das Wilhelm-Lehmbruck-Museum mit über 300 Skulpturen. **(Abfahrt 11 Duisburg-Zentrum, 2 km)**

****Tour de Ruhr:** Informativ und spannend sind die organisierten Tagestouren zu den industriekulturellen Highlights des Reviers. Info Duisburg: Tel. 02 03/4 29 19 19 Internet: www.tour-de-ruhr.de

Köln-Bonn-Airport: Auf dem Airport im Forstgebiet Wahner Heide wurden bis 1999 die Staatsgäste empfangen. Einer der 40 Airports weltweit, auf denen ein Space Shuttle landen könnte. **(Abfahrt 34 Kreuz Flughafen, 2 km)**

****Bonn:** Trotz des Zwischenspiels als Bundeshauptstadt (1949–1991) hat sich Bonn den Charme einer alten Residenzstadt bewahrt. Sehenswert: barockes Rathaus (1738), Münster (11.–13. Jh.), Beethovenhaus (Bonngasse 20), Universität (gegr. 1786) im einst kurfürstlichen Schloss (1697–1725); Villa Hammerschmidt und Palais Schaumburg; das einstige Regierungsviertel mit Parlament, Kanzleramt und dem Abgeordnetenhochhaus »Langer Eugen«; Museumsmeile an der Adenauer- und Friedrich-Ebert-Allee: Haus der Geschichte; Kunstmuseum Bonn (Kunst des 20. Jhs.), Zoologisches Museum Alexander König, Kunst- und Ausstellungshalle mit Skulpturengarten auf dem Dach; Poppelsdorfer Schloss (1715–30) mit Mineralogischem Museum. **(Abfahrt 41 Bonn-Beuel Ost, üb. St. Augustiner Str. und Kennedybrücke, 4 km)**

Duisburger Zoo: siehe Seite 24, Hafen Seite 148

Köln: siehe Seite 161

***Schwarzrheindorf:** Ein Kuriosum und eines der schönsten Werke der Romanik ist die Doppelkirche aus dem Jahr 1150. Die untere Etage war fürs Gefolge bestimmt, die obere für die Herrschaften. **(Abfahrt 41 Bonn-Beuel Ost, 2 km)**

Das Rokoko-Schloss Benrath im Süden Düsseldorfs

***Wedau:** Ein Eldorado für Wassersportler aller Art ist der Duisburger Sportpark Wedau mit seiner berühmten Ruderregattastrecke. **(Abfahrt 12 Duisburg-Hochfeld, 2 km)**

****Schloss Benrath:** Das kurfürstliche Jagdschloss (1756, Rokoko) ist von einem schönen barocken Garten umgeben. Sehenswert: die Wasserspiele im Park und die prächtige Innenausstattung mit einer Kuppel aus Marmor. **(Abfahrt 22 Benrath, 3 km)**

Ab Kreuz Duisburg-Süd: Auf A524 bis Kreuz Breitscheid, dann A3 (siehe Seite 24) bis Kreuz Hilden, anschließend A46 bis Kreuz Düsseldorf-Süd und weiter auf A59.

Ab Kreuz Leverkusen-West: Auf A1 bis Kreuz Leverkusen, dann A3 bis Dreieck Köln-Heumar und weiter auf A59.

Bonn: Beethoven-Denkmal auf dem Münsterplatz

UNTERWEGS IM RHEINLAND

Im Brauhaus Päffgen in der Kölner Altstadt

Völlig zu Unrecht steht die flache, weite Stromniederung des **Rheins** im Ruf, eintönig zu sein. Ganz im Gegenteil, die grüne **Stromaue** mit ihren **Pappeln** und saftigen **Weiden** hat ihren ganz eigenen, romantischen Charme. Die sanfte Landschaft bietet wie die Binnendünen der erhöhten **Rhein-Niederterrasse** noch vielen Lebewesen einen natürlichen Lebensraum. So manches malerische Kleinstädtchen mit einer hübschen roten Backsteinkirche fügt sich hier harmonisch in die Landschaft ein. Auch das **Bergische Land** mit seinen Hügeln und bewaldeten Höhen, den vielen Flüssen und Bächen bietet dem Besucher gute Erholungsmöglichkeiten.

KULINARISCHES DER REGION: Kölsch & Alt

Trotz der geographischen Nähe zu Belgien und Frankreich gibt es in der rheinländischen Küche kaum fremdländische Einflüsse. Die typisch rheinische Küche ist deftige **Hausmannskost,** die man am liebsten in einer gemütlichen Altstadtkneipe isst. Dazu trinkt man eine der bekannten Bierspezialitäten. Das **Düsseldorfer Altbier (Düssel)** und das **Kölsch** sind beides obergärige Biere, die nach einer alten Tradition gebraut und nur im **0,2-Liter-Glas** serviert werden. Während das Düssel einen eher fruchtigen, herbsüßen Geschmack hat, schmeckt das helle Kölsch süffig und leicht. Als nahrhafte Grundlage zum Bier bietet sich ein deftiges **Eisbein mit Sauerkraut** an. Rustikale Brauhaus-Lokale mit Kölner Speisen: **Em golde Kappes** in der Neusserstr. 295 im Stadtteil Nippes und das **Päffgen** in der Altstadt.

RAST AUF REISEN: Individuell übernachten

Das kleine Stapelhäuschen, Fischmarkt 1–3, 50667 Köln, Tel. 02 21/2 57 78 62: Altstadthotel mit Charme in einem Haus aus dem 13. Jh., grandiose Aussicht über den Rhein, preiswerte, individuelle Zimmer, gute Küche, exquisiter Weinkeller; **Hotel Hopper,** Brüsselerstr. 26, 50674 Köln, Tel. 02 21/921 59 215: Altstadthotel im Belgischen Viertel, edel eingerichtete Zimmer (Eukalyptusparkett, Marmorbäder), feines amerikanisches Restaurant **(über A3 bis Abfahrt 27 Kreuz Köln-Ost). Hotel Königshof,** Adenauerallee 9, 53111 Bonn, Tel. 02 28/2 60 10: im Herzen der Stadt gleich neben dem Stadtgarten, Terrasse und Biergarten **Hotel Consul,** Oxfordstr. 12–16, 53111 Bonn, Tel. 02 28/7 29 20: modernes Haus im Zentrum mit ansprechend eingerichteten Zimmern **(Abfahrt 41 Bonn Beuel-Ost, über B56 ins Zentrum, 6 km).**

***Prüm:** In der herben, im Winter tief verschneiten Schnee-Eifel, auch Schneifel genannt, liegt der kleine Ort mit einer stattlichen Barockkirche: die weiß und rosa leuchtende Salvatorbasilika (18. Jh.) mit dem Grabmal Kaiser Lothars I. wurde nach Plänen von Balthasar Neumann erbaut. **(Abfahrt 4 Prüm, 5 km)**

***Bitburg:** In dem auf einer Hochfläche der Eifel gelegenen und als Bierstadt bekannten Ort sind noch Teile einer römischen Stadmauer erhalten. **(Abfahrt 6 Bitburg, 6 km)**

Unweit von Bitburg liegt unterhalb der Ruine Pfalzkyll der Eifelpark Gondorf mit der imposanten Bärenschlucht, einer naturbelassenen Felsarena, in der Braunbären zu beobachten sind. **(Über B50, ca. 12 km)**

*****Trier:** An der Mosel, von Weinbergen umgeben, liegt die älteste Stadt Deutschlands mit prächtigen Baudenkmälern aus Römerzeit und Mittelalter. Wahrzeichen der 16 v. Chr. von Kaiser Augustus gegründeten römischen Metropole ist die Porta Nigra (2. Jh.) aus dunkel gefärbtem Sandstein. Das katholische Erzbistum war Residenz mehrerer römischer Kaiser. Die wichtigsten Sehenswürdigkeiten liegen in der Nähe des herrlichen Hauptmarkts: der romanische Dom St. Peter (begonnen 326 n. Chr./12.Jh.), einer der ältesten Sakralbauten des Abendlands, die Liebfrauenkirche (13. Jh.) und St. Paulin (1754); römische Bauten: die imposante Konstantinsbasilika (Aula Palatina, 4. Jh.), Kaiserthermen (4. Jh.), Amphitheater und Römerbrücke. Ferner: das Rheinische Landesmuseum und das Geburtshaus von Karl Marx, heute ein Studienzentrum. Dom, Liebfrauenkirche und die Römerbauten wurden von der UNESCO zum Weltkulturerbe erklärt. **(Abfahrt 3 Trier, 3 km)**

Trier: die Steipe, das Fest- und Trinkhaus des Rates am Markt

Kyll: 142 km langer Nebenfluss der Mosel, mündet bei Trier.

Streckenprofil A60:** Von der belgischen Landesgrenze führt die leicht bergige Strecke durch die sehr waldreiche Südeifel bis zu den Moselbergen.* ***(75 km, 1 Std.)

A62:** landschaftlich äußerst reizvolle Strecke vom idyllischen Schwarzwälder Hochwald bis zum Pfälzerwald.* ***(94 km, 1 Std.)

A64:** kurzer Abschnitt zwischen der Grenze zu Luxembourg und Trier.* ***(15 km, 15 Min.)

***Kyllburg:** am von der Kyll umflossenen Taubenberg (438 m) gelegener Luftkurort. Von der Burg (1239) ist nur der Bergfried erhalten. Sehenswert: die gotische Stiftskirche (14. Jh.) mit schönen Renaissancefenstern (1530). Schloss Malberg gegenüber wirkt fast toskanisch. **(Abfahrt 6 Bitburg, 6 km)**

****Villa Otrang:** Die1825 von einem Bauern entdeckten Steine eines Mosaikbodens erwiesen sich als Fundament einer der interessantesten Ausgrabungsstätten der Eifel: die römische Anlage eines Herrenhauses mit Tempelbereich und Gräberfeld gehört zu den größten nördlich der Alpen. **(Abfahrt 6 Bitburg, über B51, ca. 3 km)**

***Nonnweiler:** Nahe dem Luftkurort am stillen Schwarzwälder Hochwald liegt der beeindruckende Hunnenring, eine 2210 m lange Befestigungsanlage aus keltischer Zeit (50 v. Chr.). Seine 2300 m^3 Stein würden ausreichen, um 3000 Häuser zu bauen. Von April bis Oktober lädt das Freizeitzentrum Peterberg mit der 1000 m langen Sommerrodelbahn zu einem sportlichen Zwischenstop ein. **(Abfahrt 2 Nonnweiler-Otzenhausen, 3 km)**

***Burg Lichtenberg:** Mit 425 m Länge ist die weithin sichtbare Festung (1214–1444) eine der größten deutschen Burgruinen. Heute befinden sich in der Burg ein sehenswertes Naturkundemuseum und ein Restaurant.. **(Abfahrt 7 Kusel, 6 km)**

Pirmasens: siehe Seite 86

UNTERWEGS IM SÜDLICHEN HUNSRÜCK

Die Felsenkirche in der Edelsteinstadt Idar-Oberstein

Während im Westen an den sonnigen Talhängen von **Mosel** und **Saar** bereits seit der Römerzeit edle Tropfen heranreifen, liegen im Osten die rauen, wirtschaftlich lange Zeit vernachlässigten **Hochflächen** des **Hunsrücks** sowie das **Saar-Nahe-Bergland.** Kaum anderswo findet man derart krasse Gegensätze auf so engem Raum. Wie die Landschaft ist auch die kulturelle Prägung: Noch heute glänzt im **Moseltal** die Stadt Trier, bereits vor 2000 Jahren zu einer Römermetropole emporgestiegen, während Städtchen wie Tholey und die Edelsteinstadt Idar-Oberstein eher beschaulich wirken. In Idar-Oberstein kann man in Europas einziger öffentlich zugänglicher **Edelsteinmine** nach Achaten, Amethysten und Rauchquarzen suchen. **(Abfahrt 4 Birkenfeld, 27 km).**

KULINARISCHES DER REGION: Wein & »Viez«

Im Jahreslauf finden im Anbaugebiet **Mosel-Saar-Ruwer** eine Vielzahl von Weinfesten, Weinproben und Weinmessen statt. Die edelste und teuerste Weinlage an der Mosel ist der weltberühmte **Bernkasteler Doctor.** Einst soll sogar ein todkranker Kurfürst durch die Heilkräfte dieses **Rieslings** wieder genesen sein. Wem der edle Tropfen zu teuer ist – für einen 1921er Bernkasteler Doctor wurden bei einer Weinauktion immerhin 3600 Euro erzielt – der kann sich an dem weniger kostspieligen, aber auch sehr süffigen **Apfelwein,** dem **»Viez«,** gütlich tun. Traditionell wird dazu in den Gaststätten ein **Viezje,** ein Hefeteig- oder Wasserwecken, gereicht. Auch der **Winzereintopf** aus Speck, Stampfkartoffeln und Sauerkraut ist ein idealer Begleiter für den süffigen Apfelwein. Empfehlenswert: **Zum Domstein,** Hauptmarkt 5, 54290 Trier: Weinstube und alter römischer Weinkeller mit Gerichten aus der Römerzeit, über 200 Moselweine **(Abfahrt 3 Trier, 4 km). Ratskeller,** Am Markt 11, 54329 Konz: rustikale Gaststube mit Gartencafé, regionale Speisen, Spezialität: moselfränkische Schneckensuppe **(Abfahrt 3 Trier, 10 km).**

RAST AUF REISEN: Hotels in und um Trier

Berghotel Kockelsberg, Kockelsberg 1, 54293 Trier, Tel. 0651/8248000: ruhige Einzellage mit Blick auf Trier, gutbürgerliche und gehobene Küche, Terrasse **(Abfahrt 3 Trier, ca. 3,5 km). Hotel Restaurant Igeler Säule,** Trierstr. 41, 54298 Igel, Tel. 06501/92610: Sauna Hallenbad und Kegelbahn, Restaurant mit Wildspezialitäten **(Abfahrt 3 Trier, über B49 8 km).**

Bonn und die Brühler Schlösser

Über 50 Jahre lang wurden die Geschicke der Bundesrepublik in der alten Residenzstadt mit Charme gelenkt. Die liebenswürdige Universitätsstadt am Rhein gegenüber dem Siebengebirge ist seit der Eingemeindung Bad Godesbergs auch Kurstadt.

Die 2000 Jahre alte Stadt am Rhein hat sich nie zu einer mondänen Metropole entwickelt, was ihr zwischen den Jahren 1949 und 1990 den Beinamen »Bundeshauptdorf« einbrachte. Was Bonn an politischer Bedeutung einbüßte, macht es nun dank seiner Museumsmeile auf kulturellem Gebiet wieder wett.

1 **Schloss Augustusburg in Brühl gilt als einer der Höhepunkte des Rokoko.**

2 **Die Parkseite des Schlosses.**

3 **Wahrzeichen des Bonner Marktplatzes ist das 1737–1738 im Rokokostil errichtete prunkvolle Alte Rathaus.**

4 **Die überlebensgroßen Skulpturen der Künstlerin Niki de Saint Phalle setzen auf dem 8000 m² großen Skulpturengarten bunte Akzente.**

5 **Auf dem Münsterplatz hat man Ludwig van Beethoven, dem bedeutendsten Sohn der Stadt, ein Denkmal gesetzt.**

6 **Mit seinen Ausstellungen »August Macke und die Rheinischen Expressionisten« und »Deutsche Kunst seit 1945« legt das Kunstmuseum sein Augenmerk auf das 20. Jahrhundert.**

7 **Blick auf den Bonner Münsterturm und die Universität**

8 **Die im Jahr 1992 eröffnete Kunst- und Ausstellungshalle beherbergt auf einer Fläche von 5400 m² bis zu fünf wechselnde Ausstellungen.**

9 **Im 1994 eröffneten Haus der Geschichte kann man die Geschichte des geteilten und wiedervereinigten Deutschlands anhand zahlreicher Originalobjekte nachvollziehen.**

Trier

Deutschlands vermutlich älteste Stadt glänzt mit Bau-werken und Denkmälern aus zwei Jahrtausenden.

Kaiser Augustus legte um 16 v. Chr. den Grundstein für das römische Augusta Treverorum. Es war bis 395 Sitz der Reichsverwaltung des westlichen Rom und erlebte als Residenz mehrerer römischer Kaiser eine Blütezeit. Mit 70 000 Einwohnern war Trier die größte Stadt nördlich der Alpen. Um 470 fiel sie an die Franken. Schon seit dem 3. Jh. war Trier Bistum, um 800 erhob es Karl der Große zum Erzbistum. 925 kam die Stadt endgültig an das Ostfränkische Reich. Prächtige Bauten der Römer und stattliche Kirchen zeugen noch heute von der Bedeutung der Stadt an der Mosel.

Großes Bild links:
Kurfürstliches Palais von Trier aus dem 17./18. Jh.

1 Kurfürstlicher Palast neben der Palastaula, die 306–312 unter Constantinus Chlorus, dem Caesar des Westens, erbaut wurde.

2 Kreuzgang mit gotischem Maßwerk im Dom von Trier

3 Porta Nigra von Süden: Das Nordtor der einstigen römischen Stadtbefestigung stammt aus dem 2. Jh. Im 12. Jh. wurde das Tor zur Simeonskirche umgebaut, im 19. Jh. jedoch auf Anordnung Napoleons wieder in den alten Zustand zurückversetzt. Die schwarzen Sandsteinquader verliehen der Porta Nigra ihren Namen (nigra = schwarz).

4 Das reich geschmückte Figurenportal der frühgotischen Liebfrauenkirche entstand um 1235.

5 Hauptmarkt mit Marktkreuz von 958, St. Gangolf und Steipe (Stadthaus aus dem 15. Jh.)

6 Der Vorgängerbau des Doms entstand im 4. Jh. Der heutige romanische Bau wurde im 11. und 12. Jh. errichtet.

1

2

3

4

5

6

*Viersen:** von Wäldern umgebene Stadt mit traditionsreicher Textilindustrie und schönen Bürgerhäusern aus der Gründerzeit. Sehenswert: die große Pfarrkirche St. Remigius (15. Jh.) und die Narrenmühle in Dülken, ein Kuriositätenmuseum. **(Abfahrt 7 Viersen, 2 km)**

***Mönchengladbach:** Ein mächtiger Jugendstilwasserturm (1908) überragt das Zentrum der Textil- und Tuchindustrie. Von seinen Aussichtsplattformen hat man einen wunderbaren Blick über die grüne Stadt, deren ausgedehnte Parkanlagen zwei Drittel der Fläche ausmachen. Sehenswert: der geschäftige Alte Markt; das spätromanische Münster St. Vitus (13. Jh.) mit wertvollen Glasmalereien, das bis Herbst 07 geschlossene Museum Abteiberg (Hans Hollein, 1982) mit einer Sammlung moderner Kunst. **(Abfahrt 11 Mönchengladbach-Holt, 3 km)**

In der malerischen Altstadt von Ahrweiler

****Bad Neuenahr-Ahrweiler:** Doppelort mit zwei Gesichtern: Während Bad Neuenahr eine elegante Kurstadt mit Parks und Spielcasino ist, präsentiert sich das von einer mittelalterlichen Stadtmauer (13. Jh.) umgebene Ahrweiler, ein Zentrum des Rotweinhandels, als malerischer Ort mit engen Gassen und hübschem Fachwerk. **(Abfahrt 30 Bad Neuenahr-Ahrweiler, 4 km)**

****Ahrtal:** Von Ahrweiler bis Altenahr zeigt sich das idyllische, burgenreiche und von steilen Weinhängen gesäumte Flusstal von seiner schönsten Seite. Romantische Weinorte wie Mayschoss oder Altenahr an der Saffenburg haben einen hervorragenden Spätburgunder zu bieten. **(Über B267 auf ca. 20 km)**

Highlight der Romanik: die Benediktinerabtei Maria Laach

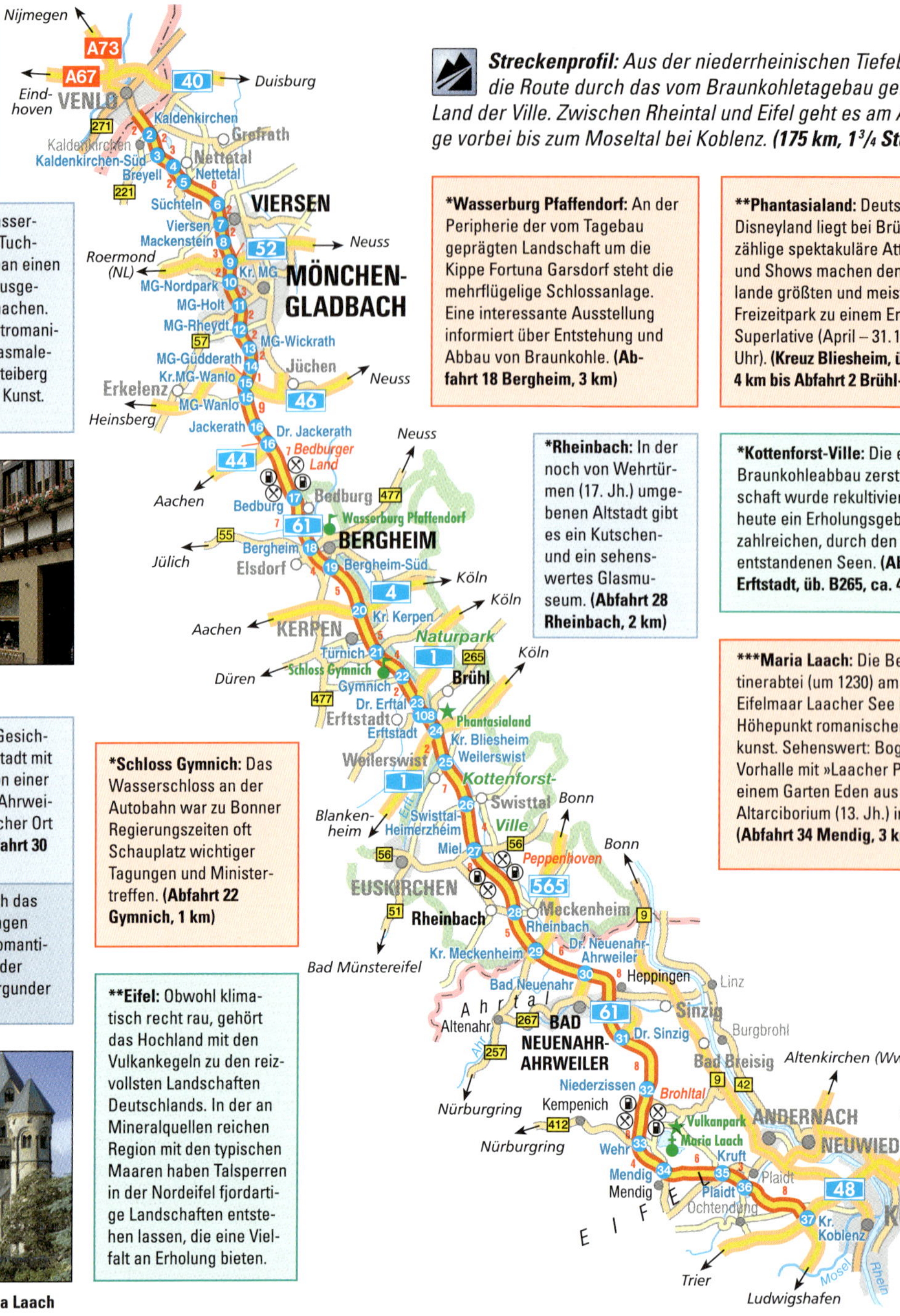

Streckenprofil: *Aus der niederrheinischen Tiefebene führt die Route durch das vom Braunkohletagebau geformte Land der Ville. Zwischen Rheintal und Eifel geht es am Ahrgebirge vorbei bis zum Moseltal bei Koblenz.* ***(175 km, 1¾ Std.)***

***Wasserburg Pfaffendorf:** An der Peripherie der vom Tagebau geprägten Landschaft um die Kippe Fortuna Garsdorf steht die mehrflügelige Schlossanlage. Eine interessante Ausstellung informiert über Entstehung und Abbau von Braunkohle. **(Abfahrt 18 Bergheim, 3 km)**

****Phantasialand:** Deutschlands Disneyland liegt bei Brühl. Unzählige spektakuläre Attraktionen und Shows machen den hierzulande größten und meistbesuchten Freizeitpark zu einem Erlebnis der Superlative (April – 31.10., 9–18 Uhr). **(Kreuz Bliesheim, üb. A553, 4 km bis Abfahrt 2 Brühl-Süd)**

***Rheinbach:** In der noch von Wehrtürmen (17. Jh.) umgebenen Altstadt gibt es ein Kutschen- und ein sehenswertes Glasmuseum. **(Abfahrt 28 Rheinbach, 2 km)**

***Kottenforst-Ville:** Die einst vom Braunkohleabbau zerstörte Landschaft wurde rekultiviert und ist heute ein Erholungsgebiet mit zahlreichen, durch den Tagebau entstandenen Seen. **(Abfahrt Erftstadt, üb. B265, ca. 4 km)**

***Schloss Gymnich:** Das Wasserschloss an der Autobahn war zu Bonner Regierungszeiten oft Schauplatz wichtiger Tagungen und Ministertreffen. **(Abfahrt 22 Gymnich, 1 km)**

*****Maria Laach:** Die Benediktinerabtei (um 1230) am größten Eifelmaar Laacher See ist ein Höhepunkt romanischer Baukunst. Sehenswert: Bogenportal; Vorhalle mit »Laacher Paradies«, einem Garten Eden aus Stein, Altarciborium (13. Jh.) im Ostchor. **(Abfahrt 34 Mendig, 3 km)**

****Eifel:** Obwohl klimatisch recht rau, gehört das Hochland mit den Vulkankegeln zu den reizvollsten Landschaften Deutschlands. In der an Mineralquellen reichen Region mit den typischen Maaren haben Talsperren in der Nordeifel fjordartige Landschaften entstehen lassen, die eine Vielfalt an Erholung bieten.

UNTERWEGS IN DER OSTEIFEL

Krater eines einstigen Vulkans: der Laacher See

Bis vor 10 000 Jahren spuckten in der sanften **Hügellandschaft** der Osteifel Vulkane Asche und Lava. Viele der niedrigen Hügel und Kuppeln der Eifel sind »Vulkanbauten«. Bei den rund 100 **Vulkanen** der Eifel handelt es sich überwiegend um Schlackenkegel und Maare, die heute meist herrliche Seen bilden. Ein schönes Beispiel ist der **Laacher-See-Vulkan**. Im Bereich der **»Alten Burg«** am Ostufer des Sees tritt immer noch Kohlendioxid aus. Der **Vulkanpark Brohltal-Laacher See (Abfahrt 34 Mendig, 3 km)** liegt am Rande von **Laacher Kopf** und **Krufter Ofen,** zwei über 400 m hohen Bergen. Die Steinbrüche und Gruben stellen einzigartige Schaufenster in die vulkanische Vergangenheit dar und sind erstklassige Forschungsobjekte. Ein **Infozentrum** führt in die Welt der Feuerspeienden Ungeheuer ein, es gibt auch geführte Touren. Alternativ kann man die Gegend auf Schmalspurschienen in einer Dampflok, dem **»Vulkan-Express«,** erkunden. Der Park gibt einen Einblick in die mehrtausendjährige Geschichte der Steingewinnung: Schon die alten Römer betrieben in Mayen einen Steinbruch zum Abbau von Mühlsteinen.

KULINARISCHES DER REGION: Ahrwein

Hirschbraten, Wildschwein oder **Hase** gehören zu den verlockenden Angeboten der Gegend. Dazu genießt man einen einheimischen **Rotwein.** Die **Ahr** gehört mit ihren 520 ha Rebfläche zu den kleineren der 13 deutschen Weinanbaugebiete. Dem mittelmeerähnlichen Mikroklima in den Weinbergen verdankt die Gegend die oft prämierten roten **Spät-** und **Frühburgunderweine** sowie den **Portugieser.** Empfehlenswerte Lokale: **Alte Post,** Markt 12, 53474 Bad Neuenahr-Ahrweiler: 65 Ahrweine im Gebäude von 1645; **Landgasthof Poststuben,** Landeskroner Str. 110, 53474 Heppingen: regionaltypische Spezialitäten **(Abfahrt 30 Bad Neuenahr-Ahrweiler, 3 bzw. 6 km).**

RAST AUF REISEN: In der Osteifel

Seehotel Maria Laach, 56653 Maria Laach, Tel. 0 26 52/58 40: gehobenes Haus, feine Küche **(Abfahrt 34 Mendig, 3 km). Hotel Eifelkrone,** In der Hardt 1, 56746 Kempenich, Tel. 0 26 55/9 59 00: zwischen Nürburgring und Vulkanpark, gutbürgerliche Küche **(Abfahrt 33 Wehr, 9 km). Hansa,** Laacher-See-Str. 11, 56743 Mendig/Niedermendig, Tel. 0 26 52/9 70 80: günstig, Restaurant, Sauna, Solarium; **Felsenkeller,** Bahnstr. 35, 56743 Mendig/Niedermendig, Tel. 0 26 52/9 70 60: 21 Zimmer mit guter Ausstattung **(Abfahrt 34 Mendig, 2 km).**

Streckenprofil:** Die waldreiche, hügelige Route führt linksrheinisch an Hunsrück und Rheingau vorbei bis in den Ballungsraum Mannheim-Ludwigshafen.* ***(165 m, 1 3/4 Std.)

*****Mosel – Moseltal:** Die 545 km lange Mosel entspringt in den Vogesen, durchquert Lothringen und fließt zwischen Hunsrück und Eifel zur Mündung in den Rhein. Ihr burgenreiches Tal mit malerischen Weinorten gehört zu den reizvollsten Landschaften Deutschlands. Hier pflanzten schon die Römer an den steilen, schieferhaltigen Hängen die ersten Reben.

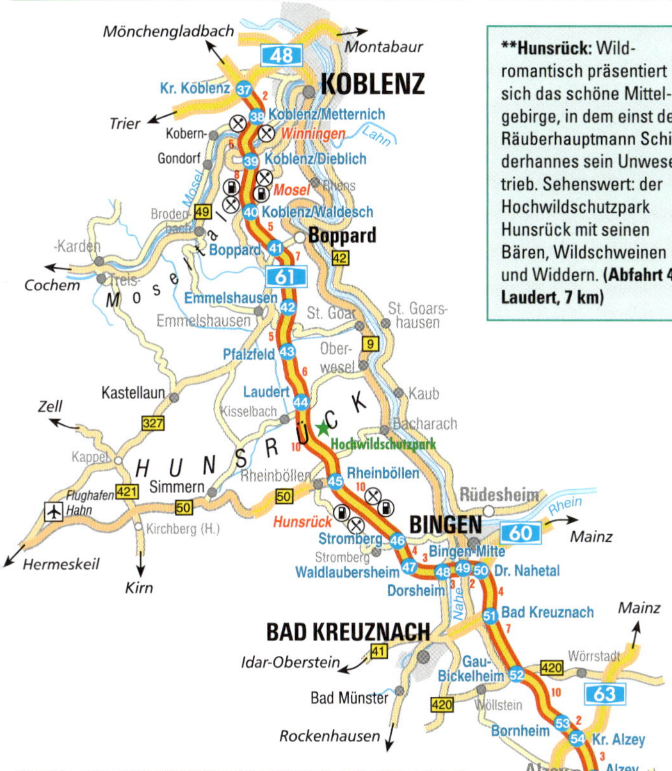

***Bad Kreuznach-**Bad Münster:** Die malerische, achtbogige Nahebrücke (1311) mit zwei erhaltenen Häusern (15. Jh.) verbindet die historische Altstadt mit der modernen Neustadt. 4 km südlich liegt der Kurort Bad Münster mit dem mächtigen Rheingrafenstein (135 m) und der von Weinreben umrankten Ebernburg (13. Jh.). Der Rotenfels ist einer der imposantesten Felsen nördlich der Alpen. **(Abfahrt 51 Bad Kreuznach, 9 km)**

*****Worms:** Der aus rotem Sandstein gemauerte Dom St. Peter (12.–13. Jh.) überragt die alte Reichsstadt am Rhein, deren Geschichte bis in die Zeit der Kelten und Römer zurückreicht. Über Worms und die Nibelungensage informiert das neue Nibelungenmuseum, das die Sage zu einem multimedialen Ereignis macht. Der Dom ist ein Hauptwerk der Romanik (einzigartige romanische Tierskulpturen am Ostchor), am Südportal frühgotischer Figurenzyklus. Außerdem: spätromanische Martinskirche, Magnuskirche (8.–14. Jh.), Liebfrauenkirche: Städtisches Museum im Andreasstift (11.–13. Jh.), Synagoge (1174) und der größte jüdische Friedhof in Deutschland (11. Jh.). **(Abfahrt 58 Worms, 5 km)**

Der Kaiserdom St. Maria und St. Stephan in Speyer

****Koblenz:** Von der mächtigen Festung Ehrenbreitstein (10. Jh./1816–32) hat man den besten Blick auf die 2000-jährige Stadt und ihr Wahrzeichen, das »Deutsche Eck« am Zusammenfluss von Rhein und Mosel. Die symbolträchtige Stelle mit dem Reiterstandbild (1897) Kaiser Wilhelms I. trägt ihren Namen schon seit 1216, als die Deutschordensritter hier ihren Stammsitz gründeten. Sehenswert: die große Stiftskirche St. Kastor (1208), Florinsmarkt mit dem Mittelrhein-Museum (Kunst vom Mittelalter bis 20. Jh.), der Münzplatz mit dem Geburtshaus des Staatsmanns Fürst Metternich (1773–1859). Das am Rheinufer gelegene kurfürstliche Schloss (1777–86) ist heute Sitz einer Behörde. **(Abfahrt 37 Kreuz Koblenz, 7 km)**

****Hunsrück:** Wildromantisch präsentiert sich das schöne Mittelgebirge, in dem einst der Räuberhauptmann Schinderhannes sein Unwesen trieb. Sehenswert: der Hochwildschutzpark Hunsrück mit seinen Bären, Wildschweinen und Widdern. **(Abfahrt 44 Laudert, 7 km)**

***Kobern-Gondorf:** In den Weinbergen über dem Moselort mit dem ältesten Fachwerkhaus Deutschlands (1380) liegt neben der Ruine Oberburg die Matthiaskapelle. Die mediterranen Stilelemente des Säulenbaus (13. Jh.) lassen auf den Einfluss von Kreuzfahrern schließen. Sehenswert: Stiftshof St. Martin. **(Abfahrt 39 Koblenz-Dieblich, 6 km)**

****Boppard:** Das Städtchen liegt im größten Weinanbaugebiet der Region. Sehenswert: die spätromanische Hochbasilika St. Severus (12./13. Jh.). Der »Vierseenblick« vom Gedeons-Eck lässt die zum Teil von Hügeln verdeckte Rheinschleife wie vier Seen erscheinen. **(Abfahrt 41 Boppard, 5 km)**

*****Speyer:** Vom Altpörtel, einem unzerstörten Torturm (13. Jh.) der einstigen Reichsstadt, hat man den besten Blick auf den Kaiserdom St. Maria und St. Stephan (1030–1112). Das größte romanische Bauwerk Deutsch-lands ist Grabstätte acht deutscher Kaiser und wurde von der UNESCO zum Weltkulturerbe erklärt. Sehenswert: die Krypta (1041) und die harmonische Halle des sechstürmigen Meisterwerks salischer Baukunst, das Historische Museum der Pfalz; die spätbarocke, protestantische Dreifaltigkeitskirche (1701–07), das wunderbare Judenbad (12. Jh.), ehemals Teil einer Synagoge, das barocke Rathaus (18. Jh.). **(Abfahrt 63 Speyer, 4 km)**

UNTERWEGS IM HUNSRÜCK UND DEN RHEIN ENTLANG

Der Rhein bei Bacharach

Die Strecke verläuft von Koblenz durch den **Hunsrück** teils parallel zum Rhein bis in den **Rheingau.** Der **Mittelrhein** durchfließt vom Binger Loch bis Bonn in einem schmalen Durchbruchstal das **Rheinische Schiefergebirge.** Dieser Teil gehört zu den reizvollsten Landschaften Deutschlands **(zum Rheintal in den Winzerort Bacharach: Abfahrt 45 Rheinböllen, 14 km).** Der Hunsrück ist ein Bergland mit durchschnittlichen Höhen von 400 bis 500 Metern. Er liegt links des Rheins, zwischen **Mosel, Saar** und **Nahe,** und ist der südlichste Teil des **Rheinischen Schiefergebirges.** Die schönsten Abschnitte dieses Mittelgebirges erschließt die **Hunsrück-Höhenstraße** Sie führt von Kastellaun **(Abfahrt 42, Emmelshausen, 15,5 km)** nach Südwesten in den malerisch zerklüfteten Höhenrücken, der aus **Idarwald** und **Hochwald** besteht und mit dem **Erbeskopf** (816 m) den höchsten Berg des linksrheinischen Schiefergebirges aufweist. Diese Region gehört zu den größten deutschen Waldgebieten und ist aufgrund ihrer **Edelstein-** und **Schiefervorkommen** auch geologisch interessant. Der Hunsrück mit seinen Tälern und welligen Höhen ist eine einsame Landschaft. Zu den größeren Orten gehört Simmern **(Abfahrt 45 Rheinböllen, 14 km).** Wahrzeichen des alten Städtchens ist der Schinderhannesturm, in dem der Räuberhauptmann 1799 gefangen gehalten wurde.

KULINARISCHES DER REGION: Hausmannskost

Im 18. und 19. Jh. wanderten Hunderttausende aus dem Hunsrück aus. Grund war die schiere Not; denn die felsigen Böden warfen nie genug ab. So fällt die hiesige Küche eher bescheiden aus, mit **Gemüse, viel Kartoffeln** und **wenig Fleisch.** Damit kommt diese Hausmannskost modernen Ernährungsgrundsätzen durchaus entgegen, ist schmackhaft und abwechslungsreich. Vor allem in der **Suppenküche** zeigt man sich im Hunsrück erfinderisch. Spitzenreiter sind die **Kartoffelsuppe** mit Sellerie, Lauch und Karotten sowie die **Gemüsesuppe** mit dem schönen Namen **»Quer durch de Gaade«.**

RAST AUF REISEN: Übernachten am Rhein

Hotel Höhmann, Bahnhofplatz 5, 56068 Koblenz, Tel. 0261/303780: zentrales, bequemes Haus **(Abfahrt 37 Kreuz Koblenz, 10 km). Hotel Konditorei Café Köppel,** Kapuzinerstr. 12, 55411 Bingen, Tel. 06721/14770: zentral und ruhig zu Füßen der Burg Klopp, familiär geführt, gute Zimmer **(Abfahrt 49 Bingen, 4 km). Kolpinghotel Concordia,** Kurhausstr. 7–9, 55543 Bad Kreuznach, Tel. 0671/838300: moderne Zimmer, gemütliches Restaurant **(Abfahrt 51 Bad Kreuznach, 8,5 km). Wonnergauer Hotel & Landgasthof,** Kriegsheimer Str. 17, 67591 Mörstadt, Tel. 06247/1051: Familienbetrieb, komfortable Zimmer, vielseitige Küche **(Abfahrt 57 Worms-Mörstadt, 2 km). Lindner Hotel & Spa Binshof,** Binshof 1, 67346 Speyer, Tel. 06232/6470: gehobenes Haus mit empfohlener Gastronomie **(Abfahrt 63 Speyer, 4 km).**

Burgen am Rhein

Wesentlicher Bestandteil des romantischen Bildes vom Rhein sind die zahlreichen Burgen und Ruinen, die sich links und rechts des Flusses auf den Felsen zeigen.

Errichtet wurden sie zum Zweck der Verteidigung, zur Sicherung der Zölle und zur Demonstration von Macht und Stärke; heute geht es auf den Burgen entlang des Rheins, von denen die meisten im Dreißigjährigen Krieg zerstört wurden, ganz friedlich zu. Einige wurden zu Museen umgebaut und informieren anschaulich über das Leben der Ritter und Burgfräulein, andere beherbergen heute edle Restaurants, feine Burghotels oder rustikale Jugendherbergen.

Großes Bild links:
Über dem Ort Bacharach thront Burg Stahleck. Hier beendeten Welfen und Staufer 1194 ihre Feindschaft.

1 Schloss Stolzenfels wurde 1836–1842 nach Plänen Karl Friedrich Schinkels auf den Ruinen einer Burg erbaut.

2 Hoch über Oberwesel erhebt sich Burg Schönburg, von der aus man einen hübschen Blick auf das schräg gegenüberliegende Kaub genießt.

3 Von Trechtingshausen aus gelangt man zur Burg Rheinstein, die im 16. Jh. verfiel und erst im 19. Jh. wieder errichtet wurde.

4 Die einst mächtigste Festung des Rheintals, Burg Rheinfels aus dem 13. Jh., wurde 1796 von den Franzosen gesprengt.

5 Der berühmte Binger Mäuseturm: Die Nager sollen den grausamen Erzbischof Hatto bis hierhin verfolgt und dann aufgefressen haben.

6 Auf einer Rhein-Insel liegt Burg Pfalzgrafenstein, die »Pfalz bei Kaub«.

7 Die grünen Steilhänge des Rheintals sind – wie hier bei Kaub – mit Burgen und Ruinen gespickt.

1

2

3

4

5

6

7

1

Worms

Mit seiner über 2000-jährigen Geschichte gehört das am linken Ufer des Oberrheins gelegene Worms zu den ältesten Städten Deutschlands.

Im letzten vorchristlichen Jahrtausend siedelten sich Kelten im Gebiet des heutigen Worms an, dort wo später dann die Römer das Kastell »Civitas Vangionum« errichteten. Im 4. Jh. wurde die Stadt schließlich als Bischofssitz auserkoren. Während der Zeit der Völkerwanderung war Worms Hauptstadt des Burgunderreichs, bis dieses 437 von den Hunnen zerstört wurde. Auf diesen geschichtlichen Ursprung geht auch das weltberühmte Nibelungenlied zurück, dessen wichtigste Episoden untrennbar mit der Stadt verbunden sind. So sind jenem aus 39 Aventiuren bestehenden Epos um Siegfried von Xanten, Sohn von Sieglinde und König Siegmund, und der Burgundin Kriemhild zahlreiche Denkmäler gewidmet, wie etwa der am Marktplatz gelegenen Siegfriedbrunnen oder das Standbild, das Hagen von Tronje zeigt, wie er den Nibelungenschatz im Rhein versenkt. Im Sommer 2001 wurde außerdem das in der Nähe des Markplatzes gelegene Nibelungenmuseum eröffnet, das seinen Besuchern mit Multimediashows und Rauminszenierungen die sagenumwobene Nibelungenwelt nahe bringt. Heute ist Worms Sitz mehrerer Industriezweige, sowie eines der wichtigsten deutschen Weinhandelszentren. Als eine der Städte mit einer sehr alten jüdischen Tradition, beherbergt Worms den ältesten Judenfriedhof Europas und eine Synagoge aus dem 11.Jh.

1 Der barocke Hochaltar, die Seitenaltäre und das Chorgestühl im Dom St. Peter (11./12. Jh.) wurden im 18. Jh. von Balthasar Neumann geschaffen.

2 Der aus rotem Sandstein gemauerte fünftürmige Dom zu Worms gehört mit den Domen in Mainz und Speyer zu den großartigsten Schöpfungen romanischer Baukunst und wurde im 12. und 13. Jh. gotisch erweitert.

2

Speyer

Die architektonischen Zeugen seiner zweitausend Jahre alten Geschichte prägen die Heiterkeit versprühende Stadt am linken Rheinufer.

Auf keltisch germanischem Terrain gründeten die Römer vor der Zeitenwende eine Siedlung, die die salischen Kaiser zur Blüte brachten. Ein grandioser Kaiserdom (1030–1061), ebenso wie das Altpörtel, ein Rest der einstigen Stadtbefestigung des 12. Jhs., und das Mikwe (Bad) der Synagoge stehen für die einstige Wohlhabenheit und politische Unabhängigkeit der Freien Reichstadt. Zu mehr als 50 Reichstagen luden deutsche Kaiser nach Speyer. Ferner war es eines der großen Zentren jüdischer Kultur am Rhein, das den Attacken der Franzosen im Pfälzischen Erbfolgekrieg 1689 mit der Ausnahme weniger Monumente zum Opfer fiel.
Erst im 19. Jh. belebten Industrie und Weinhandel die Stadt. Ihrem berühmtesten Sohn dieser Zeit, dem spätromantischen Maler Anselm Feuerbach (1829–80), hat sie in seinem Geburtshaus ein Museum gewidmet. Das Altpörtel, ein Tor der früheren Stadtbefestigung ist heute eines der am schönsten erhaltenen Exemplare dieser Art in Deutschland.

1 **In ihrer Weite und der zweifarbigen Ausgestaltung der Gewölbebögen ist die 1041 erbaute Krypta des Doms St. Maria und St. Stephan ein einzigartiges Kleinod romanischer Kunst in Deutschland. Der Speyerer Dom zählt zu den deutschen Stätten des Weltkulturerbes der UNESCO. Nach zahlreichen Veränderungen und Zerstörungen im Laufe der Jahrhunderte entspricht die heutige Gestalt wieder weitgehend seiner ursprünglichen Form.**

2 **Symbol imperialer Macht und Zeugnis der politischen Bedeutung dieser ehemaligen Salierstadt: der sechstürmige romanische Dom, in dem zahlreiche deutsche Herrscher und Bischöfe in der Kaisergruft beigesetzt sind.**

1

2

Streckenprofil A60: *Südlich des Rheingaus verläuft die Strecke bis in das dicht besiedelte Rhein-Main-Gebiet.* ***(55 km, 45 Min.)***
A63: *Durch das wellige Rheinhessische Hügelland führt die Route bis an den Rand des Pfälzerwalds.* ***(80 km, 1 Std.)***

Wiesbaden: siehe Seite 25

***Ingelheim:** Das für seinen Rotwein bekannte Winzerstädtchen ist umgeben von einem Spargel- und Obstanbaugebiet. Sehenswert: die Überreste einer Kaiserpfalz Karls des Großen nahe der Saalkirche (12. Jh.). **(Abfahrt 15 Ingelheim-West, 3 km)**

****Bingen am Rhein:** Die über dem Weinbauort gelegene Burg Klopp (13./19. Jh.), einst Schiffskontrollstation, heute Museum, bietet einen weiten Blick auf das Rheintal und das Wahrzeichen der Stadt – den sagenumwobenen Mäuseturm (13. Jh.) auf einer Felsklippe am tückischen Binger Loch, einer für die Schifffahrt gefährlichen Untiefe. Sehenswert: die gotische Pfarrkirche (15./16. Jh.) und die alte Nahebrücke mit einer Kapelle im Brückenpfeiler. **(Abfahrt 14 Bingen-Gaulsheim, 4 km)**

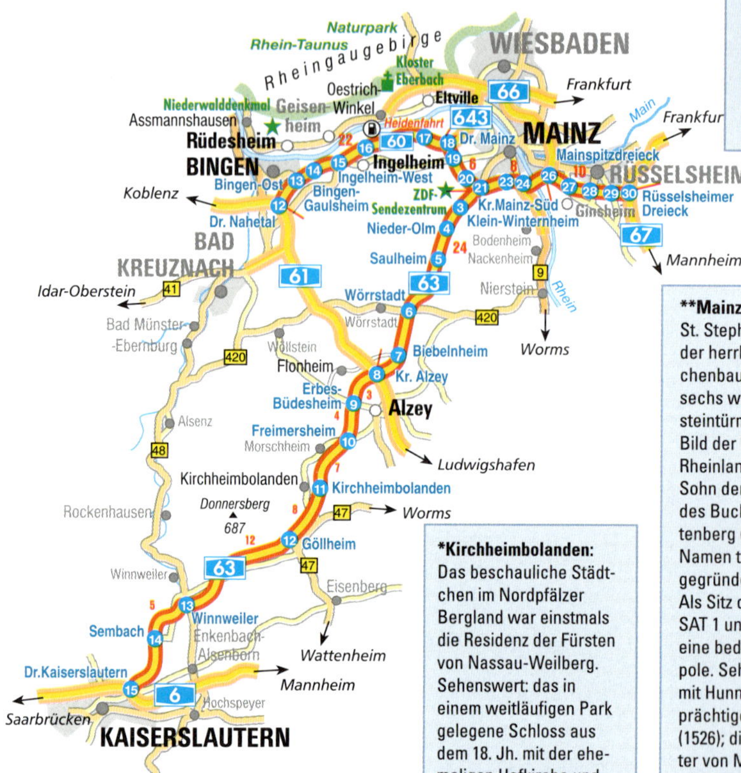

Mit der Fähre von Bingen oder Ingelheim erreicht man die traditionsreichen Weinorte am rechten Rheinufer.

****Rüdesheim:** Bilderbuchweindorf mit der weltberühmten Drosselgasse. Die uralte Brömserburg (9. Jh.) beherbergt ein bedeutendes Weinmuseum. Über dem Ort das Niederwalddenkmal, das nach dem Deutsch-Französischen Krieg (1870/71) errichtet wurde.
****Assmannshausen:** In den Hanglagen um den malerischen Ort reifen die blauen Spätburgunder, die Rotweinfreunden in den historischen Weinlokalen der urigen Altstadt kredenzt werden. **(Von Rüdesheim 3 km)**
***Oestrich-Winkel:** Oberhalb des Winzerorts liegen die bekannten Weingüter Schloss Vollrads und das weithin sichtbare Schloss Johannisberg (1757–59).
****Eltville:** Im »alta villa« der Römer residierten 150 Jahre lang die Kurfürsten von Mainz. Über der malerisch gelegenen Stadt erhebt sich die kurfürstliche Burg (1330–45). Sehenswert: Adelshöfe und Fachwerkhäuser (16. Jh.), St. Peter und Paul (14. Jh.); Kloster Eberbach (4 km nördlich), das Weinversteigerungen organisiert.

Auf einem Riff im Rhein: der Mäuseturm bei Bingen

Kaiserslautern: siehe Seite 62

***Kirchheimbolanden:** Das beschauliche Städtchen im Nordpfälzer Bergland war einstmals die Residenz der Fürsten von Nassau-Weilberg. Sehenswert: das in einem weitläufigen Park gelegene Schloss aus dem 18. Jh. mit der ehemaligen Hofkirche und die Kirche St. Peter. **(Abfahrt 11 Kirchheimbolanden, 1 km)**

****Mainz:** Der Dom St. Peter und St. Stephan (975–1236) ist einer der herrlichsten romanischen Kirchenbauten Europas. Mit seinen sechs weithin sichtbaren Sandsteintürmen beherrscht er das Bild der Landeshauptstadt von Rheinland-Pfalz. Berühmtester Sohn der Stadt ist der Erfinder des Buchdrucks, Johannes Gutenberg (1397–1468). Seinen Namen trägt die schon 1476 gegründete Universität der Stadt. Als Sitz der Sendeanstalten ZDF, SAT 1 und SWF ist Mainz auch eine bedeutende Medienmetropole. Sehenswert: der Marktplatz mit Hunnensäule (11. Jh.) und prächtigem Renaissancebrunnen (1526); die einzigartigen Glasfenster von Marc Chagall in der Kirche St. Stephan (14. Jh.); das kurfürstliche Renaissanceschloss mit dem Römisch-Germanischen Zentralmuseum. Aus den Festsälen des Schlosses werden alljährlich die Karnevalssitzungen übertragen. In der verwinkelten Altstadt um den Dom liegen zahlreiche Weinstuben. **(Abfahrt 19 Mainz-Finthen, 4 km)**

7 km südlich der Stadt liegt das ZDF-Sendezentrum Mainz-Lerchenberg. Bei Führungen kann man einen Blick hinter die Kulissen werfen. **(Abfahrt 20 Mainz-Lerchenberg, 2 km)**

***Donnersberg:** Der mächtige Berg (686 m) mit dem schlanken Fernsehturm ist die höchste Erhebung der Pfalz. Auf seinem Rücken liegen die Reste eines auf weiten Strecken sehr gut erhaltenen Keltenwalls (8,5 km) und die malerischen Ruinen Wildenstein und Falkenstein (1133). **(Abfahrt 12 Göllheim, 6 km)**

***Alzey:** Stadt an der oberen Selz, inmitten des fruchtbaren Rheinhessischen Hügellands. Sehenswert: Nicolaikirche (15. Jh.), Rathaus (1586) und das 1902 wieder aufgebaute Schloss (1689 zerstört), das über einer älteren Burganlage im 15./16. Jh. als eine Residenz der Pfalzgrafen bei Rhein errichtet worden war. **(Abfahrt 9 Erbes-Büdesheim, 3 km)**

UNTERWEGS IN DER PFALZ

Mainz: der romanische Dom St. Peter und St. Stephan

Wälder, Wiesen, Bäche und Weinberge sind charakteristisch für die Pfalz. Einen Besuch lohnt die **Rheinhessische Schweiz,** das größte Weinanbaugebiet Deutschlands. Rund 2,5 Mio. hl Wein fließen jedes Jahr in die Fässer. Zu dem Gebiet zählen auch **Weindörfer** wie Nack, Siefersheim, Gumbsheim, Stein-Bockenheim oder Gau-Bickelheim mit schönen Kirchen. In Flonheim **(Abfahrt 7 Biebelnheim, 10 km),** dem »Tor zur Rheinhessischen Schweiz«, gibt es **Wanderwege** mit herrlichem Ausblick über die sanften Hügel bis zum **Donnersberg (Abfahrt 12 Göllheim, 7 km),** der größten Erhebung der Pfalz.

KULINARISCHES DER REGION: Pfälzer Wein

Rheinland-Pfalz ist das Bundesland mit dem höchsten Pro-Kopf-Verbrauch an Kartoffeln. Einfach, aber beliebt sind **Pellkartoffeln** mit **Leber-** oder **Griebenwurst.** Eine Brücke zur flüssigen Spezialität der Pfalz schlagen in **Wein aufgegossene Bratkartoffeln. Wein** ist aus dieser Gegend nicht wegzudenken, und die Pfälzer Weinstuben sind Teil der Lebensart. Gewöhnungsbedürftig ist der **»Pfälzer Schoppen«** im Halbliterglas. Getrunken werden der edle **Riesling,** der fruchtige **Silvaner** und der milde **Müller-Thurgau.** Empfehlenswert zur Einkehr: **Ebert's Restaurant,** Mainzer Str. 100, 55239 Gau Odernheim: Küche mit frischen Produkten der Region **(Abfahrt 7 Biebelnheim, 5 km). Hofschänke,** Am Wehrgang 11, 67292 Kirchheimbolanden: Weine aus der Pfalz im Barockgebäude **(Abfahrt 11 Kirchheimbolanden, 2 km). Kelterstübchen,** Alleestr. 11, 67655 Kaiserslautern: Gemütliche Weinstube mit Schaukästen über den Weinanbau **(Abfahrt 16 Kaiserslautern-Ost, nach dem Autobahnende über B40, 8 km).**

RAST AUF REISEN: Übernachten in der Pfalz

Best Western Hotel, Karlheinz-Kipp-Str. 13, 55232 Alzey, Tel. 06731/4030: Kegelbahnen, Tennisplätze, Squashcourts, Freizeitangebote; **Am Schloß,** Amtsgasse 39, 55232 Alzey, Tel. 06731/94224: ruhige Zimmer **(Abfahrt 55 Alzey, 2 km). Espenhof,** Hauptplatz 76, 55237 Flonheim/Uffhofen, Tel. 06734/962730: stilvolles Landhotel und Weinrestaurant **(Abfahrt 7 Biebelnheim, 11 km). Parkhotel Schillerhain,** Schillerhain 1, 67292 Kirchheimbolanden, Tel. 06352/7120: Service für Sportler (Lunchpakete, Fahrradgarage etc.), Parkrestaurant, Weinstube **(Abfahrt 11 Kirchheimbolanden, 2 km).**

Streckenprofil: *Aus dem Ballungsraum Ludwigshafen führt die schöne Route am Pfälzerwald entlang in die Rheinebene bei Karlsruhe.* ***(60 km, 45 Min.)***

*****Deutsche Weinstraße:** 80 km lange Strecke von Bockenheim bei Worms bis an die Grenze zum Elsass. An der nah am burgenreichen Pfälzer Wald verlaufenden Route liegen an den dicht bewachsenen Weinbergen wie an einer Perlenkette aufgereiht romantische Winzerorte und üppige Obstgärten. Das sonnenreiche Klima lässt hier sogar Mandeln, Kiwis, Feigen und Zitronen reifen. Höhepunkte: Deidersheim, Bad Bergzabern, Bad Dürckheim und die alte Reichsstadt Annweiler mit dem Panorama der Burgendreifaltigkeit Trifels, Anebos und Scharfenberg. **(Annweiler auch von Landau über Alberswir zu erreichen, ca. 15 km)**

***Ludwigshafen:** Das Gesicht der im 17. Jh. als Brückenkopf der Festung Mannheim gegründeten Stadt prägen die gigantischen Industrieanlagen des Chemiekonzerns BASF. Ihren Namen hat sie vom bayerischen König Ludwig I., der im 19. Jh. ihren Ausbau vorantrieb. Sehenswert: das BASF-Hochhaus (1957), der als Mahnmal erhaltene zerstörte Turm der Lutherkirche, das Schillerhaus in Oggersheim, zeitweiliger Wohnsitz des Dichters, und das Wilhelm-Hack-Museum (Klassische Moderne). **(Abfahrt 5 Dreieck Ludwigshafen-Süd, 2 km)**

****Hambacher Schloss:** Um ihr Verlangen nach einem einigen, freien und souveränen Deutschland zu demonstrieren, sind 1832 30 000 Menschen zum Schloss Maxburg hinaufgezogen und haben hier erstmals die schwarz-rot- goldene Flagge gehisst. Die »Wiege der deutschen Demokratie« steht auf dem Fundament einer alten Salierburg (um 1000). **(Abfahrt 13 Neustadt an der Weinstraße-Süd, 6 km)**

***Maikammer-**St. Martin:** Kurz hinter dem Winzerstädtchen mit schmucken Fachwerkhäusern liegt unter der schönen Ruine Kropsburg, von Weinreben umgeben, das malerische St. Martin. Sehenswert: die gotische Dorfkirche (1488), das Renaissanceschlösschen (17. Jh.) und viele enge mittelalterliche Gassen. **(Abfahrt 14 Edenkoben, 3 bzw. 6 km)**

Karlsruhe: siehe Seite 53

***Edenkoben:** 2 km westlich oberhalb des traditionsreichen Weinorts liegt das äußerlich klassizistisch schlichte, aber innen prunkvolle Schloss Ludwigshöhe (1846–56) mit Bildern des Malers Max Slevogt (1868–1932). Von der ehemaligen Sommerresidenz des Bayernkönigs Ludwig I. erreicht man mit der ältesten pfälzischen Sesselbahn den 556 m hohen Rietberg mit einem herrlichen Blick auf den Pfälzer Wald. **(Abfahrt 14 Edenkoben, 5 km)**

***Landau in der Pfalz:** Barocke Bürgerhäuser prägen das Bild. Sehenswert: Reste der 1687 angelegten Befestigungen mit Deutschem und Französischem Tor, ehemalige Augustinerkirche, heute Pfarrkirche Hl. Kreuz (1405–19) mit Kreuzgang (15. Jh.) und Stiftskirche (1300–1458), altes Kommandaturgebäude (1827), heute Rathaus. **(Abfahrt 16 Landau-Zentrum, 2 km)**

Neustadt an der Weinstraße: am Marktplatz

St. Martin an der Südlichen Weinstraße

****Neustadt an der Weinstraße:** Von romantischen Burgruinen umgeben liegt die größte Weinbaugemeinde Deutschlands am Fuße des Haardtgebirges. In der hübschen historischen Altstadt wird im Oktober zur Weinlese die Deutsche und Pfälzische Weinkönigin gekürt. Sehenswert: die zweitürmige Stiftskirche Unserer Lieben Frau (13./15. Jh.) und das Rathaus (1728–39) gegenüber, früher ein Jesuitenkolleg. Das Eisenbahnmuseum ist überregional bekannt. **(Abfahrt 12 Neustadt an der Weinstraße, 4 km)**

Das Hambacher Schloss

UNTERWEGS IM PFÄLZERWALD UND AUF DER DEUTSCHEN WEINSTRASSE

Blick auf Klingenmünster bei Bad Bergzabern

Westlich der Autobahn liegt der große Pfälzerwald mit einer Fläche von fast 180 000 ha. Viele Kilometer Wanderwege durchziehen den landschaftlich schönsten Teil, der als **Naturpark** ausgewiesen ist. Vor allem sind es die dichten **Mischwälder** und die bizarren **Felsformationen** des aus **Buntsandstein** aufgebauten **Mittelgebirges,** die den Reiz dieser Region ausmachen. Parallel zur A65 baut sich die **Haardt** auf, der steile Osthang des Pfälzerwalds mit seinen malerischen Burgruinen. Zu Füßen der Haardt verläuft die Deutsche Weinstraße, die bei Bockenheim beginnt und am **Deutschen Weintor** in Schweigen endet. Für Ausflüge bieten sich weltbekannte Winzerorte an: Deidesheim **(Abfahrt 11 Deidesheim, 5 km)** mit dem altem Rathaus, in dem das Museum für Weinkultur untergebracht ist; Neustadt a. d. Weinstraße **(Abfahrt 13 Neustadt a. d. Weinstraße-Süd, 6 km),** die größte Weinbaugemeinde Deutschlands und Edenkoben **(Abfahrt 14 Edenkoben, 2 km).** Mittelalterliche Geschichte wird lebendig in **Annweiler am Trifels (Abfahrt 15 Landau-Nord, 15 km),** dem Fach-werkstädtchen, über dem sich die Reichsveste Trifels erhebt.

KULINARISCHES DER REGION: Feiner Riesling

Die Lage am Rand des Haardtgebirges mit rund 2000 Sonnenstunden pro Jahr macht **Deidesheim** zu einer der erfolgreichsten Weinbaugemeinden Deutschlands. Bereits 1898 wurde der **Winzerverein,** die älteste Genossenschaft der Pfalz, gegründet. Hauptrebsorte ist der **Riesling;** auch die meisten der über 100 Weine sowie Sekte beim Winzerverein (Prinz-Rupprecht-Str. 8, Tel. 06326/96880) sind Rieslinge. **(Abfahrt 11 Deidesheim, 5 km)**

RAST AUF REISEN: Hotels an der Weinstraße

Deidesheimer Hof, Am Marktplatz 1, 67146 Deidesheim, Tel. 06326/96870: renommierte Adresse, exquisite Pfälzer Küche im Restaurant Schwarzer Hahn **(Abfahrt 11 Deidesheim, 5 km). Hotel Tenner,** Mandelring 216, 67433 Neustadt-Haardt, Tel. 06321/9660: komfortables Hotel garni, ruhige Zimmer, schöner Blick **(Abfahrt 12 Neustadt a. d. Weinstraße-Nord, 6 km). Ramada Hotel,** Exterstr. 2, 67433 Neustadt, Tel. 06321/8980: modernes Hotel mit guter Gastronomie **(Abfahrt 13 Neustadt a. d. Weinstraße, 6 km). Landhaus Trifels,** Kurhausstr. 25, 76855 Annweiler-Bindersbach, Tel. 06346/300300: sehr schönes Ambiente, gepflegte Küche, weiter Blick **(Abfahrt 15 Landau-Nord, 15 km).**

Mainz

Die am linken Rheinufer gelegene rheinland-pfälzische Landeshauptstadt und altehrwürdige Universitätsstadt Mainz ist ein alter Kurfürsten- und Erzbischofssitz mit geschichtsträchtiger Vergangenheit.

Schon 200 Jahre vor der Gründung der Universität (1476/1477) und der Erfindung des Buchdruckes durch Johannes Gutenberg im 15. Jh. erlebte das »Goldene Mainz« (Aurea Moguntia) eine Blütezeit.

Mainz war Hauptort des 1254 gegründeten Rheinischen Städtebundes, die Mainzer Erzbischöfe waren Reichskanzler und Kurfürsten. Sein vom Barockstil geprägtes Stadtbild erhielt das kurfürstliche Mainz im 17. und 18. Jh.

Zwar wurde die Mainzer Altstadt im Zweiten Weltkrieg zu 80% zerstört, doch hat die traditionsreiche Karnevalshochburg (»Määnzer Fassenacht«) auch heute noch wunderschöne alte Bauwerke, wie etwa den berühmten sechstürmigen romanischen Dom St. Peter und St. Stephan vorzuweisen.

Großes Bild links:
Der Dom St. Martin und St. Stephan ist eine der bedeutendsten romanischen Kirchen Deutschlands und beherrscht mit seinen hohen Sandsteintürmen das Mainzer Stadtbild. Der Sohn von Balthasar Neumann gab dem Gebäude mit den Seitentürmen und dem Vierungsturm seinen barocken Abschluss.

1 Der Fastnachtbrunnen am Schillerplatz greift auf ganz originelle Weise Szenen und Figuren der Mainzer »Fassenacht« auf.

2 Die verwinkelte Altstadt mit ihren engen Gässchen und malerischen Fachwerkhäusern lädt zum Bummeln und Verweilen ein.

3 An der Nordostecke des Domplatzes befindet sich das Gutenberg-Museum, in dem man die berühmte zwischen 1452 und 1455 entstandene Gutenberg-Bibel besichtigen kann.

Streckenprofil:** Nach dem urbanen, verkehrsreichen Rhein-Main-Gebiet und einem kleinen Stück durch Frankfurt verläuft die Strecke ab Hanau nördlich des waldreichen Spessarts und parallel zur Deutschen Märchenstraße.* ***(150 km, 2 Std.)

***Höchst:** Der durch die Farbwerke bekannte Ort hat eine hübsche, von Fachwerkbauten geprägte Altstadt. Sehenswert: das Schloss mit Museum und der kolossale Bolongaro-Palast. Ein bekannter Veranstaltungsort ist die Jahrhunderthalle. **(Abfahrt 16 Höchst, 2 km)**

Frankfurt: Ein imposanter Blick auf die Skyline Frankfurts (s. Karte 18) mit dem Messeturm, dem höchsten Bürogebäude Europas, bietet sich bei der Einfahrt über das Nordwestkreuz. **Durchfahrt:** Ab Autobahnende Ffm-Miquelallee über die B8 bis Anschluss 33 Maintal-Bischofsheim und zurück auf A66.

****Zoologischer Garten Frankfurt:** Der für seinen Artenreichtum berühmte Zoo trägt noch immer die Handschrift seines langjährigen Leiters, Prof. Grizmek. Außergewöhnlich: das Grzimek-Haus mit seinen nachtaktiven Tiere.n **(Abfahrt 33 Maintal-Bischofsheim – hier eine Park-and-ride-Möglichkeit, über B8 Frankfurter bzw. Hanauer Landstr., Beschilderung folgen, 10 km; nur wenige, kostenlose Parkplätze am Zoo, Alfred-Brehm-Platz 16)**

Wiesbaden: siehe Seite 25

****Steinau a. d. Straße:** Kurz nach der Kinzigtalsperre im Bergwinkel liegt rechter Hand das romantische Steinau. Im alten Fachwerkamtshaus, heute Museum, verbrachten die Brüder Grimm ihre Kindheit. Sehenswert: Renaissanceschloss der Grafen von Hanau mit Brüder-Grimm-Museum und Marionettentheater, Rathaus aus dem Jahr 1561. **(Abfahrt 47 Steinau, 3 km)**

Die 1797 von einem Kind enddeckte »Teufelshöhle« ist die einzige Tropfsteinhöhle Hessens. Im 30 m unter der Erde liegenden »Dom« sind bizarre und fantastische Steingebilde zu bestaunen. **(Abfahrt 47 Steinau, Richtung Norden 3 km)**

Weiterfahrt: Vom Autobahnende Schlüchtern-Nord über die Deutsche Fachwerkstraße (B40) 20 km bis nach Fulda (siehe Seite 75).

***Schlüchtern:** Klosterstadt mit Bergwinkelmuseum, das an die Brüder Grimm und den Ritter und Dichter Ulrich von Hutten erinnert (geb. 1488 auf der nahe gelegenen Burg Steckelberg). Beliebtes Ausstellungsstück ist die der Bergwinkellandschaft nachempfundene 60 m^2 große Modelleisenbahn. **(Abfahrt 48 Schlüchtern-Süd, 6 km),**

Bad Orb: schmucke Fachwerkhäuser in der Kirchgasse

***Hanau:** Berühmteste Söhne der Industriestadt an der Mündung der Kinzig in den Main sind die Brüder Jakob und Wilhelm Grimm. Ihr Denkmal am Marktplatz ist der Ausgangspunkt der 595 km langen Deutschen Märchenstraße bis nach Bremen. Sehenswert: der Markt mit dem Neustädter Rathaus (1725–32, 1965) und dem Deutschem Goldschmiedehaus (1538–50), der Stadtteil Wilhelmsbad mit Englischen Garten und dem Hessischen Puppenmuseum; das am Main gelegene Schloss Philippsruhe mit dem thematisch bunt gewürfelten Historischen Museum Hanau. **(Abfahrt 36 Hanau-Nord, 3 km)**

****Gelnhausen:** Im Mittelalter war die schöne Fachwerkstadt Kreuzungspunkt wichtiger Handelsstraßen. Kaiser Friedrich I. Barbarossa erhob sie 1170 zur freien Reichsstadt und ließ hier, auf einer Insel des Flusses, eine der besterhaltenen staufischen Kaiserpfalzen (1170–80) erbauen. Sehenswert: die viertürmige Marienkirche (Ende 12./Anfang 13. Jh.), Altstadt mit vielen alten Häusern, u. a. einem Fachwerkhaus von 1356 (Kuhgasse 1); Rathaus (14. Jh.). Geboren wurden hier der Erfinder des Telefons, Johann Philipp Reis, und H. J. C. Grimmelshausen, der Autor des »Simplicissimus«. **(Abfahrt 44 Gelnhausen-Ost, 1 km)**

***Bad Orb:** Wenige Kilometer südlich von Wächtersbach, das sich den Charme einer alten Residenzstadt bewahrt hat, liegt das Solbad Orb im Naturpark Hessischer Spessart. Rund um die Martinskirche (1350) zeigt sich die Altstadt mit reichverzierten Fachwerkfassaden. Ein Museum in der Burg informiert u. a. über die Salinen und die Salzgewinnung. **(Abfahrt 45 Bad Orb-Wächtersbach, 5 km)**

UNTERWEGS ZWISCHEN VOGELSBERG UND SPESSART

Das ehemalige Kloster Johannesberg im Süden Fuldas

Große Anstrengungen unternimmt die Region, um sich als **Erholungsgebiet** abseits der großen Ballungsgebiete zu verbreiten. Wiesen, Äcker und Felder prägen das Landschaftsbild. In Hanau kann man zu lohnenswerten Entdeckungsreisen durch diese Landschaft starten: Hier beginnt die 600 km lange **Deutsche Märchenstraße (z. B. Abfahrt 48 Schlüchtern-Süd).** Sie bietet Kunst und Geschichte, führt zu Fachwerkstädten, Schlössern, Burgen und Museen. Ein anderes Highlight der Region ist der **Naturpark Bayerischer und Hessischer Spessart.** Eine **Buntsandsteinplatte** von bis zu 400 m Höhe bildet dessen geologische Grundlage. Abziehende Meere und Klimaeinflüsse haben in Millionen Jahren Täler in den Stein geschnitten. Sanfte Hänge und Höhen kennzeichnen die Spessartlandschaft. Große Teile des Spessarts sind von **Laubwäldern** bedeckt. Ein gutes **Wanderwegenetz** führt durch die Wälder.

KULINARISCHES DER REGION: Kartoffelspeisen

Anfang des 18. Jahrhunderts hielt die **Kartoffel** Einzug und steht seitdem im Mittelpunkt der nordhessischen Küche. Allseits beliebt ist der **Blechkuchen** aus Brotteig mit einem Belag aus geriebenen Kartoffeln, Öl, Schmand, Eigelb und Kümmel. Auch **Kartoffelklöße mit Specksauce** oder Kartoffeln in Kombination mit deftigen **Wurstspezialitäten** erfreuen den Gaumen. Dazu trinkt man **»Ebbelwoi«,** das hessische Nationalgetränk. **Zwiebelkuchen** mit Apfelweinteig und andere Gerichte zeigen, dass sich das Getränk auch bestens zum Kochen eignet. Empfehlenswerte Lokale: **Burgschänke,** An der Kaiserpfalz, Burgstr. 19, 63571 Gelnhausen: regionale Traditionsküche im Grünen nahe der schönen historischen Altstadt **(Abfahrt 44 Gelnhausen-Ost). Zum Ritter,** Kanalstr. 18–20, 36037 Fulda: internationale und regionale Küche in schönem altem Backsteingebäude **(Abfahrt Fulda-Süd).**

RAST AUF REISEN: Übernachten in Nordhessen

Burgmannenhaus, Brüder-Grimm-Str. 49, 36396 Steinau an der Straße, Tel. 0 66 63/50 84: Hotel in einem 400 Jahre alten Söldnerhaus **(Abfahrt 48 Schlüchtern-Süd, 1 km). Grüner Baum,** Leipziger Str. 45, 36396 Steinau an der Straße, Tel. 0 66 63/97 40: gutes Preis-Leistungs-Verhältnis, hoteleigenes Restaurant **(Abfahrt 48 Schlüchtern-Süd, 2 km). Hotel Stadt Schlüchtern,** Breitenbacher Str. 5, 36381 Schlüchtern, Tel. 0 66 61/7 47 88-0: modernes, gut ausgestattetes Hotel **(Abfahrt 49 Schlüchtern-Nord, 2 km).**

Streckenprofil: *Aus dem Rhein-Main-Gebiet führt die Strecke am Rand des Oberrheintals entlang in den Ballungsraum Mannheim-Ludwigshafen. Parallelautobahn zur viel befahrenen A5.* ***(65 km, 45 Min.)***

***Rüsselsheim:** Die industriell geprägte Stadt am Main ist untrennbar verbunden mit den Werken der Adam Opel AG. Sehenswert: die Opel Erlebniswelt mit Werkstour und das in einer ehemaligen Festung untergebrachte Stadtmuseum zur Kulturgeschichte der Industrialisierung. **(Abfahrt 2 Rüsselsheim-Ost, 3 km)**

****Deutsche Bergstraße:** Darmstadt ist der Ausgangspunkt der Römerstraße »strata montana« am Westhang des von dichten Wäldern überzogenen Odenwalds. An zahlreichen Burgen und Weinorten vorbei führt die landschaftlich herrliche Route bis nach Heidelberg. **(Darmstadt–Heidelberg, ca. 65 km)**

Die Orangerie im Darmstädter Schlosspark

***Gross-Gerau:** Kreisstadt und Standort pharmazeutischer Industrie. Bekanntestes Bauwerk ist das Alte Rathaus, ein Fachwerkbau aus dem 16. Jh. **(Abfahrt 4 Gross-Gerau, 2 km)**

****Darmstadt:** Die vornehm-gediegene Provinzstadt am Rande des Odenwalds war ehemalige Hauptstadt des Großherzogtums Hessen und um die Jahrhundertwende ein bedeutendes Zentrum des Jugendstils. Zahlreiche renommierte Museen und Bildungseinrichtungen zeugen vom hohen kulturellen Anspruch der Stadt, die auch Sitz der Akademie für Sprache und Dichtung und der Schriftstellervereinigung PEN-Club ist. Sehenswert: der Inbegriff des Jugendstils, die Mathildenhöhe mit Hochzeitsturm (1908) und der mit goldenen Kuppeln verzierten russischen Kapelle. Die mittelalterlich geprägte Altstadt mit Marktplatz, Stadtkirche (14. Jh.) und Rathaus (1588); der Luisenplatz mit dem Wahrzeichen der Stadt, der Statue des Großherzogs von Darmstadt, Ludwig I. Das Schloss (16./19. Jh.) mit Museum im Glockenbau; das Hessische Landesmuseum; das Rokokopalais Prinz Georg (1710) mit einer Porzellansammlung berühmter Manufakturen; die Kunstgalerie mit einer Gemäldesammlung deutscher und niederländischer Meister. **(Abfahrt 6 Darmstädter Kreuz, 5 km)**

***Mannheim:** Der wirtschaftliche und kulturelle Mittelpunkt des Rhein-Neckar-Raums ist eine Stadt der Gegensätze: Umgeben von gigantischen Industrieanlagen am Hafen, liegt dahinter das von eleganter Barockarchitektur geprägte Zentrum der ehemaligen Residenzstadt pfälzischer Kurfürsten. Ihr Wahrzeichen, der 60 m hohe Wasserturm, ist Mittelpunkt eines Jugendstilensembles am Friedrichsplatz. Seit dem frühen 17. Jh. hat die Stadt einen in Quadrate eingeteilten, schachbrettartigen Grundriss, sodass die Häuserblöcke nach Ziffern und Zahlen benannt werden. Sehenswert: das Kurfürstliche Schloss (1720-60), eine der größten barocken Schlossanlagen Europas; das Alte Rathaus (1700-11) und die Jesuitenkirche (18. Jh.), bedeutendster Barockbau Südwestdeutschlands; die Sternwarte (1772-74), das Palais Bretzenheim (1782-88), das ehemalige Zeughaus (1777-79) mit dem Städtischen Reiss-Museum (Block C 5, Gemäldesammlung) und die Kunsthalle (Werke des 19. und 20. Jhs.). Der Luisenpark gilt als eine der schönsten Grünanlagen Deutschlands. **(Ab Viernheimer Dreieck über A6 bis Abfahrt 26 Viernheimer Kreuz, 5 km)**

****Grube Messel:** nordöstlich von Darmstadt; sie ist eine der weltweit wichtigsten Fundstätten für Fossilien und zählt zum UNESCO-Naturerbe der Menschheit. Am Rand der Grube gibt es eine Besucherplattform; Führungen bietet von Apr. – Okt. das Fossilien- und Heimatmuseum Messel an (Tel. 0 61 59/51 19).

Mannheim: Paradeplatz mit Brunnen und neuer Stadthalle

*****Benediktinerabtei Lorsch:** Ein Juwel frühmittelalterlicher Baukunst ist das 764 gegründete Kloster. Es war eines der einflussreichsten Klöster des Mittelalters. Unter Karl dem Großen avancierte die Benediktinerabtei zum Reichskloster, und der Abt wurde zum Reichsfürsten. Erhalten blieb nur die Torhalle aus der karolingischen Blütezeit, ein in Deutschland einzigartiges Baudenkmal, das im Obergeschoss kunstgeschichtlich wichtige Wandmalereien beherbergt. Die mit roten und weißen Steinplatten verkleidete Königshalle wurde von der UNESCO zum Weltkulturerbe erklärt. **(Abfahrt 9 Lorsch, 2 km)**

Lorsch: die karolingische Torhalle

UNTERWEGS IM HESSISCHEN RIED

Der Marktplatz des Fachwerkstädtchens Heppenheim

Umgrenzt von **Rhein, Main, Neckar** und dem **Odenwald** liegt das **Hessische Ried.** Die riesigen Schotterkörper und Sandmassen, die vom Rhein und seinen Nebenflüssen im Lauf der Jahrtausende in den absinkenden **Oberrheingraben** geschwemmt wurden, bilden den natürlichen Speicherraum für die großen Grundwasservorkommen. Das **Hessische Ried** ist eine klimatisch begünstigte Region, da die mittlere Jahrestemperatur über dem Durchschnitt Deutschlands liegt. Auf den kargen Böden wurde früher Tabak angebaut. Am Rhein wuchsen einst **Auenwälder,** die bis auf Reste zurückgedrängt wurden. Man findet sie noch im **Naturschutzgebiet Kühkopf-Knoblochsaue (Abfahrt 5 Büttelborn, 13 km),** das die UNESCO zum »Europareservat« erklärte – mit 2370 ha Fläche das größte Schutzgebiet Hessens.

KULINARISCHES DER REGION: Obstwein

Den **Apfelwein** kennt jeder – aber **Kirsch-** oder **Heidelbeerwein?** Als Alternative stehen exzellente **Weine** aus dem **Rheingau** zur Verfügung. Empfehlenswerte Lokale: **Restaurant Riedstern**. Stahlbaustr. 17, 64560 Riedstadt: Spargelspezialitäten **(Abfahrt 5 Büttelborn, 11 km). Herrenhaus,** Fürstenlager, 64625 Bensheim/Auerbach: großherzoglicher Weinkeller mit umfangreicher regionaler Weinkarte; **Schloss Auerbach,** 64625 Bensheim/Auerbach: **Erlebnisgastronomie** in einer Burg aus dem 13. Jh. **Poststuben,** Schlossstr. 28-30, 64625 Bensheim: traditionelle Gastfreundschaft mit saisonalen Spezialitäten **(Abfahrt 9 Lorsch, 5 km).**

RAST AUF REISEN: Übernachten im Ried

Hotel Hammann, Ernst-Ludwig-Str. 11, 64560 Riedstadt-Wolfskehlen, Tel. 0 61 58/9 70 80: gut ausgestattete Zimmer, Frühstücksbüffet **(Abfahrt 5 Büttelborn, 11 km). Präsenzhof,** Wambolterhofstr. 7, 64625 Bensheim, Tel. 0 62 51/3 88 92: gemütliches, neu renoviertes Altstadthotel in der Fußgängerzone, Sauna, Solarium; **Ramada Hotel,** Wormser Str. 14, 64625 Bensheim, Tel. 0 62 51/10 10: Designerausstattung, Hotelbar, Konferenzräume **(Abfahrt 9 Lorsch, 5 km). Starkenburger Hof,** Kalterer Str. 7, 64646 Heppenheim, Tel. 0 62 52/60 61: rustikal eingerichteter Speisesaal, beheiztes Freibad 200 m entfernt; **Am Bruchsee,** Am Bruchsee 1, 64646 Heppenheim, Tel. 0 62 52/96 00: Fitnessraum, Reitmöglichkeit, schöne Aussicht **(Abfahrt 9 Lorsch, 7 km).**

Streckenprofil A70: *Bis Bamberg folgt die hügelige Strecke dem Obermain. Von da führt sie durch die waldreiche Fränkische Alb bis an den Rand des Fichtelgebirges.* ***(130 km, 1 ¼ Std.)***
A73: *Teilstück vom Westrand der Fränkischen Alb in den dicht besiedelten Großraum Nürnberg* ***(60 km, 45 Min.)***

***Scheßlitz:** von barocken Amts- und Bürgerhäusern geprägter Ort. **(Abfahrt 18 Scheßlitz, 1 km)**

****Kulmbach:** Biermetropole mit der im 16. Jh. wieder neu aufgebauten Plassenburg (13. Jh.) mit Zinnfigurenmuseum. Sehenswert: der Renaissancehof im Schloss und das Rokokorathaus (1752), der Langheimer Klosterhof (1694), Bayerisches Biermuseum. **(Abfahrt 24 Kulmbach-Neudrossenfeld, 8 km)**

***Haßfurt:** Wahrzeichen der Stadt ist die spätgotische Ritterkapelle St. Maria mit einem Fries aus insgesamt 248 Adelswappen. Sehenswert: die Kirche am Markt mit der Skulptur Johannes des Täufers von Tilman Riemenschneider. **(Abfahrt 10 Haßfurt, 7 km)**

****Königsberg in Bayern:** Das Städtchen im Naturpark Haßberge ist bekannt für seine Fachwerkhäuser. Der zentrale Salzmarkt ist noch heute ein Ensemble von seltener Geschlossenheit und steht komplett unter Denkmalschutz. Ebenfalls sehenswert: die hochgotische Marienkirche, eine der ansehnlichsten Hallenkirchen in Franken. Für öko-logisch Interessierte lohnt der Besuch im nahen Ökodorf Altershausen. **(Abfahrt 11 Knetzgau , 12km)**

***Zeil am Main:** An den Südhängen des Maintals liegt der Fachwerkort mit gemütlichen Weinstuben. Am anderen Flussufer liegt Sand mit der Wallfahrtskirche Marien-Limbach. **(Abfahrt 11 Kneitzgau, 2 km bis Sand, 5 km bis Zeil. Bei der Abfahrt auf der rechten Seite: Ruine Ebersberg)**

***Thurnau:** fränkisches Marktstädtchen mit alter Töpfertradition und einem wuchtigen Schlossbau der Reichsgrafen von Giech. Zahlreiche Keramikwerkstätten. **(Abfahrt 23 Thurnau-West, 1 km)**

***Eltmann:** Der mittelalterlich anmutende Ort unter der Veste Wallburg war früher die Zollstation an der Grenze zwischen den beiden Bistümern Bamberg und Würzburg. **(Abfahrt 12 Eltmann, 1 km)**

***Schweinfurt:** Der Hafen der einstigen Freien Reichsstadt am oberen Mittelmain ist Umschlagplatz der Rhein-Main-Donau-Schifffahrt. Sehenswert: Markt mit Renaissancerathaus (1570–72), mehrere Museen wie die Sammlungen Schäfer oder das Naturkund-liche Museum im Schrotturm (1611/19. Jh.). **(Abfahrt 7 Schweinfurt-Hafen Ost, 2 km)**

Bayreuth: siehe Seite 99

****Felsengarten Sanspareil:** Um die Felsen unterhalb der spätromanischen Burg Zwernitz ließ Markgräfin Wilhelmine von Bayreuth, Schwester des Alten Fritz, 1748 den ältesten Landschaftsgarten Deutschlands anlegen. **(Abfahrt 21 Schirradorf, 6 km)**

Naturpark Haßberge: Auf 804 km2 hügeliger Landschaft wechseln sich Mischwald, Grünland, alte Weinberge, Trockenbiotope und romantisch-bäuerliche Aussichten ab: Durch neue Beweidungskonzepte im Zuge des Landschaftsschutzes sieht man hier nicht nur Kühe und Schafe, sondern Ziegen und sogar Schweine auf den Weiden stehen.

Fränkische Schweiz: Die Fränkische Schweiz ist großflächig durch die Flüsse Main im Norden, Regnitz im Westen und Pegnitz im Osten eingefasst. Die Szenerie ist geprägt durch die Kalkfelsen des Weißen Jura, eine typische Karstlandschaft mit tief eingeschnittenen Schluchten und kargen Hochflächen. Eine Fundgrube für Fossiliensammler und mit über 6000 Routen einer der am besten erschlossenen Klettergärten der Welt. Im säurelöslichen Gestein sind zahlreiche Höhlen mit reichen Tropfsteinformationen entstanden. Das Fränkische Schweiz Museum in Tüchersfeld gibt interssante Informationen zu Geologie und Heimatkunde der Region. Der Weg lohnt sich nicht nur wegen der landschaftlich schönen Strecke: Das Museum unter steil aufragenden Felsen ist ein Symbol für die Fränkische Schweiz und war als solches bereits Motiv einer Sonderbriefmarke. **(Abfahrt 20 Stadelhofen, Hollfeld, Waischenfeld, 30 km)**

****Schloss Seehof in Memmelsdorf** wurde ab 1686 als Sommerresidenz der Bamberger Fürstbischöfe nach Plänen von Antonio Petrini errichtet. Für Besucher sind neun Schau-räume zugänglich, darunter der Weiße Saale mit dem virtuosen Deckengemälde von Gisueppe Appiani. Im Rokoko-garten vermitteln die Wasserspiele der wiederhergestellten Kaskade eine Ahnung der einstigen Pracht. **(Abfahrt 17 Kreuz Bamberg, Memmelsdorf, 3km)**

****Kleinziegenfelder Tal:** eines der schönsten fränkischen Täler mit bizarren Felsformationen. Sehenswert: die Weihersmühle, deren Mühlrad sich vor den steil abfallenden Felsen dreht. **(Abfahrt 20 Stadelhofen, ca. 15 km schönste Route bis Weismain)**

UNTERWEGS DURCH FRÄNKISCHES HÜGELLAND

Kulmbacher Plassenburg: Arkaden im »Schönen Hof«

Links und rechts des **Mains,** den die Autobahn zwischen Schweinfurt und Bamberg begleitet, erstrecken sich hügelige Landschaften mit unterschiedlichem Charakter. Im Norden ist es der vom Tourismus noch kaum entdeckte **Naturpark Haßberge,** eine bäuerliche Region mit stillen Dörfern und romantischen Städtchen in alter Fachwerkarchitektur wie etwa Königsberg i. Bay. **(Abfahrt 10 Haßfurt, 12 km).** Im Süden erhebt sich über dem Main der **Steigerwald,** an dessen Westhängen Wein angebaut wird. Von Eltmann aus **(Abfahrt 12),** wo Kunstfreunde die Wallfahrtskirche Maria Limbach anzieht, lässt sich das waldreiche **Mittelgebirge** auf einer landschaftlich reizvollen Strecke erschließen.

KULINARISCHES DER REGION: Würziges Bier

Der im Bocksbeutel abgefüllte Wein aus Franken genießt Weltruf. Weniger bekannt ist, dass in Franken in unzähligen kleinen **Privatbrauereien,** aber auch in traditionsreichen Großbrauereien hervorragende **Biere** gebraut werden. Ein Zentrum moderner Brauindustrie ist die Stadt Kulmbach mit der mächtigen Plassenburg, einem Stammsitz der Hohenzollern. Bekannt für ihre Braukunst ist auch die alte Bischofsstadt Bamberg. Und hier gibt es eine ganz eigene Spezialität: das **Rauchbier.** Auch wenn sein würziger Geschmack manchem Biertrinker gewöhnungsbedürftig erscheint – probieren sollte man es allemal. Dafür empfiehlt sich die urige **Brauereigaststätte Schlenkerla** in der Dominikanerstraße oder, im Sommer, Biergarten **Spezial-Keller,** Sternwartstraße.

RAST AUF REISEN: Übernachten in Bamberg

Romantik-Hotel Weinhaus Messerschmitt, Lange Str. 41, 96047 Bamberg, Tel. 0951/27866: historisches Haus mit modernem Komfort in der Stadtmitte, im Restaurant regionale Fisch- und Wildspezialitäten, beste Weine; **Hotel Bamberger Hof Bellevue,** Schönleinsplatz 4, 96047 Bamberg, Tel. 0951/98550: zentral und ruhig gelegen, gediegener Charme, gehobene Gastronomie; **Alter Goldener Anker,** Untere Sandstr. 13, 96047 Bamberg, Tel. 0 9 51 / 66 505: historischer Gasthof im denkmalgeschützten Haus; **Hotel Alt-Ringlein,** Dominikanerstr. 9, 96049 Bamberg, Tel. 0951/95320: historisches Haus in der Altstadt mit Barockflügel, Fachwerk, gemütliches Restaurant. **(Abfahrt 16 Bamberg, 4 km)**

Streckenprofil: *Die Strecke führt an der Rhön vorbei durch das grüne Herz Deutschlands, den Thüringer Wald – eine abwechslungsreiche und landschaftlich schöne Route. (195 km, 2,5 Std.)*

***** Bauernkriegspanorama:** Das Panorama-Museum auf dem Schlachtberg bei Bad Frankenhausen zeigt das monumentale Panoramabild (offizieller Titel: Frühbürgerliche Revolution in Deutschland) des Leipziger Malers und Kunstprofessors Werner Tübke. Das Werk entstand 1976-1987 zum Gedenken an den Deutschen Bauernkrieg (1524-1525) und den Bauernführer Thomas Müntzer. Mit einer Fläche von 1722 m2 zählt es zu den größten Tafelbildern der Welt: 123 m lang, 14 m hoch, über 3000 Figuren, die teils über 3 Meter groß sind. Offizieller Auftraggeber war das Kulturministerium der DDR, die Gedenkstätte wurde wenige Wochen vor dem Mauerfall eröffnet und erhielt wegen ihrer überdimensionierten Ausmaße schnell Spitznamen wie „Elefantenklo", zieht aber mit etwa 120.000 Besuchern pro Jahr ein so großes Publikum an wie nur wenige Gemälde in Deutschland. 10-17/18 Uhr, Mo geschlossen. **(Abfahrt bei Artern nach Bad Frankenhausen, 10 km)**

**** Drei Gleichen:** Das dreiteilige Burgensemble hat seinen Namen der Überlieferung nach aus einer Mai-Nacht des Jahres 1231, als ein Kugelblitz alle drei Burgen auf einmal entzündet haben soll. Wahrscheinlich gab aber die Burg Gleichen (11. Jhd.) dem Gebiet seinen Namen, auf den benachbarten Burgbergen stehen die Mühlburg (begonnen im Jahr 319) und die Wachsenburg (10. Jhd.) mit Restaurant. Die Landschaft zählt zu den schönsten in Thüringen, u.a. sind seltene Orchideen zu finden. **(Abfahrt 14 Arnstadt-Süd, 10 km)**

**** Schloss Elisabethenburg** steht mitten in der Stadt mit Theatermuseum, Musikmuseum und dem Arbeitszimmer von Max Reger, der 1911.1914 die Meininger Hofkapelle leitete. **(Abfahrt 21 Meiningen-Nord, 4km)**

*****Rennsteiggarten:** Der Rennsteiggarten Oberhof ist als Botanischer Garten für Gebirgsflora über die Grenzen Thüringens hinaus bekannt geworden. Auf einer Fläche von 7 ha rund um den 868 m hohen Pfanntalskopf kann man etwa 4000 Pflanzenarten aus den Gebirgen Europas, Asiens, Nord- und Südamerikas kennen lernen. Hobbygärtner können Steingarten- und Gebirgspflanzen als Souvenirs kaufen, Café Enzian bietet Erfrischungen an. 21.4.-4.11. 9-17/18 Uhr. **(Abfahrt 18 Oberhof, 1km)**

***Meiningen:** In der Zeit seines politischen Exils war der junge Schiller häufig zu Gast in Meiningen, vielleicht ist des-halb Theater die große Spezialität der kleinen Stadt geworden. Interessant ist aber auch das traditonelle Dampflokwek Meiningen mit Werksführungen an 1. und 3. Sa im Monat.

*** Runneburg bei Weißensee:** 1168 gegründet, oft belagert, nie erobert, mit 1,5 ha Innenfläche die größte Burg im heutigen Thüringen. Die Landgrafen-Schänke tischt Produkte aus der Region auf und bietet deftige Mittelalter-Spektakel (Winterpause von Januar bis März). **(Abfahrt 5 Sömmerda-Ost, 8 km)**

*** Suhl:** Das Wahrzeichen der Stadt, der Suhler Waffenschmied auf dem Marktplatz, ist Zeitzeuge jahrhundertelanger Tradition in der Herstellung von Jagd- und Sportwaffen. Das Waffenmuseum wird 2008 wieder eröffnet, sehenswert ist auch das Fahrzeugmuseum mit der legendären AWO und anderen Erzeugnissen Suhler Zweiradtechnik. **(Abfahrt 19 Suhl/Zella-Mehlis)**

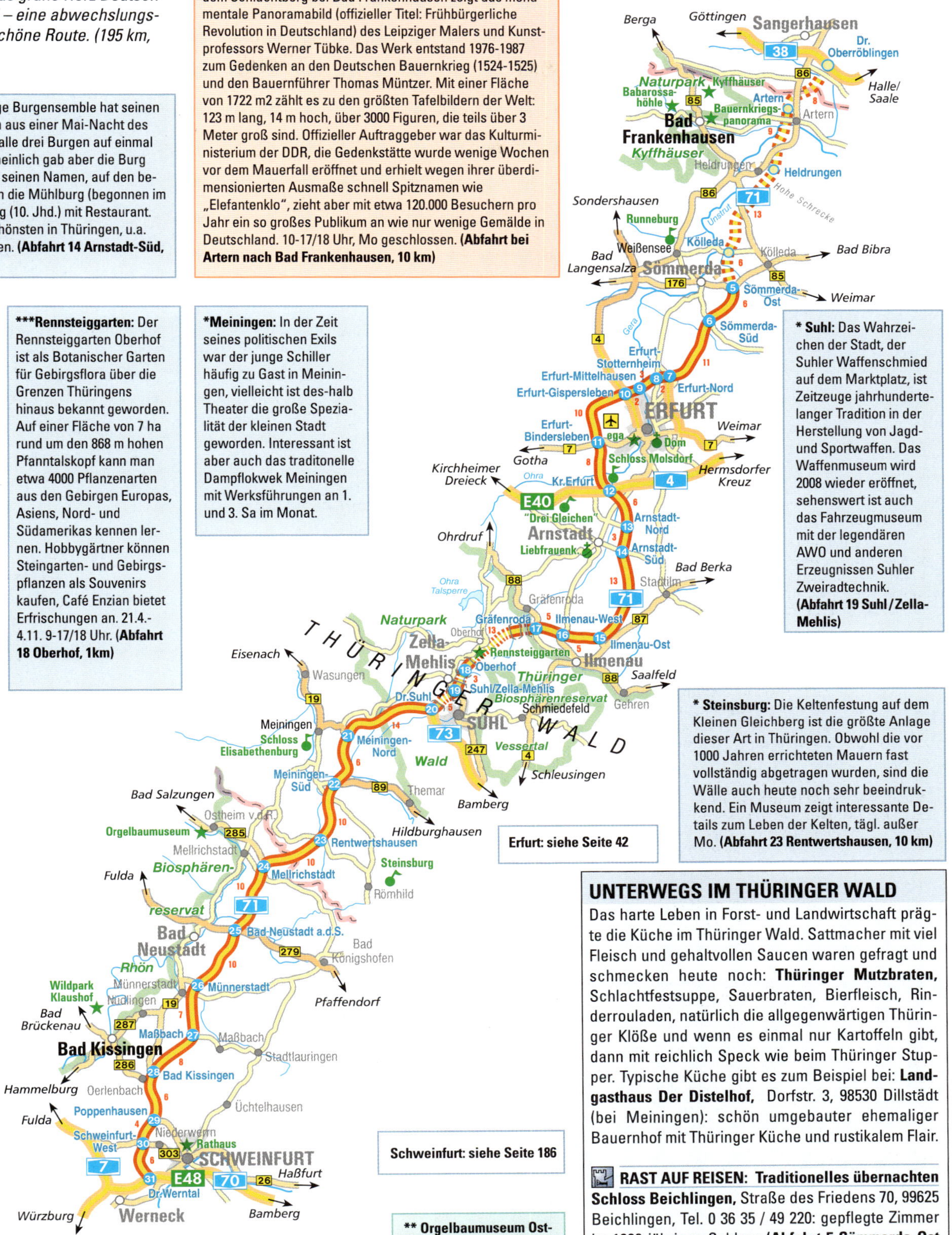

*** Steinsburg:** Die Keltenfestung auf dem Kleinen Gleichberg ist die größte Anlage dieser Art in Thüringen. Obwohl die vor 1000 Jahren errichteten Mauern fast vollständig abgetragen wurden, sind die Wälle auch heute noch sehr beeindruckend. Ein Museum zeigt interessante Details zum Leben der Kelten, tägl. außer Mo. **(Abfahrt 23 Rentwertshausen, 10 km)**

Erfurt: siehe Seite 42

**** Bad Kissingen:** Das weltberühmte bayerische Staatsbad verdankt sein elegantes Ambiente den Prachtbauten der bayerischen Könige. Gekrönte Häupter führten im 19. Jahrhundert die Gästelisten an. Mit der KissSalis-Therme besitzt die Kurstadt seit 2004 auch eine Heilbadelandschaft. Beliebt auch bei Gesunden ist der Kssinger Sommer, der seit 20 Jahren hochkarätige Konzertereignisse bietet. Sehenswert ist der Wildpark Klaushof, 4 km nördlich, mit einheimischen Arten auf 35 ha, Luchsgehege und Geiervoliere. **(Abfahrt 28 Bad Kissingen, 8km)**

UNTERWEGS IM THÜRINGER WALD

Das harte Leben in Forst- und Landwirtschaft prägte die Küche im Thüringer Wald. Sattmacher mit viel Fleisch und gehaltvollen Saucen waren gefragt und schmecken heute noch: **Thüringer Mutzbraten,** Schlachtfestsuppe, Sauerbraten, Bierfleisch, Rinderrouladen, natürlich die allgegenwärtigen Thüringer Klöße und wenn es einmal nur Kartoffeln gibt, dann mit reichlich Speck wie beim Thüringer Stupper. Typische Küche gibt es zum Beispiel bei: **Landgasthaus Der Distelhof,** Dorfstr. 3, 98530 Dillstädt (bei Meiningen): schön umgebauter ehemaliger Bauernhof mit Thüringer Küche und rustikalem Flair.

Schweinfurt: siehe Seite 186

RAST AUF REISEN: Traditionelles übernachten

Schloss Beichlingen, Straße des Friedens 70, 99625 Beichlingen, Tel. 0 36 35 / 49 220: gepflegte Zimmer im 1000-jährigen Schloss **(Abfahrt 5 Sömmerda-Ost nach Kölleda, 17 km). Hotel Waldmühle,** Lubenbachstr. 2, 98544 Zella-Mehlis, Tel. 0 36 82 / 48 71 93: im Landschaftsschutzgebiet an der Südseite des Rennsteigs **(Abfahrt 19 Suhl / Zella-Mehlis, 7 km). Pension Henneberger Haus,** Georgstr. 2, 98617 Meiningen, Tel. 0 36 93 / 50 89 90: behagliche Atmosphäre in einem schönen Fachwerkbau **(Abfahrt 21 Meiningen-Nord, 6 km).**

**** Biosphärenreservat Vessertal:** Das Vessertal gehört zu den Landschaften von besonderer Schönheit und wurde bereits 1939 unter Naturschutz gestellt. 1979 erkannte die Unesco das Gebiet als erstes deutsches Biosphärenreservat an. Eine gute Übersicht liefert der Infogarten Schmiedefeld, Mai-Okt. **(Abfahrt 19 Suhl / Zella-Mehlis, 8 km)**

*** Erlebnispark** Meeresaquarium Zella-Mehlis: Die farbenprächtige Unterwasserwelt tropischer Ozeane, bizarre Korallen, Seeanemonen, seltene Fische, Reptilien, lebende Steine und ein einzigartiges Hai-Aquarium belohnen für den Abstecher, tgl. 10-18 Uhr. **(Abfahrt 19 Suhl / Zella-Mehlis)**

**** Orgelbaumuseum Ostheim:** Im restaurierten Schloss Hanstein befindet sich das europaweit einzigartige Museum mit etwa 700 Ausstellungsstücken zur 2000-jährigen Orgelbaugeschichte. Auch sehenswert: die größte und besterhaltene Kirchenburg Deutschlands. **(Abfahrt 24 Mellrichstadt, 12 km)**

Streckenprofil: *waldreiche, landschaftlich ansprechende Strecke durch das ursprüngliche, hügelige Vogtland.* ***(115 km, 1¼ Std.)***

****Plauen:** Wahrzeichen der reizvoll im Tal der Elster gelegenen Klöppel- und Tuchmacherstadt ist das »Alte Rathaus« (1548) mit prächtigem Renaissancegiebel und einer kunstvollen Nürnberger Uhr (1548). Im Haus ist ein Museum mit Exponaten der feinen, weltberühmten »Plauener Spitze« untergebracht. Sehenswert: die spätgotische Johanniskirche (13.–16. Jh.) und das Vogtland-Museum, die Alte Elsterbrücke (1244) und natürlich die Friedensbrücke (1905), Europas größte frei tragende Steinbogenbrücke. **(Abfahrt 6 Plauen-Süd, 5 km)**

****Zwickau:** Bis 1990 sind in der Industriestadt an der Mulde 3 Mio. »Trabbis« gebaut worden. Mit dem Silberbergbau im Erzgebirge und der Tuchmacherei reich geworden, war die Stadt im späten Mittelalter ein blühendes Handelszentrum. Davon zeugen die eleganten Patrizierhäuser rund um den Hauptmarkt. Haus Nr. 5, heute ein Museum, ist das Geburtshaus des Komponisten Robert Schumann (1810–56). Sehenswert: der reich verzierte Giebel des Gewandhauses (1522–25), der Dom St. Marien (15. Jh.), einer der schönsten Bauten deutscher Spätgotik mit herrlicher Renaissancekanzel und einem Hochaltar (1479). Das Automobilmuseum »August Horch« zeigt Modelle der Unternehmen Horch und Audi und bringt alles Wissenswerte über den »Trabbi«. **(Abfahrt 11 Zwickau-Ost , 8 km)**

***Chemnitz:** Die am nördlichen Rand des Erzgebirges gelegene Stadt ist im 2. Weltkrieg stark zerstört worden und wurde als sozialistische »Musterstadt« wieder neu aufgebaut. Heutiges Wahrzeichen ist das 11,40 m hohe Karl-Marx-Monument (1971). Von 1953 bis 1990 trug die Stadt seinen Namen. Sehenswert: der mittelalterliche »Rote Turm«; das Ensemble am Theaterplatz mit Oper (1909) und König-Albert-Museum mit den versteinerten Bäumen (ca. 250 Mio. Jahre alt); Altes (1498/16. Jh.) und Neues Rathaus (1907/11) und der Schlossberg mit einer spätgotischen Hallenkirche (1514–26). **(Abfahrt 15 Chemnitz-Süd, 5 km)**

***Talsperre Pöhl:** Das »Vogtländische Meer« ist ein Stausee (1958–64) mit einer 50 m hohen Staumauer. 7 km lang und bis zu 2 km breit, bietet der von Wäldern und Wiesen umgebene See viele Wassersportmöglichkeiten. **(Abfahrt 7 Plauen-Ost, ca. 9 km)**

****Vogtland:** Das sanft bis auf 700 m Höhe ansteigende Bergland mit einer waldreichen Kuppenlandschaft ist traditionell Heimstatt von Tuchgewerbe und Instrumentenbau. Lebensraum für viele seltene Tiere und Pflanzen bietet der urwüchsige Naturpark Erzgebirge-Vogtland.

Das imposante Alte Rathaus in Chemnitz

***Hof:** Die Stadt am relativ unberührten Frankenwald war durch ihre Grenzlage zur DDR lange unbeachtet. Das einheitliche Biedermeier-Stadtbild entstand bei dem Wiederaufbau nach einem Brand, der den Ort an der Saale 1823 in Schutt und Asche legte. Überregional bekannt sind die im Spätherbst stattfindenden »Hofer Filmtage«. Sehenswert: die Pfarrkirche St. Michael (14. Jh. und 1826–29), die gotische Spitalkirche mit einer barocken Kassettendecke (1689), das Rathaus (1563–66) und der Botanische Garten im Stadtpark Theresienstein. **(Abfahrt 2 Hof-Nord, 5 km)**

***Oelsnitz:** An der Peripherie des kleinen Elsterorts am schönen Pirkstausee liegt Schloss Voigtsberg aus dem 13. Jh. mit einem interessanten Museum über die hier seit dem Mittelalter angesiedelte Teppich- und Tuchweberkunst. Wahrzeichen des Orts ist das schlanke Turmpaar der Stadtkirche St. Jakobi (um 1340). **(Abfahrt 5 Pirk, 5 km)**

****Göltschtalbrücke:** Über die Orte Reichenbach, der Heimat der Theaterprinzipalin Caroline Neuber (1697–1760), und dem von einer dreitürmigen, trutzigen Burg überragten Mylau, erreicht man die imposante größte Ziegelbrücke der Welt: Für den Bau der Eisenbahnlinie Leipzig–Hof türmten 1700 Arbeiter 26 Mio. Ziegel auf 4 Etagen mit 81 Bogen übereinander (1846– 51). **(Abfahrt 9 Reichenbach, über B94 ca. 10 km)**

Plauen: Marktplatz und Altes Rathaus

UNTERWEGS IN VOGTLAND UND ERZGEBIRGE

Im Vogtland: Bauernhof bei Plauen

Das **Vogtland** ist eine wellige Hochfläche beiderseits der oberen **Saale** und oberen **Weißen Elster** mit teils tiefen steilwandigen Tälern. In der Stauferzeit wurde das reichsunmittelbare Gebiet von Reichsvögten verwaltet. Beherrschende Rolle hatten die Reichsvögte von Weida. Für ihren Herrschaftsbereich wurde seit dem 13. Jh. der Name Vogtland üblich. Das namengebende Erz war nur einer der Bodenschätze, die im **Erzgebirge** seit dem Mittelalter gefördert wurden. Auch **Silber** hat man abgebaut und auf Fuhrwerken in die Städte gebracht. Heute sind die alten Transportwege des kostbaren Edelmetalls zur kulturell und landschaftlich interessanten Ferienstraße geworden: Von Zwickau aus geht es auf der **Silberstraße** durch das Tal der **Zwickauer Mulde** ins westliche Erzgebirge **(Abfahrt 11)**. Erste Station ist das barocke Schneeberg, die sächsische Bergstadt, in der das Brauchtum noch hochgehalten wird.

ALTES HANDWERK DER REGION: Holzspielzeug

Nussknacker, Weihnachtspyramiden und **Lichterengel, Räuchermännchen** und **Schwibbögen, Schaukelpferde** und **Baukästen** – in Handarbeit aus Holz gefertigt und bunt lackiert, das sind die liebenswerten Erzeugnisse, die das östliche Erzgebirge weltberühmt gemacht haben. Zahlreiche Werkstätten entstanden, als nach dem Dreißigjährigen Krieg die große Zeit des Bergbaus vorbei war und die Menschen neue Verdienstmöglichkeiten suchten. So wurde die Region zum **»Spielzeugland«**. An diese alte Tradition der kleinen Werkstätten und Familienbetriebe hat man nach 1990 mit viel Elan wieder angeknüpft. In hübsch gestalteten Läden macht das Einkaufen Spaß. Hier einige Adressen: **Holzwichtel,** 4 Geschäfte in der Innenstadt, 09456 Annaberg-Buchholz **(Abfahrt 15 Chemnitz-Süd, 25 km); Langs Erzgebirgshaus,** Sehmatalstr. 10, 09456 Frohnau **(Abfahrt 15 Chemitz-Süd, 25 km); Erzgebirgshaus,** Kirchgasse 2 und Markt 6, 08289 Schneeberg **(Abfahrt 11 Zwikkau-Ost, 12 km).**

RAST AUF REISEN: Hotels an der Silberstraße

Berghotel Steiger, Am Mühlberg 2A, 08289 Schneeberg, Tel. 037 72/3 94 90: gut ausgestattetes Hotel mit Gastronomie, von der Terrasse bietet sich ein herrlicher Ausblick **(Abfahrt 11 Zwickau-Ost, 12 km). Parkhotel,** M.-Semmler-Str. 73, 08301 Bad Schlema, Tel. 037 71/21 50 00: modernes Haus mit allem Komfort und gepflegtem Restaurant im bekannten Radium-Kurort **(Abfahrt 11 Zwickau-Ost, 12 km).**

Streckenprofil: *: Eine „grüne Route" mit vielen Burgen am Horizont, durch den Thüringer Wald in die Fränkische Schweiz bis hinunter in die Flussauen der Regnitz.* **(156 km, 2 Std.)**

***Schloss Bertholdsburg:** Die trutzige Bilderbuchburg wurde 1226-1232 erbaut, der Mode folgend zwischen 1478-1559 zum Renaissanceschloss umgebaut und enthält heute sämtliche naturkundlichen Sammlungen Südthüringens **(Abfahrt 4 Schleusingen, 2 km)**

***Werraquelle in Fehrenbach:** Die „Fehrenbacher Schweiz" ist, wie der Name andeutet, eine felsenreiche Landschaft mit schönen Buchen- und Fichtenwäldern. Die Werraquelle am Zeupelsberg in 760 m Höhe ist ein beliebtes Ausflugsziel mit Thüringer Wurstbude und originellen Freisitzen. **(Abfahrt 5 Eisfeld-Nord, 14 km)**

*****Coburg:** Die fränkische Krone ist ein Ehrenname der Veste Coburg, die zu den größten Burganlagen Deutschlands zählt. Martin Luther hielt sich hier 1530 auf, in seiner damaligen Studierstube hängt sein lebensgroßes Bildnis, von Lucas Cranach gemalt. Außerdem sehenswert: die Morizkirche, die im 14. Jh. begonnen wurde und Schloss Ehrenburg. **(Abfahrt 7 Coburg)**

****Kloster Banz:** Das ehemalige Benediktinerkloster ist heute im Besitz der Hanns Seidel Stiftung. Der Besuch der barocken Klosterkirche lohnt sich allein schon durch die besondere Raumwirkung der raffiniert kurvierten Wandflächen. **(Abfahrt Bad Staffelstein-Nord, 3km)**

Vierzehnheiligen ist einer der bedeutendsten Wallfahrtsorte Deutschlands. Die vierzehn Nothelfer, deren Fürsprache hier erbeten wird, haben allerdings auch einen einzigartigen Wohnsitz: eine der schönsten Kirchen im Stil des Barock und Rokoko aus der Hand von Meister Balthasar Neumann. **(Abfahrt Lichtenfels-Süd, 3km)**

*****Das Levi Strauss Museum** in Buttenheim ist nicht nur für Jeansträger interessant. Im Geburtshaus von Levi Strauss wird unterhaltsam die Geschichte des großen Selfmademan und die Historie des blauen Tuchs bis in die Neuzeit erzählt. Di, Do 14-18 Uhr, Wochenende 11-17 Uhr. **(Abfahrt Buttenheim, 2km)**

****Forchheim:** einstige karolingische Kaiserpfalz und »Tor zur Fränkischen Schweiz« (s. Karte 35). Die Häuserfassaden um den Marktplatz sind wahre Schmuckstücke fränkischer Fachwerkkunst. Sehenswert: das heiter wirkende Alte Rathaus (14.–16. Jh.) mit Magistratsanbau (15. Jh.) und die gotische Martinskirche (14./15. Jh.). Im Bischofsschloss (1353–83), einer qadratischen Wasserburg, ist heute das Pfalzmuseum. **(Abfahrt Forchheim-Nord, 2 km)**

*****Bamberg:** Auf sieben Hügeln erbaut, wird das viel besuchte Stadtjuwel (UNESCO-Weltkulturerbe) an der Regnitz auch das »Fränkische Rom« genannt. Der Fluss trennt die mittelalterliche Bürgerstadt von der Bischofsstadt auf dem Domhügel. Unverwechselbar: die Silhouette des viertürmigem Doms (13. Jh.). Berühmteste Schätze: der Bamberger Reiter (vor 1237, Künstler unbekannt), der Marienaltar von Veit Stoß (1523), das einzige Papstgrab nördlich der Alpen (Clemens II., gest. 1047) und der Sarkophag Heinrichs II. (Tilman Riemenschneider, 1513). Außerdem: das Alte Rathaus (1463/18. Jh.) mit vorgebautem Rottmeisterhaus (1688), auf der Regnitzbrücke schöner Blick auf die Fischersiedlung »Klein Venedig«; weiter die Kaiser- und Bischofssitze Alte Hofhaltung (16. Jh.) und Neue Residenz (17.Jh); Benediktinerabtei Michaelsberg (gegr. 1050), das Karmeliterkloster (12. Jh.) und das Wasserschloss Geyerswörth. Schöner Aussichtspunkt: die südwestlich gelegene Altenburg (12. Jh.). **(Abfahrt 16 Bamberg, 4 km)**

Nürnberg: siehe Seite 66

***Erlangen:** sehenswert in der Universitätsstadt: die Dreifaltigkeitskirche (1709–21), das Rathaus (1333–35), das Schloss (1700–04), die Hugenottenkirche (1686–93) und das barocke Palais Stutterheim (1728–30) mit Sammlung moderner Kunst. **(Abfahrt Erlangen, 1 km)**

UNTERWEGS IN FRANKEN

Forchheim: Fachwerkensemble mit dem Alten Rathaus

Als **„Entdecker"** der Fränkischen Schweiz gelten die Reisenden der Romantik, Ludwig Tieck und Wilhelm Heinrich Wackenroder, die im Jahr 1793 mit einem Bericht ihre Zeitgenossen begeisterten. Getauft wurde die Region 1820 im Buch „Die kleine Schweiz" von **Jakob Reiselsberger,** mit **„Schweiz"** bezeichnete man damals gerne Landschaften mit Bergen, Tälern und Felsen. Bald pilgerten „Prominente" zur Erholung in die Fränkische Schweiz: Richard Wagner, Ernst Moritz Arndt und Viktor von Scheffel schwärmten vom „Schlupfwinkel des deutschen Gemüts". Die schöne Gegend zieht heute Tausende von Erholungssuchenden, Wanderern und Naturfreunden an. Besonders bei Motorradfahrern sind die engen kurvenreichen Nebenstraßen beliebt, Drachenflieger schätzen das **„Walberla"** östlich von Forchheim, auch wenn sie ihr Fluggerät zu Fuß hoch ins Naturschutzgebiet bringen müssen. „Hier läuft der Weg von einem Paradies ins andere", schrieb der Dichter Jean Paul . der Zitatenschatz über die Schönheiten der Fränkischen Schweiz ist reich gefüllt.

KULINARISCHES DER REGION: Naturverbunden

Gute Produkte aus regionaler Erzeugung, artgerechter Tierhaltung und ökologischem Anbau feiern in der Fränkischen Schweiz bei einfachen Gastwirten und bei ambitionierten Köchen Erfolge. Die fränkische Küche präsentiert sich immer öfter fein bei aller Schlichtheit und wer nur Bratwürste probiert, ist selber schuld, Einige empfohlene Adressen gute Küche aus landfrischen Produkten: **Brauerei Gasthof Pfister,** Eggerbachstr. 22, 91330 Eggolsheim: Rindfleisch von Ökobauern, Jura.Lamm, Karpfen und Forellen aus benachbarten Gewässern **(Abfahrt Buttenheim, 6 km). Landgasthof Krone,** Talblick 5, 91056 Erlangen-Hüttendorf: feine fränkische Küche, eigene Metzgerei **(Abfahrt Erlangen-Eltersdorf, 3km). Landgasthof Mörsbergei,** Hauptstr. 14, 91088 Bubenreuth: fränkische Küche aus saisonalen Produkten **(Abfahrt Möhrendorf, 2km). Fischküche Reck,** Oberndorf 7, 91096 Möhrendorf: ausgesuchte Fischgerichte in der urigen Stube oder draußen im Grünen **(Abfahrt Möhrendorf, 1,5 km).**

RAST AUF REISEN: Edel & schön

Romantik Hotel Goldene Traube, Am Viktoriabrunnen 2, 96450 Coburg, Tel. 0 95 61 / 87 60: historisches Haus (seit 1756) mit feinem Restaurant und gemütlicher Weinstube **(Abfahrt 7 Coburg). Landhotel und Gasthaus Polster,** Am Deckersweiher 26, 91056 Erlangen-Kosbach, Tel. 0 91 31/755 40: dörfliche Idylle im historische Fachwerkensemble mit vorzüglicher Küche und individuell gestalteten Gästezimmern **(Abfahrt Möhrendorf, Dechsendorf-Kosbach, 7 km).**

Bamberg

Die alte fränkische Kaiser- und Bischofsstadt zeigt dem Besucher stolz die hier versammelten 1000 Jahre deutscher Baukunst.

Kaiser Heinrich II. machte Bamberg zum »caput orbis«, dem Haupt der Welt, und begründete im Jahr 1007 das bald mächtige Bistum, das bis weit über den Dreißigjährigen Krieg hinaus eine Bastion der römischen Kirche blieb. Der 1237 geweihte viertürmige Dom, ein Meisterwerk deutscher Baukunst am Übergang von der Romanik zur Gotik, und das Alte Rathaus im Fluss sind nur zwei der zahlreichen Zeugen dieser mittelalterlichen Blütezeit. Eine andere Zeit kultureller Blüte erlebte Bamberg im 17. und 18. Jh., nachdem der Fürstbischof Lothar Franz von Schönborn in Bamberg seine Residenz errichten ließ. Mit ihm und seinen Nachfolgern hielt der Barock Einzug in der fränkischen Stadt; für ihre Bauvorhaben gewannen die kunstsinnigen Fürstbischöfe namhafte Künstler wie die Brüder Dientzenhofer oder Johann Balthasar Neumann, die bereits in Würzburg Bauwerke von unvergleichlicher Schönheit geschaffen hatten.

Großes Bild links:
Das Alte Rathaus steht auf einer Brücke inmitten der Regnitz.

1 Der prächtige Kaisersaal in der Neuen Residenz

2 Die ehemalige fürstbischöfliche Residenz Schloss Geyerswörth wurde 1587 vollendet.

3 Das Alte Rathaus entstand im 14. Jh. aus einem Brückenturm und wurde barock umgestaltet.

4 Der Bamberger Reiter im Georgenchor ist die bekannteste unter den wertvollen Steinskulpturen, mit denen unbekannte Meister den Dom ausgestalteten.

5 Das einzige Papstgrab Deutschlands: Im Westchor des Doms wurde der Bamberger Bischof Suitger und spätere Papst Clemens II. bestattet.

1

2

3

4

5

Streckenprofil: *Die hügelige und waldreiche Strecke quert das Taubertal und führt nahe des Neckars am Naturpark Schwäbisch-Fränkischer Wald vorbei in die Schwabenmetropole Stuttgart.* ***(135 km, 1¼ Std.)***

Rathaus und Ulrichsbrunnen in Bietigheim

****Hessigheim:** Im Weingebiet bei Mundelsheim am Neckar liegen die Hessigheimer Felsengärten. Die im Volksmund »Schwäbische Dolomiten« genannten Muschelkalkriffe werden von einer 200 m langen Spalte durchzogen und bieten einen großartigen Ausblick auf den Fluss und die umliegenden Weinberge. **(Abfahrt 13 Mundelsheim, 4 km)**

***Bietigheim:** Neben sorgfältig restaurierten Bauten (16.–18. Jh.) der Altstadt wie dem Hornmoldhaus (1536), heute Museum, hat die kleine Stadt seit 1998 eine besondere Attraktion zu bieten: In der großen denkmalgeschützten Rommelmühle (um 1900) hat ein großes Öko-Kaufhaus geöffnet. Auf 8500 m² wird vom Bio-Apfel bis zu Einrichtung, Brauhaus und Restaurant alles geboten, was streng ökologischen Maßstäben gerecht wird. **(Abfahrt 14 Pleidelsheim, 6 km)**

***Leonberg:** Rund um den alten Stadtkern des im Mittelalter bedeutenden Orts, in dem der Astronom Johannes Kepler (1571–1630) zur Schule ging, findet man noch sehr gut erhaltene Fachwerkensembles. Im Steinhaus (12. Jh.) tagte 1457 der erste Württembergische Landtag. Sehenswert: das Schloss (16. Jh.) mit den Renaissanceterrassengärten über der Stadt. **(Abfahrt 18 Stuttgart-Feuerbach, 6 km)**

****Tauberbischofsheim:** Die Winzerstadt im Taubertal ist auch Hochburg des deutschen Fechtsports. Barocke Stadtpaläste wie das Weinhändlerhaus Mackert (1746) und hübsche Fachwerkensembles (18. Jh.) prägen das Stadtbild. Sehenswert: das Kurmainzische Schloss (14.–16. Jh.) aus der Herrschaftszeit der Mainzer Fürstbischöfe (13.–19. Jh.) mit dem Landschaftsmuseum (sakrale Kunst, Pfeifensammlung) und das neugotische Rathaus (1866). **(Abfahrt 3 Tauberbischofsheim, 3 km)**

Heilbronn: siehe Seite 63

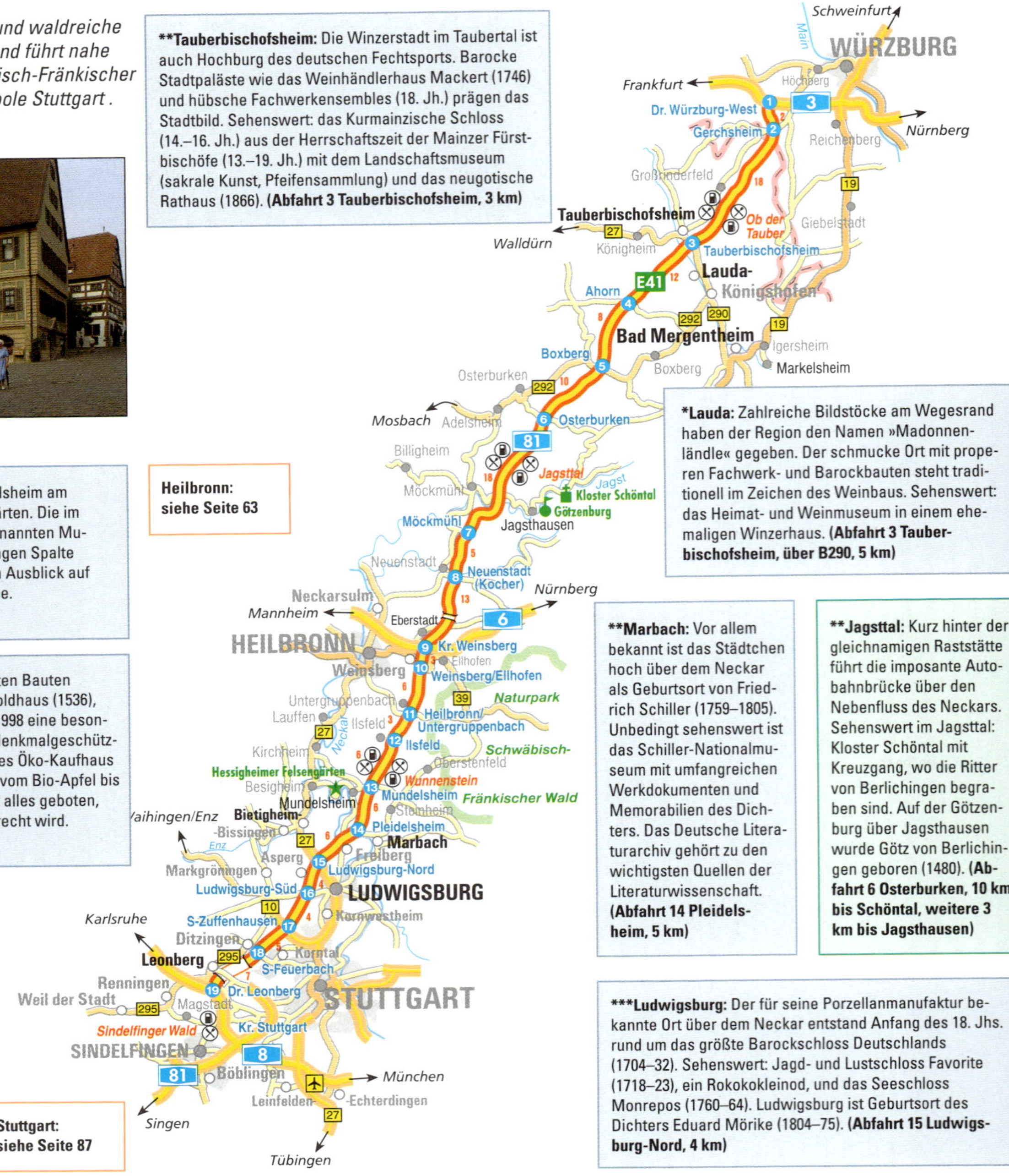

***Lauda:** Zahlreiche Bildstöcke am Wegesrand haben der Region den Namen »Madonnenländle« gegeben. Der schmucke Ort mit properen Fachwerk- und Barockbauten steht traditionell im Zeichen des Weinbaus. Sehenswert: das Heimat- und Weinmuseum in einem ehemaligen Winzerhaus. **(Abfahrt 3 Tauberbischofsheim, über B290, 5 km)**

****Marbach:** Vor allem bekannt ist das Städtchen hoch über dem Neckar als Geburtsort von Friedrich Schiller (1759–1805). Unbedingt sehenswert ist das Schiller-Nationalmuseum mit umfangreichen Werkdokumenten und Memorabilien des Dichters. Das Deutsche Literaturarchiv gehört zu den wichtigsten Quellen der Literaturwissenschaft. **(Abfahrt 14 Pleidelsheim, 5 km)**

****Jagsttal:** Kurz hinter der gleichnamigen Raststätte führt die imposante Autobahnbrücke über den Nebenfluss des Neckars. Sehenswert im Jagsttal: Kloster Schöntal mit Kreuzgang, wo die Ritter von Berlichingen begraben sind. Auf der Götzenburg über Jagsthausen wurde Götz von Berlichingen geboren (1480). **(Abfahrt 6 Osterburken, 10 km bis Schöntal, weitere 3 km bis Jagsthausen)**

*****Ludwigsburg:** Der für seine Porzellanmanufaktur bekannte Ort über dem Neckar entstand Anfang des 18. Jhs. rund um das größte Barockschloss Deutschlands (1704–32). Sehenswert: Jagd- und Lustschloss Favorite (1718–23), ein Rokokokleinod, und das Seeschloss Monrepos (1760–64). Ludwigsburg ist Geburtsort des Dichters Eduard Mörike (1804–75). **(Abfahrt 15 Ludwigsburg-Nord, 4 km)**

Stuttgart: siehe Seite 87

UNTERWEGS VOM TAUBERTAL INS SCHWÄBISCHE

Barockschloss Ludwigsburg

Der Taubergrund ist eine romantische, weinselige Gegend. Im Tal der unteren **Tauber** wie an den Uferhängen des **Mains** und an den sanften Bergrücken des **Steigerwalds** reift der Frankenwein heran. In Würzburg, der Perle Frankens, beginnt die **Romantische Straße,** die mit Städten wie Rothenburg ob der Tauber und Dinkelsbühl jedes Jahr Heerscharen von Touristen aus aller Herren Länder anzieht. Doch nicht nur entlang der Touristikroute, sondern auch an vielen unscheinbaren Orten trifft man auf verwinkelte, mauerumwehrte **Fachwerkstädtchen,** die noch heute ihren altfränkischen Charme bewahrt haben. Weiter führt die Route durch das herbe teils verkarstete **Bauland** (östlicher Teil des Odenwalds), in dem vorwiegend Getreide angebaut wird, in den **Schwäbisch-Fränkischen Wald** mit seinen dichten Mischwäldern, lieblichen Tälern, Mühlen und Bächen, schmucken Städtchen und idyllischen Orten – eine stille, verträumte Landschaft, ganz im Gegensatz zur quirligen Kultur- und Industriestadt Stuttgart.

KULINARISCHES DER REGION: Deftig & solid

Die Franken lieben deftiges, schweres Essen mit soliden Zutaten. Auch beim **Fisch** mögen sie es handfest. Kein Wunder also, dass der **Karpfen** der krönende Höhepunkt der regionalen Küche ist. Man brät ihn in **Bierteig** heraus oder backt ihn in **Butterschmalz.** Dadurch kommt der Geschmack des Karpfens gut zur Geltung, und seine Farbe gleicht dem schimmernden Heiligenschein in einer Barockkirche, sagt man. Im Schwäbischen dagegen setzt man auf **Spätzle** mit viel Soße, Maultaschen, Linsen oder **Rostbraten** (mit Sauerkraut und Spätzle) und trinkt dazu einen Trollinger oder Lemberger. Empfehlenswert: **Backöfele** in Würzburg, Ursulinergasse 2: Gaststube in einem zauberhaften, alten Hof **(Abfahrt 68 Dreieck Würzburg-West, 20 km). Kronen Stuben,** Kronenstr. 2, 71634 Ludwigsburg: gepflegtes bürgerliches Haus mit schwäbischer Küche **(Abfahrt 15 Ludwigsburg-Nord, 4 km).**

RAST AUF REISEN: Übernachten im Taubertal

Flair-Hotel-Restaurant Weinstube Lochner, Hauptstr. 30, 97980 Bad Mergentheim-Markelsheim, Tel. 07931/9390: Komforthotel, Hallenbad, Sauna, Solarium, Restaurant mit Wild- und Fischspezialitäten; **Hotel Restaurant Am Brenner,** Goethestr. 10, 97941 Tauberbischofsheim, Tel. 09341/92130: ruhige, schöne Aussichtslage, bürgerliche und gehobene Küche **(Abfahrt 3 Tauberbischofsheim, 22 bzw. 3 km).**

Streckenprofil: *Aus dem Großraum Stuttgart führt die Route in die wald- und burgenreichen Hochlagen der Schwäbischen Alb. Sie endet im von Vulkankegeln umgebenen Hegau im Nordwesten des Bodensees.* ***(155 km, 1½ Std.)***

Tübingen: altehrwürdige Universitätsstadt am Neckar

***Sindelfingen**: Ein »Stadtgeschichtlicher Weg« führt durch Gassen mit Fachwerkhäusern zu den Sehenswürdigkeiten der im frühen Mittelalter entstandenen Stadt: Dazu zählen romanische Martinskirche (11. Jh.), Altes Rathaus (1478) und Salzhaus (1592). **(Abfahrt 23 Sindelfingen-Böblingen, je 1,5 km)**

*****Tübingen**: Über die Schwäbische Dichterstraße (B28) am Rand des waldreichen Naturparks Schönbuch erreicht man Deutschlands berühmteste Universitätsstadt (seit 1477). Die charmante Altstadt mit Bursagasse, Ammergasse, dem Rathaus (1435) mit der Astronomischen Uhr (1511), der gotischen Stiftskirche (15. Jh.) und dem Marktplatz mit Neptunbrunnen ist den Abstecher wert. Über den Burgsteig erreicht man Schloss Hohentübingen (16. Jh.). Wunderschön ist die von Trauerweiden gesäumte Neckarfront mit dem Hölderlinturm, in dem der Dichter von 1807 bis zu seinem Tod 1843 lebte. **(Abfahrt 28 Herrenberg, über B28 ca. 20 km)**

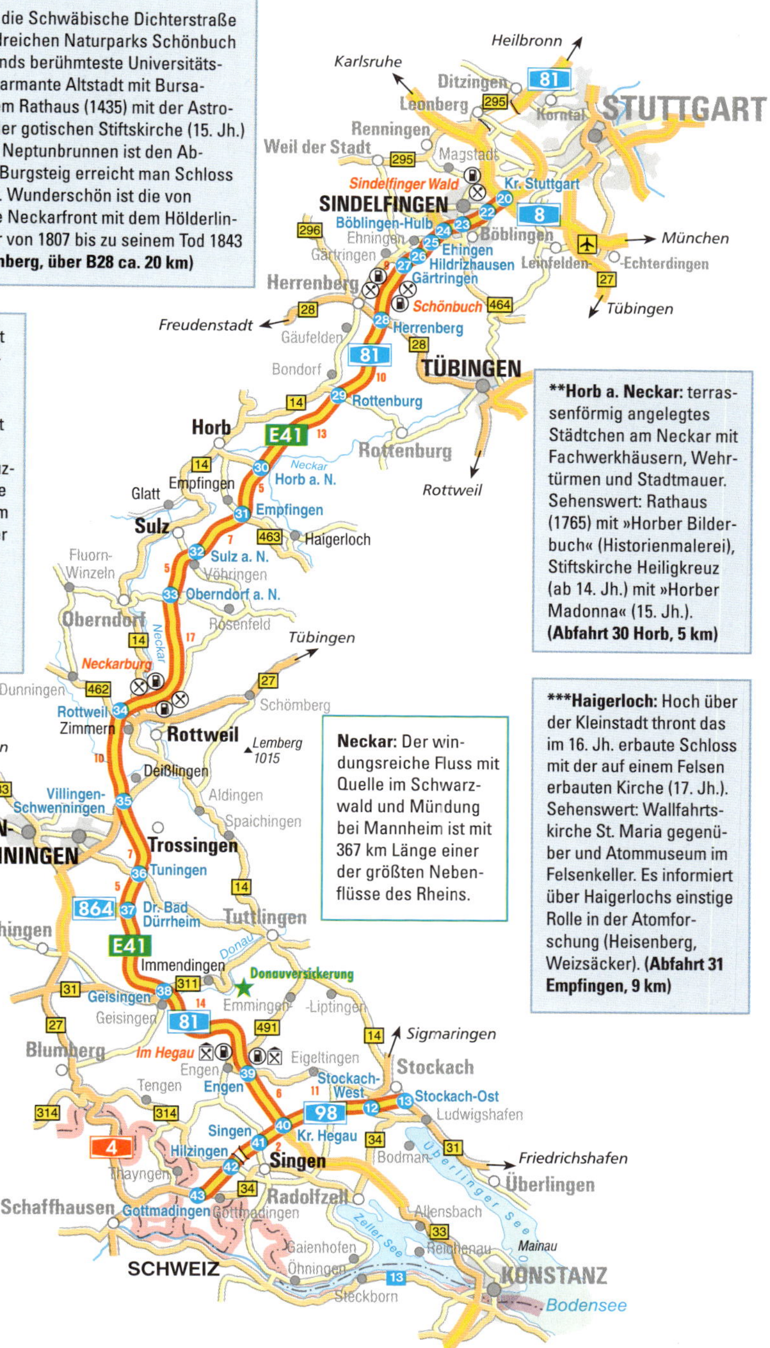

*****Rottweil:** Berühmt ist die älteste Stadt Baden-Württembergs für die Alemannische Fasnet. Sehenswert: Altstadt mit dem »Schwarzen Tor« (13. Jh.), das Heilig-Kreuz-Münster (13.–15. Jh.), die Kapellenkirche mit einem der schönsten Türme der Gotik (70 m) und die Lorenzkapelle (1580) mit Steinplastiken aus dem 14. Jh. **(Abfahrt 34 Rottweil, 4 km)**

****Horb a. Neckar:** terrassenförmig angelegtes Städtchen am Neckar mit Fachwerkhäusern, Wehrtürmen und Stadtmauer. Sehenswert: Rathaus (1765) mit »Horber Bilderbuch« (Historienmalerei), Stiftskirche Heiligkreuz (ab 14. Jh.) mit »Horber Madonna« (15. Jh.). **(Abfahrt 30 Horb, 5 km)**

Neckar: Der windungsreiche Fluss mit Quelle im Schwarzwald und Mündung bei Mannheim ist mit 367 km Länge einer der größten Nebenflüsse des Rheins.

*****Haigerloch:** Hoch über der Kleinstadt thront das im 16. Jh. erbaute Schloss mit der auf einem Felsen erbauten Kirche (17. Jh.). Sehenswert: Wallfahrtskirche St. Maria gegenüber und Atommuseum im Felsenkeller. Es informiert über Haigerlochs einstige Rolle in der Atomforschung (Heisenberg, Weizsäcker). **(Abfahrt 31 Empfingen, 9 km)**

****Donauversickerung:** Zwischen Immendingen und Möhringen versickert die Donau und erscheint erst wieder am 12 km entfernten »Aachtopf« **(Abfahrt 38 Engen, 7 km, Abfahrt 35 Geisingen, 7 km; Beschilderung folgen)**

****Villingen-Schwenningen:** Die 1972 durch Zusammenlegung entstandene Doppelstadt ist Mittelpunkt einer Region, die sich traditionell der Uhrmacherei verschrieben hat. Sehenswert: die von einer Stadtmauer umgebene Altstadt Villingens mit dem Liebfrauenmünster (ab 12. Jh.), dem Alten Rathaus (ab 1306) und dem Kloster. In Schwenningen: Muslenplatz mit schönem Fachwerk und Uhrenmuseum im Lehrerhaus. Ein Luftfahrtmuseum liegt 3 km außerhalb am Flugplatz. **(Abfahrt 35 Villingen-Schwenningen, 10 bzw. 6 km)**

****Singen:** Weithin sichtbares Wahrzeichen des Hegaus und der Stadt mit einem gräflichen Schloss (1810, Hegaumuseum) ist der spektakulär aufragende, 686 m hohe Hohentwiel (ein Vulkankegel der auf jungtertiären Vulkanismus zurückgeht) mit einer der größten Festungsruinen (11. Jh.) Deutschlands. Die riesige Burg mit gewaltigen Bollwerken auf der Südseite wurde 1801 auf Befehl Napoleons zerstört. Heute bietet sie einen herrlichen Blick über den Hegau und das schwäbische Meer, den Bodensee. **(Abfahrt 42 Hilzingen, 4 km)**

UNTERWEGS IM SÜDSCHWARZWALD

Alte Wassermühle im Schwarzwald

Begrenzt vom **Oberrheingraben** im Westen und der Hochebene der **Baar** im Osten erstreckt sich südlich des **Kinzigtals** der **Südschwarzwald.** Dunkle Waldhöhen und tiefe Täler charakterisieren diese kontrastreiche Region. Wen es zur närrischen Zeit hierher verschlägt, der sollte einen Abstecher nach Rottweil nicht versäumen. Die Stadt verwandelt sich alljährlich zur Hochburg der schwäbisch-alemannischen Fastnacht, der »Fasnet«. Jedes Jahr ziehen Narrengestalten mit Holzmasken und Flickenkostümen in farbenprächtigen Umzügen durch die Straßen. **(Abfahrt 34 Rottweil, 4 km).** Vorbei an der lebhaften Doppelstadt Villingen-Schwenningen, eines der größten Ballungsgebiete im Schwarzwald, und dem **Naturpark Obere Donau** führt die Route in die alte Kulturlandschaft des **Hegau** nordwestlich des Bodensees. Hauptort der mit vielen Bergkegeln vulkanischen Ursprungs wie dem Hohentwiel oder dem Mägdeberg durchsetzten Region ist Singen.

KULINARISCHES DER REGION: Knöpfle & mehr

Der Einfluß Österreichs hat in der Küche der Region deutliche Spuren hinterlassen, so die ausgeprägte Vorliebe für **Mehlspeisen.** Da gibt es z. B. die **»Knöpfle«**, die badische Version der Spätzle, und die beliebten **»Bubaspitzle«** oder Schupfnudeln, spitz zulaufende Nudelröllchen aus Kartoffelteig. Gekocht passen sie ebenso wie die Knöpfle hervorragend zu **Fleischgerichten,** die in der regionalen Küche mit einer sahnigen Sauce gereicht werden. Die **Schupfnudeln** kann man nach dem Kochen auch noch knusprig mit ein wenig Fett in der Pfanne rausbraten und mit Sauerkraut und Speckwürfeln servieren. Ein ganz besonders pikantes Gericht der Region ist das **»Schwarzwälder Schäufele«,** eine gepökelte oder geräucherte Schweineschulter, die auch mit Sauerkraut und abgebräunten Schupfnudeln serviert wird. Als flüssige Ergänzung empfiehlt sich ein frisches **Rothaus-Pils.**

RAST AUF REISEN: Übernachten am Neckar

Landgasthof zum Adler, Hauptstr. 21, 78658 Zimmern/Rottweil, Tel. 07 41/3 18 04: kleines, familiäres Hotel, wohnliche Zimmer, Gesellschaftsräume, Restaurant mit gutbürgerlicher Küche, Spezialität: Wild- und Fischgerichte **(Abfahrt 34 Rottweil, 2 km). Sporthotel Ammann,** Haigerlocherstr. 110, 72186 Empfingen, Tel. 0 74 85/9 98 30: komfortables Mittelklassehotel mit modernen Zimmern, Konferenzraum, Tennisplätzen, Squashcourts, Restaurant mit schwäbischen Spezialitäten; **Hotel-Restaurant Kaiser,** Oberamtstr. 23, 72172 Sulz-Glatt, Tel. 0 74 82/92 20: wohnliche Zimmer, Restaurant mit Gourmetküche, Hallenbad **(Abfahrt 31 Empfingen). Hotel Bären,** Hohnerstr. 25, 78647 Trossingen, Tel. 0 74 25/60 07: altrenommiertes Haus in historischem Gebäude **(Abfahrt 35 Villingen-Schwenningen, 3 km). Hotel Hirt,** Oberhofenstr. 5, 78652 Deißlingen, Tel. 0 74 20/9 29 10: ruhig, moderne Zimmer, 2 Suiten, gutbürgerliche Küche, Tagungsräume **(Abfahrt 35 Villingen-Schwenningen, 4,5 km).**

Ludwigsburg

Vor den Toren Stuttgarts liegt die wohl schönste und größte Barockanlage Deutschlands.

Herzog Eberhard Ludwig von Württemberg ließ sich ab 1704 mit dem heutigen Alten Corps de Logis eine prächtige Residenz errichten, die, nachdem er Ludwigsburg 1717 zur Hauptresidenz erklärt hatte, durch das prächtige Südgebäude vergrößert wurde. Nach dem Tod Eberhard Ludwigs ließ dann Herzog Carl Eugen ab 1746 die barocken Gartenanlagen umgestalten und erweitern. In ganz Europa rühmte man die Gärten Ludwigsburgs, die im Lauf der Jahrhunderte im Geschmack der jeweiligen Zeit verändert wurden. So bieten sie heute ihren Besuchern einen Überblick über die Geschichte der Gartenbaukunst.

Großes Bild links:
Der Nordteil des Schlosses: Innenhof mit Altem Corps de Logis, 1704–1709 erbaut, und den daran anschließenden Galerien und Pavillons, die von 1712 bis 1715 errichtet wurden.

1 Üppige Rosengärten und Blumenrabatten rahmen den südlichen Vorgarten des Neuen Corps de Logis. Es wurde 1797–1804 klassizistisch umgestaltet und birgt heute das Schlossmuseum.

2 Der Brunnen in der Mitte des weiträumig gestalteten Innenhofs

3 Mit einer 150 m langen Front begrenzt das Neue Corps de Logis den Lustgarten. Im Mittelpunkt des Südgartens steht das Große Bassin (1712).

4 Blick auf das Alte Corps de Logis und die angrenzenden Kavaliersbauten im Schlosshof

5 Die westliche Spiegelgalerie im Alten Corps de Logis: barocker Glanz durch aufwändige Deckenfresken und prächtige Verzierungen

6 Das Jagd- und Lustschloss Favorite wurde 1718–1723 in der Verlängerung der Schlossachse erbaut.

1

2

3

4

5

6

Streckenprofil: *Aus dem bayerischen Vogtland führt die Route nahe der tschechischen Grenze quer durch das von Fichten und Kiefern bedeckte Fichtelgebirge. Waldreich und bergig geht es weiter am Oberpfälzer Wald entlang bis zum zukünftigen Anschluss an die A6 (fertig 2003).* ***(115 km, 1 1/4 Std.)***

Wallfahrtskirche bei Neustadt

***Neustadt an der Waldnaab:** In der Stadt des Bleikristalls erinnern am Marktplatz das Alte (1543) und das Neue Schloss (1720) an die Residenzzeit der Fürsten Lobkowitz; auch sehenswert: Pfarrkirche St. Georg (17. Jh.). Zur hiesigen alten Kunst der Glasbläserei gibt es täglich (außer So.) Vorführungen in mehreren Glashütten. 6 km westlich liegt der 594 m hohe Parkstein, ein Basaltkegel mit Wallfahrtskirche. **(Abfahrt 21 Neustadt an der Waldnaab, 1 km)**

Windischeschenbach: Westlich von der im stillen Tal der Waldnaab gelegenen Stadt läuft seit Ende der 1980er-Jahre das Projekt der kontinentalen Tiefbohrung. Die Erdgeschichte wird hier durch die Untersuchung der Erdkruste erforscht. **(Abfahrt 20 Windischeschenbach, bis zum Projekt Tiefenbohrung 7 km)**

****Weiden:** Die Renaissancebauten des 16. und 17. Jh. am breiten Straßenmarkt bestimmen das Bild der traditionell von Textil- und Glasindustrie lebenden Stadt. Reich geschmückte Giebelhäuser und das von Storchennestern gekrönte Rathaus (16. Jh./1915) zeugen von dem Reichtum, den die Stadt an der Waldnaab im Mittelalter durch ihre Lage an der Goldenen Straße zwischen Prag und Nürnberg erwarb. Sehenswert: die Pfarrkirche St. Michael und die katholische Josephskirche mit ihrer außergewöhnlichen Jugendstilausstattung; im siebengeschossigen Alten Schulhaus (1566) erinnert die Stadt mit einer Ausstellung an den Komponisten Max Reger (1873–1916), der hier seine Jugend verbrachte. Das renommierte Internationale Keramikmuseum zeigt eine fast alle Epochen und Kulturkreise umfassende Sammlung. **(Abfahrt 23 Weiden-West, 2 km)**

***Ruine Leuchtenberg:** Die sagenumwobene »Akropolis der Oberpfalz« (um 1300), einst Sitz eines Landgrafengeschlechts, ist die besterhaltene Burganlage in der an Ruinen reichen Region. **(Abfahrt 26 Luhe-Wildenau, Richtung Vohenstrauß, 9 km)**

***Selb:** In der Hochburg der Keramikindustrie nahe der tschechischen Grenze steht ein Brunnen aus Porzellan, und sogar ein Teil der Fußgängerzone ist mit dem »Weißen Gold« gepflastert. **(Abfahrt 9 Selb-West, 2 km)** Die unübersehbare grüne Bergkuppe rechts von der Autobahn ist der 827 m hohe Große Kornberg, eine der markantesten Erhebungen des Fichtelgebirges.

***Burg Falkenberg:** Die weithin sichtbare, auf einem Granitsporn erbaute Burg (12. Jh.) wurde 1934 von Werner Graf von der Schulenburg erworben und restauriert. Er wurde als Mitverschwörer des »20. Juli« 1944 in Berlin hingerichtet. **(Abfahrt 19 Falkenberg, 3 km)**

***Marktredwitz–**Wunsiedel:** Von dem beschaulichen Ort mit zwei Rathäusern (14. bzw. 18. Jh.) und der von Kaiserin Maria Theresia den Egerländer Kompanien gestifteten Kirche (1776) sind es 8 km bis Wunsiedel, dem Hauptort des Fichtelgebirges. Sehenswert: das Fichtelgebirgsmuseum im Hospitalhof (15. Jh.) und das Geburtshaus des Dichters Jean Paul (1763–1825). **(Abfahrt 13 Marktredwitz-Nord, 2 km)**

Unweit von Wunsiedel liegt eines der großartigsten Felslabyrinthe des Fichtelgebirges, die Luisenburg. Das Meer aus Granitblöcken ist auf Pfaden und Treppen zu erkunden und von Juni bis August Schauplatz der Luisenburg-Festspiele. **(Von Marktredwitz, über B303, 8 km)**

***Mitterteich – **Waldsassen:** Über die Glasmacherstadt Mitterteich gelangt man nach Waldsassen mit der prunkvoll barocken Zisterzienserbasilika (1681–1704). Sehenswert: der Marmor-Hochaltar von Battista Carlone (1696) und die kostbare Rokokobibliothek (1726). 3 km nördlich liegt in stiller Landschaft die schöne Dreifaltigkeitskirche »Kappel«, 1682–89 von Georg Dietzenhofer erbaut. **(Abfahrt 16 Mitterteich-West, über B299, 11 km bis Waldsassen)**

Weiden in der Oberpfalz: das Alte Rathaus am Marktplatz

UNTERWEGS IM FICHTELGEBIRGE

Die Rokoko-Bibliothek des Klosters in Waldsassen

Im Nordosten Bayerns, zwischen **Erzgebirge, Frankenwald** und **Oberpfälzer Wald,** erstreckt sich das vor allem mit Fichten und Kiefern bewachsene **Fichtelgebirge.** Reich an **Bodenschätzen** wie Erz und Braunkohle, Silber und Gold wies die Region schon vor Jahrhunderten mehr als 100 Bergwerke und über 300 Steinbrüche auf. Aber seit ca. 1900 sind die Gruben geschlossen, in der rauen Gebirgswelt trat Stille ein, die wenigstens dem Fremdenverkehr hier zugute kommt. Ab Marktredwitz-Nord **(Abfahrt 13)** bietet sich die Fichtelgebirgsstraße **(B303)** für einen Ausflug in die schöne **Mittelgebirgslandschaft** an. Sie führt am **Felsenlabyrinth Luisenburg** vorbei, einem großartigen **Naturdenkmal,** in dem jeden Sommer zur Festspielzeit (Juni–August) die älteste Naturbühne Deutschlands bespielt wird. Am Ostabhang der Luisenburg liegt das Mineral- und Moorheilbad Alexandersbad mit dem hübschen Barockbadehaus. Nach einem Abstecher nach Wunsiedel hinein, der Geburtsstadt des Dichters Jean Paul, geht es weiter auf der Fichtelgebirgsstraße zum **Fichtelberg,** einer durch den Abbau von Eisenglimmer entstandenen künstlichen Erhebung, in deren Nähe das 500 Jahre alte Silbereisenbergwerk **Gleißinger Fels** zu besichtigen ist. Nun ist es nicht mehr weit nach Bischofsgrün, dem bei Wanderern und Skifahrern gleichermaßen beliebten Urlaubsort. Bischofsgrün liegt am Fuß des 1024 m hohen **Ochsenkopfs,** auf den zwei Seilbahnen führen.

KULINARISCHES DER REGION: Frischer Fisch

Das Fichtelgebirge gehört zu den Landschaften, in denen die Natur noch weitgehend intakt ist. Das bedeutet, dass das Wasser der Bäche und Flüsse klar ist und die **frisch gefangenen Fische** entsprechend gut schmecken. Wenn sich also eine **Forelle** auf der Speisekarte findet, ob gebraten, blau oder à la Müllerin, dann sollte man unbedingt zugreifen!

RAST AUF REISEN: Hotels im Fichtelgebirge

Wunsiedler Hof, Jean-Paul-Str. 1, 95632 Wunsiedel, Tel. 092 32/9 98 80: großzügig ausgestattetes Hotel in zentraler Lage, gepflegte Gastronomie; **Hotel Alexandersbad,** Markgrafenstr. 24, 95680 Bad Alexandersbad, Tel. 0 92 32 / 88 90: Hotel mit allem Komfort in einem der höchst gelegenen Badeorte Deutschlands **(Ausfahrt 13 Marktredwitz-Nord, 3 km). Landhotel Juliushammer,** Juliushammer 1, 95632 Wunsiedel, Tel. 09 32/97 50: hübsch gelegenes Hotel außerhalb der Stadt. **(Abfahrt 12 Wunsiedel).**

Streckenprofil:** Am Oberpfälzer Wald entlang und an der alten Reichs- und Bistumsstadt Regensburg vorbei führt die Strecke in das Hopfenland Hallertau bis zum Anschluss an die Nord-Süd-Route A9* ***(130 km, 1 1/4 Std.)

****Oberpfälzer Wald:** wasser- und waldreiches, in den Höhen klimatisch raues Bergland. Bizarre Felsformationen, klare Bäche und Flüsse und das hier traditionell angesiedelte Glas- und Porzellanhandwerk machen die burgenreiche Region zu einem beliebten Urlaubsziel für Natur- und Kulturfreunde.

***Schwandorf:** Die fast 1000-jährige Stadt südöstlich der fischreichen Charlottenhofer Weiher geriet Mitte der 1980er-Jahre wegen der von Bürgerinitiativen verhinderten atomaren Wiederaufbereitungsanlage Wackersdorf in die Schlagzeilen. Sehenswert: Schloss Fronberg (16. Jh.) und der historische Marktplatz mit der katholischen Pfarrkirche St. Jakob (um 1400). **(Abfahrt 33 Schwandorf, 4 km)**

Naab: Der 165 km lange Nebenfluss der Donau hat drei Quellflüsse. Die Haide- und Fichtelnaab entspringen im Fichtelgebirge, die Waldnaab im Oberpfälzer Wald.

Nabburg: siehe Seite 67

Regensburg: siehe Seite 31

****Burglengenfeld:** Stadt im Naabtal unterhalb einer Wittelsbacher Burg (13. Jh.). Erhalten sind die Ringmauer, der Friedrichsturm und auch der Bergfried. Sehenswert: das Allmannsche Schlösschen aus dem 16. Jh. und das Oberpfälzer Volkskundemuseum (Maxhütter Straße). **(Abfahrt 35 Teublitz, 8 km)**

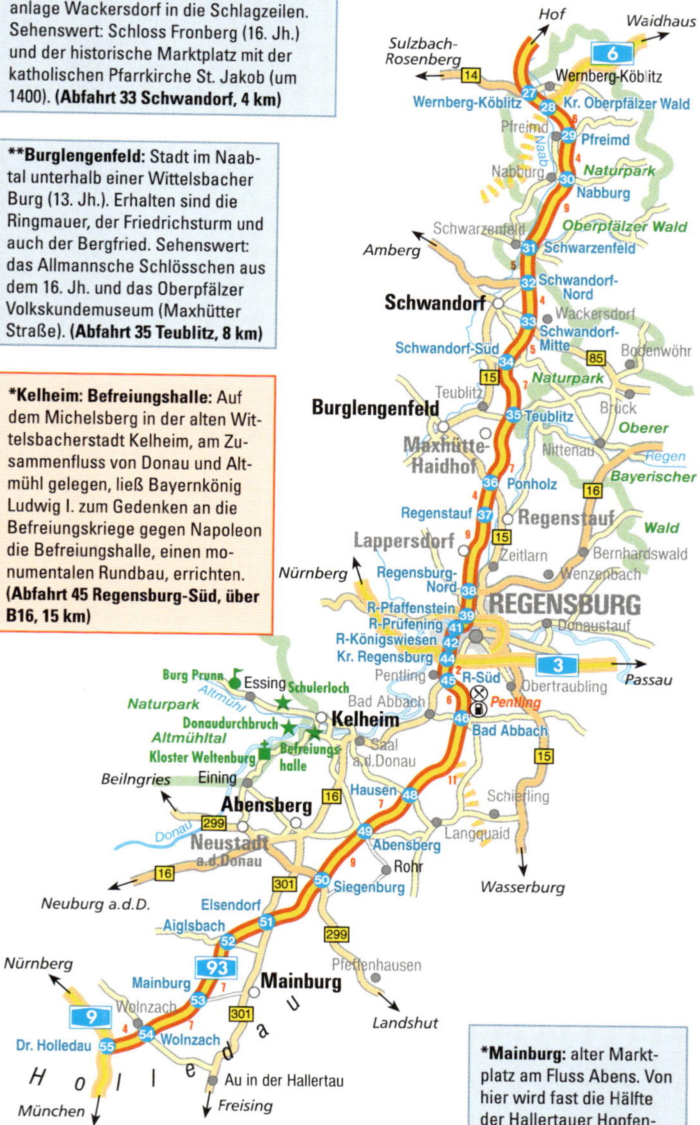

***Kelheim: Befreiungshalle:** Auf dem Michelsberg in der alten Wittelsbacherstadt Kelheim, am Zusammenfluss von Donau und Altmühl gelegen, ließ Bayernkönig Ludwig I. zum Gedenken an die Befreiungskriege gegen Napoleon die Befreiungshalle, einen monumentalen Rundbau, errichten. **(Abfahrt 45 Regensburg-Süd, über B16, 15 km)**

Abensberg – ***Kloster Weltenburg: Von der Spargelstadt Abensberg, deren teils noch vorhandene Stadtmauer einst von 40 Türmen gesichert war, gelangt man über den Ort Eining zu dem spektakulären, felsgesäumten Durchbruchstal der Donau. Sehenswert: das von Kaiser Titus angelegte Kastell Abusina (1. Jh.) bei Eining und das berühmte, unter weißen Kalksteinfelsen direkt an der Donau gelegene Kloster Weltenburg, ein Meisterwerk des Rokoko. Die herrliche Barockkirche St. Georg wurde von 1716 bis 1721 von den Brüdern Asam erbaut. **(Abfahrt 49 Abensberg, 7 km. Von da bis Eining 7 km, bis Weltenburg ca. 14 km)**

****Holledau:** Die auch Hallertau genannte Region ist das größte Hopfenanbaugebiet der Welt. Typisch sind die schlanken, hohen Stangengerüste, an denen Abermillionen grüner Ranken emporwachsen.

***Mainburg:** alter Marktplatz am Fluss Abens. Von hier wird fast die Hälfte der Hallertauer Hopfenernte in über 90 Länder geliefert. Sehenswert: die barocke Salvatorkirche (17. Jh.). **(Abfahrt 53 Mainburg, 6 km)**

****Benediktinerabtei Rohr:** Die prunkvolle Abtei am Nordrand der Hallertau besitzt mit dem Bildnis »Mariä Himmelfahrt« ein großartiges Zeugnis der Stuckateurskunst der Gebrüder Asam. **(Abfahrt 49 Abensberg, Richtung Rohr, 6 km)**

Feinstes Rokoko: Marienaltar in der Benediktinerabtei Rohr

Spektakulär: Donaudurchbruch bei Weltenburg

UNTERWEGS INS UNTERE ALTMÜHLTAL

Die monumentale Befreiungshalle in Kehlheim

Bei der alten Wittelsbacher Herzogstadt Kelheim **(Abfahrt 45 Regensburg-Süd, B16, 15 km)** bietet sich die Gelegenheit, den 1992 fertig gestellten **Main-Donau-Kanal** auf seiner landschaftlich schönsten Strecke mit dem Auto flußaufwärts zu begleiten. Das Untere Altmühltal gehört zu den berühmten **Flusslandschaften** Bayerns. Zwar hat der Kanal dem engen Tal viel von seiner Ursprünglichkeit genommen, doch naturbelassene Altmühlarme, Altwasser und Inselchen vermitteln noch immer eine einzigartige Atmosphäre. Auch die malerischen Burgen hoch oben auf steilen Felsen, wie die mittelalterliche Burg Prunn (siehe Seite 36), machen den Zauber der Region aus. Unten im Tal laden altertümliche Städtchen wie Beilngries oder das schön gelegene Dietfurt zum Besuch ein. Beim Marktflecken Essing erregt ein Bauwerk der Moderne die Aufmerksamkeit: In weitem Bogen schwingt sich die längste **Holzbrücke** Europas über den Kanal. In vorgeschichtliche Zeiten führt ein Besuch der **Tropfsteinhöhle Schulerloch**, die einst als Wohnhöhle diente und ein erstrangiges **Naturdenkmal** darstellt.

KULINARISCHES DER REGION: Bester Hopfen

Seit rund 900 Jahren wird in der **Hallertau** Hopfen angebaut, heute ist sie das **größte Hopfenanbaugebiet der Welt:** So weit das Auge reicht, ragen die sieben Meter hohen Stangen, an denen sich der Hopfen emporrankt, in den weiß-blauen Himmel. Die Hopfenernte wird nicht allein in Bayern verarbeitet, sondern geht in aller Herren Länder; denn in punkto Qualität schlägt der Hallertauer Hopfen die internationale Konkurrenz um Längen. Das Geheimnis eines wohlschmeckenden Biers liegt in der Zugabe von Hopfen, dessen Dolden die besonderen Aroma- und Bitterstoffe liefern. Wer den **Brauprozess** aus der Nähe miterleben möchte, kann in der traditionsreichen **Schlossbrauerei in Au/Hallertau (Abfahrt 54 Wolnzach, 15 km)** an einem aufschlussreichen **Rundgang** mit dem Braumeister durch Sudhaus, Lagerkeller, Filtration und Füllerei teilnehmen (Kontakt: Tel. 08752/86320).

RAST AUF REISEN: Übernachten in Kelheim

Hotel-Gasthof Klosterbrauerei, Klosterstr. 5, 93305 Kelheim, Tel. 09441/50150: ruhige Lage, freundliche Zimmer, Blick auf die Altstadt, in der Klosterstube bayerische und internationale Gerichte; **Brauerei-Gasthof Frischeisen,** Regensburger Str. 69, 93309 Kelheim, Tel. 09441/ 50490: gemütliches Haus mit Zimmern verschiedener Kategorien, die Gastronomie bietet selbst gebrautes Bier und hausgemachte bayerische Schmankerl; **Hotel garni Gasthof Sperger,** Regensburger Str. 190, 93309 Kelheim, Tel. 09441/3420: familiäre Atmosphäre, zweckmäßig eingerichtete Zimmer, verkehrsgünstige Lage, **(Abfahrt 46 Bad Abbach, 14 km).**

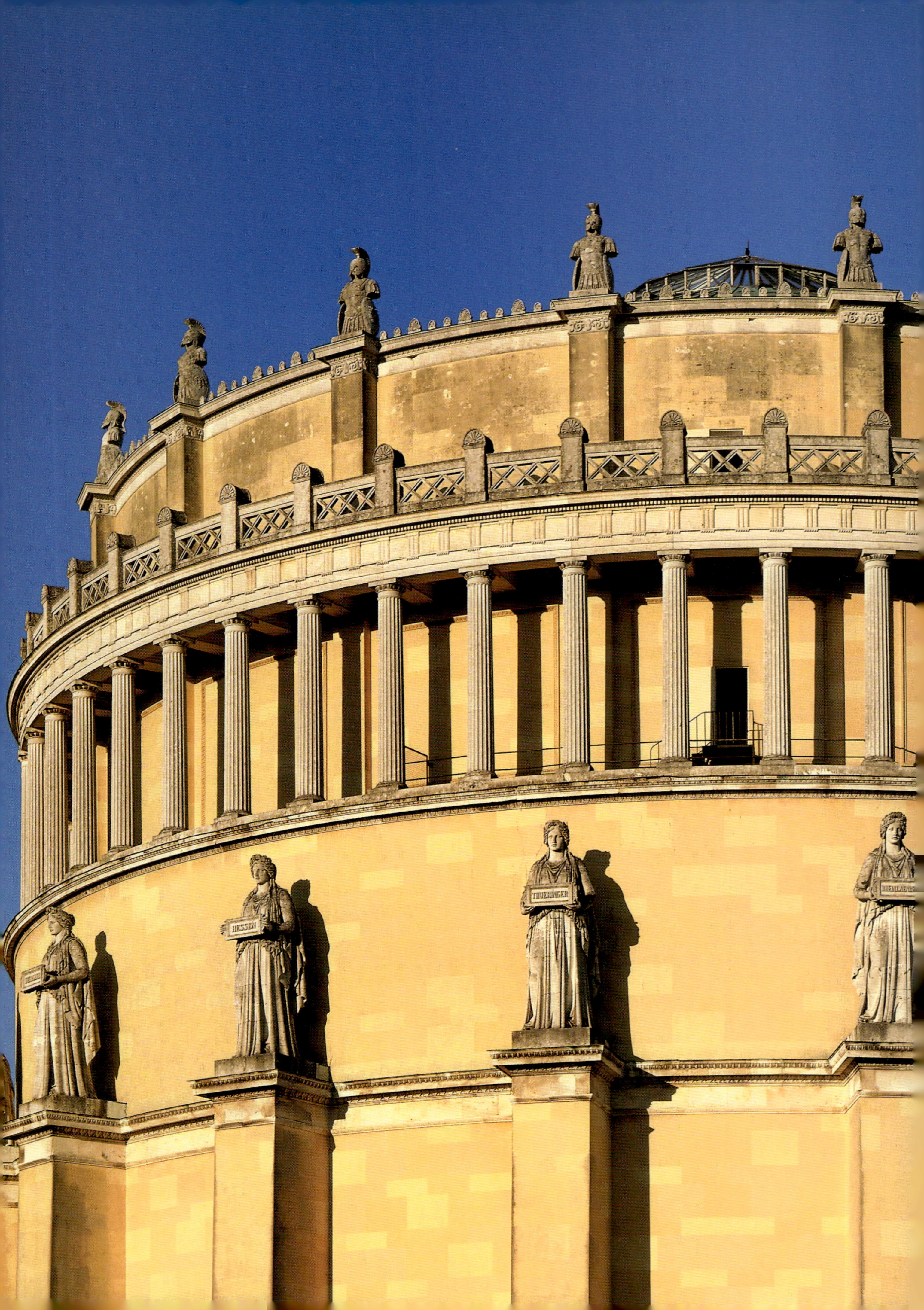
HESSEN
THUERINGER

Kelheim und Kloster Weltenburg

Die alte Wittelsbacher-Herzogstadt Kelheim im Herzen Bayerns ist malerisch am Zusammenfluss von Donau und Altmühl gelegen.

Alten Aufzeichnungen aus dem Kloster Rohr zufolge wurde Kelheim 1181 zu Stadt erhoben und schließlich als bayerische Landeshauptstadt auserkoren. Die Stadt ist Eingangspforte ins schöne Altmühltal mit seinen vielen Burgen, Schlössern und Höhlen, sowie ins Donautal mit Kloster Weltenburg und Donaudurchbruch. Zwar blieb Kelheim nicht lange Landeshauptstadt, da der Mord an dem Wittelsbacher Herzog Ludwig I., »dem Kelheimer« am 15.9.1231, seine Nachfolger bewog, ihre Residenz nach Landshut und später dann nach München zu verlegen. Doch trotz des geplatzten Traums Hauptstadt zu sein, ist in Kelheim das Bild einer historischen Herzogstadt geblieben. Von der Befestigung des 13. Jahrhunderts sind stattliche Teile der Mauer, vier Befestigungstürme, alle drei Tortürme sowie einige Abschnitte des Stadtgrabens noch heute sehr gut erhalten. Auch die beiden Hauptstraßen zeugen vom Leben einer herrschaftlichen Stadt.

Großes Bild links:
Zur Erinnerung an die Freiheitskriege ließ König Ludwig I. von Bayern auf dem Michelsberg bei Kelheim von Leo von Klenze und Friedrich Gärtner die Befreiungshalle erbauen.

1 Blick auf das malerische gelegene Kloster Weltenburg beim Donaudurchbruch.

2 Zauberhaftes Rokoko Der Innenraum der Klosterkirche ist ein Meisterwerk der Gebrüder Asam.

3 Ganz im Stil der Antike – die Sieges göttinnen unter der Pantheongleichen Kuppel der Befreiungshalle.

4 Die Siegesgöttinnen aus Marmor erinnern an bedeutende Schlachten.

1

2

3

4

Streckenprofil: *Vom Nordrand Münchens führt die flachwellige Strecke parallel zur Isar nach Niederbayern bis an den Südrand des Bayerischen Walds. Sie durchquert dabei zunächst das Erdinger Moos und schließlich den Gäuboden, die Kornkammer Bayerns.* ***(140 km, 1½ Std.)***

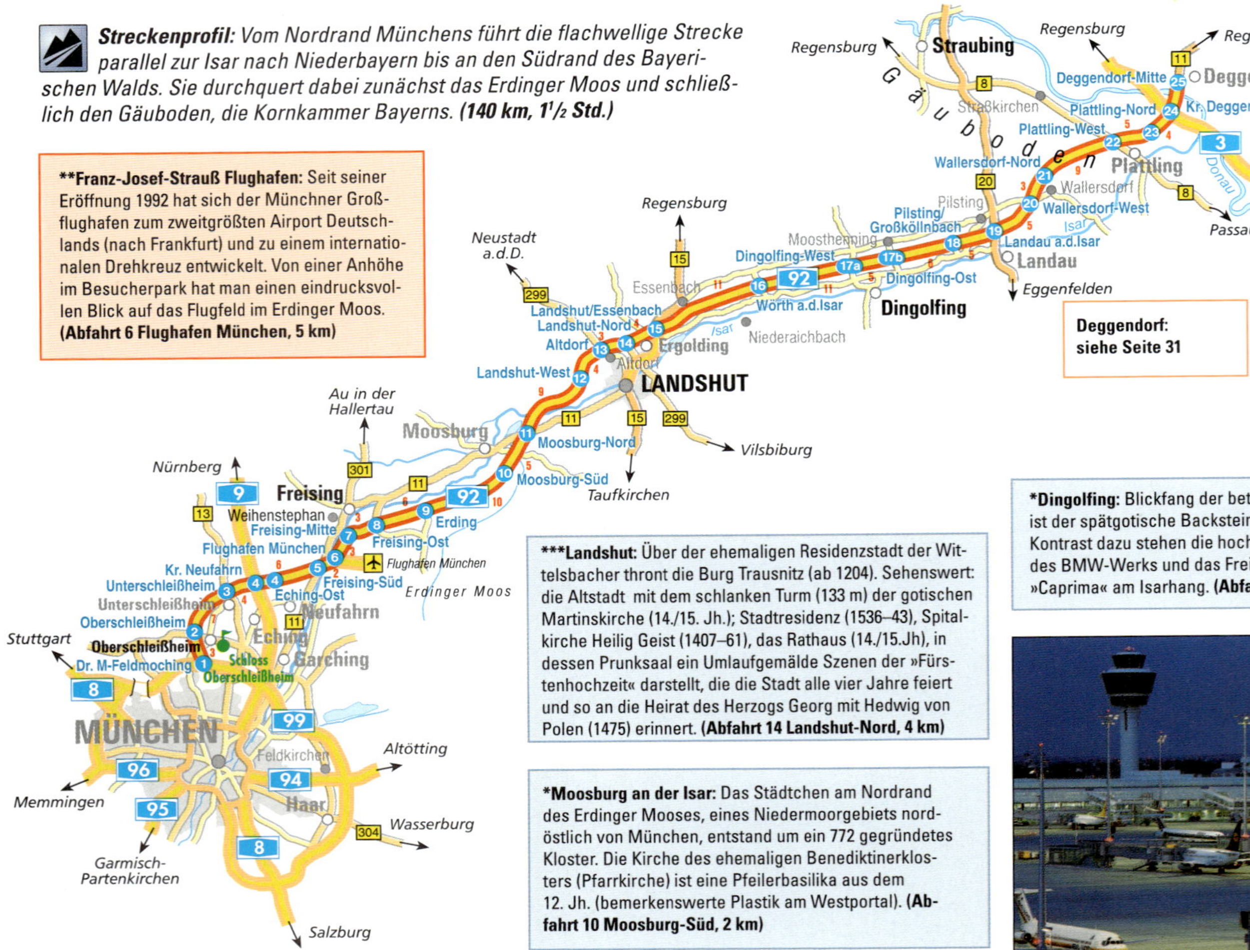

Franz-Josef-Strauß Flughafen: Seit seiner Eröffnung 1992 hat sich der Münchner Großflughafen zum zweitgrößten Airport Deutschlands (nach Frankfurt) und zu einem internationalen Drehkreuz entwickelt. Von einer Anhöhe im Besucherpark hat man einen eindrucksvollen Blick auf das Flugfeld im Erdinger Moos. **(Abfahrt 6 Flughafen München, 5 km)**

Deggendorf: siehe Seite 31

Isar: Von seiner Quelle im Karwendelgebirge bis zur Mündung bei Deggendorf fließt der linke Nebenfluss der Donau 283 km durch Bayern.

Dingolfing: Blickfang der betriebsamen Stadt an der Isar ist der spätgotische Backsteinbau der Herzogsburg. Im Kontrast dazu stehen die hochmodernen Fertigungshallen des BMW-Werks und das Freizeit- und Erlebnisbad »Caprima« am Isarhang. **(Abfahrt 17 Dingolfing, 3 km)**

***Landshut:** Über der ehemaligen Residenzstadt der Wittelsbacher thront die Burg Trausnitz (ab 1204). Sehenswert: die Altstadt mit dem schlanken Turm (133 m) der gotischen Martinskirche (14./15. Jh.); Stadtresidenz (1536–43), Spitalkirche Heilig Geist (1407–61), das Rathaus (14./15.Jh), in dessen Prunksaal ein Umlaufgemälde Szenen der »Fürstenhochzeit« darstellt, die die Stadt alle vier Jahre feiert und so an die Heirat des Herzogs Georg mit Hedwig von Polen (1475) erinnert. **(Abfahrt 14 Landshut-Nord, 4 km)**

Der Münchner Flughafen im Erdinger Moos

***Moosburg an der Isar:** Das Städtchen am Nordrand des Erdinger Mooses, eines Niedermoorgebiets nordöstlich von München, entstand um ein 772 gegründetes Kloster. Die Kirche des ehemaligen Benediktinerklosters (Pfarrkirche) ist eine Pfeilerbasilika aus dem 12. Jh. (bemerkenswerte Plastik am Westportal). **(Abfahrt 10 Moosburg-Süd, 2 km)**

****Schloss Oberschleißheim:** Ein streng symmetrischer Park verbindet das große und prunkvoll ausgestattete Neue Schloss (1701–04) mit dem sehr viel kleineren Gartenschloss Lustheim (1684–88), das für seine Meißner Porzellansammlung berühmt ist. Beide Prachtbauten wurden nach Plänen des italienischen Baumeisters Enrico Zuccalli (1642–1724) errichtet.

Unmittelbar neben den Schlössern ist in einer alten Flugwerft ein Großteil der Flugzeugsammlung des Münchner Deutschen Museums untergebracht. **(Abfahrt 2 Oberschleißheim, 3 km)**

****Freising:** Hoch auf dem Domberg thront der zweitürmige Mariendom (12./18. Jh.), dessen prachtvolle barocke Gestaltung von den Brüdern Asam geschaffen wurde. Er ist Wahrzeichen der alten Stadt, die von 739 bis ins 19. Jh. Sitz der Freisinger Fürstbischöfe war. Bis heute hat sie viel bauliche Substanz und den mittelalterlichen Charme ihrer Glanzzeit erhalten. Sehenswert: Krypta und Kreuzgang (12. Jh.) der Basilika, die Fürstbischöfliche Residenz (1519) und die gotische Johanneskirche (1319–21). Berühmt ist Weihenstephan, in dessen ehemaliger Benediktinerabtei (1020/1671–1705) die wohl älteste Brauerei der Welt (gegr. 1146) ihren Sitz hat (Bräustüberl und Biergarten!) **(Abfahrt 7 Freising-Mitte, 3 km)**

Krypta des Freisinger Doms mit der Bestiensäule

UNTERWEGS IM NIEDERBAYERISCHEN BAUERNLAND

Landshut: die Altstadt mit Martinskirche und Burg Trausnitz

Eine spektakuläre Landschaft darf man nicht erwarten, aber es gibt einiges zu entdecken im bäuerlichen **Niederbayern.** Denn links und rechts der Isar, zwischen Landshut und Deggendorf, erstreckt sich eine sanft gewellte **Kulturlandschaft,** in der die Kirche noch im Dorf steht und das Korn kräftig gelb auf den Feldern. Die Hauptstadt Niederbayerns ist Landshut die einstige bayerische Herzogsresidenz, in der alle vier Jahre eines der ältesten Feste Deutschlands, die **»Landshuter Fürstenhochzeit«,** gefeiert wird. Zentrum des **Gäubodens,** der Kornkammer Bayerns, ist Straubing eine schöne alte Stadt, die ihren Wohlstand dem Handel mit dem bäuerlichen Umland verdankt.

KULINARISCHES DER REGION: Geliebte Knödel

Der Barock hat Altbayern, und damit sind vornehmlich Ober- und Niederbayern gemeint, wie kein anderer Stil geprägt. Diese Vorliebe für das harmonisch Runde findet sich auch im Kochtopf wieder: Es ist der Knödel, der in seinen Variationen als Begleiter aller erdenklichen Gerichte geliebt wird. Der typische bayerische Knödel ist ein **Semmelknödel,** zubereitet aus zerbröselten altbackenen Semmeln, warmer Milch und rohen Eiern, mit den Händen in die runde Form gebracht, dann in sprudelndem Wasser gekocht und sofort serviert. Eine Variante ist der **Leberknödel;** dabei wird dem Teig durchgedrehte rohe Leber und Majoran zugefügt. Es gibt aber auch den **Kartoffelknödel,** bei dem sich der Anteil roher geriebener und zerdrückter gekochter Kartoffeln die Waage hält. Gegessen wird der Knödel zu allem, was nicht allzu trocken ist, dient er doch in erster Linie dazu, die Sauce aufzunehmen. Der Semmelknödel gehört zum **Schweinebraten,** der Kartoffelknödel zu **Ente** und **Gans,** der Leberknödel bevorzugt zum **Kraut,** wird aber auch als Suppeneinlage genossen. Eine Leibspeise sind **Schwammerl mit Knödel,** also Pilze in Rahmsauce mit einem Semmelknödel.

RAST AUF REISEN: Romantisch übernachten

Romantik-Hotel Fürstenhof, Stethaimer Str. 3, 84034 Landshut, Tel. 0871/92550: liebevoll eingerichtete Jugendstilvilla für gehobene Ansprüche, behagliche Atmosphäre und freundlicher Service, zwei Restaurants, elegant und urig-bayerisch, sowie Bistro **(Abfahrt 12 Landshut-West, 5 km).**

Streckenprofil: *An Wochenenden viel befahrene Route durch das hügelige Voralpenland bis in das Werdenfelser Land mit dem Wettersteingebirge und Deutschlands höchstem Berg, der Zugspitze.* ***(85 km, 1 Std.)***

*****Starnberger See:** Eingebettet in das sanft hügelige Alpenvorland liegt der 20 km lange und bis zu 127 m tiefe See. Sehenswert: ****Starnberg** – das einstige Fischerdorf ist heute ein nobler Wohnort. Über der Stadt: das ehemalige Schloss (16. Jh.) der Herzöge von Bayern.

Starnberger See: Hier soll Ludwig II. errtrunken sein.

****Berg:** am Ostufer gelegener Ort mit gleichnamigem Schloss. Ein Kreuz im See markiert die Stelle, an der König Ludwig II. und sein Arzt Dr. Gudden am 13.6.1886 unter mysteriösen Umständen den Tod fanden. **(Abfahrt 4 Dreieck Starnberg, 6 km; Starnberg–Berg 6 km)**

****Kloster Schäftlarn:** Das im Isartal gelegene Benediktinerkloster (1702–60) ist ein beliebtes Ausflugsziel (Biergarten). Die barocke Klosterkirche (1760 geweiht) stammt von J. B. Zimmermann. **(Abfahrt 5 Schäftlarn, 5 km)**

****Murnau – Staffelsee:** Der idyllische Luftkurort zwischen Staffelsee und dem Murnauer Moos zog um die Jahrhundertwende berühmte Maler und Literaten an. Sehenswert: die barocke Nikolauskirche (1717–32), das Schlossmuseum und besonders das Kunst- und Regionalmuseum. Im Gabriele-Münter-Haus (heute Museum) gibt es eine von Wassily Kandinsky (1866–1944) bemalte Treppe. **(Abfahrt 10 Murnau-Kochel, 8 km)**

*****Kloster Ettal:** Vor dem steil aufragenden Ettaler Mandl (1634 m) liegt das große Benediktinerkloster (1330 gegr./1710–90), ein glänzendes Beipiel süddeutschen Rokokos. Herausragend: das Kuppelfresko (1746–69, Johann Jakob Zeiller) mit 431 Figuren auf 1300 m² und das Gnadenbild (14. Jh.) aus Carraramarmor. **(Abfahrt B2 Oberau, 7 km)**

****Benediktbeuern:** Unterhalb der Benediktenwand (1803 m) steht das berühmte ehemalige Benediktinerkloster (gegr. um 730). Sehenswert: die italienisch-barocke Basilika (1681–86, Deckenfresko H. G. Asam) und die Anastasiakapelle (1751–53, Johann Michael Fischer, Ignaz Günther), ein leuchtendes Meisterwerk des Rokoko. **(Abfahrt 9 Sindelsdorf, 8 km)**

****Garmisch Partenkirchen:** Der Kurort am Fuß der Zugspitze ist ein internationaler Sommer- und Wintersportort. Zahlreiche Sport- und Freizeitmöglichkeiten machen den Austragungsort der Olympischen Spiele 1936 seit über 100 Jahren zum beliebten Touristenziel. Sehenswert: die Alte (1340–1523) und die Neue (1730–34) Pfarrkirche St. Martin, die historische Ludwigstraße und das Werdenfelser Museum (Kunst und Brauchtum) in Partenkirchen. Weiter: die wildromantische Partnachklamm (3 km, feste Schuhe!) und die abenteuerliche Höllentalklamm (6 km). Die Wallfahrtskirche St. Anton (1704–39) liegt am Westhang des Wanks (1780 m) mit atemberaubendem Panoramablick auf das Wettersteingebirge.

Panoramablick vom Gipfel der 2962 m hohen Zugspitze

****Freilichtmuseum Glentleiten:** Eindrücke von urtümlichem Brauchtum, vom Alltagsleben und der Architektur Oberbayerns bietet das reizvoll über dem Kochelsee gelegene Freilichtmuseum an der Glentleiten. **(Abfahrt 10 Murnau-Kochel, Richtung Schlehdorf, 2 km)**

Über Schlehdorf mit Kloster und Stiftskirche St. Tertulin (1727–80) gelangt man durch weites Moorgebiet am Fuß des Herzogstands (1761 m) in den Luftkurort **Kochel am See.** Sehenswert: das Franz-Marc-Museum mit Werken des Malers (1880–1916), der hier eine Zeit lang lebte. Von Kochel geht es in kurvenreicher Fahrt über die Kesselbergstraße bergauf an Deutschlands höchsten (802 m), tiefsten (192 m) und größten (16 km²) Alpensee: den von einer grandiosen Bergwelt umgebenen **Walchensee.** Das Walchensee-Wasserkraftwerk (1918–24) nutzt den Höhenunterschied zwischen den Seen zur Stromerzeugung. **(Abfahrt 10 Murnau-Kochel, 9 km bis Kochel; Kochel-Walchensee 9 km)**

*****Werdenfelser Land und Bergpanorama bei der Anfahrt auf Garmisch:** Das Bergpanorama des Wettersteingebirges erhebt sich majestätisch über das Werdenfelser Land: Dreitorspitze (2633 m), Alpspitze (2628 m) und der höchste Berg Deutschlands, die Zugspitze (2962 m). Das dem Bergmassiv zu Füßen liegende Werdenfelser Land hat seinen Namen von der ehemaligen Burg (1180) und jetzigen Ruine Werdenfels (»Wehr den Fels«).

UNTERWEGS VOM FÜNFSEENLAND INS WERDENFELSER LAND

Blick über den Starnberger See und das Voralpenland

Das Starnberger **Fünf-Seen-Land** vor den Toren Münchens umfasst Starnberger-, Ammer-, Wesslinger-, Pilsen- und Wörthsee (siehe Seite 205). Die insgesamt 100 km Seeufer sind ideal für Wassersport in jeglicher Form und erholsame Spaziergänge. Mit ihren sanften Steigungen wirkt die Landschaft niemals eintönig. Darüber hinaus verlocken Landgaststätten und Biergärten zu einer Zwischenstation. Die Strecke verläuft weiter durch das hügelige **Voralpenland** vorbei an **Staffel-** und **Riegsee** auf der einen, **Kochel-** und **Walchensee** auf der anderen Seite bis ins **Werdenfelser Land,** der Region um Garmisch-Partenkirchen am Fuß des **Wettersteingebirges** mit seinen mächtigen Alpengipfeln. Eine landschaftlich reizvolle Nebenstrecke ist die Kesselbergstraße **(Abfahrt 10 Murnau-Kochel, ab Kochel B11)** diese Verbindungsstraße zwischen **Kochelsee** und **Walchensee** wurde bereits Ende des 19. Jahrhunderts, als man noch auf echte Pferdestärken angewiesen war, angelegt. Sie bietet herrliche Ausblicke auf Alpen, Kochelsee und den geheimnisvollen Walchensee, der bis zu 200 Meter tief und von dunklen Bergwäldern umsäumt ist.

KULINARISCHES DER REGION: Brotzeitvielfalt

Wer es eilig hat, holt sich schnell eine Semmel mit **warmem Leberkäs,** die man in Oberbayern fast in jeder Metzgerei bekommt. Aber für eine richtige Brotzeit braucht es schon Ruhe, die soll ja Leib und Seele zusammenhalten und nicht nur den Magen füllen. Große Umstände werden ansonsten nicht gemacht. Brotzeitbrett und scharfes Messer reichen, um **Wurst** und **Käse, Radieschen** und **Essiggurke** in mundgerechte Stücke zu schneiden. Senf oder Meerrettich gibt es dazu und ein frisch gezapftes Bier. Viele bayerische Wirtshäuser haben eine eigene **Brotzeitkarte.** Sie bietet eine Vielfalt kalter Gerichte wie den **O'bazda** (angemachter Camembert). Wer an den Seen unterwegs ist, dem seien vor allem die vielseitigen **Fischgerichte** empfohlen, ob Zander, Renke oder Forelle, ob warm serviert oder geräuchert. Empfehlenswert: **Zum Fischmeister** in Ambach, Restaurant mit Biergarten am Starnberger See **(Abfahrt 6 Wolfratshausen, 11 km).**

RAST AUF REISEN: Mit Aussicht

Landgasthof Osterseen, Hofmark 9, 82293 Iffeldorf, Tel. 0 88 56/92 86-0: schöne Lage am Rand der Osterseen, komfortable Unterkunft, Restaurant und Caféterrasse **(Abfahrt 8 Penzberg-Iffeldorf, ca. 6 km) Wittelsbacher Hof,** Von-Brug-Str. 24, 82467 Garmisch-Partenkirchen, Tel. 0 88 21/5 30 96: first-class Hotel, zentral, Blick auf die Zugspitze; **Alpenhotel Forsthaus Graseck,** Graseck 4, 82467 Garmisch-Partenkirchen, Tel. 0 88 21/94 32 40: über dem Ort in Naturschutzgebiet gelegen, Blick auf die Wettersteinwand; **Post-Hotel Partenkirchen,** Ludwigstr. 49, 82467 Garmisch-Partenkirchen, Tel. 0 88 21/9 36 30: nobles Haus im Barockstil **(Ausfahrt 11 Eschenlohe, 15 km).**

Garmisch-Partenkirchen und die Zugspitze

Der höchste Gipfel Deutschlands ist Teil des Wettersteingebirges in den Bayerischen Alpen und grenzt an Österreich.

Mit der Bahn gelangt der Besucher zum höchsten Punkt des Landes: Von Garmisch-Partenkirchen bis zum »Zugspitzdorf« Grainau fährt eine elektrische Bahn, von dort führt eine Zahnradbahn hinauf zum Schneefernerhaus in 2650 m Höhe. Hier am Nordrand des Zugspitzplatts breitet sich das schneesicherste Skigebiet Deutschlands aus. Eine Seilschwebebahn schließlich bringt den Besucher vom Schneefernerhaus auf den Westgipfel. Bei guter Sicht reicht der Rundumblick bis zu den Dolomiten im Süden und bis zu den Seen im Alpenvorland. Rund um das Gebiet der Zugspitze finden sich viele Höhenwanderwege, auf denen man im Sommer seltene Pflanzen und Alpentiere beobachten kann. Und wem die Panoramasicht nicht reicht: Auf dem Gipfel der Zugspitze gibt es einen großen Kunstraum.

Großes Bild links:
Nur für Schwindelfreie: Das vergoldete Eisenkreuz markiert den 2962 m hohen Ostgipfel der Zugspitze.

1 Die Turmplattform des Gipfelhauses auf der Zugspitze ist der höchste Punkt Deutschlands: Sie liegt in einer Höhe von 2966 m.

2 Frühlingsidylle: Blick auf das mächtige Wettersteingebirge und das Zugspitzmassiv

3 Die wildromantische Partnachklamm ist nur auf Schusters Rappen zu erkunden und gehört wie die Höllentalklamm zu den schönsten Wandergebieten im Wettersteingebirge. Sie ist im Winter nicht begehbar.

4 Beschaulichkeit und Ruhe machen das urgemütliche Garmisch-Partenkirchen im Schatten der Zugspitze zum meistbesuchten Kurort in den Bayerischen Alpen.

1

2

3

4

Streckenprofil: *Vom Bodensee verläuft die Strecke zwischen Donau und Alpen durch hügeliges Voralpenland und endet in der bayerischen Metropole München.* ***(175 km, 2 Std.)***

*****Bodensee:** Mit einer Fläche von 538 km² und einer 263 km langen Küste ist das »Schwäbische Meer«, gerahmt vom Panorama der Allgäuer und Schweizer Alpen, der zweitgrößte See Westeuropas. Das fast mediterrane Klima lässt an den Ufern, an denen uralte Pfahlbauten entdeckt wurden, subtropische Pflanzen, Wein und vielfältige Obstsorten gedeihen. Die Legende erzählt, dass der liebe Gott einst eine bittere Träne weinte, als er Adam und Eva aus dem Paradies vertreiben musste. Sie fiel auf die Erde, und es wurde der Bodensee daraus. Tatsächlich entstand der See, den sich als einzigen Binnensee der Erde drei Anrainerstaaten teilen, durch den eiszeitlichen Rheingletscher. An seiner breitesten Stelle hat der sehr fischreiche See einen Durchmesser von 64 km; der tiefste Punkt (zwischen Immenstaad und Romanshorn) beträgt 252 m, die Meereshöhe 395 m.

****Lindau:** Wahrzeichen der vom Bodensee umspülten Inselstadt, die seit 1805 zu Bayern gehört, sind der 33 m hohe Leuchtturm (1856) und das Standbild des bayerischen Löwen (1856) an der Mole zum Seehafen. Die vollständig unter Denkmalschutz stehende Altstadt mit schmalen Gassen und schmucken spätgotischen und barocken Patrizierhäusern ist reich an Sehenswürdigkeiten: das Alte Rathaus (1430/1578), Mangturm (um 1200, ehemaliger Leuchtturm), ehemalige Stiftskirche Mariä Himmelfahrt aus der Mitte des 18. Jhs., die evangelische Pfarrkirche St. Stephan (1180, 1782 umgestaltet) und die ehemalige Kirche St. Peter aus dem 11. Jh. mit dem Passionszyklus von Hans Holbein d. Ä. (seit 1928 Kriegergedenkstätte). Das barocke Gebäude »Zum Cavazzen« gilt als schönstes Haus am Bodensee (heute Stadtmuseum). Interessant: das Friedensmuseum in der Villa Lindenhof am See. **(Abfahrt 2 Lindau, 3 km)**

Blick auf Lindau und den Bodensee

***Schloss Wolfegg:** Schon von weitem ist das Schloss der Fürsten von Waldburg zu Wolfegg zu sehen (16./17. Jh.). In einem Nebengebäude befindet sich das sehenswerte Automobilmuseum des Journalisten Fritz B. Busch. **(Abfahrt 5 Wangen-West, 15 km)**

***Kißlegg:** von Moorseen umgebene Marktgemeinde. Sehenswert: mittelalterliche, im Barock umgestaltete Kirche St. Gallus und Ulrich mit wertvollen Silberarbeiten. Im barocken Neuen Schloss befiindet sich das Museum Expressiver Realismus. **(Abfahrt 7 Dettishofen, 5 km)**

***Leutkirch:** Schmuckstück der einstigen Freien Reichsstadt ist das barocke Rathaus (1741) am Marktplatz. Sehenswert: das Bockhaus neben dem Bockturm (Heimatmuseum) und Schloss Zeil (1598–1888). **(Abfahrt 8 Leutkirch-Süd, 3 km)**

Bad Wurzach: Moorheilbad. Im barocken Schloss ist vor allem das aufwändig gestaltete Treppenhaus sehenswert. Herrlich die Rokokokapelle des Klosters Maria Rosengarten. Vielfältig ist die Hochmoorlandschaft des Wurzacher Rieds. **(Abfahrt 9 Leutkirch-West, 14 km)**

***Mindelheim:** Den besten Blick auf Tore und Türme der alten Stadtbefestigung (12.-16. Jh.) hat man von der alles beherrschenden Mindelburg (15./16. Jh.), die einst Sitz des Landsknechtsführers Georg von Frundsberg (1473–1528) war. Zu seinen Ehren wird im Herzen der hübschen Altstadt alle drei Jahre (wieder 2003) das historische Frundsbergfest gefeiert. Sehenswert: die barocke Pfarrkirche St. Stephan (1713) mit dem gotischen Doppelgrabmal (um 1430) des Herzogspaars Ulrich und Ursula von Teck und das Turmuhrenmuseum in der ehemaligen Silvesterkirche. **(Abfahrt 19 Mindelheim, 2 km)**

****Freilichtmuseum Illerbeuren:** Das 1954 zur Rettung alter Bauernhäuser gegründete Schwäbische Bauernhof-, Schützen- und Brotmuseum ist das älteste Freilichtmuseum Bayerns. **(Abfahrt 10 Aichstetten, 8 km bis Lautrach)**

Memmingen: siehe Seite 81

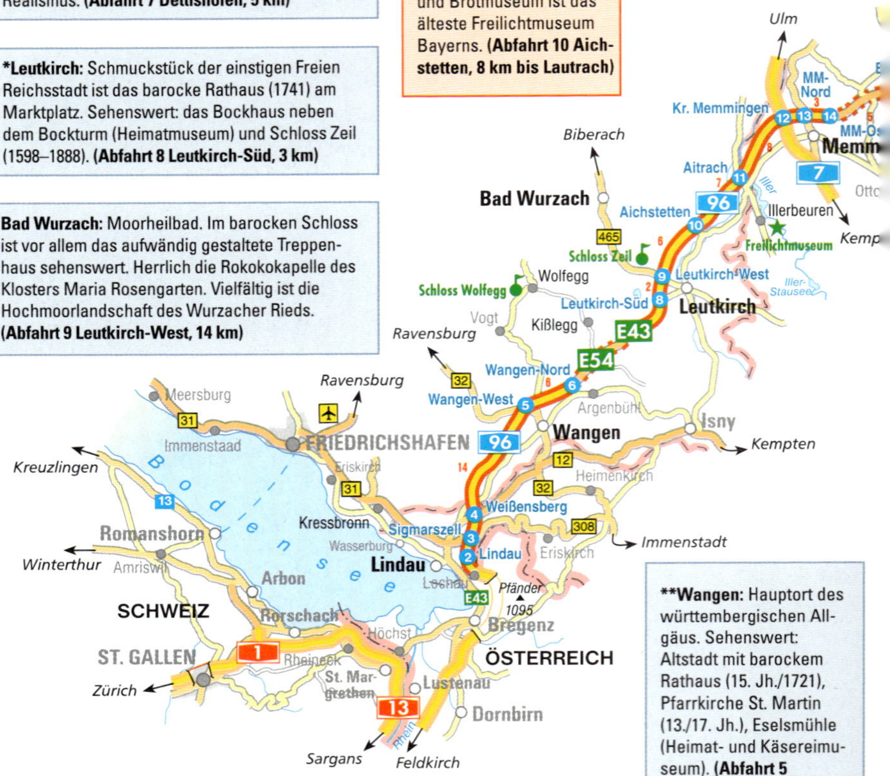

****Wangen:** Hauptort des württembergischen Allgäus. Sehenswert: Altstadt mit barockem Rathaus (15. Jh./1721), Pfarrkirche St. Martin (13./17. Jh.), Eselsmühle (Heimat- und Käsereimuseum). **(Abfahrt 5 Wangen-West, 3 km)**

UNTERWEGS IM UNTERALLGÄU

Memmingen: der Marktplatz mit dem Steuerhaus

Längst vorbei ist die Zeit, in der allein die Landwirtschaft das Unterallgäu prägte. Moderne Industriebetriebe haben sich angesiedelt, und der Tourismus ist mit jährlich über 1,2 Millionen Übernachtungen ein wichtiger Wirtschaftsfaktor. Zu den Perlen Deutschlands gehört die liebliche Gegend mit dem **Bodensee** oder **»Schwäbischem Meer«**; der mit einer Fläche von 538 km², einer Länge von 64 km und einer Breite von 15 km der drittgrößte See Europas ist. Vor allem der Dreiklang **Barock, reichsstädtische Architektur** und **bäuerliche Kultur** macht das Unterallgäu zu einem Erlebnis. Eine reiche Museenlandschaft und viele kulturelle Angebote bietet die Region. Das **Kneippland** blickt auf eine bewegte Vergangenheit zurück: Kelten, Römer, Alemannen, Staufer, Pappenheimer und Fugger haben ihre Spuren hinterlassen.

KULINARISCHES DER REGION: Käsespätzle

Dass die **Spätzle** nicht nur in Schwaben zu Hause sind, ist bekannt. Der würzige **Käse**, der im Allgäu hergestellt wird, hat die Küche dieses Landstrichs geprägt, und so werden auch die **Allgäuer Käsespätzle** mit **Allgäuer Emmentaler** oder einem anderen **Bergkäse** der Region zubereitet. Zu den Kässpätzle, die nach einer reichhaltigen Krone gebräunter Zwiebeln verlangen, serviert man im Winter Kartoffelsalat, im Sommer frischen Kopf- oder Eisbergsalat. Und am besten mundet diese Allgäuer Köstlichkeit mit einem Glas trockenen **Weißweins.** Empfehlenswerte Lokale: **Zum Bauerntanz,** Herrenstr. 10, 87700 Memmingen: 1500 erbauter Gasthof in der Altstadt, Spezialität: Allgäuer Käsesuppe **(Abfahrt 14 Memmingen-Ost). Landgasthof Weiherhaus,** Am Weiherhaus 13, 87740 Buxheim: der Landgasthof ist Teil einer alten Klosteranlage, wunderschöner Biergarten, eigene Schlachtung, Spezialität: Käsespätzle **(Abfahrt 12 Kreuz-Memmingen, 3 km).**

RAST AUF REISEN: Im Unterallgäu

Hotel Seehof, Seestr. 25, 88079 Kressbronn, Tel. 07543/96360: komfortable, moderne Zimmer mit Balkon, Liegewiese **(Abfahrt 3 Siegmarszell, 13 km). Hotel Gasthof Stern,** 87719 Mindelheim, Frundsbergstr. 17, Tel. 08261/5055: moderne Zimmer, Frühstücksbüffet, Konferenzräume **(Abfahrt 19 Mindelheim, 2 km). Hotel-Landgasthof Mohren,** Bodenseestr. 7, 88239 Wangen-Neuravensburg, Tel. 07528/9500: wohnliche Zimmer, gutbürgerliche Küche, Sauna, Hallenbad **(Abfahrt 5 Wangen-West, 11 km).**

In der Altstadt von Landsberg am Lech

Fürstenfeldbruck: Stadt an der Amper. Sehenswert: die 1701–26 erbaute Kirche des ehemaligen Zisterzienserklosters Fürstenfeld, eine der schönsten Barockkirchen Altbayerns mit Fresken von Cosmas Damian Asam. Jenseits der Amper: die Magdalenenkirche aus dem 17. Jh. mit schönem Rokokostuck. **(Abfahrt 30 Inning am Ammersee, 17 km)**

Luftfahrtzentrum Oberpfaffenhofen: Rechts von der Abfahrt Oberpfaffenhofen liegt das deutsche Raumfahrtzentrum.

***Inning am Ammersee:** Sehenswert: St. Johannes Baptist (1768) mit Fresken von Christian Wink. **(Abfahrt 30 Inning am Ammersee, 1 km)**

Das 1850 errichtete Siegestor in München

*****Schloss Nymphenburg:** Die Sommerresidenz der bayerischen Könige und Kurfürsten in München ist eines der berühmtesten spätbarocken Schlösser Deutschlands (1664–1730). Dem französischen Garten schließt sich ein weitläufiger Park mit den vier Lustschlössern Badenburg (1721), Pagodenburg (1719), Magdalenenklause (1725) und dem Rokokomeisterwerk Amalienburg (1739) an. Sehenswert: Prunkkarossen und Schlitten des Königshauses im Marstall-Museum und die Porzellanmanufaktur.

***Bad Wörishofen:** berühmtes Heilbad, in dem Pfarrer Sebastian Kneipp (1821–97) 1855 seine Wasserkuren einführte. Sehenswert: der Kurpark mit Falknerei und Rosarium. **(Abfahrt 20 Bad Wörishofen, 5 km)**

Lech: Mal wild, mal beschaulich fließt der 263 km lange Donaunebenfluss von seiner Quelle in den Lechtaler Alpen bis zur Mündung bei Donauwörth.

****Ammersee:** Der in ländlicher Idylle gelegene und mit rund 48 km² Wasserfläche drittgrößte See Bayerns ist wegen seiner günstigen Windverhältnisse ein Paradies für Segler und Surfer. Von **Herrsching,** dem Hauptort des Sees **(Abfahrt 30 Inning am Ammersee, 11,3 km),** führen alle Wege auf den »Heiligen Berg« zum berühmten Kloster Andechs, das seine Popularität nicht nur der Benediktinerabtei mit großartiger Rokokokirche (1751/55, mit Stuck und Fresken von Johann Baptist Zimmermann) verdankt, sondern vor allem dem Bier und der Klosterbrauerei. Auf der Westseite des Sees sehenswert: Dießen mit dem 1732–39 von Johann Michael Fischer errichteten Marienmünster und dem Orff-Museum. **(Abfahrt 29 Greifenberg, 15 km)**

*****München:** Die drittgrößte Stadt Deutschlands ist reich an Sehenswürdigkeiten und bietet neben dem spektakulären Oktoberfest eine Fülle an Entertainment und Kunstgenuss. Sehenswert: Wahrzeichen Frauenkirche (15. Jh., Türme 99 m hoch), Marienplatz mit der Mariensäule (1638), dem Alten Rathaus (1470–74) und dem neugotischen Neuen Rathaus (1867–1908); Kirche St. Peter (11.–14. Jh., Aussichtsturm 300 Stufen) und Viktualienmarkt; Stadttore: Sendlinger Tor (1310) nahe der prunkvollen Asamkirche (1746), Isartor (1337) und Karlstor (1302) am Stachus; Maximilianstraße mit Nationaltheater (1811–18), Völkerkundemuseum und Maximilianeum (1857–74, Landtag); die vom Odeonsplatz mit Residenz (16.–18. Jh.), Hofgarten, Feldherrnhalle (1841–44) und Theatinerkirche (1663–1768) zum Siegestor (1850) führende Ludwigstraße mit Staatsbibliothek, Ludwigskirche und Universität (zwischen 1829-44); die Prinzregentenstraße mit Prinz-Carl-Palais, Haus der Kunst, Nationalmuseum, Friedensengel (1896) und dem angrenzenden 373 ha großen Englischen Garten (1781 angelegt); der Königsplatz mit Propyläen, Glyptothek, Antikensammlung und Lenbachhaus (1890); die Alte (1836) und Neue (1853/1981) Pinakothek mit berühmten Gemälden; die Pinakothek der Moderne, das Deutsche Museum (1903), weltgrößtes Museum für Wissenschaft und Technologie; der Olympiapark mit einem 290 m hohen Fernsehturm; die Bavaria (1850) mit Ruhmeshalle (1843–53) an der Theresienwiese; über 100 auf die Stadt verteilte Biergärten; Tierpark Hellabrunn und Bavaria Filmstadt in Geiselgasteig. **(Abfahrt 39 München- Sendling)**

****Landsberg am Lech:** Wie eine wehrhafte Festung thront die alte Stadt stolz über dem Lech. Der Weg in die Altstadt führt durch eines der mittelalterlichen Stadttore des noch weitgehend erhaltenen Mauerrings. Im Kontrast zu den Toren und Türmen weist der Stadtkern spitzgiebelige Bürgerhäuser und barocke Kirchen auf. Sehenswert: Altes Rathaus (um 1700) mit prächtiger Stuckfassade (1720) und Johanniskirche (1750–52), beide von Dominikus Zimmermann; zinnengekröntes Bayertor (1425) und Schmalzturm (13. Jh.); Stadtpfarrkirche (um 1700 barockisiert); die über der Stadt gelegene spätbarocke Heilig-Kreuz-Kirche (1752–54) sowie das Lechwehr (13. Jh.) und die Lechstaustufen nördlich und südlich der Stadt. **(Abfahrt 25 Landsberg/Lech, 3 km)**

Von Stegen bei Inning legen die Ausflugsschiffe zur großen Seerundfahrt ab (April–Okt., ca. 3 Std., Zeiten: Schifffahrt Ammersee, Tel. 08143/94021). Wer weniger Zeit hat: Vom Parkplatz in Stegen kann man auch zu einer kleinen Wanderung am schönen Ostufer des Sees starten und sich anschließend im Restaurant oder im Biergarten in Stegen stärken. **(Abfahrt 30 Inning am Ammersee, 4 km)**

UNTERWEGS VOM ALLGÄU IN DIE BAYERNMETROPOLE

Pilgerziel am Ammersee: Kloster Andechs

Bis zum **Ammersee** ziehen sich die Vororte und Ausläufer der Bayernmetropole München hin. Doch lässt man die Geschäftigkeit der »Weltstadt mit Herz« einmal hinter sich, entdeckt man schnell die urige Schönheit der bayerischen **Naturlandschaft:** Wie in Puderzucker getauchte schneebedeckte Gipfel der **Alpen,** die grünen Hügel der **Vorgebirgslandschaft,** dichte Wälder, stille Seen und üppige Felder prägen den herbromantischen Landstrich. Kein Wunder, dass die Münchner an sonnigen Tagen und an den Wochenenden bereits frühmorgens ins Umland ausschwärmen. Doch trotz der Nähe zur Stadt hält sich am Ammersee, dem drittgrößten See Bayerns, der Freizeitbetrieb in Grenzen. Schon im Frühjahr erreicht der See eine angenehme Badetemperatur und lädt am Ufer zum Sonnenbaden ein **(Abfahrt 30 Inning 3 km).** Auch der **Wörthsee** mit seinen weiten, flachen Ufern ist für Familien ein empfehlenswertes Ausflugsziel **(Abfahrt 31 Wörthsee, 3 km).** Natur pur bieten die zahlreichen kleineren Seen zwischen **Ammersee** und **Starnberger See** wie der **Pilsensee (Abfahrt 31 Wörthsee, 8 km)** oder der **Weßlinger See (Abfahrt 32 Oberpfaffenhofen, 6 km).**

KULINARISCHES DER REGION: Fisch vom See

Rund um den Ammersee sind **Fischspezialitäten** aller Art ganz hoch im Kurs. So bieten die Restaurants Köstlichkeiten wie **Ammerseezander** oder **-hecht,** beides mit gekochten Kartoffeln und grünem Salat, oder eine **Ammerseer Renkenplatte** mit Remouladensauce und Salzkartoffeln. Empfehlenswerte Lokale: **Gasthof Unterbräu,** Mühlstr. 36, 86911 Dießen: bayerische Schmankerl, frischer Fisch **(Abfahrt 29 Greifenberg, 15 km). Alte Villa Utting,** Seestr. 32, 86919 Utting: schöner Biergarten mit Jazzfrühschoppen am Sonntag **(Abfahrt 29 Greifenberg, 6 km).**

RAST AUF REISEN: Übernachten an den Seen

Ammersee Hotel, Summerstr. 32, 82211 Herrsching, Tel. 08152/96870: Komforthotel, Zimmer mit Balkon zum See, Seesteg, Sauna, Fitnessraum, gehobene Küche **(Abfahrt 30 Inning, 15 km). Gästehaus Florianshof,** Hauptstr. 48, 82237 Auing am Wörthsee, Tel. 08153/8820: familiär geführtes Hotel garni, komfortable Zimmer, teils mit Balkon, Terrasse **(Abfahrt 31 Wörthsee, 3 km). Hotel Seehof Weßling,** Seeweg 4, 82234 Wessling, Tel. 08153/935-0: modernes Vier-Sterne-Hotel, komfortable Zimmer, Biergarten mit Seeblick, bayerische und internationale Küche **(Abfahrt 32 Oberpfaffenhofen, 7 km).**

Landeplätze

Lindau

So klein die Stadt auf der Insel, so weltoffen und freundlich empfängt sie doch die Besucher an ihren Promenaden und in stimmungsvollen Gassen.

Abermals waren es die Römer, die mit strategischem Gespür das Bodenseeinselchen als Militärstützpunkt wählten und damit den Grundstein zu einer Handelsniederlassung legten. Berühmt wurden im Mittelalter die Lindauer Kuriere als Boten zwischen Italien und den Ländern nördlich der Alpen. Eine Freie Reichsstadt, der Fischerei, Schifffahrt, Marktrechte und Zölle sichtlichen Wohlstand eintrugen, blieb Lindau bis 1805. Dann fiel es an Bayern. Das Stadtbild ist von Spätgotik und Barock bestimmt. Deutlich spürbar wird beim Rundgang, wie sehr die betuchten Handelsherren und Stadtoberen mit Bauten ihren Status zur Schau stellten.

Großes Bild links:
Sechs Meter mächtig, den Blick zum See gerichtet, thront seit 1856 der bayerische Löwe auf der Mole am Hafen.

1 Altes Rathaus: Staffelgiebel und ein Fries mit der Darstellung der Teilnehmer des Reichstags von 1496 schmücken das Alte Rathaus aus dem 15. Jh.

2 Brotlauben nennt man in Lindau die Arkaden entlang der Maximilianstraße.

3 Reichen Patriziern und Handelsherren verdankt Lindau seine schmucken Häuser in der heute denkmalgeschützten Altstadt.

4 Das hübsche Wasserburg mit seiner behäbigen, barocken Zwiebelturm bewährten Kirche gehört wie Lindau erst seit 1805 zu Bayern.

5 Gruß und Adieu für die Schifffahrt: Bayerns Wappentier und der 33 Meter hohe Leuchtturm an der Einfahrt zum Lindauer Hafen.

6 Wenn sich zwischen den Lichtern der Boote und Laternen auch die Sterne im Wasser spiegeln, entfaltet der Hafen von Lindau südländische Lebendigkeit.

1

2

3

4

5

6

München

Die kunstsinnigen bayerischen Regenten haben das Gesicht der Landeshauptstadt des Freistaates eindrucksvoll geformt.

Heinrich der Löwe gilt als Gründer Münchens, denn er verlegte eine alte Salzstraße hierher und führte sie über eine einträgliche Zollbrücke. Diese befand sich in der Nähe einer klösterlichen Siedlung – »bei den Mönchen«. 1240 fiel die Siedlung an den Pfalzgrafen Otto von Wittelsbach und wurde unter der Regierung Ludwigs des Strengen im 13. Jh. zur festen Residenz dieses Geschlechts. Ab 1506 war München Hauptstadt des Herzogtums und blieb auch nach der Schaffung des Königreichs Bayern im Jahr 1806 königliche Residenz.

Großes Bild links:
München bei Nacht: Von den Hauben der Frauenkirche, der Michaelskirche und dem Turm des Rathauses bis hin zum Olympiapark reicht der Blick.

1 Das 1843–1850 zum Ruhm des bayerischen Heeres erbaute Siegestor teilt die Leopold- von der Ludwigstraße und erstrahlt nach Restaurierungsarbeiten in neuem Glanz.

2 Das Nationaltheater wurde 1825 eröffnet und ist Sitz der traditionsreichen Bayerischen Staatsoper.

3 Die Gebrüder Asam schufen von 1733 bis 1746 mit der gleichnamigen Kirche ein Meisterwerk des Rokoko.

4 Die ab 1663 von Agostino Barelli und Enrico Zuccalli errichtete Theatinerkirche ist der erste Großbau des Hochbarock in Deutschland.

5 Das 18 m hohe Standbild der Bavaria bewacht die Theresienwiese. Dahinter die 1843–1853 erbaute Ruhmeshalle mit 77 Büsten berühmter Bayern.

6 Der Bau von Schloss Nymphenburg wurde 1664 von Barelli begonnen und bis 1730 von Giovanni Antonio Viscardi und Joseph Effner fortgeführt.

UNTERWEGS ENTLANG DES JURA

Das Schloss in Morges am Genfer See

Große **Seen** schmiegen sich in die Senke vor dem Anstieg zum **Jura**, einem abgetragenen Faltengebirge. Von Genf aus hatte sich ab dem 16. Jh. das Uhrmacherhandwerk dort verbreitet, während in den Hügeln des **Mittellandes**, das im Süden zu den Kantonen **Waadt (Vaude)** und **Fribourg** gehört, die Milka-Kühe stehen – und die meisten Schweizer leben.

KULINARISCHES DER REGION: Süffiger Wein

Den größten Anteil an der Rebfläche hat der **Chasselas** (Gutedel), ein spritziger, meist junger Wein. Die eleganten Weißen **Epesses, Dézaley** und **St-Saphorin** aus der Region Lavaux passen zu leichten **Fischspeisen** oder der Waadtländer **»Soupe de Poisson au Lac«** – Fischsuppe mit Gemüse. Empfehlenswerte Lokale: **Le Vieux Manoir au Lac,** Rue de Lausanne, 3280 Murten-Meyriez, Tel. 026/6786161: ein Schmuckstück im Landhausstil, perfekte Küche **(Abfahrt Murten, 5 km). Seerose,** Dorfstr. 16, Bolken, Tel. 0 62/9 61 39 39: Marktküche, herrlicher Fisch **(über A5, Abfahrt Solothurn-Zuchwiel, 6 km).**

RAST AUF REISEN: Hotels mit Flair

Hôtel Beau-Rivage, 49 rue de Rive, 1260 Nyon, Tel. 022/3654141: elegant, am See **(Abfahrt Nyon, 2 km). Croix Blanche,** 1583 Villarepos Tel. 026/ 6753075: familiär **(Abfahrt Avenche, 3 km). Hotel Restaurant Baseltor,** Hauptgasse 79, 4500 Solothurn, Tel. 032/ 6223422: Altstadthaus, mediterrane und Schweizer Küche **(über A5, Abfahrt Solothurn-Zuchwiel, 3 km).**

Streckenprofil A1: *Vom Genfer See, der bei klarem Wetter mit dem dahinter aufragenden Mont-Blanc-Massiv ein unvergleichliches Panorama bietet, führt die etwas bergige Route durch das Waadtland bis an den Lac Neuchâtel und auf sanft hügeliger Strecke bis Bern. Von der Hauptstadt geht die abwechslungsreiche Route am Südrand des Schweizer Jura entlang in die Finanzmetropole Zürich und über St. Gallen zum Grenzort St. Margrethen im Dreiländereck am Bodensee.* ***(Ca. 410 km, 4½ Std.)***
A7: *Von der A1 führt die Strecke durch den sanft gewellten, von Obstanbau geprägten Thurgau an die deutsch–schweizerische Grenze bei Konstanz.* ***(40 km, 30 Min.)***

Wichtig! Auf den Autobahnen gilt Vignettenpflicht. Die jeweils im Kalenderjahr gültigen Plaketten (40 SFR) gibt es an den Grenzen, an Postämtern und Tankstellen. Auf der Autobahn gilt ein Tempolimit von 120 km/h. Wer mehr als 20 km/h zu schnell ist, muß mit Führerscheinentzug rechnen.

Die Altstadt von Bern mit dem Zeitglockenturm

*****Solothurn:** Kantonshauptstadt an der Aare mit barock geprägtem Stadtbild. Sehenswert: klassizistische St. Ursen-Kathedrale (1773); der Zeitglockenturm (12. Jh.) mit astronomischer Uhr (1545); das Alte Zeughaus (1614) mit Waffensammlung; barocke Jesuitenkirche und Rathaus mit Renaissanceportal. **(Abfahrt Derendingen, über A5, 5 km)**

***Yverdon les Bains:** Die Schwefelthermen der Stadt am Lac Neuchâtel waren schon bei den Römern beliebt. Sehenswert: das Schloss (1260) mit einem Museum, das prähistorische und römische Funde zeigt; in Seenähe stehen die 45 »Menhire von Clendy«. **(Abfahrt Payerne, üb. E25, 20 km)**

*****Bern:** Der von der Aare umflossene historische Kern der Schweizer Hauptstadt wurde von der UNESCO zum Weltkulturerbe erklärt. Überragt wird die Altstadt mit ihren malerischen Patrizierhäusern, Arkadengängen, Gassen und noblen Einkaufspassagen vom gotischen Münster (1421–1611). Wahrzeichen ist der Zytglogge-Turm (12. Jh./ 18. Jh.) mit astronomischer Uhr (1527–30) und Glockenspiel. Sehenswert: Theater- und Münsterplatz sowie Markt-, Kram- und Gerechtigkeitsgasse; Rathaus (1406) und Bundeshaus (1896–1902); Nydeggbrücke (1840–44) und Bärengraben, ein Tiergehege (seit 1480). Museen: Kunstmuseum, Schweizerisches Alpines Museum und Bernisches Historisches Museum. **(Abfahrt Neufeld, 3 km)**

****Murten:** Das mittelalterliche Städtchen auf einer Anhöhe über dem gleichnamigen See liegt an der Grenze von deutschem und französischem Sprachraum. Ein jährlicher Festumzug erinnert an die Schlacht bei Murten (1476), die mit dem Sieg der Eidgenossen über Karl den Kühnen von Burgund endete. Sehenswert: die begehbare, rundum intakte Ringmauer (13. Jh.) mit dem Berntor (1778); das Schloss (18. Jh.) und die malerische Altstadt mit blumengeschmückten Arkadenhäusern und barocken Brunnen. **(Abfahrt Murten, 3 km)**

Lausanne: siehe Seite 230

****Nyon:** Antike Säulen über der Bucht künden von der römischen Vergangenheit des Orts am Ausgang der »Route de Vignobles«, einer Weinstraße über kleine Winzerorte. Sehenswert: das Römische Museum und das Schloss. **(Abfahrt Nyon, 3 km)**

****Avenches:** Zur Römerzeit war die Stadt als »Aventicum« Verwaltungssitz Helvetiens und zählte zehnmal mehr Einwohner als heute. Sehenswert: die Ruinen der römischen Stadt mit einem Amphitheater; das Renaissanceschloss (16. Jh.) beherbergt ein Museum über die Anfänge der Fliegerei in der Schweiz. **(Abfahrt Avenches, 2 km)**

****Payerne:** Die ehemalige Abteikirche (10./12. Jh.) mit einem lichten Innenraum gehört zu den bedeutendsten romanischen Sakralbauten der Schweiz. **(Abfahrt Payerne, 3 km)**
Weiterfahrt: Von Payerne bis Anschluss Yverdon-Sud (20 km) über die E25. Von hier aus hat man einen reizvollen Blick über den See auf Schloss Grandson (13.–15. Jh.).

***Rolle:** Weinstädtchen mit Winzerhäusern und einem Schloss aus dem 13. Jh. Bekannt für die »Petits pains au sucre«. **(Abfahrt Rolle, 1 km)**

*****Genfer See:** Der 72 km lange, bis zu 310 m tiefe größte Alpensee (frz. Lac Léman) hat die Form eines Halbmonds und liegt rund 380 m über dem Meeresspiegel. Fast mediterran wirken die Städte mit ihren Jasmin- und Oleandergärten am Ufer der »Waadtländischen Riviera«. Der See weist eine rätselhafte Besonderheit auf: Innerhalb einer Stunde variiert der Seespiegel wahrscheinlich aufgrund von Luftdruckschwankungen um 0,6 bis 1,5 m.

****Morges:** Ein mächtiges Schloss (13. und 16. Jh.) mit vier Ecktürmen prägt das Bild des hübschen Orts am Genfer See, der für Fischfang, Tulpen- und Winzerfeste bekannt ist. Schöne Bürgerhäuser aus dem 17. und 18. Jh.; Rathaus aus dem 16. Jh. **(Abfahrt Morges-Ost, 2 km)**

*****Genf:** Wahrzeichen der Banken- und Geschäftsmetropole am Genfer See ist die 140 m hohe Wasserfontäne Jet d'Eau. Die Uhren- und Schmuckstadt ist nach New York größter Standort der UNO, Sitz des Internationalen Roten Kreuzes und weiterer weltumspannender Organisationen. Zentrum der Reformation, wurde hier schon 1559 von Johannes Calvin (1509–64) die berühmte Universität gegründet. Sehenswert: die Altstadt »Vieille Ville«; Kathedrale Saint-Pierre (12./13. Jh.); Rathaus (16. Jh.), Temple de l'Auditoire (13./19. Jh.); Palast der Nationen. Museen: Musée d'Art et d'Histoire, Museum Rath (1825), Museum Barbier-Muller und Naturkundemuseum. **(Abfahrt Lac, 4 km)**

****Aarau:** Die zahlreichen blumengeschmückten Giebelhäuser mit reich geschnitzten Dachschrägen gaben der Hauptstadt des Kantons Aargau den Namen »Stadt der Giebel und Gärten«. Gut erhalten ist die spätgotische Altstadt, die auf einem markanten Felsen über der Aare liegt. Sehenswert: das Rathaus (1520/1762) mit dem Turm Rore (1240), der Oberturm (1270, Uhr 1532) und die wunderschöne »Halde«, eine von Bürgerhäusern (16.–19. Jh.) gesäumte Gasse nahe der gotischen Stadtkirche (1471–78). **(Abfahrt Aarau-Ost, 5 km)**

***Kreuzlingen:** Nahe dem Grenzübergang nach Konstanz lädt der Seeburgpark mit Tiergehegen zum Verweilen ein.Sehenswert: das Seemuseum in der Kornschütte. In Salenstein gibt das Schloss Arenenberg mit dem Napoleonmuseum einen Eindruck von der Lebenswelt des 19. Jhs. Das Schloss war Exilsitz des Kaisers Napoleon III. und seiner Mutter Hortense; schöner Blick über den Untersee und die Insel Reichenau. **(Abfahrt Kreuzlingen, 11 km)**

***Frauenfeld:** industriell geprägter Hauptort des Kantons Thurgau. Sehenswert: das Schloss (13./18. Jh.) über der Murg mit dem Historischen Museum. Die Kartause Ittingen (12./16. Jh.) mit Hotel, Gastwirtschaft und Kunstmuseum liegt 4 km nordwestlich und ist ein beliebtes Ausflugsziel. **(Abfahrt Frauenfeld-Ost, 2 km)**

Kloster Scholastika in Tübach nordöstlich von St. Gallen

****Lenzburg:** Über dem mittelalterlichen Ort, der für Konfitüren bekannt ist, thront auf dem Burgberg das Schloss Lenzburg (11.–16. Jh.). Sehenswert: Ritterhaus (1345) und die Ruinen eines römischen Theaters (1. Jh. n. Chr.) westlich der Auffahrt zur Autobahn. **(Abfahrt Lenzburg, 1 km)**

*****Zürich:** führende Bankenmetropole Europas. Das Stadtbild am Rand des Zürichsees und zu beiden Ufern des Flusses Limmat wird vom Großmünster (11.–15. Jh., Turmhauben 1782) geprägt sowie vom auf der anderen Seite der Münsterbrücke (1484) gelegenen Fraumünster (13.–15. Jh.) mit Glasfenstern von Giacometti und Chagall. Eine der mondänsten Einkaufsstraßen und Flaniermeilen der Welt ist die Bahnhofstraße mit dem Paradeplatz. Sehenswert: die Altstadt auf der Seite des Limmatquais mit Neumarkt, Rindermarkt und dem Kunstmuseum am Heimplatz. Auf der Seite des Stadtquais: das Zunfthaus (1752–57), der Bürkliplatz und die Konditorei Sprüngli (1836) am Paradeplatz. Museen: Schweizer Landesmuseum (1893–98), Museum Rietberg, Museum für Gegenwartskunst und Museum der Zeitmessung. **(Abfahrt Verzweigung Zürich-Nord, 5 km)**

****Winterthur:** Die in einem Tal gelegene Stadt ist berühmt für ihre zahlreichen Museen und Kunstsammlungen. Auf keinen Fall sollte man einen Besuch der dreieckig angelegten Altstadt mit ihren prachtvollen Bürgerhäusern aus mehreren Stilepochen versäumen. Sehenswert: das maurisch-gotische Waaghaus (1503), das Alte frühklassizistische Stadthaus (1790) und das Neue, von Semper entworfene Stadthaus aus dem 19. Jh., das frühbarocke Doppelhaus »Zur Geduld« (1690–1717) sowie das Rokokohaus »Zum Adler«. Zu den sehenswerten Museen zählen vor allem die bedeutende Sammlung Oskar Reinhart mit dem gleichnamigen Museum (18.–20. Jh.), das Kunstmuseum, Museum Lindengut, das Fotomuseum und das hochmoderne »Technorama«. **(Abfahrt Ober-Winterthur, 4 km)**

*****St. Gallen:** Der Hauptort des gleichnamigen Kantons ist berühmt für seine grandiose, von der spätgotischen Altstadt umgebene Benediktinerabtei (gegr. 747, 1755–66) – im Hochmittelalter ein bedeutendes Zentrum abendländischer Kultur. Die Stiftsbibliothek (140 000 Bände und Handschriften) ist der schönste Rokokosaal der Schweiz. Sehenswert: Kathedrale (18. Jh.) mit farbenfrohen Deckenfresken, Krypta (10. Jh.) und Klosterschatz; Marktplatz und »Bohl« mit St. Katharinenhof (13.–16. Jh.), Gallusplatz und -straße mit Bürgerhäusern (17. und 18. Jh.), Textilmuseum und Natur- und Kunstmuseum (1877). **(Abfahrt St. Fiden, 2 km)**

In Rotmonten, 4 km nördlich, liegt auf 800 m Höhe der Wildpark »Peter und Paul« mit vielen Alpentieren. Kurz hinter St. Gallen, Abfahrt Winkeln, wurde 1987 das Freizeit- und Einkaufszentrum »Säntispark« eröffnet.

*****Appenzeller Land:** Die hügelige Landschaft mit den in sattgrüne Wiesen und Wälder eingestreuten Dörfern vor dem Alpsteinmassiv mit dem Säntis (2502 m) ist das Postkartenmotiv der Schweiz. Bedeutendster der tief im Brauchtum verwurzelten Orte ist *****Appenzell,** die Landgemeinde mit den berühmten Abstimmungen unter freiem Himmel. Sehenswert: die bemalten Holzhäuser in der Hauptgasse. Wie der aromatische Appenzeller Käse hergestellt wird, zeigt die Schaukäserei in Stein. **(St. Gallen bis Appenzell, ca. 20 km, bis Stein 10 km)**

Ein besonderes Erlebnis ist die Fahrt mit der Appenzeller Bahn. Von St. Gallen bis Gossau fährt man 10 Min., anschließend geht es mit dem historischen Zug 45 Min. weiter bis Appenzell.

UNTERWEGS ZWISCHEN AARGAU UND BODENSEE

Zürich: beiderseits des Limmat am Nordende des Zürichsees

Weidegrünes **Hügelland** vor einer majestätischen **Gebirgskulisse** am südöstlichen Horizont begleitet zum **Bodensee**. Unterwegs locken Städte und Städtchen mit reicher Kulturtradition und hübschen alten Fachwerkhäusern, bis der **Dreiländersee** inmitten heiterer Obstgärten sein maritimes Flair versprüht.

KULINARISCHES DER REGION: Herzhaftes

Von Solothurn ist es nur ein Katzensprung ins Emmental, ebenso von St. Gallen ins Appenzeller Land, wo zwei der berühmtesten **Käsesorten** der Schweiz ihren Ursprung haben. Mit nussig würzigem Aroma besticht der **Appenzeller**, wenn er für Brotzeitplatten aufgetragen wird, die in der Heimat dieses Käses auch **Mostbröckli** enthalten – feinst geschnittenes **Dörrfleisch** (ähnlich dem Bündner); es wird vor dem Trocknen in Apfelwein mariniert. In der ganzen Schweiz liebt man **Olmabratwürste** (vom Kalb) aus St. Gallen, mit Vollkornbürli oder einer sämigen Zwiebelsauce und Rösti. Süße Gelüste stillen lebkuchenähnliche **Biber** und **Birnebrot**. Der **Hallauer Blauburgunder** aus Schaffhausen ist unter den Weinen des Rheintals Spitzenklasse. Empfehlenswerte Lokale: **Hirsernbad**, Hirsern, 4937 Ursenbach (südl. Langenthal), Tel. +41(0)62/9653256: ein traditioneller Landgasthof als kulinarische Feinschmeckerinsel **(Abfahrt Niederbipp, 19 km). Zum goldenen Schäfli,** Metzgergasse 5, St. Gallen, Tel. +41(0)71/2233737: die Küche so traditionell wie das Zunfthaus; **Restaurant Marktplatz,** Neugasse 2, St. Gallen, Tel. +41(0)71/2233737: innovative Küche, auch Bier & Snacks **(Abfahrt St. Gallen-Kreuzbleiche/Zentrum, 5 km).**

RAST AUF REISEN: Romantisch übernachten

Hotel Loge, Oberer Graben 6, 8400 Winterthur, Tel. +41(0)52/2681200: originelles Interieur hinter neugotischen Mauern, fantasievolle Küche **(Abfahrt Oberwinterthur, 5 km). Hotel Gallo,** St. Jakob-Str. 62, 9000 St. Gallen, Tel. +41(0)71/242 71 71: klein aber fein, sehr gepflegtes Hotel in einem restaurierten Jugendstilhaus von 1911; **Hotel Ekkehard,** Rorschacherstr. 50, 9000 St. Gallen, Tel. +41(0)71/2240444: moderner Komfort **(Abfahrt St. Gallen-Kreuzbleiche/Zentrum, 5 km). Schloss Wartegg,** 9404 Rorschacherberg, Tel. +41(0)71/8586262: sehr stimmig und modern gestaltete alte Burg in einem großen Park, köstliche Küche **(Abfahrt Rorschach, 5 km). Steigenberger Inselhotel,** Auf der Insel 1, 78462 Konstanz (D), Tel. 07531/311250: großes edles Haus direkt am See **(Abfahrt Kreuzlingen 5 km).**

CROISIERE SUR LE LAC
PARCS et RESIDENCES
SEERUNDFAHRT
QUAI FLEUR

Genf

Die bezaubernde Seelage, eine pittoreske Altstadt und sein elegantes, internationales Ambiente machen Genf zu einer der attraktivsten Städte der Schweiz.

Römer, Burgunder und auch die deutschen Kaiser wussten die strategisch und handelspolitisch erstklassige Lage der stetig aufstrebenden Stadt an der Mündung der Arve in den Genfer See zu schätzen und zu nutzen. Vor allem aber während der Reformation gewann Genf durch die Flüchtlinge, die hier Freiheit des Glaubens suchten und fanden, seine bis heute bedeutende Internationalität. Vor diesem Hintergrund ist hier das Wirken Henri Dunants und seine Gründung des Roten Kreuzes 1864 sowie die Präsenz von mehr als 200 weltweit operierenden Organisationen, an ihrer Spitze die UNO mit ihren verschiedenen Unterorganisationen, zu erklären.

Großes Bild links:
Das üppige Grün des Jardin Anglais lädt zur Erholung am See – als Auftakt oder Schlussakkord spannender Stadterkundungen.

1 In Genf hält man auf Stil, vor allem in den noblen Bürgerpalais und Hotels am Seeufer und entlang der Arve-Quais.

2 Den höchsten Punkt der Altstadt markiert die romanisch-gotische Cathédrale de St-Pierre, die vorwiegend im 12./13. Jh. entstand.

3 Ab 1535 predigte Jean Calvin zwei Jahrzehnte in der Kathedrale von Genf, das eine Hochburg der Reformation war.

4 Die Kanonen unter den Arkaden des alten Arsenals, heute das Staatsarchiv, erinnern an die frühere Funktion des Gebäudes.

5 Symbol für den multikulturellen Charakter der Weltstadt: die Russische Kirche.

6 Das Palais des Nations repräsentiert die weltpolitische Bedeutung Genfs.

1

2

3

4

5

6

ZEISS
waser
CROATIA AIRLINES
HOTEL
LEONHARD

Haus zum Rüden

1

2

Zürich

Obwohl ihre Einwohnerzahl nicht einmal 400 000 übersteigt, besitzt die Stadt an der Limmat das kribbelnde Flair einer weltoffenen Metropole.

Als eine reichsfreie selbstbewusste Stadt spielte Zürich in der Entwicklung der Eidgenossenschaft seit seinem Beitritt 1351 eine wichtige Rolle, später auch für die Reformation. Der Weg zur Spitzenposition im internationalen Finanzwesen begann vor gut 200 Jahren – an die 350 Geldinstitute sind heute hier ansässig, im Goldhandel ist Zürich die Nummer 1 in der Welt. Aber jenseits des »big business« pflegt die Bankenstadt Lebenskultur – mal hip, mal kulinarisch edel – und in Sachen Kunst und Kultur überlieferte die Vergangenheit reichlich museale Kostbarkeiten wie das gotische Großmünster oder die malerische Altstadt.

1 **Limmat und Zürichsee verlocken dazu, die Stadt und ihr an Türmen reiches Panorama im Freien zu genießen.**

2 **Wenn die Banken schließen, erwachen die Szene-Lokale am Limmatquai.**

3 **Die eleganten Geschäfte der Bahnhofsstraße sind rundum geeignet, die Bonität der kleinen Plastikkarten zu testen.**

4 **Marc Chagalls Glasfenster (1970/78) im Chor sowie in der Rosette des südlichen Querhauses fügen sich harmonisch in die Architektur des gotischen Fraumünsters.**

5 **Unterhaltsam und anschaulich dokumentiert das Johann Jacobs Museum europäische Kaffeekultur.**

6 **Museum Rietberg: Außereuropäische Kunstwerke von Weltrang, aus Afrika, Asien und der Südsee, faszinieren in der von einem großartigen Park umgebenen ehemaligen Villa Wesendonck.**

7 **Schweizer Kultur heißt auch Kultur der Fortbewegung und Kommunikation, wie das Schweizerische Landesmuseum mit dieser Postkutsche der früheren Gotthard-Strecke belegt.**

3

4

5

6

7

St. Gallen

Die alte Stadt der Spitzen ist auch künstlerisch und intellektuell »spitze«: Bummeln in der autofreien Altstadt macht Laune und die Stifstbibliothek lässt alle Bücherfreaks in Ehrfurcht erstarren.

Wo der irische Mönch Gallus Anfang des 7. Jhs. seine Klause errichtet hatte, entwickelte sich ab dem 8. Jh. ein Kloster der Benediktiner zu einem in ganz Europa berühmten Ort der Gelehrsamkeit. Der Grundstein für die grandiose Schriftensammlung war gelegt. Sie ist heute zusammen mit der barocken Kathedrale UNESCO-Weltkulturerbe. Die Bauten der 1805 aufgelösten Abtei stammen vorwiegend aus der zweiten Blütezeit, die das Kloster ab dem 17. Jh. erlebte. Die Stiftskirche St. Gallus und Otmar wurde auf Vorgängerbauten errichtet und besticht durch die prächtige Ostfassade. Die Kirche ist ein lang gestreckter Bau mit einer zentralen Rotunde und wurde von namhaften Künstlern mit reicher Ausstattung versehen. Den Weg zum wirtschaftlichen Erfolg für St. Gallen aber bereitete die Leinenweberei, zu der im 18. Jh. die Produktion von Baumwollstoffen und Spitzen hinzukam. In jenem Jahrhundert begannen die Kaufleute und Handwerker ihre Häuser herauszuputzen, sprich das als altertümlich betrachtete Fachwerk zu verputzen und die Fassaden mit geschnitzten Erkern aufzumuntern. Die schönsten finden sich in der Multergasse und den parallel verlaufenden oder kreuzenden Sträßchen ganz in der Nähe des Klosters.

1 Ausmaße und Inhalt der Stiftsbibliothek von St. Gallen sind überwältigend: In einem kostbarst ausgestatteten Raum von 280 m² Fläche beherbergen die bis unter die 7,30 m hohe Decke reichenden Schränke mehr als 140 000 alte Schriftwerke.

2 Schwungvoll überziehen barocke Stuckaturen und illusionistische Deckenmalereien das Innere der Kathedrale, die Baumeister Peter Thumb aus dem Bregenzer Wald entworfen hatte.

Streckenprofil: *Aus dem geographisch »Rheinknie« genannten Dreiländereck bei Basel führt die Strecke zunächst sanft hügelig und später bergig in die Zentralschweiz an den buchtenreichen und verzweigten Vierwaldstätter See.* ***(135 km, 1¹/₄ Std.)***

Basel:
siehe Seite 226

Aare: Der 295 km lange größte Fluss der nördlichen Schweiz entspringt in den Gletschern nahe dem Grimselpass. Er treibt mehrere Kraftwerke an, durchströmt den Brienzer und den Thuner See und mündet bei Waldshut in den Rhein.

***Zofingen:** Rund um den weitläufigen Thut-Platz mit Bürgerhäusern aus dem 16. Jh. liegt eine der besterhaltenen historischen Altstädte des Aargaus. Von den bedeutenden Baudenkmälern sind vor allem das Rathaus (1792/95), der Archivturm (15. Jh.), das eindrucksvolle Metzgerzunfthaus (1602) und die Markthalle (18. Jh., Di. und Sa. Wochenmarkt) sehenswert. **(Abfahrt Verzweigung Wiggertal, auf A1 Ri. Zürich, nach 1 km, Abfahrt Ofterdingen, 4 km)**

****Sursee:** Die Kleinstadt am beschaulichen Sempacher See hat sich ihr Ortsbild des 18. Jhs. bewahrt. Sehenswert: das monumentale, spätgotische Rathaus (1546), die Renaissancepfarrkirche St. Georg (1641) und der von fast zierlichen Häusern umgebene Mühlplatz mit dem Diebs- und Hexenturm. **(Abfahrt Sursee, 1 km)**

*****Luzern:** Weltberühmtes Wahrzeichen der malerisch in einer Bucht des Vierwaldstädter Sees gelegenen Kantonshauptstadt ist die über 200 m lange hölzerne Kapellbrücke (1333) mit dem achteckigen Wasserturm. Nach einem verheerenden Brand 1993 wurde sie originalgetreu wieder aufgebaut. Sehenswert: die wunderschöne Altstadt mit Korn- und Weinmarkt, prunkvollen Bürgerhäusern und dem im italienischen Renaissancestil erbauten Rathaus (1606); die reich ausgestattete barocke Jesuitenkirche (1666–77) und die ebenfalls überdeckte Spreuerbrücke mit Totentanzbildern (1626–35) im Dachstuhl; das in eine Sandsteinwand eines kleinen Sees eingemeißelte Löwendenkmal nördlich des Löwenplatzes und der Gletschergarten, ein 1872–75 freigelegter Rest aus der Eiszeit. **(Abfahrt Luzern-Zentrum, 2 km)**

Das Verkehrshaus Luzern mit einem Imax-Kino, das eine 360-Grad-Projektion der Schweiz zeigt, gilt als das schönste Verkehrsmuseum Europas (April–Okt. 10–18 Uhr, Nov.–März 10–17 Uhr).

***Liestal:** Hauptort des Halbkantons Basel-Land mit einer von spätgotischen, barocken und klassizistischen Bauten geprägten Altstadt. Sehenswert: das Rathaus (18. Jh.), in der die 1477 bei Nancy erbeutete goldene Trinkschale Karls des Kühnen von Burgund ausgestellt ist. **(Abfahrt Liestal, 1 km)**

*****Vierwaldstätter See:** Der für seine großartige Naturkulisse bekannte stark gegliederte See liegt auf dem Gebiet der Kantone Uri, Schwyz und Unterwalden. Er ist etwa 114 km² groß und bis zu 214 m tief. An manchen Uferabschnitten gedeiht mediterrane Flora wie Lorbeer und Feigen. Am Urner See im Südosten liegt die Bergwiese Rütli, auf der im Jahr 1291 der berühmte gleichnamige Schwur geleistet wurde.

Weggis am Vierwaldstätter See

***Stans:** Das Tal um den kleinen Hauptort des Halbkantons Nidwalden ist bekannt für seinen Obstanbau. Sehenswert: der Hauptplatz mit der barocken Pfarrkirche St. Peter (1641–47) und die Historische Sammlung im »Höfli« (1200/17. Jh.). **(Abfahrt Stans-Nord, 3 km)**

Seelisbergtunnel: Der 9250 m lange zweiröhrige Tunnel (1980 fertiggestellt) stellt die Verbindung zur Gotthardstraße her.

Luzern: im Verkehrsmuseum

UNTERWEGS ZWISCHEN DREILÄNDERECK UND VIERWALDSTÄTTER SEE

Basel: Schiffslände am Rhein

Das Herz der Schweiz reicht vom **Rhein** bis zum **Gotthard.** Südlich von Basel, der Stadt am **Dreiländereck** Deutschland, Frankreich, Schweiz, liegt das sanfte Hügelland des **Basler Jura,** das jenseits des **Aare-Tals** in die bewegte, von den eiszeitlichen Gletschern und ihren Schmelzwässern geprägte Landschaft der **Zentralschweiz** übergeht. Die drei **Urkantone** Uri, Schwyz und Unterwalden gruppieren sich um den **Vierwaldstätter See.** Der **Rigi,** der ihn vom **Zuger See** trennt, erscheint mit 1662 m ein moderater Berg, doch auf nur wenige Kilometer steigen nach Süden hin die **Zentralalpen** bis auf über 3000 m an.

KULINARISCHES DER REGION: Bevorzugt Käse

Milchprodukte sind ein gemeinsamer Nenner aller Schweizer Regionen. Ein **Greyerzer** kommt in die **Basler Mehlsuppe,** fein gerieben in die **»Käshörnli«** (Hörnchennudeln) und ins **Kartoffelgratin. Lammrücken** ist nicht nur zur Osterzeit eine Delikatesse der bürgerlichen Küche. Empfehlenswerte Lokale: **Bad Schauenburg,** bei Liestal, Tel. +41(0)61/9062727: preisgekrönte Küche, **(Abfahrt Arisdorf, 5 km). Hotel Restaurant Rothaus,** Klosterstr. 4, Luzern, Tel. +41(0)41/2484848: Klassiker der Schweizer Küche; **Helvetia,** Waldstätterstr. 9, Luzern, Tel. +41(0)41/2104450: deftiger Imbiss, Straßencafé **(Abfahrt Luzern-Zentrum, 2 km). Gasthaus & Spezereihandlung Schlüssel,** Oberdorfstr. 26, 6375 Beckenried, Tel. +41(0)41/6220333: bezauberndes altes Haus mit authentischer Küche (auch Zimmer) **(Abfahrt Beckenried, 1 km).**

RAST AUF REISEN: Manchmal unkonventionell

Hotel Engel Liestal, Kasernenstr. 10, 4410 Liestal, Tel. +41(0)61/9278080: modern und anheimelnd **(Abfahrt Arisdorf, 4 km). Congress Hotel Olten,** Bahnhofstr. 5, 4600 Olten, Tel. +41(0)62/2973232: stilvoll, im Zentrum nahe der Aare-Holzbrücke **(Abfahrt Egerkingen, 12 km). Hotel Hirschen,** 6210 Sursee, Tel. +41(0)41/9211048: historisches Haus im Ortskern; **Bellevue am See,** 6210 Sursee, Tel. +41(0)41/9258110: alte Gemäuer mit frischer Ausstattung **(Abfahrt Sursee). Art Deco Hotel Montana,** Adligenswilerstr. 22, 6002 Luzern, Tel. +41(0)41/4190000: perfekt in Stil und Service, schöner Seeblick; **Löwengraben,** Löwengraben 18, 6004 Luzern, Tel. +41(0)41/4107830: unkonventionell übernachten im früheren Gefängnis; **Hotel Restaurant Schiff,** Unter der Egg 8, 6004 Luzern, Tel. +41(0)41/4185252: am See, traditionell, aber nicht verstaubt **(Abfahrt Luzern-Zentrum, 2 km). Linde,** Dorfplatz 7, 6370 Stans, Tel. +41(0)41/6190930: historisches Gebäude in zentraler Lage **(Abfahrt Stans-Nord, 1,5 km).**

Tor zum Süden: der Gotthard-Pass

*****St.-Gotthard-Pass:** Die Fahrt über den 23 km langen St.-Gotthard-Pass lohnt sich. Nach einer kurvenreichen Strecke über die berühmte Teufelsbrücke gelangt man nach Andermatt, in Skifahrerkreisen als schneesicher bekannt. Der Ausblick auf das St.-Gotthard-Massiv mit Winterhorn (2661 m), Piz di Lucendro (2964 m), Monte Prosa (2471 m) und der Fibbia (2742 m) beeindruckt durch die raue Schönheit der gewaltigen, glatt geschliffenen steilen Granitfelsen. Kurz nach der Passhöhe auf 2108 m steht das im 14. Jh. gegründete St.-Gotthard-Hospiz mit dem gleichnamigen Hotel, einer Wetterwarte und dem Nationalen St.-Gotthard-Museum. Von da aus kann man entweder die neue, bequemere Trasse oder die alte, romantische Serpentinenstraße ins Tal fahren. Bei Airolo gelangt man wieder auf die N2. Dann geht es weiter durch das Flusstal des Ticino (Tessin), vorbei an vielen schönen Bergdörfern, die alle einen Abstecher lohnen. Kurz hinter Chironico stürzt rechts der Ticino durch die Biaschina Schlucht hinunter ins Tal. Bei Giornico liegt links weithin sichtbar die Kirche San Nicolao (12. Jh.) mit einer dreischiffigen Krypta.

*****Bellinzona:** Das Stadtbild der Kantonshauptstadt wird von drei mächtigen Burgen beherrscht, einem eindrucksvollen Beispiel mittelalterlicher Wehrsysteme: Castello Grande, im 13. Jh. auf den Grundmauern einer römischen Festung erbaut, Castello di Montebello, eine der schönsten Burgen des Landes, ebenfalls aus dem 13. Jh., und Castello di Sasso aus dem 15. Jh. Alle drei Anlagen beherbergen kulturhistorische Sammlungen. Sehenswert: die pittoreske historische Altstadt, die auch den englischen Maler William Turner begeisterte, die Kollegiatskirche SS Pietro e Stefano, ein bedeutendes Renaissancebauwerk aus dem 15. Jh. mit einer Darstellung der Kreuzigung Jesu, die Tintoretto gemalt haben soll. **(Abfahrt Bellinzona-Nord, 5 km)**

*****Lugano:** Durch ihre malerische Lage an einer halbkreisförmigen Bucht des Luganer Sees, eingerahmt vom Monte San Salvatore und dem Monte Brè, wurde die Stadt schon früh zu einem beliebten Urlaubsziel. Heute ist sie neben Zürich und Genf einer der bedeutendsten Finanzplätze der Schweiz. Sehenswert: die Kathedrale San Lorenzo (14. Jh./18. Jh.), deren Fassade zu den schönsten der Frührenaissance gehört, die Kirche Santa Maria degli Angioli (1499–1515) mit einem Passionsfresko von Bernadino Luini sowie die Villa Ciani im Parco Civico, in der das Städtische Kunstmuseum mit Tessiner Kunst untergebracht ist. **(Abfahrt Lugano-Nord, 5 km)**

Eine Bootsfahrt auf dem Luganer See sollte man nicht versäumen. Es werden mehrere Rundfahrten angeboten, die verschiedene Seeorte anlaufen, darunter auch Gandria, ein malerisches kleines Fischerdorf.

Streckenprofil:** Von Altdorf im Kanton Uri bis zum Gotthardtunnel führt die verkehrsreiche Nord-Süd-Verbindung durch das Reusstal. Am Ende des ca. 17 km langen Tunnels befindet man sich im Kanton Tessin. Von dort geht es abwärts durch das von mediterraner Vegetation geprägte Valle Levantina nach Bellinzona und Chiasso. **(160 km, 1¾ Std.)

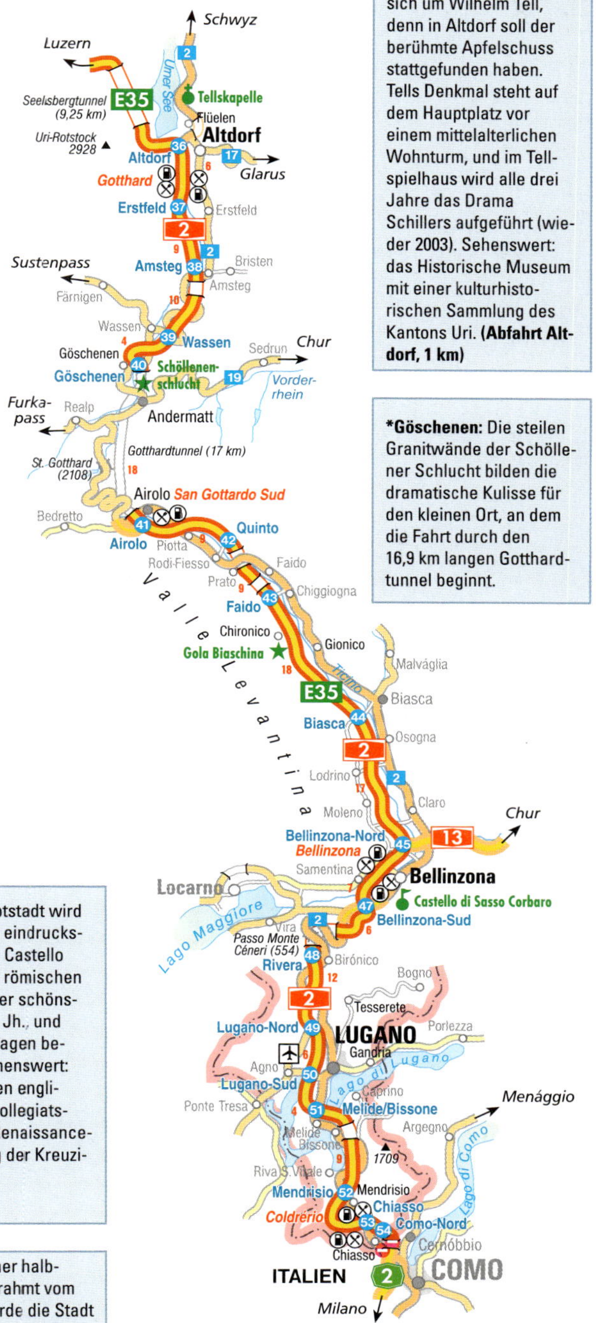

***Altdorf:** Alles hier dreht sich um Wilhelm Tell, denn in Altdorf soll der berühmte Apfelschuss stattgefunden haben. Tells Denkmal steht auf dem Hauptplatz vor einem mittelalterlichen Wohnturm, und im Tellspielhaus wird alle drei Jahre das Drama Schillers aufgeführt (wieder 2003). Sehenswert: das Historische Museum mit einer kulturhistorischen Sammlung des Kantons Uri. **(Abfahrt Altdorf, 1 km)**

***Göschenen:** Die steilen Granitwände der Schöllener Schlucht bilden die dramatische Kulisse für den kleinen Ort, an dem die Fahrt durch den 16,9 km langen Gotthardtunnel beginnt.

***Mendrisio:** Trotz einiger Industriegebäude ist der Ort mit seinem alten Stadtkern und den historischen Bauten (14.–18. Jh.) sehr sehenswert, besonders der Palast der Edelleute Rusca (15. Jh.) – heute das Amtsgericht – und das ehemalige Serviten-kloster mit Pinakothek. **(Abfahrt Mendrisio, 3 km)**

***Chiasso:** Die von Hügeln umrahmte Stadt war schon im Altertum als Durchgangsort stark frequentiert. Sehenswert vor allem der Palast Züst, ein Beispiel für ausgefeilten Libertystil (1906), und der Camponuovo-Palast im neoklassizistischen Stil des 19. Jhs. **(Abfahrt Chiasso, 5 km)**

UNTERWEGS INS TESSIN

Lugano, der See und der Monte San Salvatore

Die Landschaft im oberen Tal der **Reuss** verschlägt einem schlicht den Atem: im Norden das **Seenland,** im Süden gigantische **Berge**, die am Himmel kratzen. Doch dann taucht die Straße in den **Gotthardtunnel** und sieht in der **Valle Levantina** wieder Licht, man spürt Wärme, die ersten **Rebstöcke** klettern die Hänge hinauf, behäbige Holzhäuser ruhen auf den Hangterrassen und graue romanische Kirchen recken ihre schlanken Türme. **Bellinzona** und bald darauf das **Luganese** atmen bereits die Milde des Südens, dichte Rebteppiche so weit das Auge reicht – und mediterrane Pflanzenpracht, die Dichter wie Hermann Hesse inspirierte.

KULINARISCHES DER REGION: Wahre Genüsse

War sie zunächst eine Arme-Leute-Küche, in der der anspruchslose **Buchweizen** eine große Rolle spielte, so hat die Tessiner Küche an Raffinesse gewonnen. **Pizzocheri** (Bandnudeln) werden nach wie vor mit dem dunklen Mehl zubereitet, allerdings ergänzt heute **Maispolenta** viele Gerichte, z. B. **Gitzibraten** (Kitz). In den Grotti, den ursprünglich als Lager genutzten Felsenkellern, haben sich mittlerweile Restaurants (teils sehr touristischer Art) etabliert. Dort isst man eine einfache **Brotzeit:** coppa (Bauchspeck), Salami und lungangighe (luftgetrocknete kleine Kochsalami), und trinkt dazu ciciarada, Wein vermischt mit etwas Zitronenlimonade. Die kräftigen **Weine** von den südlichen Hängen, etwa ein **Merlot,** schätzt auch die Küche, verleihen sie doch **Kaninchen-** und **Rinderschmorbraten** ein wundervolles Aroma. Empfehlenswerte Lokale: **Hostellerie Sternen,** Flüelen, siehe Hotels; **Osteria Sasso Corbaro,** Castello di Sasso Corbaro, Tel. +41(0)91/8 25 55 32: im Burghof, Marktküche nach Tessiner Rezepten **(Abfahrt Bellinzona-Süd). Grotto della Selva,** Via Cantonale, Tesserete-Campestro, Tel. +41(0)91/9 43 57 20: immer köstlich und frisch, ob Spargel oder Pilze, idyllische Lage im Grünen **(Abfahrt Lugano-Nord, 7,5 km). La Tinera,** Via dei Gorini 2, Lugano, Tel. +41(0)91/9 23 52 19 : Tessiner und lombardische Küche; **Santabbondio,** Via Fomelino 10, Sorengo, 2 km von Lugano, Tel. +41(0)91/9 93 23 88: Feinschmeckergenüsse! **(Abfahrt Lugano-Süd, 2,5 km).**

RAST AUF REISEN: Übernachten mit Stil

Hostellerie Sternen, Axenstr. 6, 6454 Flüelen, Tel. +41(0)41/8 75 03 03: edel das Ambiente wie die Küche **(Abfahrt Flüelen, 2 km). Kronen Hotel,** Gotthardstr. 64, 6490 Andermatt, Tel. 041/8 87 00 88: nettes Familienhotel **(Abfahrt Göschenen, 5 km). Hotel Forni,** 6780 Airolo, Tel. +41(0)91/8 69 12 70: renoviertes Traditionshaus **(Abfahrt Airolo, 3 km). Hotel Unione,** Via G. Guisan 1, Bellinzona, Tel. +41(0)91/8 25 55 77: familiäre Atmosphäre **(Abfahrt Bellinzona-Nord, 4,5 km). Hotel Alba,** Via delle Scuole 11, Vorort Paradiso, Lugano, Tel. +41(0)91/9 94 37 31: kleines Hotel im Jahrhundertwendestil, Pool **(Abfahrt Lugano-Süd). Hotel Villa Carona,** 914 Carona, Tel. +41(0)91/6 49 70 55: altes Patrizierhaus, Terrasse, schöner Garten **(Abfahrt Lugano-Süd, ca. 5 km nach Süden).**

Zunfthaus zu Pfistern

1

2

Luzern

Zu Karneval, hier heißt er Fasnacht, schlägt Luzern alle Rekorde, doch auch außerhalb der närrischen Zeit versprüht die dem Wasser zugewandte Stadt in ihren Altstadtgassen Charme und Lebensfreude.

Einem schon im 8. Jh. nachgewiesenen Kloster verdankt Luzern seine Existenz, dem Passweg über den St. Gotthard seinen Aufschwung und das Interesse der Habsburger, die die katholische Gegenreformation unterstützten. Bereits im 14. Jh. hatte sich die Stadt den Urkantonen angeschlossen, dennoch erübrigte dieser Bund nicht den Bau von Wehranlagen, wovon die um 1400 entstandene Museggmauer – sie zählt zu den besterhaltenen und längsten ihrer Art in der Schweiz – noch heute zeugt. Und ob Söldner oder Künstler, die aus Italien über den Gotthard nach Luzern kamen, sie prägten nachhaltig den Charakter der sympathischen Stadt am Vierwaldstätter See.

1 Ensemble der Wahrzeichen: Wasserturm und Kapellbrücke. Anfang des 14. Jhs. als Teil der Stadtbefestigung errichtet, wurde die Holzbrücke nach einem Brand 1993 erneuert.

2 Mit der 1669 vollendeten Jesuitenkirche hielt die barocke Architektur auch in der Schweiz Einzug.

3 Bilderbuchmotiv: der Vierwaldstätter See, den man mit nostalgischen Raddampfern erkunden kann.

4 Der Pilatus ist krönende Kulisse für die Luzerner Stadtschönheiten Kapellbrücke, Wasserturm und Jesuitenkirche an der Reuss.

5 Verspielte barocke Stuckornamente lassen im Innern der Jesuitenkirche die wuchtige Architektur vergessen.

6 Am Kornmarkt: Unter den behäbigen Arkaden des wuchtigen Rathauses aus dem 17. Jh. finden in alter Tradition immer noch Viktualienmärkte statt.

3

4

5

6

Bellinzona

Ein Hauch von Italien umschwebt die in ihren winkeligen Gassen mittelalterlich anmutende Stadt zu Füßen der mächtigen Wehranlage.

Die Lage am Schnittpunkt der alten Passwege über den San Bernardino und St. Gotthard sowie am Zusammenfluss von Ticino und Moesa begründeten Wohl und Leid der Siedlung römischen Ursprungs, die zum Zankapfel der Mächte wurde. Seit dem 8. Jh. erblühte Bellinzona unter der Protektion der Bischöfe von Como, ab 1340 bestimmten die Mailänder Visconti die Geschicke der Stadt und forcierten den Ausbau der Trutzburgen – Castello Grande und Castello di Montebello wurden sogar mit einer Mauer verbunden. Das Jahr 1500 brachte die Wende: Selbst das erst 1478 errichtete Castello di Sasso Corbaro konnte Bellinzonas Eroberung durch eidgenössische Truppen nicht mehr abwenden. Seit 1878 ist es Tessiner Kantonshauptstadt. Als die Wehranlagen 2000 in die UNESCO-Liste der Weltkulturgüter aufgenommen wurden, ließ die Stadt den Künstler Felice Varini den Hügel von San Michele und die Mauern des Castello Grande mit leuchtend roten Streifen verbinden.

1 Im Schutz dreier mächtiger Burgen: Blick vom Castello di Montebello auf das Castello Grande und die Stadt

2 Die Kirche Santi Pietro e Stefano

3 Das Castello Grande, die älteste der Burganlagen, stammt aus dem 13. Jh.

4 Seit seiner Restaurierung 1974 beherbergt das Castello di Montebello die Sammlungen des Museo Civico.

5 Treffpunkt Piazza Collegiata

6 Bemalte Hausfassaden prägen die pittoreske Altstadt.

7 Erst 1924 entstand der Palazzo Communale im Stil der lombardischen Renaissance.

8 Das trutzige Castello Grande

Lago Maggiore Lago Lugano

Palmensilhouetten vor Azur und Himmelblau, freche filmverrückte, jazzverliebte, finanzstarke und trotzdem ganz normale Städtchen und natürlich Berge, an deren Hängen die Sonne zarte Süße in die Trauben füllt.

Locarno, Ascona oder Lugano sind die wohl aufregendsten Orte zwischen langen Kilometern romantischer Uferstraßen an zwei der beliebtesten Seen des Tessin, die sich die Schweiz mit Italien teilt. Lange waren die Mailänder Visconti und Sforza die Herren im Land, 1516 kam das Tessin zur Eidgenossenschaft. Die Bedeutung der von Klima begünstigten Region wuchs mit dem Ausbau der Passstraßen, insbesondere des St. Gotthard, und den seit dem 19. Jh. hier urlaubenden winterscheuen Briten, die den Tourismus in Gang brachten. Lugano ist heute nach Zürich und Genf das drittgrößte Finanzzentrum der Schweiz und die Mäzene der Kultur sind entsprechend zahlreich.

Großes Bild links:
Ronco Sopra Ascona: Wie ein Adler auf einem Felsen krallen sich die alten Häuschen des nun herausgeputzten ehemaligen Fischerdörfchens in die Rebhänge hoch über dem Lago Maggiore.

1 Auf dem Südfuß des Monte Arbostora schiebt sich Morcote weit in den Luganer See hinein.

2 Der Parco Scherrer in Morcote ist ein wahres Paradies von exotisch grüner Üppigkeit.

3 Eine Drahtseilbahn ermöglicht See- und Alpenblick von Luganos Hausberg, dem 933 m hohen Monte Brè.

4 Einst war der romantische Parco Civico das private grüne Refugium der Villa Ciani (18. Jh.) in Lugano.

5 Konkurrenzlose Schönheit umfängt die Uferpromenade des Ceresio, wie die Luganeser ihren See nennen.

1

2

3

4

5

Streckenprofil: *Hauptverbindung der großen Schweizer Städte Basel und Zürich. Zunächst dem Rheintal folgend, geht es anschließend durch wellige Voralpenlandschaft und das Stammland der Habsburger in die Thermalquellen-Stadt Baden, dann durch die Bankenmetropole Zürich und entlang des Zürich- und Walensees bis nach Sargans an der Grenze zu Liechtenstein.* ***(174 km, 2 Std.)***

Basel: am Rheinufer, im Hintergrund die Türme des Münsters

Baden: Wahrzeichen der idyllischen Kleinstadt an der Limmat ist der 54 m hohe Bruggerturm (15. Jh.),Tor zur malerischen, autofreien Altstadt. Die 19 Schwefelquellen (48 °C) des Kurorts im Aargau wurden schon in antiker Zeit genutzt. Sehenswert: die überdeckte Holzbrücke (1810), die über den Fluss zum Landvogteischloss führt (1487–89, Historisches Museum), das Schweizer Kindermuseum und das Museum Langmatt in einer Jugendstilvilla, das französische Impressionisten zeigt. **(Abfahrt Baden, 3 km)**

Rheinfelden: Grenzort am Rhein, dessen mittelalterliches Stadtbild mit alten Mauern und Türmen einen Abstecher lohnt. Sehenswert: das Rathaus (16.-18. Jh.) und die barocke Martinskirche (15. Jh.). 90 Modelle europäischer Burgen sind im Maßstab 1:200 im Burgenmodellmuseum zu sehen, Autos und Motorräder (seit 1899) dagegen im Oldtimermuseum Grell. **(Abfahrt Rheinfelden, 3 km)**

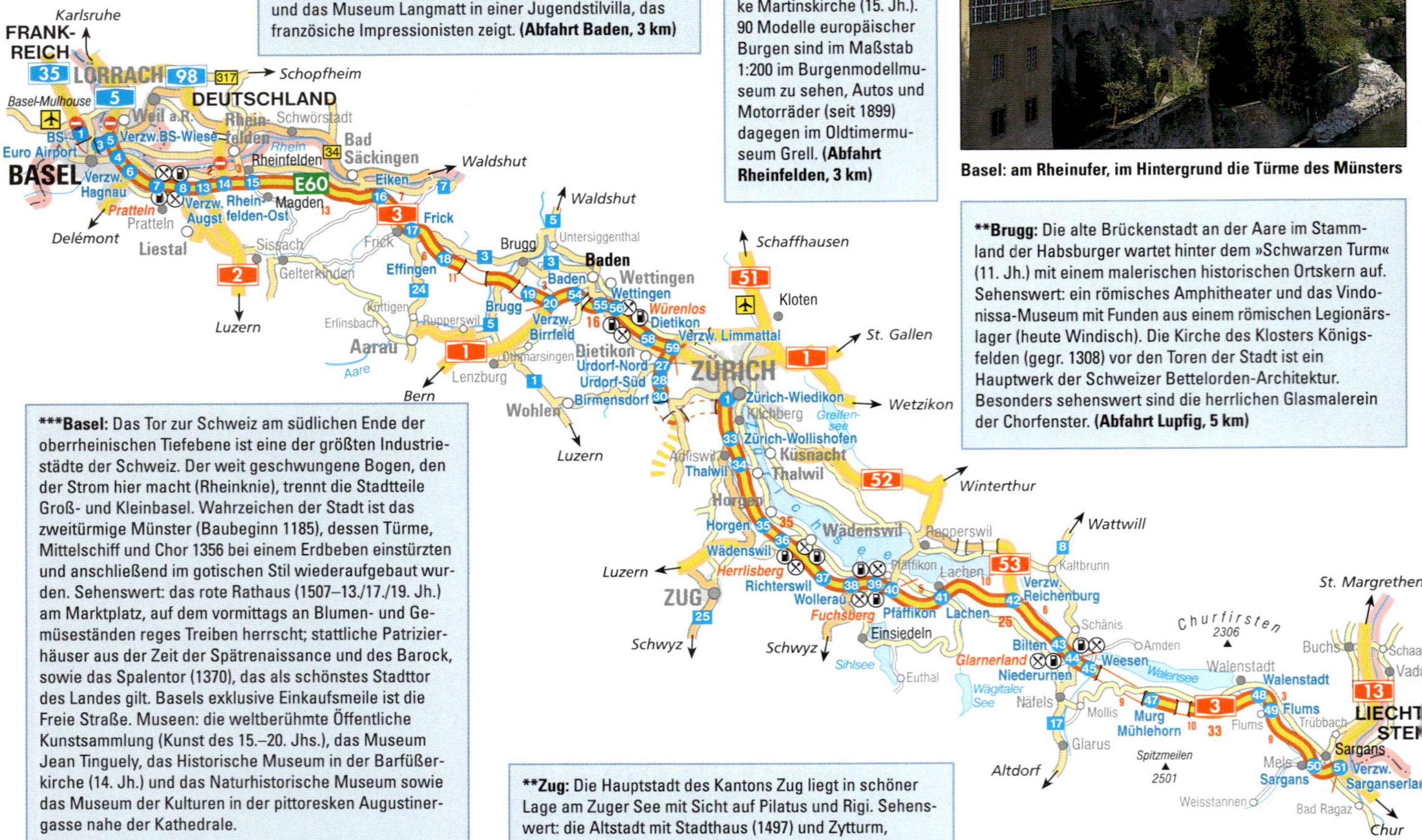

Brugg: Die alte Brückenstadt an der Aare im Stammland der Habsburger wartet hinter dem »Schwarzen Turm« (11. Jh.) mit einem malerischen historischen Ortskern auf. Die Kirche des Klosters Königsfelden (gegr. 1308) vor den Toren der Stadt ist ein Hauptwerk der Schweizer Bettelorden-Architektur. Besonders sehenswert sind die herrlichen Glasmalerein der Chorfenster. **(Abfahrt Lupfig, 5 km)**

***Basel:** Das Tor zur Schweiz am südlichen Ende der oberrheinischen Tiefebene ist eine der größten Industriestädte der Schweiz. Der weit geschwungene Bogen, den der Strom hier macht (Rheinknie), trennt die Stadtteile Groß- und Kleinbasel. Wahrzeichen der Stadt ist das zweitürmige Münster (Baubeginn 1185), dessen Türme, Mittelschiff und Chor 1356 bei einem Erdbeben einstürzten und anschließend im gotischen Stil wiederaufgebaut wurden. Sehenswert: das rote Rathaus (1507–13./17./19. Jh.) am Marktplatz, auf dem vormittags an Blumen- und Gemüseständen reges Treiben herrscht; stattliche Patrizierhäuser aus der Zeit der Spätrenaissance und des Barock, sowie das Spalentor (1370), das als schönstes Stadttor des Landes gilt. Basels exklusive Einkaufsmeile ist die Freie Straße. Museen: die weltberühmte Öffentliche Kunstsammlung (Kunst des 15.–20. Jhs.), das Museum Jean Tinguely, das Historische Museum in der Barfüßerkirche (14. Jh.) und das Naturhistorische Museum sowie das Museum der Kulturen in der pittoresken Augustinergasse nahe der Kathedrale.

Am südwestlichen Rand der Innenstadt liegt der »Zolli« (1874), ein weit über die Grenzen hinaus bekannter Zoo mit rund 4000 Tieren.

Zug: Die Hauptstadt des Kantons Zug liegt in schöner Lage am Zuger See mit Sicht auf Pilatus und Rigi. Sehenswert: die Altstadt mit Stadthaus (1497) und Zytturm, Rathaus (1505) und spätgotischer Pfarrkirche St. Oswald. Nördlich von Zug im Lorzetobel: die interessante Schauhöhle Höllgrotten **(Abfahrt Rüschlikon ca. 20 km)**

UNTERWEGS DURCH AARGAU, ZÜRICH, GLARUS UND ST. GALLEN

Ruhepause in Zug am Zuger See

Auch auf dieser Strecke quert man den nördlichen **Jura**, das hügelige **Aargau** und folgt den eiszeitlichen Gletscherfurchen – nun entlang von **Zürich-** und **Walensee** ostwärts in den Kanton **St. Gallen**, wo **Churfirsten** und **Spitzmeilen** zu beiden Flanken des **Seeztals** dem Reisenden imponieren. Die Thermalquellen von Baden, die Attraktivität von Zürich und des Sees wie auch der Wallfahrtsort Einsiedeln haben den Tourismus und damit den Verkehr in der Region massiv angekurbelt.

KULINARISCHES DER REGION: Potpourri

Basler Läckerli, Aargauer Rüeblitorte und Rauchfleisch, Nidwaldner Ofetorie (Kartoffelbrei-Eier-Speck-Auflauf), Zuger Kirschtorte, Bratwürste aus St. Gallen oder aromatisches Dörrfleisch aus dem nahen Graubünden. Alle Geschmäcker werden hier genießen können. Empfehlenswerte Lokale: **Dreiländereck,** Westquaistr. 75, Basel, Tel. +41(0)61/ 6399540: kreative Cuisine in Glasarchitektur (reservieren!); **Gasthof zum Goldenen Sternen,** St. Alban-Rheinweg 70, Basel, Tel. +41(0)61/2721666: das älteste Gasthaus der Stadt **(Abfahrt Basel-Süd-City).**

RAST AUF REISEN: Gerne traditionell

Kunsthotel Teufelhof, Leonardsgraben 49, 4051 Basel, Tel. +41(0)61/2611010: Preiswürdig sind hier Kunst, Cuisine und Interior Design; **Hotel St. Gotthard,** Centralbahnstr. 13, 4002 Basel, Tel. +41(0)61/ 2251313: stilvolles Haus im Zentrum **(Abfahrt Basel-City). Hotel Restaurant Schiff am Rhein,** Marktgasse 58, 4310 Rheinfelden, Tel. +41(0)61/8362222 **(Abfahrt Rheinfelden). Atrium-Hotel Blume,** Kurplatz 4, 5400 Baden, Tel. +41(0)56/2225569: hübsche Zimmer um ein elegantes Atrium, Thermalquelle **(Abfahrt Baden). Landhotel Linde,** 5442 Fislisbach (südl. v. Baden), Tel. +41(0)56/ 4931280: gemütlich und familiär **(Abfahrt Baden, 3 km). Hotel Arvenbüel,** 8873 Amden, Tel. +41(0)55/ 6116010: gemütliches Hotel oberhalb des Walensees **(Abfahrt Weesen, 6 km). Cafrida, Hotel Restaurant,** Tannenheim, 8897 Flumserberg, Tel. +41(0)81/7331193: schöne Lage, komfortable Zimmer **(Abfahrt Flums). Zunfthaus zum Löwen,** 7320 Sargans, Tel. +41(0)81/7237103: schlicht, freundliche Atmosphäre, rustikale Gaststube, empfehlenswerte Gastronomie **(Abfahrt Sargans). Löwen,** Herrengasse 35, 9490 Vaduz, Tel. +423/2381144: sehr gepflegter Gasthof in zentraler Lage **(Abfahrt Sevelen, 2 km).**

Streckenprofil: *Die südöstlich verlaufende Route beginnt an den Bergen des Schweizer Jura, führt an Bern vorbei, verläuft am Nordrand der alpinen Landschaft des Berner Oberlandes und endet nach einem Teilstück über der N4 am Vierwaldstätter See.* **(160 km, 2½ Std.)**

****Biel:** Die traditionsreiche Uhrmacherstadt (Rolex) liegt am reizvollen, von Winzerorten gesäumten Bieler See, an dessen Nordseite die Gebirgszüge des Schweizer Jura steil abfallen. Hier spricht ein Drittel der Bevölkerung französisch, der Rest unterhält sich auf Schwyzerdütsch. Sehenswert: der »Ring«, ein malerischer, von mittelalterlichen Laubenhäusern umgebener Platz mit dem Vennerbrunnen (1546); das Zunfthaus (1559–61) der Waldleute, ein Renaissance-Treppengiebelbau, und das spätgotische Rathaus (1520–34) am Burgplatz, auf dem unter der Woche reges Markttreiben herrscht. Das Museum Omega erzählt alles über die Geschichte der Zeitmesser. Im Restaurant »Paradisi« lebt der Clowns Grock, Seevorstadt 19. **(Am Ende der A6)**

*****Berner Oberland:** Die an großartigen Naturschönheiten reiche, einzigartige Landschaft gehört zu den reizvollsten Regionen der Schweiz. Spektakulär ist das Panorama des Dreigestirns Eiger (3970 m), Mönch (4099 m) und Jungfrau (4158 m).

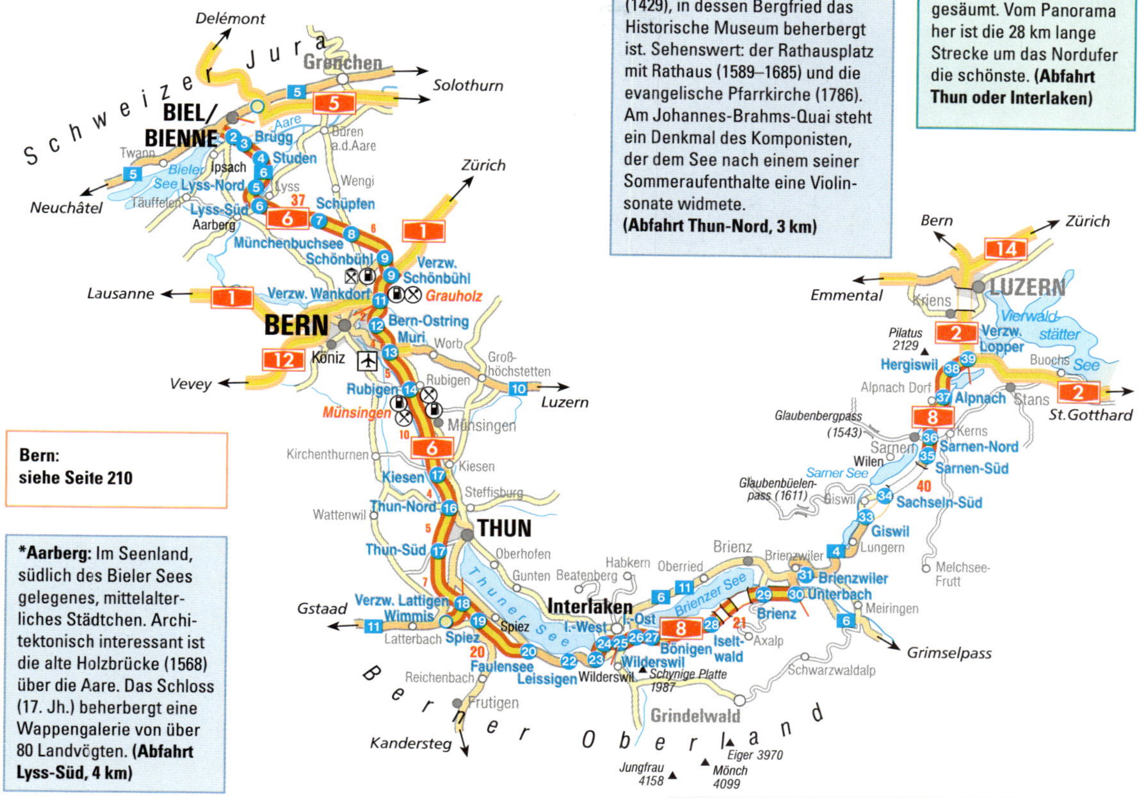

*****Thun:** Über der kleinen Altstadt des schönen Urlaubsorts, der sich »Tor zum Berner Oberland« nennt, thront mächtig die Burg (12. Jh.) mit dem spätgotischen Amtsschloss (1429), in dessen Bergfried das Historische Museum beherbergt ist. Sehenswert: der Rathausplatz mit Rathaus (1589–1685) und die evangelische Pfarrkirche (1786). Am Johannes-Brahms-Quai steht ein Denkmal des Komponisten, der dem See nach einem seiner Sommeraufenthalte eine Violinsonate widmete. **(Abfahrt Thun-Nord, 3 km)**

*****Thuner See:** Der Bilderbuchsee vor der grandiosen Bergwelt des Berner Oberlands ist beiderseits von einer Uferstraße gesäumt. Vom Panorama her ist die 28 km lange Strecke um das Nordufer die schönste. **(Abfahrt Thun oder Interlaken)**

Bern:
siehe Seite 210

***Aarberg:** Im Seenland, südlich des Bieler Sees gelegenes, mittelalterliches Städtchen. Architektonisch interessant ist die alte Holzbrücke (1568) über die Aare. Das Schloss (17. Jh.) beherbergt eine Wappengalerie von über 80 Landvögten. **(Abfahrt Lyss-Süd, 4 km)**

Traumlage: Schloss Oberhofen am Thunersee

***Spiez:** Historischer Ort mit einer schönen Uferpromenade und einem sagenumwobenen, ansehnlichen Schloss (12.–14.Jh./18.Jh.), das im Mittelalter den Namen »Goldener Hof am Weedelsee« trug. Sehenswert: das Schlossmuseum mit Wohn- und Repräsentationsräumen des 13.–18 Jhs. **(Abfahrt Spiez, 2 km)**

*****Interlaken:** Zwischen dem Thuner- und dem Brienzer See gelegen – daher der Name – ist der mondäne Ausgangsort zum Berner Oberland schon seit fast 200 Jahren ein Wintersportort der Luxusklasse. Sehenswert: die vom Bahnhof West zum Bahnhof Ost an Hotels und Parkanlagen vorbeiführende Promenade mit großartigem Blick auf die Jungfrau. Das Touristikmuseum erzählt anschaulich von der Entwicklung des Fremdenverkehrs. **(Abfahrt Wilderswil, 2 km)**

Ein unvergessliches Erlebnis ist die Fahrt von Wilderswil mit der Zahnradbahn zur Schynige-Platte (1987 m), die atemberaubende Aussichten auf das Jungfrau-Massiv bietet. **(Abfahrt Wilderswil, 2 km)**

UNTERWEGS VOM JURA ZUM BERNER OBERLAND

Grindelwald: Blick über den Bachalpsee auf die Aarhorngruppe

Vom »Rösti-Graben«, wie man das Tal der **Aare** an der Grenze zum **Jura** auch gerne nennt, steigt das **Schweizer Mittelland** ganz gemächlich an, eine freundliche Landschaft um 400 bis 600 Höhenmeter. Südlich der Stadt Thun jedoch türmen sich die Viertausender im **Berner Oberland,** wo den Grund der Talfurchen romantische Seen füllen. Eine Landschaft, wie geschaffen für genießerische Reisen.

KULINARISCHES DER REGION: Im Röstiland

Kross, goldgelb und flach müssen die Kartoffelküchlein sein, die **Rösti**, deren Heimat das Berner Land ist und die einst »znüni«, um 9 Uhr, zum zweiten Frühstück der Bauern gegessen wurden. **Nidlechueche** (Rahmkuchen) hat in Biel Tradition. Dort reifen an den Seehängen die Trauben für den **Twanner**, einen spritzigen trockenen Weißwein. Die Reife entscheidet auch über die Güte des **Emmentalers.** Schon im 16. Jh. brachte er den Bauern des Emmentals (östl. von Bern) bessere Erträge als die Milchwirtschaft. Ergo: **Fondue** probieren – und natürlich die **Seefische.** Empfehlenswerte Lokale: **See-Restaurant Beau-Rivage,** Biel, Tel. +41(0)32/3224464: fantasievolle Fischküche **(Abfahrt Biel/Bienne). Brasserie Bärengraben,** Muristalden 1, Tel. +41(0)31/3114218: traditionell cool. **Kornhauskeller,** Kornhausplatz 18, Bern, Tel. +41(0)31/3277272: Gewölbe (17. Jh.) mit spätbarocken und Jugendstilmalereien, junge Küche **(Abfahrt Bern-Neufeld). Schloss Schadau,** Seestr. 45, Thun, Tel. +41(0)33/2222500: Küche von höchstem Niveau **(Abfahrt Thun-Nord, 2,5 km). Stocker's Degusta,** Interlaken, Tel. +41(0)33/8220029: für verwöhnte Gaumen ein gemütliches Chalet mitten im Ort **(Abfahrt Unterseen).**

RAST AUF REISEN: Nostalgisch mit Stil

Chrueg, Seestr. 2, 2563 Ipsach, Tel. +41(0)32/3315011: komfortable Mittelklasse **(Abfahrt Biel, 3 km vom Zentrum). Goldener Schlüssel,** Rathausgasse 72, Bern, Tel. +41(0)31/3110216: zum Wohlfühlen, Terrassenrestaurant **(Abfahrt Bern-Neufeld). Strandhotel Bel-vedere,** Schachtenstr. 39, 3700 Spiez, Tel. 033/6543333: nostalgisch eleganter Stil, Engadiner Küche **(Abfahrt Spiez). Bären Wilderswil,** 3812 Wilderswil, Tel. +41(0)33/8283151: Taverne seit dem 18. Jh., geschmackvoll schlicht **(Abfahrt Wilderswil). Hotel Waldheim du Lac,** 6062 Wilen am Sarnersee, Tel. +41(0)41/6601383: im Grünen gelegen, ruhig und familiär **(Abfahrt Sarnen-Nord, 3 km).**

Berner Oberland

Gstaad, Grindelwald, Wengen: Gebettet in eine himmelstrebende Landschaft mit Eiger, Mönch und Jungfrau und dem alles überragenden Finsteraarhorn, sind die sympathischen Orte Schweizer Fixsterne des Alpinsports.

Das hügelgrüne Alpenvorland lebt seit Jahr und Tag von der Milchwirtschaft, das Land der bizarren Felsen aber zunehmend vom Tourismus und daher hat die Schweiz hier den Naturschutz groß geschrieben, insbesondere hinsichtlich des Ausbaus der Wintersportgebiete. Im Tal sind die kobaltblauen Seen beliebtes Ziel der Familien, geht es in die Höhe – im Berner Oberland bis jenseits der 4000, finden Alpinisten jeden Schwierigkeitsgrad und die Königsdisziplin in der Eigernordwand. Seit 2001 gehört das Jungfraumassiv zum Weltkulturerbe und ist damit eines der besonderen Naturdenkmäler der Welt.

1 Das perfekte Panorama: Wetterhorn, die Viertausender Schreckhorn und Finsteraarhorn sowie der Eiger (rechts) zeigen sich den Wanderen am Bachalpsee oberhalb von Grindelwald.

2 Der 2343 m hohe Männlichen bei Wengen ist idealer Aussichtspunkt für den Blick auf die Eiswelt von Jungfrau (4158 m) und Aletschhorn.

3 Der Eiger und seine Nordwand wurden zum Inbegriff für Grindelwald.

4 Das Tal des Engstlingen überragen Wildstrubel (3243 m) und Fitzer (2458 m).

5 Am Staubbachfall bei Lauterbrunnen fand Geheimrat Goethe die Inspiration für den »Gesang der Geister über den Wassern«.

6 Gefürchtete Bilderbuchberge: Über der Kleinen Scheidegg (2061 m) türmen sich Eiger und Mönch.

7 Bergfrühling auf der Alp Rosenlaui, wo Bergsteiger ihre Touren zu Wellhorn und Wetterhorn beginnen.

Streckenprofil A9:** Von Sierre bis Martigny folgt die Autobahn dem Lauf der Rhône zwischen Walliser und Berner Alpen und endet am herrlichen Nordufer des Genfer Sees.* ***(110 km, 1 1/4 Std.)
A12:** Von der Verzweigung Weyemannshaus verläuft die A12 durch sanft hügeliges Alpenland, wo in erster Linie Vieh- und Milchwirtschaft betrieben wird.* ***(85 km, 50 Min.)

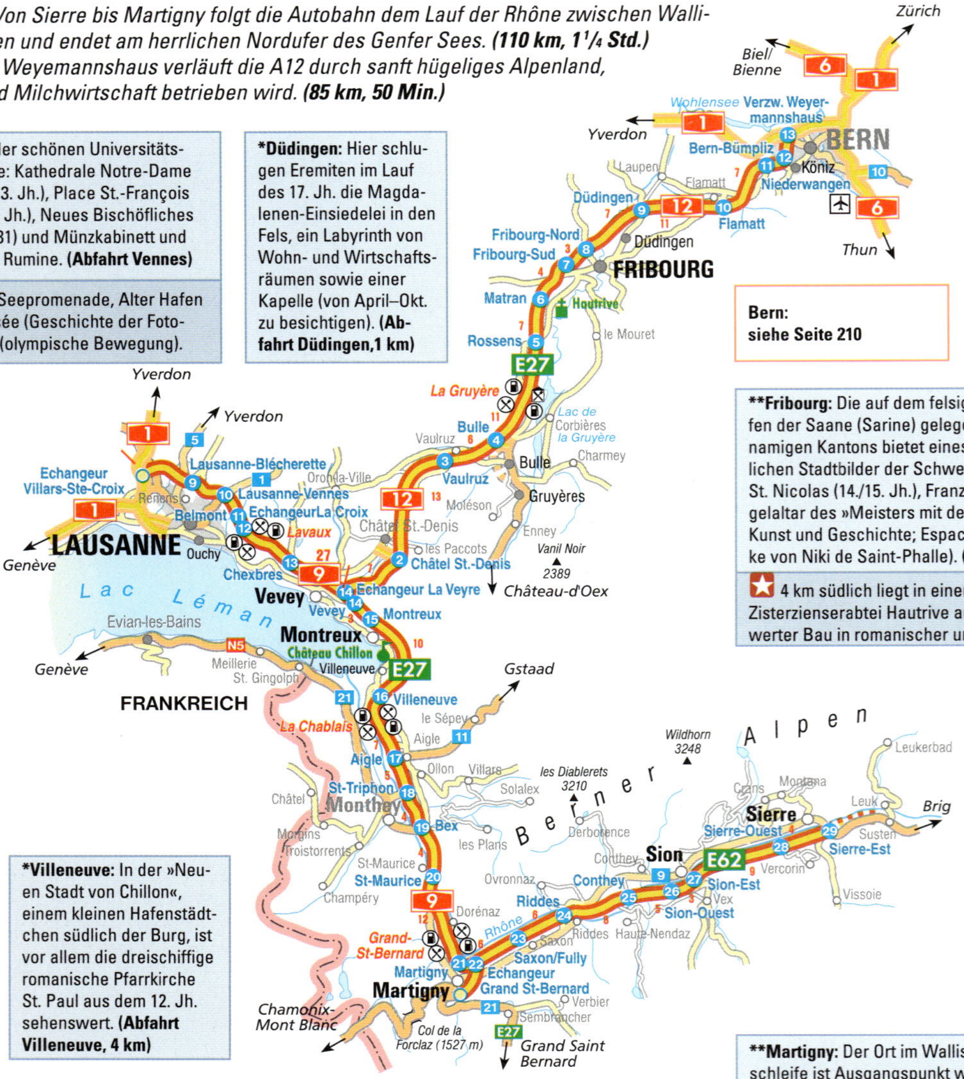

*****Lausanne:** Sehenswert in der schönen Universitätsstadt (seit 1891) am Genfer See: Kathedrale Notre-Dame (12. Jh.) mit Rosettenfenster (13. Jh.), Place St.-François mit Franziskanerkirche (13./14. Jh.), Neues Bischöfliches Schloss Saint-Maire (1397–1431) und Münzkabinett und Kantonalmuseum im Palais de Rumine. **(Abfahrt Vennes)**

Im Vorort Ouchy évarten Seepromenade, Alter Hafen und Jachthafen, Musée d´Elysée (Geschichte der Fotografie) und Musee Olympique (olympische Bewegung).

***Düdingen:** Hier schlugen Eremiten im Lauf des 17. Jh. die Magdalenen-Einsiedelei in den Fels, ein Labyrinth von Wohn- und Wirtschaftsräumen sowie einer Kapelle (von April–Okt. zu besichtigen). **(Abfahrt Düdingen,1 km)**

***Köniz:** Hier lohnt ein Besuch der Kirche St. Peter und Paul mit romanischem Schiff und gotischem Chor (großartige Glasfenster und Wandmalereien). Die ehemalige Augustinerprobstei wurde 1226 von Deutschordensrittern übernommen. Sehenswert: die Komturei des Ritterordens, die im 17. Jh. zum Schloss umgebaut wurde, und der Landsitz Morillongut. **(Abfahrt Niederwangen, 1 km)**

Bern:
siehe Seite 210

****Fribourg:** Die auf dem felsigen Ufer zweier Flussschleifen der Saane (Sarine) gelegene Hauptstadt des gleichnamigen Kantons bietet eines der schönsten mittelalterlichen Stadtbilder der Schweiz. **Sehenswert:** Kathedrale St. Nicolas (14./15. Jh.), Franziskanerkirche (1281) mit Flügelaltar des »Meisters mit der Nelke« (1481); Museum für Kunst und Geschichte; Espace Jean Tinguely (auch Werke von Niki de Saint-Phalle). **(Abfahrt Fribourg-Nord, 4 km)**

4 km südlich liegt in einer Flussschleife der Saane die Zisterzienserabtei Hautrive aus dem 12. Jh., ein sehenswerter Bau in romanischer und gotischer Architektur.

****Vevey:** Alle 25 Jahre (wieder 2002) findet in diesem herrlichen Ort ein Winzerfest statt. Sehenswert: Marktplatz mit der Grenette (1808), einer säulenumgebenen Kornhalle; »Charlot«-Denkmal für Charlie Chaplin, der hier 1977 verstarb. **(Abfahrt Vevey, 2 km)**

*****Château Chillon:** Die wildromantisch auf einem Felsen über dem See thronende Festung (10.–13. Jh.) ist von zahlreichen Schriftstellern in ihren Werken verewigt worden, so auch von Lord Byron in »Der Gefangene von Chillon«. Die eindrucksvolle Führung ist empfehlenswert. **(Abfahrt Montreux, 6 km)**

***Villeneuve:** In der »Neuen Stadt von Chillon«, einem kleinen Hafenstädtchen südlich der Burg, ist vor allem die dreischiffige romanische Pfarrkirche St. Paul aus dem 12. Jh. sehenswert. **(Abfahrt Villeneuve, 4 km)**

***Sierre:** Das schönste Gebäude des im Rhônetal gelegenen Orts ist das aus dem 16. Jh. stammende Château de Vidomnes. Nahe dem Bahnhof steht das Hotel Château Bellevue mit dem zu einem kleinen Museum ausgebauten Rilke-Zimmer. In den Grünanlagen der Avenue Max Huber erinnert eine Büste an den Dichter, der hier eine zweite Heimat fand. **(Abfahrt Sierre)**

****Martigny:** Der Ort im Wallis nahe einer großen Rhôneschleife ist Ausgangspunkt wichtiger Passwege wie dem zum Großen St. Bernhard und zum Col de la Forclaz (Chamonix-Mont-Blanc-Tunnel). An seine römische Vergangenheit erinnern das Kulturzentrum Pierre Gianadda und – unweit davon – die Reste eines Amphitheaters. Sehenswert: die an einem Berghang nahe der Stadt in den Weinbergen gelegene Burg La Batiaz (13. Jh.) und eine außergewöhnlich gut bestückte Oldtimersammlung (im o. g. Kulturzentrum). **(Abfahrt Martigny, 3 km)**

****Montreux:** Alte Hotelpaläste und moderne Kongresszentren bilden in dem herrlich am See gelegenen Kurort einen eigenwilligen Kontrast. Vor allem beim Anblick des mondänen Montreux Palace (1904) verspürt man noch einen Hauch des Fin de Siècle. Einen hervorragenden Ruf genießt das alljährlich im Juli und August stattfindende Internationale Jazzfestival. **(Abfahrt Montreux, 2 km)**

*****Sion-Sitten:** Überragt wird die Altstadt am Fuß zweier mächtiger Burgfelsen von der Kathedrale Notre-Dame-du Glarier (15. Jh.). Sehenswert in der Bischofstadt: die gotische Theodulkirche (1512–14), das Renaissancerathaus (1661) mit einer astronomischen Uhr und das spätgotische Haus »Supersaxo« (1505). Museen: Walliser Kunstmuseum und Archäologisches Museum. **(Abfahrt Sion, 2 km)**

UNTERWEGS VOM WALLIS ZUM GENFER SEE UND INS MITTELLAND

Bei Montreux: Blick über den Genfer See auf den Dents du Midi

Blickt von ferne noch das **Matterhorn** auf das obere **Rhônetal**, Symbol der überaus dramatischen **Walliser Bergwelt**, so swingt das Ufer des **Genfer Sees** unter Palmen im leichten Jazzrhythmus. Auch hier waren wieder die **Gletscher** verantwortlich für die herb-dynamische, aber sehr reizvolle Landschaft, die erst nördlich der Stadt Lausanne weichere Konturen annimmt.

KULINARISCHES DER REGION: Raclette

Das gesellige Beisammensein bei **Fondue** oder **Raclette** ist ganz nach Schweizer Gusto, auch in den Restaurants. Zum sanft schmelzenden Käse gehören beim Raclette Pellkartoffeln, Silberzwiebeln und Essiggurken. Zarter als Raclette-Käse ist der cremige **Tomme Vaudoise** sowie der **Reblochon**, markanter der **Greyerzer**. Unter den beliebten Gemüsequiches ist der **Gâteau Saviesanne** mit Lauch und Kartoffeln eine Besonderheit des Unterwallis. Weinkenner kommen am Genfer See und im Wallis auf ihre Kosten: **Fendant, Dôle, Goron**. Empfehlenswerte Lokale: **Relais Château de Villa,** 4 rue Ste-Catherine, Sierre, Tel. +41(0)27/4551896: fein tafeln in historischem Haus **(Abfahrt Sierre). Ermitage,** 75 rue du Lac, Clarens, Tel. +41(0)21/9644411: edler Genuss am See **(Abfahrt Montreux, 3 km). Brasserie Bleu Lézard,** 10 rue Enning, Lausanne, Tel. +41(0)21/3213830: Walliser Küche **(Abfahrt Croisy, 5 km). Gotthard,** 16 rue du Pont-Muré, Fribourg, Tel. +41(0)26/3223285: lässig, genussvolles Schmausen **(Abfahrt Fribourg-Süd, 3 km).**

RAST AUF REISEN: Hotels mit Charme

Hotel Terminus, 1, rue du Bourg, 3960 Sierre, Tel. +41(0)27/4551351: sehr ruhig, zentral **(Abfahrt Sierre). Hotel Alpes & Rhône,** 11, Av. du Grd-St-Bernard, Martigny, Tel. +41(0)27/7221717: modernes Haus, zentral **(Abfahrt Martigny). Hostellerie du Lac,** 12 rue du Quai, 1820 Montreux, Tel. +41(0)21/ 9633271: nettes Haus am Wasser **(Abfahrt Montreux, 3 km). Hostellerie du Genève,** 11 place du Marché, 1800 Vevey, Tel. +41(0)21/9214577: klein, großzügiges Restaurant **(Abfahrt Vevey, 3 km). Beau Rivage Palace,** Place du Port 17–19, 1000 Lausanne 6, Tel. +41(0)21/61333: edel, viel Prominenz; **Aulac,** 4 place de la Navigation, 1000 Lausanne 6, Tel. +41(0)21/6131500: alt, aber modernisiert **(Abfahrt Croisy, 5 km).**

Streckenprofil: *Die landschaftlich ungemein reizolle Rheintalautobahn führt zwischen Rätikon und Glarner Alpen hindurch in das enge Tal des Hinterrheins bis an den San Bernardino. Nach dem Tunnel geht es, teils sogar kurvig, durch das Misoxer Tal hinunter in den Tessin.* ***(200 km, 2 Std.)***

****Werdenberg:** Die intakte mittelalterliche Holzbausiedlung an einem kleinen See scheint wie ein Relikt aus vergangenen Zeiten. Über ihr thront das um 1230 erbaute gleichnamige Schloss mit dem Rheinmuseum. **(Abfahrt Buchs, 2 km)**

***Bad Ragaz:** Seit Juni 1997 darf sich die Region um das noble Thermalheilbad »Heidiland« nennen. Die Autorin Johanna Spyri (1827-1901) hatte im benachbarten Maienfeld mehrmals die Sommer verbracht und war durch die freundliche Umgebung zu ihrem weltberühmten Jugendbuch inspiriert worden. Der große »Heidiweg« führt von Maienfeld hinauf zur Alp des »Alm-Öhi« (ca. 4 Std.). **(Abfahrt Maienfeld, 2 km)**

Sehr eindrucksvoll ist die von steilen Schieferwänden umgebene, 500 m lange ****Tamina-Schlucht** bei Bad Pfäfers, an deren Ende eine warme Quelle aus dem Felsenkeller sprudelt. **(Abfahrt Bad Ragaz, 5 km)**

*****Via Mala:** Der von düsteren Geschichten umrankte Weg durch die Rheinschlucht führt durch eine von 500 m hohen Kalkfelsen gebildete Klamm. Den besten Zugang in die durch das gleichnamige Buch von John Knittel berühmt gewordene Schlucht hat man auf dem Kulturwanderweg ab Sils. **(Abfahrt Via Mala, 4 km)**

Burg Vaduz

****Fürstentum Liechtenstein-Vaduz:** Das zu Füßen der »Drei Schwestern« (2052 m) gelegene und wegen seiner Steuergesetze beliebte Fürstentum (30000 Einwohner) liegt zwischen der Schweiz und Österreich. Über der Hauptstadt Vaduz thront das Schloss (12. Jh. und 17. Jh.), das nach wie vor Wohnsitz der Fürstenfamilie ist. Sehenswert: die Liechtensteinsche Kunstsammlung, das Landesmuseum und das Postmuseum mit Ausstellungen berühmter Briefmarken. **(Abfahrt Sevelen, 4 km)**

****Chur:** Seit über 5000 Jahren besiedelt, gilt die auch »Tor zur Bündner Bergwelt« genannte Kantonshauptstadt Graubündens als älteste nachgewiesene Siedlung der Schweiz. Die vom Komplex des Bischöflichen Hofs und der Kathedrale (12./13. Jh.) überragte Stadt ist Ausgangspunkt für die Weiterfahrt in die berühmten Wintersportregionen Arosa, Davos, Klosters und St. Moritz. Sehenswert: das Dommuseum und der prächtige gotische Schnitzaltar (1486–92) in der Kathedrale; die urige Altstadt mit dem Rathaus (1465) in der Reichsgasse und dem Bündner Kunstmuseum. **(Abfahrt Chur-Nord, 2 km)**

****Domleschg:** Nach dem Isla-Bella-Tunnel (2,5 km) durchfährt man bis zur berühmten Via Mala die Domleschg genannte wildromantische Talsohle des Hinterrheins. Die meisten der auf den Felsvorsprüngen liegenden Burgen und Ruinen wurden bereits im 15. Jh. zerstört.

****Roveredo:** Aus dem kleinen Ort San Vittore stammen so berühmte Baumeister wie Enrico Zuccalli (Schloss Schleissheim, Münchner Theatinerkirche) und Giovanni Viscardi (Schloss Nymphenburg). In Roveredo kann man im Grotto Zendralli Misoxer Wein kosten und die barocke Kirche Madonna del Ponte Chiuso (17. Jh.) bewundern. **(Abfahrt Roveredo, 2 km)**

Bellinzona: siehe Seite 219

San-Bernardino-Tunnel: Der 6,6 km lange, fast gerade Tunnel (keine Maut) durchquert den gleichnamigen Berg (2724 m) und ersetzt die großartige Panoramen bietende Passstraße. Schon in frühgeschichtlicher Zeit war hier ein Alpenübergang.

*****Zillis:** Unbedingt einen Halt wert ist die Kirche St. Martin (12. Jh./1509) mit einer aus 153 bemalten Feldern bestehenden romanischen Holzdecke (12. Jh.), die als eine der ältesten und schönsten des Abendlands gilt. **(Abfahrt Zillis, 2 km)**

****Mesocco:** Der uralte Ort mit schönen Steinhäusern im Tal Misox markiert eine Klimagrenze. Ab hier künden erste Feigen- und Edelkastanienbäume von der mediterranen Vegetation. Unterhalb, auf einem steilen Felsen, liegt die eindrucksvollste Burganlage Graubündens, die gewaltige Festung Castello di Mesocco (12. Jh.), 1526 von Bündnern zerstört. **(Abfahrt Mesocco-Süd, 2 km)**

UNTERWEGS VOM BODENSEE DURCH GRAUBÜNDEN INS TESSIN

Blick ins San Bernardino Tal

Den Tälern des Rheins folgt die Strecke – zunächst durch die Garten- und Weinlandschaft am **Vorderrhein** bis Tamins – vorbei am Fürstentum Liechtenstein und seiner Burg und der Kantonshauptstadt Chur. Als **Via mala**, der »gefährliche Weg«, war die Strecke durch das **Hinterrheintal** schon im Mittelalter bekannt. Nah an die steilen Felsen drängt sich die Straße im **Domleschg**, wo die Bauerndörfer hoch oben auf den Almen und die Burgen auf Felsnasen hocken, wo das Klima im Tal rauer ist und daher die Lieblichkeit der Natur in der **Valle Mesolcina** jenseits des Bernardino-Tunnels und vor allem in **Bellinzona** umso mehr überrascht – ein kleiner Ausschnitt aus dem »Land der 150 Täler« **Graubünden.**

KULINARISCHES DER REGION: Bündner Fleisch

Graubündner Spezialitäten sind deftig und teils aufwändig zuzubereiten, weshalb die Restaurantküche nicht die ganze Palette auftischt – im Gegensatz zu den vorzüglichen Weinen, u. a. aus der Gegend von Maienfeld im Rheintal. **Maluns** (Kartoffelküchlein) werden zu Apfelmus gegessen, für **Capuns** gart man Speckklößchen aus Spätzleteig in einem Mangoldblatt und serviert sie mit geriebenem Käse und Butter. Der Höhepunkt der Genüsse ist sicher **Bündnerfleisch**, luftgetrocknetes Rindfleisch in hauchdünnen Scheiben, kräftiger im Geschmack sind dagegen **Salsiz** (Art Salami), **Churer Beinwurst** vom Schwein oder ein kräftiger **Bergkäse** zu **Anisbrot** aus dem Puschlav. Das **Fondue** nicht zu vergessen. Süße Krönung ist die **Engadiner Nusstorte.** Empfehlenswerte Lokale: **Adler,** Herrengasse 2, Vaduz, Tel. +423 (0)2322131: feine Bündner Marktküche **(Abfahrt Buchs, 5 km). Gasthof Schäfle,** Landstr. 276, 9495 Triesen (LI), Tel. +423 (0) 3923818: alpenländische Küche **(Abfahrt Trübbach, 5 km). Gasthaus Alte Post,** Zillis, Tel. +41(0)81/6611235: sehr gute Hausmannskost, **(Abfahrt Zillis). Restaurant Schwert,** Andeer, Tel. +41(0)81/6611118: leckere Bündner Spezialitäten in einer alten **»Säumerbeiz« (Abfahrt Andeer).**

RAST AUF REISEN: Alpenländisch übernachten

Schiff Buriet-Thal, Burietstr. 1, 9425 Thal, Tel. +41(0)71/8884777: Landgasthof am Bodensee, **(Abfahrt St. Margrethen, 7 km). Hotel Schloss Ragaz,** 7310 Bad Ragaz, Tel. +41(0)81/3037777: viel Komfort in einem großen Park **(Abfahrt Bad Ragaz). Hotel-Restaurant Reich,** 7421 Summaprada, Tel. +41(0)81/ 6500101: hübsche, ländliche Zimmer, Bündner Spezialitäten **(Abfahrt Thusis-Nord, 1 km). Fravi,** Veia Granda 1, 7440 Andeer, Tel. +41(0)81/6600101: gelungen renoviertes altes Haus **(Abfahrt Andeer). Posthotel Bodenhaus,** 7435 Splügen, Tel. +41(0)81/6509090: gemütliche, rustikale Zimmer, gut bürgerliche Küche **(Abfahrt Splügen). Romantik Hotel Ristorante Al Cacciatore,** 6562 Soazza, Tel. +41(0)91/8311820,: ein altes Patrizierhaus mit sehr guter Küche **(Abfahrt Mesocco-Süd, 3 km).**

Lausanne und Château de Chillon

Olympische Kondition fordert Lausanne von seinen Besuchern, will man sich die lauschigen Treppengassen und Sehenswürdigkeiten der über viele steile Hügel gebreiteten Stadt am Nordufer des Genfer Sees erobern.

Im Umfeld von Lausanne ist die Besiedelung des Seeufers seit rund 8000 Jahren nachgewiesen. Das römische Vicus Lousanna machte als Handelsplatz von sich reden und bereits im 6. Jh. etablierte sich hier ein Bischof. 1536 eroberten die Berner die Waadt (Vaude) sowie die bis dahin freie kaiserliche Reichsstadt und ebneten damit der Reformation den Weg. Der Beitritt der Waadt zum Verbund der Kantone erfolgte 1803, als die alte Eidgenossenschaft zerbrach. Lausanne, nun Kantonshauptstadt, wurde 1848 Sitz des Bundesgerichtes und entwickelte sich zu einem Zentrum der Wirtschaft, das wichtige internationale Messen ausrichtet und nun Sitz des Internationalen Olympischen Kommitees ist. Die feinen Weine von den umliegenden Rebhängen bereichern nicht zuletzt die kulinarische Palette der heiteren Stadt.

Großes Bild links:
Märchenhaft und trutzig: Château de Chillon (10. Jh.) östlich von Montreux. Bis ins 16. Jh. war die Wasserburg Aufenthaltsort der Herzöge von Savoyen.

1 Wo im mittelalterlichen Château St. Maire einst die Bischöfe residierten, tagt heute die Kantonsregierung von Vaude.

2 Das Rathaus und stattliche Bürgerhäuser umrahmen die malerische Place de la Palud, seinen lebendigen Marktplatz und Mittelpunkt der Altstadt mit der Justitia-Säule.

3 Imposanter Fingerzeig der Kirche: die frühgotische Cathédrale Notre-Dame (12./13. Jh.) thront trutzig über der pittoresken Altstadt.

1

2

3

Streckenprofil: *Nach dem Grenzübergang Walserberg führt die Route ab Knoten Salzburg auf die Westautobahn, eine der Hauptverkehrsadern Österreichs . Durch das hügelig bewaldete Salzburger Land führt sie nördlich des Salzkammerguts in die Voralpenlandschaft um Linz.* ***(135 km, ca. 1¹/₂ Std.)***

Linz: Jesuitenkirche und Dreifaltigkeitssäule

****Kremsmünster:** Die imposante Anlage des 777 von Herzog Tassilo als eines der ersten Klöster des Landes gegründeten Benediktinerstifts (barock umgestaltet) liegt weithin sichtbar über dem Kremstal. Neben der Stiftskirche (13. Jh., 1709–31) und der Schatzkammer mit dem weltberühmten Tassilokelch (um 780) verdient auch die Sternwarte Beachtung. **(Abfahrt 195 Sattledt, 6 km)**

****Enns:** Wahrzeichen der auf den Resten eines Römerlagers gegründeten ältesten Stadt Österreichs ist der Renaissanceturm (1568, 59 m), der einen weiten Blick ins Umland bietet. Sehenswert: die gotische Basilika St. Laurenz, das Rathaus (1547) und Schloss Ennsegg (16./17. Jh.). 7 km nördlich lag das KZ Mauthausen, an das eine Gedenkstätte erinnert. **(Abfahrt 155 Enns/Steyr, 1 km)**

****Linz:** Hochöfen und Schlote von Stahl- und Chemiewerken prägen das Gesicht der größten Industriemetropole Österreichs. Doch unter dem hoch über der Donau thronenden Schloss (15. Jh.) liegt eine von Barock und Renaissance geprägte Altstadt. Sehenswert: der zu den größten Plätzen Mitteleuropas zählende Hauptplatz mit Altem Rathaus (16. Jh.) und der Jesuitenkirche St. Ignatius (Alter Dom, 17. Jh.), vor der sich die Dreifaltigkeitssäule (1723, Marmor, 20 m) erhebt. Die romanische Martinskirche (Fresken aus dem 14. Jh.), die Stadtpfarrkirche Mariä Himmelfahrt, in der das Herz Kaiser Friedrichs III. beigesetzt ist; der neugotische Dom (1862–1924), die größte Kirche Österreichs. Das Erlebnismuseum »Ars Electronica Center« präsentiert Virtual Reality und ist Initiator der »Linzer Klangwolke«. **(Abfahrt Knoten Linz, über A7 bis Abfahrt 9 Linz-Prinz Eugen Straße, 2 km)**

****St. Florian:** Das Augustiner-Chorherrenstift (1686–1751), in dem Anton Bruckner (1824-96) wirkte und begraben liegt, gehört zu den ältesten und eindrucksvollsten Klöstern des Landes. Sehenswert: Stiftskirche mit Bruckner-Orgel, die Altdorfer-Galerie mit dem farbenprächtigen Sebastiansaltar (16. Jh.) und die herrliche Rokokobibliothek (1744–50). **(Abfahrt 160 St. Florian, 3 km)**

*****Salzburg:** Weithin sichtbar thront die Feste Hohensalzburg (1077–1147) auf dem Mönchsberg über den engen Gassen der Festspielstadt. Von der Burg, eine der größten Festungen Europas, bietet sich ein herrlicher Blick auf die vieltürmige Altstadt, deren historischer Teil von der UNESCO zum Weltkulturerbe erklärt wurde. Sehenswert: der in italienischem Barock gehaltene Dom (1614–28), Kulisse für die jährliche Aufführung des »Jedermann«. Die einem Palazzo ähnelnde Fürstbischöfliche Residenz (1592–1602) mit dem Salzburger Glockenspiel (tgl. 7,11 und 18 Uhr); die Kirchen St. Peter (12. Jh./17. Jh.) und Kollegienkirche (1696-1707). Die Schlösser Mirabell (1721–27) und Leopoldskron, ein Rokokopalast von 1736. Auf einem Gang durch die Altstadt sind neben Mozarts Geburtshaus (Museum) in der berühmten Getreidegasse Nr. 9 auch die Alte Hofapotheke (1591) und das Café Tomaselli auf dem hübschen Alten Markt sowie der Chiemseehof (1305) in der Pfeifergasse sehenswert. Der Festspielbezirk mit den Schauspielhäusern liegt angelehnt an den Mönchsberg am Max Reinhardt Platz. **(Abfahrt 292 Salzburg-Mitte, ca. 2 km)**

****Mondsee/*Attersee:** Ein landschaftlich und kulturhistorisch attraktiver Abstecher führt an Mondsee und Attersee entlang bis Seewalchen, wo man wieder auf die Autobahn zurückkehrt. Das Seeufer des Mondsees war schon zur Jungsteinzeit mit Pfahlbauten (1900 v. Chr.) besiedelt (nördliches Ostufer). Sehenswert: barockes Stift St. Michael mit spätgotischer Basilika (Ende 15. Jh.). Die steil aufragende Drachenwand (1300 m) im Südwesten und der 1783 m hohe Schafberg im Süden verleihen der Landschaft um den See Dramatik. Größter See im Salzkammergut ist der bis zu 171 m tiefe Attersee, der auf vielen Gemälden Gustav Klimts abgebildet ist. Dort lohnt die kleine Wallfahrtskirche Maria Attersee (1721–28) auf dem Kirchberg am See einen Besuch. **(Abfahrt 265 Mondsee, über Staatsstraße 151 oder 154 bis Seewalchen, ca. 28 km)**

Wichtig: In Österreich sind Autobahnen mautpflichtig. Zur Zeit kosten die Jahresvignette für PKW 72,60 Euro, Monatsvignette 21,80 Euro, und 10-Tages-Vignette 7,60 Euro.

***St. Georgen im Attergau:** nahe der Autobahn gelegener Ort mit schönen stuckverzierten Bürgerhäusern und spätgotischer Pfarrkirche. **(Abfahrt 243 St. Georgen, 2 km)**

Im Sommer mit dem alten Raddampfer Gisela von Gmunden aus starten (ca. 2 Std.).

****Gmunden am Traunsee:** An einer wunderschönen Bucht mit herrlicher Uferpromenade gelegen, ist die alte Salzstadt mit ihrem k.-u.-k.-Charme heute ein beliebtes Fremdenverkehrsziel. Sehenswert: das durch eine Fernsehserie bekannte Seeschloss Orth (17. Jh.) vor der Kulisse des bizarr gezackten Traunsteins (1691 m). Auch die malerische Altstadt lädt zu einem Bummel durch ihre Gassen ein. **(Abfahrt 224 Regau, 5 km)**

UNTERWEGS AN DEN SEEN DES SALZKAMMERGUTS

Gmunden am Traunsee

Rund 40 Seen liegen in der Berglandschaft des **Salzkammerguts,** das vom Voralpenland über schroffe Karstgebirge bis zur Gletscherregion des Dachsteingebirges hinüberreicht. Der **Mondsee** ist nur ein Höhepunkt auf dieser Route. Sein schwarzblaues Wasser und die reizvolle Berglandschaft lockten schon lange vor den Sommerfrischlern des 19. Jhs. die Menschen an. Auch der nahe **Attersee** hat seit jeher die Menschen fasziniert. So stammt die berühmteste Ansicht von Unterach am Attersee von dem Maler Gustav Klimt, der sich hier zu einer seiner wenigen Landschaftsmalereien inspirieren ließ. Einen Abstecher wert sind genauso der **Wolfgangsee,** der **Traunsee (Abfahrt 224 Regau, 16 km)** oder der kleine **Fuschlsee.** Gepflegte Wander- und Spazierwege laden wie das klare Wasser und die sanften Ufer zum Verweilen ein.

KULINARISCHES DER REGION: Der Knödel

Knödel gibt es in der Region in allen Variationen. Der Teigball ist in der oberösterreichischen Küche quasi die Quintessenz, sei es als Hauptspeise wie die **Speck-** oder **Grammelknödel,** als Beilage wie die **Mehlknödel** zum **Schweinsbraten,** oder als süße Köstlichkeit wie die **Marillen-** oder **Zwetschgenknödel,** die mit Eis oder in zerlassener Butter gereicht werden. Besonders der **Germknödel,** ein mit Pflaumenmus, dem **»Powidl«,** gefüllter Hefekloß ist weit bekannt. Serviert wird er mit heißer Butter, Puderzucker und Mohn. Empfehlenswerte Lokale: **La Farandole,** Schlössl 150, 5310 Mondsee, Tel. +43(0)/6232/3475: Gourmetküche mit französischem Touch und hervorragender Weinkarte; **Landgasthof Schlössl,** Herzog-Odilostr. 92, 5310 Mondsee, Tel. +43(0)/6232/2390 : heimische Schmankerlküche **(Abfahrt 265 Mondsee, 3 km). Föttinger,** Seefeld 14, 4853 Steinbach, Tel. +43(0)/7663/8100: einstige Sommerresidenz Gustav Mahlers, für ihre bodenständige Küche bekannt **(Abfahrt 233 Schörfling, 14 km).**

RAST AUF REISEN: Übernachten an den Seen

Hotel Seehof, 5311 Loibichl, Tel. +43(0)/6232/5031: hoch gelobtes Hotel im Park; **(Abfahrt 365 Mondsee). Gasthof-Pension Lindenhof,** Breitenröth 1, 4865 Nußdorf, Tel. +43(0)/7666/80600 **(Abfahrt 234 Seewalchen 11 km). Hotel Seegasthof Oberndorfer,** Hauptstr. 18, 4864 Attersee, Tel. +43(0)/7666/78640: Zimmer mit Balkons zum See, österreichische Küche, Seeterrasse **(Abfahrt 233 Schörfling, 11 km).**

Streckenprofil: *Von Linz verläuft die Autobahn in einem weiten Bogen talwärts über die Enns, führt durch Hügellandschaften parallel zur Donau bis nach Melk. Nach St. Pölten geht es waldreich und leicht bergig duch den Wienerwald weiter in die Hauptstadt Österreichs.* ***(185 km, ca. 2 Std.)***

*****Wachau:** Eine Fahrt durch die Wachau (UNESCO-Weltkulturerbe) über das malerische Städtchen Dürnstein bis nach Krems lohnt immer: Die ca. 30 km lange Engtalstraße entlang des schönsten Donauabschnitts Österreichs führt durch das romantische Flusstal, das beiderseits von steilen Weinterrassen begrenzt wird. Hier werden berühmte Weißweine gekeltert, die nicht nur in Österreich sehr beliebt sind. Zu den zahlreichen Burgruinen gehört die bekannte, auf einem 300 m hohen, steil abfallenden Felsen gelegene Burg Aggstein aus dem 12. Jh. Ein Besuch des wunderschön gelegenen Weinstädtchens Dürnstein lohnt auch wegen der guten Küche, für die diese Gegend bekannt ist. Hier in der Kuenringerburg wurde im Jahr 1193 König Richard Löwenherz von Herzog Leopold VI. gefangen gehalten – wegen einer Beleidigung. Erst nachdem ein hohes Lösegeld bezahlt wurde, ließen die Österreicher den Gefangenen wieder frei. **(Von Melk über die Donau, dann auf der Staatsstraße 3 entlang des Flusses über Dürnstein bis Krems und zurück über die S33, wo man beim Knoten St. Pölten auf die Autobahn zurückkehrt, ca. 65 km)**

St. Pölten: Gebäude aus allen Epochen von der Romanik über Renaissance und Jugendstil bis hin zur Moderne machen die Landeshauptstadt Niederösterreichs zu einer architektonischen Besonderheit. Vor allem Baumeister des Barock prägten das Stadtbild im 18. Jh. nachhaltig. Sehenswert: der Rathausplatz mit Dreifaltigkeitssäule (1782), Karmeliterinnen- und Franziskanerkirche und natürlich der Dom (12./13. Jh./1715–56). Auch hochmoderne Wohn- und Regierungsgebäude sind durchaus beachtenswert, wie z. B. das neue Festspielhaus oder der 80 m hohe Klangturm. **(Abfahrt 59 St. Pölten-Süd, 3 km)**

Das Hundertwasser-Haus in Wien

*****Wien:** Wahrzeichen der Hauptstadt Österreichs ist der gotische Stephansdom (13.–15. Jh.), eine der bedeutendsten Kathedralen der Welt und unverwechselbar durch das hohe, mit farbigen Glasurziegeln gedeckte Dach. Die Donaumetropole, als Drehscheibe zwischen Ost und West schon immer von überragender kultureller und geschichtlicher Bedeutung für Mitteleuropa, glänzt durch ihre Fülle an Baudenkmälern aus Barock und Jugendstil, gepaart mit kühnen architektonischen Experimenten der jüngeren Zeit. Untrennbar mit der Musik von Johann Strauß, Mozart, Haydn, Beethoven und vielen mehr verbunden, versprüht sie auch heute noch den Charme und das Flair der vergangenen k. u. k. Monarchie, auf die man sich am schönsten bei einer Fahrt mit dem Fiaker einlassen kann. Bedeutende Sehenswürdigkeiten sind: die bombastisch-barocke Wiener Hofburg (13.–20. Jh.) mit der Nationalbibliothek, den Schatzkammern, mehreren Museen und der Spanischen Hofreitschule; das Rathaus (1872–83), das Burgtheater (1874–88), Universität (1873–83), Parlament (1883) und die Staatsoper (1861–69); die Kapuzinerkirche (1622–32) mit der Kaisergruft, Augustinerkirche (1330-39), Karlskirche (1716–39) und Peterskirche (1702–33); das Secessionsgebäude (1897), ein Jugendstilbau mit Kuppel aus vergoldeten Lorbeerblättern und das eigenwillige Hundertwasser-Haus (1983–85) im 3. Bezirk. Museen: Kunstsammlung Albertina, das Museum des 20. Jhs., das Naturhistorische und das Kunsthistorische Museum am Maria-Theresien-Platz und das Museum der Schönen Künste. Eine der prächtigsten Palastanlagen Europas sind die für Prinz Eugen erbauten Belvedere-Schlösser (1716 und 1722), deren Geschichte an Sommerabenden vor dem Oberen Belvedere in einer Ton-Licht-Schau erzählt wird (»Son et Lumiere«). Die berühmteste Grünanlage der parkreichen Stadt ist der Prater mit dem weltbekannten Riesenrad (1897, 65 m hoch). Schloss Schönbrunn (1696–1711), Sommerresidenz der Kaiser mit überwältigend schönem barocken Park, wurde von der UNESCO in die Liste des Weltkulturerbes aufgenommen.
(Abfahrt 9 Wien-Auhof, über Staatsstraße 1, 12 km)

*****Melk:** Linker Hand auf einem Bergrücken oberhalb der Donau gelegen, macht der grandiose Bau des Benediktinerstifts Melk (1089/1702–38) schon von weitem auf sich aufmerksam. Er gilt als Juwel barocker Baukunst und ist einer der bedeutendsten Klosterbauten des christlichen Abendlands. Sehenswert: die prunkvoll ausgestattete Stiftskirche, der Marmorsaal und die berühmte Bibliothek mit 90 000 Bänden. Auch die reizvolle Altstadt von Melk mit Lebzelterhaus (1657) und Stiftstaverne (1736) lädt zu einem Bummel ein. 6 km südlich liegt das Renaissanceschloss Schallaburg mit einem zweigeschossigen, terrakottageschmückten Arkadenhof. **(Abfahrt 80 Melk, 1 km)**

Auf steilem Felsen gelegen: Burg Aggstein in der Wachau

UNTERWEGS IN DER WACHAU

Romantische Wachau: Burgruine bei Spitz

Durch Jahrhunderte ist die **Donau** nicht nur Transportweg von Kreuzfahrern und Pilgergruppen gewesen, sondern auch wichtige **Handelsroute** zwischen West und Ost. Heute ist der Höhepunkt einer Urlaubsreise an der Donau die **Wachau,** diese reizvolle und kulturträchtige Region links und rechts des Stroms, die die UNESCO zum **Weltkulturerbe** erklärt hat. Die Landschaft bietet neben kulinarischen Höhepunkten viele kulturelle Schätze: So grenzen die beiden berühmten Stiftsbauten Melk und Göttweig jenen Abschnitt Österreichs ein, den man als Tempel der profanen Genüsse bezeichnen könnte. Auch die Dichte an mittelalterlichen Bauten und barocken Glanzstücken macht die zauberhafte Region zu einem Urlaubs- und Kulturgenuß.

KULINARISCHES DER REGION: Wachauer Wein
Der **Grüne Veltliner** und die **Wachauer Rieslinge** sind die weltberühmten **Spitzenweine** der Region. Ihre hervorragende Qualität rührt vom milden Klima des Donauufers her, dem kühlenden Wind aus den Wäldern und den kargen Böden. Auch die liebevolle Arbeit der Winzer und ihr beherzter Einsatz zur Erhaltung ihrer Region trägt entscheidend zur Qualität dieses Spitzenprodukts bei: In dem Schutzverband **»Vinea Wachau Nobilis Districtus«** erlegen sich die Weinbauern selbst strenge **Qualitätskriterien** zur Herstellung ihrer Produkte auf. Empfehlenswerte Lokale: Café Restaurant **Zum Fürsten,** Rathausplatz 3, 3390 Melk, Tel. +43(0)/27 52/52 8; Am Hauptplatz, »im ältesten Café von Melk«, genießt man den Stiftsblick vom Schanigarten; **Brauhof Melk,** Linzerstr. 25, 3390 Melk, Tel. +43(0)/27 52/22 96: Heurigenbetrieb im Kellergewölbe, großer Kastaniengarten, exklusives Melker Bier **(Abfahrt 80 Melk, 4 km).**

RAST AUF REISEN: Übernachten im Donautal
Hotel Stadt Melk, Hauptplatz 1, 3390 Melk, Tel. +43(0)/27 52/5 24 75: zentral gelegenes Hotel, komfortable Zimmer, hervorragendes Restaurant (1 Haube), Weinverkostungen in historischem Weinkeller **(Abfahrt 80 Melk, 4 km). Hotel Schachner Krone & Kaiserhof,** Maria Taferl 24, 3672 Maria Taferl, Tel. +43(0)/74 13/63 55: Vier-Sterne-Hotel mit großzügigen Zimmern, Weinkeller, Gourmet- und Panoramarestaurant; **Landasthof Zur Schönen Wienerin,** Marbach 48, 3671 Marbach a.d. Donau, Tel. +43(0)/74 13/70 77: Familienbetrieb, gemütliche Zimmer, bodenständige Küche, Fahrradverleih **(Abfahrt 100 Ybbs, 13 km).**

Kloster Melk

In der Nähe von Maria Taferl liegt das Benediktiner Kloster Melk, eines der herausragendsten Meisterwerke barocker Baukunst mit seiner weltberühmten Bibliothek und Stiftskirche. Erschaffen wurde das architektonische Glanzstück von Jakob Prandtauer, einem der umtriebigsten Baumeister seiner Zeit.

Bereits 976 machte Markgraf Leopold I. die Burg in Melk zu seiner Residenz, die seine Nachfolger im Laufe der Jahre mit wertvollen Schätzen und Reliquien ausstatteten. 1089 übergab schließlich Markgraf Leopold II. die Burg den Benediktinermönchen aus Lambach. Seither leben hier bis heute in ununterbrochener Folge Mönche nach den Regeln des hl. Benedikt. In der Bibliothek des Stifts sammelten und erstellten die Mönche über mehrere Jahrhunderte wertvolle Handschriften. Auch in vielen Bereichen der Natur- und Geisteswissenschaften sowie der Musik haben Mitglieder des Melker Konventes im Laufe der Geschichte des Klosters bedeutende Leistungen erbracht. Noch heute sind die Mönche des Klosters in Seelsorge, Wirtschaft, Kultur und Tourismus tätig. Das Stift Melk ist daher seit seinen Anfängen ein wichtiger geistiger und geistlicher Mittelpunkt Österreichs.

Großes Bild links:
Von Scheinwerfern erleuchtet: die Türme der Westfassade und die Kuppel der Stiftskirche St. Peter und Paul überragen die Klostergebäude.

1

1 Grandiose Lage: Die Stiftskirche von Kloster Melk thront auf einem Bergrücken über dem Donautal.

2

2 90 000 Bände birgt die prachtvolle Klosterbibliothek von Melk.

3

3 Ab 1702 wurden Stiftsgebäude und Stiftskirche einheitlich nach den Plänen von Jakob Prandtauer erbaut.

Die Wachau

Ihre vielfältige Landschaftsstruktur, ihre bedeutenden Kulturdenkmäler und kleinstädtischen Zentren machen die Wachau zu einer historischen Kulturlandschaft von herausragendem universellen Wert.

Zwischen Stift Göttweig im Osten und Stift Melk im Westen eingebettet, liegt die Wachau, jener Donauabschnitt, den man als Österreichs Hochburg der kulinarischen Genüsse bezeichnen könnte. Die Wachauer Rieslinge und der Grüne Veltliner bieten in Kombination mit der regionalen Küche einen Gaumengenuss vom Feinsten. Doch auch für Kulturbeflissene hat die Wachau einiges an Sehenswertem zu bieten: So fand man etwa in dem wegen seiner günstigen Lage schon früh besiedelten Landstrich vor etwa 26.000 Jahren die Statuette der berühmten »Venus von Willendorf«. Seit römischer Zeit haben schließlich alle Epochen ein reiches bauliches Erbe in der Wachau hinterlassen. Barocke Schätze und mittelalterliche Bauten locken Jahr für Jahr Tausende Reisende in die reizvolle Region an der Donau, die zum UNESCO-Weltkulturerbe zählt.

Großes Bild links:
Die Wachau, das tief eingeschnittene Donautal zwischen Krems und Melk, zählt zu den schönsten Flusslandschaften Europas.

1 Landschaftlich äußerst reizvoll: Schwallenberg in der Wachau.

2 Malerisch: die Ruine Hinterhaus bei Spitz an der Donau.

3 Das Schloss Schönbühel wurde im 12. Jh. auf einem 40 m hohen Felsen unmittelbar über der Donau erbaut.

4 Pittoreske Häuser aus der Renaissance wie der Manghof sind in Weißenkirchen bis heute bestens erhalten.

5 Der Weinort Weißenkirchen hält auch für die Liebhaber edler Tropfen vom Weingärtnermuseum bis zur Weinakademie alles bereit.

UNTERWEGS IN DER STEIERMARK

Graz: Blick über die Mur auf den Schlossberg

In der Steiermark, die wegen ihrer dichten **Wälder** auch **»grüne Mark«** genannt wird, dominieren Blumendörfer, Rebhänge und Obstwiesen. Die Landschaft bietet sowohl **Naturfreunden** als auch **Aktivurlaubern** ein perfektes Terrain zur Freizeitgestaltung. In den meisten Regionen wird die Mundart, ein bayrisch-österreichischer Dialekt, ebenso gepflegt wie das Brauchtum und die Tracht. Vor allem im ländlichen Raum besinnt man sich immer wieder gerne auf seine Wurzeln. Nur wer sich Zeit nimmt, die Vielfalt der Kultur und Natur zu entdecken, wird die Steiermark wirklich kennen lernen.

KULINARISCHES DER REGION: Birnenbrand

Zu der deftigen Kost wie **Erdäpfel mit Blunzengröstel** (Kartoffeln mit gebratener Blutwurst) oder dem selbst gemachten Käse **»Steirerkas«** passt hervorragend der erstklassige steirische **Wein.** Als Digestif wird eine besondere Spezialität serviert: **Obstbrand** aus **Hirschbirnen,** den herben Früchten eines Baums, der nur im **Naturpark Pöllauer Tal** vorkommt und bis zu 200 Jahre alt wird. Salat wird hier fast ausschließlich mit **Kürbiskernöl** angemacht. Dunkelgrün und mit nussigem Aroma ist es ein vitaminreicher gesunder Genuss. Empfehlenswert: **Obsthof Retter,** Pöllauberg 235, 8225 Pöllau: Mo.–Fr. 8–16 , Sa. 14–16 Uhr, Spezialität: Obstbrand aus Hirschbirnen **(Abfahrt 115 Hartberg, ca. 20 km). Schloss Obermayerhofen,** Sebersdorf, Tel. +43(0)3333/2503: idyllisches Speisen **(Abfahrt 138 Sebersdorf).**

RAST AUF REISEN: Übernachten und relaxen

Berggasthof König Nr. 5, Naturpark Pöllauertal, 8225 Pöllauberg, Tel. +43(0)3335/2311: steirischer Weingasthof mit komfortablen Zimmern, Frühstücksbüfett Pauschalangebote auf Anfrage **(Abfahrt 115 Hartberg, 20 km). Thermenhof Paierl,** Wagerberg 120, 8271 Bad Waltersdorf, Tel. +43(0)3333/2801: Wellnesshotel mit Thermalquellen, Fitnessraum und exzellenter Küche **(Abfahrt 138 Sebersdorf/Bad Waltersdorf, 2 km).**

Streckenprofil: *Vom südlichen Wiener Stadtrand führt die Strecke durch Feld- und Wiesenland und die sanften, teilweise bewaldeten Hügel des Wiener Beckens in die »Bucklige Welt« mit dem 1467 m hohen Kampstein. Waldreich und bergig verläuft die Fahrt am Burgenland entlang, bis die Route in südwestlicher Richtung auf Graz, die Hauptstadt der Steiermark, trifft.* ***(200 km, ca. 2 Std.)***

Baden: der Hauptplatz mit der Dreifaltigkeitssäule

***Baden:** Heilbad schon seit der Römerzeit, gelangte die hübsche Biedermeierstadt, die auch Schauplatz der »Fledermaus« ist, erst Anfang des 19. Jhs. durch die regelmäßigen Sommeraufenthalte des Kaiserhofs zu Ruhm. Sehenswert: Dreifaltigkeitssäule (1714–18), Schloss Leesdorf und der Kurpark mit Denkmälern für Mozart, Beethoven und Grillparzer. **(Abfahrt 21 Baden, 3 km)**

****Wiener Neustadt:** als Grenzfestung gegen die Ungarn von dem Babenberger Herzog Leopold V. 1194 mit dem Lösegeld für Richard Löwenherz erbaut. Die 1752 von Kaiserin Maria Theresia gegründete Militärschule auf der Burg (1378/18. Jh.) ist bis heute die einzige Ausbildungsstätte für Offiziere des österreichischen Bundesheers. Sehenswert: der romanische Dom (13. Jh.) mit gotischem Querschiff und Brauttor; der von Laubenhäusern gesäumte Hauptplatz mit barocker Mariensäule (1678), das Palais der Babenberger und der Reckturm mit umfangreicher Waffensammlung. **(Abfahrt 44 Wiener Neustadt-West, 4 km)**

****Hartberg:** Auf den Resten einer römischen Siedlung wurde 1125 die Grenzfeste Hartberg errichtet. Sehenswert: die romanische Pfarrkirche (12. Jh. später barockisiert) und ein Renaissanceschloss aus dem 16. Jh. **(Abfahrt 115 Hartberg, 3 km)**

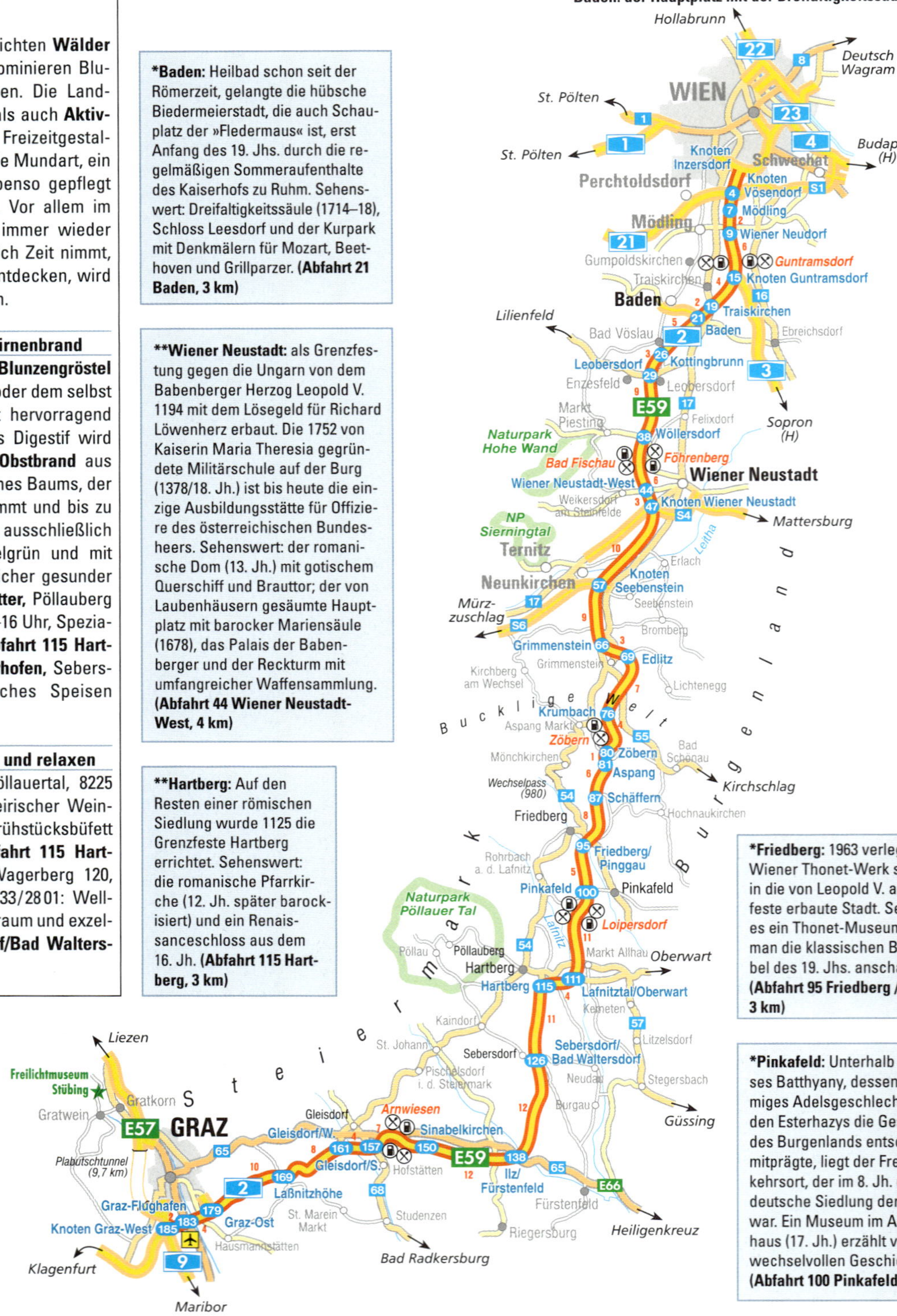

***Friedberg:** 1963 verlegte das Wiener Thonet-Werk seine Fabrik in die von Leopold V. als Grenzfeste erbaute Stadt. Seither gibt es ein Thonet-Museum, in dem man die klassischen Bugholzmöbel des 19. Jhs. anschauen kann. **(Abfahrt 95 Friedberg /Pinggau, 3 km)**

***Pinkafeld:** Unterhalb des Schlosses des Batthyany, dessen gleichnamiges Adelsgeschlecht neben den Esterhazys die Geschichte des Burgenlands entscheidend mitprägte, liegt der Fremdenverkehrsort, der im 8. Jh. die älteste deutsche Siedlung der Region war. Ein Museum im Alten Rathaus (17. Jh.) erzählt von seiner wechselvollen Geschichte. **(Abfahrt 100 Pinkafeld, 3 km)**

*****Graz:** Der Schlossberg mit dem Uhrturm (1561, Uhr 1712) überragt die Hauptstadt der Steiermark. Die Altstadt mit vielen Jugendstilfassaden ist durch sieben Brücken mit der Neustadt verbunden. Sehenswert: die »Stadtkrone« mit Burg (15. Jh.), Dom (15. Jh.), Mausoleum (1614–18) Kaiser Ferdinands II. und Glockenturm (1588). Architektonisches Glanzstück ist das Landhaus (1557–65). Das Landeszeughaus besticht mit einer Waffensammlung aus der Zeit des 30-jährigen Krieges; die Pfarrkirche (16./18. Jh.) mit der »Mariae Himmelfahrt« von Tintoretto. An der Universität (seit 1586) lehrte der deutsche Astronom Johannes Kepler. **(Abfahrt 179 Knoten Graz-Ost, 5 km)**

*****Freilichtmuseum Stübing:** Eines der schönsten Freilichtmuseen Österreichs liegt 15 km nordwestlich von Graz. Denkmalgeschützte Bauernhöfe, Wirtschaftsgebäude u. v. m. wurden hier originalgetreu wieder aufgebaut, um das damalige Leben anschaulich zu demonstrieren (April–Oktober, außer Mo., 9–16 Uhr).

***Gleisdorf:** Schon zur Römerzeit war die Stadt ein wichtiger Knotenpunkt. Später wurde sie mehrfach von den Türken heimgesucht, die die alte romanische Wallfahrtskirche zerstörten. Heute steht dort die spätbarocke Marienkirche (1747). Das Umland der Stadt ist seit Jahrhunderten Obst- und Weinanbaugebiet. **(Abfahrt 157 Gleisdorf Süd, 2 km)**

Streckenprofil: *landschaftlich besonders reizvolle Strecke mit 5 Tunneln, wovon der Herzogbergtunnel und der Gräberntunnel mehr als 2 km lang sind. Die Autobahn führt zunächst noch durch die Steiermark. Verlässt man dann den Pakksatteltunnel, befindet man sich in Kärnten. Entlang der Saualpe geht es zunächst südlich weiter und bei Griffen schließlich westlich Richtung Wörthersee.* ***(176 km, ca. 2 Std.)***

****Villach:** Auf dem einzigen kleinen Hügel der Stadt steht die dreischiffige gotische Stadtpfarrkirche St. Jakob mit ihrem 95 m hohen Turm, der einen weiten Blick in das Flusstal der Drau bietet. Schöne Bürgerhäuser säumen den Hauptplatz. Die Thermalquellen im Warmbad Villach wussten schon die Römer zu schätzen, wie archäologische Funde belegen, die man im Stadtmuseum besichtigen kann. **(Abfahrt AB-Knoten Villach, 8 km)**

***Bad St. Leonhard:** Überragt von der Burg Ehrenfels und der Ruine Leonhard liegt der hübsche Erholungsort ca. 10 km westlich der Autobahn im schönen Lavanttal, einem beliebten Urlaubsziel. Reich geworden durch Gold- und Silberbergbau, ist der Ort heute v. a. durch seine Schwefelquellen bekannt. Sehenswert: die gotische Kirche St. Leonhard mit eindrucksvollen Glasmalereien. **(Abfahrt 241 Bad St. Leonhard, 5 km)**

*****Wörther See:** Alternativ zur Autobahn kann man auch am Nord- oder Südufer entlang fahren. Sehenswert: das auf einer Halbinsel gelegene Maria Wörth mit seinen beiden gotischen Kirchen. Vom dahinter liegenden 846 m hohen Pyramidenkogel hat man eine herrliche Aussicht. Hinter Velden geht es an der **Abfahrt 335 Velden-West, wieder auf die Autobahn (ca. 18 km).**

Villach: die barocke Heilig-Kreuz-Kirche

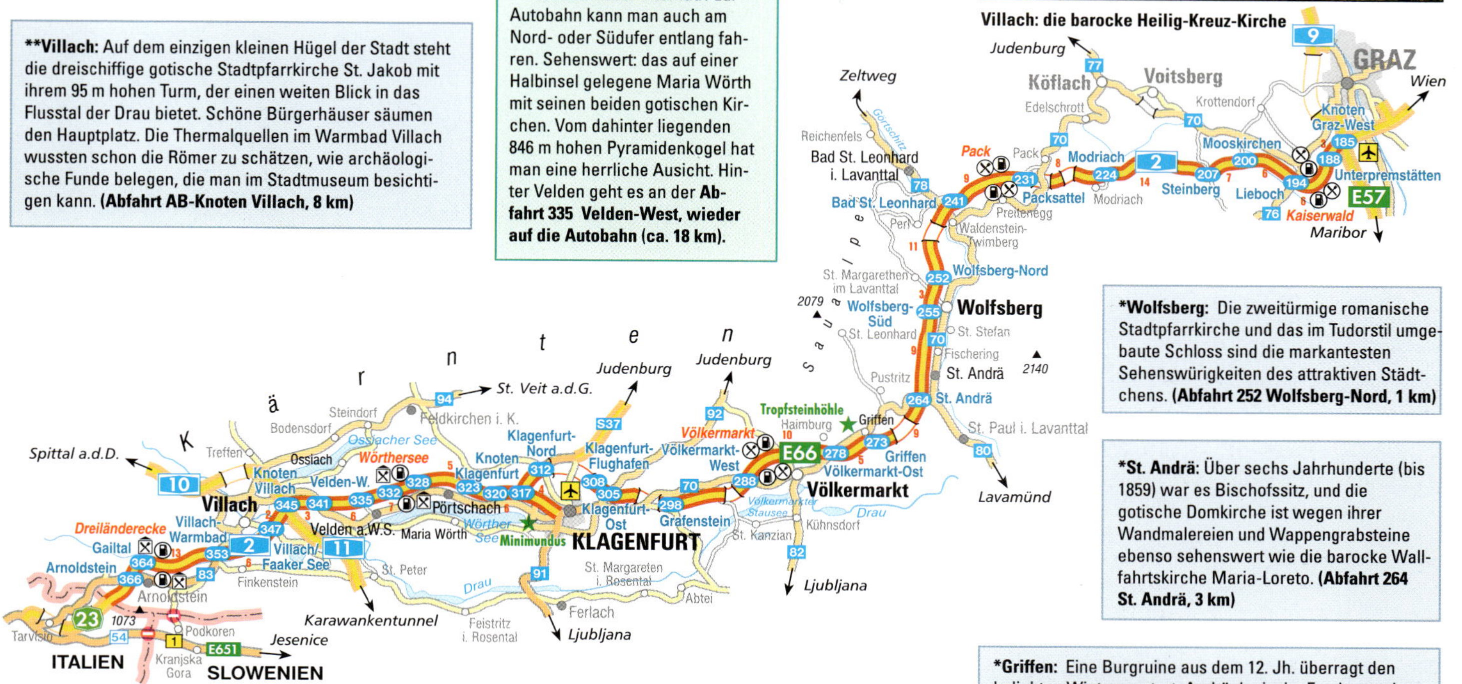

***Wolfsberg:** Die zweitürmige romanische Stadtpfarrkirche und das im Tudorstil umgebaute Schloss sind die markantesten Sehenswürigkeiten des attraktiven Städtchens. **(Abfahrt 252 Wolfsberg-Nord, 1 km)**

***St. Andrä:** Über sechs Jahrhunderte (bis 1859) war es Bischofssitz, und die gotische Domkirche ist wegen ihrer Wandmalereien und Wappengrabsteine ebenso sehenswert wie die barocke Wallfahrtskirche Maria-Loreto. **(Abfahrt 264 St. Andrä, 3 km)**

***Griffen:** Eine Burgruine aus dem 12. Jh. überragt den beliebten Wintersportort. Archäologische Funde aus der Steinzeit in einer Tropfsteinhöhle und die Kirche Mariä Himmelfahrt lohnen das ganze Jahr über einen Besuch. **(Abfahrt 273 Griffen, 1 km)**

***Völkermarkt:** Hier, wo die Drau zu einem 21 km langen See gestaut wird, liegt Völkermarkt auf einer oberhalb des Sees gelegenen Terrasse. Ein hübscher Hauptplatz mit Pestsäule und Rathaus mit Arkaden aus dem 15./16. Jh. ist von reizvollen Barock- und Biedermeierhäusern umgeben. Sehenwert auch die romanisch-gotische Pfarrkirche sowie der Bürgerlustpark, von dem aus man einen herrlichen Blick auf den Stausee hat. **(Abfahrt 278 Völkermarkt, 3 km)**

Am Alten Platz in Klagenfurt

***Klagenfurt:** Die auf den ersten Blick etwas nüchtern wirkende Industrie- und Handelsstadt hat hübsche Gassen und historische Gebäude, die eine Besichtigung wert sind. Darunter das Landhaus mit seinem prunkvollen Wappensaal, das Rathaus aus dem 16. Jh., davor der Lindwurmbrunnen, Wahrzeichen der Stadt, und die Domkirche mit drei umlaufenden Emporen und vielfältigem Marmorschmuck, ebenfalls aus dem 16. Jh. **(Abfahrt Klagenfurt, 2 km)**

Etwa 4 km westlich vom Stadtzentrum ist »Minimundus«, eine Miniaturstadt mit vielen berühmten Bauwerken im Format 1:25 zu besichtigen (21. April bis 28. Oktober, 9–17 Uhr). **(Abfahrt Klagenfurt-Wörther See-Minimundus)**

UNTERWEGS AN DEN KÄRNTNER SEEN

Maria Wörth auf einer Halbinsel im Wörther See

Die sonnige Seenlandschaft Kärntens nennt sich die **»Badewanne der Alpen«,** denn die zahlreichen Seen erreichen im Sommer angenehme Badetemperaturen. Neben dem **Wörther See,** dem **Ossiacher See** und dem **Faaker See** findet man in Kärnten die Einsamkeit des Hochgebirges und liebliche Täler, sanft gewellte Almen und Städte mit südlichem Flair. In der **Hochsaison** übersteigt die Anzahl der Gäste häufig die der Einheimischen, dennoch gibt es jenseits der touristischen Trampelpfade genügend zu entdecken.

KULINARISCHES DER REGION: Seefische

Fisch ist das beliebteste Gericht rund um die Kärntner Seen. Dank der sehr guten Wasserqualität zählen **Zanderfilet** oder **Forelle blau** zu den Eckpfeilern der einheimischen Küche. Eine besondere Spezialität ist die **»Kasnudel«,** eine Teigtasche gefüllt mit Kartoffeln, Topfen und Minze. Wie in ganz Österreich spielen auch hier die **Süßspeisen** eine große Rolle. Der **Reindling,** ein Hefeteig mit einer Füllung aus Butter, Rosinen, Zimt und Nüssen, oder die dicken **Mohnnudeln** aus Kartoffelteig runden die reichhaltigen Mahlzeiten ab. Empfehlenswerte Lokale: Wörther See: **Restaurant Caramé,** Am Corso 10, 9220 Velden, Tel. +43(0)42 72 / 30 00: eines der Top-Restaurants in Kärnten **(Abfahrt 341 Velden-Ost, 5 km). Birkenhof,** Gerlitzenstr. 38, 9551 Bodensdorf, Tel. +43(0) 42 43 / 5 20: im Wandergebiet der Gerlitzenalpe, herrliche Aussicht auf den See **(Abfahrt AB Knoten Villach).**

RAST AUF REISEN: Hotels an den Seen

Landgasthof Trattnig, Wörther See, Trattnigteichstr. 1, 9535 Schiefling, Tel. +43(0)42 74/50 00 1: Familiengasthof, 10 Min. zu Fuß zum Wörthersee **(Abfahrt 335 Velden-W.). Schlosswirt Naturgasthof,** Ossiach 5, 9570 Ossiach, Tel. +43(0)42 43/87 47: in Seenähe, neue Zimmer, Naturküche, Massagen, Meditation, Bachblütentherapie **(Abfahrt AB-Knoten Villach, 5 km). Karnerhof,** Karnerhofweg 10, 9580 Egg am Faaker See, Tel. +43(0)42 54/21 88: Familienhotel, breites Urlaubsangebot, Massagen, Kosmetik, Kinderbetreuung **(Abfahrt 347 Villach/Faaker See, 6 km). Schloss Leonstain,** Leonstainerstr. 1, 9210 Pörtschach, Tel. +43(0) 42 72/2 81 6: 500 Jahre altes Schloss, Zimmer mit Antiquitäten, Balkon oder Gartenterrasse, Badestrand **(Abfahrt 317 Pörtschach). St. Egydenerhof,** St. Egyden 52, 9536 St. Egyden, Tel. +43(0) 42 74/5 27 36: Landgasthof, schöner Blick, kärntnerische Schmankerln **(Abfahrt 335 Velden-West).**

VOTA MEA REDDAM IN CONSPECTV TIMENTIVM DEVM

Wien

Opernball und »Küss die Hand, gnä' Frau«, Fiaker und Stephansdom – diese und viele Schlagwörter mehr reichen nicht aus, um das Flair der österreichischen Hauptstadt in Worte zu fassen.

Auferstanden aus der Tristesse der Nachkriegszeit hat sich die alte Kaisermetropole ihren Charme aus Zeiten der k. u. k. Monarchie bis heute bewahrt. Doch neben imposanten Palästen und verwinkelten Gassen bietet Wien mit seinen Opern- und Theaterhäusern, den reichen Museen und Galerien ebenso wie mit den »leiwanden« Kaffeehäusern und Heurigen ein reiches Kultur- und Freizeitleben, so wie es sich für eine mitteleuropäische Metropole gehört.

Großes Bild links:
Ein erhabener Anblick: die Karlskirche bei Nacht.

1 Der majestätische Stephansdom und die Kuppel der Karlskirche, Wiens bedeutendster Barockbau, im romantischen Abendlicht.

2 In der Kapuzinergruft wurden seit 1633 die Angehörigen des Hauses Habsburg beigesetzt.

3 Wiener Hofburg: die Neue Burg am Heldenplatz

4 Die weltberühmte Wiener Staatsoper erstrahlt in nächtlichem Glanz.

5 Das Kunsthistorische Museum beherbergt unzählige Kostbarkeiten und Kunstschätze aus dem Hause Habsburg.

6 Wiens berühmter Maria-Theresien-Platz mit den Museumszwillingen.

7 Der Prunksaal der Nationalbibliothek genießt das Prädikat »schönster Bibliotheksraum der Welt«.

8 Der Stephansdom: auch bei Nacht das strahlende Wahrzeichen der Stadt

9 In sanftes Abendlicht getaucht: das Wiener Parlament mit Pallas-Athene Brunnen.

Streckenprofil A3: *Ab Wien verläuft die A3 zunächst mit der A2 nach Süden bis zum Knoten Guntramsdorf, dann Richtung Südosten durch die Ebene des Wiener Beckens und schließlich entlang des südlichen Zipfels des Leithagebirges bis nach Eisenstadt. Von hier geht es auf der S31 südlich durch sanftes Hügelland weiter bis St. Martin.* ***(65 km, 40 Min.)***
A4: *Von Wien aus führt die Autobahn zunächst parallel zur Donau Richtung Osten. Weiter geht sie durch das Arbsthaler Hügelland, durch die Rebenlandschaft des Burgenlandes nördlich des Neusiedler Sees und schließlich durch die Parndorfer Heide bis nach Nickelsdorf an der ungarischen Grenze.*
Im Sommer und Herbst kommt es auf der sehr befahrenen Transitstrecke wegen des Urlaubsverkehrs häufig zu Staus. ***(70 km, 45 Min.)***

Wien
siehe Seite 235

***Bruck an der Leitha:** Hier beginnt das Burgenland. Sehenswert in Bruck ist die alte Stadtmauer, die in Teilen noch erhalten ist, sowie Schloss Prugg (18. Jh.), ein ehemaliges Wasserschloss mit schönem Park. **(Abfahrt 32 Bruck an der Leitha-West, ca. 4 km)**

****Neusiedl am See:** Der Ort hat außer der gotisch-barocken Stadtpfarrkirche mit einer Kanzel in der Form eines Schiffbugs mit Mast, dem »Tabor«, einem Alten Wachturm, und dem Pannonischen Heimatmuseum keine großen Sehenswürdigkeiten, bietet aber viele Freizeitmöglichkeiten und jede Menge Buschenschenken. **(Abfahrt 43 Neusiedl am See, ca. 5 km)**

***Nickelsdorf:** Der kleine Grenzort hat es in der Jazzszene zu internationalem Ruf gebracht. Hier trifft sich alljährlich im Juli die Jazzavantgarde zu einer hochkarätigen 3-Tage-Session. **(Abfahrt 57 Nickelsdorf, 7 km)**

****Eisenstadt:** Der beherrschende Bau der Hauptstadt des Burgenlands ist das Schloss der Fürsten Esterházy. Der ehemals mittelalterliche Bau wurde im 17. Jh. erweitert und barockisiert. Auch Rathaus und Floriansbrunnen stammen aus dieser Zeit. Joseph Haydn wirkte über 30 Jahre als Hofkapellmeister bei Fürst Nikolaus Esterházy und ist in der kleinen barocken Bergkirche in Eisenstadt begraben. **(Abfahrt 34, Müllendorf, ca. 4 km, oder Abfahrt 38 Knoten Eisenstadt, ca. 5 km.)** Ab Eisenstadt geht es auf der Schnellstraße S4 weiter bis:
***Mattersburg:** Der schon von weitem sichtbare, 250 m lange Eisenbahnviadukt ist das Wahrzeichen dieses Handels- und Industriestädtchens. Neben mehreren Kapellen und Bildstöcken aus dem 17. Jh. ist besonders die gotische Martinskirche sehenswert. **(Abfahrt Mattersburg, 1 km)**

****Kobersdorf:** Das hübsche Wasserschloss (13. Jh.) der Familie Esterházy ist jeden Sommer (Juli/August) Theaterkulisse für klassische Komödien. Daneben sind der jüdische Tempel (1848) und die von einer Wehrmauer gestützte barocke Kirche St. Nikolaus (1728) sehenswert. **(Abfahrt St. Martin/ Weppersdorf, ca. 4 km)**

****Rust:** Weinbauort am Westufer des Neusiedler Sees mit prächtigen barocken Bürgerhäusern, Storchennestern und Heurigenschänken. Sehenswert: Fischerkirche aus dem 15. Jh. mit Wehrmauer. **(Abfahrt 34 Müllendorf, 12 km)**

***St. Martin:** Ende der ausgebauten Staatsstraße 31. Von hier aus zieht sich die Rotweinstraße durch die sanfte Hügellandschaft des südöstlichen Burgenlands bis nach Deutschkreuz. In dieser Gegend werden vorwiegend Blaufränkischer und Spätburgunder angebaut. In **Deutschkreuz** ist neben der Vinothek vor allem das imposante Schloss der Grafen Nádasdy aus dem 17. Jh. mit wunderschönem Arkadeninnenhof interessant. **(Von St. Martin ca. 16 km)**

*****Neusiedler See:** Der von einem breiten Schilfgürtel umgebene See dient vielen selten gewordenen Vogelarten als Lebensraum. Direkten Seezugang gibt es nur am Nordostufer in Podersdorf. Im Südosten liegt der Nationalpark Seewinkel, eine stille, steppenartige Ebene mit vielen Salzlaken, die mit ihrer Flora und Fauna zu den eindrucksvollsten Natur- und Kulturlandschaften Europas gehört. Man kann sie allerdings nur mit dem Rad durchfahren (Fahrradverleih vor Ort). **(Abfahrt 43, Neusiedl am See, ca. 5 km)**

Illmitz am Neusiedler See: typische Häuser im Seewinkel

UNTERWEGS IM BURGENLAND

Schloss Esterházy in Eisenstadt

Ob Oper oder Burgspiele – Kunst und Kultur wird im Land der **Burgen** und **Schlösser** und des **Neusiedler Sees** an der Grenze zu Ungarn seit jeher groß geschrieben. Auch Haydn und Liszt wirkten einst hier. Das Klima im nördlichen Burgenland ist pannonisch. Hier findet man die längste Sonnenscheindauer ganz Mitteleuropas und die höchsten Durchschnittstemperaturen Österreichs. **Weinhänge** und **Obstgärten** charakterisieren die Landschaft im nördlichen Burgenland, und eine Tour durch den **Nationalpark Neusiedler See** hinterlässt viele bleibende Eindrücke der außergewöhnlichen Flora und Fauna.

KULINARISCHES DER REGION: Einfache Küche

Die einfachen bäuerlichen Gerichte sind die landestypischen Spezialitäten. Dazu gehören **Schweinefleischgerichte** und der burgenländische **Strudel.** Er wird mit Gemüse oder Fleisch gefüllt oder mit süßen Zutaten wie Zwetschgen, Erdbeeren oder Heidelbeertopfen. Das Burgenland gehört zu den ältesten Weinanbaugebieten Österreichs, die oft zu wenig beachteten **Weine** sind hervorragend. Empfehlenswerte Lokale: **Landgasthaus am Nyikospark,** Untere Hauptstr. 59, 7100 Neusiedl am See, Tel. +43(0)21 67/40 222: Spitzenküche der Region; **(Abfahrt 43 Neusiedl, 2 km).** Hauerschenke, Hauerstr. 26a, 7072 Mörbisch am See: Heurigenschänke **(Abfahrt 38 KN Eisenstadt, 12 km). Mooslechners Rusterhof,** Rathausplatz 18, 7071 Rust, Tel. +43(0)26 85 /64 16: Haubenrestaurant im ältesten Haus der Stadt **(Abfahrt 38 KN Eisenstadt, 8 km).**

RAST AUF REISEN: Übernachten am See

Rathausstüberl, Kirchengasse 2, 7100 Neusiedl am See, Tel. +43(0)21 67/28 83: günstige Übernachtungsmöglichkeit, aber auch Deluxe-Appartements, üppiges Frühstücksbüffet, feine Schmankerlküche **(Abfahrt 43 Neusiedl, 2 km). Winzerhof Schindler,** Kinogasse 9, 7072 Mörbisch am See, Tel. +43(0)26 85/83 89: ruhige Lage, schöner Innenhof, große Sonnenterrasse, 15 Min. zum Seebad, Kellerführungen mit Weindegustation **(Abfahrt 38 KN Eisenstadt, 12 km). Austria Trend Seehotel Rust,** Am Seekanal 2–4, 7071 Rust, Tel. +43(0)26 85/381: 4-Sterne-Hotel am See, viele Freizeit- und Sportmöglichkeiten, Fahrrad- und Bootsverleih; **Rusterhof Mooslechner,** Rathausplatz 18, 7071 Rust, Tel. +43(0)26 85/64 16: liebevoll renovierter Gasthof im ältesten Haus des Orts, komfortabel, kinderfreundlich und tierlieb; **Pension Herta,** Am Sportplatz 5, 7071 Rust, Tel. +43(0) 26 85/590: gepflegte kleine Frühstückspension am Stadtrand **(Abfahrt 38 KN Eisenstadt, 8 km).**

Streckenprofil: *Diese weniger befahrene Strecke führt durch liebliches Voralpenland. Bewaldete Hügel, Wiesen und Weiden charakterisieren zum Teil landwirtschaftlich genutztes Gebiet sowie noch viel unberührte Natur.* ***(73 km, 52 Min.)***

*****Innviertel:** Zahlreiche kleine Dörfer und Weiler, Klöster und Kirchen prägen die waldreiche Landschaft südöstlich des Inns zwischen Schärding und Braunau. Vom Tourismus bisher verschont, bietet dieses Gebiet mit seinen sanften Hügeln ein Erholungsgebiet für Reisende, die unberührte Natur zu schätzen wissen. **(Abfahrt 65 Ort, auf der Staatsstraße 148 westlich bis Altheim, dann wieder östlich auf der 141 bis Ried im Innkreis und bei der Abfahrt 53 erneut auf die Autobahn, ca. 47 km)**

***Ried im Innkreis:** Der kleine Ort ist geprägt von seiner alten Handels- und Gewerbetradition. Aus Ried stammt die Familie Schwanthaler, aus der im 17./18. Jh. auch in Süddeutschland wirkende Bildhauer hervorgegangen sind. In der Pfarrkirche befinden sich zwei Altäre, die von den Künstlern gestaltet wurden. **(Abfahrt Ried, ca. 1 km)**

Schärding am Inn: am Hauptplatz

Im Stadtzentrum von Wels

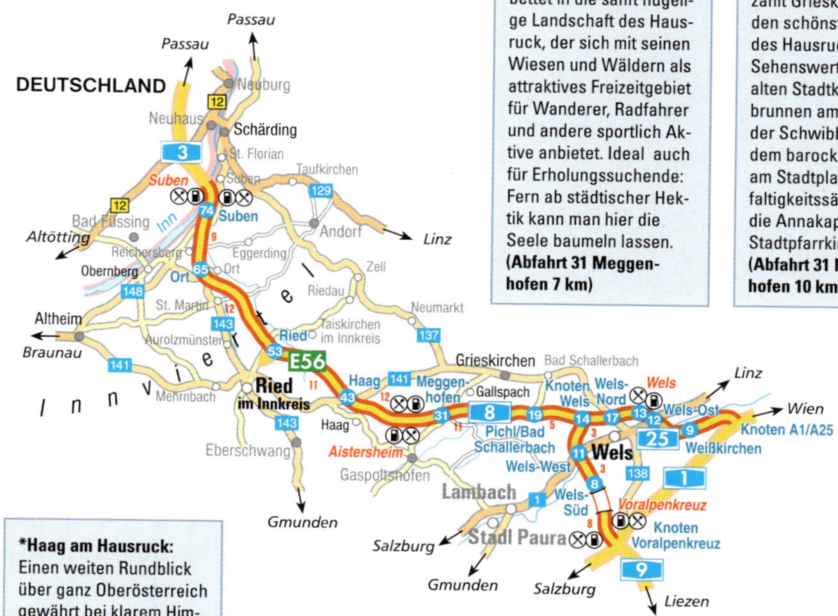

****Schärding:** Auf einer Terrasse hoch über dem Inn liegt die alte Grenzstadt Schärding. Reste der Stadtmauer mit Toren und Türmen sind noch erhalten. Besonders die wunderschöne »Silberzeile«, eine barocke bunte Häuserfront am Hauptplatz, ist ein Foto wert. Im ehemaligen Burgtor befindet sich das Stadtmuseum, das über die 1300 Jahre alte Geschichte des Orts informiert und zahlreiche Kunstschätze enthält. Wer nach Schärding möchte, sollte noch **in Deutschland auf der A3 – in Österreich A8 – die Abfahrt 118 Pöcking benutzen, ca. 4 km.**

Gallspach: Der freundliche Kurort liegt eingebettet in die sanft hügelige Landschaft des Hausruck, der sich mit seinen Wiesen und Wäldern als attraktives Freizeitgebiet für Wanderer, Radfahrer und andere sportlich Aktive anbietet. Ideal auch für Erholungssuchende: Fern ab städtischer Hektik kann man hier die Seele baumeln lassen. **(Abfahrt 31 Meggenhofen 7 km)**

***Grieskirchen:** Idyllisch im Trattnachtal gelegen, zählt Grieskirchen zu den schönsten Orten des Hausruckviertels. Sehenswert sind im alten Stadtkern der Karbrunnen am Kirchplatz, der Schwibbogen mit dem barocken Fresko am Stadtplatz, die Dreifaltigkeitssäule sowie die Annakapelle und die Stadtpfarrkirche. **(Abfahrt 31 Meggenhofen 10 km)**

***Haag am Hausruck:** Einen weiten Rundblick über ganz Oberösterreich gewährt bei klarem Himmel der Aussichtsturm auf der Luisenhöhe, dem Hausberg von Haag, auf dem sich im Winter die Skifahrer vergnügen. Einen Besuch lohnt auch das Heimatmuseum auf Schloss Starhemberg, das in herrlicher Lage auf einer bewaldeten Höhe steht. **(Abfahrt 43 Haag, 2 km)**

****Wels:** Der Ledererturm – das Wahrzeichen der Stadt – aus dem 14. Jh. war wie auch der Wasserturm (1577) Teil der alten Stadtmauer, von der noch einige Überreste zu sehen sind. Der Ort hat einen der schönsten in sich geschlossenen Plätze Österreichs mit barockem Rathaus und wunderschönen Arkadeninnenhöfen. Beachtung verdient auch die gotische Kirche St. Johannes mit den farbenprächtigen Chorfenstern und einem romanischen Portal. In der Burg, die heute als Kulturzentrum (Museum, Theater, Burghofkonzerte) genutzt wird, starb 1519 Kaiser Maximilian I. **(Abfahrt 18 Knoten Wels, ca. 2 km)**

UNTERWEGS IM INNVIERTEL-HAUSRUCKWALD

Die Stiftskirche Reichersberg bei Schärding

Die Oberösterreicher haben allen Grund, ihr Land zu lieben: Die **Ferienregion** liegt reizvoll zwischen der Dreiflüssestadt Passau, der oberösterreichischen Landeshauptstadt Linz und der Festspielstadt Salzburg, umgeben von den Flüssen **Donau, Inn** und **Salzach.** So vielfältig das Land zwischen **Böhmerwald** und **Dachstein** ist, so abwechslungsreich sind auch seine Erholungs- und Regenerationsangebote. Die Palette reicht von der traditionsreichen **Kuranstalt** bis hin zu **Erlebnisthermen** und **Wellnesshotels.** Aufregend ist ein Besuch in Österreichs schönster Barockstadt Schärding, die Falknerei im Burgareal in Obernberg oder eine Wanderung im **Hausruckwald.**

KULINARISCHES DER REGION: Schmankerln

In Oberösterreich findet man alles, was die österreichische Küche zu bieten hat. Deftige **Schmankerln** und bodenständige Gerichte, gekrönt mit köstlichen **Süßspeisen** zum Abschluss. Hier lässt man es sich gut gehen in einem der schönen, alten Gasthäuser bei gutem Essen und selbst gebrautem **Bier.** Empfehlenswerte Lokale: **Hotel Schärdinger Hof,** Innbruckstr. 6–8, 4780 Schärding: österreichische Spezialitäten in einem modern gestalteten Renaissancegebäude; **Schärdinger Wurstkuchl,** Passauerstr. 2, 4780 Schärding: gutes, einfaches Gasthaus mit klassischer österreichischer Küche **(Abfahrt 74 Suben, 6 km). Brauereigasthof,** Markplatz 8, 4982 Obernberg am Inn: alte Brautradition, regionale Saisonküche, gute Weine; **Badwirt,** Zollamtstr. 12, 4982 Obernberg am Inn: gemütlicher Gasthof mit ruhigem, schattigem Garten. Spezialität: Gerichte vom Holzkohlengrill **(Abfahrt 65 Ort, 11 km).**

RAST AUF REISEN: Romantisch übernachten

Romantikhotel Forstinger's Wirtshaus, Unterer Stadtplatz 3, 4780 Schärding, Tel. +43(0)77 12/2 30 20: 4-Sterne-Hotel mit 400-jähriger Tradition, höchste Qualität in Küche und Keller; **Hotel zur Stiege,** Schlossgasse 2, 4780 Schärding, Tel. +43(0)77 12/ 30 70: zentrales, traditionsreiches Haus am Schlosspark **(Abfahrt 74 Suben, 5 km). Haflingerhof Gramberger,** Grolzham 7, 4680 Haag, Tel. +43(0)77 32/22 81: ruhige Lage am Ortsrand, Spielplatz, Reitmöglichkeit, Kutschfahrten **(Abfahrt 43 Haag, 2 km). Hotel Goldenes Kreuz,** Marktplatz 37, Obernberg am Inn, Tel. +43(0)77 58/22 02: Landhotel in ruhiger Lage am Marktplatz, Weinverkostung, Fahrradverleih, Sauna, gute Küche **(Abfahrt 65 Ort, 11 km).**

Neusiedler See

Vor allem der Neusiedler See und die angrenzende Steppenlandschaft des Seewinkels machen diesen malerischen Teil des Burgenlandes zu einem allseits beliebten Ausflugs- und Reiseziel.

Das Burgenland ist mit seinen 68 Burg- und Wehranlagen, die es als ehemals umkämpftes Grenzgebiet zur Verteidigung auch dringend benötigte, im wahrsten Sinne des Wortes ein Land der Burgen. Vor allem in der artenreichen Landschaft rund um den Neusiedler See lässt sich dank der Nähe zu Ungarn bereits ein wenig Puszta-Atmosphäre schnuppern. Viele Reisende zieht die mit 2000 Sonnenstunden pro Jahr gesegnete Region zur Zeit der Sommerfrische an. Doch auch die landschaftliche Schönheit des übrigen Burgenlandes lädt Radfahrer und Wanderer zu Erkundungstouren ein. Abseits der Seen lange Zeit Terra incognita hat sich das Burgenland seine traditionellen Strukturen und Brauchtümer stärker als die anderen Regionen Österreichs bis heute bewahrt.

Großes Bild links:
Beinahe toskanisches Flair hat das kleine Städtchen Rust am Neusiedler See.

1 Beeindruckend: Die Fauna und Flora der steppenartigen Landschaft des Seewinkels und am Unteren Stinkersee.

2 Im Schloss Harrach in Rohrau befindet sich die größte Privatgemäldesammlung Österreichs.

3 Ziehbrunnen, wie man sie auch aus der Puszta kennt, prägen die Kulturlandschaft des Neusiedler Sees, die seit 2001 UNESCO-Weltkulturerbe ist.

4 Die barocke Basilika »Maria auf der Heide« in Frauenkirchen ist eines der prunkvollsten Gotteshäuser des Landes.

5 Malerische Fischerhäuser beim Weinbauort Rust

1

2

3

4

5

Streckenprofil: *Die Autobahnstrecke beginnt mit dem Verbindungsstück zwischen der A1 und der A8 (Voralpenkreuz, 32 km). Dann führt sie diagonal durch die gesamte Steiermark, vorbei an den Ennstaler Alpen, den Rottenmanner Tauern, den Seckauer Alpen zur Rechten und den Eisenerzer Alpen zur Linken. Sie durchquert die Gleinalpe mit einem 8,3 km langen Tunnel, führt westlich an Graz vorbei, dann durch den 9,6 km langen Plabutschtunnel und schließlich mal links, mal rechts entlang der Mur durchs Flusstal nach Süden bis zur slowenischen Grenze in Spielfeld.* ***(234 km, 2 Std.)***

Blick auf die Brauerei- und Eisenstadt Leoben

Kremsmünster (siehe Seite 86) am Voralpenkreuz Richtung Linz, dann Abfahrt 195 Sattledt (ca. 6 km)

***Liezen:** Der von Industrie geprägte Hauptort des Ennstales ist Ausgangspunkt für besonders schöne Bergtouren. Die Pfarrkirche aus dem 17. Jh. enthält sehenswerte Gemälde von Kremser-Schmidt. **Von Liezen aus geht es auf der Staatsstraße 18 weiter bis zur Anschlussstelle 69 (etwa 5 km).**

*****Ennstaler Alpen:** Auf beiden Seiten der Enns ragen dicht bewaldete steile Felswände empor, die zu den Nördlichen Kalkalpen, einem beliebten Touren- und Klettergebiet gehören. Das Johnsbachtal trennt sie in eine westliche Gruppe mit dem Admonter Reichenstein (2247 m) und eine östliche mit dem Hochtor (2372 m) als jeweils höchste Erhebung. Der eindrucksvollste Teil ist das so genannte »Gesäuse«, wo sich die Enns einen Weg durch schroffe, hohe Schluchtenwände bahnt und tosend durch den Fels bricht.

****Mautern:** Vom Dorf aus fährt ein Sessellift zum 1250 m hoch gelegenen Wildpark, in dem sich auch chinesisches Rotwild heimisch fühlt. **(Abfahrt 115, ca. 1 km)**

****Leoben:** An der Mur gelegene Stadt, die im Spätmittelalter von König Ottokar gegründet wurde. Heute ist sie Mittelpunkt der Eisen- und Stahlindustrie der Obersteiermark und Sitz einer Montanuniversität. Sehenswert: die Kirche Maria am Waasen aus dem 14./15. Jh. hinter dem einzig erhaltenen Stadttor mit schönen Glasgemälden; die alte Pfarrkirche und das Benediktinerinnenstift, um 1000 gegründet und heute Sitz der Brauerei Gösser. **(Abfahrt 133 Knoten St. Michael, ca. 10 km)**

Graz: siehe Seite 240

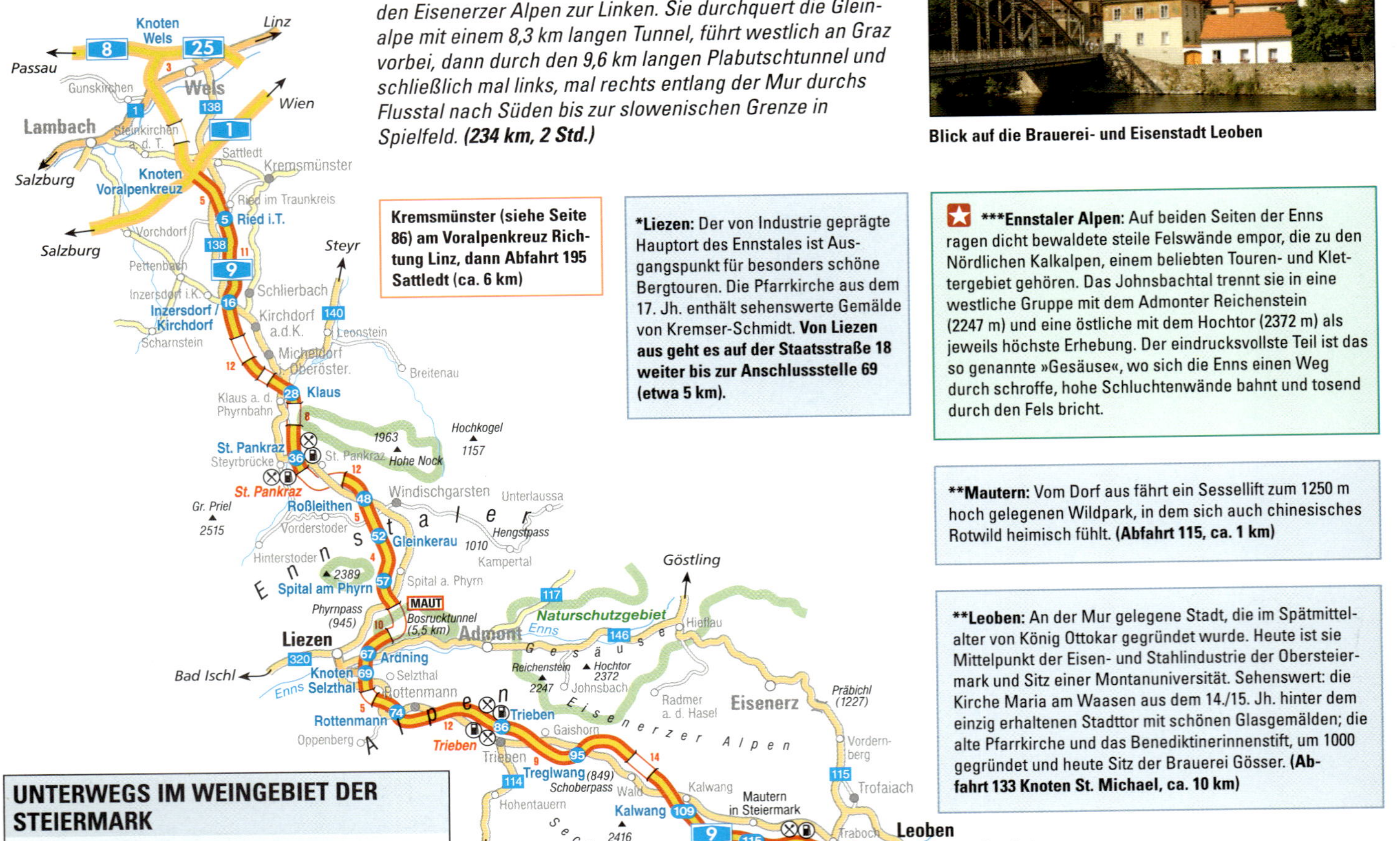
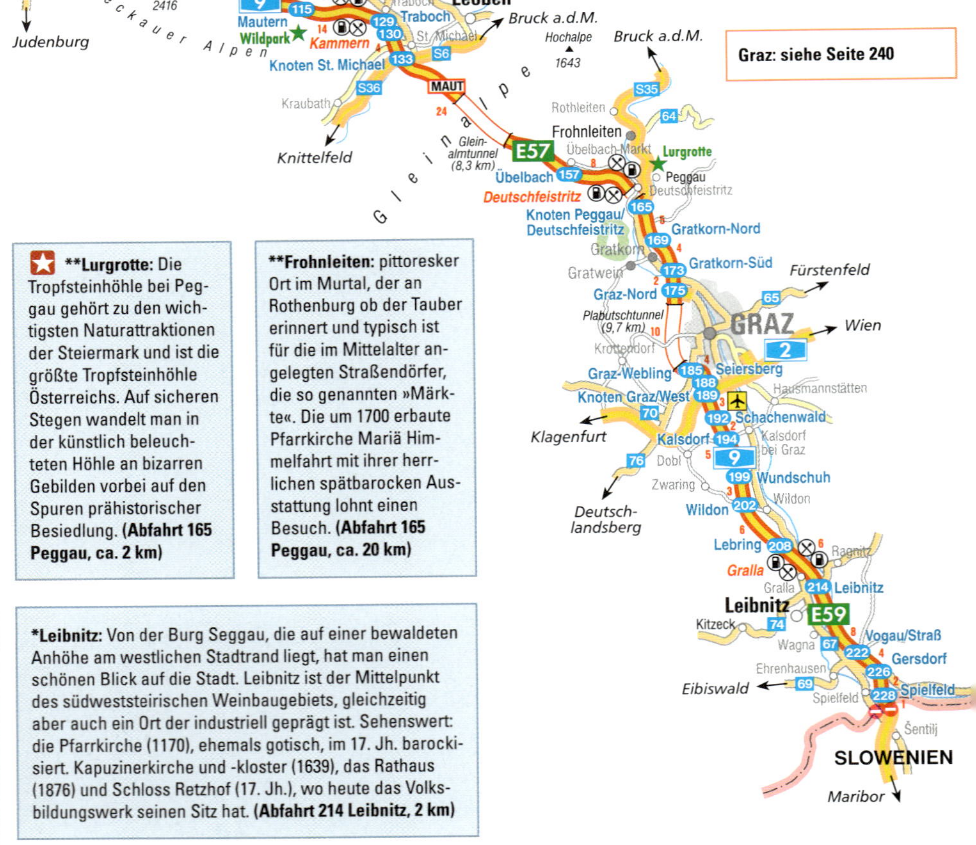

UNTERWEGS IM WEINGEBIET DER STEIERMARK

Frohnleiten an der Mur

Wer sich nach Ruhe sehnt, wird sich im Weinland Steiermark sehr wohlfühlen. Abgeschiedenheit, ursprüngliche Natur und Ruhe – hier zählt die Zeit doppelt. Die **Sausaler Weinstraße** liegt in steilen Weingärten über dem **Sulmtal,** in der Nähe von Leibnitz. Das milde **Höhenklima** und der gut ausgereifte Wein locken jedes Wochenende ganze Scharen von Grazern in die vielen Gasthöfe und Buschenschänken.

KULINARISCHES DER REGION: Süffiger Wein

Der hiesige Wein hat einen hohen Säuregrad und eine kräftige Note. Der Name **»Schilcher«** bezeichnet die von hellem Rot bis zu edlem Dunkelrot schillernde Farbskala des Weins. Empfehlenswert: **Weinprobe** im 300 Jahre alten Weinkeller, **Schloss Seggau.** 8430 Leibnitz, Tel. +43(0)34 52/8 24 3 50 **(Abfahrt 214 Leibnitz).**

RAST AUF REISEN: Hotels in den Weinbergen

Hotel Römerhof, Marburgerstraße 1, 8430 Leibnitz,Tel. +43(0)34 52/8 24 19: Garten mit Pool, Beautyfarm, leichte Küche **(Abfahrt 214 Leibnitz). Weingut Rupp,** Steinriegel 26, 8442 Kitzeck, Tel. +43(0)34 56/ 22 84: Gästezimmer, Ferienwohnungen **(Abfahrt 214 Leibnitz, 15 km).**

****Lurgrotte:** Die Tropfsteinhöhle bei Peggau gehört zu den wichtigsten Naturattraktionen der Steiermark und ist die größte Tropfsteinhöhle Österreichs. Auf sicheren Stegen wandelt man in der künstlich beleuchteten Höhle an bizarren Gebilden vorbei auf den Spuren prähistorischer Besiedlung. **(Abfahrt 165 Peggau, ca. 2 km)**

****Frohnleiten:** pittoresker Ort im Murtal, der an Rothenburg ob der Tauber erinnert und typisch ist für die im Mittelalter angelegten Straßendörfer, die so genannten »Märkte«. Die um 1700 erbaute Pfarrkirche Mariä Himmelfahrt mit ihrer herrlichen spätbarocken Ausstattung lohnt einen Besuch. **(Abfahrt 165 Peggau, ca. 20 km)**

***Leibnitz:** Von der Burg Seggau, die auf einer bewaldeten Anhöhe am westlichen Stadtrand liegt, hat man einen schönen Blick auf die Stadt. Leibnitz ist der Mittelpunkt des südweststeirischen Weinbaugebiets, gleichzeitig aber auch ein Ort der industriell geprägt ist. Sehenswert: die Pfarrkirche (1170), ehemals gotisch, im 17. Jh. barockisiert. Kapuzinerkirche und -kloster (1639), das Rathaus (1876) und Schloss Retzhof (17. Jh.), wo heute das Volksbildungswerk seinen Sitz hat. **(Abfahrt 214 Leibnitz, 2 km)**

Streckenprofil A10: *Die Tauernautobahn ist eine viel befahrene Nord-Süd-Verbindung und führt zwischen Salzkammergut und Tennengau bis an die Hohen Tauern. Nach Durchquerung zweier Tunnel öffnet sich das Urlaubsland Kärnten.* ***(185 km, 1¾ Std.)***

A11: *Die Strecke, ein wichtiger Verbindungsweg zwischen Mittel- und Osteuropa, führt an die Grenze von Österreich zu Slowenien und endet auf österreichischer Seite am 7865 m langen Karawankentunnel.*

****Hallein:** Dass in der an Höhlen und Salzstollen reichen Umgebung des Tennengaus schon vor 4000 Jahren Salz abgebaut wurde, beweisen die archäologischen Funde am Dürrnberg über Hallein. Sehenswert: die malerischen engen Gassen der Altstadt mit bunten Barock- und Rokokofassaden und das Keltenmuseum. Salzschaubergwerk und das Keltenfreilichtmuseum am Dürrnberg sind mit der Seilbahn zu erreichen. **(Abfahrt 16 Hallein, 1 km)**

****Radstadt:** Ihr altes Ortsbild mit schönen Bürgerhäusern (17./18. Jh.) hat sich die Stadt, zwischen Dachsteinmassiv und Radstädter Tauern gelegen, weitgehend bewahrt. Die ehemalige Salz- und Weinhandelsstadt war schon im 13. Jh. Grenzsicherung zur Überwachung des Tauernpasses. Sehenswert: das Heimatmuseum im Schloss Lerchen (16./17. Jh.) und das westlich gelegene Altenmarkt, ältester Ort im Ennstal. **(Abfahrt 63 Ennstal, 4 km)**

Salzburg: siehe Seite 234

Tauerntunnel: Der 6,4 km lange Autobahntunnel auf einer Höhe von 1340 m durchquert die Radstädter Tauern und ist mautpflichtig.

Katschbergtunnel: mautpflichtiger 5,5 km langer Tunnel der Tauernautobahn auf einer Höhe von 1194 m, im Jahr 1975 fertig gestellt.

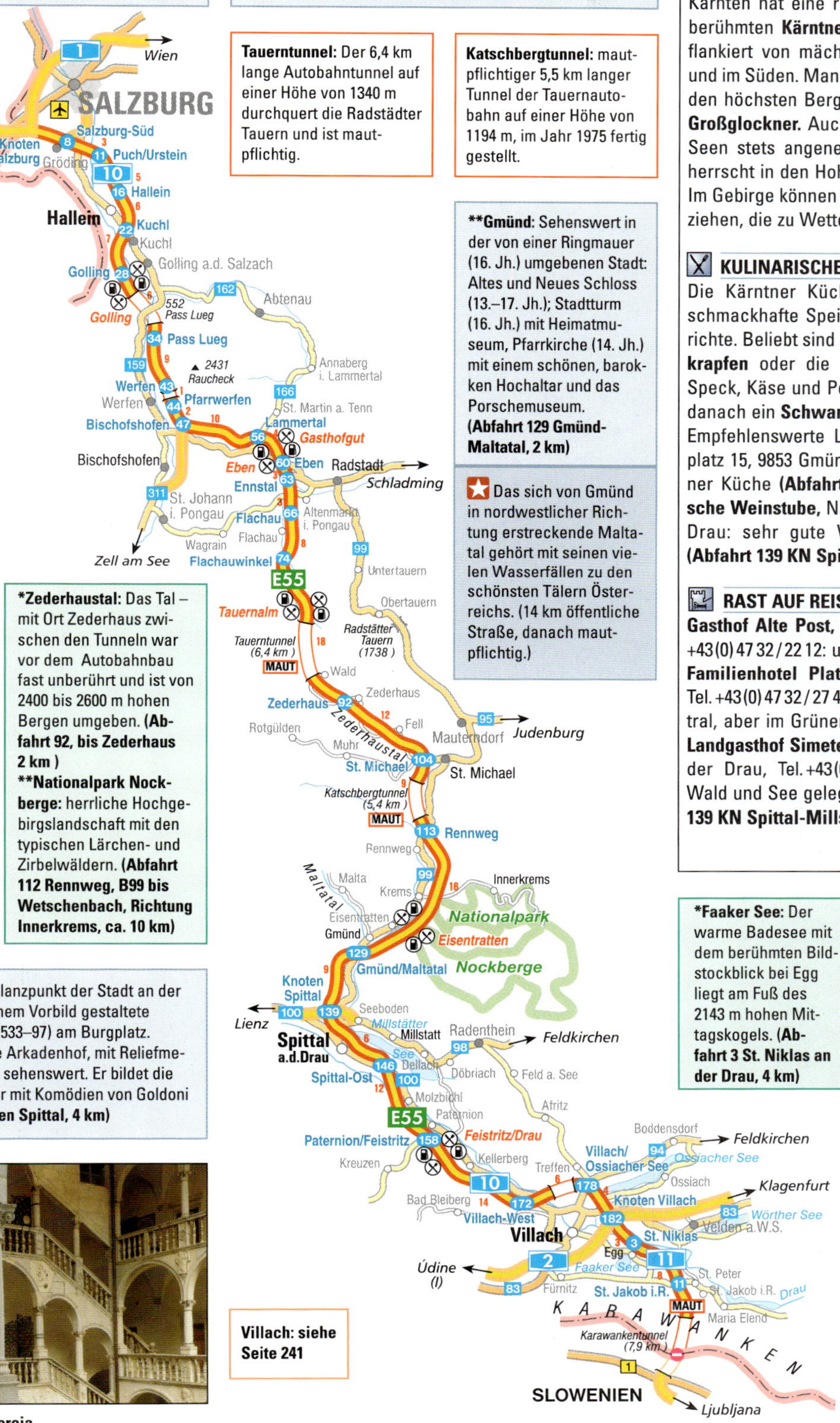

****Gmünd:** Sehenswert in der von einer Ringmauer (16. Jh.) umgebenen Stadt: Altes und Neues Schloss (13.–17. Jh.); Stadtturm (16. Jh.) mit Heimatmuseum, Pfarrkirche (14. Jh.) mit einem schönen, barocken Hochaltar und das Porschemuseum. **(Abfahrt 129 Gmünd-Maltatal, 2 km)**

Das sich von Gmünd in nordwestlicher Richtung erstreckende Maltatal gehört mit seinen vielen Wasserfällen zu den schönsten Tälern Österreichs. (14 km öffentliche Straße, danach mautpflichtig.)

***St. Michael im Lungau:** An der Straße zur Katschberghöhe gelegener Wintersport- und Luftkurort. In der namensgebenden Pfarrkirche (12./16. Jh.) sind Fresken aus dem 13. und 14. Jh. sowie ein römischer Grabstein zu sehen. **(Abfahrt 104 St. Michael, 3 km)**

***Bischofshofen:** Der Fremdenverkehrsort im Pongau mit großem Wintersportangebot ist vor allem als einer der Austragungsorte der international Vier-Schanzen-Tournee weltbekannt. Sehenswert: die romanisch-gotische Pfarrkirche St. Maximilian mit dem Marmorgrab (1462) des Bischofs Sylvester von Chiemsee (gest. 1453) und der Kastenhof (13. Jh.) mit altem Turm am Marktplatz. **(Abfahrt 46 Bischofshofen, 3 km)**

***Zederhaustal:** Das Tal – mit Ort Zederhaus zwischen den Tunneln war vor dem Autobahnbau fast unberührt und ist von 2400 bis 2600 m hohen Bergen umgeben. **(Abfahrt 92, bis Zederhaus 2 km)**

****Nationalpark Nockberge:** herrliche Hochgebirgslandschaft mit den typischen Lärchen- und Zirbelwäldern. **(Abfahrt 112 Rennweg, B99 bis Wetschenbach, Richtung Innerkrems, ca. 10 km)**

****Spittal:** Architektonischer Glanzpunkt der Stadt an der Drau ist das nach florentinischem Vorbild gestaltete Renaissanceschloss Porcia (1533–97) am Burgplatz. Vor allem der dreigeschossige Arkadenhof, mit Reliefmedaillons verziert, ist unbedingt sehenswert. Er bildet die Kulisse für das Sommertheater mit Komödien von Goldoni bis Nestroy. **(Abfahrt 139 Knoten Spittal, 4 km)**

Spittal: Innenhof von Schloss Porcia

Villach: siehe Seite 241

UNTERWEGS ZWISCHEN SALZBURG UND KÄRNTEN

Der Millstätter See vor der Kulisse der Hohen Tauern

Kärnten hat eine reizvolle Landschaft. Da sind die berühmten **Kärntner Seen** mit ihrem milden Klima, flankiert von mächtigen **Gebirgsketten** im Norden und im Süden. Man findet hier die **Hohen Tauern** und den höchsten Berg Österreichs, den 3797 m hohen **Großglockner.** Auch das Klima ist vielfältig: an den Seen stets angenehm und fast schon mediterran, herrscht in den Hohen Tauern ein raues **Bergklima**. Im Gebirge können im Sommer heftige Gewitter aufziehen, die zu Wetterstürzen führen.

KULINARISCHES DER REGION: Einfach und gut

Die Kärntner Küche kennzeichnen simple, aber schmackhafte Speisen wie Nudel- und Gemüsegerichte. Beliebt sind die mit Fleisch gefüllten **Schlickkrapfen** oder die Holzfällermahlzeit **»Frigga«** aus Speck, Käse und Polenta oder eine **Brettljause** und danach ein **Schwarzbeer-** oder **Wacholderschnaps.** Empfehlenswerte Lokale: **Gasthof Prunner,** Hauptplatz 15, 9853 Gmünd: gemütliche Stuben mit Kärntner Küche **(Abfahrt 129 Gmünd-Maltatal). Altdeutsche Weinstube,** Neuer Platz 17, 9800 Spittal an der Drau: sehr gute Weine, ausgezeichnete Küche **(Abfahrt 139 KN Spittal-Millstätter See, 2 km).**

RAST AUF REISEN: In den Kärntner Bergen

Gasthof Alte Post, Hauptplatz 17, 9853 Gmünd, Tel. +43(0)4732/2212: urige Atmosphäre, deftige Küche; **Familienhotel Platzer,** Vorstadt 25, 9853 Gmünd, Tel. +43(0)4732/2745: familiär geführtes Hotel, zentral, aber im Grünen **(Abfahrt 129 Gmünd-Maltatal). Landgasthof Simeter,** St. Sigmund 1, 9800 Spittal an der Drau, Tel. +43(0)4762/4752: reizvoll zwischen Wald und See gelegen, behagliche Zimmer **(Abfahrt 139 KN Spittal-Millstätter See).**

***Faaker See:** Der warme Badesee mit dem berühmten Bildstockblick bei Egg liegt am Fuß des 2143 m hohen Mittagskogels. **(Abfahrt 3 St. Niklas an der Drau, 4 km)**

****Millstätter See:** Der im Sommer bis zu 26 Grad warme zweitgrößte See Kärntens ist 12 km lang und bis zu 140 m tief. Sehenswert: der stille Klosterbezirk (gegr. um 1070) in Millstatt mit einer dreischiffigen Pfeilerbasilika und einem sehr schönen Kreuzgang. Das Weltgerichtsfresko (1513–19) gilt als eines der bedeutendsten Wandgemälde der Renaissance. **(Abfahrt 139 Knoten Spittal-Millstätter See, 7 km bis Millstatt)**

****Karawanken:** Höchste Erhebung des schroffen, aus Kalkstein und Dolomit aufgebauten Gebirges, auf dessen Hauptkamm seit 1920 die Grenze zwischen Österreich und Slowenien verläuft, ist der 2238 m hohe Hochstuhl.

Salzburg

Die durch den Salzabbau reich gewordenen Fürstbischöfe verwandelten Salzburg im 17. und 18. Jh. in ein barockes Juwel.

Hoch über der Stadt thront die mittelalterliche Feste Hohensalzburg, die im 16. Jh. vollendet wurde. Farbig verputzte Häuser und eine Vielzahl von Kirchen, Plätzen, Palästen und Brunnen geben Salzburg ein an Italien erinnerndes Flair. Fast alle Bauwerke mit romanischem und gotischem Ursprung wurden im Barock dem Geschmack der Zeit angepasst. Die vielen Neubauten des 17. und 18. Jhs., die von Baumeistern wie Johann Bernhard Fischer von Erlach, Gasparo Zuccalli und Johann Lukas von Hildebrandt ausgeführt wurden, bestimmen bis heute das barocke Stadtbild. Bedeutendste Bauwerke sind der Dom, die Residenz und die Schlösser Hellbrunn und Mirabell.

1 Bei Sonnenaufgang bietet sich ein traumhafter Blick auf Feste, Altstadt und Salzach.

2 Auch am Abend bilden der Dom und die Festung Hohensalzburg auf dem Mönchsberg eine zauberhafte Kulisse.

3 Mittelpunkt der bischöflichen Stadt ist der 1614–1628 von Santino Solari errichtete barocke Dom St. Rupert mit der 75 m hohen Kuppel.

4 Auf dem Residenzplatz steht seit 1661 ein 15 m hoher Marmorbrunnen, den ein Triton mit erhobener Muschel krönt.

5 Musikliebhaber aus aller Welt zieht es in die Getreidegasse 9. Hier erblickte am 27. Januar 1756 Wolfgang Amadeus Mozart das Licht der Welt – die Räume sind heute ein Museum.

6 Die Getreidegasse mit ihren Bürgerhäusern ist einer der ältesten Straßenzüge der Stadt.

7 Der reiche Figurenschmuck an der Westfassade des Doms ist nur ein Vorgeschmack auf die aufwändige Barockausstattung des Innenraums.

Streckenprofil A14:** Die österreichische Rheintalautobahn beginnt am Ende des Pfändertunnels (6,7 km). Sie führt aus dem Dreiländereck stetig ansteigend bis ins Montafon, ein von der Ill durchflossenes Hochgebirgstal. **(50 km, ¹/₂ Std.)
***S16:** Die eindrucksvolle Arlbergstraße **(70 km, 1¹/₄ Std.)** führt bis zu dem berühmten Pass durch das Klostertal und durch das Stanzertal bis nach Tirol. Der Weg über den Pass, der auf 1793 m Höhe liegt, wird seit 1885 von einem Eisenbahntunnel (10,3 km) und seit 1978 vom Arlberg-Straßentunnel **(13,9 km, mautpflichtig)** unterfahren.*

In der Oberstadt von Bregenz

****Bregenz:** Die günstige Lage der 2000-jährigen Bodenseestadt am Fuß des Pfänders (1064 m) wussten schon Kelten und Römer zu schätzen. Als Festspielstadt (seit 1950) mit einem markanten Schauspielhaus (1980) und schwimmender Seebühne hat sich die Hauptstadt Vorarlbergs europaweit einen guten Ruf erworben. Sehenswert: die vom Martinsturm (1599–1602, Zwiebelhaube) überragte historische Oberstadt mit Fachwerkrathaus (1622), Herz-Jesu-Kirche (1636) und gotischer Kirche St. Gallus (14./15. Jh.) sowie Kloster Thalbach (1609–1677). Am Kornmarkt der modernen Unterstadt: das Kunsthaus Bregenz (1997, gläserner Kubus) und das Vorarlberger Landesmuseum. Auf den Pfänder mit Aussicht auf See und Alpen gelangt man mit der Kabinenbahn (Talstation 5 Min. vom Hafen). **(Abfahrt 9 Bregenz, 3 km)**

****Hohenems:** Der kleine Ort, dessen Geschichte bis ins frühe Mittelalter zurückreicht, war ab dem 17. Jh. eine bedeutende jüdische Gemeinde. Im 1562–1567 erbauten Renaissanceschloss finden jeden Juni die bekannten Kammermusik-Festspiele »Schubertiade« statt. Sehenswert: der Palast der Grafen Waldburg-Zeil (1562), in dem im 18. Jh. zwei Handschriften des Nibelungenlieds gefunden wurden, die Pfarrkirche St. Karl Borromäus (1797) und das Jüdische Museum. **(Abfahrt 23 Hohenems, 2 km)**

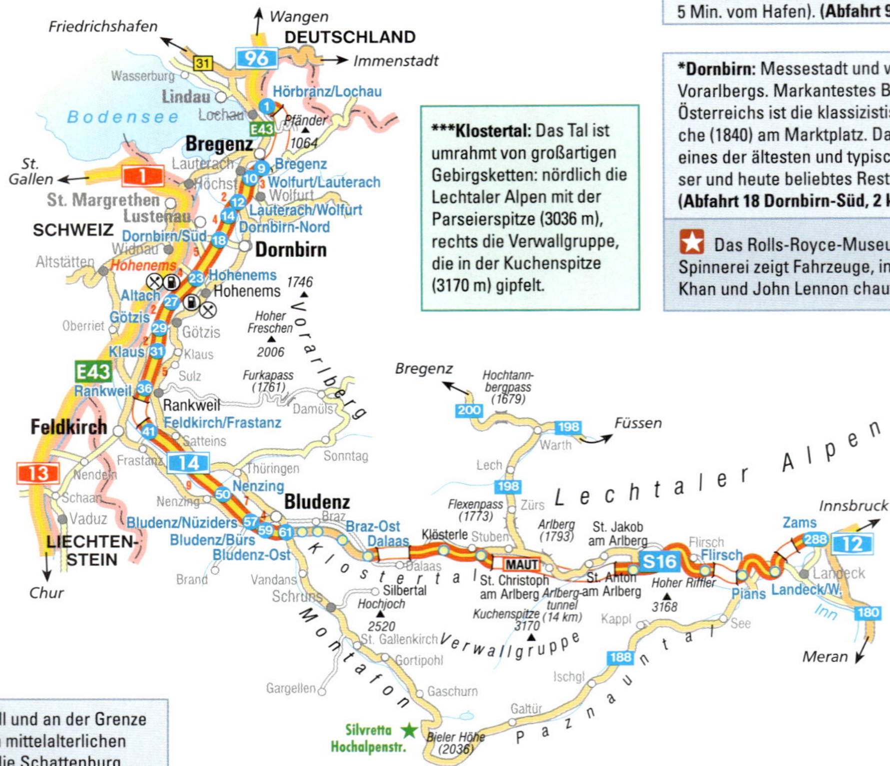

*****Klostertal:** Das Tal ist umrahmt von großartigen Gebirgsketten: nördlich die Lechtaler Alpen mit der Parseierspitze (3036 m), rechts die Verwallgruppe, die in der Kuchenspitze (3170 m) gipfelt.

***Dornbirn:** Messestadt und wirtschaftliches Zentrum des Vorarlbergs. Markantestes Bauwerk der Textilmetropole Österreichs ist die klassizistische tempelartige Pfarrkirche (1840) am Marktplatz. Das »Rote Haus« daneben ist eines der ältesten und typischsten Rheintaler Bürgerhäuser und heute beliebtes Restaurant und Weinstube. **(Abfahrt 18 Dornbirn-Süd, 2 km)**

Das Rolls-Royce-Museum (1999) in einer ehemaligen Spinnerei zeigt Fahrzeuge, in denen Prominente wie Ali Khan und John Lennon chauffiert wurden.

****Rankweil:** Mitten im Ort erhebt sich der Liebfrauenberg (515 m) mit der »Kirchenburg«, dem wichtigsten Sakralbau Vorarlbergs. Diesen Namen trägt die Wallfahrtskirche Unsere liebe Frau (15./17. Jh., seit 1987 Basilika), weil sie auf den Fundamenten eines Römerkastells und der Burg Hörnlingen (14. Jh.) erbaut wurde. **(Abfahrt 36 Rankweil, 2 km)**

*****Arlbergpass:** Direkt auf Passhöhe liegen drei Nobelhotels und St. Christoph, ein zur Versorgung von Reisenden eingerichtetes Hospiz (1384), das lange Zeit der einzige Schutz auf der Passhöhe war. Auch heute empfiehlt sich die Einkehr in der »Hospiz-Alm«. Der Alpenpass liegt an der Grenze Vorarlbergs zu Tirol und verbindet das Inntal mit dem Wallgau und dem Rheintal. Schöner Blick von der Passhöhe nach Osten auf St. Anton.

****Feldkirch:** Die Bischofsstadt an der Ill und an der Grenze zu Liechtenstein hat sich viel von ihrem mittelalterlichen Gesicht bewahrt. Über ihr erhebt sich die Schattenburg (12. Jh.), von 1300 bis 1390 Sitz der Grafen von Montfort. Sehenswert: der von Laubengängen und Patrizierhäusern (15./16. Jh.) gesäumte langgestreckte Marktplatz, das Rathaus (1493) mit Ratsstube, die gotische Domkirche (1478), das Liechtensteiner Amtshaus (1497), der Katzenturm (um 1500) und das Wahrzeichen der Stadt, das sechsstöckige Churertor (14. Jh.). **(Abfahrt 41 Feldkirch, direkt nach dem Ambergtunnel, 3 km)**

****Bludenz:** Kern der schönen »Alpenstadt« ist das »Städtle«, die malerische, eng gebaute Altstadt. Sehenswert: barocke Bürgerhäuser, viele Laubengänge, das Untere und das Obere Tor (beide 15. Jh.) mit Stadtmuseum. Über dem Ort: das Barockschloss Gayenhofen (1745) und die Pfarrkirche St. Laurentius (um 1500). **(Abfahrt Bludenz-West, 1 km)**

****St. Anton am Arlberg:** Der weltberühmte Wintersportort im oberen Stanzer Tal, der sich noch viel von seinem Ursprung als Bergdorf bewahrt hat, liegt auf etwa 1300 m Höhe. Sehenswert: die Pfarrkirche Maria Hilf (1698/1932) und das Ski- und Heimatmuseum. Die Skischule (seit 1922) ist die älteste ihrer Art. Seilbahnen auf Gampberg, Galzig und Valluga. **(S16, Abfahrt St. Anton, 5 km)**

UNTERWEGS IN VORARLBERG

Die mächtige Schattenburg in Feldkirch

Unterschiedlicher könnten die Regionen nicht sein: das **Dreiländereck** des **Bodensees** mit seinem leichten, anmutigen Bergland und die hochalpinen Regionen des **Vorarlbergs**, getrennt von gewaltigen Bergketten. Das Vorarlberggebiet mit seinen mondänen Orten St. Anton und St. Christoph ist sowohl im Sommer als auch im Winter äußerst beliebt. Die Freunde des **Wintersports** kommen hier voll auf ihre Kosten: das großes **Skigebiet** und die aufregende **Après-Ski-Szene** locken zahlreiche Touristen an. Auch wenn die übrigen Österreicher gerne etwas über das **»Ländle«** am Vorarlberg spotten: die Vorarlberger vereinen vortrefflich Tradition, Landwirtschaft und Tourismus.

KULINARISCHES DER REGION: Deftig und gut

In Vorarlberg kennt man eine deftige, bäuerliche Küche, ähnlich der in Schwaben oder im Allgäu. Die beliebten **Kässpatzen** sind inzwischen überall bekannt, und bisher war noch jeder Besucher mit dem Angebot aus der österreichischen Küche und den **Tiroler Schmankerln** zufrieden. Empfehlenswerte Lo-kale: **Gasthof Traube Braz**, 6751 Braz bei Bludenz: sehr gepflegte, modernisierte Tiroler Küche in schöner Atmosphäre. **(A14 Abfahrt 61 BludenzOst, 4 km). Brunnenhof**, St. Jakober Dorfstraße 53, 6580 St. Jakob am Arlberg: Feinschmeckerrestaurant in einer 320 Jahre alten Bauernstube **(A14 Abfahrt 61 Bludenz-Montafon, S16, 30 km). Gasthof Reselehof**, St. Anton 9, 6580 St. Anton am Arlberg: traditionelles Wirtshaus mit Tiroler Spezialitäten **(A14 Abfahrt 61 Bludenz-Montafon, S16, 40 km).**

RAST AUF REISEN: Übernachten im Skigebiet

Schlosshotel Dörflinger, Schlossplatz 5, 6700 Bludenz, Tel. +43(0)5552/63016: fürstlich wohnen und speisen, Terrasse mit einzigartigem Bergpanorama **(Abfahrt 59 Bludenz-Bürs). Gasthof Rössle**, Danöfen 120 A, 6754 Klösterle am Arlberg, Tel. +43(0)5582/755: mitten im Skigebiet gelegen, gute Küche **(A14 Abfahrt 61 Bludenz-Montafon, S16, 17 km). Schwarzer Adler**, St. Anton 42, 6580 St. Anton am Arlberg, Tel. +43(0)5446/22440: Traditionshotel, mondänes Publikum, schöne Fassadenmalerei **(A14 Abfahrt 61 Bludenz-Montafon, S16, 30 km). Hotel Gletscherblick**, St. Jakob 107, 6580 St. Jakob am Arlberg, Tel. +43(0)5446/3285: nettes Hotel im Nachbarort von St. Anton gelegen **(A14 Abfahrt 61 Bludenz-Montafon, S16, 30 km).**

Streckenprofil A12:** Die Inntalautobahn verläuft durchgehend parallel zum Fluss und wird flankiert von berühmten Alpenmassiven wie den Kitzbühler Alpen, Karwendel, Paznaun und Stubaier Alpen. **(150 km, 1 ½ Std.)

Kufstein: Burg Geroldseck

*****Innsbruck:** Landeshauptstadt von Tirol, überragt von den Felswänden des Karwendels, mit historischer, von Lauben und Erkerhäusern geprägten Innenstadt. Berühmt ist das »Goldene Dachl« (1494–96), der mit 3000 feuervergoldeten Kupferschindeln gedeckte Erker am Maximilianeum, das an den Habsburgerkaiser Maximilian I. (gest. 1519) erinnert, dessen Grabstätte sich in der prächtigen Hofkirche (1553–63) befindet. Außerdem sehenswert: Maria-Theresien-Straße, Helblinghaus mit schöner Rokokofassade (1732); Altes Rathaus (1358) mit Stadtturm; Gasthof Goldener Adler (16. Jh.); die Hofburg (um 1460 errichtet und Mitte des 18. Jh. im Rokokostil umgebaut und erweitert); der barocke Dom St. Jakob (1717–22) und im Stadtteil Ambras das Renaissanceschloss Ambras (16. Jh.) mit Habsburger Porträtgalerie sowie in Wilten die Rokokokirche Mariä Empfängnis und die barocke Stiftskirche St. Laurentius **(Abfahrt 79 Innsbruck-West, 3 km)**

****Kufstein:** Sehenswert: Feste Geroldseck (13. Jh./1504–22), auf die man per Lift (Römerhofgasse) gelangt; Heldenorgel (1931, 4307 Pfeifen) im Bürgerturm; Heimatmuseum im Kaiserturm (1522). **(Abfahrt 2 Kufstein-Nord, 4 km)**

***Schwaz:** Oberhalb der einstigen Silberstadt mit der größten gotischen Hallenkirche Tirols thront linker Hand Burg Freundsberg (12. Jh.). **(Abfahrt 49 Schwaz, 2 km)**

****Landeck:** Die Stadt am Knotenpunkt zwischen Reschenpass und Arlbergstraße wird überragt von der über dem Inn thronenden Burg (12. Jh., schönes Heimatmuseum). Sehenswert: kunstvoll bemalte Bürgerhäuser und die Pfarrkirche Mariä Himmelfahrt (1471), eine gotische Hallenkirche, deren Mittelschiff fast doppelt so hoch ist wie die Seitenschiffe. **(Abfahrt 145 Landeck, 4 km)**

****Hall in Tirol:** im Mittelalter wirtschaftliches Zentrum Tirols, das durch Salzhandel reich wurde. Heute gilt die fast vollständig intakte Altstadt mit 277 bis ins Detail erhaltenen Häusern aus dem Mittelalter als besterhaltener Stadtkern Österreichs. Sehenswert: die asymmetrische Nikolauskirche (13.–15. Jh.), der Münzturm (45 m), Wahrzeichen der Stadt, sowie das Rathaus (16. Jh.) und das Stadtmuseum. **(Abfahrt 68 Hall i. Tirol, 3 km)**

***Wattens:** Ort im Unterinntal, für die Herstellung von Glasschmuck bekannt. Anlässlich des 100-jährigen Firmenjubiläums der hier ansässigen Glasschleiferei Swarovski (1995) wurde hier – inszeniert und geleitet von André Heller – eine einzigartige unterirdische Erlebniswelt geschaffen: Die »Swarovski Kristallwelten« aus funkelnden Kraftfeldern sind täglich von 9 bis 18.30 Uhr geöffnet (Okt.–Nov. 07 geschlossen) **(Abfahrt 61 Wattens, 2 km)**

Burgen: Ab Kramsach, gegenüber dem mittelalterlichen Rattenberg gelegen, folgen auf 18 km bis Schwaz mehrere interessante Burgen: Schloss Rattenberg, links auf einem Bergsporn, wurde im 11. Jh. von den Bayern als Trutzburg gegen Tirol erbaut. Nach Jenbach, möglicher Ausgangspunkt zum wunderbar smaragdgrünen Achensee (10 km) oder ins Zillertal auf der anderen Seite, folgt rechts das weiße Schloss Tratzberg (15./16. Jh.) mit einem 46 m langen Wandbild, auf dem 148 Habsburger dargestellt sind. **(Abfahrt 43 Jenbach, 4 km)**

***Imst:** Als Ausgangspunkt für Touren ins Ötztal und Pitztal ist die alte »Stadt der Brunnen« betriebsame Drehscheibe des Oberinntals. Sehenswert: Pfarrkirche Mariä Himmelfahrt, eine spätgotische Hallenkirche mit Fresken (um 1500). **(Abfahrt 133 Imst/Au, 2 km)**

*****Pitztal und Ötztal:** rechte Seitentäler des Oberinntals und jeweils 40 km lang. Beide Täler bieten eine grandiose Hochgebirgslandschaft. Das Pitztal wird vom Pitzbach durchflossen, der gegenüber Imst in den Inn mündet. Es wird überragt von der 3768 m hohen Wildspitze. Am Talende führt eine Tunnelbahn auf 2860 m Höhe zur Erschließung des Skigebiets (ganzjährig) um den Mittelbergferner. Das Ötztal wird von der Ötztaler Ache durchflossen und trennt die Stubaier Alpen von den Ötztaler Alpen. Bedeutendster Ort: Sölden mit der Ötztaler Gletscherbahn und der Gletscherstraße.

UNTERWEGS IN TIROL

Innsbruck: der barocke Dom St. Jakob

Tirol hält all die Dinge bereit, die man als Besucher hier erwartet: grüne Almen, blaue Berge, Holzbalkone mit Geranien und die eine oder andere Trachtengruppe sonntags auf dem Weg zum Trachtenfest. Bei schönem Wetter wirken die kleinen Dörfer wie frisch lackiert. Die **Berge** um Tirol haben klingende Namen wie **Karwendel, Wetterstein, Ötztaler** oder **Stubaier Alpen** und lassen das Herz eines jeden Wanderers höher schlagen. Die **Wildbäche,** die **Wälder,** die **schneebeckten Gipfel** – man gerät fast ins Schwärmen bei dieser Postkartenidylle. Viele bekannte Orte wie die Hauptstadt Tirols, Innsbruck, liegen dicht bei der Autobahn und lohnen einen Kurzbesuch.

KULINARISCHES DER REGION: Ursprüngliches

Eine Brotzeit mit Tiroler **Speck,** einem Bier und einem Tiroler **Obstschnaps** aus Birnen, Pflaumen oder Marillen ist wohl das typischste, was man hier verspeisen kann. Und zum Glück besinnen sich die Tiroler Köche wieder mehr auf die ursprüngliche Regionalküche: **Schlutzkrapfen, Kaiserschmarrn, Moosbeernocken** ... die deftigen bäuerlichen Gerichte und köstlichen **Nachspeisen** sind unübertrefflich. Empfehlenswerte Lokale: **Goldenes Dachl,** Hofgasse, 6020 Innsbruck: rustikale Küche, Bierspezialitäten **(Abfahrt 73 Innsbruck-Ost). Gasthaus Hirschen,** Bahnhofstraße, 6170 Zirl: gemütliche alte Gaststube, moderne Bar mit Wintergarten **(Abfahrt 87 Zirl-Ost, 3 km). Telfer Stub'm,** Wiesenweg 1, 6410 Telfs: hausgemachte Mehlspeisen in freundlicher Atmosphäre **(Abfahrt 105 Telfs-West, 2 km).**

RAST AUF REISEN: Übernachten in den Bergen

Gasthof Weißes Rössl, Kiebachgasse 8, Altstadt, 6020 Innsbruck, Tel. +43(0)/512/583057: gemütlicher Gasthof, zentral gelegen; **Romantikhotel Schwarzer Adler,** Kaiserjägerstr. 2, 6020 Innsbruck, Tel. +43(0)512/587109: Hotel aus dem 16. Jahrhundert, edle Einrichtung, Whirlpool, offener Kamin, Panoramadachterrasse, Limousinenservice **(Abfahrt 73 Innsbruck-Ost). Gasthof Stauder,** Kirchplatz 3, 6162 Mutters, Tel. +43(0)512/548989: original Tiroler Gasthof, komfortable Zimmer, sehr gute Küche mit Tiroler Schmankerln **(Abfahrt 83 Bregenz/Innsbruck-West, 2 km). Tirolerhof,** Bahnhofstraße 28, 6410 Telfs, Tel. +43(0)5262/62237: schöne Zimmer, gemütliche Stuben, eleganter Speisesaal, Tiroler Schlemmerküche **(Abfahrt 105 Telfs-West, 2 km).**

1

2

Innsbruck

Die im Herzen der Alpen gelegene Landeshauptstadt Tirols ist nicht nur kultureller Mittelpunkt des Bundeslandes, sie fungiert auch heute noch als Drehscheibe zwischen Österreich und seinem südlichen Nachbarn Italien.

Geschäftiges Treiben und Weltläufigkeit prägen heute das Bild der 128.000 Einwohner zählenden Stadt im Herzen der Alpen. Zahlreiche Verwaltungs- und Bildungseinrichtungen, die Universität und das Landestheater machen Innsbruck zu einer aufstrebenden, lebendigen Stadt. Doch durch die umliegenden Berge und die dichte Besiedelung des Inntals ist das auf 100 km² angewachsene Innsbrucker Stadtgebiet an die Grenzen seiner Ausdehnung gestoßen. Die einzige noch mögliche Erweiterung führt nach oben – auf die Gipfel des mächtigen Karwendelgebirges.

1 Ein prächtiges Panorama liefert die Maria-Theresien-Straße mit der berühmten Annasäule und der direkt hinter der Stadt aufsteigenden Nordkette.

2 Das Goldene Dachl, ein reich dekorierter und mit Kupferschindeln gedeckter Erker aus dem 15. Jh. ist eines der berühmtesten Beispiele mittelalterlicher Baukunst.

3 Vom 56 m hohen Stadtturm genießt man einen herrlichen Blick über Innsbruck und Umgebung.

4 Das Helblinghaus mit seinen weiß-rosa Stuckaturen vereint von Bändern und Früchten über Putten und Blumen fast alle Ornamente und Muster des Rokoko in sich.

5 Durch seine Lage am Fuße des Karwendelgebirges ist Innsbruck vor allem für Naturfreunde, Wanderer und Wintersportler ein begehrtes Reiseziel.

6 Die frühbarocke Jesuitenkirche ist eines der bedeutendsten Wahrzeichen der Stadt.

3

4

5

6

Streckenprofil:** Die Autobahn von Innsbruck nach Verona führt über die Europabrücke direkt auf die Autostrada del Sole zu. Von zahlreichen Tunneln durchzogen führt der wichtigste Alpenpass zwischen Österreich und Italien durch die Dolomiten, um dann in die gut ausgebaute Strecke Trento-Verona zu münden. **(266 km, knapp 3 Std.)

UNTERWEGS AM GARDASEE

Die Wasserburg von Sirmione am Gardasee

Die hügelige Region und der Gardasee zwischen Trient und Verona mit ihren jahrhundertealten **Zitronen-** und **Olivenhainen,** den zypressengesäumten **Weinbergen** und **Bougainvillea-Sträuchern** sind ein atemberaubendes Naturidyll. Dass der Gardasee so beliebt ist, liegt auch am hohen **Freizeitwert. Wassersportler** kommen hier auf ihre Kosten, und den Bergfreunden machen die **Trentiner Berge** bei Arco **(Abfahrt Rovereto-Nord, 18 km)** sowie das bei Malcesine **(Abfahrt Rovereto-Nord, 32 km)** gelegene **Monte-Baldo-Massiv** Spaß.

KULINARISCHES DER REGION: Feine Cucina

Kulinarische Genüsse verspricht die Gardaseeküche wie **Forellenravioli, Gamscarpaccio** oder **Radicchio-risotto.** Aber auch feine **Fische** gibt es: Spaghetti mit **Lachsforellenkaviar, Schleie** mit Kräutern und Zitronensaft oder eine rosa **Gardaseeforelle** vom Grill. Empfehlenswerte Lokale: **Tre Camini,** Murlongo - Costermano bei Garda: rustikales Lokal, Spezialität: Grillfilet mit Trüffeln **(Abfahrt Garda). Al Volt,** Via Fiume 73, 38066 Riva del Garda: gute Fischküche im historischen Palazzo **(Abfahrt Rovento-Süd, 15 km).**

RAST AUF REISEN: Hotels am venetischen Ufer

Locanda San Vigilio, Punta San Vigilio, Tel. +39 (0)45 / 725 66 88, 37016 Garda: Luxushotel, ländliches Flair **(Abfahrt Garda, 3 km). Ancora,** Via Montanara 2, 38066 Riva del Garda, Tel. +39 (0) 464 / 52 21 31: charmantes Altstadthotel **(Abfahrt Rovereto-Sud, 15 km).**

*****Gardasee:** Der See ist von abwechslungsreicher Landschaft und mildem, fast mediterranem Klima geprägt: Von der Alpenklamm über toskanaähnliche Moränenhügel bis hin zu steil abfallenden Küsten gleich der amalfitanischen hat der »Lago« alles zu bieten. Obwohl jährlich an die 2,5 Mio. Touristen an seine Ufer strömen, hat sich der See zumindest im Hinterland seine Ursprünglichkeit bewahrt. Landgasthöfe mit traditioneller Küche, Olivenhaine und Zitronengärten sowie Wanderwege am Monte Baldo mit Blick auf den See laden zum Verweilen ein. **(Abfahrt Lago di Garda Nord, 20 km bis Riva del Garda)**

***Matrei am Brenner:** ältester Ort im Wipptal. Sehenswert: die spätgotische Pfarrkirche Mariä Himmelfahrt (um 1310) mit barocker Innenausstattung (Deckenfresko) und, obwohl im letzten Krieg schwer zerstört, Schloss Matrei (im Kern 13. Jh.) und zahlreiche hübsch bemalte Häuser **(Abfahrt 19 Matrei/Steinach, 2 km)**

*****Brixen (Bressanone):** über 1000 Jahre alte an Rienz und Eisack gelegene Bischofsstadt mit vielen alten Gassen und Bürgerhäusern. Sehenswert sind der Dom, der Kreuzgang mit seinen gotischen Fresken sowie die ehemalige fürstbischöfliche Hofburg, heute Diözesan- und Krippenmuseum. Obwohl hier die Kultur der Renaissance wichtige Spuren hinterließ, prägte vor allem der Barock die Stadt und ihre Architektur. **(Abfahrt Bressanone/ Brixen, 5 km)**

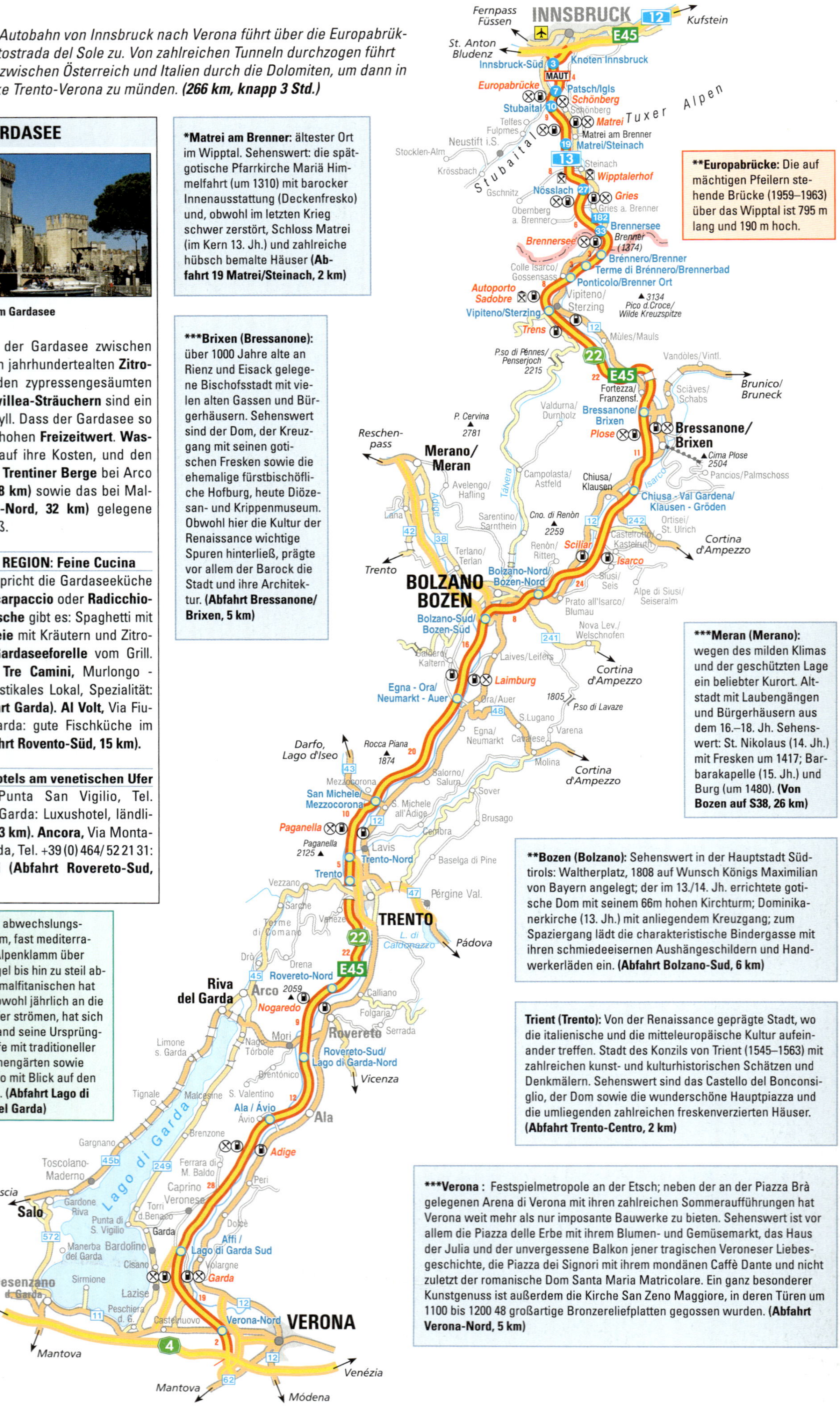

****Europabrücke:** Die auf mächtigen Pfeilern stehende Brücke (1959–1963) über das Wipptal ist 795 m lang und 190 m hoch.

*****Meran (Merano):** wegen des milden Klimas und der geschützten Lage ein beliebter Kurort. Altstadt mit Laubengängen und Bürgerhäusern aus dem 16.–18. Jh. Sehenswert: St. Nikolaus (14. Jh.) mit Fresken um 1417; Barbarakapelle (15. Jh.) und Burg (um 1480). **(Von Bozen auf S38, 26 km)**

****Bozen (Bolzano):** Sehenswert in der Hauptstadt Südtirols: Waltherplatz, 1808 auf Wunsch König Maximilian von Bayern angelegt; der im 13./14. Jh. errichtete gotische Dom mit seinem 66m hohen Kirchturm; Dominikanerkirche (13. Jh.) mit anliegendem Kreuzgang; zum Spaziergang lädt die charakteristische Bindergasse mit ihren schmiedeeisernen Aushängeschildern und Handwerkerläden ein. **(Abfahrt Bolzano-Sud, 6 km)**

Trient (Trento): Von der Renaissance geprägte Stadt, wo die italienische und die mitteleuropäische Kultur aufeinander treffen. Stadt des Konzils von Trient (1545–1563) mit zahlreichen kunst- und kulturhistorischen Schätzen und Denkmälern. Sehenswert sind das Castello del Bonconsiglio, der Dom sowie die wunderschöne Hauptpiazza und die umliegenden zahlreichen freskenverzierten Häuser. **(Abfahrt Trento-Centro, 2 km)**

*****Verona :** Festspielmetropole an der Etsch; neben der an der Piazza Brà gelegenen Arena di Verona mit ihren zahlreichen Sommeraufführungen hat Verona weit mehr als nur imposante Bauwerke zu bieten. Sehenswert ist vor allem die Piazza delle Erbe mit ihrem Blumen- und Gemüsemarkt, das Haus der Julia und der unvergessene Balkon jener tragischen Veroneser Liebesgeschichte, die Piazza dei Signori mit ihrem mondänen Caffè Dante und nicht zuletzt der romanische Dom Santa Maria Matricolare. Ein ganz besonderer Kunstgenuss ist außerdem die Kirche San Zeno Maggiore, in deren Türen um 1100 bis 1200 48 großartige Bronzereliefplatten gegossen wurden. **(Abfahrt Verona-Nord, 5 km)**

Dolomiten

Eine mehr als 250 Millionen Jahre alte bewegte Entstehungsgeschichte hat eines der imposantesten Naturwunder dieser Erde, die Dolomiten, geformt.

Als Teil der südlichen Kalkalpen zwischen, Pustertal, Eisack, Etsch, Val Sugana und Piave, besteht das Gebirge aus Dolomit, aus dem sich durch Verwitterung die typischen Felszacken gebildet haben. Höchste Erhebung ist die Marmolada mit 3342 m.

Vor etwa 150 Jahren, genauer 1856, erhielten die Dolomiten ihren Namen: Die beiden englischen Abenteurer Josiah Gilbert und G. C. Churchill, die über Lienz durch das Pustertal gekommen waren, sahen plötzlich »eine fremdartige Reihe von nackten, zerrissenen Felsspitzen« vor sich, welche sie sofort faszinierte. Auf den Bericht der beiden Bergsteiger hin, erschien ein Buch mit dem Titel »The Dolomite Mountains«, das sofort reißenden Absatz fand. Erstmalig begegnete man dieser phantastischen Landschaft mit großem Interesse. Bergsteiger, Forscher und Naturliebhaber fanden gleichsam hier das Mekka ihrer Träume. Und auch heute sind die Dolomiten mit ihren Zentren Cortina d'Ampezzo, Sexten, San Martino di Castrozza, St. Ulrich und Canazei beliebte Ausflugsziele für Wanderer, Kletterer und Wintersportler.

1

2

3

4

1 Das Herz eines jeden Naturfreundes erhellt der Anblick der Drei Zinnen bei Sonnenaufgang.

2 Erhebend ist der Blick über St. Magdalena im Villnößtal auf die zum Süden hin aus dunklen Wäldern hochfahrenden Geißlerspitzen.

3 Die 2846 m hohe Kalkerhebung der Latemargruppe ist im wahrsten Sinne des Wortes eines der hervorstechendsten Massive der Dolomiten.

4 Wie in Puderzucker getaucht: Die verschneiten Gipfel des Sella-Massivs, vorne die Kirche von Kollfuschg

Gardasee

Seit den 50er Jahren ist der Gardasee ein beliebtes Reiseziel nicht nur für Segler und Wanderer, sondern auch für diejenigen, die auch im Norden Italiens ein wenig mediterranes Flair schnuppern wollen.

Der Gardasee ist ein eiszeitlicher Gletschersee, dessen Wasser durch zahlreiche Gebirgsbäche aufgefrischt wird, die sich zur Zeit der Schneeschmelze von den Bergen herab in den Lago di Garda ergießen. Trotz der unausweichlich hohen Belastung seiner Wasserqualität ist der See bis heute ein einzigartiger Lebensraum für Vögel, Fische und Reptilien geblieben.

1

2

3

4

5

6

7

8

1 Mediterraner Charme: Malcesine mit seinen Straßencafes und den verwinkelten Altstadtgassen und der Blick über den dunstigen See.

2 Das romantische Seestädtchen Sirmione brachte bereits vor vielen Jahrhunderten den römischen Liebesdichter Catull zum Schwärmen.

3 Malcesine, das Hafenstädtchen unter dem Naturreservat des Monte Baldo, zieht Jahr für Jahr viele Surfer und Segler an.

4 Garda mit seiner reizvollen Lungolago-Uferpromenade war einst eine der italienischen Seehauptstädte.

5 Lädt zum Flanieren ein: die reizvolle Uferpromenade von Riva del Garda.

6 Torri del Benaco mit seinem malerischen Hafenbecken und teuren Boutiquen ist einer der schicksten Orte am Lago.

7 Die in Sirmione gelegene Wasserburg der Scaliger ist eines der meistfotografierten Motive rund um den Gardasee.

8 Seine reizvolle Lage am schmalen Nordteil in einer Bucht zwischen dem Sarcatal und den nördlichen Ausläufern des Monte Baldo machen Torbole zu einem beliebten Reiseziel.

Verona

Die wohlhabende Stadt am Fuße der Alpen begeistert nicht nur Opern- und Kulturfreunde. Auch die edlen Boutiquen und die alljährlich stattfindende Weinmesse Vinitaly locken zahlreiche Reisende aus aller Welt an.

Wer nach Verona kommt, findet hier italienische Geschichte in Reinkultur: Trutzige Etschbrücken aus der Römerzeit, romanische Gotteshäuser und imposante Palazzi aus der Zeit, als Verona noch ostgotische Hauptstadt Italiens war, faszinieren den Besucher ebenso wie die ghibellinischen Prunkgräber der Scaliger oder der Balkon der Julia, unter dem ihr einst Romeo seine unendliche Liebe gestand.
Doch neben seinen geschichtsträchtigen Orten hat das reiche Verona auch genussvolles italienisches Dolce Vita zu bieten: die erlesenen Pasticcerie und noblen Cafés auf der Piazza Brá schenken den Einwohnern und Besuchern der Stadt ebenso ungeahnte Gaumenfreuden wie die gemütlichen Weinstuben und Trattorie auf der Piazza delle Erbe.

1

2

3

4

1 **Auf der weiträumigen Piazza dei Signori erinnert das Dante-Denkmal an einen der berühmtesten Söhne Italiens, der in Verona Gast der Scaliger war.**

2 **Besonders malerisch ist der wunderschöne Marktplatz Piazza delle Erbe bei Nacht, der sich an das römische Amphitheater schmiegt.**

3 **Die prachtvolle Festspielmetropole Verona prunkt an jeder Ecke mit imposanten historischen Bauwerken. Am frühen Morgen erscheint die Arena di Verona umgebende Ringstraße noch ruhig. Die abendlichen Opern erfüllen die Straße mit lebendigem Treiben.**

4 **Der Turm des Castelvecchio(14. Jh.) und die zinnengeschmückte Ponte Scaligero an der Etsch, die von den Scaligern als Fluchtweg erbaut worden war.**

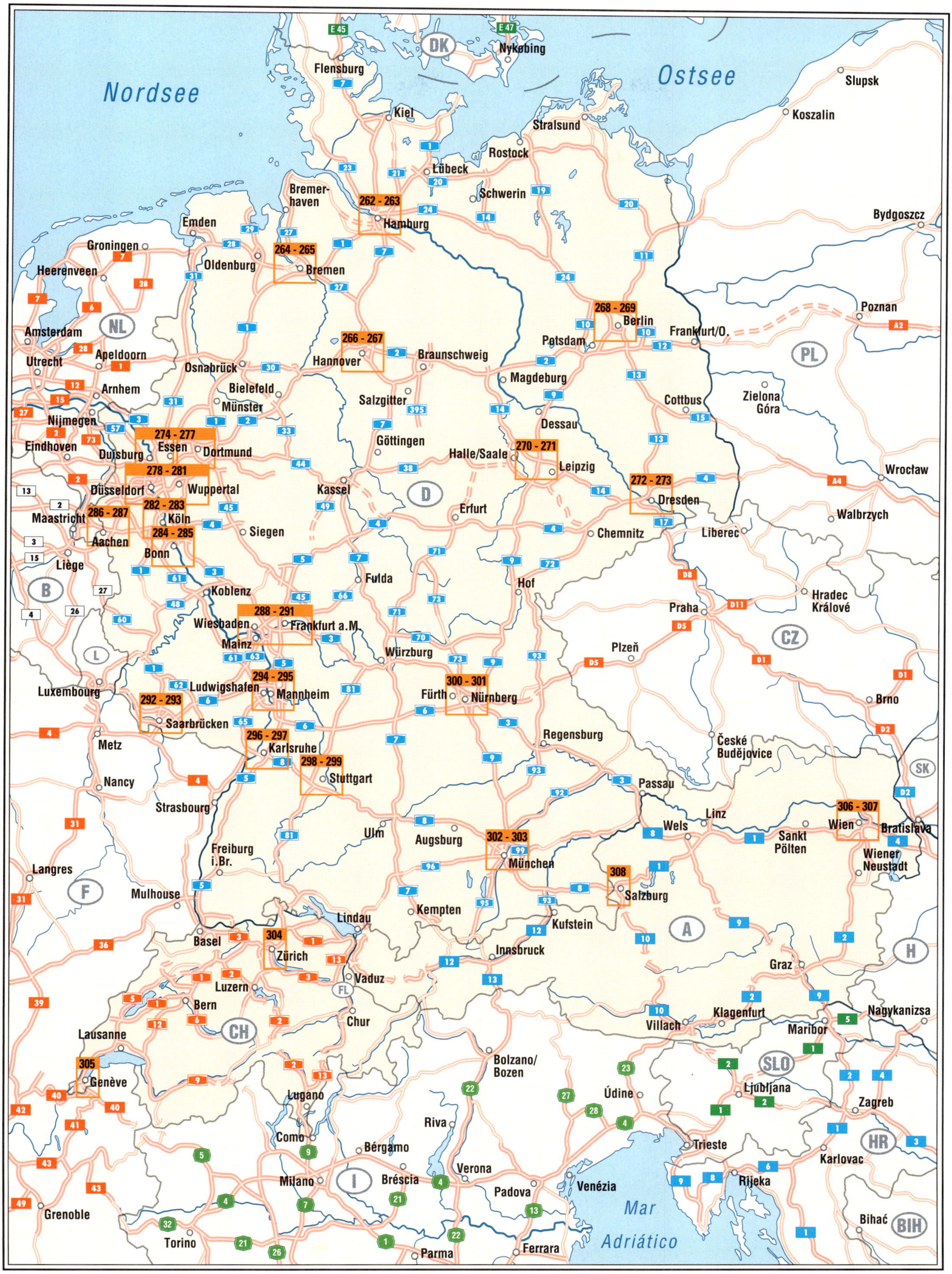
Nordsee
Ostsee
DK
Nykøbing
Flensburg
Kiel
Stralsund
Slupsk
Koszalin
Rostock
Lübeck
Schwerin
Bremerhaven
262 - 263
Hamburg
Emden
Groningen
264 - 265
Bremen
Oldenburg
Heerenveen
Bydgoszcz
Amsterdam
NL
268 - 269
Berlin
Potsdam
Frankfurt/O.
Poznan
266 - 267
Hannover
Braunschweig
Utrecht
Apeldoorn
Osnabrück
PL
Magdeburg
Arnhem
Bielefeld
Münster
Salzgitter
Zielona Góra
Cottbus
Nijmegen
Dessau
274 - 277
Essen
Dortmund
Eindhoven
Duisburg
Göttingen
270 - 271
Halle/Saale
Leipzig
278 - 281
Düsseldorf
Wuppertal
Kassel
D
Wrocław
272 - 273
Dresden
Maastricht
286 - 287
Aachen
282 - 283
Köln
284 - 285
Bonn
Siegen
Erfurt
Chemnitz
Walbrzych
Liberec
Liège
B
Fulda
Hof
Koblenz
Hradec Králové
Praha
288 - 291
Frankfurt a.M.
Wiesbaden
Mainz
L
CZ
Plzeň
Würzburg
Luxembourg
294 - 295
Ludwigshafen
Mannheim
300 - 301
Fürth
Nürnberg
Brno
292 - 293
Saarbrücken
Metz
Regensburg
České Budějovice
296 - 297
Karlsruhe
298 - 299
Stuttgart
Nancy
SK
Strasbourg
Passau
Linz
306 - 307
Wien
Bratislava
Wels
Sankt Pölten
Ulm
Augsburg
302 - 303
München
Freiburg i.Br.
Wiener Neustadt
Langres
F
Mulhouse
308
Salzburg
Kempten
Lindau
Kufstein
A
Basel
304
Zürich
Innsbruck
H
Graz
Vaduz
FL
Luzern
Bern
CH
Chur
Nagykanizsa
Klagenfurt
Villach
Maribor
Lausanne
Bolzano/ Bozen
SLO
305
Genève
Lugano
Údine
Ljubljana
Zagreb
Riva
Como
Bérgamo
Trieste
HR
Karlovac
Verona
Milano
I
Bréscia
Venézia
Rijeka
Padova
Mar Adriático
Grenoble
Bihać
BIH
Torino
Parma
Ferrara

UNTERWEGS IN HAMBURG

In der Speicherstadt

Durch ihre Lage an Nordsee und Elbe ist die Freie und Hansestadt Hamburg – zweitgrößte Stadt in Deutschland – einer der ersten Handelsplätze Europas. Nirgendwo sonst schlägt ihr Herz kräftiger als am Hafen, dem »Tor zur Welt«. Selbstbewusst ziehen die Dickschiffe an den Villen des vornehmen Blankenese und an den St.-Pauli-Landungsbrücken vorüber. Und nicht weit entfernt hat Hamburg sein Sonntagsspektakel frühmorgens auf dem Fischmarkt! In den alten Hallen wird geschwoft, gerockt, gejazzt, Marktschreier verschleudern an den Kais die Ware kistenweise und Hamburger Originale verhökern Originelles. Abends verscheucht die junge Stadt mit ihren Theatern, einer quirligen Musikszene und der freizügigen Reeperbahn alle Langeweile. In den zahlreichen Museen, Galerien und auf dem Antikmarkt der »Kunstmeile« zwischen Alster und Hafen kommen Kunstliebhaber auf ihre Kosten, während traditionsreiche Kontorhäuser und exklusive Einkaufsmeilen wie Mönckebergstraße und Jungfernstieg den Bummel zu einem besonderen Erlebnis machen.

KULINARISCHES: Von Labskaus bis Couscous

Mit sechs Sterne-Köchen darf sich Hamburg eine Stadt der Gourmets nennen. In den vielen Restaurants mit hanseatischen Spezialitäten steht natürlich **Meerfrisches** auf den Speisekarten. **Pfannfisch, Büsumer Krabben, Maischolle mit Kartoffelsalat** oder **Labskaus** sind ebenso Hamburger Tradition wie Hummer, Austern und Kaviar. Aber so sehr man sich zur heimischen Küche bekennt, so zeigt sich auch in der Gastronomie die Weltoffenheit der Stadt.

Hanseatische Küche: Alt Hamburger Aalspeicher, Deichstraße 43; **Fischereihafen Restaurant,** Große Elbstr. 143; **Fischerhaus,** St. Pauli Fischmarkt 14; Historischer Gasthof **»Anno 1750«,** Ost-West-Straße 47.

Internationale Küche: Shiki Japanese Restaurant, Düsternstraße 1/Ecke Stadthausbrücke; **Panthera Rodizio,** Ditmar-Koel-Straße 3; **Shalimar,** ABC-Str. 46-47; **Il Porto,** Große Elbstraße 100.

RAST AUF REISEN: Übernachten im Zentrum

Vier Jahreszeiten, Neuer Jungfernstieg 9, 20354 Hamburg, Tel. 040/34940.
Atlantic Hotel Kempinski, An der Alster 72-79, 20099 Hamburg, Tel. 040/28880.
Hafen Hamburg, Seewartenstr. 9, 20459 Hamburg, Tel. 040/311130.
Grand Elysee Hotel, Rothenbaumchaussee 10, 20148 Hamburg, Tel. 040/414120.
Hotel Pacific, Neuer Pferdemarkt 30-31, 20359 Hamburg, Tel. 040/4395095.
Hotel Commodore, Budapester Str. 20, 20359 Hamburg, Tel. 040/31999603.

Hamburg: *Im 9. Jh. von Kaiser Ludwig dem Frommen auf dem Landrücken zwischen Elbe und Alster gegründet, avancierte die Stadt im Mittelalter zu internationaler Größe im Handel und erlebte im 17./18. Jh. ihre kulturelle Blüte. Ein großer Brand vernichtete 1842 ein Viertel der alten Hansesiedlung, u. a. das Rathaus, das im prächtigen Renaissancestil neu aufgebaut wurde.* ***Sehenswert:*** *Die Kirche St. Petri, im Wesentlichen ein Bauwerk der Neugotik, ist mit ihren roten Backsteinmauern und dem spitzen grünen Helm zum*

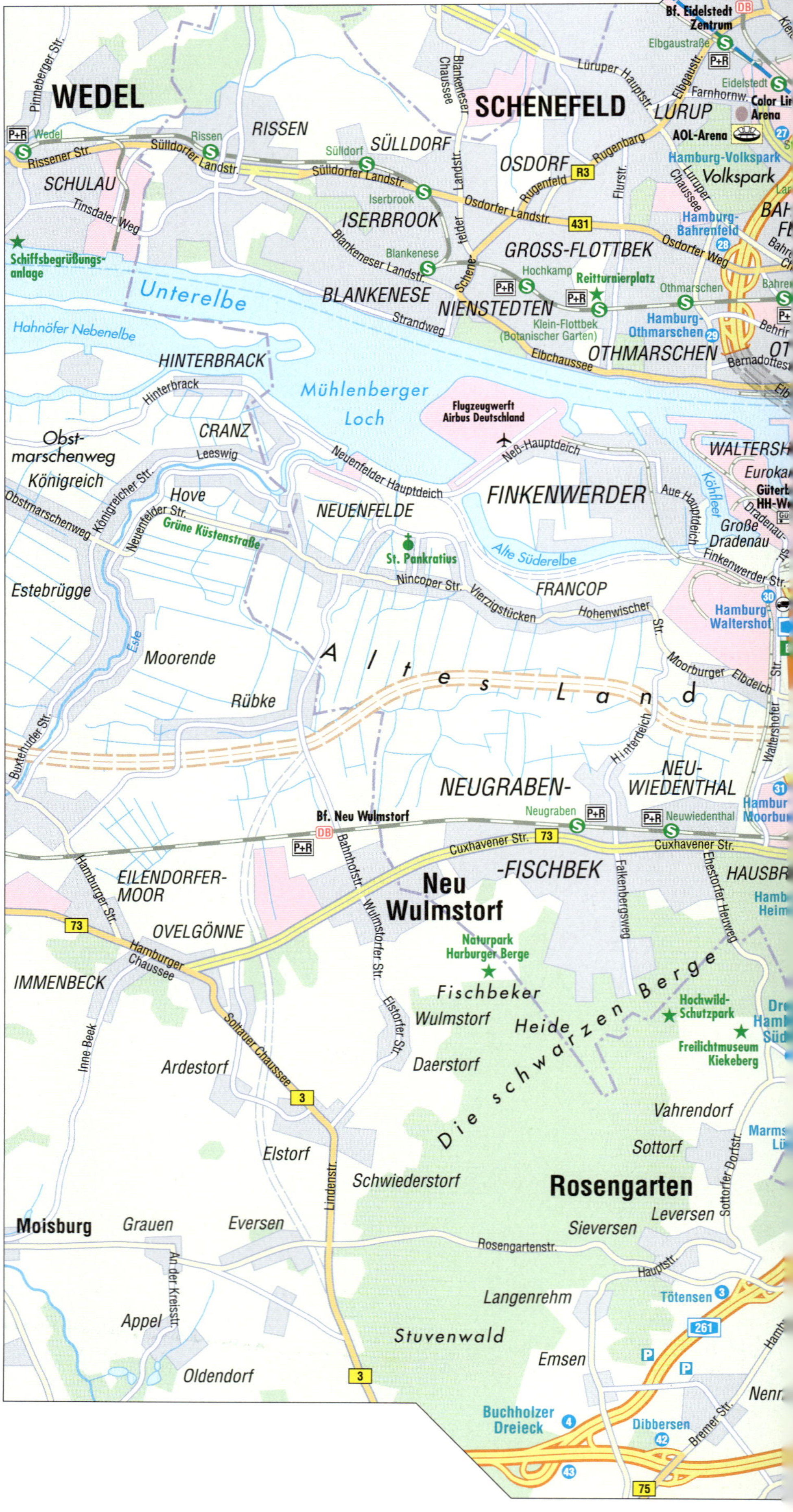

Wahrzeichen der Stadt geworden. Die althamburgischen Fachwerkhäuser verschiedener Epochen in der historischen Deichstraße und das moderne Chilehaus im Kontorhausviertel zeigen die alte und die moderne Seite Hamburgs. Die größte Sehenswürdigkeit der Stadt ist jedoch der Hafen, der von jährlich rund 13 000 Seeschiffen aus aller Welt angelaufen wird. Mit einer Ausdehnung von ca. 75 km² nimmt er etwa ein Siebtel des Stadtgebiets ein. Einen Überblick über die imposanten Anlagen vermittelt am besten eine Hafenrundfahrt – bei einem Hamburgbesuch ein absolutes Muss! ***(A1 über Kreuz Hamburg-Süd, A7 über Hamburg-Bahrenfeld.)***

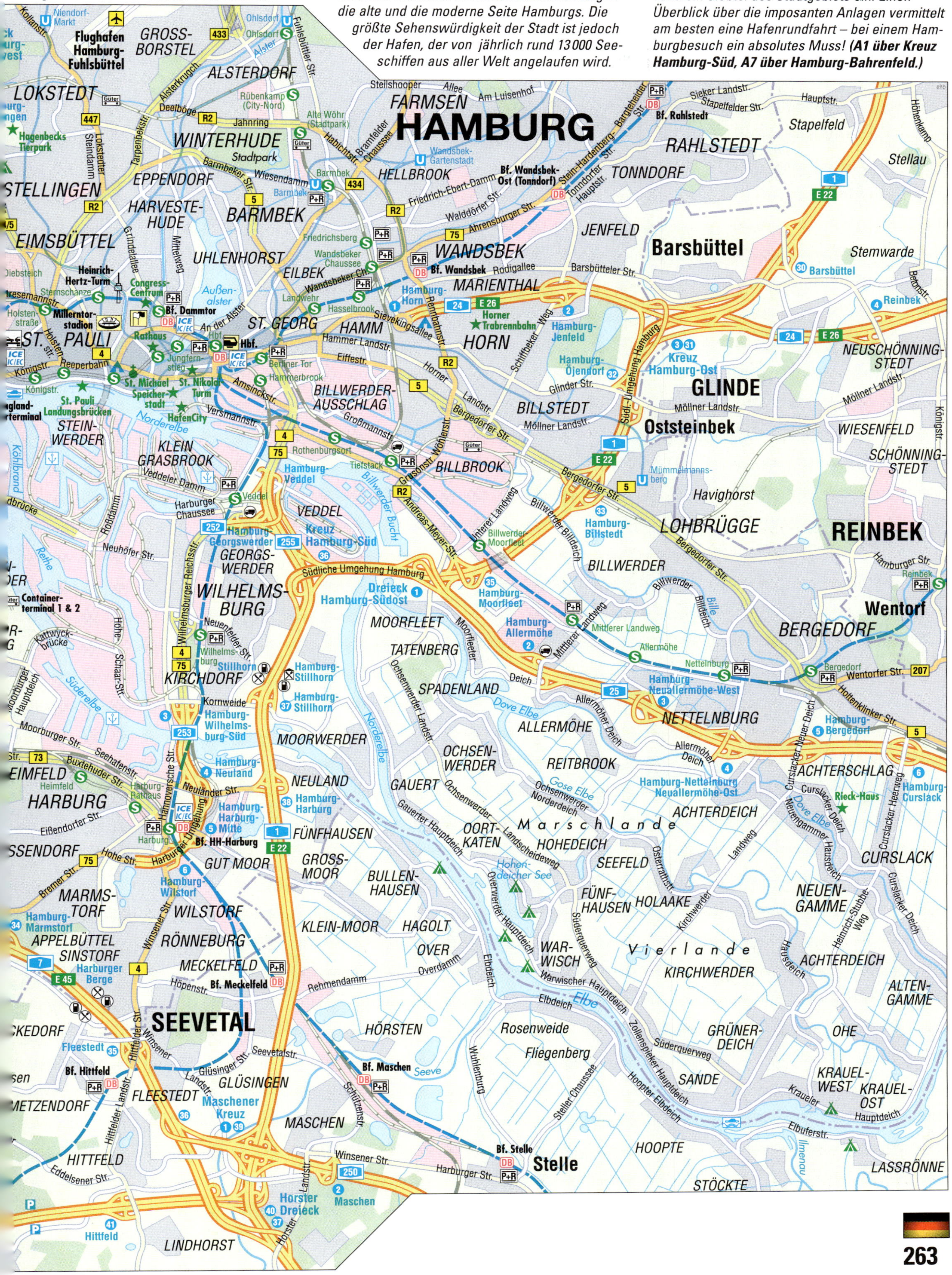

UNTERWEGS IN BREMEN

Hansetradition: die obere Halle im Bremer Rathaus

Auf einer Flussdüne des Weser-Aller-Urstromtals baute Bischof Willehad vor 1200 Jahren eine Kirche. Hier schlägt heute das Herz der Freien Hansestadt Bremen, einer quirligen Hafen- und Handelsstadt. Als Mittelpunkt des urbanen Lebens behauptet sich das Rathaus. Wer von dort genüsslich die Böttcherstraße in Richtung Weser bummelt, wird in traditionellen Gebäuden aus rotem Backstein auch unterhalten: Mit drei Museen, einer Galerie, einem Kino, Theater, Spielkasino und mehreren Lokalen kann die Straße aufwarten. Unterhalb der Altstadt liegt die Weserpromenade Schlachte, die vor allem an warmen Tagen ein beliebter Treffpunkt für jung und alt ist. Maritimes Flair verlockt zu flanieren, Schiffe zu beobachten und in den zahllosen Cafés und Restaurants zu genießen und zu feiern. Im Sommer findet jeden Samstag der lebendige Kajenmarkt der Trödler und Fischhändler statt.

KULINARISCHES: Wo Braunkohl grün ist

Die Bremer haben den in ganz Norddeutschland beliebten Kohl zu ihrem Nationalgericht gemacht: **»Kohl mit Pinkel«** heißt die Spezialität, die aus Braunkohl – in anderen Regionen als Grünkohl bekannt – mit »Pinkel« zubereitet wird, einer scharfen Wurstfüllung aus Hafergrütze, Speck, Talg und Zwiebeln. Auch Kasseler Rippe, Kochwurst, frischer Bauchspeck und natürlich Kartoffeln, gebraten, geröstet oder gekocht, sind unverzichtbar. Eine andere Leibspeise der Bremer ist das **»Bremer Kükenragout«**, dessen Name sich herleitet von »Kiken«, der im 19. Jh. plattdeutschen Bezeichnung für »Hühnchen«. Oder schmausen Sie bei Nordseescholle, Labskaus, Roter Grütze und Bremer Klaben, einem festen Hefekuchenstollen.

Typisch bremische Küche: Achims Beckshaus, Carl-Ronning-Straße 1; **Alte Gilde,** Ansgaritorstraße 24; **Amtsfischerhaus,** Schnoor 31; **Beck's in'n Snoor,** Schnoor 34–36; **Ständige Vertretung im Flett,** Böttcherstraße 3–5; **Friesenhof,** Hinter dem Schütt-ing 12–13; **Grashoff's Bistro,** Contrescarpe 80.

RAST AUF REISEN: Übernachten im Zentrum

Park Hotel Bremen, Im Bürgerpark,
28209 Bremen, Tel. 04 21/3 40 80.
Hotel Landgut Horn, Leher Heerstraße 140,
28357 Bremen, Tel. 04 21/2 58 90.
Hotel Hanseat, Bahnhofsplatz 8,
28195 Bremen, Tel. 04 21/1 46 88.
Hotel Ibis Altstadt, Faulenstraße 45,
28195 Bremen, Tel. 04 21/3 04 80.
City Hotel, An der Weide 18–19,
28195 Bremen, Tel. 04 21/3 64 80 52.

***Bremen:** Die 787 von Karl dem Großen zum Bischofssitz erhobene Stadt stand bis ins 13. Jh. hinein unter erzbischöflicher Herrschaft. 1358 trat Bremen der Hanse bei. Im historischen Zentrum ist die über 1200-jährige Geschichte der Stadt all gegenwärtig, besonders um den Marktplatz, in dessen Zentrum der berühmte steinerne Roland aufragt, das Wahrzeichen der Unabhängigkeit der Bremer Bürger. **Sehenswert:** Um den Platz gruppieren sich die ältesten Gebäude der Stadt: das Rathaus, ein unvergleichliches Beispiel norddeutscher Baukunst mit einer prächtigen*

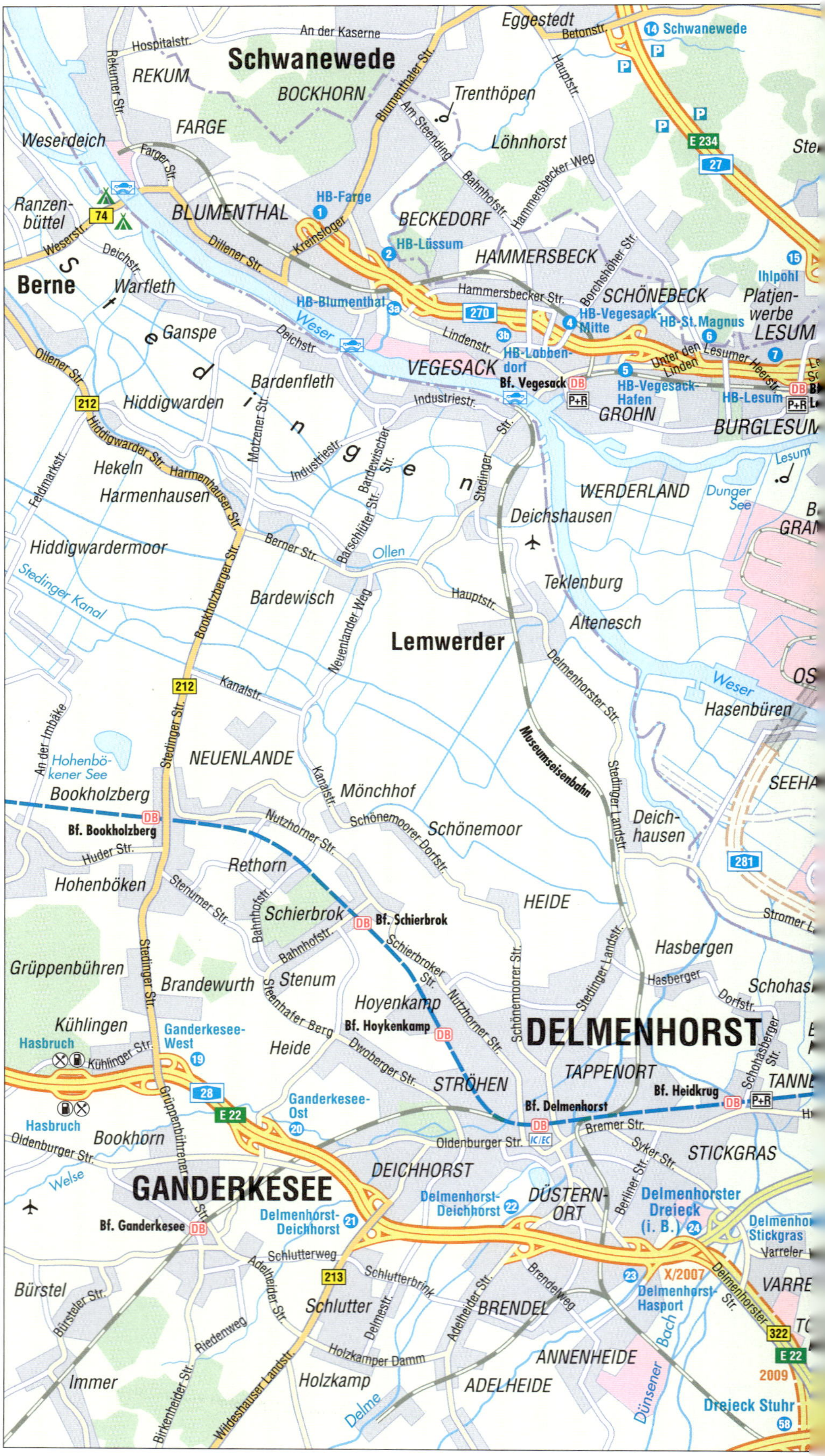

Renaissancefassade (Anf. 15. Jh.), und rechts daneben der imposante Dom St. Petri. An der Westseite des Rathauses steht die berühmteste Darstellung der Grimmschen »Bremer Stadtmusikanten«: die Bronzeplastik von Gerhard Marcks (1951). Zeuge der Vergangenheit ist auch die Böttcherstraße, ein Glanzlicht europäischer Kulturgeschichte, denn 1926–1930 ließ der Kaffeehändler Ludwig Roselius die Handwerkerstraße in mittelalterlichen Formen neu gestalten. Zwischen Domviertel und Weser liegt das älteste Stadtquartier, der Schnoor mit seinen verwinkelten Gassen, winzigen Plätzen und Bürgerhäusern aus dem 15.–18. Jh. Bremen blickt jedoch auch in die Zukunft: Im Universum Science Center, im Nordosten der Stadt, wird der Besucher selbst zum Forscher. ***(Von Norden/Osten: A27, über Autobahnzubringer Freihafen; von Süden: A1, B6)***

UNTERWEGS IN HANNOVER

Backsteingotik in Hannover: Altes Rathaus und Marktkirche

»CeBIT« und »Hannover Messe Industrie« haben Niedersachsens Hauptstadt an der Leine international als Messestadt bekannt gemacht. Über 10 Mio. Besucher aus aller Welt begrüßte Hannover zur EXPO 2000, der ersten Weltausstellung Deutschlands. Doch nicht nur zu Messezeiten lohnt die Industrie- und Handelsmetropole den Besuch: Die Altstadt zwischen Hohem Ufer und Marktkirche ist mit ihren vielen kleinen Lokalen Anziehungspunkt für Nachtschwärmer und Vergnügungssüchtige. Die beiden Einkaufsparadiese Galerie Luise und ihre kleine Schwester, die Kröpcke-Passage, locken zum Schaufensterbummel. Hannover ist eine Großstadt im Grünen und einmalig in Europa ist die 650 ha große Eilenriede, die grüne Lunge der Stadt. Mit seinen Rad- und Wanderwegen, Spielplätzen, Liegewiesen, Waldcafés und Restaurants bietet der Stadtwald vielseitige Unterhaltungsmöglichkeiten. Beliebtes Erholungszentrum ist auch der künstlich angelegte Maschsee in der Nähe des Neuen Rathauses.

KULINARISCHES: Einfallsreiche Kreationen

Die niedersächsische Küche bietet erstklassige Spezialitäten: **Heidschnuckenkeule, Bachforelle** und frisches **Wild** in immer neuen Variationen. Auf der Speisekarte ganz oben steht Grünkohl, als **»Braunkohl«** traditionell mit Brägenwurst serviert. Die Landeshauptstadt selbst genießt den Ruf einer kulinarisch-gastronomischen Hochburg, in der sich hervorragend speisen lässt – ob in Feinschmeckertempeln oder im Gasthaus um die Ecke, von vegetarisch bis gutbürgerlich, regional oder international.
Klassische Küche: Friesenkeller, Sophienstr. 2; **Biesler Weinstube,** Sophienstr. 6 **Jagdstübchen,** Bernhard-Caspar-Str. 28; **Stern's Restaurant,** Herrenhäuser Kirchweg 20; **Die Insel,** Rudolf- von Benningsen-Ufer 81. **Internationale Küche: Adriatic Stuben,** Kronsberger Str. 15; **Akropolis,** Rethener Str. 37; **Flambee,** Jakobistr. 43; **Kröpcke Opus 1,** Georgstr. 35; **Sue-Yuen,** Hildesheimer Str. 27; **Taj mahal,** Hinüberstr. 21/ Ecke Schiffgraben.

RAST AUF REISEN: Auch an der Peripherie

Park Inn, Oldenburger Allee 1,
30659 Hannover, Tel. 05 11/6 15 50.
Hotel Mercure City, Willy-Brandt-Allee 3,
30169 Hannover, Tel. 05 11/8 00 80.
Kastens Hotel Luisenhof, Luisenstr. 1–3 (beim Bahnhof), 30159 Hannover, Tel. 05 11/3 04 40.
Maritim Grand Hotel, Friedrichswall 11,
30159 Hannover, Tel. 05 11/3 67 70.
Mercure Hotel, Feodor-Lynen-Straße 1,
30625 Hannover Tel. 05 11/9 56 60.

Hannover: *Als Sommersitz der Welfen entwickelte sich Hannover im 17. Jh. zu einem wichtigen kulturellen Zentrum. Nach der schweren Zerstörung im Zweiten Weltkrieg wurde die Stadt modern wieder aufgebaut. Nur in der kleinen Altstadt zwischen Hohem Ufer und Marktkirche findet sich noch Architektur früherer Jahrhunderte.* ***Sehenswert:*** *Das Alte Rathaus und die Marktkirche, das Wahrzeichen der Stadt, zählen zu den wichtigsten Bauten norddeutscher Backsteingotik. Vom Selbstbewusstsein der zur Gründerzeit florierenden Stadt kündet das Neue Rathaus, das*

auf 6026 Buchenpfählen am Rande der Leinemarsch errichtet und 1913 von Kaiser Wilhelm II. eingeweiht wurde. Von seiner rund 100 m hohen Turmkuppel genießt man einen herrlichen Rundblick über die Stadt. Im Stadtteil Herrenhausen ist ein Juwel europäischer Gartenkunst zu erkunden. Die einstige Sommerresidenz der hannoverschen Könige erbaute der Calenberger Herzog Johann Friedrich im Jahre 1666. Das Schloss fiel den Bomben des Zweiten Weltkriegs zum Opfer. Erste Attraktion ist heute der Große Garten, einer der schönsten Barockgärten in Deutschland mit Wasserspielen, Gartentheater und einer 82 m hohen Riesenfontäne. Ein anschauliches Bild vom Leben am Hofe zeichnet das Fürstenhaus Herrenhausen Museum. ***(Von Norden A352 über Hannover Flughafen, 2 km; von Osten/Westen A2 über Hannover Langenhagen bzw. Herrenhausen)***

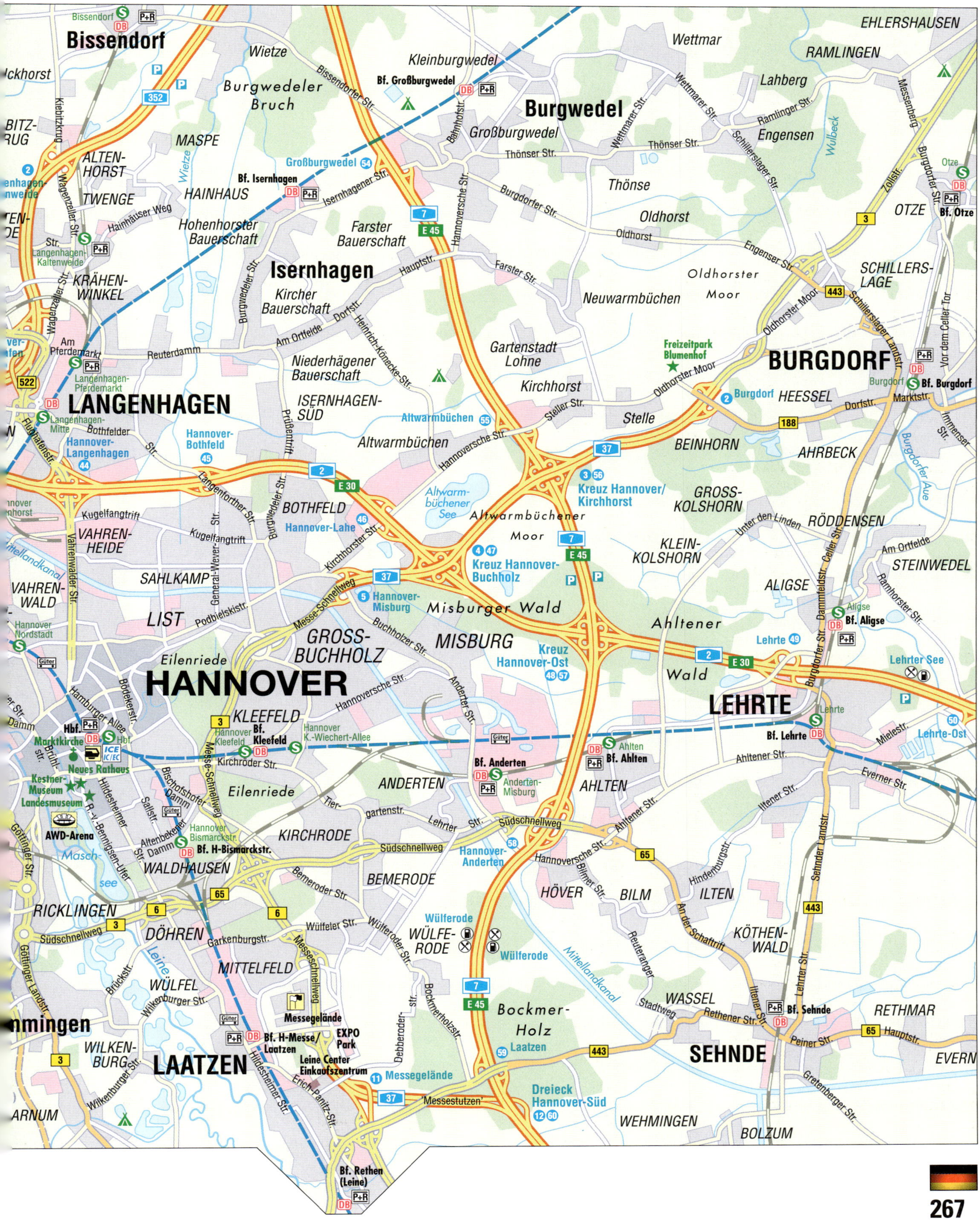

UNTERWEGS IN BERLIN

Gendarmenmarkt: Schauspielhaus und Französischer Dom

In der historischen Mitte von Berlin, der multikulturellen Metropole mit rund 3,5 Millionen Einwohnern, hat sich das neue Regierungsviertel angesiedelt. Entsprechend reihen sich zwischen Tiergarten und Alexanderplatz die bedeutendsten Sehenswürdigkeiten aneinander. Unter den Linden, mit Abstecher zum romantischen Gendarmenmarkt und zur Museumsinsel, lässt es sich auf preußischen Spuren wandeln, während moderne Architektur den Potsdamer Platz prägt und hier Shopping-Arkaden, Kinos, das Musicaltheater Berlin, der außergewöhnliche Nachtclub Adagio sowie das nahe gelegene Kulturforum Besucher anlocken. Kudamm und Tauentzienstraße mit Europacenter und KaDeWe, einem der größten Kaufhäuser Europas, bilden die lebhafte Einkaufsmeile der City West. Szeneviertel sind Berlin-Mitte, Prenzlauer Berg und Kreuzberg-Friedrichshain. Die wasserreiche Seite von Berlin ist bei Schiffsrundfahrten und besonders in Treptow-Köpenick am Müggelsee sowie in Zehlendorf am Wannsee zu erleben.

KULINARISCHES: LEICHT ODER DEFTIG

Buletten und **Soleier** an der Theke in der Eckkneipe, eine Riesenportion **Eisbein** mit Molle (Bier) und Korn im Traditionslokal: Deftige Berliner Küche ist noch zu finden, doch der (Neu-)Berliner liebt die Vielfalt auch auf dem Teller und neuerdings die sternendekorierte Küchenkunst. Hier eine kleine Auswahl für die verschiedensten Geschmacksvorlieben.

Edel und teuer: Van, Jägerstr. 54-55, Mitte, Oranienburger Str. 27, Mitte, Tel. 030/2029730. **Borchardt,** Französische Str. 47, Mitte, Tel. 030/20387110. **First Floor** (im Palace Hotel), Budapester Str. 45, Tel. 030/25021020. **Margaux,** Unter den Linden 78, am Brandenburger Tor, Tel. 030/22652611. **Restaurant 44** (im Swissôtel), Augsburger Straße 44, Charlottenburg, Tel. 030/220100. **Preiswert und originell: Brauhaus Georgbraeu,** Spreeufer 4, Nicolaiviertel. **Gerichtslaube,** Poststraße, Nicolaiviertel. **Zitadellen-Schänke,** Am Juliusturm, Spandau. Tel. 030/3342106.

RAST AUF REISEN: MITTENDRIN

Luxuskategorie: Adlon Hotel Kempinski, Unter den Linden 77, 10117 Berlin, Tel. 030/22610
Dorint Sofitel, Charlottenstraße 50–52, 10117 Berlin, Tel. 030/203750.
Grand Hyatt Berlin, Marlene-Dietrich-Platz 2, 10785 Berlin, Tel 030/2553 1234. **Mittelklasse: alameda-berlin,** Michaelkirchstr. 25, 10179 Berlin, Tel. 030/30868330, **Hotel-Pension Kastanienhof,** Kastanienallee 65, 10119 Berlin, Tel. 030/443050.
Hotel-Pension Wittelsbach, Wittelsbacher Str. 22, 10707 Berlin, Tel. 030/8649840

***Berlin:** 1237 erstmals erwähnt, wird Berlin 1486 Residenz der Kurfürsten von Brandenburg, 1701 der Hohenzollern-Könige von Preußen, 1871 die Hauptstadt des Deutschen Reiches. 1920 entsteht durch Eingemeindung Groß-Berlin. Die »Goldenen Zwanziger Jahre«werden abgelöst von der Naziherrschaft. Den Kriegszerstörungen folgt die Teilung der Stadt, die der Mauerbau 1961 zementiert – bis zum Mauerfall 1989. 1991 zur Bundeshauptstadt gewählt, arbeitet die Bundesregierung seit 1999/2000 in Berlin. **Sehenswert:** Vom Brandenburger Tor (1788–91) am Pariser Platz*

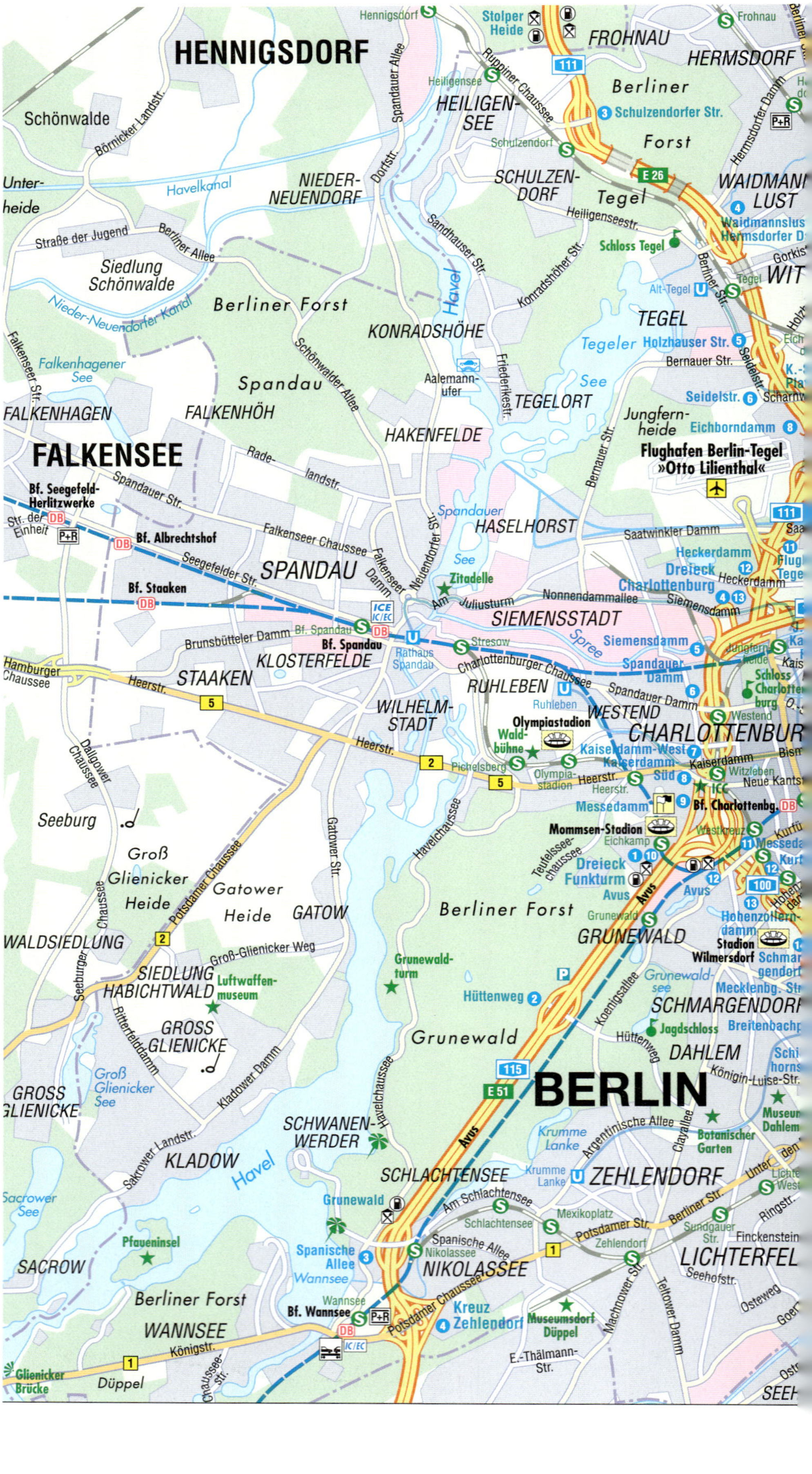

führt der Boulevard »Unter den Linden« zum Schlossplatz, vorbei an preußischen Prachtbauten wie der Staatsoper (1743) und dem Zeughaus (1695–1706) mit dem neuen Trakt für das deutsche Historische Museum von I. M. Pei. Berliner Dom (Anf. 20. Jh.); Museumsinsel (Altes Museum, Alte Nationalgalerie, Pergamonmuseum); Nikolaiviertel mit Nikolaikirche (um 1240); Berliner Rathaus (1861–69); Marienkirche (13.–14. Jh.); Fernsehturm (1969); Gendarmenmarkt (Schauspielhaus, Deutscher und Franz. Dom); Reichstag mit der gläsernen Kuppel; Kanzleramt; Potsdamer Platz mit seinen Hochhäusern. Kulturforum mit Gemäldegalerie, Philharmonie, Neuer Nationalgalerie; Jüdisches Museum (von Daniel Libeskind); die Museen am Schloss Charlottenburg und in Dahlem. ***(Die Autobahnen A3, 9, 13, 12, 11, 24 münden alle in den Berliner Ring, A10)***

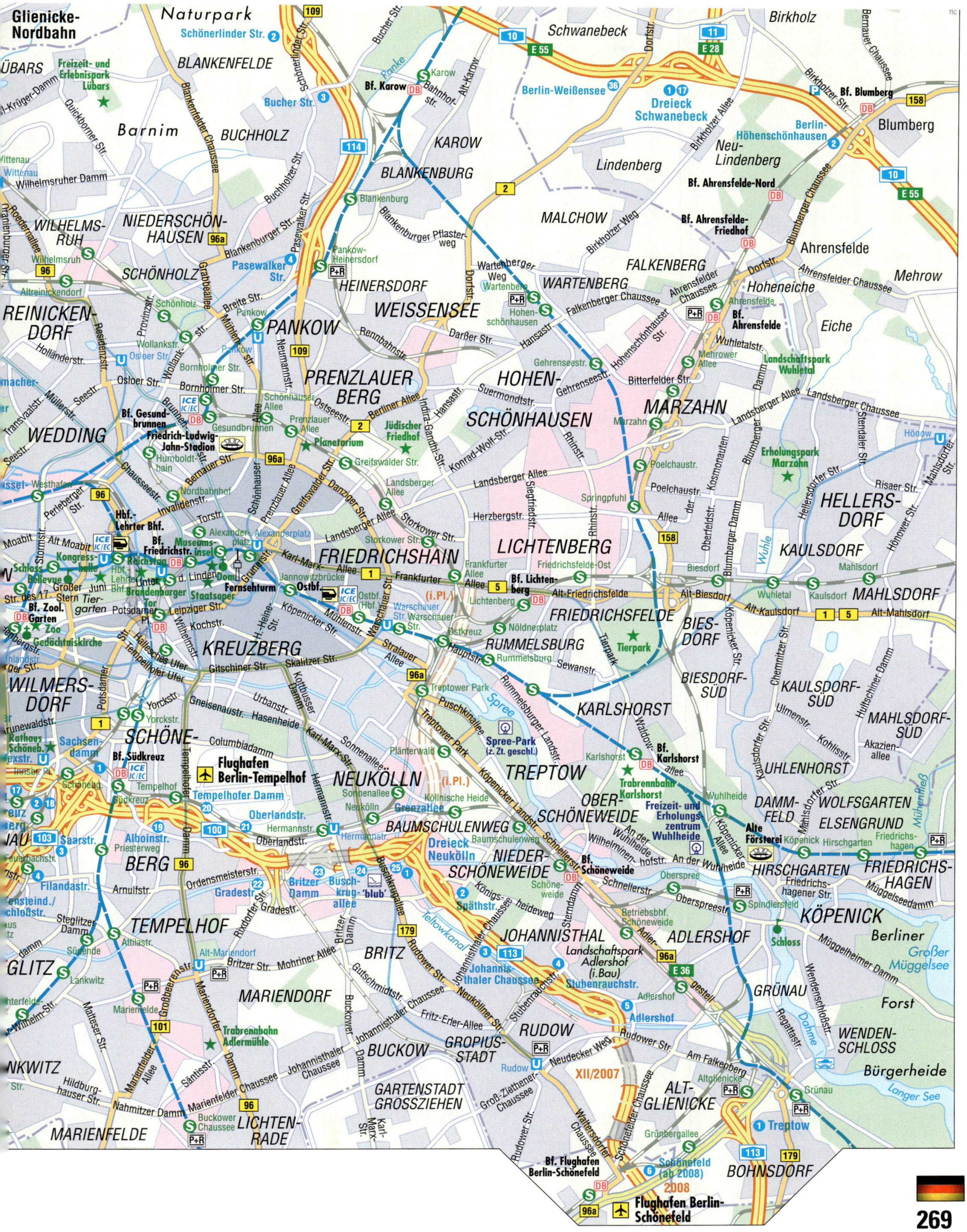

UNTERWEGS IN LEIPZIG

Weltberühmt: das Neue Gewandhaus in Leipzig

Martin Luther predigte in der Nikolaikirche, Johann Sebastian Bach erprobte seine Werke auf der Orgel der Thomaskirche und Johann Wolfgang von Goethe verewigte in seiner »Faust«-Tragödie Auerbachs Keller. Auch als Kulturzentrum hat die Messe-, Buch-, Universitäts- und Bankenstadt mit dem Thomanerchor und dem Gewandhausorchester Leipzig eine große Tradition. Eine 3,5 km lange Ringstraße umschließt die Altstadt, die ideal zu Fuß zu erkunden ist, zumal etliche Gassen heute für den Autoverkehr gesperrt sind. Vom Opernhaus im Osten bis zum Schauspielhaus im Westen durchzieht die Grimmaische Straße das Zentrum. Neben prächtigen Barock- und Renaissancehäusern demonstrieren die opulenten, heute restaurierten Messebauten im Jugendstil den bürgerlichen Wohlstand des frühen 20. Jahrhunderts. In vielen dieser großzügig-eleganten Passagen finden sich zahlreiche Luxusgeschäfte und Boutiquen, dazu Straßencafés, Kleinkunstbühnen, Kneipen und Restaurants: Mädler Passage, Messehofpassage, Specks Hof sowie Barthels Hof zählen zu den besten Adressen.

KULINARISCHES: Mehr als Leipziger Allerlei

Was andernorts oft als langweilige Gemüsebeilage auf den Teller kommt, überrascht hier mit Raffinesse: Dem originalen **»Leipziger Allerlei«** geben Morcheln und Krebsfleisch einen unerwarteten Pfiff. Nach diesem Genuss mag der Sachse nicht verzichten auf sein **»Scheelchen Heeßen«**, kein Wunder, wartet Leipzig doch mit dem zweitältesten Kaffeehaus Europas auf, dem legendären Café und Museum **Zum Arabischen Coffebaum** (Kleine Fleischergasse 4). Abends zieht man zum Ausgeherlebnis in das Altstadtviertel rund um das Barfußgässchen und die Fleischergasse. Und die Szene trifft sich in der **Moritzbastei**, Universitätsstr. 9. **Lokale Spezialitäten: Auerbachs Keller**, Grimmaische Str. 2–4 (Mädlerpassage); **Bachstüb'l**, Thomaskirchhof 12; **Barthels Hof**, Hainstr. 1; **Gosebrauerei Bayerischer Bahnhof**, Bayerischer Platz 1.

RAST AUF REISEN: Angenehm zentral

Mercure Leipzig, Johannisplatz, 04103 Leipzig, Tel. 03 41/9 77 90.
Fürstenhof, Tröndlinring 8, 04105 Leipzig, Tel. 03 41/14 00.
Westin Leipzig, Gerberstraße 15, 04105 Leipzig. Tel. 03 41/98 80.
Renaissance Leipzig Hotel, Großer Brockhaus 3, 04103 Leipzig, Tel. 03 41/1 29 20.
Seaside Park Hotel, Richard-Wagner-Straße 7, 04109 Leipzig, Tel. 03 41/9 85 20.

Leipzig: Der 1165 gegründeten Stadt verlieh Kaiser Maximilian I. im Jahr 1497 das Messerecht. Dieses Privileg verhalf Leipzig neben Dresden zur wirtschaftlichen Vormachtstellung in Sachsen. Im 18. Jh. blühten Künste und Wissenschaft auf, wurde Leipzig zum wichtigen Buchhandels- und Verlagszentrum. In der »Völkerschlacht« vor der Stadt wurde Napoleon im Jahr 1813 von den verbündeten europäischen Mächten besiegt. Der Zweite Weltkrieg zerstörte viel an historischer Bausubstanz. Im Herbst 1989 brachten die Montagsdemonstrationen Leipzig den Beinamen einer

»Heldenstadt« ein. ***Sehenswert:*** *Der 298 m lange Hauptbahnhof (1902–15) lädt auf drei Etagen zum Shopping sowie in Cafés, Restaurants und Bars ein. Zu den eindrucksvollsten Renaissancebauten Deutschlands gehört das Alte Rathaus am Markt (1565). Barthels Hof (1749/50) ist Leipzigs ältestes Messehaus. Messebauten der Jugendstilzeit sind Mädlerpassage mit Auerbachs Keller, Petershof, Specks Hof, Steibs Hof und das Städtische Kaufhaus. J. S. Bach wirkte 1723–50 in der Thomaskirche (14./15. Jh.; Bach-Museum am Thomaskirchhof). Ein Denkmal vor der Alten Handelsbörse (1678–87) ehrt J. W. von Goethe. An die friedliche Revolution von 1989 erinnern die Nikolaikirche und das Museum in der »Runden Ecke«. Außerhalb: Völkerschlachtdenkmal (91 m) mit imposanter Aussicht.* ***(Von Westen A9 über Leipzig-West 7 km, von Norden A14 über Leipzig-Mitte, 6 km.)***

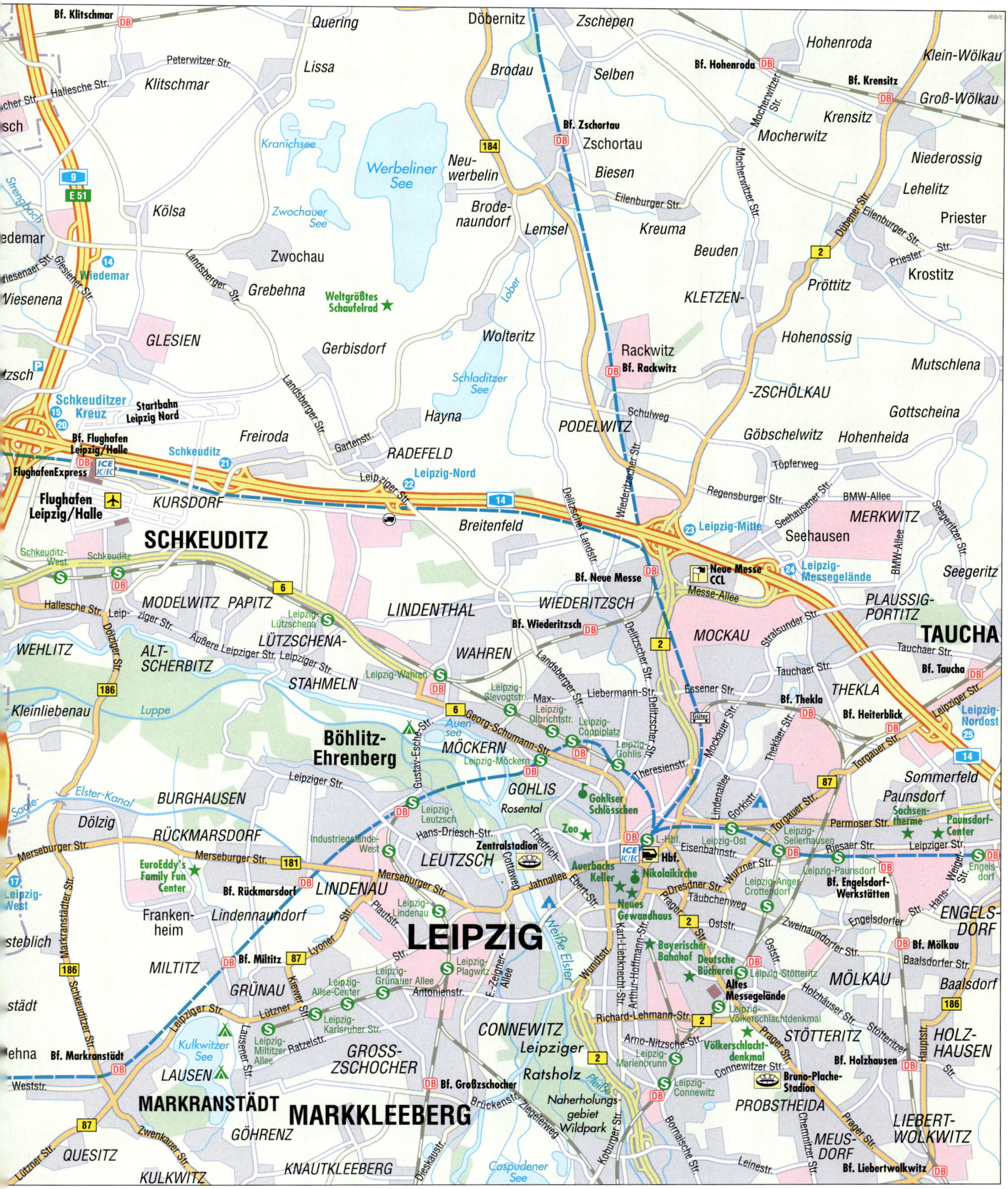

Dresden: *August der Starke und nach ihm Friedrich August II. machten sich für ihr »Elbflorenz« stark. Zwischen 1694 und 1763 bauten sie Dresden zur prunkvoll barocken Residenzstadt aus und legten mit ihrem Sammeleifer den Grundstock für die weltberühmten Dresdner Kunstsammlungen. Dresden zog Maler, Bildhauer und Dichter der Romantik und des Expressionismus (»Die Brücke«) an, ebenso Forschung, Wissenschaft und Technik. 1710 wurde hier das »weiße Gold«, das europäische Porzellan, erfunden. Auch Kondensmilch, Büstenhalter und Spiegelreflex-*

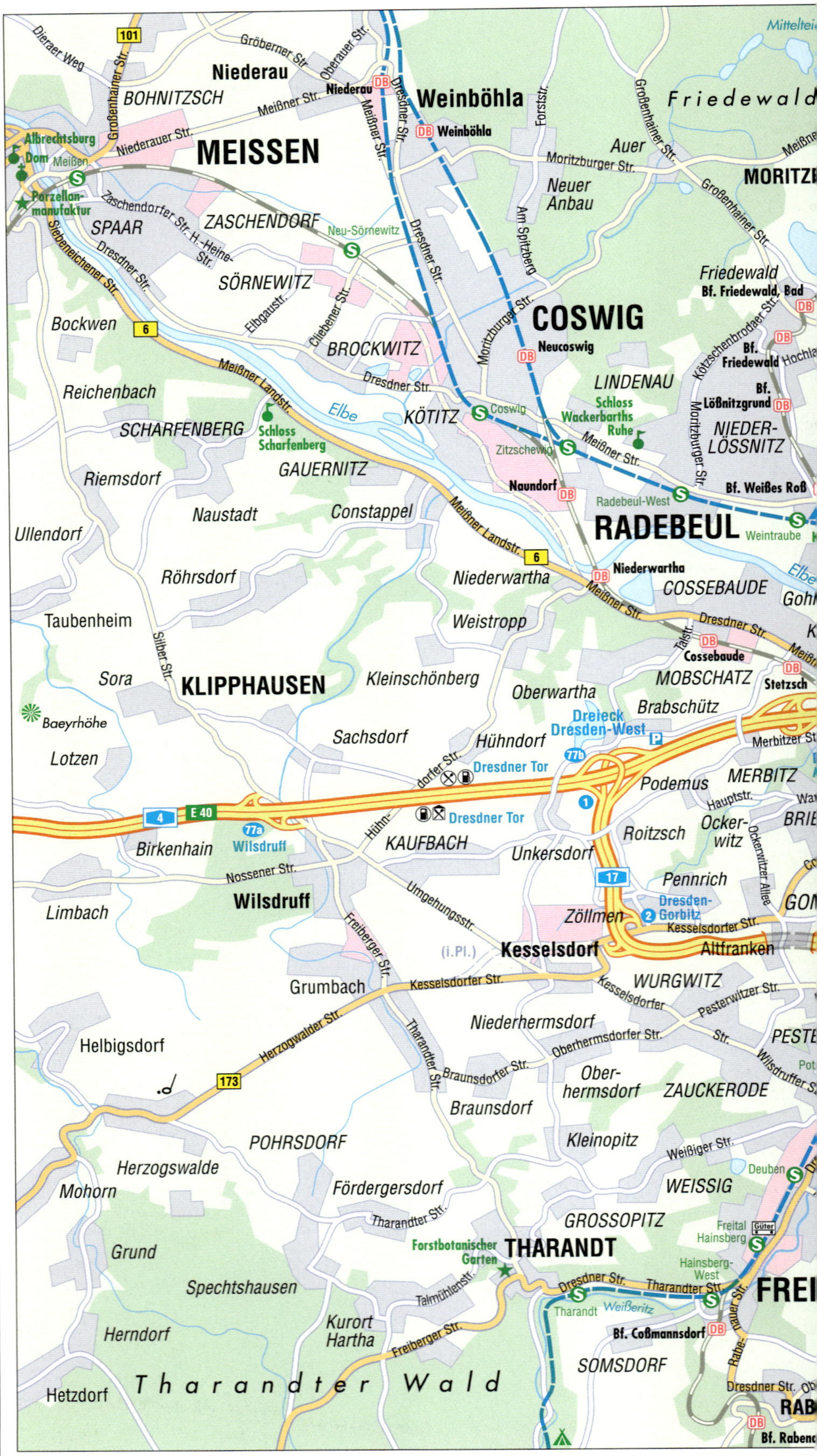

UNTERWEGS IN DRESDEN

Dresdner Altstadtpanorama: Hofkirche und Hausmannsturm

Die Hauptstadt des Freistaates Sachsen hat viele Gesichter und ganz unterschiedliche Attraktionen: Die Altstadt südlich der Elbe lockt mit ihren historischen Bauten und großartigen Kunstschätzen in zahlreichen Museen; Einkaufsdorado ist die Prager Straße. Die Neustadt am gegenüberliegenden Ufer, durch die Augustusbrücke verbunden, erstrahlt frisch renoviert. In den barocken Bürgerhäusern am Bummelboulevard Hauptstraße und der prächtigen Königstraße haben schicke Geschäfte, Ladenpassagen, Straßencafés, edle Restaurants und jede Menge Kneipen Einzug gehalten. Die junge Kunst-, Musik- und Kneipenszene hat die Äußere Neustadt erobert. Über die Bautzner Straße oder die Brücke »Das Blaue Wunder« erreicht man die Elbschlösser in Loschwitz und das Villenviertel Weißer Hirsch und etwas weiter Schloss Pillnitz, die Sommerresidenz der sächsischen Herrscher.

KULINARISCHES: Üppig oder königlich

Sächsische **Kartoffelsuppe,** gefolgt von Dresdner Sauerbraten mit Rotkohl und Klößen, dazu ein Radeberger Bier, zum Nachtisch **Quarkkeulchen:** Die Dresdner lieben es deftig und üppig. Doch kann man auch speisen wie die Könige und sächsische Weine genießen. Süße Weihnachtsspezialität ist der **Dresdner Stollen.**

Deftig-sächsische Spezialitäten in uriger Atmosphäre: Sophienkeller im Taschenbergpalais. **Pulverturm** im Coselpalais. **Brauhaus am Waldschlösschen,** am Brauhaus 8b, **Zechkeller im Kurfürstenhof,** an der Frauenkirche 13. Auch im **Barocco,** Altmarkt 10, dominiert die sächsische Küche.

Das Besondere: Edles Ambiente im **Coselpalais,** An der Frauenkirche 12, Tel. 4 96 24 44), hoch gelobt die Gourmet-Restaurants **Caroussel** (Hotel Bülowresidenz, Tel. 8 00 30) und das **Intermezzo** (Hotel Kempinski, Tel. 4 91 27 12). Eine eigene Atmosphäre bietet das **Schlossrestaurant** im Schloss Eckberg (Bautzner Str. 134, Tel. 8 09 90). Im **König Albert** (Königstr. 26, Tel. 8 04 48 83) findet man gehobene Küche zu zivilen Preisen.

RAST AUF REISEN: Fürstlich wohnen

Bülow Residenz, Rähnitzgasse 19, 01097 Dresden, Neustadt, Tel. 03 51/8 00 30.
Kempinski Hotel Taschenbergpalais, Taschenberg 3, 01067 Dresden, Altstadt, Tel. 03 51/4 91 20.
Radisson SAS Gewandhaus Hotel, Ringstr. 1, 01067 Dresden, Altstadt, Tel. 03 51/4 94 90.
The Westin Bellevue, Große Meißnerstr. 15, Tel. 03 51/80 50
Romantik-Hotel Pattis, Merbitzer Str. 53, 01157 Dresden, Kemnitz, Tel. 03 51/4 25 50.

kamera sind Dresdner Erfindungen. Bei Luftangriffen 1945 wurde die Stadt fast vollständig zerstört. Der Wiederaufbau begann 1946. Seit 1990 ist Dresden Hauptstadt des Freistaates Sachsen. ***Sehenswert:*** *Zwinger (1709–32) mit Wallpavillon, Nymphenbad und Kronentor, mit der Gemäldegalerie Alte Meister; die Semperoper (1878) am Theaterplatz, Katholische Hofkirche (1738–55), Residenzschloss (zugänglich: Hausmannturm); der 102 m lange »Fürstenzug« aus 24 000 Meissener Porzellankacheln; Brühlsche Terrassen mit Blick auf die Elbe; Albertinum mit der Schatzkammer »Grünes Gewölbe« und der Gemäldegalerie Neue Meister; Großer Garten mit dem Deutschen Hygiene-Museum und der 2001 eröffneten Gläsernen Manufaktur von VW. Der Wiederaufbau der Frauenkirche soll 2005 vollendet sein.* ***(Von Westen A4 Abfahrt Dresden-Altstadt, 4 km)***

UNTERWEGS IN RHEIN-RUHR WEST

Essen: die Villa Hügel am Nordufer des Baldeneysees

Obgleich Eisen und Stahl untrennbar mit dem Ruhrgebiet verbunden bleiben, ist das Land längst kein Synonym mehr für Steinkohlezechen und rauchende Schlote. An der Mündung der Ruhr in den Rhein liegt Duisburg mit dem größten Binnenhafen der Welt. Hier kann man flanieren, im Restaurant am Ufer sitzen, Schiffe beobachten oder die in einem ehemaligen Getreidespeicher untergebrachten Museen besuchen – das Kultur- und Stadthistorische Museum und die Sammlung Grothe. Am besten erkundet man den Duisburger Binnenhafen bei einer Hafenrundfahrt. Das benachbarte Oberhausen, die »Wiege der Ruhrindustrie«, besitzt mit dem im Jahre 1996 eröffneten CentrO das größte Einkaufs- und Freizeitzentrum Europas. Die 400 Meter lange Promenade ist mit ihren zahllosen Geschäften, Restaurants und einem Multiplexkino der Treffpunkt im Ruhrgebiet schlechthin. Im Osten zwischen Emscher und Ruhr schließt sich Essen an, bedeutende Verwaltungs- und Messestadt.

KULINARISCHES: Bierspezialisten im Ruhrgebiet

Die Speisekarte im westlichen Ruhrgebiet ist vielseitig. Die Nähe zu den Niederlanden ist beim Honigkuchen und »pannekoek«, Pfannkuchen mit süßen oder deftigen Füllungen, zu spüren. Duisburg schwört auf die rheinische Köstlichkeit **»Himmel und Erde«,** gebackene Blutwurst mit Apfel-Kartoffel-Mus; und dazu ein **Pilsener** aus der Duisburger König-Brauerei. Einen Besuch lohnt die **Dampfbierbrauerei** in Essen-Borbeck, wo Traditionsmarken wie das Dampf-, Salon- und Zwickelbier gebraut werden.

Duisburg: Am Stern, Sittardsberger Allee 202; **Beecker Bierquelle,** F.-Ebert-Str. 213; **Brauhaus Schacht 4/8,** Düsseldorfer Str. 21; **Böninger Mühle,** Karl-Jarres-Str. 131; **Gasthaus Brücker,** Theodor-Heuss-Str. 225.

Essen: Altes Stiftshaus, Stiftplatz 1; **Kölner Hof,** Duisburger Str. 20; **La Buvette,** Werden, An der Altenburg 30; **Parkhaus Hügel,** Freiherr-vom-Stein-Str. 209.

Oberhausen: Gaststätte Haus Reuter, Essener Straße 307; **Zur Rose,** Adlerstr. 5; Paradies, Marienstr. 2; **Zum Vogelpark,** Gartenweg 15a; **Reiterstube,** Weiherweg 1.

RAST AUF REISEN: Hotels an Rhein und Ruhr

Hotel Akazienhof, Düsseldorfer Str. 270, 47051 Duisburg, Tel. 02 03/66 05 67.

Hotel am Kantpark, Gallenkampstr. 6, 47051 Duisburg, Tel. 02 03/28 28 90.

Mercure Hotel Duisburg City, Landfermannstr. 20, 47051 Duisburg Tel. 02 03/30 00 30.

Hotel Lindenhof Essen, Logenstr. 18, 45127 Essen, Tel. 02 01/23 30 31.

Nh Hotel Oberhausen, Düppelstr. 2, 46045 Oberhausen. Tel. 02 08/8 24 40.

Rhein-Ruhr West: *Seit dem 18. Jh. bestimmen Kohle, Eisen und Stahl die Wirtschaft im Ruhrgebiet. Durch den Aufstieg der Stahl erzeugenden Kruppwerke entwickelte sich Essen im 19. Jh. zur größten Montanstadt Europas. Heute befindet sich die Ruhrzone in einem enormen Umstrukturierungsprozess – während immer mehr Zechen geschlossen und Fördertürme abgebaut werden, gewinnen Handel, Verkehr und Dienstleistung an Bedeutung.* ***Sehenswert:*** *Das Essener Münster beherbergt zahlreiche Kunstwerke von Weltrang, darunter die Goldene*

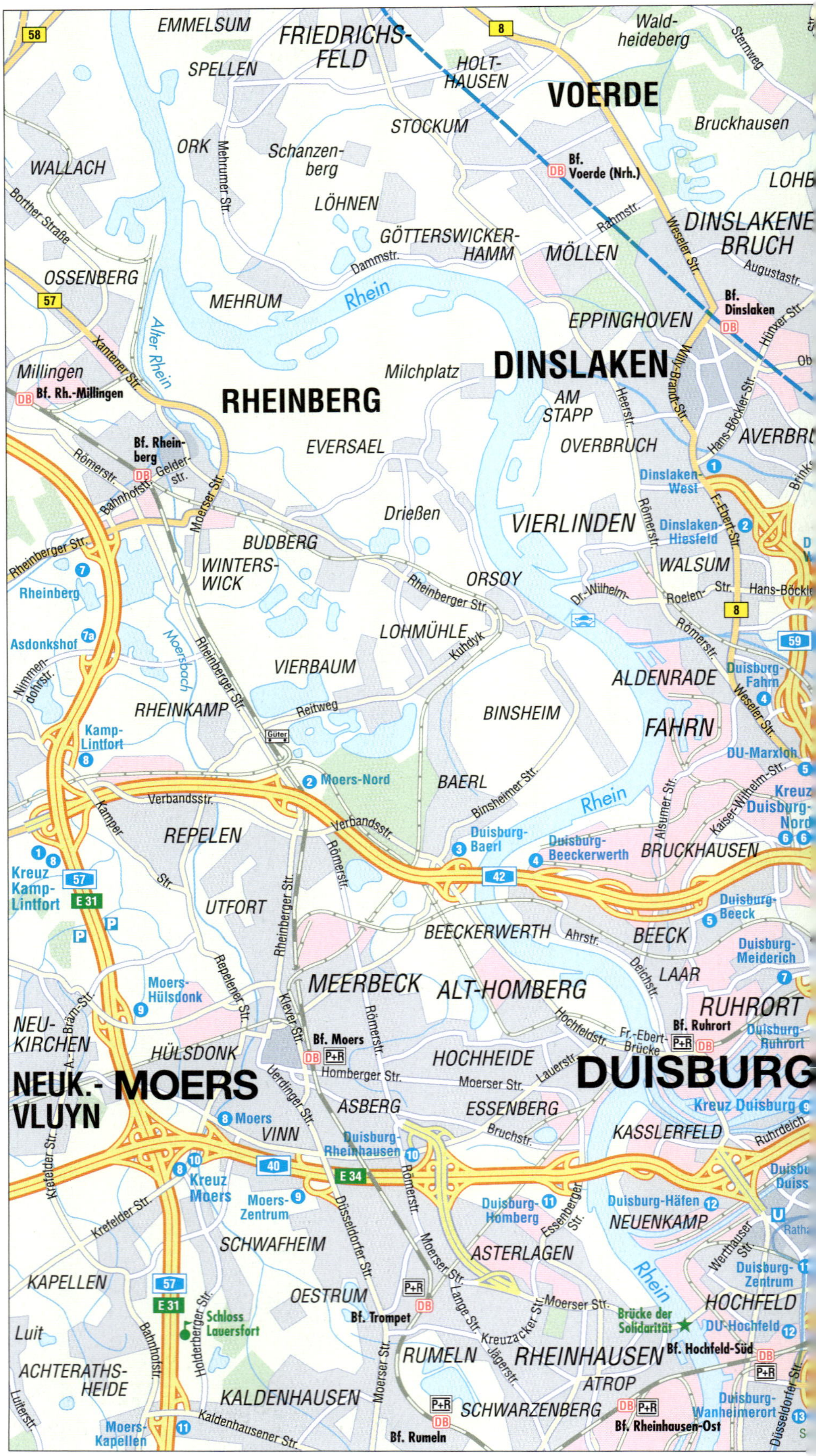

Madonna, die älteste bekannte Marienfigur des Abendlands. Die über dem Baldeneysee gelegene Villa Hügel entstand von 1870 bis 1873 nach den Entwürfen des Industriepioniers Alfred Krupp. Im ehemaligen Wohnhaus der Familie Krupp finden nun Kunstausstellungen und Konzerte statt. Die 1986 stillgelegte Zeche Zollverein ist ein bedeutendes Industriedenkmal (UNESCO-Welterbe). Das Wilhelm-Lehmbruck-Museum von Duisburg zeigt eine internationale Sammlung von Skulpturen des 20. Jhs. Sehenswert ist auch der Landschaftspark Duisburg-Nord: Nach seiner Schließung 1985 wurde das Hüttenwerk Duisburg-Meiderich in einen Park umgewandelt. In einem alten Gasometer inmitten des Areals ist das größte künstliche Tauchgewässer Europas entstanden. ***(Von Westen A40 Abfahrt 9 Kreuz Duisburg ins Zentrum DU, 3 km; Abfahrt 22 Essen-Zentrum, 2 km)***

UNTERWEGS IN RHEIN-RUHR OST

Dortmund: das Wasserschloss Bodelschwingh

Wirtschaftliches und kulturelles Zentrum des östlichen Ruhrgebiets ist Dortmund. Die Dienstleistungs- und Handelsmetropole Westfalens gilt als Hochburg des Sports: Mit einer Kapazität von bis zu 23 000 Zuschauern gehört die Westfalenhalle zu den größten Sporthallen Europas. Weltweit bekannt ist die Stadt des Biers zählt Dortmund sieben Biermarken und rund 1500 Lokale mit Bierausschank. Mittelpunkt ist der Alte Markt, wo die Haupteinkaufsstraßen – Brückstraße, Westen- und Ostenhellweg – zusammenlaufen. Westlich von Dortmund, im schönen Ruhrtal, liegt die ehemalige Bergbaumetropole Bochum und inzwischen neues Glanzlicht des deutschen Musical- und Schauspielbetriebs. Die Ruhrzone bei Witten ist beliebtes Erholungsgebiet – mit der Burgruine Hardenstein und dem Kemnader See, einem Zentrum für Wassersport.

KULINARISCHES: Deftige Speisen & würziges Bier

Der **Pumpernickel** ist weit über die Landesgrenzen bekannt. Das schwarze Bauernbrot wird hier mit Butter und dem berühmten **westfälischen Schinken** belegt. Einfache, aber schmackhafte Gerichte wie Buchweizenpfannkuchen oder **»Töttchen«**, Fleisch vom Schweins- oder Kalbskopf mit pikanter Sauce, stehen mittlerweile auch auf den Speisekarten der gehobeneren Restaurants. In Dortmund sollte man den **»Pfefferpotthast«** probieren, ein gut gewürztes Ragout aus Schweine- oder Rindfleisch. Dazu empfiehlt sich das helle würzige »Dortmunder«.

Dortmund: Brinkhoff's No 1, Markt 6; **Der Thüringer,** Markt 13; **Hövels,** Hoher Wall 5–7; Kolpinghaus, Silberstr. 26; **Overkamp Gastronomie,** Wittbräucker Str. 633; **Pfefferkorn,** Hoher Wall 38; **Rathaus à la carte,** Friedensplatz 1.

Bochum: Altes Brauhaus Rietkötter, Große Beckstr. 7; **Burg Blankenstein,** Burgstr. 16; **Die Uhle,** Huestr. 24 a; **Stammhaus Fiege,** Bongardstr. 23; **Forsthaus,** Blankensteiner Straße 147.

RAST AUF REISEN: Hotels in Dortmund & Bochum

Grand Hotel Mercure, Lindemannstr. 88,
44137 Dortmund, Tel. 02 31/9 1130.
Hilton Dortmund, An der Buschmühle 1,
44139 Dortmund, Tel. 02 31/1 08 60.
Nh Hotel, Königswall 1,
44137 Dortmund, Tel. 02 31/9 05 50.
Aleppo Designhotel und Hostel, Nordring 30,
44787 Bochum, Tel. 02 34/58 83 80.
Hotel Antoni, Flurstr. 1,
44791 Bochum, Tel. 02 34/58 15 88.
Rittergut Haus Laer, Höfestr. 45,
44803 Bochum, Tel. 02 34/38 30 44.
Wald- und Golfhotel Lottental, Grimbergstr. 52 a,
44797 Bochum, Tel. 02 34/97 96-0

Rhein-Ruhr Ost: *Die wirtschaftliche Entwicklung des Ruhrgebiets war einst abhängig vom Steinkohlevorkommen und der Eisen- und Stahlindustrie. Infolge der Krise in der Montanindustrie in den 1970er-Jahren entstanden zahlreiche neue Betriebe des Dienstleistungssektors, die den Bergbau allmählich in den Hintergrund treten ließen. In den ehemals von Kohle und Stahl geprägten Städten Dortmund und Bochum sind heute alle Zechen geschlossen.* ***Sehenswert:*** *Als Dortmunds Mittelpunkt gilt die nordöstlich vom Markt gelegene Reinoldikirche mit dem 1702 vollende-*

ten 104 m hohen Turm, einst »Wunder Westfalens« und Wahrzeichen der Stadt. Die Metropole des Biers kann auch mit einem Brauereimuseum aufwarten. Südlich der Stadt erstreckt sich der Westfalenpark mit seinen Wasserflächen, Aquarien, Spielplätzen und dem mehr als 3000 Rosenarten umfassenden Deutschen Rosarium. Hoch über Dortmund erhebt sich der 212 m hohe Florianturm, das neue Wahrzeichen. Beliebtes Ausflugsziel ist die 12 km südlich gelegene Hohensyburg. Vom Kaiser-Wilhelm-Denkmal bietet sich eine fantastische Aussicht bis in das Sauerland.

In dem 1930 gegründeten Deutschen Bergbaumuseum in Bochum können Besucher in die Welt der Stollen und unterirdischen Gänge eintauchen. Sehenswert ist auch das Bochumer Planetarium. ***(Von Westen A40 Abfahrt 35 Bochum-Zentrum, 2 km; Abfahrt 5 Kreuz Dortmund-West, 5 km)***

UNTERWEGS IN RHEIN-WUPPER WEST

Düsseldorf: Gebäude von F. O. Gehry an der »Medienmeile«

2000 Jahre Kunst und Geschichte prägen die Region am Niederrhein, die mit einer vielfältigen Museumslandschaft, Prachtschlössern und modernen Metropolen mit weltstädtischem Flair aufwarten kann. Den Eckpunkt im Osten bildet die nordrhein-westfälische Hauptstadt Düsseldorf, berühmtes Messe-, Industrie- und Handelszentrum. In der mondänen Königsallee, kurz »Kö« genannt, besitzt die Stadt der Mode und eleganter Geschäfte einen der schönsten Einkaufsboulevards in Deutschland. Die Altstadt wurde durch ihre rund 200 Kneipen und Brauhäuser auf einem Quadratkilometer als »längste Theke der Welt« bekannt. Geschichtsträchtiger allerdings ist das linke Rheinufer: Neuss blickt in seiner Historie bis in die Römerzeit zurück. Im alten Textilgürtel liegen Krefeld, die Samt- und Seidenstadt, sowie Mönchengladbach, ein weiteres Zentrum der Textilindustrie.

KULINARISCHES: Alt und deftige Küche

Der Besuch einer Brauereigaststätte ist in Düsseldorf ein absolutes Muss! Hier gibt es in kleinen schlanken Gläsern das dunkle, obergärige **Altbier**, das nach alter Brauweise aus Malz, Hopfen, Hefe und Wasser zubereitet wird. Dazu genießt man am besten eine der deftigen rheinischen Köstlichkeiten, wie **»Flönz met Ölk«**, Blutwurst mit Zwiebeln, **Rheinischen Sauerbraten** mit Apfelmus als Beilage, oder **»Himmel und Erde«**, Apfel- und Kartoffelpüree mit gebratener Blutwurst. In den urgemütlichen Lokalen und Brauhäusern der Düsseldorfer Altstadt fällt die Wahl schwer.

Düsseldorf: Im Füchschen, Ratinger Str. 28; **Im Goldenen Kessel,** Bolkerstr. 44; **Günnewig Rheinturm »Restaurant Top 180«,** Stromstr. 20 (Unterbilk): Drehrestaurant.

Krefeld: Winkmannshof, Albert-Steeger-Str. 19; **Weinhaus St. Urbanshof,** Ostwall 48; **Talschänke,** Talring 116.

Mönchengladbach: Hannen Sudhaus, Brauereiausschank, Alter Markt 21/22; **Gasthaus am Schmölderpark,** Schmölderstr. 61; **Brauerei Jöris,** Speicker Str. 3 (Ecke Vitusstraße).

RAST AUF REISEN: Hotels in und um Düsseldorf

Hotel Orangerie, Bäckergasse 1,
40213 Düsseldorf, Tel. 02 11/86 68 00.
Hotel Nikko, Immermannstr. 41,
40210 Düsseldorf, Tel. 02 11/83 40.
Villa Fiore, Niederrheinstr. 270,
40489 Düsseldorf Lohausen, Tel. 02 11/4 08 90 17.
Comfort Hotel Neuss, Hammer Landstr. 89,
41460 Neuss, Tel. 0 21 31/12 58 80.
Hotel Garden Krefeld, Schönwasserstr. 12,
47800 Krefeld, Tel. 0 21 51/53 52 30.
Holiday Inn Hotel, Speicker Str. 49,
41061 Mönchengladbach, Tel. 0 21 61/93 80.

Rhein-Wupper West: *Düsseldorf ist die jüngste Hauptstadt am Rhein. Im Jahr 1288 erhielt sie das Stadtrecht, eine kulturelle Blüte erlebte sie unter Kurfürst Johann Wilhelm.* ***Sehenswert:*** *Die großen Museen in Düsseldorf bieten etliche Höhepunkte, so die Kunstsammlung Nordrhein-Westfalen (1961) mit herausragenden Exponaten moderner Kunst ab dem frühen 20. Jh.; über die Keramikgeschichte aller Kulturen seit ihren Anfängen informiert das Hetjens-Museum (1909). Südlich der Altstadt, im Stadtteil Benrath, erhebt sich in einem großen Park am Rheinufer das*

Schloss Benrath. Das schmucke Jagddomizil ließ Kurfürst Carl Theodor von Pfalz-Sulzbach 1756–73 im französischen Rokokostil erbauen. Wahrzeichen von Neuss ist das Münster St. Quirinus – eine der bedeutendsten spätromanischen Kirchen am Niederrhein. Ein ausgefallenes Museum gibt es im Neusser Stadtteil Holzheim: In der vom Landschaftsarchitekten Bernhard Korte gestalteten Auenlandschaft der Erft liegt das Museum »Insel Hombroich« mit Ausstellungen unter freiem Himmel. Symbol niederrheinischen Adelsstolzes ist das südlich von Mönchengladbach in einem Park gelegene Renaissanceschloss Rheydt (seit 1923 Kulturgeschichtliches Museum). Bei der Fahrt nach Krefeld lohnen das Deutsche Textilmuseum und die Wasserburg Linn einen Besuch. ***(A52 Abfahrt 10 Kreuz Neersen nach Mönchengladbach, 6 km, oder nach Düsseldorf, 16 km)***

UNTERWEGS IN RHEIN-WUPPER OST

Jubiläumsbrunnen vor dem Rathaus in Wuppertal-Elberfeld

Kulturelles und wirtschaftliches Zentrum des Bergischen Landes ist das im engen Tal der Wupper gelegene Wuppertal. Die von Bergen, Wiesenkuppen und weiten Wäldern umrahmte Stadt lohnt einen längeren Besuch – u. a. als Ausgangspunkt für Ausflüge in die »Klingenstadt« Solingen und nach Remscheid, Hauptsitz der deutschen Werkzeugindustrie. Einen ersten Überblick erhält man bei einer Fahrt mit der berühmten, denkmalgeschützten Schwebebahn, dem Wahrzeichen der Stadt. Seit 1901 verbindet sie die Stadtteile Elberfeld, Barmen und Vohwinkel miteinander. Wer Wuppertal mit seinen reich verzierten Stuckfassaden und schönen Fachwerkhäusern zu Fuß erkundet, muss etliche Treppen besteigen: 8723 Stufen auf öffentlichen Wegen, um die Höhenunterschiede zwischen 100 und 350 Meter zu überwinden. Im Südosten erstreckt sich die Wuppertalsperre, beliebtes Freizeit- und Erholungsgebiet, an dessen Rand der malerische Ort Hückeswagen liegt.

KULINARISCHES: Bergische Kaffeetafel

Unbedingt probieren sollte man die legendäre Bergische Kaffeetafel, **»Koffedrenken met allem Dröm on Dran«.** Ob in edlen Feinschmeckertempeln, einfachen Restaurants oder urigen Kneipen: angeboten wird die herzhafte Zusammenstellung aus Korinthenstuten (Hefezopf), Milchreisbrei, Bienenhonig, Schwarzbrot, Quark, Butter, Waffeln und Zucker überall im Bergischen Land. Auch der Kaffee darf nicht fehlen, der hier auch heute noch in der traditionellen **»Dröppelminna«,** einer Kaffeekanne aus Zinn, serviert wird.

Wuppertal: Am Asbruch, Nevigeser Str. 766; **Schneider's Bierhaus,** Ex-»Kaffeehaus«, Laurentiusplatz/Kolpingstr. 10; **Wuppertaler Brauhaus,** Klei-ne Flurstr. 5.

Solingen: Burger Hof, Eschbachstr. 3–5; **Friedrichsaue** (Landgasthof), Friedrichsaue 43; **Haus Sonneneck,** Pfaffenberger Weg 112.

Remscheid: Restaurant Schützenhaus, Schützenplatz 1, **Hölterfelder Hof,** Holzer Str. 2.

RAST AUF REISEN: Hotels im Wuppertal

Antares Guesthouse, Schlieffenstr. 74,
42329 Wuppertal, Tel. 02 02/7 86 61 85.

Hotel Astor, Schlossbleiche 4–6,
42103 Wuppertal, Tel. 02 02/45 05 11.

Hotel Hanseatic, Friedrich-Ebert-Str. 116a,
42117 Wuppertal, Tel. 02 02/31 00 88.

Hotel Gräfrather Hof, Gerberstr. 2–4,
42653 Solingen, Tel. 02 12/25 80 00.

Mercure Hotel Remscheid, Jägerwald 4,
42897 Remscheid, Tel. 0 21 91/6 07 10.

Rhein-Wupper Ost: *Wuppertal entstand 1929, als sich Barmen und Elberfeld mit anderen Gemeinden zusammenschlossen. Das benachbarte Solingen war im Mittelalter bereits bekannt für die Herstellung von Klingen – im Deutschen Klingenmuseum ist die größte Bestecksammlung Europas zu bewundern.* ***Sehenswert:*** *Das Wuppertaler Von der Heydt-Museum besitzt eine der bedeutendsten Gemälde- und Kunstsammlungen in Deutschland, mit Werken des französischen Impressionismus, des Kubismus und der deutschen Malerei des 19. und 20. Jhs. Beliebtes Ausflugs-*

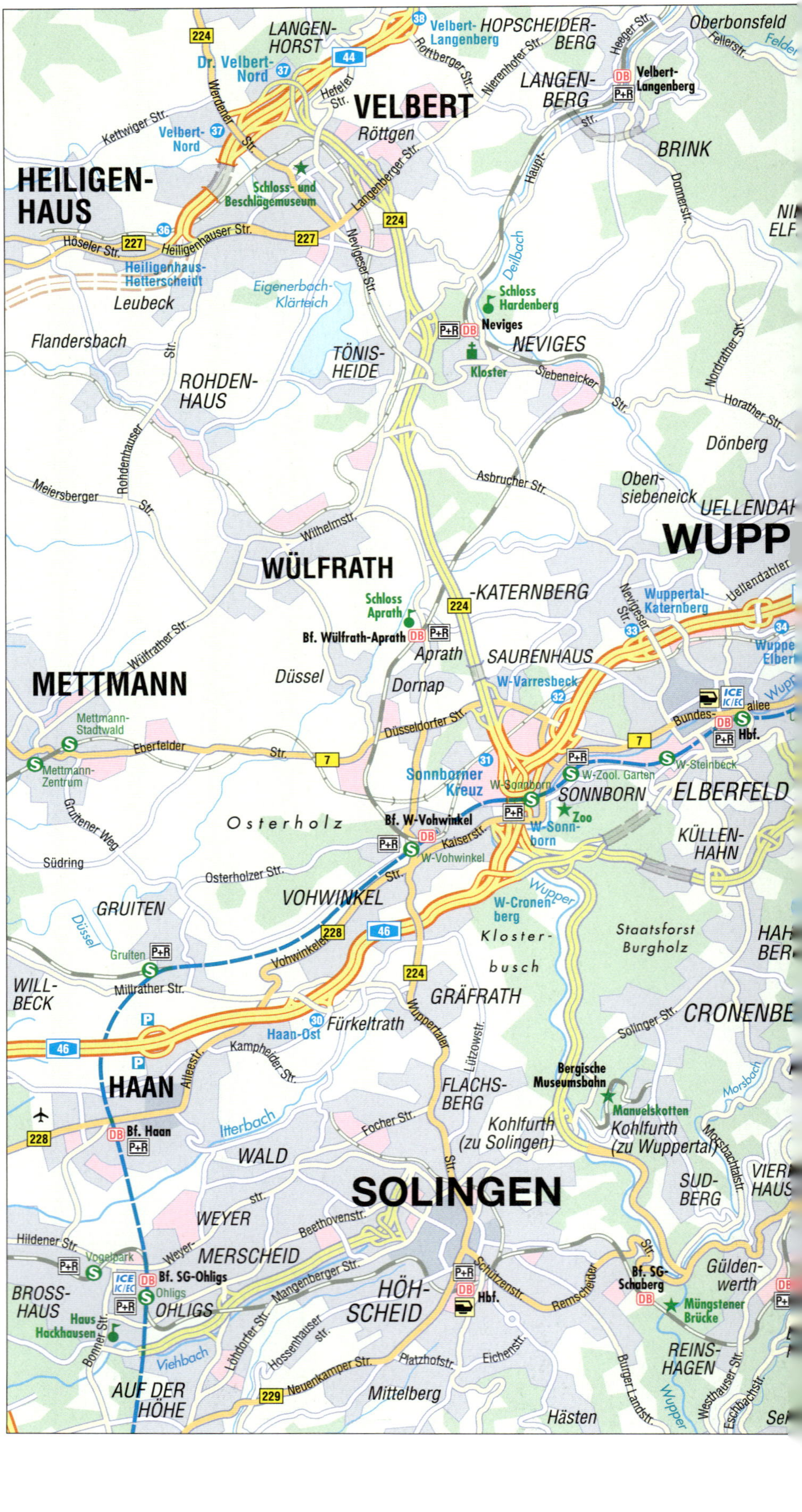

ziel ist der Zoologische Garten. Seine großzügigen Freigehege machen ihn zu einem der landschaftlich reizvollsten Tierparks bundesweit. Das 8 km südöstlich von Solingen gelegene Schloss Burg an der Wupper, ehemaliger Stammsitz der Grafen von Berg, birgt seit seiner Restaurierung im 19. Jh. das Bergische Museum, das Ritterrüstungen, Waffen sowie Hausgerätschaften präsentiert. Auf dem Weg zum östlich gelegenen Remscheid lohnt sich ein Abstecher zur Müngstener Brücke, der mit 107 m höchsten Eisenbahnbrücke Deutschlands – 170 m weit spannt sich die 1897 erbaute Eisenkonstruktion über das tiefe Tal der Wupper. In Remscheid verwaltet das Deutsche Röntgen-Museum den Nachlass von Conrad Röntgen, dem berühmten Sohn der Stadt. ***(A46 Abfahrt 31 Sonnborner Kreuz nach Solingen, 10 km, über B229 nach Remscheid, 16 km)***

UNTERWEGS IN KÖLN

Weltberühmte Sammlung der Moderne: Museum Ludwig

Der Handel blühte hier schon zu Römerzeiten, und Kölns verkehrsgünstige Lage am Niederrhein förderte später auch seine industrielle Entwicklung. Urbaner Dreh- und Angelpunkt ist der Dom am Rand der Altstadt mit ihren Kneipen und Cafés. Hier endet die Fußgängerzone, deren beste Einkaufsadressen Hohe Straße und Schildergasse heißen. Charakteristisch für die Millionenmetropole ist die weltoffene Lebensart ihrer Bewohner, die die Stimmung in der Hochburg des rheinischen Karnevals zum Überschäumen bringen. Nirgendwo sonst wird »Fastelovend«, Kölns fünfte Jahreszeit, so ausgiebig gefeiert. Köln ist zudem eine grüne Stadt: Am rechten Flussufer erstreckt sich der Rheinpark mit seinen Blumenrabatten, Gewächshäusern, Brunnen und dem Thermalbad. Linksrheinisch liegt der Zoo und daneben der Botanische Garten. Im Westen der Stadt bieten schöne Spazier- und Radwege, künstliche Teiche und Kanäle Erholung.

KULINARISCHES: Von Kölsch und Köbes

Süffiges Hausgetränk ist das **Kölsch**, ein helles obergäriges Vollbier, das seit dem 15. Jh. in Köln gebraut wird. In den alten Brauhäusern bedient noch der **»Köbes«** (Jakob) in der traditionellen blauen Tracht der Brauknechte. Einige kölsche Brauereien betreiben eigene Wirtschaften, in denen zur Stange Kölsch (0,2 l) eine handfeste Hausmannskost aufgetragen wird. Die im Dialekt geschriebene Speisekarte ist für Besucher nicht leicht zu deuten: Hinter dem **»Kölschen Kaviar«** verbirgt sich ein Roggenbrötchen mit Blutwurst, und der **»Halve Hahn«** ist ein Brötchen mit altem Holländer Käse. Zur traditionellen Küche gehört auch der **»Rievkooche«**, Reibekuchen aus Kartoffeln und Zwiebeln – heiß mit Apfelmus oder Preiselbeeren schmeckt er ganz köstlich.

Kölsche Wirtschaften und Brauhäuser: Höhn's Dombrauerei, Goltsteinstr. 83, Bayenthal; **Früh em Veedel,** Chlodwigplatz 28; **Brauhaus Sion,** Unter Taschenmacher 5–7, Köln Altstadt; **Zur Malzmühle,** Heumarkt 6; **Colonia Brauhaus,** An der Schanz 2; **Em Kölsche Boor,** Eigelstein 121–123; **Haus Zims,** am Heumarkt 77; **Brauhaus Päffgen,** Friesenstr. 64–66.

RAST AUF REISEN: Nicht nur im Zentrum

Domhotel, Domkloster 2 A,
50667 Köln, Tel. 02 21/2 02 40.

Hotel im Wasserturm, Kaygasse 2,
50676 Köln, Tel. 02 21/2 00 80.

Maritim Hotel Köln, Heumarkt 20,
50667 Köln, Tel. 02 21/2 02 70.

Mondial am Dom, Kurt-Hackenberg-Platz 1,
50667 Köln, Tel. 02 21/2 06 30.

NK Hotel Bergischer Hof, Bergisch-Gladbacher-Str. 406, 51067 Köln-Holweide,
Tel. 02 21/96 37 90.

Köln: *Die römische Kapitale am Rhein behauptete noch im frühen Mittelalter ihre Führungsposition in Deutschland. Bis ins 13. Jh. entstanden zahlreiche romanische Kirchen, die auch heute das Stadtbild prägen. Diese und die im Dom aufbewahrten Gebeine der Heiligen Drei Könige machten die Stadt zum »Heiligen Köln« des Mittelalters.* ***Sehenswert:*** *Der Dom St. Peter und Maria ist seit Jahrhunderten das Wahrzeichen von Köln und die größte Bischofskirche Deutschlands. Mit seinen zwei 157 m hohen Türmen beherrscht das hochgotische Gotteshaus das berühmte Rhein-*

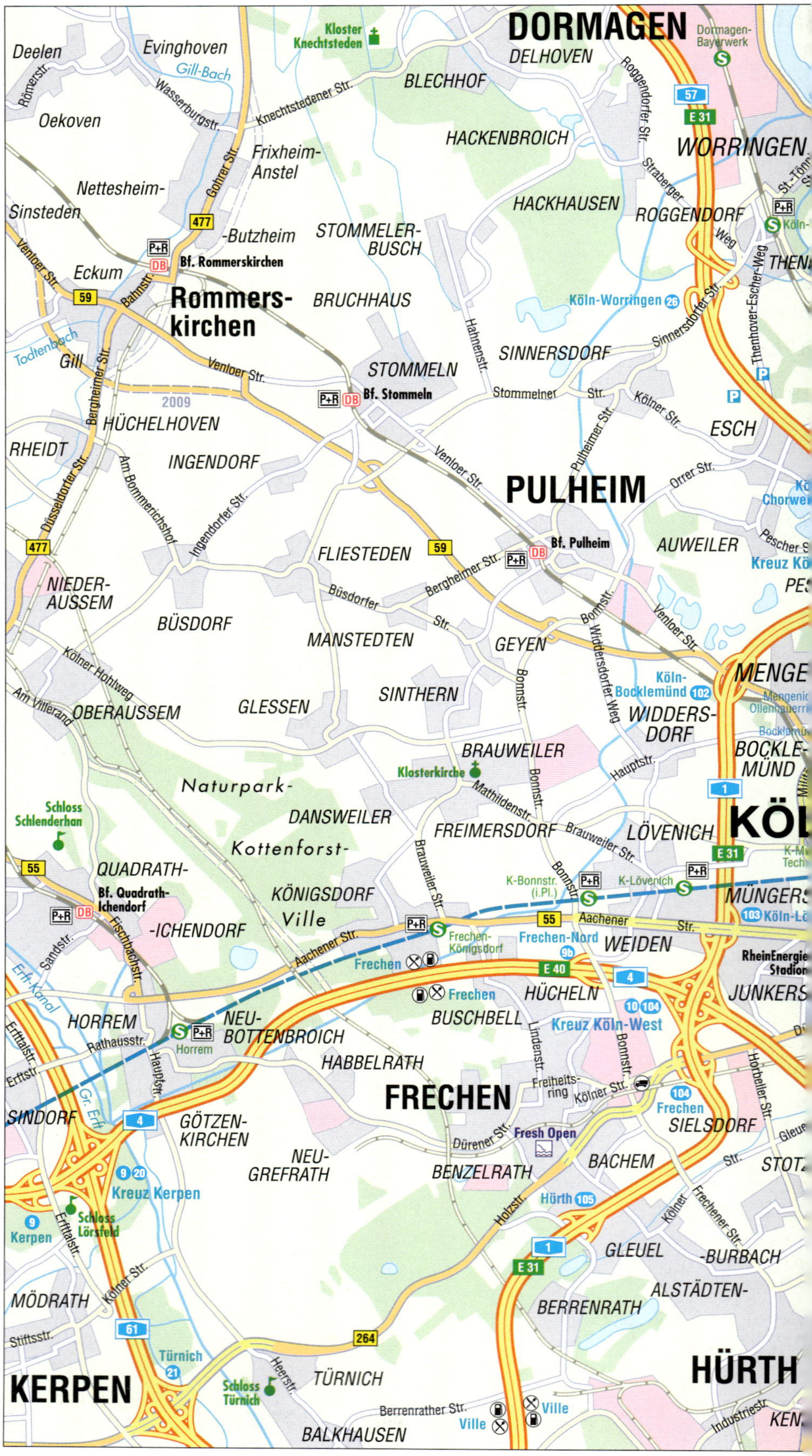

panorama, das sich von der Deutzer Rheinseite aus in seiner ganzen Pracht zeigt. 632 Jahre dauerte die Bauzeit, die Vollendung im Jahr 1880 wurde als nationales Ereignis gefeiert. Zu den Schätzen im Inneren gehören der Dreikönigsschrein aus dem 13. Jh. von Nikolaus von Verdun sowie das in seiner Größe ungewöhnliche Gerokreuz. Zwei der berühmten romanischen Kirchen sind St. Gereon und St. Aposteln (in Domnähe). Ein leuchtendes museales Dreigestirn präsentiert künstlerisches Schaffen von der Antike (Römisch-Germanisches Museum) über Gotik, Renaissance bis zum Historismus (Wallraf-Richartz-Museum) und der Avantgarde (Museum Ludwig). Einen Abstecher lohnt der 15 km nordöstlich gelegene Altenberger Dom, ein frühgotisches Meisterwerk. ***(Von Süden A555 über Kreuz Köln-Süd, 1 km; von Norden A1 über Kreuz Köln-Nord, 1,5 km.)***

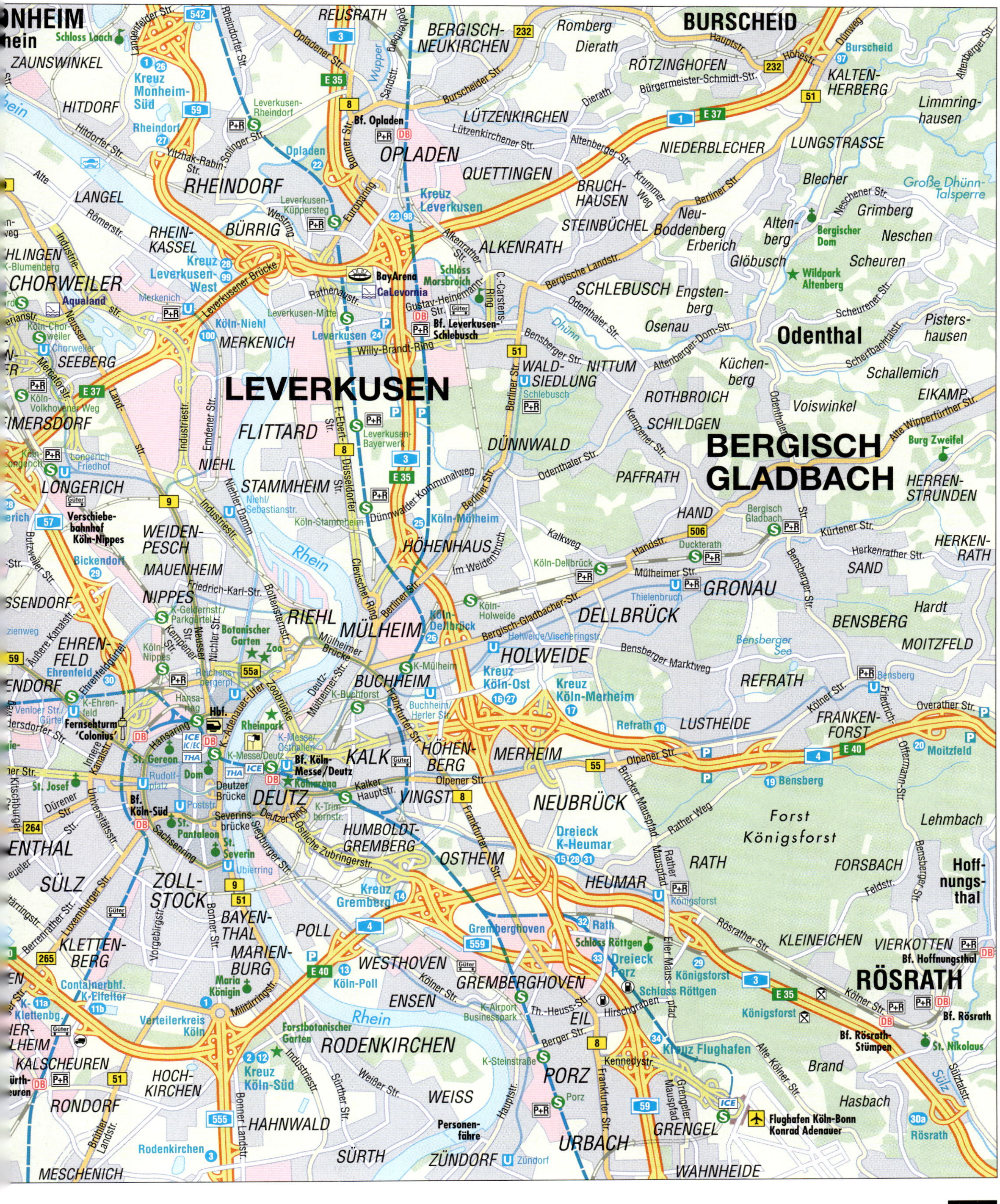

UNTERWEGS IN BONN

Bonn: das Poppelsdorfer Gartenschloss

Obgleich Bonn mit Politik untrennbar verbunden bleibt – sechs Ministerien haben hier ihren ersten Dienstsitz –, hat sich die ehemalige Bundeshauptstadt am Rhein nicht zur modernen Metropole entwickelt, sondern den stillen Charme der alten kurfürstlichen Barockresidenz bewahrt. Mit der weitläufigsten Fußgängerzone Deutschlands lädt die Beethovenstadt zum Bummeln ein. Die schmalen Gassen säumen Geschäfte und Boutiquen, Cafés und Kneipen. Besonderer Anziehungspunkt ist der Markt, auf dem die Händler der Umgebung Obst, Gemüse und Fleisch anbieten. Flanieren und Verweilen kann man auf der Rheinpromenade, die mit 29 km Länge an beiden Ufern die längste Flusspromenade ist. Fahrrad- und Spazierwege sowie die idyllischen Parkanlagen machen sie zu einer der schönsten Deutschlands. Vom Alten Zoll aus überblickt man das gesamte Siebengebirge, den ältesten Naturschutzpark des Landes.

KULINARISCHES: Deftige Braten, leckerer Spargel

Die Bonner lieben kräftige Speisen wie herzhafte Eintopf- und Kartoffelgerichte, Schnitzel sowie Braten mit Gemüse und Salat. Beliebt ist der Rheinische Sauerbraten, für den Rindfleisch in einer Essig-Gewürz-Marinade eingelegt wird. Eine Delikatesse ist **Spargel aus Alfter** im Rheintal: Das frische Gemüse wird in Butter gedünstet und auf Eierpfannkuchen serviert. Restaurants mit rheinischer Küche sind in Bonn jedoch dünn gesät. Vielmehr dominieren Weinstuben, Bierkneipen und Tavernen sowie internationale Restaurants und Lokale. Hier eine kleine Auswahl an Gastwirtschaften und Brauhäusern mit gutbürgerlicher Küche:

Zentrum von Bonn: Brauhaus Bönnsch, Sterntorbrücke 4; **Em Höttche,** Markt 4; **Bierhaus Machold,** Heerstr. 52; **Im Sudhaus,** Friedensplatz 10.
Königswinter: Altes Kelterhaus, Hauptstr. 453; **Auf dem Drachenfels,** Auf dem Drachenfels 1; **Berggasthof auf dem Oelberg,** Auf dem Oelberg; **Zum Onkel Pe,** Drachenfelsstr. 125; **Weinhaus Winzerhäuschen,** Drachenfelstr. 100, **Lohmar: Naafs-Häuschen,** Naafshäuschen 1.

RAST AUF REISEN: Stadt und Umgebung

Domicil, Thomas-Mann-Str. 24–26, 53111 Bonn, Tel. 02 28/72 90 90.
Kaiser Karl Hotel, Vorgebirgsstr. 56, 53119 Bonn, Tel. 02 28/98 55 70.
Königshof, Adenauerallee 9, 53113 Bonn, Tel. 02 28/2 60 10. **Maritim Hotel Königswinter,** Rheinallee 3,53639 Königswinter, Tel. 0 22 23/70 70.

***Bonn:** Die aus einem Römerkastell entstandene Stadt entwickelte sich im 18. Jh. zur Barockresidenz der verschwenderischen Kölner Kurfürsten, deren Investitionen noch heute das Stadtbild prägen. Ein prächtiges Beispiel ist das Poppelsdorfer Schloss »Clemensruh« im Südwesten Bonns, die einstige Sommerresidenz des Kurfürsten Clemens August. Der Schlossgarten wurde 1819 in einen Botanischen Garten mit schönen Gewächshäusern umgewandelt. Aus der Zeit der Kurfürsten stammt auch das Alte Rathaus am Marktplatz, ein prunkvolles Rokokogebäude.*

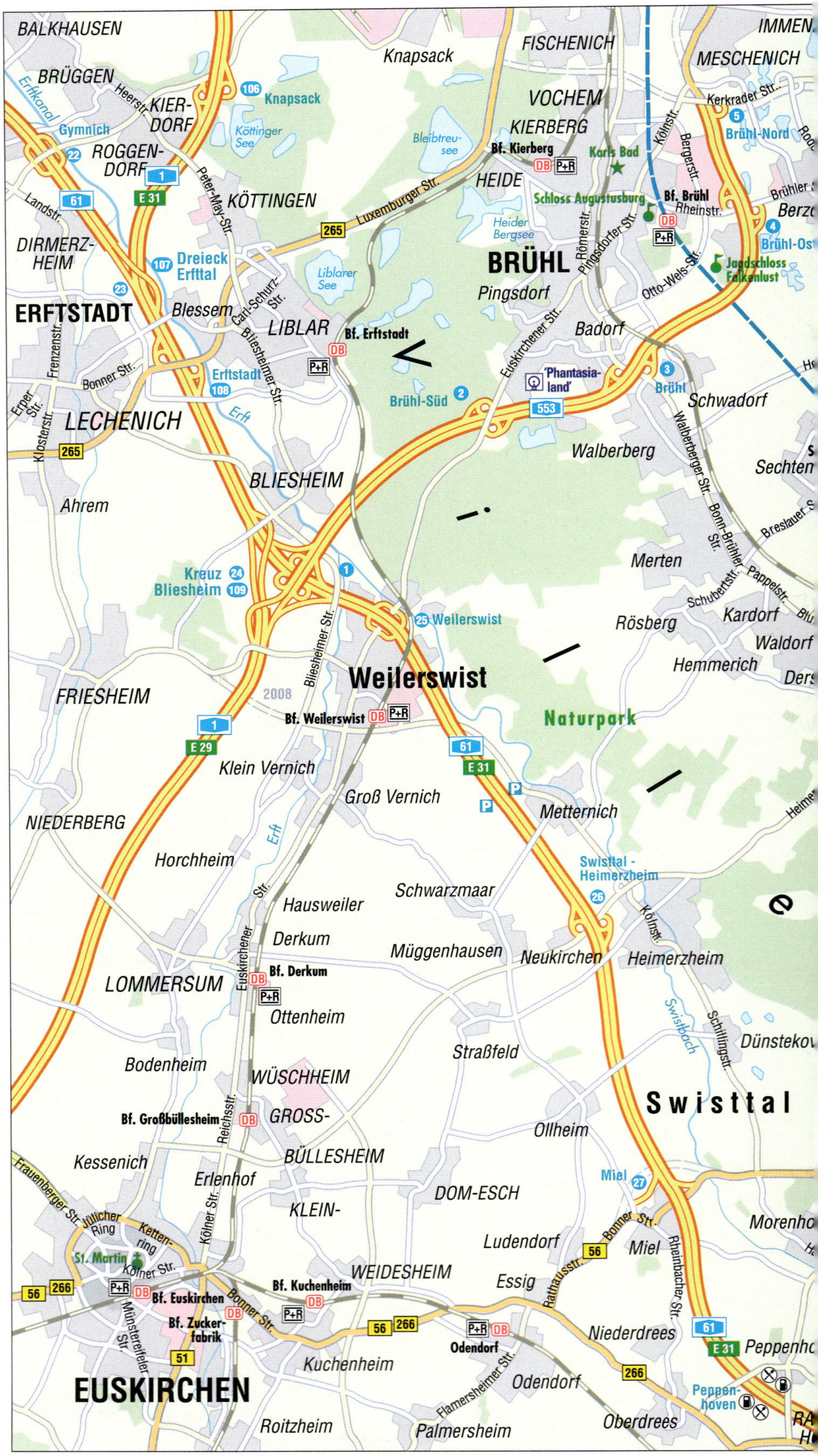

Sehenswert: *Das 900-jährige fünftürmige Münster mit dem mächtigen Vierungsturm, dem Wahrzeichen der Stadt, ist ein glänzendes Beispiel des rheinischen Übergangs von der Romanik zur Gotik. 1314 und 1346 wurden hier Könige gekrönt. Interessant ist der romanische Kreuzgang aus dem 12. Jh. Die weltweit umfangreichste Beethovensammlung wird im barocken Geburtshaus des großen Komponisten (1770-1827) gezeigt: Porträts, Instrumente und zahlreiche Originalmanuskripte. Einen Besuch außerhalb der Stadt lohnen unter anderem die Godesburg, die den Auftakt der Burgenromantik am Rhein bildet, und der legendäre Drachenfels über dem Weinort Königswinter. Gipfelstürmer passieren auf dem Weg nach oben Schloss Drachenburg und genießen die Aussicht über den Rhein.* ***(Von Norden A555 üb. Kreuz BN-Nord; von Süden A565 BN-Poppelsdorf)***

UNTERWEGS IN AACHEN

Der Aachener Dom mit der Pfalzkapelle Karls des Großen

Das prägende Element für Deutschlands westlichste Großstadt wurde das Wasser – und eine Vielzahl von Brunnen. Hier wallen die mit bis zu 70 Grad heißesten Quellen Mitteleuropas aus der Tiefe auf. Schon die Römer schätzten die heilende Kraft der Schwefelquellen, »Aquae Granni«, denen die Stadt auch ihren Namen verdankt. Durch seine Lage am Schnittpunkt dreier Länder, Deutschland, Belgien und Niederlande, und die renommierte Technische Hochschule kennzeichnet den Bade- und Kurort eine frische multikulturelle Lebensart. Hier herrscht rund um den Aachener Münsterplatz vom Morgengrauen bis spät in die Nacht hinein ein buntes Treiben. Die fußgängerfreundliche Innenstadt ist zudem ein sympathisches Einkaufsparadies. In der Krämerstraße, der beliebten Shoppingmeile beim Rathaus, findet man neben kleinen Boutiquen und Fachgeschäften immer ein gemütliches Café oder Restaurant zum Verweilen.

KULINARISCHES: Nicht nur Süßes

Süße Exportschlager der Stadt sind – nicht nur zur Weihnachtszeit – die **Öcher Printen,** eine Art Honigkuchen. Erfunden wurden sie wohl im belgischen Dinant. Bei der Montage des Marktbrunnens soll ein Bronzegießer die Leckerei aus seiner Heimat herumgereicht haben. Schnell wurde das Rezept in den Aachener Backstuben ausprobiert und zur lokalen Spezialität. Kosten kann man Printen in der historischen **Café-Stube Van den Daele** (Büchel 18). Bei einem Bummel durch die Altstadt kann man viele urige Pinten oder Studentenkneipen entdecken sowie Restaurants, in denen man sich auch auf die Küchen der Nachbarländer versteht.

Hier eine kleine Auswahl: Aachener Brauhaus, Kapuzinergraben 4; **Altes Jägerhaus,** Hahnerstr. 2; **Goldene Rose am Dom,** Fischmarkt 1; **Altes Landhaus,** Stich 39, Eschweiler; **Am Knipp,** Bergdriesch 3; **Bismarckturm,** Monschauer Str. 44; **Da Salvatore,** Bahnhofsplatz 6; **Elisenbrunnen,** Friedrich-Wilhelm-Platz 14; **Gaststätte Ellerhof,** Freunder Landstr. 8; **Forsthaus Schöntal,** Kornelimünsterweg 1.

RAST AUF REISEN: Übernachten im Zentrum

Dorint Quellenhof Aachen, Monheimsallee 52, 52062 Aachen, Tel. 02 41/9 13 20.

Novotel Aachen, Peterstr. 66, 52062 Aachen, Tel. 02 41/51590.

Holiday Inn Aachen, Krefelder Str. 221, 52070 Aachen, Tel. 02 41/1 80 30.

Best Western Hotel Regence, Peterstr. 71, 52062 Aachen, Tel. 02 41/4 78 70.

Hotel Benelux, Franzstr. 21–23, 52064 Aachen, Tel. 02 41/2 23 43.

Aachen: *Die Urzelle von Aachen ist der heutige Münsterplatz: Auf einem römischen Termalbad ließ im 8. Jh. Pippin der Kurze sein Hofgut errichten und baute über dem römischen Tempel eine Reliquienkapelle. Als sein Sohn Karl der Große im Jahr 794 Aachen als Residenz erwählte, stieg der Ort zum politischen und kulturellen Mittelpunkt eines europäischen Großreiches auf. Karl errichtete eine prächtige Pfalz, wie sie kein Frankenkönig vor ihm je besessen hatte.* ***Sehenswert:*** *Der Aachener Dom, der um die Pfalzkapelle Karls des Großen herum errichtet wurde, ist Mittelpunkt*

und Wahrzeichen der Stadt und wurde als erstes deutsches Bauwerk von der UNESCO zum Weltkulturerbe erklärt. In diesem Wunderwerk aus Stein, mit Bauformen und Stilelementen aus über tausend Jahren, wurden mehr als 30 Könige und Kaiser gekrönt. Die Domschatzkammer birgt eine weltweit einzigartige Sammlung sakraler Kunst. Weltliches Gegengewicht ist das gotische Rathaus (14.Jh.) mit dem berühmten Kaisersaal. Es ist auf den Fundamenten der Palastaula Karls des Großen entstanden. Seine Nordfassade zieren die Statuen von 50 deutschen Herrschern. Interessante Museen in Aachen sind das Couven-Museum, das Aachener Wohnkultur aus dem 18. und 19. Jh. zeigt, sowie das Suermondt-Ludwig-Museum, eine bedeutende Sammlung von Plastiken und Gemälden deutscher und niederländischer Künstler des 17. bis 20. Jhs.

UNTERWEGS IN MAINZ/ WIESBADEN/ RÜSSELSHEIM

Wiesbaden: der Marktbrunnen

In einem weiten Schwung trennt der Rhein zwei Bundesländer und ihre Hauptstädte: das rheinland-pfälzische Mainz vom hessischen Wiesbaden, die am Fuß von Taunus und Rheingaugebirge liegen. Viele kleine Lokale verstecken sich in den Gassen der flussnahen Mainzer Altstadt rund um den Dom, wo das Bier vielfach aus lokalen Brauereien kommt, aber auch die Tropfen der nahen Rebberge bereichern die Karten. Wiesbaden dagegen pflegt die Eleganz, und das nicht nur im Kurhaus und in der Spielbank sondern auch in der berühmten Wilhelmstraße mit ihren Nobelboutiquen und Straßencafés. Für den wirtschaftlichen Aufstieg der Region sorgte Opel in Rüsselsheim.

KULINARISCHES: Herzhafte Genüsse

Äppelwoi oder Äppler sowie die Weine des Rheintals vertragen eine kräftige Unterlage: dunkle Braten mit Kartoffeln, **Saumagen,** Bratwürste, Geräuchertes oder auch einen **»Handkäs' mit Musik«,** wie die Hessen freundlich ihre geruchsintensive Spezialität – mit Zwiebeln, Essig und Öl angemachten Magerkäse – nennen. Er schmeckt am besten in einer Gartenwirtschaft am Rhein oder im Taunus. Bürgerliche Küche mit teilweise innovativen Varianten servieren:

Mainz: Citrus, Rheinstr. 2; **Heilig Geist,** Rentengasse 2, würdige alte Gewölbe; **Brauhaus Castel,** Otto-Suhr-Ring 27, Mainz-Kastel.

Wiesbaden: Ratskeller, Schlossplatz 6; **Palast Hotel 9** Restaurant Bar, Kranzplatz; **Der Turm,** Neroberg 1 (im Sommer Biergarten). **Forsthaus Rheinblick,** Frauensteinerstr. 117, Wiesbaden **(A66, Abfahrt W.-Frauenheim).**

Rüsselsheim und Umgebung: Zum Hirsch, Konrad-Adenauer-Ufer 19, Flörsheim/M.; **Rheinischer Hof,** Ginsheim (s. Hotels); **Roter Hahn,** Rüsselsheim (s. Hotels).

Umland: Deutsches Haus, Schwalbacher Str. 19, Eltville; **Klosterschänke,** Kloster Eberbach im Rheingau.

RAST AUF REISEN: Beiderseits des Rheins

Atrium Hotel Kurmainz, Flugplatzstr. 44, 55126 Mainz-Finthen Tel. 0 61 31/49 10. **(A60, Abfahrt M.-Finthen),**

Hyatt Regency Mainz, Malakoff-Terrasse 1, 55116 Mainz, Tel. 0 61 31/73 12 34.

Landhaus Diedert, Am Kloster Klarenthal 9, 65195 Wiesbaden, Tel. 06 11/18 46 60.

SAS Radisson Schwarzer Bock, Kranzplatz 12, 65183 Wiesbaden, Tel. 06 11/1 55 0.

Rheinischer Hof, am Altrheinufer, Hauptstr. 51, 65462 Ginsheim, Tel. 0 61 44/93 54 00.

Roter Hahn, Hessenring 61, 65428 Rüsselsheim Tel. 0 61 42/9 55 40 **(A60 Abfahrt R.-Mitte).**

Hotel und Weingut Schloss Reinhartshausen, Hauptstr. 43, 65346 Erbach, Tel. 0 61 23/67 60.

Mainz/Wiesbaden/Rüsselsheim: *Die Römer legten den Grundstein zu Mainz und schätzten bereits Wiesbadens Quellen, wo später die Franken einen Königshof erbauten. Der Badebetrieb verhalf Wiesbaden, ab 1806 Regierungssitz des Herzogtums Nassau, zur Blüte. Mainz war im 13. Jh. groß, als der Rheinische Städtebund politisch stark war. Die Industrialisierung im 19. Jh. brachte dem Städtchen Rüsselsheim Aufschwung. Die Nähmaschinenfabrik von Adam Opel stellt auch Fahrräder und 1899 erstmals Automobile her. Im Freizeitpark Opel live erlebt*

man Technik zum Anfassen. ***Sehenswert:*** *Mittelpunkt der Mainzer Altstadt ist am lebendigen Marktplatz (Hunnensäule) der romanisch-gotische Dom (13./14. Jh.). Das Gutenberg-Museum dokumentiert die Druckkunst (Gutenberg-Bibel), das Römisch-Germanische Zentralmuseum beleuchtet die Anfänge der Stadt, das Landesmuseum Mainz zeigt Malerei des 17. Jhs. und der Moderne. Renaissance prägt die wieder aufgebaute erzbischöfliche Residenz (17./18. Jh.). Für die Stephanskirche (got.) entwarf Marc Chagall neun Glasfenster. Wiesbaden beeindruckt in seiner Gesamtheit als Kurort mit Kurhaus, Spielbank und Staatstheater an der breiten Wilhelmstraße, während um das Alte Rathaus (1609), das älteste Gebäude der Stadt, die Baumeister des 19. Jhs. ihre Denkmäler hinterließen, z.B. das Schloss, heute Sitz des Hessischen Landtags.*

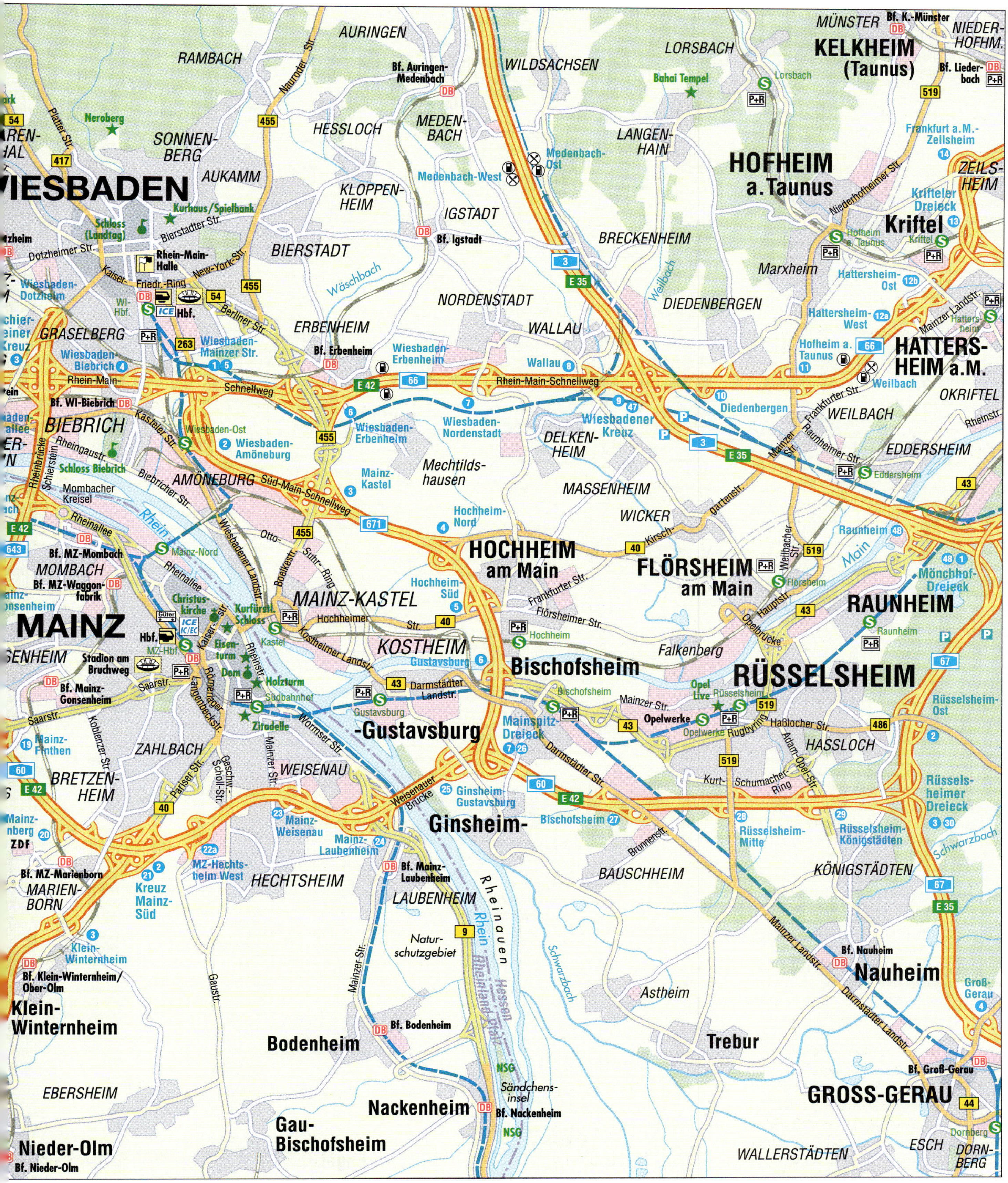

UNTERWEGS IN FRANKFURT AM MAIN

In Frankfurts Stadtteil Sachsenhausen

Die alte Reichsstadt Frankfurt am Main, etwa in der Mitte zwischen Taunus und Spessart gelegen, stellt heute ein internationales Banken- und Finanzzentrum dar und verfügt mit dem 258 Meter hohen, von Sir Norman Foster entworfenen Commerzbank-Gebäude über den höchsten Büroturm Deutschlands. Aber die kühlglitzernde Fassade von »Mainhattan« ist nur ein Aspekt; denn auf den zweiten Blick zeigt die Stadt ihre durchaus beschaulichen Seiten. So gibt man sich ohne Hektik in der zentral gelegenen Bockenheimer Straße – von den Einheimischen nicht umsonst »Fressgass« genannt – den leiblichen Genüssen hin. Mit rund 650 000 Einwohnern zählt Frankfurt am Main zu den überschaubaren Großstädten, aber auf weltstädtisches Flair muss man hier keineswegs verzichten.

KULINARISCHES: Wo's Kränzche hängt

Im Frankfurter Raum werden jährlich rund 30 Millionen Liter Apfelwein gekeltert, der **»Ebbelwoi«** oder das »Stöffche«, wie ihn die Einheimischen nennen. Man genießt ihn in gemütlicher Runde in bodenständigen Lokalen, die man an einem grünen Kranz über dem Eingang erkennt. Ausgeschenkt wird der Apfelwein im charakteristischen Bembel, dazu gibt es einfache und schmackhafte Gerichte wie Rippchen und **Handkäs mit Musik,** Brezeln und Kümmelweck. Berühmt für seine zahlreichen Apfelweinlokale ist vor allem das Viertel Sachsenhausen, aber auch in den anderen Stadtteilen und Vororten Frankfurts finden sich empfehlenswerte Ebbelwoischenken. Hier eine kleine Auswahl für einen netten Abend:

In Sachsenhausen: Fichtekränzi, Wallstr. 5; **Dauth-Schneider,** Neuer Wall 5; **Affentorschänke,** Neuer Wall 9; **Im Gemalten Haus,** Schweizer Str. 67; **Zur Buchscheer,** Schwarzsteinkautweg 17.

In der Innenstadt: Historix, Römerberg, **Äpfelwein Klaus,** Meisengasse 10; .

Im Nordend: Zur Schönen Müllerin, Baumweg 12; **Zur Stalburg,** Glauburgstr. 18.

In Bornheim: Solzer, Berger Str. 260.

RAST AUF REISEN: Übernachten im Zentrum

Arabella Sheraton, Konrad-Adenauer-Str. 7, 60313 Frankfurt, Tel. 069/2981-0.

Hotel am Dom, Kannengießergasse 3, 60311 Frankfurt, Tel. 069/ 28 21 41.

Hotel Concorde, Karlstr. 9, 60329 Frankfurt, Tel. 069/23 32 30.

Hotel Domicil, Karlstr. 14, 60329 Frankfurt, Tel. 069/2 71 11-0.

Hotel Frankfurt Luxor, Allerheiligentor 2, 60311 Frankfurt, Tel. 069/29 30 67.

Hotel Potsdamer Hof, Große Friedberger Str. 14, 60313 Frankfurt, Tel. 069/28 55 14.

Hotel Scala, Schäfergasse 31, 60313 Frankfurt, Tel. 069/13 81 11-0.

Frankfurt am Main: *Schon von weitem ragt die spektakuläre Skyline, die der Messe- und Bankenmetropole den Beinamen »Mainhattan« verliehen hat, aus der Landschaft des Taunus. Die Geburtsstadt Goethes war die Krönungsstadt deutscher Kaiser (seit 1502) und Ort der ersten Deutschen Nationalversammlung (Paulskirche 1848/49). Liebevoll restaurierte Fachwerkensembles wie das Wahrzeichen der Stadt, der Römer (15./18. Jh.) mit Kaisersaal und die historische Ostzeile gegenüber, sind eingebettet in die moderne Architektur der »amerikanischsten«*

Stadt Europas. Die bedeutendsten Sakralbauten sind der Kaiserdom St. Bartholomäus (13. Jh.), die evangelische Nikolaikirche (1290) und die zum Festsaal umgebaute Paulskirche (1789–1833). ***Sehenswert:*** *die klassizistische Alte Oper (1880/1981) bei der barocken Hauptwache (Wiederaufbau 1951); das Goethehaus mit Museum (Hirschgraben 23). Zu den wichtigsten deutschen Ausstellungsorten gehören die Schirn-Kunsthalle und das markante Museum für Moderne Kunst. Vom Museumsufer auf der anderen Mainseite, mit dem Städelschen Kunstinstitut und sieben weiteren Museen, hat man einen eindrucksvollen Blick auf die hoch aufragenden »Kathedralen des Geldes«. Unweit vom Museumsufer liegt das »Ebbelwoi«-Viertel Sachsenhausen mit vielen kleinen Kneipen und Jazzlokalen.* ***(A5, Abfahrt 19 Westkreuz Frankfurt, über A648; A661, Abfahrt 14 Frankfurt-Ost)***

UNTERWEGS IN SAARBRÜCKEN

Die 1762 erbaute Ludwigskirche in Saarbrücken

Durch seine Lage inmitten eines großen Steinkohlegebiets an der deutsch-französischen Grenze hat sich Saarbrücken zum Mittelpunkt von Handel, Wirtschaft und Kultur des Saarlands entwickelt. Die Saar teilt die Messe- und Universitätsstadt in zwei Teile: das östlich gelegene Alt-Saarbrücken und St. Johann auf der westlichen Seite. Lebendiger Mittelpunkt von St. Johann ist der gleichnamige Markt im Herzen einer der schönsten Fußgängerzonen Deutschlands. In den teils noch aus dem 16. Jh. stammenden Häusern rund um den Marktbrunnen haben sich kleine Boutiquen, Kneipen und Straßencafés etabliert. Genau hier ist die saarländische Lebensart, das »savoir vivre«, am besten zu spüren. Vom St. Johanner Markt Richtung Bahnhof verläuft die Bahnhofstraße, das Einkaufsparadies der Stadt. Unter Arkaden spaziert man die Schaufenster entlang, verweilt an ruhigen Plätzen, betrachtet Kunstwerke und Wasserspiele.

KULINARISCHES: Kreativ mit französischem Flair

Die Nähe zu Frankreich ist unverkennbar. Die Speisekarten bieten einfallsreiche Kreationen à la française, die Gourmets wohlig den Gaumen kitzeln. Die französisch-mediterrane Küche wird hier genauso geschätzt wie die deftigen lokalen Spezialitäten, zum Beispiel **»Dibbelabbes«**, riesige Kartoffelpuffer, oder **»Gefillde«**, gefüllte Kartoffelklöße mit Sauerkraut und Speckrahmsauce. Ein weiteres regionaltypisches Kartoffelgericht sind **»Hoorische«** – ihr »haariges« Aussehen gab den leckeren Kartoffelbällchen ihren Namen. Einige empfehlenswerte Adressen:

St. Johann: Baldes Braustübel, Bahnhofstr. 47/Ecke Ufergasse; **Hauck, Das Weinhaus,** St. Johanner Markt 7; **Gasthaus Undine,** Bismarckstr. 129.

Alt-Saarbrücken: »51«, Das Café am Schloss, Am Schlossplatz; **Restaurant Galerie Marianne und Palü** im Hotel Am Triller, Trillerweg 57.

Dudweiler: Hotel Restaurant Burkhart, Kantstr. 58; **Restaurant Kaminstube,** im Hotel Seewald, Beethovenstr.

Völklingen: Alter Bahnhof, Rathausstr. 57.

RAST AUF REISEN: Hotels in Saarbrücken

Am Triller, Trillerweg 57,
66117 Saarbrücken, Tel. 06 81/58 00 08.
City Hotel Saarbrücken, Richard-Wagner-Str. 67,
66111 Saarbrücken, Tel. 06 81/3 40 88.
Domicil Leidinger, Mainzer Str. 10,
66111 Saarbrücken, Tel. 06 81/9 32 70.
Hotel La Résidence, Faktoreistr. 2,
66111 Saarbrücken, Tel. 06 81/3 88 20.
Hotel Altes Haus, Zur Turnhalle 2a,
66333 Völklingen-Wehrden, Tel. 0 68 98/2 45 53.

Saarbrücken: *Alt-Saarbrücken entwickelte sich im 11. Jh. unterhalb der 999 erstmals erwähnten Burg. Eine Blütezeit erlebte die Stadt im 18. Jh. unter Fürst Wilhelm Heinrich, der einige bemerkenswerte Barockbauten in Auftrag gab. 1908 schlossen sich Alt-Saarbrücken, St. Johann und Burbach-Malstatt zur Großstadt Saarbrücken zusammen, die seit 1947 Hauptstadt des Saarlandes ist.* ***Sehenswert:*** *Mittelpunkt von Alt-Saarbrücken ist der Schlossplatz, den eine wunderschöne Barockarchitektur umrahmt. Das Schloss wurde nach mehrmaligen Zerstörungen 1738–48 von J. F.*

Stengel im Rokokostil wieder aufgebaut. Daneben befindet sich die Schlosskirche, Grabkirche der Fürsten von Nassau-Saarbrücken. Gegenüber erhebt sich das Alte Rathaus, ein weiteres Stengel-Meisterwerk. Nordwestlich des Schlossplatzes erstreckt sich der Ludwigsplatz mit der Ludwigskirche (1762–75), einer der großartigsten Barockkirchen Deutschlands. Einen Ausflug lohnt die 10 km westlich der Stadt gelegene Völklinger Hütte, die als faszinierendes Zeugnis der Industriekultur von der UNESCO zum Weltkulturerbe erklärt wurde. Die von dem Ingenieur Julius Buch 1873 gegründete Eisenhütte entwickelte sich zu einem der wichtigsten Stahl-werke Europas. Heute ist sie ein einzigartiges Kulturzentrum und Museum. ***(Von Norden A620, A623 über Ausfahrt SB-Westspange; von Süden A32 Abfahrt 2 SB-Goldene Bremm, 2 km.)***

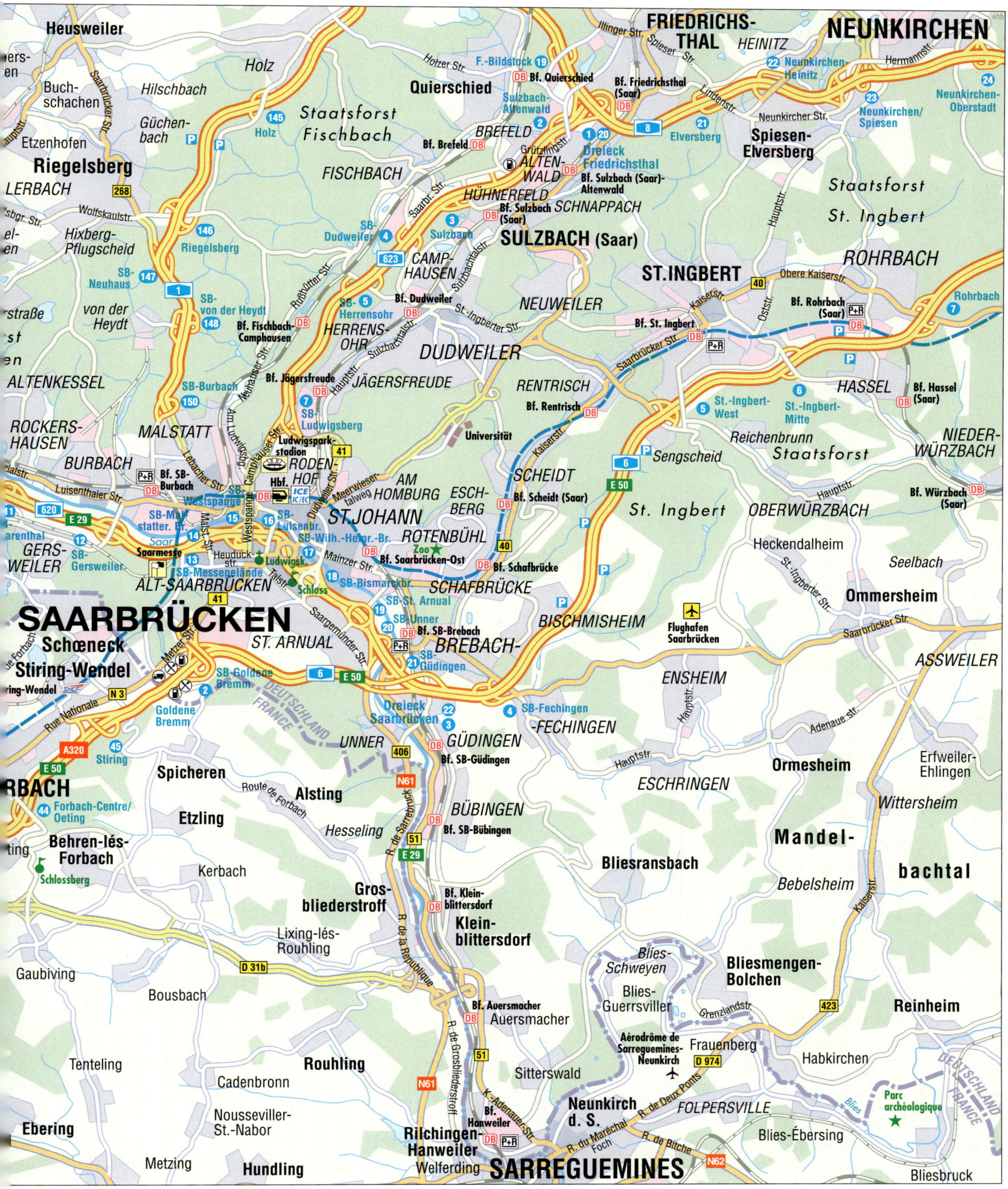

UNTERWEGS IN LUDWIGSHAFEN/ MANNHEIM/HEIDELBERG

Heidelberger Schloss: der Ottheinrichsbau von 1559

Am linken Ufer des Oberrheins liegt die quirlige Industriemetropole Ludwigshafen. Unmittelbar gegenüber, an der Mündung des Necka in den Rhein, erstreckt sich Mannheim, zweitgrößte Stadt Baden-Württembergs. Aufsehen erweckt die schachbrettartige Anlage ihrer Innenstadt, deren Häuserblocks, die »Quadrate«, mit einem Buchstaben und einer Zahl benannt sind. Mit seinen Wasserspielen, Kaskaden und dem Wasserturm ist der Friedrichsplatz viel besuchter Anziehungspunkt. Zwanzig Kilometer weiter, wo der Neckar aus dem Odenwald in die Rheinebene eintritt, liegt vor dem Hintergrund bewaldeter Berge Heidelberg, berühmte Universitätsstadt und ehemalige Hauptstadt von Kurpfalz. Als Ort der Inspiration für die Heidelberger Maler Fohr, Rottman und Fries sowie die Dichter Eichendorff und Keller gilt die Stadt als die Wiege der deutschen Romantik. Beim Panoramablick auf die roten Sandsteingebäude und den bewaldeten, mit dem Schloss gekrönten Hügel bezaubert die märchenhafte Atmosphäre die Besucher noch heute.

KULINARISCHES: Weinstraßen bei Heidelberg

Das milde Klima und die verschiedenartigen Bodentypen lassen in den Anbaugebieten **Hessische Bergstraße** und **Badische Bergstraße** nördlich von Heidelberg hervorragende Trauben gedeihen. Vorherrschende Rebsorten sind Riesling und Müller-Thurgau. Hier einige empfehlenswerte Weinstuben und Restaurants:

Ludwigshafen: Weinstube Breivogel, Bayernstr. 43.

Mannheim: Grimms Märchen, G7, 17; **Badische Weinstube,** U2, 2; **Zum Schützenhaus,** Alter Frankfurter Weg 15; **Am Karlstern,** Karlsternstr. 130; **Waldpforte,** Lampertheimer Str. 144.

Heidelberg: Zum Ritter St. Georg, Hauptstr. 178; **Goldener Hecht,** Steingasse 2; **Brauhaus Vetter,** Steingasse 9; **Molkenkur,** Klingenteichstr.; **Schönmehls Schlossweinstube,** im Schlosshof.

RAST AUF REISEN: Übernachten im Zentrum

Europa Hotel, Ludwigsplatz 5–6,
67059 Ludwigshafen, Tel. 06 21/5 98 70.
Hotel Excelsior, Lorientallee 16,
67059 Ludwigshafen, Tel. 06 21/5 98 50.
Maritim Parkhotel, Friedrichsplatz 2,
68165 Mannheim, Tel. 06 21/1 58 80.
Steubenhof Hotel, Steubenstr. 66,
68199 Mannheim, Tel. 06 21/81 91 00.
Europäischer Hof, Friedrich-Ebert-Anlage 1,
69117 Heidelberg, Tel. 0 62 21/51 50.
Zum Ritter St. Georg, Hauptstr. 178,
69117 Heidelberg, Tel. 0 62 21/13 50.

Ludwigshafen/Mannheim/Heidelberg: *Heidelberg war seit dem 13. Jh. Residenz der Pfalzgrafen. 1720 verlegte Kurfürst Carl Philipp seinen Hof in das neu erbaute Mannheim. Vier Mal wurde die Stadt zerstört, beim Wiederaufbau blieb ihr geometrischer Grundriss erhalten. Ludwigshafen, ursprünglich als militärische Schutzbefestigung für Mannheim errichtet, erhielt Mitte des 19. Jhs. Gemeinderechte.* ***Sehenswert:*** *Wilhelm-Hack-Museum in Ludwigshafen mit Kunst des Mittelalters und des 20. Jhs. (Malewitsch, Max Ernst). Seine Fassade gestaltete Joan Miró. Das Mann-*

heimer Residenzschloss zählt zu den größten Barockbauten Deutschlands. Ein architektonisches Meisterwerk des Jugendstils ist der zur 300-Jahrfeier der Stadt angelegte Friedrichsplatz mit dem Wasserturm, Mannheims Wahrzeichen. Das 1990 eröffnete Landesmuseum für Technik und Arbeit informiert auf eindrucksvolle Weise über die Geschichte der industriellen Revolution. Erholung bietet der schöne Luisenpark mit Pflanzenschauhaus, Aquarien und dem Fernmeldeturm. Heidelbergs »Krone« ist die Schlossruine aus rotem Sandstein, die sich über der Altstadt erhebt. Fünf Jahrhunderte regierten hier die Kurfürsten der Pfalz. Der Königsstuhl östlich von Heidelberg bietet eine weite Aussicht über Rheinebene, Neckartal und Odenwald. ***(A650 Abfahrt 9 Ludwigshafen-Stadt, 2 km ; B37 nach Mannheim 5 km; A656 Abfahrt 37 HD-Wieblingen, 4 km)***

UNTERWEGS IN KARLSRUHE

Die Orangerie im weitläufigen Schlossgarten

Ihre schöne Lage im Rheintal zwischen Pfälzer Bergen, Vogesen und Schwarzwald, die multikulturelle Atmosphäre und das vielseitige Kulturangebot machen die badische Hauptstadt zu einem lohnenden Ausflugsziel. Karlsruhe, ehemals großherzoglich badische Residenzstadt, ist heute Sitz der beiden höchsten Justizinstanzen, des Bundesgerichtshofs und des Bundesverfassungsgerichts. Einen Rundgang beginnt man am besten am Karlsruher Schloss. 32 Straßen und Alleen streben fächerförmig auf den Schlossturm zu. Von Osten nach Westen parallel zum Schloss verläuft die größtenteils zur Fußgängerzone erklärte Kaiserstraße, die Hauptgeschäftsmeile der Stadt. Der kopfsteingepflasterte Ludwigsplatz ist ein beliebter Treffpunkt der Einheimischen, die vor allem im Sommer die zahllosen Straßencafés und Restaurants aufsuchen, um gemütlich unter Kastanienbäumen zu speisen oder Kaffee zu trinken. Weiträumiges Erholungszentrum ist der Stadtpark mit dem bekannten Zoo.

KULINARISCHES: Schinken und feine Weine

Die badische Küche hat viele bekannte Spezialitäten hervorgebracht, darunter die **Schwarzwälder Kirschtorte** und **Schwarzwälder Schinken.** Der luftgetrocknete und kaltgeräucherte Rohschinken wird heute nicht nur mit dem berühmten **»Chriesewässerle«** (Kirschwasser) und hausgemachter Wurst auf dem Vesperbrett serviert, sondern verfeinert auch Risotto und Spargel. Als Begleiter empfehlen sich die Tropfen der **Badischen Weinstraße** am Fuß des Schwarzwalds: milder Weißburgunder, spritziger Riesling, der hier auch Klingelberger heißt, kräftiger Ruländer, würziger Müller-Thurgau sowie der duftende Traminer (Clevner) und dessen Spielart, der feine Gewürztraminer. Rotweinliebhaber wählen hier einen Spätburgunder.

Restaurants mit badischer Küche: Alter Brauhof, Beiertheimer Allee 18 a; **Badisch Brauhaus,** Stephanienstr. 38–40; **Bräustüble,** Wiesbadener Str. 22 a; **Deutscher Kaiser,** Teutschneureuter Str. 30, Neureut; **Feldschlösschen,** Karlstr. 71; **Kaisergarten,** Kaiserallee 23; **Kaiserhof,** Karl-Friedrich-Str. 12; **Oberländer Weinstube,** Akademiestr. 7.

RAST AUF REISEN: Übernachten mit Stil

Hotel Kübler, Bismarckstr. 37–43,
76133 Karlsruhe, Tel. 07 21/14 40.
Queens Hotel Karlsruhe, Ettlinger Straße 23,
76137 Karlsruhe, Tel. 07 21/37 27-0.
Schlosshotel, Bahnhofplatz 2,
76137 Karlsruhe, Tel. 07 21/38 32-0.
Hotel-Restaurant Erbprinz, Rheinstr. 1,
76275 Ettlingen, Tel. 0 72 43/32 20.

Karlsruhe: *1715 legte Markgraf Karl Wilhelm auf einer Lichtung im Hardtwald, seinem Jagdrevier, den Grundstein für eine neue Residenz. Er errichtete ein Schloss, um das die Stadt »als Ausdruck des absolutistischen Herrscherprinzips« in strahlenförmiger Anordnung entstand. Sein heutiges Gesicht geht auf den Umbau von 1752–74 zurück, bei dem die Holzbauten durch solide Steinarchitektur ersetzt wurden. Nach schweren Zerstörungen im Zweiten Weltkrieg wurde das Schloss originalgetreu wieder aufgebaut. Die Räume nutzt nun das Badische Landesmuseum für die*

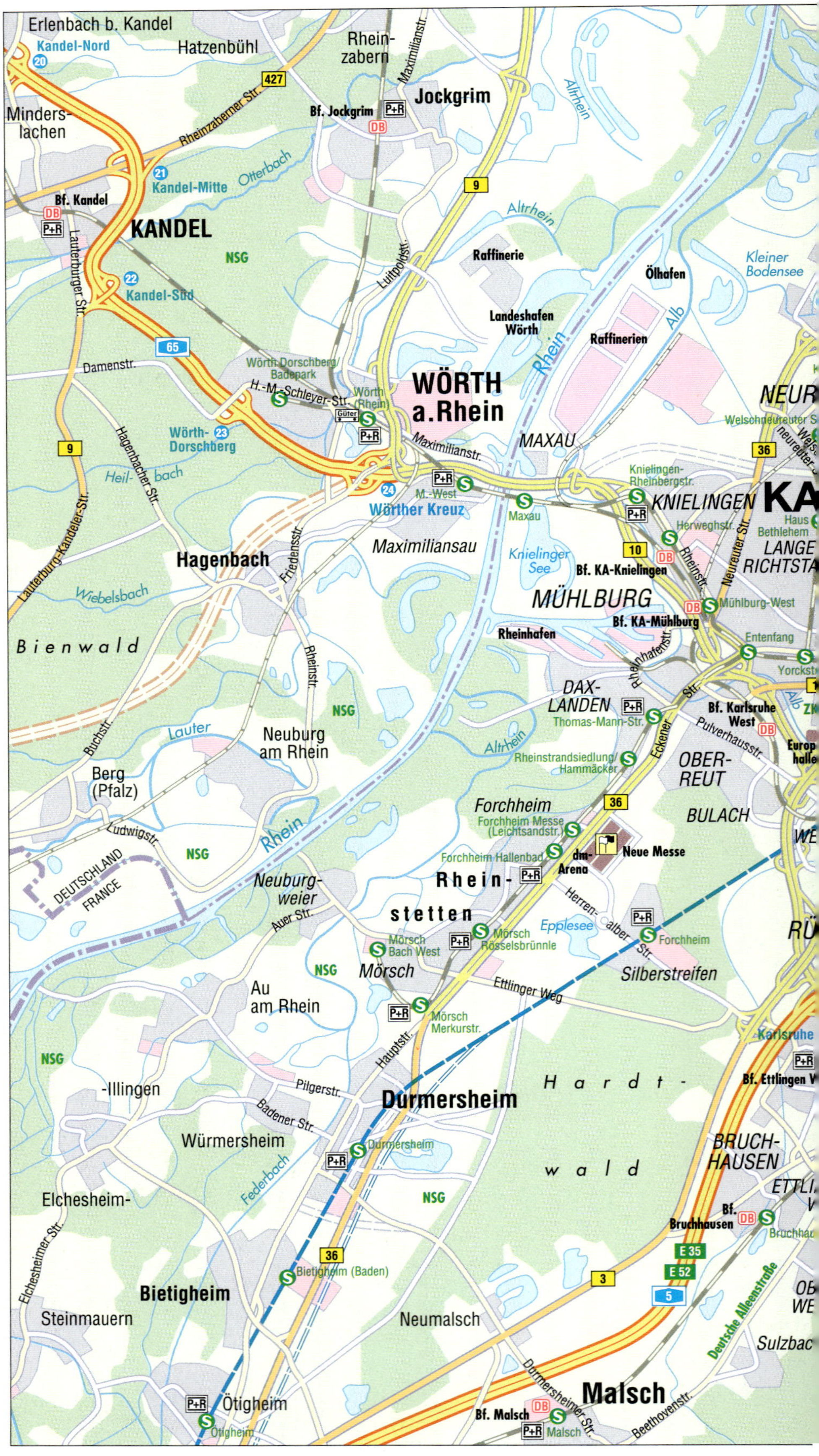

hochkaräigen Sammlungen der Altertums- und Völkerkunde. ***Sehenswert:*** *Vom Schlossplatz Richtung Süden gelangt man zum Marktplatz mit der klassizistischen Rathausfassade und der Pyramide aus rotem Sandstein, unter der der Stadtgründer begraben liegt. Die Kunsthalle (1838–46) ist eine der bedeutendsten Gemäldegalerien Süddeutschlands mit europäischen Meisterwerken des 15. bis 20. Jhs. Einen Teil der Kunsthalle bildet die Orangerie mit Werken der Moderne und zeitgenössischen Kunst. Das Zentrum für Kunst und Medientechnologie zeigt interessante Ausstellungen. Außerhalb: das markgräfliche Schloss in Ettlingen mit der von C. D. Asam ausgemalten Kapelle; im Innenhof finden alljährlich Schlossspiele statt.* ***(Von Norden/Süden A5 Abfahrt 44 Karlsruhe-Durlach, 3 km, von Osten A8 Abfahrt 46 Dreieck Karlsruhe, 5 km)***

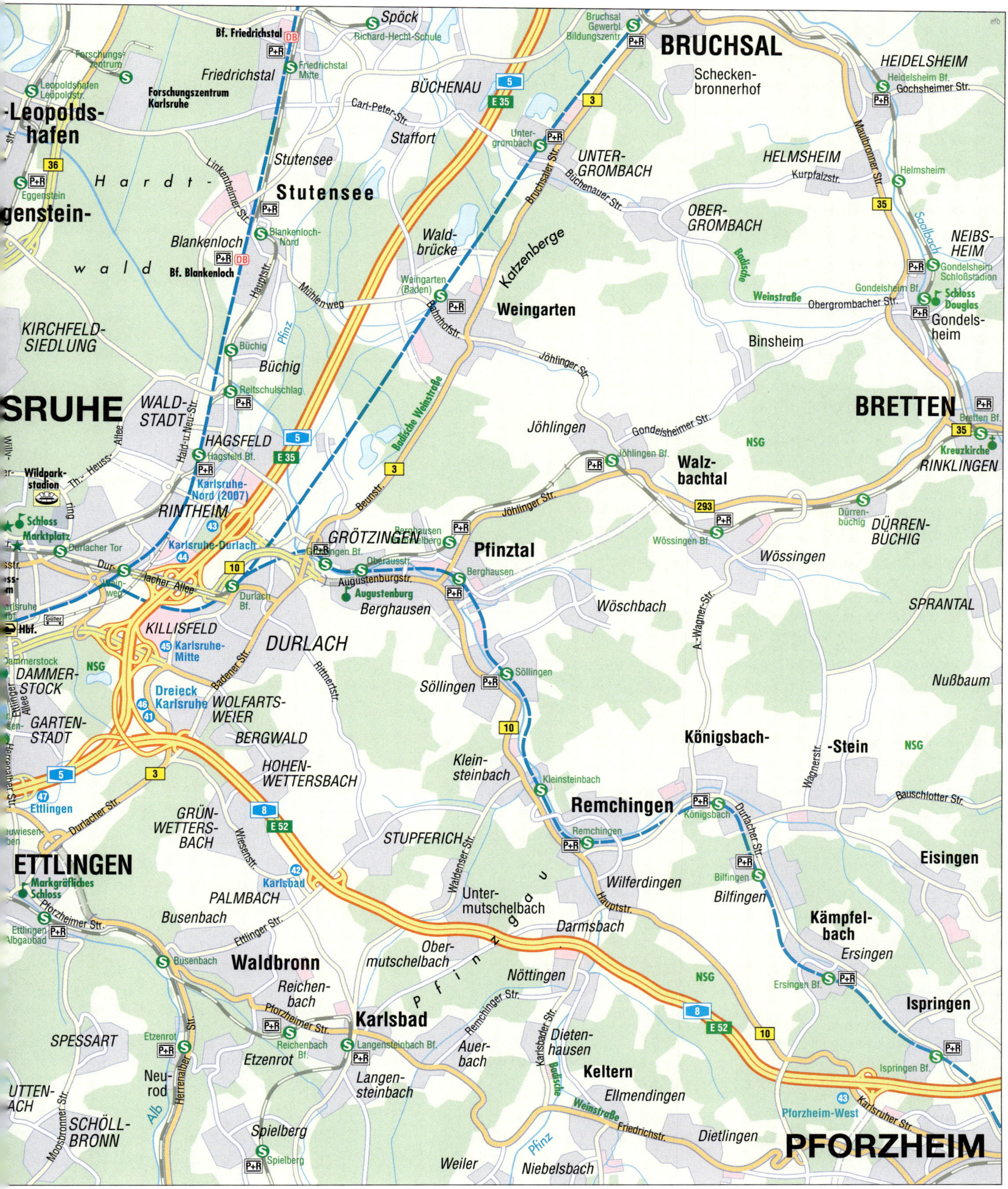

UNTERWEGS IN STUTTGART

Die Wilhelma: Tierpark und Botanischer Garten

Die Schwabenmetropole begeistert nicht nur durch die Lage inmitten eines malerischen Amphitheaters von Weinbergen, Wäldern und Gärten. Stimmungsvolle Plätze und Bauten unterschiedlichster Architekturstile sowie ein hochkarätiges Kulturangebot sind ihre Pluspunkte zusammen mit hoher Finanzkraft. Bei einem Bummel durch die Straßen und über die unzähligen Treppen, die schwäbischen »Stäffele«, hinauf und hinab, ist das besondere Flair der Stadt spürbar. Vom Bahnhof spaziert man auf der Königsstraße ohne Autolärm in Richtung Süden zum ältesten Stadtkern. Der Schlossplatz, ein riesiger Garten mit kastaniengesäumten Alleen, lädt zum Verweilen und Ausspannen ein. Zwei Straßen westlich liegt die historische Calwer Straße, deren Bild vier Jahrhunderte geprägt haben. Wenn sich hier im Sommer die Menschen vor den vielen Lokalen im Schatten der prächtigen alten Häusern vergnügen, liegt ein südländisches Lebensgefühl über der Stadt.

KULINARISCHES: Maultaschen und Eintopf

Die Stuttgarter Hausmannskost heißt **»Gaisburger Marsch«,** dessen Name Offiziersanwärter geprägt haben sollen. Jeden Mittag marschierten sie einst aus ihrer Kaserne in den Stadtteil Gaisburg, um sich dort mit einem schmackhaften und kräftigen Eintopf aus Rindfleisch, Brühe, Kartoffeln und Spätzle zu stärken. Eine feine schwäbische Spezialität sind auch die **Maultaschen:** hausgemachte Nudelteigvierecke, die mit Hackfleisch, Eiern, Spinat, Zwiebeln und Gewürzen gefüllt werden. Wer zum Essen gerne Wein trinkt, ist in Stuttgart am richtigen Platz – die Stadt gehört schließlich zu den größten Weinbaugemeinden Deutschlands, und den ausschließlich in Württemberg angebauten **Trollinger,** ein frischer leichter Rotwein, sollte man sich auf keinen Fall entgehen lassen.

Schwäbische Küche: Die Gute Stube, Pfarrstraße 25; **Café & Bar Gecko,** Marienstr. 19; **Zur Kiste,** Kanalstr. 2; **Er Cuppolone,** Heusteigstraße 45; **S'Mäxle,** Tübinger Straße 8; **Punktum,** Rotebühlplatz 28; **Wielandshöhe,** Alte Weinsteige 71; **Sautter,** Johannesstr. 28; **Fässle,** Löwenstr. 51 (Stadtteil Degerloch).

RAST AUF REISEN: Übernachten im Zentrum

Hotel Am Schlossgarten, Schillerstraße 23, 70173 Stuttgart, Tel. 07 11/2 02 60.
Steigenberger Graf Zeppelin, Arnulf-Klett-Platz 7, 70173 Stuttgart, Tel. 07 11/2 04 80.
Hotel Sautter, Johannesstraße 28, 70176 Stuttgart, Tel. 07 11/6 14 30.

__Stuttgart:__ Der Alemannenherzog Liudolf ließ im Nesenbachtal um 950 einen künstlichen Wall aufschütten, um seinen »Stutengarten« zu schützen – die Pferdezucht, die Stuttgart ihren Namen gab. Im 14. Jh. errichteten die Grafen von Württemberg an dieser Stelle ihre Residenz, 200 Jahre später erteilte Herzog Christoph von Württemberg den Auftrag, die Burg zu einem herrlichen Renaissancepalast umzugestalten. Heute beherbergt das Alte Schloss das Württembergische Landesmuseum mit seiner interessanten Kollektion von Musikinstrumenten und archäologischen

Funden bis zum Kronschatz der württembergischen Könige. ***Sehenswert:*** *Eine der bedeutendsten Kunstsammlungen Deutschlands zeigt die Staatsgalerie; die Ausstellungsräume der postmodernen Neuen Staatsgalerie (Architekt James Stirling) präsentieren Malerei und Plastik von der klassischen Moderne bis zur zeitgenössischen Avantgarde. Die spätgotische Stiftskirche beherrscht den malerischen Schillerplatz, wo Deutschlands Dichterfürst nach einem Thorwaldsen-Entwurf posiert. Seit 1956 ist der 217 m hohe Fernsehturm in Betrieb. Die Plattform des weltweit ersten TV-Turms aus Stahlbeton, inzwischen Stuttgarts Wahrzeichen, bietet einen herrlichen Blick über die Stadt und die Weinberge bis zum Schwarzwald und Odenwald. An vielen Tagen sind im Süden sogar die Alpen zu sehen.* ***(A8, Kreuz Stuttgart, über A831, 4 km.)***

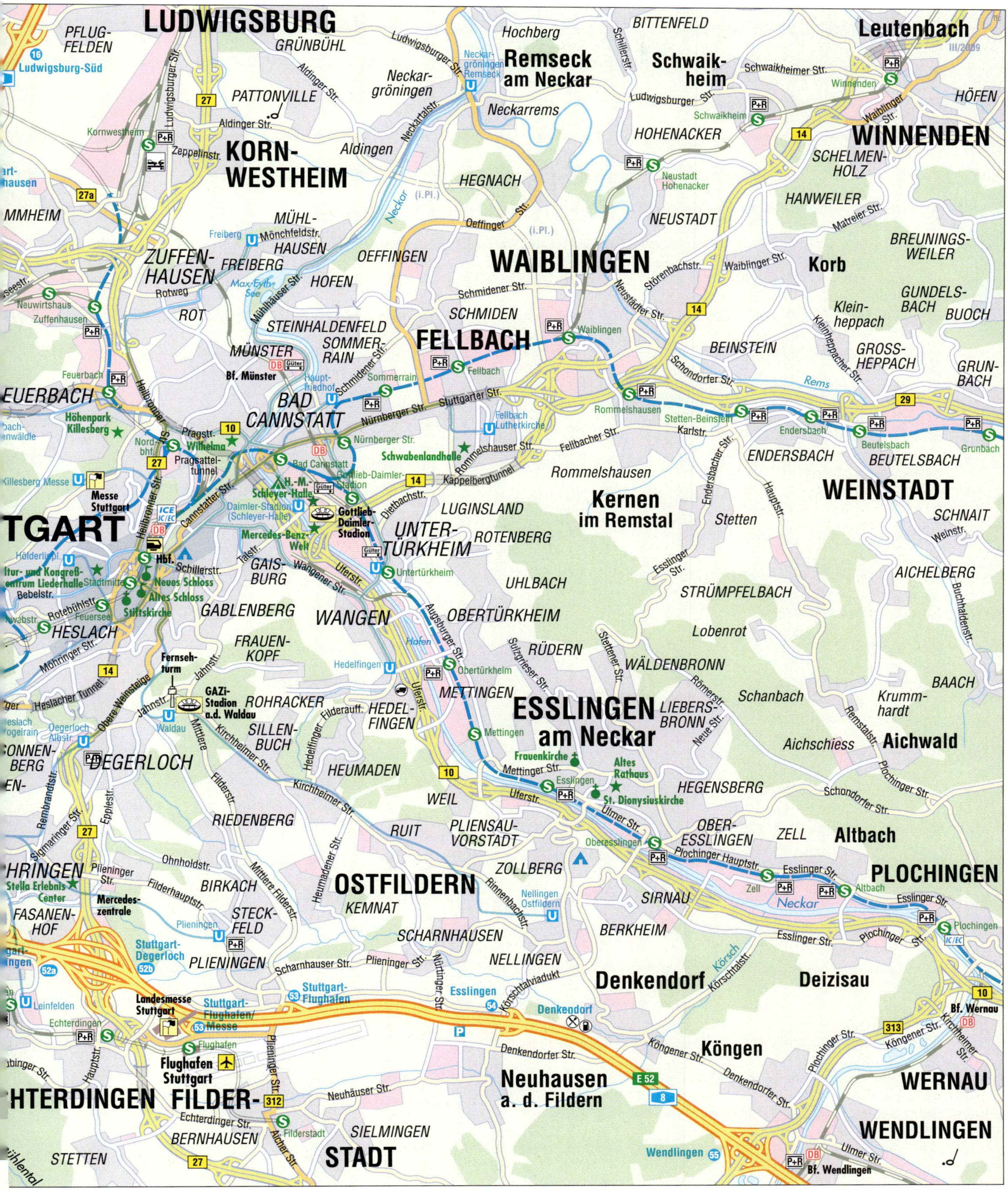

UNTERWEGS IN NÜRNBERG

Die gotische Frauenkirche am Hauptmarkt

Nürnberg, das einst eine der bedeutendsten Kaiserstädte Deutschlands war, ist heute Universitätsstadt sowie wichtiger Industrie- und Handelsplatz. Im waldreichen mittelfränkischen Becken gelegen erstreckt sich die Franken-«Metropole« über beide Ufer der Pegnitz, die die Stadt in die südliche Lorenzer Seite und die nördliche Sebalder Seite trennt. Die Altstadt lädt mit ihren schmalen Gassen und malerischen Plätzen zum Schlendern ein. Die Königsstraße, die Hauptstraße Nürnbergs, führt quer durch die Lorenzer Altstadt, vorbei an großartigen Baudenkmälern wie St. Lorenz, dem Nassauer Haus und dem Tugendbrunnen. Außerdem sind die Königsstraße und die Breite Gasse beliebte Einkaufsziele. Einen wunderschönen Blick über die Altstadt genießt man von der Burgfreiung neben der Kaiserburg auf der Sebalder Seite.

KULINARISCHES: Bratwürste und Lebkuchen

Die besondere Art ihrer Zubereitung und des Servierens hat die Nürnberger **Rostbratwurst** berühmt gemacht. Die fingerdünnen Würste schmecken am besten vom Rost über einem Buchenholzfeuer. Im Restaurant werden sie auf Zinn- oder Holztellern mit Kartoffelsalat und Senf oder auf Sauerkraut gereicht. Eine beliebte Variante sind die in Zwiebel-Essig-Sud gegarten »Blauen Zipfel«. Den Bäckern verhalf eine süße Kreation zu Weltruf: die **Nürnberger Lebkuchen,** die inzwischen schon lange vor der Weihnachtszeit gegessen werden. Für Elisenlebkuchen, die feinsten unter ihnen, sind die Rezepte für die Mischung aus geriebenen Mandeln und Haselnüssen, Eiern, Honig, Zucker und verschiedenen Gewürzen streng gehütete Geheimnisse. Wie Punsch und Glühwein gehören Lebkuchen vor allem zum Nürnberger Christkindlesmarkt.

Fränkische Küche und Bratwurstspezialisten: **Zum Bühler,** Seeleinsbühlstr. 9; **Gasthaus Rottner,** Winterstr. 15; **Heilig-Geist-Spital,** Spitalgasse 16; **Bratwurst Friedl,** Hallplatz 21; **Historische Bratwurstküche,** Zirkelschmiedgasse 26; **Essigbrätlein,** Weinmarkt 3; **Bratwurst Röslein,** Rathausplatz 6.

RAST AUF REISEN: Übernachten im Zentrum

Ringhotel Loews Merkur, Pillenreuther Straße 1, 90459 Nürnberg, Tel. 09 11/99 43 30.
Hotel Arvena Park, Görlitzer Stra-ße 51, 90473 Nürnberg, Tel. 09 11/8 92 20.
Ramada Hotel Nürnberg, Münchener Straße 25, 90478 Nürnberg, Tel. 09 11/4 74 80.
InterCityHotel Nürnberg, Eilgutstr. 8 (direkt am Bahnhof), 90443 Nürnberg, Tel. 09 11/2 47 80.
Albrecht Dürer, Bergstr. 25, 90403 Nürnberg, Tel. 09 11/20 45 92.

Nürnberg: *Die über 950 Jahre alte Stadt erlebte ihre kulturelle Blüte im 15./16. Jh., verkörpert auch durch Albrecht Dürer (Museum in seinem Geburtshaus). Als Ort der Reichsparteitage war Nürnberg während des Zweiten Weltkriegs das Ziel wiederholter Bombenangriffe, die das historische Zentrum fast vollständig zerstörten. Doch fast*

alle bedeutenden Gebäude sind wieder aufgebaut. ***Sehenswert:*** *Ein 5 km langer Mauerring (14. Jh.) mit 120 Türmen umfasst den Stadtkern. Bedeutend sind die spätgotische Pfarrkirche St. Lorenz (Sakramentshäuschen von Adam Krafft und Engelsgruß von Veit Stoß) und die Stadtkirche St. Sebald (13. Jh., Sebaldusgrab von Peter Vischer) sowie der Hauptmarkt mit dem Schönen Brunnen und der Frauenkirche im Osten. Die Füll und die Weißgerbergasse, ehemals Handwerkerquartiere, vermitteln einen lebendigen Eindruck vom alten Nürnberg, wie im Germanischen Nationalmuseum dokumentiert. Das Verkehrsmuseum zeigt Nürnberg technische Vorreiterrolle auf. Nürnbergs Wahrzeichen aber ist die staufische Kaiserburg (11.–16. Jh.; Rittersaal, Kaisersaal, »Tiefer Brunnen«).* ***(A6, A9 Kreuz Nürnberg-Ost; von Norden über A73, Nürnberg-Westring.)***

UNTERWEGS IN MÜNCHEN

Prachtvoll: Schloss Nymphenburg

Bayerns Hauptstadt schätzt die Gemütlichkeit, wenngleich Automobilbau, Technologieentwicklung, Medienwirtschaft und der 1992 eröffnete Großflughafen für kräftigen Aufwind sorgen. Noch überragt einzig der Fernsehturm (290 m) im Olympiagelände die Türme der Frauenkirche. Die Kaufhäuser reihen sich in der Fußgängerzone zwischen Karlsplatz (Stachus) und Marienplatz, teurer wirds in der Theatiner- und Maximilianstraße. Die Maxvorstadt an der Universität und Schwabing nördlich des Siegestors haben in den vielen Kneipen den einstigen Bohemetouch gegen hippe Jugendlichkeit und Schickeria getauscht, und im Englischen Garten gilt »leben und leben lassen«. Die Musik hat ihren größten Tempel im Kulturzentrum Gasteig, und dessen »Hinterland« Haidhausen bewahrte zwischen Ethnoküchen noch Platz für Bodenständiges, Kabarett und junge Musik. Ähnlich das Westend oberhalb der Theresienwiese, die zum Oktoberfest lederhosenmodisch international wird.

KULINARISCHES: Bier und Schmankerln

Das Hofbräuhaus (Platzl 9) ist der Inbegriff Münchner Brautradition. Zur Mass **Bier** (1 l) oder zum **Weißbier** gehören **Laugenbreze** und **Weißwürste** mit süßem Senf, **»Radi«** (Rettich) und **»Obazda«** (ein mit Butter, Zwiebeln und Paprika angemachter Camembert), **Schweinebraten**, **Leberkäs** und **Schweinshaxn**.

Bayerische Küche (teils mit Garten): **Weißes Bräuhaus,** Im Tal 7; **Zum Franziskaner,** Residenzstr. 9; **Altes Hackerhaus,** Sendlinger Str. 14; **Osterwaldgarten,** Keferstr. 12; **Wirtshaus in der Au,** Lilienstr. 51; **Hofbräukeller,** Innere Wiener Str. 19;

Biergärten (mitgebrachtes Essen erlaubt): am Viktualienmarkt; im Englischen Garten: am **Chinesischen Turm, Kleinhesseloher See** und **Aumeister;** außerdem: **Taxisgarten,** Taxisstr. 12; **Augustiner Keller,** Arnulfstr. 52; **Hirschgarten,** Hirschgartenallee 1 (S-Bahn Laim); **Waldwirtschaft,** G.-Kalb-Str. 3, Großhesselohe (S-Bahn); **Schlosswirtschaft** in Oberschleißheim.

RAST AUF REISEN: Primär zentral

Bayerischer Hof, Promenadeplatz 2, 80333 München, Tel. 089/21200.
Vier Jahreszeiten Kempinski, Maximilianstr. 17, 80333 München, Tel. 089/21250.
Hotel Biederstein, Keferstr. 18, 80802 München, Tel. 089/3899970.
Hotel Ibis, Ungererstr. 139, 80805 München, Tel. 089/360830.
Romantik Hotel Insel Mühle, Von-Kahr-Str. 87, 80999 München, Tel. 089/81010.
Blauer Bock, Sebastianspl. 9, 80331 München, Tel. 089/45222333. **Olympic,** Hans-Sachs-Str. 4, 80469 München, Tel. 089/231890.

München: *Aus einer 1158 gegründeten Zollstelle an einer Isarbrücke bei den »Munichen« (Mönchen) entstanden, ist der Ort keine hundert Jahre später Sitz der Herzöge von Bayern. Sie fördern die Stadt und holen Künstler aus Italien und aus Frankreich. Die Hauptstadt (1806–86) des Königreichs Bayern ist ein Zentrum der Künste und der Wissenschaft. Demokratische Neuanfänge unterdrückt der Aufstieg der Nationalsozialisten, München wird »Hauptstadt der Bewegung« – und des Widerstands der »Weißen Rose«. Zu 70 Prozent zerstört, erneuert die Stadt nach dem*

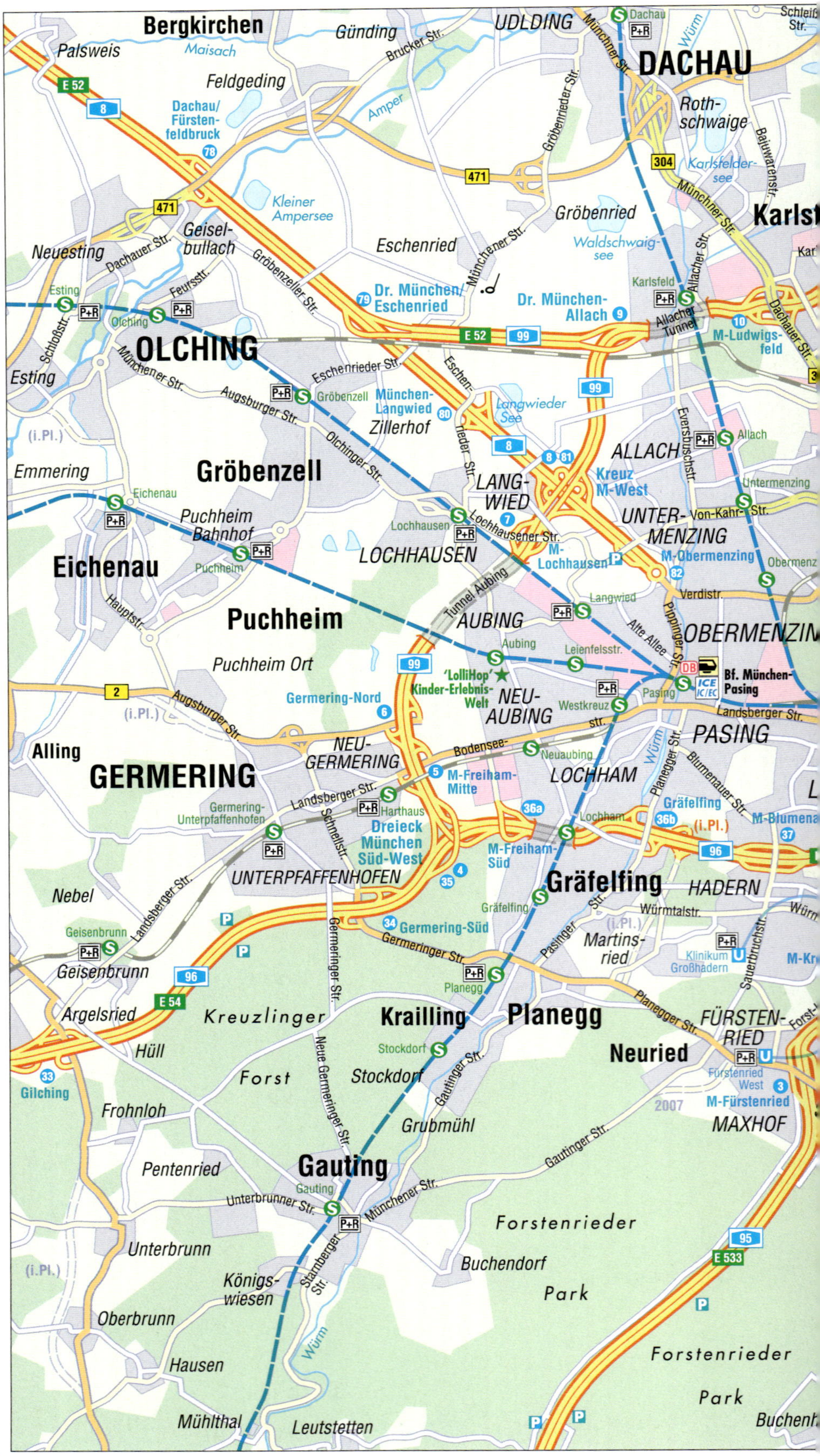

2. Weltkrieg ihr altes Bild. ***Sehenswert:*** *Der alte Kern um den Marienplatz mit Altem (15. Jh.) und Neuem Rathaus (1908; Glockenspiel 11 Uhr), St. Peter (11–14. Jh.), Asamkirche (18. Jh.), Viktualienmarkt (Denkmal für Karl Valentin, 1882–1948), Hofbräuhaus und Frauenkirche mit den Kuppeltürmen (Dom; 15. Jh.). Das Nationaltheater (Oper) neben der Residenz (16.–18. Jh., Museum) mit Hofgarten. Die Theatinerkirche an der klassizistischen Ludwigstraße zur Universität und nach Schwabing (Englischer Garten). Technik im Deutschen Museum, Kunst im Haus der Kunst, in der Alten und Neuen Pinakothek (Gemälde), der der Pinakothek der Moderne (ab Herbst 2002), Antikensammlung und im Lenbachhaus am Königsplatz. Schlösser Nymphenburg und Schleißheim (15 km nördl.); Olympiagelände (1972).* ***(Die A8, 9, 94, 95, 96 enden am Mittleren Ring oder Verdistr.)***

UNTERWEGS IN ZÜRICH

Das Großmünster in Zürich

Die Stadt der Banker und bedeutender Industrie zu beiden Seiten der Limmat am Nordende des Zürichsees weiß zu leben, pflegt ihren Altstadtcharme zwischen Rathaus und teurer Bahnhofstraße, mondänen Schick am Paradeplatz, während östlich der Lim-matquais die frechen Trends Furore machen – des Nachts in und um die Nie-derndorfstraße.

KULINARISCHES: Eglifilet
Die sahnige Züricher Komposition feiner Kalbfleischstreifen mit Champignons entzückt Feinschmeckergaumen bereits weltweit, eher bodenständig blieb dagegen der **Ratsherrentopf** aus verschiedenen Gemüse- und Fleischsorten. Kartoffelgratin und Rösti runden die Genüsse. Seefrisch liegen die zarten **Eglifilets** auf den Tellern am Limmat- und Seeufer, auch Hecht oder Äsche, begleitet von lokalen Weinen der Lagen Stäfa und Meilen. Und wann immer man gerne mit netten Leuten zusammen ist, geht man »is Kafi«, etwa in die **Konditorei Sprüngli** am Paradeplatz.
Restaurants: Zur Reblaube, Glockengasse 7; **Kropf Bierhalle,** In Gassen 16; **Kronenhalle,** Rämistr. 4; **Blaue Ente,** Seefeldstr. 223 (besser reservieren: Tel. 01/3 88 68 40).

RAST AUF REISEN: Stilvoll
Rössli, Rössligasse 7, 8001 Zürich, Tel. +41(0)44/ 2 56 70 50. **Romantik Hotel Florhof,** Florhofgasse 4, 8001 Zürich, Tel. +41(0)44 / 2 50 26 26. **Seehof,** Seehofstr. 11, 8008 Zürich, Tel. +41(0)44/ 2 54 57 57. **Seehotel Restaurant Sonne,** Seestr. 120, 8700 Küsnacht, Tel. +41(0)44 / 914 18 18.

Zürich:** 1218 reichsfreie Stadt, wird Zürich im 14. Jh. Vorbild für die Macht der Zünfte gegenüber dem Adel, bald darauf das Zentrum der Zwinglischen Reformation. Der Aufstieg zum Wirtschafts- und Bankenzentrum der Schweiz beginnt Ende des 18. Jhs. **Sehenswert:** Die winkelige Altstadt östlich der Limmat mit Neumarkt, gotischem Großmünster (12. Jh.; Turmhelme 18. Jh.) und Kunsthaus; westlich des Flusses neben dem prächtigen Hauptbahnhof das Schweizerische Landesmuseum, die idyllische Schipfe (Gasse) unterhalb des Aussichtspunktes Lindenhof, St. Peter und das Fraumünster (13. Jh.); Corbusier-Pavillon und Chinagarten am Zürichhorn. **(A1 Kreuz Limmat, 10 km)

Genf (Genève): *Seit 443 Hauptstadt des Burgunderreiches, blühte die Seestadt ab 1033 als freie Reichsstadt der deutschen Kaiser auf. Während der Reformation kamen viele Glaubensflüchtlinge in die freie »Republik« Genf. 1864 gründete hier Henri Dunant das »Rote Kreuz«, 1919 wurde Genf Sitz des Völkerbunds, 1946 der UNO.* ***Sehenswert:*** *Die Vieille-Ville, überragt von der romanisch-gotischen Cathédrale de St-Pierre. In der Maison Tavel (1303), dem Musée du Vieux Genève, lebt das Mittelalter wieder auf. Der Jardin Anglais, gegenüber die Rive droite mit noblen Häusern und Hotels; beim Park Mon Repos der Botan. Garten, das Palais des Nations (1936; UNO-Hauptquartier).* ***(A40 Abfahrt Genf, 5 km)***

UNTERWEGS IN GENF (GENÈVE)

Die Kathedrale Saint-Pierre

Wo die Rhône den Genfer See verlässt und sich mit der Arve vereint, versprüht die Kantonshauptstadt vor der Kulisse der Savoyer Hochalpen internationales Flair, als Sitz der UNO und rund 200 weiterer Weltorganisationen. Elegante Fassaden begleiten See und Flussufer, das milde Klima bringt die Menschen auf die Straßen und in die Parks. Flohmärkte haben regen Zulauf, etwa an der Plaine de Plainpalais (Mi. und Sa.), die Edelfummel locken in den »Rue Basses« zwischen Rues du Marché und Rue du Rhône.

KULINARISCHES: Edel
In Genf kocht die Welt – vor allem erlesen. Die Küche des nahen Wallis ist käsebetont, das **Fondue** köstlich. Dazu mundet ein **Fendant** vom Genfer See oder aus dem Wallis. Spezialitäten sind der **Petit Suisse** (ein Frischkäse), Käsekuchen und aus dem See Saibling, Egli und Weißfelchen oder Hecht.

Restaurants: Armures, 1, rue du Puits-St-Pierre, Tel. 022/3109172; **Café du Paris,** 26, rue du Mont-Blanc, Tél. 022/7328450; **Café du Soleil,** 6, pl. du Petit-Saconnex, Tel. 022/7333417; **Brasserie Lipp,** 8, rue de la Confédération, Tel. 022/311 1011.

RAST AUF REISEN: Schick
Chantilly Manotel, 27, rue de la Navigation, 1201 Genève, Tel. 022/5444040.
Hôtel Eden Genève, 135, rue de Lausanne, 1202 Genève, Tel. 022/7163700.
Hôtel des Tourelles, 2, Blvd. James Fazy, 1290 Versoix, Tel. 022/7324423.
Hôtel Tiffany, 1, rue des Marbriers, 1204 Genève, Tel. 022/7081616.

UNTERWEGS IN WIEN

Schönbrunn: die ehemalige kaiserliche Sommerresidenz

Obwohl man sagt, das Wiener Herz duldet keine Veränderungen, ist Österreichs 1,6-Millionen-Metropole jung, auf der Donauinsel mit ihren Stränden und Promenaden sogar hypersportiv, musikalisch freakig am Gürtel der Josefstadt oder hip am Bartresen im »Bermudadreieck« (1. Bez.). Die Jugend entdeckt nun auch die Beisln und Schanigärten, schlendert durch Spittelberg und über den »Zentral«(-Friedhof), ungeachtet der Touristen auf ihrer Suche nach den Gräbern von Beethoven, Schubert oder Johann Strauss. An Mozarts Ehrenmal trauert auf dem St.-Marxer-Friedhof ein Marmorengel, wie ein Unbekannter war das Genie in einem Massengrab beerdigt worden. Zum Shopping flaniert man im 1. Bezirk über Kärtner Straße, Graben oder Wollzeile, außerhalb des Rings über die Mariahilfer oder Favoriten Straße. Einen ersten Stadteindruck vermittelt eine Fahrt mit der Straßenbahn oder einer Pferdedroschke.

KULINARISCHES: Melange und Heuriger

»Pomali« – nur keine Eile, nicht im Kaffeehaus, nicht in den Nussdorfer, Grinzinger und sonstigen Buschenschenken am Rand des Wienerwaldes, wo zum jungen **Heurigen** deftige **Stelzen** (Grillhaxe), **Fleischlaberln** (Frikadellen) oder **Liptauer** (pikanter Frischkäse) passen. Das **Gulasch** hat seine Wurzeln in den ungarischen Kochtöpfen der k. u. k. Monarchie, während **Beuschel** (Lunge), **Tafelspitz** und **Fledermaus** (beides vom Rind) als wahre Wiener Kreationen munden. Die Kultur des Kaffees verdankt man den Türken, die der **Kaffeehäuser** und Torten dem Wiener Sinn für Genuss.

Kaffeehäuser: Demel, Kohlmarkt 14; **Sacher,** Philharmonikerstr. 4; **Bräunerhof,** Stallburggasse 2; **Hawelka,** Dorotheergasse 6; **Central,** Herrengasse 14; **Konditorei Oberlaa,** Neuer Markt 16; **Dommayer,** Auhofstr. 2, Schönbrunn.

Wiener Küche gemütlich: Plachutta, Wollzeile 38; **Figlmüller,** Grinzinger Str. 55; **Pfudl,** Bäckerstr. 22; **Zum Alten Heller,** Ungargasse 34; **Haslinger,** Agnesgasse 3, Sievering; **Wolf-Köller,** Langackergasse 11, Grinzing.

RAST AUF REISEN: Zentral oder im Grünen

Altstadt Vienna, Kirchengasse 41,
1070 Wien, Tel. +43(0)1/52 26 666.
Grinzinger Hof, Grinzinger Allee 86,
1190 Wien, Tel. +43(0)1/3 20 63 13.
Pension Museum, Museumstr. 3,
1070 Wien, Tel. +43(0)1/52 34 42 60.
Park Villa, Hasenauerstr. 12,
1190 Wien, Tel. +43(0)1/3 67 57 00.
Strandhotel Alte Donau, Wagramer Str. 51,
1220 Wien, Tel. +43(0)1/2 04 40 40.
Hilton Vienna Plaza, Schottenring 11,
1010 Wien, Tel. +43(0)1/31 39 00.

Wien: *Nicht nur einmal bedrohten die Hunnen »Weniam« an der Donau, das 1278 Residenz der Habsburger Könige wurde. Weder Türken noch Schweden eroberten Wien, dafür forderte 1679 die Pest 75 000 Opfer. Bald darauf verwandelte der Barock die Residenzstadt des kunstbegierigen Hofs von Maria Theresia (ab 1740). Die letzte Ära der Donaumonarchie (1848–1916) verkörperte Kaiser Franz Josef I., in dessen Regierung der Bau der Ringstraße nach Abriss der Stadtmauer (1857) und die Blüte des Jugendstils fällt. Infolge des Anschlusses von Österreich an das*

Deutsche Reich wurde Wien im zweiten Weltkrieg bombardiert, erst 1955 Hauptstadt einer neutralen Republik, die sich seit den 1970er-Jahren aufpeppt und nach dem Fall des »Eisernen Vorhangs« mehr denn je ihre schillernden Federn spreizt. ***Sehenswert:*** *Besonders der gotische Stephansdom (13.–16. Jh.) und gegenüber das postmoderne Haas Haus. Feudale Pracht in der Hofburg (13.–20. Jh.) mit Winterreitschule, Nationalbibliothek, Stallburg; außerdem: Kapuzinergruft (17. Jh., Habsburgergrablege), Kunsthistor. Museum (europ. Malerei), Staatsoper, Albertina (weltgrößte grafische Samml.), Gebäude der Sezession und Postsparkassenamt (beide Jugendstil), die barocke Karlskirche, Prater, Hundertwasserhaus sowie die Barock-Schlösser Belvedere und Schönbrunn (18. Jh.).* ***(A 1 Abfahrt 9 W-Schönbrunn, 10 km)***

UNTERWEGS IN SALZBURG

Blick auf Dom und Festung

Ergiebige Salzvorkommen, der strategische Vorteil einer Anhöhe und ein Fluss als Verkehrsweg begünstigten die Entwicklung der charmanten Hauptstadt des Bundeslands Salzburg. Das »weiße Gold« blieb nur im Namen erhalten, die Stadt lebt heute vom Tourismus, dessen Zugpferde Mozart, Festspiele und Festung heißen. Gebummelt wird zwischen Dom und Rudolfskai an der Salzach, wo die junge Musikszene vom Fuß des Kapuzinerbergs herüberwogt – ein Kontrapunkt zum Festspielpomp.

KULINARISCHES: Nockerl
Leckere Kaffeevariationen und **Mehlspeisen** wie feine Torten, Apfelstrudel, mit Obst gefüllte Knödel und natürlich die **Salzburger Nockerl,** ein federleichtes Soufflé, stehen obenan in der kulinarischen Rangfolge der Kaffeehäuser, herzhafte Braten von Schwein und Wild mit Knödeln und Kraut zaubert die bürgerliche Küche. Zum Naschen verführen die köstlichen **Mozartkugeln.**
Kaffeehäuser: Glockenspiel, Mozartplatz 2; **Tomaselli,** Alter Markt 9.
Gutbürgerliche Küche: Augustiner-Bräu, Augustinergasse 4; **Stieglkeller,** Festungsgasse 10 (Biergarten); **Goldener Hirsch,** Getreidegasse 37; **Schlosswirt,** Bundesstr. 10 (in Anif).

RAST AUF REISEN: Gut
Blaue Gans, Getreidegasse 41–43, Tel. +43(0) 6 62/84 2 49 10; **Brandstätter,** Münchner Bundesstr. 69, Tel. +43(0)6 62/43 45 35. **Zum Hirschen** (in Parsch), Kreuzbergpromenade 2, Tel. +43(0) 6 62/64 13 65.

Salzburg:** Der seit 800 v. Chr. betriebene Salzabbau (später bei Hallein) finanzierte die Baugelüste der Salzburger Fürstbischöfe, vor allem im Zeitalter des Barock. Eine schillernde Facette in der glanzvollen Hofhaltung war das Auftreten der Familie Mozart. **Sehenswert:** Wahrzeichen ist die Festung Hohensalzburg (11.–16. Jh.) auf dem Mönchsberg mit schönem Panorama: Fürstbischöfliche Residenz und Dom (beide 17. Jh.), Stift St. Peter (18. Jh.) und die barocke Kollegienkirche; jenseits der Salzach Schloss Mirabell. Getreidegasse Nr. 9 ist Mozarts Geburtshaus. Außerhalb: Schloss Hellbrunn (17. Jh.), Salzburger Freilichtmuseum Großgmain. **(A1 Abfahrt 292 Salzburg-Mitte, 4 km)

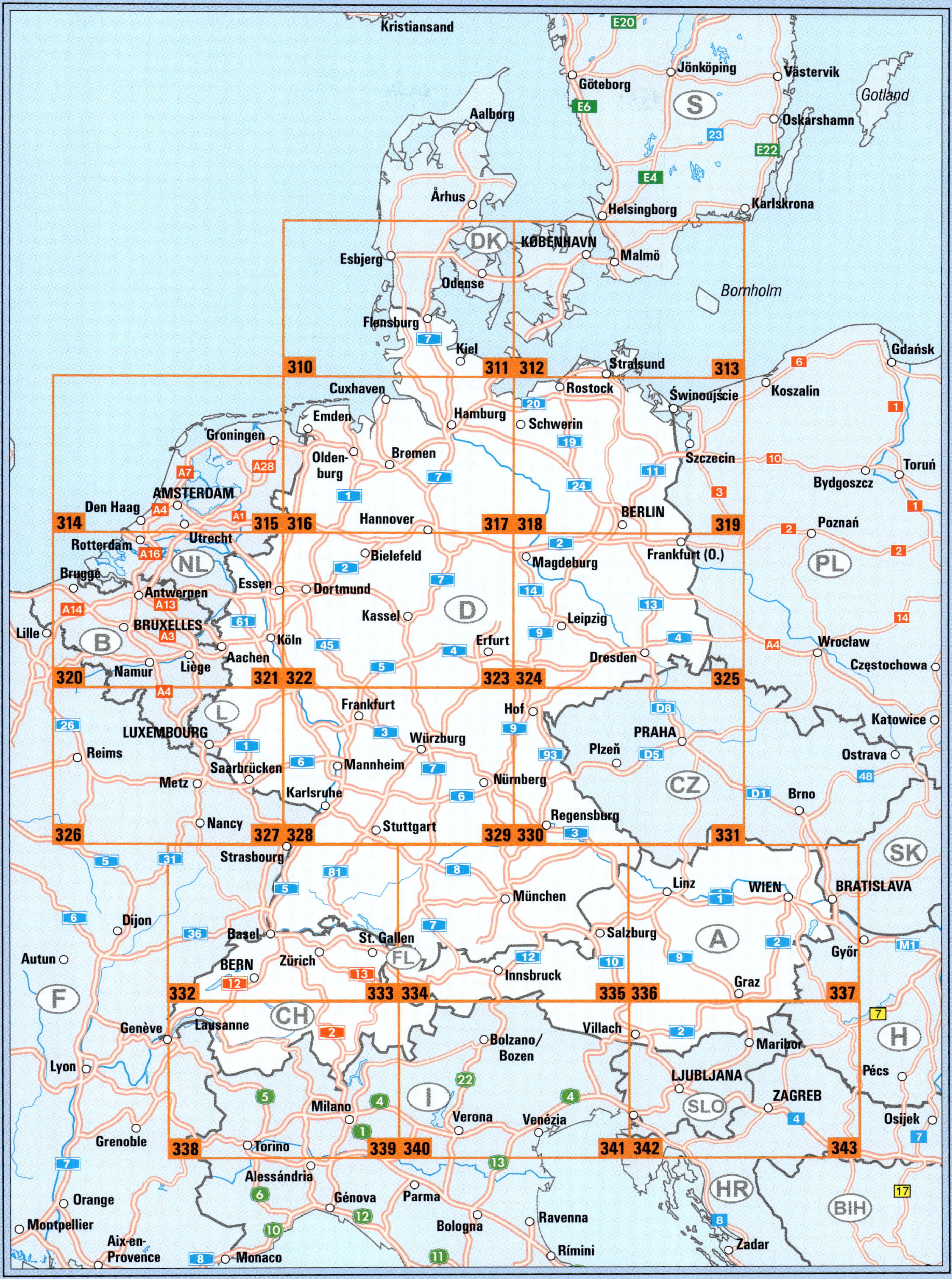
Kristiansand
Göteborg
Jönköping
Västervik
Gotland
Aalborg
S
Oskarshamn
Århus
Helsingborg
Karlskrona
DK
KØBENHAVN
Malmö
Esbjerg
Odense
Bornholm
Flensburg
Kiel
310
311
312
313
Stralsund
Gdańsk
Koszalin
Cuxhaven
Rostock
Świnoujście
Emden
Hamburg
Schwerin
Groningen
Olden-
burg
Bremen
Szczecin
Toruń
Bydgoszcz
AMSTERDAM
Den Haag
BERLIN
Hannover
314
315
316
317
318
319
Poznań
Rotterdam
Utrecht
Frankfurt (O.)
Bielefeld
Magdeburg
NL
PL
Brugge
Essen
Dortmund
Antwerpen
D
Kassel
Leipzig
BRUXELLES
Lille
B
Köln
Erfurt
Wrocław
Aachen
Dresden
Częstochowa
Namur
Liège
320
321
322
323
324
325
Frankfurt
Hof
Katowice
L
LUXEMBOURG
PRAHA
Würzburg
Reims
Saarbrücken
Mannheim
Plzeň
Ostrava
Metz
Nürnberg
CZ
Karlsruhe
Brno
Regensburg
Nancy
Stuttgart
326
327
328
329
330
331
SK
Strasbourg
Linz
WIEN
BRATISLAVA
München
Dijon
Basel
Salzburg
A
St. Gallen
Győr
Autun
FL
BERN
Zürich
Innsbruck
Graz
332
333
334
335
336
337
F
CH
Lausanne
Genève
Villach
H
Bolzano/
Bozen
Maribor
Lyon
LJUBLJANA
Pécs
I
Milano
ZAGREB
SLO
Verona
Venézia
Osijek
Grenoble
338
Torino
339
340
341
342
343
Alessándria
HR
Génova
Parma
Orange
BIH
Bologna
Ravenna
Montpellier
Aix-en-
Provence
Monaco
Rímini
Zadar

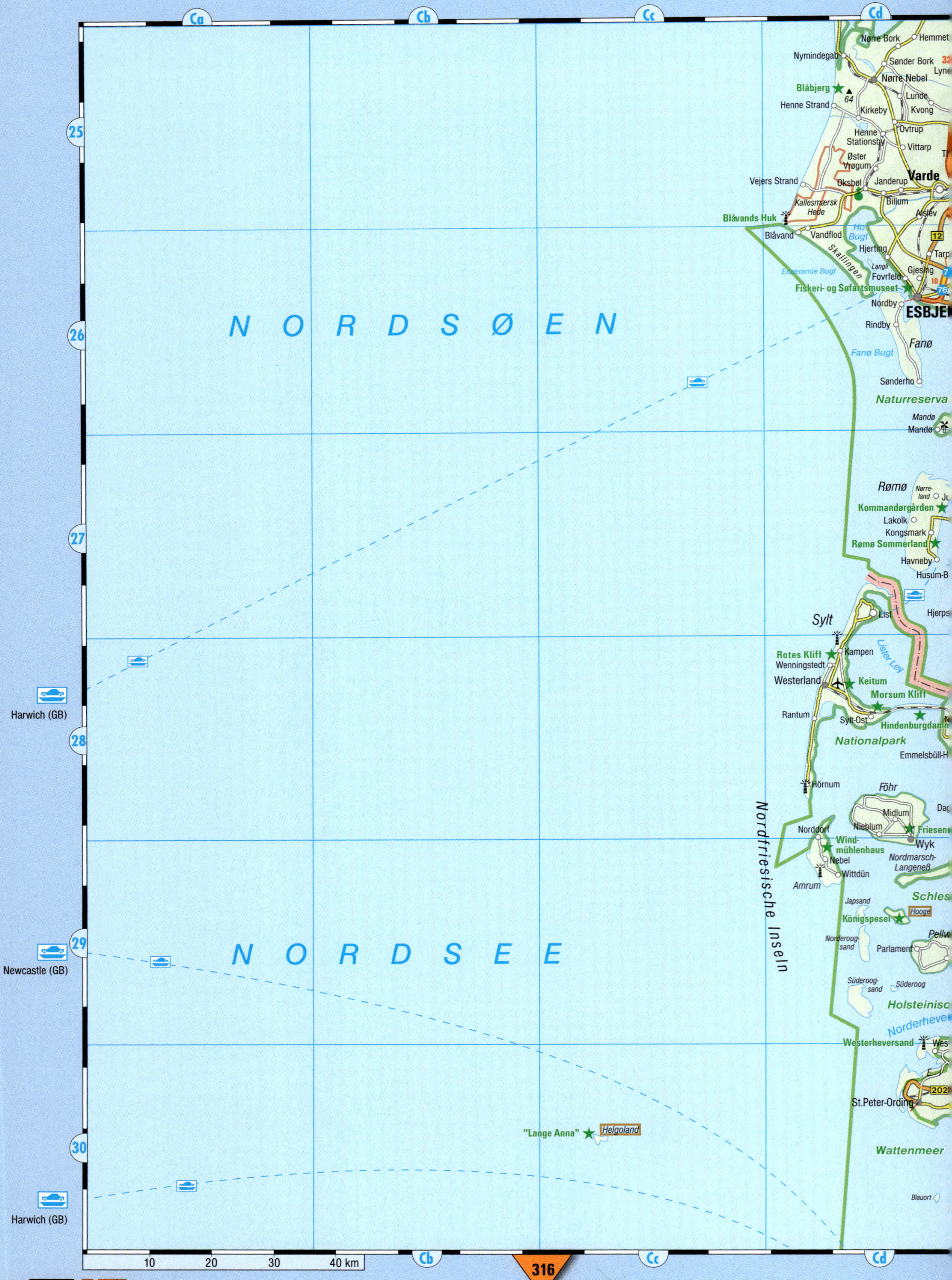
Skjern
Holstebro
Ca
Cb
Cc
Cd
25
26
27
28
29
30
NORDSØEN
NORDSEE
Harwich (GB)
Newcastle (GB)
Harwich (GB)
Nørre Bork
Hemmet
Nymindegab
Sønder Bork
Nørre Nebel
Blåbjerg
64
Henne Strand
Kirkeby
Lunde
Kvong
Henne Stationsby
Ovtrup
Vittarp
Øster Vrøgum
Vejers Strand
Oksbøl
Janderup
Varde
Kallesmærsk Hede
Billum
Blåvands Huk
Alslev
Blåvand
Vandflod
Ho Bugt
12
Skallingen
Hjerting
Tarp
Esperance Bugt
Fovrfeld
Gjesing
Fiskeri- og Søfartsmuseet
Nordby
Rindby
Fanø
Fanø Bugt
Sønderho
Naturreserva
Mandø
Rømø
Kommandørgården
Lakolk
Kongsmark
Rømø Sommerland
Havneby
Husum-B
Sylt
List
Lister Ley
Kampen
Rotes Kliff
Wenningstedt
Westerland
Keitum
Morsum Kliff
Rantum
Sylt-Ost
Hindenburgdamm
Nationalpark
Emmelsbüll-H
Hörnum
Föhr
Midlum
Nieblum
Wyk
Norddorf
Wind-mühlenhaus
Nebel
Wittdün
Amrum
Nordmarsch-Langeneß
Nordfriesische Inseln
Japsand
Hooge
Königspesel
Norderoog-sand
Parlament
Süderoog-sand
Süderoog
Holsteinisc
Westerheversand
St.Peter-Ording
202
"Lange Anna"
Helgoland
Wattenmeer
Blauort
10
20
30
40 km
316

Herning 29 km
Viborg 79 km
12

Herning 30 km
Holstebro 62 km
18

Viborg 63 km
Aalborg 136 km
13

Silkeborg 30 km
Viborg 67 km
52

Århus 38 km
Aalborg 101 km
E45

Århus

Gøteborg (S)

Kalundborg

E20
Ringsted 52 km
København 108 km

312

9
Nykøbing F
47 km

Klaipeda (LT)

Puttgarden 16 km
E47 207

5
Brunsbüttel 31 km

23
Itzehoe 17 km
Hamburg 73 km

77
Itzehoe 30 km
Hamburg 86 km

205
Neumünster 15 km
Bad Segeberg 40 km

E45 7
Hamburg 70 km

317

404
Bad Segeberg 26 km
Bad Oldesloe 54 km

76 430
Plön 1 km
Neumünster 35 km
Lübeck 51 km

E47 1
Lübeck 44 km
Hamburg 106 km

Ebeltoft, Århus

Århus
Kolby Kås

E20
Odense 40 km
Kolding 114 km

9
Tårs 2 km
Langeland/ Fyn

Kiel (D)

Oldenburg i.H. 16 km
Lübeck 72 km
Kiel 72 km
E47 207

Travemünde (D)

Rostock (D)

311

318

96a

Växjö 147 km
Hässleholm 12 km
23
Hässleholm 30 km
Helsingborg 105 km
21
Karlshamn 53 km
Karlskrona 105 km
E22
Karlshamn
Karlskrona
Klaipeda (LT)
Tallinn (EST)
Hanko (FIN)
Helsinki (FIN)
Liepaja (LV)
Klaipeda (LT)
Södertälje (S)
Świnoujście (PL)
319
KRISTIANSTAD
Tollarp
Höör
Hörby
Åhus
Sjöbo
Tomelilla
Simrishamn
Ystad
Hanöbukten
Stenshuvuds nationalpark
Kiviks marknad
Hällevik
Nogersund
Hanö
SVERIGE
DANMARK
Ertholmene
Christiansø
Hammeren
Sandvig
Allinge
Hammershus
Tejn
Helligdomsklipperne
Olsker
St. Olskirke
Gudhjem
Melsted
Hasle
Klemensker
Rø
Østerlars
Nyker
Årsballe
Østermarie
Svaneke
Rønne
Vestermarie
Almindingen
Joboland
Nylars
Arnager
Aakirkeby
Bodilsker
Nexø
Pedersker
Balka
Snogebæk
Dueodde
Bornholm (DK)
S E E
Nationalpark Jasmund
Nardevitz
Sagard
Königsstuhl
Stubbenkammer
Sassnitz
Fährhafen Sassnitz
Prora
Prorer Wiek
Binz
Jagdschloss Granitz
Sellin
Biosphärenreservat Südost-Rügen
Göhren
Mönchguter Museen
Mönchgut
Thiessow
Fa
Fb
Fc
Fd
25
26
27
28
29
30

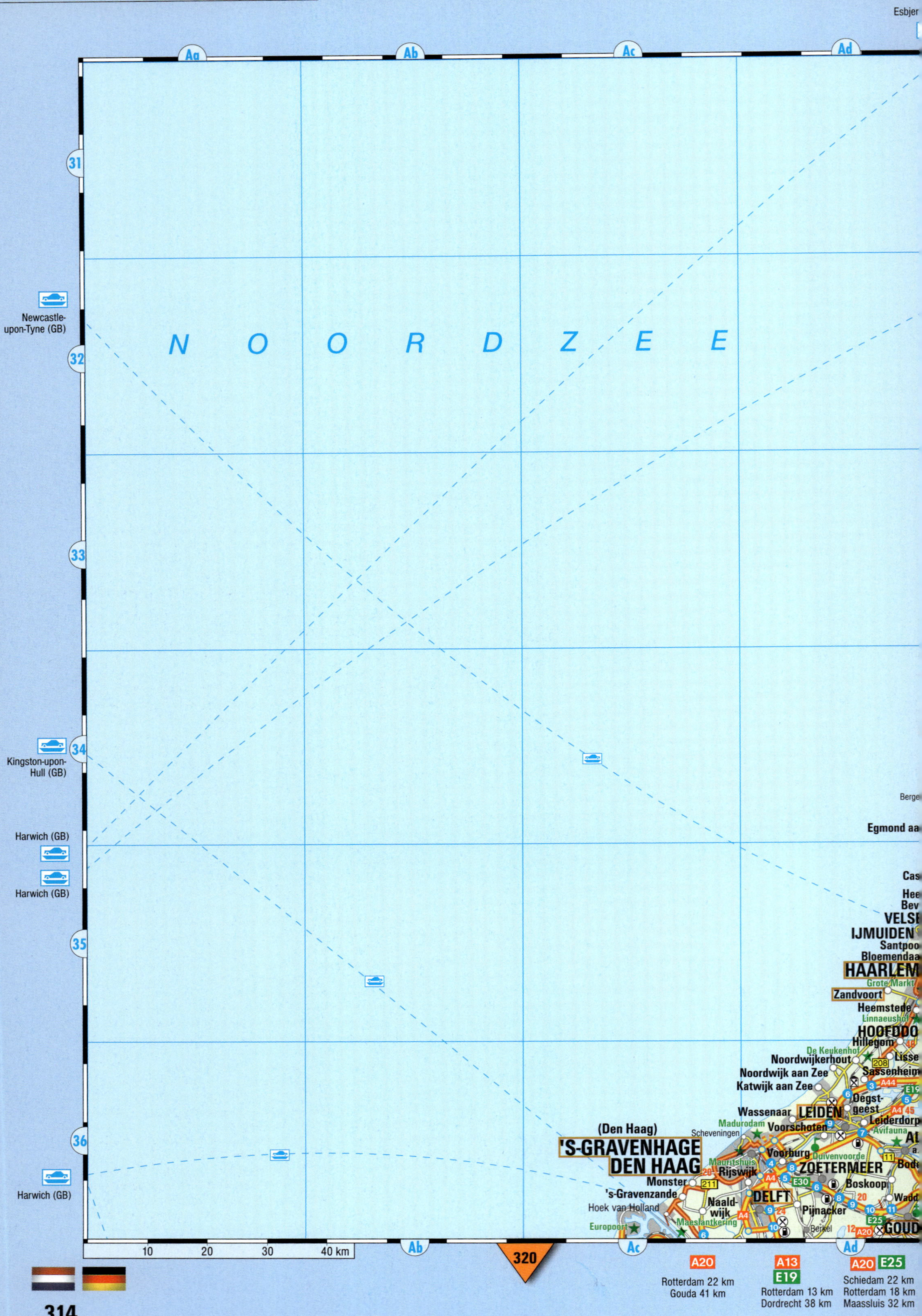

Esbjer
Aa
Ab
Ac
Ad
31
32
33
34
35
36
Newcastle-upon-Tyne (GB)
N O O R D Z E E
Kingston-upon-Hull (GB)
Harwich (GB)
Harwich (GB)
Harwich (GB)
Berge
Egmond aa
Cas
Hee
Bev
VELSE
IJMUIDEN
Santpoo
Bloemendaa
HAARLEM
Grote Markt
Zandvoort
Heemstede
Linnaeushof
HOOFDDO
Hillegom
De Keukenhof
Noordwijkerhout
Lisse
Noordwijk aan Zee
Sassenheim
Katwijk aan Zee
Oegst-geest
Wassenaar
LEIDEN
Leiderdorp
Madurodam
Voorschoten
Avifauna
Scheveningen
(Den Haag)
'S-GRAVENHAGE
DEN HAAG
Mauritshuis
Rijswijk
Voorburg
Duivenvoorde
ZOETERMEER
Monster
's-Gravenzande
Hoek van Holland
Naald-wijk
DELFT
Boskoop
Pijnacker
Maeslantkering
Europoort
Berkel
GOUD
10
20
30
40 km
320
A20
Rotterdam 22 km
Gouda 41 km
A13
E19
Rotterdam 13 km
Dordrecht 38 km
A20
E25
Schiedam 22 km
Rotterdam 18 km
Maassluis 32 km

Hamburg (D)

Delfzijl 22 km 46

Delfzijl 13 km 360

A7 E22 Hoogezand-Sappemeer 1 km Leer (D) 62 km Oldenburg (D) 120 km

316

33 Delfzijl 54 km

34 Emmen 19 km

Emmen 3 km Meppen (D) 36 km 381

34 Emmen 6 km

37 Emmen 10 km Meppen (D) 37 km

403 Nordhorn 16 km Gronau 54 km

Denekamp 9 km Nordhorn (D) 17 km 349

A1 E30 Rheine (D) 40 km Osnabrück (D) 84 km

Gronau (D) 8 km

A2 E25 ...ogenbosch 45 km Eindhoven 80 km ...aastricht 163 km

A27 Gorinchem 28 km Breda 62 km Antwerpen (B) 109 km

A12 E35 Ede 23 km Arnhem 38 km Wesel (D) 109 km

A30 Ede 6 km

321

A50 Arnhem 18 km Nijmegen 37 km Wesel (D) 97 km

345 Arnhem 21 km Nijmegen 40 km

319 Winterswijk 45 km Coesfeld (D) 82 km

18 Haaksbergen 1 km Doetinchem 46 km

Harwich (GB) Newcastle (GB)

310

Groningen 21 km
Assen 48 km
46

360
Groningen 15 km
Assen 42 km

E22 A7
Groningen 15 km
Drachten 47 km
Amsterdam 210 km

315

33
Assen 20 km
Hoogeveen 46 km

34
Assen 28 km
Groningen 40 km

Coevorden 10 km
Zwolle 60 km
34
E233 37
Hoogeveen 25 km
Meppel 45 km

Coevorden (NL) 23 km
403

342
Hengelo 10 km
Apeldoorn 71 km
E30 A1

Enschede 2 km

10 20 30 40 km

322

31 Ahaus 17 km Kr. Bottrop 84 km

54 70 Steinfurt 8 km Münster 36 km Ahaus 25 km Borken 56 km

475 Warendorf 55 km

1 E37 Münster 40 km Kamener Kreuz 81 km

30 E30 Herford 48 km Bad Oeynhausen 56 km

239 Herford 14 km Detmold 44 km

61 Herford 30 km Bielefeld 48 km

Heide 10 km
Husum 49 km
Tønder (DK) 111 km
5

Heide 16 km
Husum 55 km
23

Rendsburg 23 km
Schleswig 49 km
77

Kiel 28 km
Rendsburg 34 km
Flensburg 83 km
E45 7

311

Kiel 24 km
Eckernförde 51 km
Schleswig 73 km
21

Kiel 29 km
Eckernförde 58 km
Schleswig 80 km
76

Oldenburg i.H. 12 km
Puttgarden 47 km
1 E47

Trelleborg (S)
Helsinki (FIN)

Wismar 18 km
Rostock 70 km
105

20 E22
Wismar 24 km
Kr.Wismar 29km

208
Wismar 24 km
Rostock 78 km

104
Schwerin 13 km
Güstrow 75 km

Dr.Wittstock/Dosse 91 km
Dr.Oranienburg 169 km
24 E26

Ludwigslust 15 km
Kyritz 93 km
Berlin 190 km
5

318

Ludwigslust 29 km
Parchim 59 km
191

195
Wittenberge 42 km
Stendal 89 km

493
Wittenberge 38 km

190
Seehausen/A. 31 km
Wittenberge 43 km

71
Gardelegen 12 km
Magdeburg 71 km

188
Gardelegen 5 km
Stendal 41 km

2 E30
Herford 65 km
Hamm 152 km

3
Northeim 81 km
Göttingen 103 km

7 E45
Hildesheim 24 km
Göttingen 109 km

323

2 E30
Braunschweig 25 km
Magdeburg 106 km

4
Braunschweig 18 km

39
Braunschweig 28 km
Kr. Wolfsburg/
Königslutter 7 km

244
Helmstedt 19 km
Wernigerode 72 km

Gedser (DK), Tallinn (EST)
Helsinki (FIN), Trelleborg (S)
Ribnitz-Damgarten 8 km
Stralsund 53 km
312
105
Stralsund 12 km
Bergen 40 km
194
Stralsund 10 km
Sassnitz 60 km
96
E251
Lübeck 36 km
105
E22 20
Schönberg 16 km
Lübeck 36 km
208
Gadebusch 7 km
Ratzeburg 32 km
104
Lübeck 60 km
Gadebusch 7 km
Hamburg 86 km
E26 24
Boizenburg 33 km
Hamburg 96 km
5
317
Boizenburg 50 km
Zarrentin 74 km
195
191
Dannenberg 11 km
Uelzen 52 km
Lüchow 10 km
Uelzen 52 km
493
Salzwedel 8 km
Uelzen 49 km
190
71
Salzwedel 18 km
Uelzen 59 km
188
Wolfsburg 43 km
Hannover 130 km
71
Magdeburg 35 km
Bernburg 79 km
189
Magdeburg 30 km
1 107
Magdeburg 55 km
Coswig 75 km
324
102
Belzig 24 km
Jüterbog 67 km
10 E55
Dr.Werder 12 km
Magdeburg 109 km
Schkeuditzer Kreuz 140 km
273 2
Potsdam 3 km
Lutherstadt
Wittenberg 72 km
1
Potsdam
10 km
115
Dr.Nuthetal
16 km
Warnemünde
Bad Doberan
ROSTOCK
WISMAR
Grevesmühlen
Bützow
Güstrow
Teterow
Grimmen
Demmin
SCHWERIN
Parchim
Ludwigslust
Neubrandenburg
Waren
Neustrelitz
Mecklenburgische Seenplatte
Wittstock/Dosse
Pritzwalk
Perleberg
Wittenberge
Kyritz
Neuruppin
Zehdenick
Oranienburg
Stendal
Gardelegen
Rathenow
Premnitz
Nauen
Falkensee
BRANDENBURG
10 20 30 40 km

Malmö (S), Ystad (S)
København (DK), Rønne (DK)
313

11 Koszalin 34 km, Piła 161 km, 163

6 E28 Koszalin 45 km, Słupsk 117 km, Gdańsk 251 km

152 Świdwin 9 km, Połczyn-Zdrój 33 km

151 Świdwin 13 km, Połczyn-Zdrój 37 km

20 Drawsko Pomorskie 12 km, Szczecinek 81 km

10 Piła 94 km, Bydgoszcz 180 km, Toruń 226 km

Wałcz 70 km, Tczew 268 km, 22

24 Międzychód 22 km, Poznań 94 km

10 E55 Kr.Schönefeld 26 km, Frankfurt (Oder) 70 km

…-Schönefeld 4 km, …en 30 km

5 Frankfurt (Oder) 20 km, Guben 75 km, Poznań 204 km

167 112 Frankfurt (Oder) 10 km, Guben 65 km

325

31 Słubice 14 km, Krosno Odrzańskie 56 km

137 Słubice 22 km, Frankfurt (Oder) 24 km

3 E65 Zielona Góra 65 km, Legnica 163 km

Hull (GB)

Naaldwijk 5 km
E25 A20

's-Gravenhage 15 km
Amsterdam 60 km
A13 E19

Gouda 8 km
Utrecht 44 km
A20 E25

314

Dover (GB)

34
De Panne 33 km
Dunkerque (F) 53 km

E40 A18
Veurne 28 km
Dunkerque (F) 49 km

35
Diksmuide 4 km
Veurne 23 km

A19
Ieper 12 km
Veurne 39 km

58
Armentières 20 km

Dunkerque 17 km
E42 A25

E17 A1
Lens 23 km
Senlis 156 km

Douai 15 km
Lens 35 km
N43

Arras 32 km
Lens 50 km
939

E19 A2
Amiens 45 km
Paris 173 km

326

N43 934
Hirson 34 km
Charleville-Mézières 86 km

N2
Laon 72 km
Soissons 107 km

5 E420
Charleville-Mézières (F) 56 km

96
Givet (F) 4 km
Charleville-Mézières (F) 74 km

A4 E411
Neufchâteau 62 km
Luxembourg 121 km

Utrecht 10 km
Amsterdam 42 km
A2 E25

Utrecht 8 km
Hilversum 19 km
Amsterdam 50 km
A27

Utrecht 28 km
's-Gravenhage 80 km
A12 E35

Apeldoorn 13 km
Zwolle 51 km
Heerenveen 116 km
A50

Zutphen 4 km
Deventer 18 km
Apeldoorn 26 km
348 314 319

Enschede 12 km
Gronau (D) 21 km
18

315

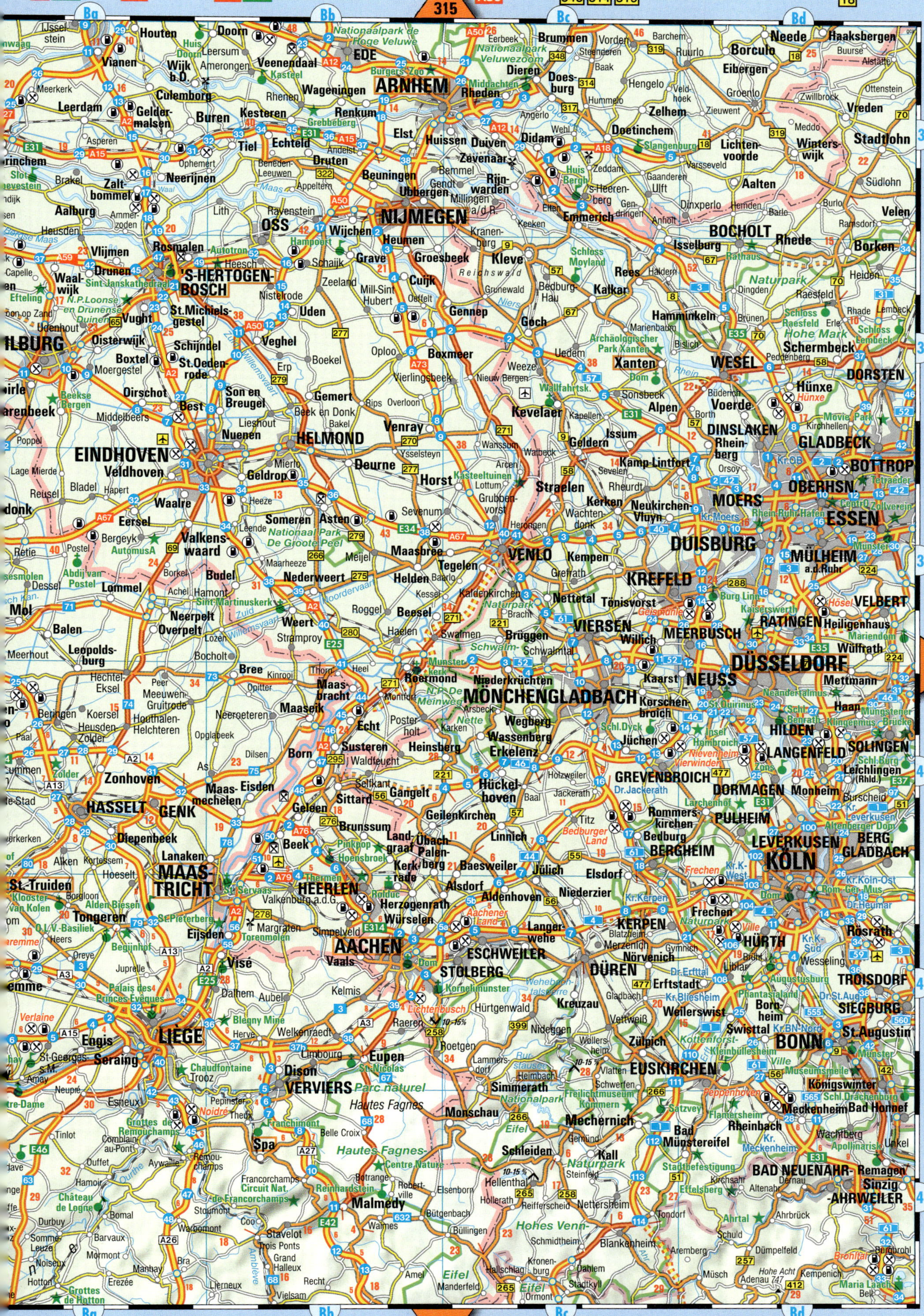

70
Ahaus 2 km
Rheine 45 km
Lingen (E.) 77 km

Coesfeld 14 km
525

31
Ahaus 30 km
Gronau 47 km

67
Dülmen 20 km

Haltern 13 km
Ahlen 66 km
58

Kr.Marl-Nord 10 km
Münster 59 km
52

Kr. Recklinghsn. 9 km
Dortmund 48 km
2 E34

42
Herne 12 km
Dortmund 37 km

40
Bochum 12 km
Dortmund 29 km

Wuppertal 1 km
46

322

7
Wuppertal 1 km
Hattingen 30 km

1 E37
Hagen 44 km
Kamener Kreuz 76 km
Münster 121 km

506
Wipperfürth 26 km
Lüdenscheid 62 km

4
Gummersbach 35 km
Kr.Olpe-Süd 47 km

3 E35
Limburg 88 km
Wiesbadener Kreuz 136 km

Neuwied 30 km
Koblenz 45 km
42

9
Andernach 15 km
Koblenz 33 km

Koblenz 25 km
Bingen 84 km
61 E31

63 E46
Reims 42 km
82 km
Luxembourg 107 km

A26 E25
Bastogne 34 km
Luxembourg 101 km

A27 E42
St.Vith 2 km
Prüm (D) 27 km
Bitburg (D) 54 km

327

265
Prüm 15 km
Bitburg 46 km

51
Prüm 19 km
Bitburg 48 km

257
Cochem 44 km

Gronau 3 km
Enschede (NL) 17 km 474

Gronau 8 km
Nordhorn 32 km 31

Gronau 12 km
Enschede (NL) 26 km 54

Rheine 8 km 481

Ibbenbüren 10 km
Bramsche 42 km 219

Osnabrück 20 km
Bremen 145 km 1 E37

316

Osnabrück 8 km
Rheine 54 km
Hengelo (NL) 95 km 30 E30

Lübbecke 7 km
Diepholz 55 km 239

Sulingen 60 km 61

Borken 33 km
Wesel 67 km 70

Südlohn 14 km
Winterswijk (NL) 25 km 525

31
Dorsten 30 km
Kr.Bottrop 38 km

Wesel 33 km
Geldern 62 km 58

Gelsenkirchen 15 km 52

Oberhausen 18 km
Kr.Kamp-Lintfort 37 km
E34 2

42
Oberhausen 20 km

40
Essen 5 km
Duisburg 28 km
Venlo (NL) 66 km

321

46
Kr.Düsseldorf-Süd 22 km
Mönchengladbach 75 km

E37 1
Leverkusen 17 km
Köln 35 km

E40 4
Köln 27 km
Aachen 88 km

E35 3
Köln 29 km
Düsseldorf 68 km

Bad Honnef 12 km
Kr.Bonn-Ost 22 km 42

9
Remagen 11 km
Bonn 33 km

Kr.Meckenheim 34 km
Kreuz Kerpen 79 km
E31 61

E31 61
Koblenz 22 km
Alzey 108 km

48 E44
Koblenz 9 km
Trier 139 km

E35 3
Limburg 11 km
Frankfurt a. M. 74 km
Würzburg 196 km

54
Limburg 7 km
Wiesbaden 68 km

328

E451 5
Bad Nauheim 16 km
Frankfurt a.M. 47 km

45
E41
Hanau 55 km
Aschaffenburg 85 km

457
Hungen 2 km
Büdingen 37 km

276
Wächtersbach 51 km
Lohr a.M. 94 km

Friedberg 5
Wiesbaden 12

hagen 1 km
over 43 km
65

Hannover 37 km
Dr.Hannover-Nord 43 km
2 E30

Hannover 6 km
Celle 44 km
3

Kr. Hannover-Ost 8 km
Hamburg 158 km
7 E45

Hannover 40 km
Bad Oeynhausen 109 km
2 E30

317

Gifhorn 17 km
Uelzen 73 km
4

Wolfsburg 11 km
39

Wolfsburg 17 km
Gifhorn 40 km
244

Magdeburg 28 km
Brandenburg 110 km
1

2 E30
Magdeburg 27 km
Dr.Werder 107 km

246a
Schönebeck 38 km
Burg 77 km

81
Magdeburg 36 km
Stendal 102 km

Aschersleben 6 km
Halle (S.) 59 km
6

185
Aschersleben 7 km
Dessau 69 km

Mansfeld 12 km
Lutherstadt Eisleben 25 km
242

Lutherstadt Eisleben 15 km
Halle (S.) 47 km
80

324

38
Lutherstadt Eisleben 26 km

176
Naumburg 36 km
Weißenfels 176 km

Jena 15 km
Gera 57 km
Altenburg 90 km
7

4 E40
Jena 20 km
Gera 49 km

Jena 32 km
Naumburg 66 km
88

Neustadt 23 km
Gera 60 km
281

27
Bad Brückenau 30 km
Würzburg 104 km

7 E45
Würzburg 114 km
Kr.Ulm/Elchingen 276 km

278
Bad Neustadt 37 km

285
Mellrichstadt 18 km

19
Mellrichstadt 12 km
Bad Neustadt 25 km

329

7
Meiningen-Süd 4 km

247
Schleusingen 8 km

4
Schleusingen 10 km
Coburg 49 km

281
Eisfeld 38 km

85
Kronach 56 km
Kulmbach 75 km

Gardelegen 20 km
Salzwedel 62 km
71

Stendal 23 km
Wittenberge 69 km
189

Brandenburg 26 km
Berlin 99 km
1 107

318

Brandenburg 2 km
Rathenow 34 km
102

Dr.Havelland 34 km
Rostock 220 km
10

Berlin 30 km
2

Berlin 20 km
Kostrzyn (PL) 110 km
1

Helmstedt 24 km
Braunschweig 60 km
1
E30 2

Helmstedt 21 km
Braunschweig 58 km

246a
Helmstedt 35 km

Halberstadt 23 km
Blankenburg 39 km
81

Quedlinburg 15 km
Wernigerode 43 km
6

185
Harzgerode 22 km

Harzgerode 18 km
Braunlage 63 km
242

Sangerhausen 7 km
Straußfurt 56 km
86

80 323
Sangerhausen
7 km
38

Sangerhausen 7 km
Nordhausen 41 km

Sömmerda 21 km
Bad Langensalza
57 km
176

Bad Berka 17 km
Ilmenau 56 km
87

Weimar 8 km
Erfurt 28 km
7
E40 4

Weimar 17 km
Erfurt 33 km
Eisenach 86 km

Rudolstadt 8 km
Ilmenau 48 km
88

281
Saalfeld 7 km
Eisfeld 55 km

10 20 30 40 km

E51 E49 9 2
Hof 42 km
Bayreuth 86 km

94
Schleiz 3 km

Schleiz 1 km
Hof 44 km

92
Plauen 21 km
Cheb (CZ) 78 km

72 E441
Plauen 26 km
Hof 57 km

330

93
Schneeberg 6 km
Aue 12 km

95
Annaberg-Buchholz 7 km
Oberwiesenthal 31 km km

101
Annaberg-Buchholz 7 km
Schwarzenberg 30 km

174
Chomutov (CZ) 31 km

Berlin 17 km
Oranienburg 56 km
96a

Dr.Schwanebeck 28 km
Szczecin (PL) 154 km
10 E55

Müncheberg 11 km
Berlin 63 km
5

Seelow 14 km
Eberswalde 72 km
167

319

Międzyrzecz 21 km
Gorzów Wielkopolski 68 km
3 E65

2 E30
Pniewy 53 km
Poznań 103 km

32
Wolsztyn 40 km
Poznań 111 km

3 E65
Nowa Sól 9 km
Legnica 81 km

297
Nowa Sól 10 km

12
Głogów 35 km
Leszno 78 km
Kalisz 206 km

Legnica 39 km
Wrocław 111 km
A18 E36

4 E40
Legnica 38 km
Wrocław 110 km

Jelenia Góra 7 km
30

3 E65
Jelenia Góra 5 km
Legnica 68 km

27
...nov 10 km
...tec 47 km

13
Most 27 km
Chomutov 44 km

30
Lovosice 20 km
Kladno 80 km

9
Mělník 47 km
Praha 76 km

331

268
Mnichovo Hradiště 22 km
Mladá Boleslav 34 km
Praha 90 km

35
Jičín 33 km
Hradec Králové 85 km

10
Mladá Boleslav 38 km
Praha 83 km

14
Vrchlabí 12 km

Cambrai 14 km N44 | Cambrai 32 km N43 | Valenciennes 28 km 934 | Maubeuge 18 km Mons (B) 38 km N2 | 320 | Charleroi 28 km Bruxelles/Brussel 78 km 5 E420 | Namur 28 km Bruxelles/Brussel 89 km 96 | Namur 36 km Bruxelles/Brussel 97 km A4 E411

Cambrai 39 km
Calais 175 km
E17 A26

Chauny 5 km
Soissons 38 km
1

Soissons 2 km
Paris 95 km
N2

E46 N31
Soissons 2 km
Compiègne 40 km

E50 A4
Paris 94 km
N3
Château-Thierry 5 km

407
Meaux 48 km
Paris 93 km

Paris 98 km
N4

Nogent-s.-S. 15 km
Fontainebleau 79 km
951

Nogent-s.-S. 8 km
Paris 111 km
N19

442
Nogent-s.-S. 10 km
Paris 113 km

E54 A5
Fontainebleau 85 km
Paris 142 km

A26 E17
Chaumont 88 km
Dijon 177 km

396
Bar-s.-Aube 16 km
Chaumont 58 km

60
Joinville 28 km

N67
Chaumont 36 km
Langres 71 km

nur 47 km
ruxelles/
sel 108 km

Liège 52 km
Maastricht (NL) 83 km
A26 E25

Liège 80 km
Aachen (D) 85 km
A27 E42

321

Monschau 48 km
Aachen 83 km
265

Blankenheim 17 km
Euskirchen 49 km
51 E29

Blankenheim 19 km
258

Bad Neuenahr 33 km
257

→ 61 1 km
262

48 E44
Kreuz Koblenz 14 km
Dr.Dernbach 40 km

49
Koblenz 35 km

Boppard 45 km
Koblenz 55 km
327

50 E42
Rheinböllen 27 km
Bacharach42 km

41
Bad Kreuznach 41 km
Mainz 78 km

420
Lauterecken 19 km
Bad Kreuznach 63 km

328
Kr.Landstuhl 7 km
Pirmasens
62 38 km

6 E50
Kr.Landstuhl 6 km
Kaiserslautern 25 km
Mannheim 83 km

8
Pirmasens 6 km
Landau 51 km

N62
Haguenau 30 km

Strasbourg 29 km
Offenburg (D) 54 km
A4 E25

421
Haguenau 13 km
Wissembourg 45 km

Strasbourg 13 km
Offenburg (D) 38 km
N4

N74
Neufchâteau 13 km
Chaumont 69 km

A31 Langres 80 km
E21 Dijon 155 km

E23 N57
Epinal 32 km
Mulhouse 136 km

332

59
Baccarat 13 km
St.Dié 37 km

ufchâteau 12 km
ngres 81 km

Bad Neuenahr 35 km
Kr. Bliesheim 67 km
61 E31

Dr. Dernbach
20 km
48

Montabaur 10 km
49

Dr. Dernbach
15 km
3 E35

Wetzlar 37 km
Siegen 64 km
54 E44

322

Weilburg 11 km
456

Wetzlar 23 km
Siegen 81 km
Gambacher Kreuz 1 km
E451 5 45 E41

Dr. Reiskirchen 16 km
Bad Hersfeld 90 km

Lauterbach
30 km
455

Kirchhain
56 km
276

Mayen 5 km
258

E44 48
Dr. Vulkaneifel 38 km
Wittlich 65 km

Cochem 15 km
Wittlich 66 km
49

Zell (Mosel) 17 km
Daun 69 km
421
327
Hermeskeil 58 km

E42 50
Bernkastel-Kues 33 km
Wittlich 49 km

Idar-Oberstein 10 km
St. Wendel 49 km
41

Kusel 5 km
St. Wendel 36 km
420

327
Dr. Nonnweiler 46 km
Trier 87 km
62

E50 6
Homburg (S.) 18 km
Saarbrücken 42 km

8
Zweibrücken 15 km
Saarbrücken 50 km

N62
Bitche 15 km
Sarreguemines 48 km

Phalsbourg 24 km
Metz 129 km
E25 A4
421
Saverne 18 km
Sarrebourg 46 km

36
Strasbourg 20 km
Lahr 48 km

5 E35 E52
Offenburg 22 km
Freiburg 76 km

500
Freudenstadt 36 km

462
Freudenstadt 28 km

294
Freudenstadt 28 km
Hausach 58 km

333
Nagold 18 km
Horb 34 km

463 296
Herrenberg 10 km

81 E41
Herrenberg 12 km
Rottweil 67 km

27
Tübingen 30 km
Balingen 69 km

8 E52
Kr. Ulm/ Elchingen
Augsburg 156 km

Fulda 5 km
Bad Hersfeld 45 km

Dr.Hattenbach 38 km
Kr.Kassel 97 km

27 | 7 E45

Tann (Rhön) 12 km
278

Eisenach 70 km
285

Meiningen 9 km
Dr.Suhl 17 km
71

Suhl 3 km
Gotha 51 km
247

Ilmenau 23 km
Erfurt 66 km
4

Saalfeld 9 km
Gera 62 km
281

Saalfeld 16 km
Rudolstadt 25 km
85

323

Hof 38 km
Plauen 66 km
173

Bad Berneck 25 km
Marktredwitz 64 km
303

Münchberg 28 km
Rehau 51 km
289

Dr. Bayreuth/Kulmbach 39 km
Hof 83 km
70 E48

85
Bayreuth 13 km

22
Bayreuth 7 km
Weiden 66 km

Pegnitz 5 km
Bayreuth 34 km
2

9 E51
Dr. Bayr./Kulmb. 39 km
Hof 83 km

330

14
Sulzbach-Rosenberg 17 km
Waidhaus 85 km

6
Amberg 26 km

3 E56
Regensburg 64 km
Deggendorf 134 km

8
Regensburg 56 km
Straubing 99 km

Landshut 71 km
299

Regensburg 59 km
16a

334

Heidenheim 6 km
Günzburg 42 km
19 | 7 E43

Heidenheim 8 km
Ulm 46 km

466
Heidenheim 14 km
Geislingen a.d.St. 44 km

25 | 2
Donauwörth 2 km
Augsburg 40 km

9 E45
Dr.Holledau 23 km
München 80 km

9 E49 E51 Hermsdorfer Kreuz 37 km — 92 Greiz 11 km Gera 43 km — 173 Greiz 14 km — 72 E441 Chemnitz 56 km Dresden 133 km — 324 — 93 Zwickau 16 km — 169 Chemnitz 31 km — 95 Chemnitz 28 km — 101 Freiberg 31 km Meißen 94 km — 174 Marienberg 8 km Chemnitz 37 km

173 Kronach 13 km Lichtenfels 36 km

303 Kronach 17 km

289 Kulmbach 2 km Lichtenfels 33 km

70 Bamberg 49 km Schweinfurt 104 km

9 Kr.Nürnberg 38 km Nürnberg 54 km

329

14 Nürnberg 34 km

6 Kr.Altdorf 19 km Kr.Feuchtwangen/ Crailsheim 96 km

E56 3 Kr.Altdorf 17 km Kr.Nürnberg 25 km Nürnberg 35 km

8 Neumarkt i.d.Opf. 13 km Nürnberg 45 km

299 Beilngries 13 km

16 Ingolstadt 30 km Donauwörth 81 km — 93 Dr.Holledau 40 km München 94 km — 15 Landshut 33 km — 335 — 20 Landau 19 km Eggenfelden 58 km — 8 Plattling 12 km Vilshofen 52 km — 3 E56 Kr.Deggendorf 1 km Passau 48 km — 85 Passau 32 km

Dubí 15 km
Dresden 73 km
27

Teplice 1 km
Dresden (D) 62 km
8 E55

Ústí nad Labem
2 km
D8 30

Děčín 20 km
260

Česká Lípa 5 km
Nový Bor 16 km
9

325

Česká Lípa 14 km
268

Liberec 16 km
35

Jelenia Góra (PL) 75 km
10

16
Trutnov 28 km

35
Hradec Králové
22 km

11
Hradec Králové
16 km

2
Hradec Králové
31 km

38 34
Havlíčkův Brod
1 km
Jihlava 25 km
Žď'ár nad
Sázavou
31 km

D1 E50 E65
Brno 82 km
Bratislava 207 km

38
Znojmo 57 km

23
Třebíč 24 km
Brno 76 km

...ng 7 km
... 42 km

39
Frymburk 32 km
Linz (A) 88 km

39
Český
Krumlov 2 km

3 E55
Freistadt (A) 42 km
Linz (A) 94 km

336

150 E49
Schrems (A) 10 km
Wien (A) 134 km

5
Waidhofen a.d.Thaya 10 km
Wien 122 km

ÉPINAL
St-Dié-des Vosges
Sélestat
COLMAR
MULHOUSE
BELFORT
Montbéliard
BASEL
Vesoul
Luxeuil-les-Bains
BESANÇON
Porrentruy
Delémont
Solothurn
Grenchen
BIEL BIENNE
La Chaux-de-Fonds
Neuchâtel
Pontarlier
YVERDON
FRIBOURG
BERN
Lac de Neuchâtel
Franche-Comté
Chaumont 52 km
Châtillon-sur-Seine 110 km
Langres 62 km
Dijon 158 km
Langres 45 km
Dijon 128 km
Chalon-s.-Saône 192 km
Montigny-le-Roi 15 km
Langres 37 km
Montigny-le-Roi 21 km
Chaumont 55 km
Langres 39 km
Chaumont 74 km
Gray 27 km
Dole 65 km
Dijon 76 km
Gray 20 km
Dijon 69 km
Dole 33 km
Dijon 80 km
Beaune 88 km
Dole 33 km
Chalon-s.-Saône 99 km
Salins-les-Bains 25 km
Lons-le-Saunier 65 km
Salins-les-Bains 8 km
Dole 55 km
Dijon 88 km
Champagnole 6 km
Lons-le-Saunier 41 km
Chalon-s.-Saône 105 km
Commercy 39 km
Nancy 46 km
Toul 28 km
Nancy 53 km
Metz 112 km
Nancy 24 km
Nancy 22 km
Metz 86 km
Lunéville 10 km
Lunéville 12 km
Nancy 42 km
Lausanne 31 km
Lausanne 27 km
Lausanne 26 km
Lausanne 32 km
Lausanne 63 km
Martigny 90 km
Thun 2 km
Interlaken 25 km

Haguenau 31 km St. Avold 124 km E25 A4 · Rastatt 39 km 36 · Rastatt 33 km Karlsruhe 56 km E52 E35 5 · Baden-Baden 18 km 500 · Gernsbach 18 km 462 · Pforzheim 38 km 294 · 328 · Calw 10 km Pforzheim 37 km 463 296 · Kr. Stuttgart 11 km Kr. Weinsberg 70 km 81 E41 · Stuttgart 9 km Heilbronn 58 km 27 · Kr. Stuttgart 20 km Karlsruhe 80 km 8 E52

49 · 8 E52 · Kr. Ulm/Elchingen 44 km · Augsburg 110 km · München 170 km

28 · Blaubeuren 20 km · Ulm 38 km

Ehingen 11 km · Biberach 34 km · 465

311 · Ehingen 8 km · Ulm 33 km · 50

312 · Biberach 15 km · Memmingen 49 km

51 · Bad Waldsee 9 km · Biberach 33 km · Ulm 69 km · 30

334

32 · Wangen 15 km · Isny 34 km · Kempten 62 km

52 · Bregenz (A) 8 km · Dornbirn (A) 20 km · Immenstadt 57 km · 31

Bregenz 6 km · Lindau 14 km · Memmingen 69 km · 14 E60

53

Bludenz 7 km · St. Anton 48 km · Innsbruck 154 km · 14 E60 · 190 · Bludenz 7 km · Gaschurn 31 km

54

Klosters 7 km · Davos 20 km · 28

4 · Brienz 21 km · Meiringen 17 km

Airolo 43 km · Bellinzona 98 km · 2 · E35

2 · Andermatt 32 km · Airolo 59 km · 339

13 E43 · Chur 6 km, Splügen 54 km, Bellinzona 118 km

Schwäbisch Gmünd 23 km 297

Aalen 26 km
Kr. Feuchtwangen/
Crailsheim 63 km

Aalen 17 km
Schwäbisch Hall 76 km 19 7 E43

329

Weißenburg 34 km
Nürnberg 88 km 2

Ingolstadt 1 km 13

Ingolstadt 3...
Kr. Nürnberg-Ost 79...
9 E...

10
Esslingen 26 km
Stuttgart 38 km

E52 8
Kr.Stuttgart 42 km
Dr.Karlsruhe 103 km

28
Bad Urach 19 km
Reutlingen 36 km
Tübingen 48 km

Bad Urach 28 km
Metzingen 40 km
465

311
Riedlingen 20 km
Sigmaringen 52 km
Tuttlingen 81 km

312
Riedlingen 11 km
Reutlingen 73 km

Ravensburg 11 km
Friedrichshafen 31 km
30

333

32
Ravensburg 11 km
Bad Saulgau 28 km
Sigmaringen 56 km

31
Lindau 3 km
Friedrichshafen 21 km
Stockach 69 km

E60 14
Feldkirch 27 km
Bludenz 47 km

Feldkirch 14 km
Dornbirn 35 km
Bregenz 44 km
E60 14
190

27 180

Zernez (CH) 43 km
St.Moritz (CH) 75 km

Merano/Meran (I) 91 km
Bolzano/Bozen (I) 120 km

340

E45 22
Bolzano/Bozen (I) 84 km
Trento (I) 135 km

Regensburg 42 km 16 · Regensburg 34 km 93 · Regensburg 31 km 15 · Straubing 15 km 20 · 330 · Regensburg 72 km E56 3 · Deggendorf 3 km 92 E53 · Regen 25 km Cham 75 km 85

12 Philippsreut 14 km Vimperk (CZ) 38 km

49 Wegscheid 15 km Rohrbach in Oberösterreich 35 km Freistadt 85 km 388

130 Engelhartszell 12 km Eferding 46 km Linz 72 km

Eferding 41 km Linz 67 km 129

50 Grieskirchen 29 km Wels 44 km 137

Kn. Wels 30 km Kn. Linz 61 km 8 E56

141 Grieskirchen 18 km Wels 33 km

Vöcklabruck 9 km Gmunden 23 km 51 143

1 Wels 38 km Linz 60 km

1 E55 E60 Kn.Voralpenkreuz 39 km Linz 74 km Wien 228 km 336

52 → 145 1 km Bad Aussee 28 km Gmunden 34 km

166 Hallstätter See 3 km Bad Ischl 17 km

53

320 Schladming 6 km Liezen 50 km Admont 68 km

Tamsweg 20 km Judenburg 107 km 54 99

St.Michael 2 km Tamsweg 14 km 96

Spittal a.d.D. 30 km Villach 69 km 10 E55

108 Lienz 28 km · 341 · 107 Lienz 33 km

Vimperk 42 km Strakonice 63 km 39
České Budějovice 16 km 39
České Budějovice 14 km 3 E55
331
České Budějovice 21 km 156
České Budějovice 55 km 24 E49
Jindřichuv Hradec (CZ) 35 km 5

Passau 16 km → 3 24 km Vilshofen 47 km 388
130
Passau 16 km → 3 24 km Vilshofen 47 km
Schärding 14 km Neuhaus a.Inn 16 km 129
Schärding 17 km Neuhaus a.Inn 19 km 137
Passau 55 km Kr. Deggendorf 105 km E56 8
141
Ried im Innkr. 14 km Braunau a.Inn 48 km
Ried im Innkr. 27 km Schärding 69 km 143
Straßwalchen 26 km Salzburg 53 km 1
E60 E55 1
Salzburg 64 km München 187 km 335
158
Salzburg 55 km
166
Abtenau 28 km Golling an der Salzach 47 km
320
Radstadt 14 km → 10 21 km
Radstädter Tauern 12 km Radstadt 35 km 99
96
→ 10 2 km Spittal a.d.D. 43 km

10 20 30 40 km

Klagenfurt 58 km Ljubljana (SLO) 135 km 93
Klagenfurt 66 km 92
342
Wolfsberg 31 km 78
Wolfsberg 44 km 70
Maribor (SLO) 60 km 9
Klagenfurt 150 2
95 Feldkirchen 51 km Klagenfurt 74 km

Znojmo (CZ) 3 km
Brno (CZ) 65 km
38 E59

Brno (CZ) 53 km
Olomouc (CZ) 128 km
E461
52

Brno (CZ) 53 km
Praha (CZ) 251 km
D2 E65

Hodonín (CZ) 7 km
Brno (CZ) 63 km
51

Trnava 3 km
Sered' 17 km
Nitra 46 km
51

D61 E75
Piešt'any 44 km
Trenčín 83 km

62 E571
Sered' 20 km
Nitra 49 km

Dunajská Streda 7 km
Komárno 61 km
63 E575

Győr 6 km
Komárom 45 km
1

M1 E60 E75
Győr 6 km
Budapest 111 km

83
→ M1 18 km
Győr 24 km

83
Veszprém 44 km
Balaton 56 km

8 E66
Veszprém 36 km
Székesfehérvar 83 km
Budapest 147 km

68
Feldbach 15 km
Neumarkt a.d.R. 33 km

65 E66
Heiligenkreuz 13 km
Körmend (H) 40 km
Veszprém (H) 151 km

57 Heiligenkreuz (A) 6 km

343

8 86
E66 E65
Körmend 3 km
Graz (A) 97 km
Körmend 3 km
Varaždin (HR) 87 km

74 Zalaegerszeg 24 km
Nagykanizsa 74 km

Keszthely 37 km
Nagykanizsa 96 km
84

Pontarlier (F) 42 km
Besançon (F) 102 km
9
Yverdon 12 km
Neuchâtel 49 km
E23 1
Yverdon 10 km
Neuchâtel 47 km
5
Bern 69 km
1
332
Fribourg 16 km
Bern 46 km
E27 12
Bern 26 km
6

N5
Champagnole 34 km
Dôle 82 km
Dijon 121 km

984
Bourg-en-Bresse 114 km
Annecy 71 km

A40
Bourg-en-Bresse 94 km
Lyon 110 km

Bourg-en-Bresse 129 km
Mâcon 166 km
N508
A41
Chambéry 45 km
Grenoble 100 km

N90
A43
Chambéry 22 km
Grenoble 53 km

Grenoble 73 km
N91

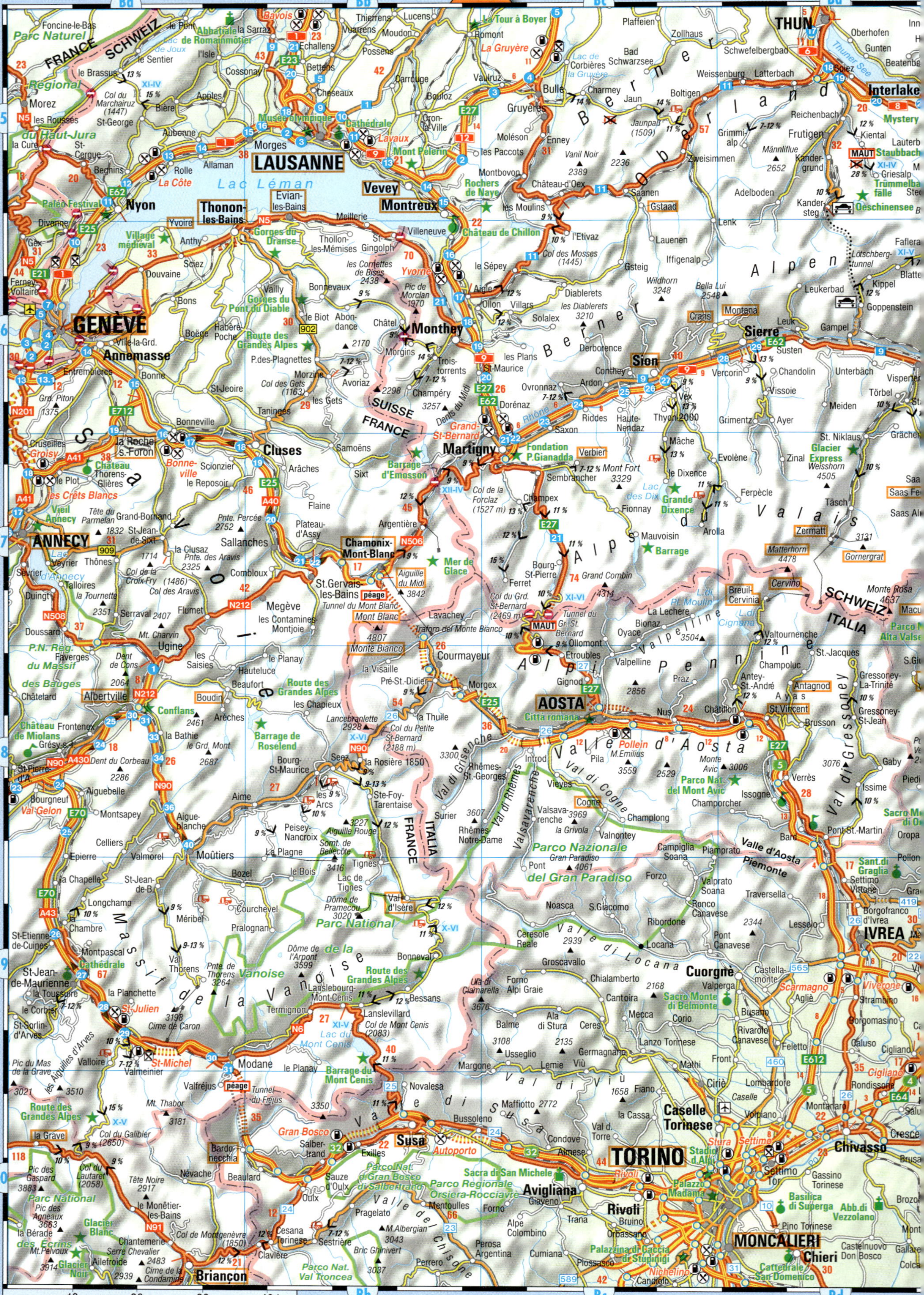

589
Pinerolo 6 km
Saluzzo 37 km
6 393
Mondovì 63 km
Savona 126 km
21
Asti 29 km
Alessandria 66 km
Piacenza 161 km
10 Asti 29 km

Luzern 45 km 4

Altdorf 6 km
Schwyz 26 km
Luzern 45 km
2 2

333

Sargans 23 km
Bregenz (A) 85 km
13 E43

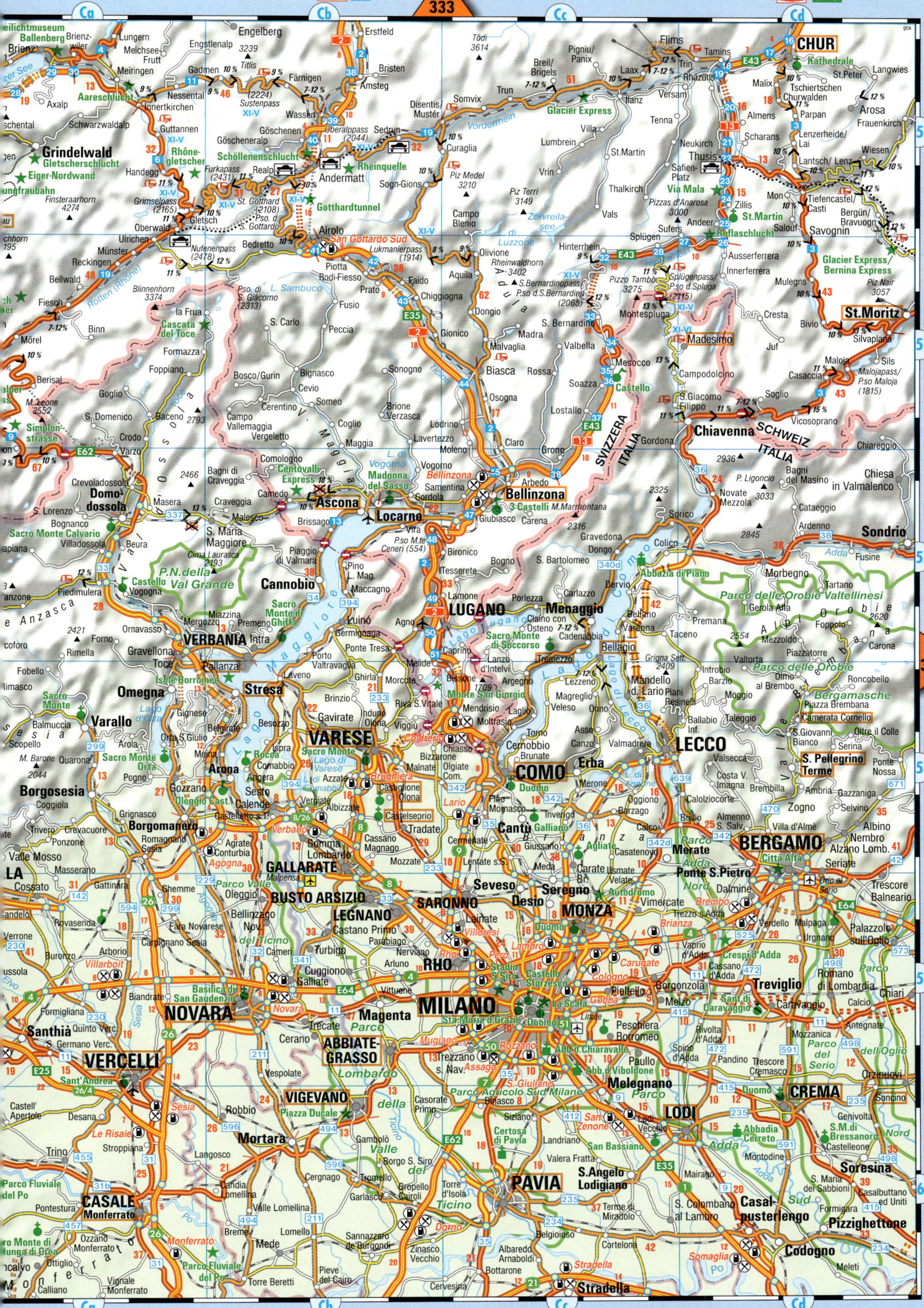

Susch 35 km
Landeck (A) 104 km
27

340

Bormio 67 km
Passo dello Stelvio 88 km
38

671
Clusone 4 km
Lovere 22 km

42
Lovere 17 km
Breno 44 km

Brescia 27 km
Verona 94 km
4 E64

573
Brescia 26 km

11
Brescia 26 km

668
Castiglione d.Stiviere 47 km

498
Cremona 16 km
415
Cremona 10 km
234
Cremona 10 km

457
15 km
45 km

26 Alessandria 14 km
Voltri 75 km
Genova 91 km

31 494 Alessandria 17 km
Novi Ligure 41 km
Alessandria 14 km
Novi Ligure 38 km

211 7 E62
Tortona 15 km
Genova 89 km
Tortona 21 km
Novi Ligure 41 km

35 21
Tortona 33 km
Alessandria 54 km
Voghera 14 km
Tortona 31 km

21
Piacenza 21 km
Cremona 53 km

E35 1
Piacenza 13 km
Parma 66 km
Modena 112 km

Landquart 42 km 28

Landeck (A) 35 km
Innsbruck (A) 102 km 27 180

334

Brennerpaß 8 km
Innsbruck (A) 58 km 12 22 E45

St. Moritz (CH) 1 km
Chiavenna (I) 50 km 27

Sondrio 1 km
Lecco 81 km 38

339

42 Bergamo 20 km
Milano 67 km

Bergamo 22 km
Milano 69 km E64 4

573 Bergamo 22 km

11 Milano 62 km

Crema 22 km
Milano 66 km 668

Soncino 15 km
Bergamo 69 km 498

415 Crema 35 km
Milano 79 km

10 Piacenza 33 km

10 20 30 40 km

343 Parma 41 km
Pontremoli 121 km

420 Parma 50 km
Pontremoli 130 km

E45 22 Modena 57 km
Bologna 104 km

482 Ferrara 90 km

12 Modena 66 km
Ferrara 72 km

434 Rovigo 49 km

499 Rovigo 42 km

16 Rovigo 11 km
Ferrara 44 km

Felbertauerntunnel 16 km
Kitzbühel 57 km
108

335

Großglockner Hochalpenstraße 8 km
Zell am See 56 km
107

Katschbergtunnel 5 km
Salzburg 109 km
E55
99 10

Villach 19 km
Klagenfurt 56 km
Udine (I) 150 km
100
10
E55 E66
Villach 18 km
Klagenfurt 55 km
Udine (I) 149 km

23 E55
Villach 21 km
Klagenfurt 53 km
54
Jesenice (SLO) 25 km
Ljubljana (SLO) 106 km

102
Tolmin (SLO) 10 km
Idrija (SLO) 54 km
Tolmin (SLO) 10 km

342

H4
Postojna 56 km
Ljubljana 103 km

Trieste 18 km
Rijeka (HR) 95 km
Pula (HR)139 km
4 E70

14
Trieste 14 km

Trieste

Trieste 28 km
111

Pula 63 km
21

...a 45 km
...na 87 km

309
Comacchio 61 km
Ravenna 94 km

Bari, Dubrovnik (HR)
Kérkira (GR)

Kérkira (GR)
Pátra (GR)

Predlitz 10 km 95

Scheifling 24 km Judenburg 46 km 317

Scheifling 25 km Judenburg 47 km 92

336

Judenburg 26 km 78

Köflach 3 km 70

Köflach 9 km 70

Graz 3 km Linz 230 km 9 E57

Spittal a.d.D. 14 km 100

E55 10 Spittal a.d.D. 14 km Knoten Spittal 20 km

Tolmezzo 72 km Udine 101 km E55 23

54 Pontebba 42 km Tolmezzo 82 km

Tarvisio (I) 71 km 102

341

444 H4 Gorizia 6 km Udine 43 km

Udine 56 km Venezia 150 km Padova 154 km E70 4

Kerkyra (GR) Igoumenitsa (GR)

E751 111 Izola 2 km Piran 14 km Pula 107 km

E751 21 Izola 27 km Trieste 60 km

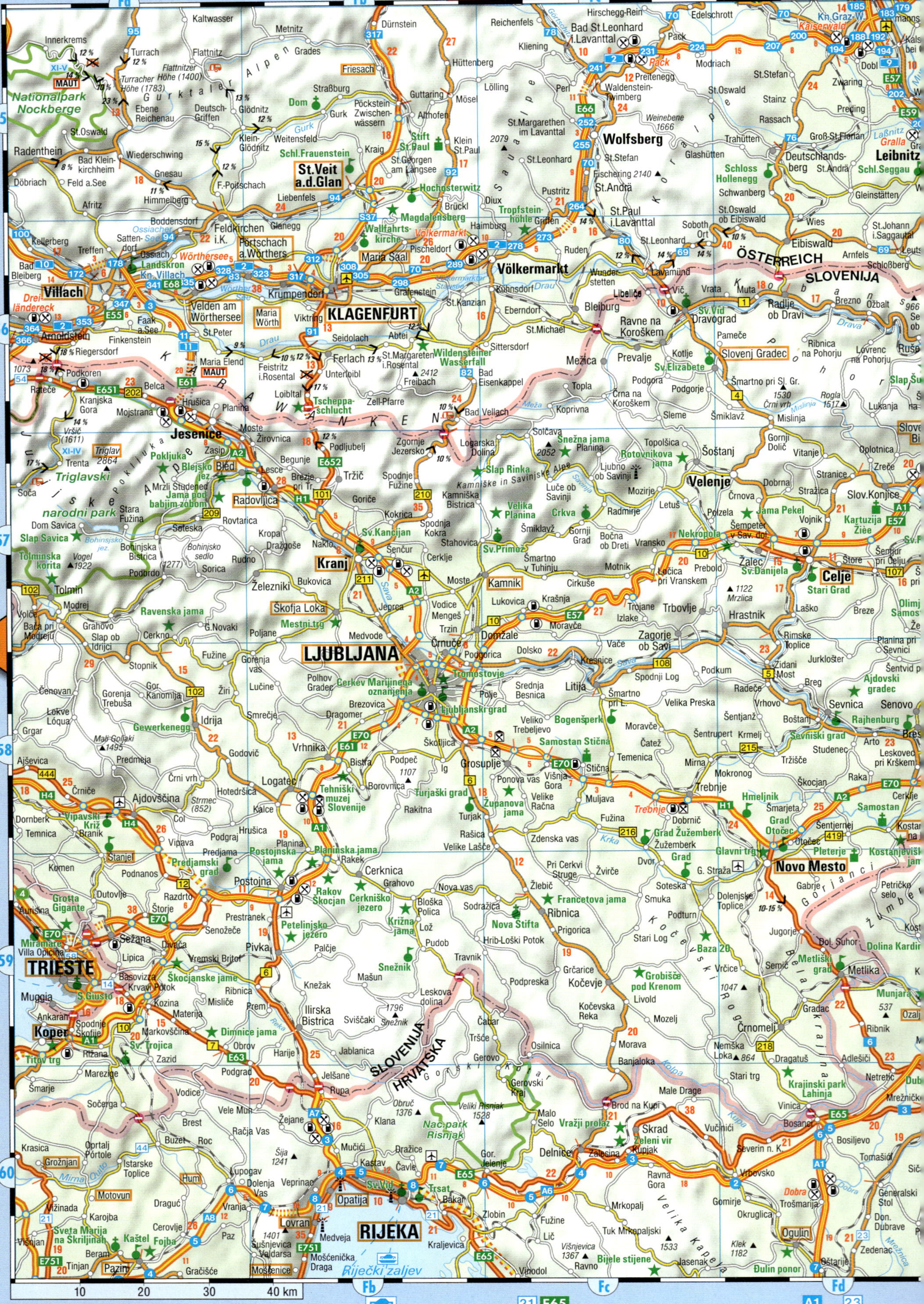

21 E751 Pula 70 km

Zadar, Split

21 E65 Zadar 192 km Split 347 km

A1 Jasenice 144 km Zadar 176 km Sibenik 227 km

23 Josipdol 8 km Senj 76 km

Gleisdorf 13 km
Weiz 28 km
68

Fürstenfeld 28 km
Graz 76 km
65 E66

Szombathely 25 km
Sopron 97 km
337
76 8 E66

Veszprém 134 km

Vasvár 4 km
74

Sárvár 47 km
84

Balatonfüred 40 km
Veszprém 57 km
71

7
Siófok 45 km
Székesfehérvár 87 km

61
Kaposvár 26 km
Dombóvár 55 km

68 E661
Barcs 14 km
Virovitica (HR) 30 km

5 E661
Barcs (H) 6 km
Nagytád 33 km

2
Našice 73 km
Osijek 126 km

Cabuna 20 km

Sl. Požega 33 km
Našice 82 km

Osijek 116 km
51

Beograd (SR) 137 km
Niš (SR) 374 km
A3 E70

ca 53 km
(BIH) 74 km

6
Dvor (HR) 39 km
Banja Luka (BIH) 121 km

14
Bosanski Novi (BIH) 25 km
Dvor (HR) 30 km

47
Bosanska Dubica (BIH) 5 km
Bosanski Novi (BIH) 55 km
Bihac (BIH) 123 km

Banja Luka (BIH) 55 km
5

A

B

C

D

E

F

G

H

I

J

K

L

M

S

T

U

V

W

X

Y

Z

Innere Wiener Straße 13, D-81667 München,
Telefon +49-89-458020-0, Fax +49-89-458020-21
E-Mail info@geographicmedia.de
www.geographicmedia.de
www.kunth-verlag.de
2007/2008

Text: Gabriele Redden, Michael Somberg, Monika Baumüller, Susanne Wess, Susanne Habermann, Trudie Trox, Ortrun Egelkraut, Julia Koch
Redaktion: Redaktionsbüro Niemeier
Litho: Fotolito Varesco, Auer
Druck und Bindung: MohnMedia, Gütersloh
Printed in Germany
ISBN: 978-3-89944-373-8

Bildnachweis

Umschlagsfotos:

Cover vorne o.: Modrow/Laif, Cover vorne u.: P/ Waldkirch, Reihe v. o. n. u.: Bilderberg, Bilderberg, Freyer, Bilderberg, Cover hinten: P/ Waldkirch.

Es gelten folgende Abkürzungen: DFA = Das Fotoarchiv Henning Christoph, Hub = Bildagentur Huber, Mau = Mauritius, Prem = Premium, TG = Transglobe.

1.1 Prem/Wothe; 1.2 Prem; 1.3 Klammet; 2.1 FAN; 2.2 Wandmacher; 3.1,2,3 Romeis/Bieker; 4/5 Huber; 5.1,4 Hub; 5.2,3 Wandmacher; 5.5,6 Freyer, Pictor; 6/7 DFA/Tack; 8.1 Hub/Klaes; 9.1-5 Romeis/Bieker; 10.1 Bieker, 11.1 NN; 11.2 Klammet; 11.3,4 Huber; 12 Stone/Buselle; 13.1,3,4 Hub; 13.2 Herzig; 14.1,2 DFA/Arslan; 14.3 Bieker; 15.1 Schilgen; 15.2 Klammet; 15.3 Romeis; 16, 17.1,5 DFA/Babovic; 17.2 Schilgen, 17.3 Hub/Gräfenhain; 17.4 Romeis; 18.1,3 Hub; 18.2 IFA; 19.1,3 Böttcher; 19.2 DFA; 20 Hub/Gräfenh.; 21.1 Wandmacher; 21.2,4 Laif/Gaasterland; 21.3 Mau/Waldkirch; 21.5 Freyer; 21.6 Schilgen; 22, 23.1-3,5 Hub; 23.4 Mau/Dumrath; 24.1 Klaes, 24.2 Bieker; 25 Prem/Raga; 25.2 Hub/Klaes; 26 Hub/Alfeld; 27.1-3,5 DFA/Sackermann; 27.4 Schilgen; 28 Herzig; 29.1 DFA/ Müller; 29.2-5 Herzig; 29.6 DFA/Müller; 30.1 Klammet; 30.2,3 Prem/Otto; 31.1 Schilgen; 31.2,3 Hub; 32 Bieker; 33.1,3-6 Wackenhut; 33.2 Hub/Schmid; 34 Wackenhut; 35.1,5 Hub; 35.2-4 DFA/Riedmiller; 36.1 DFA; 36.2,3 mdc; 37.1 NN; 37.2 Prem; 38.1, Hub; 38.2 DFA; 39.3 Hub/Damm; 39.4,5,8 Laif/Hub; 39.6,7 Huber: 40.1 NN; 41.1,2 Böttcher: 41.3,4 DFA/Babovic; 41.5 Hub/Alfeld; 41.6 Mau/Böttcher/Schilgen; 41,7 Herzig; 42.1 Böttcher; 42.2 Pictor; 43.1 Wackenhut; 43.2,3 Huber; 44.1 Herzig; 45.2,4,6 Wandmacher; 45.3,5,7,7 DFA/Babov.; 46/47 Herzig, Schilgen; 48 Wandmacher; 49.1,5,6 Wackenhut; 49.2,3 Mau; 49.4 Böttcher,Freyer; 50 Hub; 52.1 Wackenhut; 52.2 Bieker; 52.3 Hub; 53.1 Wackenhut, 53.2 Freyer; 54 Hub; 55.1,3,5 Herzig; 56 Stone; 57.1-6 Herzig; 57.7 Bieker; 58.1 Freyer; 59.1,2 DFA; 60.1 Emmler/Laif; 61.2,6 Freyer; 61.3,4,5 Schilgen; 62.1 Hub; 62.2 Bieker/Romeis; 62.3 Hub; 63.1 Hub; 63.2 Freyer; 63.3 Bieker; 64.1 Mau/Hackenberg; 65.1 Mdc/Otto; 65.2 Prem/Otto; 65.3 Romeis/Bieker; 65.4, 66.1,2,3 Hub; 67.1-3 Mau; 68/69 Hub; 70.1 DFA; 70.2 Hub; 71.1 Wandmacher; 71.2 Schilgen; 72. Schilgen; 73.1,4 Hub; 73.2,5 Prem; 73.3 DFA/Babovic; 74.1 Hub; 74.2 Schilgen; 75.1 Klammet; 76.1,2 Hub/Damm; 77.1 Hub/Giovanni; 77.2 Wandmacher; 78 Wackenhut; 79.1,2,4,5 Schilgen; 79.3,6 Wackenhut; 80.1 Klammet; 80.2 Hub; 81.1-3 Freyer; 82/83 Freyer; 84.1 Klammet; 85.1 DFA; 85.2-4 Wackenhut; 85.5 Hub; 86.1 mdc; 86.2 Freyer; 86.3, 87.1,3 Hub; 88 Romeis; 89.1-3 Freyer; 89.4,6,7 Schilgen; 89.5 Romeis; 90 Herzig; 91 Freyer; 92.1,3 Hub; 92.2 Romeis; 93.1,3 Hub; 93.2 tg/Stadler; 94.1Hub; 95.1 Freyer; 95.2-6 Hub; 96.1, 97.1,3 Hub; 97.1 DFA; 97.4 Klammet; 97.5 Wackenhut; 98.1 Klammet; 99.1 Monheim; 99.2 Prem; 99.3 Hub; 99.4 Mau; 100 Hub; 101.1 Romeis; 101.2 DFA/Vollmer; 101.3 Hub; 101.4 Herzig; 101.5 Hub/Giovanni; 102/103 Hub; 104.1 Prem; 104.2 Monheim/Götz, 104.3-6 NN; 105.1 Freyer; 105.2 Böttcher; 105.3 Schilgen; 106/7 Böttcher, Freyer, Schilgen; 108/9 Böttcher, Freyer; 109.4 Hub; 110.1,2 Böttcher; 110.3 Hub; 111.1 Klammet; 111.2 IFA; 112.1 Böttcher; 113.1 DFA/Scheibner; 113.2 Hub/Gräfenhain; 113.3 Freyer; 113.4,5 DFA/Scheibner; 114.1 Böttcher; 114.2 Hub; 115.1 Freyer, 115.2 Klammet; 116 Hub/Krammisch; 117.1 Prem.; 117.2,3 DFA/Schwerberger; 117.4 Hub/Krammisch; 118/119.1-3,5 Herzig; 119.4 Hub; 120/21 Böttcher; 122.1,2 Hub; 122.3 NN; 123 Böttcher; 123.2 Hub; 123.3 Freyer; 124.1, 125.1,2 Hub; 126.1 Wandmacher; 126.2 Hub/Mader; 126.3 Mau/Hänel; 127.1 Hub; 127.2 Romeis/Bieker; 128.1,2 Prem/Hänel; 129 Hub/Gräfenhain; 130.1,2 Hub; 131.1 Premium; 131.2 Hub; 131.3 Freyer; 131.4 Mau/Elsen; 132.1,133.2 Mau/Rossenbach; 133.3 Hub; 133.4 Wandmacher; 133.5,7 Hub/Giovanni; 133.6 Wandmacher; 134, 135.1 DFA/Babovic; 135.2 Hub/Schmid; 135.3 Freyer, 135.4 Hub; 136-139 Böttcher; 139.1,2 stone/Bavaria; 140.1 tg/Rademaker; 140.2 Hub/Gräfenhain; 141.1,2 NN; 142.1 Hub; 143.1,3,4 Hub, 143.2 Wandmacher; 144.1 Hub/Klaes; 144.2 Bieker; 146 W. Otto; 147.1. Premium/Romeis; 147.2 Herz; 148.1 Mau/Mollenhauer; 148.2 DFA; 148.3 Romeis/Bieker; 149.1 Klaes; 149.2, 150 NN; 150.2 DFA/Oberhäuser; 152.1 Monheim; 152.2 Schilgen, 152.3 Bieker; 153.1Bieker; 153.2 Monheim/Helle; 153.3 Klammet; 154.1 Huber; 154.2,3 Klammet; 156.1 Romeis, 156.2,3 Bieker; 157.1 Mau/Peters; 157.2,3 DFA/Sackermann/ Vollmer; 158 Hub/Radelt; 159.2 Emmler/laif; 159.3 Hub; 159.4 Hub/Klaes; 160.1 Bieker; 161.2 NN; 160.3 Schilgen; 161.1 Klaes, 161.2 Mau/Otto; 161.3 Hackenberg; 162 DFA/Mayer; 163.1 Klaes; 163.2,3 DFA/Hympendahl; 163.4,5,6 DFA/Vollmer/Hympendahl/Mayer; 164.1 Hub; 165.1 DFA/Sackermann; 165.2 Hackenberg; 165.3 DFA/Sackermann; 165.4,6 Hackenberg; 165.5 Freyer; 166.1 Freyer;167.1 Bieker;167.2 Huber; 167.3 NN; 167.4 Hub/Schmid; 168. DFA/Sackermann; 168.2 Hub/Damm; 169.3,4,5,7,8 DFA/Sackermann; 169.6 Zanetti/laif; 170 Mau/Waldkirch; 171.1 Schilgen; 171.2 Herzig; 171.3 Schilgen; 171.4 Freyer; 171.5,6 Huber; 172.1 Schilgen; 172.2 Huber; 172.3 DFA/Sackermann; 173.1 Freyer; 173.2 Hub; 174 Mau/Hänel; 175.1,2,4 Hub; 175.5 Mau/Schuster; 175.3,6,7 Richner; 176.1,2, 178, 179.1, 180.1, 180.2 Hub/Schmid/Radelt; 181.1,2 mcd/Welke/Kottal; 181.3,4 Freyer; 182.1, 183.2,3 Hub/Schmid; 183.4 Hakkenberg; 184.1 Huber/Laif; 184.2 Wackenhut; 185.1 Hub/Schmid; 185.2 Herzig; 185.3 mdc; 185.4 Mau/Gierth; 186 Wackenhut; 188.1,2,3 Mau/Mehlig; 189 Wackenhut; 189.2,3 Hub; 190-191 Freyer; 192.1 Romeis;192.2 Freyer; 193.1 Mau; 193.2 Hub/Schmid; 194 Bieker; 195.1,2 Bieker; 195.1,3,4 Freyer, Schilgen; 195.5,6 Wakkenhut; 196.1 IFA/Otto; 196.2,3 Hub; 197.1 mdc; 197.2 Hub; 197.3 Prem/Otto; 198.1 Hub; 199.2 Hub; 199.3-5 Schilgen; 200.1 Hub; 2002.2 Hub; 200.3 Wackenhut; 201.1 Klaes; 201.2 Bieker; 201.3 Hub/Schmid; 202 Klaes; 203.1,2,3 Klaes, Mau; 203.4 Hub; 204 Tg/Kustos; 204.2 Freyer; 205.1 Freyer; 205.1,2,3 Hub; 206 Wackenhut; 207.1 DFA/Riedmüller; 207.2 Hub/Schmid; 207.3 DFA/Riedmiller; 207.4 Prem/Roda; 207.5 Hub/Schmid; 207.6 DFA/Hollenbach; 208-209 Romeis; 210.1 Freyer; 210.2 Getty/Bav./Messerschmidt; 211.1 Hub/Eigstler; 211.2 Prem; 212 Freyer; 213.1 DFA/Tack; 213.2-5 Freyer; 213.6 Mau/Kugler; 214.1 Prem/Brännhage; 214.2. Prem/Winz; 215.3-7 Freyer; 216.1 Monheim/Hammel/Gelder; 217 Freyer; 218.1 Hub/Eigstler; 218.2,3 Freyer; 219.1,2 Klammet; 220.1,2 Hub/Eigstler; 221.3 Prem/Sonderegger/ Prisma; 221.4 mdc; 221.5,6 Freyer; 222-223.6,8 Freyer; 223.7 DFA/Meyer; 224.1 Hub/Gräfenhain; 225.2 Klammet; 225.3,5 Hub/Gräfenhain; 225.4 DFA/Dlouhy; 225.6 Klammet; 226.1 DFA/Hollenbach; 226.2 NN; 227.1 Prem; 227.2, 298.1,2 mdc; 228.3 Prem/Sekai Bunka; 229.4.7 mdc/Eigstler; 230.1 Hub/Eigstler; 231.1 Hub/Bertsch; 231 DFA/Müller; 232 Prem/Stock Image; 233.1,2 Freyer, 233.3 Mau/Bach; 234.1 Hub/Leimer; 234.2 Hub/Giovanni; 235.1 Mau/Pigneter; 235.2,3, 236 DFA/Riedmiller; 237.1 Mau/Geiersperger; 237.2 Prem/Zuckerman; 237.3 Mau/Nebe; 238 Hub/Schmid; 239.1,2,4,5 DFA/Riedmiller; 239.3 Mau/Waldkirch; 240-241 Hub; 242 Prem/Roada; 243.1Mau/WP; 243.2 Huber/Laif; 243.3,4-6 DFA/Sackermann; 243.7 Huber/Laif; 243.8 Prem/Buss; 243.9 Hub/Damm; 244.1,2 Hub; 245.1,3 Klammet; 245.2 Hub; 246 Hub/Giovanni; 247.1 IFA/Berger; 247.2,3,5 Hub/Giovanni; 247.4 Klammet; 248– 249.1 Klammet; 249.2 Hub/Gräfenhain; 250/251 Prem/Marr/Pl,Winz; 251.1, 2,4,5 Caputo/Laif; 251.3 von Girard; 252.1,2 Hub/Bersch/Schmid; 253.1 Hub/Schmid; 253.2 mdc; 254 Mau/Mallaun; 255 Freyer; 256 Klammet; 257.1 Prem/Rügner; 257.2,4 Prem/Roda; 257.3 FAN/Achterberg; 258.1, 258.2 Prem/Hänel; 259.3,4,6 Mau/Pigneter; 259.5 Mau/Siepmann; 259.7,8 mdc; 260.1,2 Mau/Waldkirch/Higuchi; 260.3 Prem/Sekai Bunka; 260.4 DFA/Cristofori; 262, 264 Hub; 266 Gaasterland/Laif; 268 Schilgen; 270 Herzig; 272 Wackenhut; 274 Bieker; 276 Freyer; 278 Prem; 280 Bieker; 282 DFA; 284 mdc; 286 Hub, 288 mdc; 290 NN; 292 Hub; 294 ; 296 Laif; 298 IFA/Broquet; 300 Hub/Kolley; 302 Freyer; 304 Hub; 305 Freyer; 306Prem/Esor; 308 Hub. In einigen Fällen konnten die Urheber nicht exakt eruiert werden. Wir bitten die betroffenen Rechteinhaber freundlichst, sich mit der Bildredaktion des Verlags in Verbindung zu setzen.